注册会计师全国统一考试辅导用书 | 2024

CPA知识点全解及真题模拟
公司战略与风险管理 上册

高顿教育CPA教研中心 编著

文匯出版社

图书在版编目（CIP）数据

CPA 知识点全解及真题模拟. 公司战略与风险管理 / 高顿教育 CPA 教研中心编著. —上海：文汇出版社，2024.3

ISBN 978-7-5496-4223-6

Ⅰ.①C… Ⅱ.①高… Ⅲ.①公司—企业管理—资格考试—习题集 ②公司—风险管理—资格考试—习题集 Ⅳ.①F23-44

中国国家版本馆 CIP 数据核字（2024）第 044956 号

CPA 知识点全解及真题模拟　公司战略与风险管理

作　　者 / 高顿教育 CPA 教研中心
责任编辑 / 邱奕霖
封面设计 / 王重屹
版式设计 / 汤惟惟
出版发行 / 文匯出版社
　　　　　上海市威海路 755 号
　　　　　（邮政编码：200041）
印刷装订 / 上海中华印刷有限公司
版　　次 / 2024 年 3 月第 1 版
印　　次 / 2024 年 3 月第 1 次印刷
开　　本 / 787 毫米×1092 毫米　1/16
字　　数 / 841 千字
印　　张 / 31
书　　号 / ISBN 978-7-5496-4223-6
定　　价 / 89.00 元

我们有话对你说

　　《公司战略与风险管理》不同于注会的其他学科，战略不是规则，不是法条，不是板上钉钉的标准，它是一种观点，是"前人、大家"们的经验总结。在战略中，有诸多的流派，各成体系，"文无第一、武无第二"，尽管战略本身没有绝对的正确与错误，但是注会考试有标准答案。这也就意味着，大家在学习的时候，需要不断地提升自己的分析能力，不断钻研考试逻辑。

　　随着经济的不断发展和企业需求的不断变化，战略科目也在不断更新和变化。因此，同学们在学习的过程中亦需要关注行业动态，了解最新的战略和管理理念。另外，注会《公司战略与风险管理》科目的考题形式也较为特殊，经常结合时事案例出题，考题阅读量大，要求同学们能够运用所学知识对具体案例进行分析和解决实际问题。也正因如此，基于战略的一石多面、考题灵活多变，才有了"大蓝本"的精心专研。在写这本书时，我常常在想，如何能够引导同学去学习，如何能够给予同学们更多的支持，在本书完稿之际，我又想，其实"老师"不只是同学们的引导者与支持者，同时也是同学们的合作者。长路漫漫，希望在这个考季，我与"大蓝本"能够与同学们携手相伴，通关注会，早日"上岸"！

吴奕

战略,源自希腊语"strategos",最初是用来指导战争全局的计划和策略的。通俗地讲,战略是分析当前形势、制定指导方针来应对重大困难的一系列行动。在企业管理中,战略被定义为企业长期发展规划及资源配置的决策过程,包括一定时期的全局的、长远的发展方向、目标、任务和政策,以及资源调配。

每位同学在做出考注会这个决定时,都做好了充足的思想准备,考虑过外界的竞争压力,也考虑了自己的学习能力与备考时间。在备考初期,也会在各个科目上合理分配自己的学习时间,随着学习进度的推进而去不断调整计划。**这些都是你的战略,所以说经营好自己,也就类似于经营好一家企业。**

一、战略讲什么?

《公司战略与风险管理》科目一共包含八章。主要讲解三大模块的知识点:公司战略、公司治理和风险管理。其中,公司战略模块对应第一至第四章,公司治理模块对应第五章,风险管理模块对应第六至第八章。这三大板块的具体关系如下图所示:

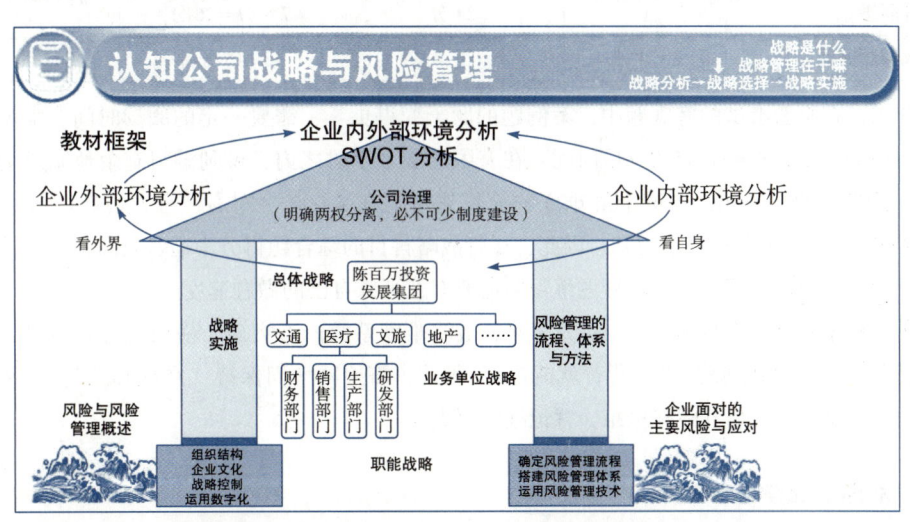

首先,在第一章,教材讲解了战略是什么,战略管理是什么。然后,教材在接下来的第二至第四章讲解的就是战略管理的步骤:战略分析(第二章)→战略选择(第三章)→战略实施(第四章),简单理解就是"我在哪→我去哪→动起来"的过程,这部分占据全书约60%的内容与分值。任何企业的生产经营都可能面临各种各样的不确定性,除了战略管理之外,也要进行各种不确定性的管理,即风险的管理,教材的第六至第八章向我们介绍了风险是什么,如何进行风险管理。最后,企业的发展与经营需要良好的制度建设,在现代企业两权分离之下,如何进行更好的公司治理,帮助企业提高治理效率与效果,我们将会在第五章进行学习。

各章节学习难度、重要度及考查分值如下表所示:

章	第一章 战略与战略管理概述	第二章 战略分析	第三章 战略选择	第四章 战略实施	第五章 公司治理	第六章 风险与风险管理概述	第七章 风险管理的流程、体系与方法	第八章 企业面对的主要风险与应对
难度	★★	★	★★★	★★★	★	★★	★★★	★★★
重要度	★★	★★★	★★★	★★	★★	★★	★★★	★★★
平均分值	3~5分	15~25分	35~45分	5~15分	4~10分	2~3分	5~15分	10~15分

二、战略如何考?

(一) 2024年考试时间

据中注协官方网站2024年3月01日公告,2024年8月23日~8月25日举行专业阶段考试,2024年8月24日举行综合阶段考试。

(二) 本科目考试特点

战略科目考试题型、题量、分值及建议做题时间如下表所示:

题型	单选题	多选题	简答题	综合题
分值 (题量)	26题×1分=26分	16题×1.5分=24分	4题×(5+7+7+7)分=26分	1题×24分=24分
建议做题时间	20~25分钟	15~18分钟	40~45分钟	35~40分钟

近年来,在真题考试的客观题中,案例题的题干变得更长,需要一定的阅读时间。主观题的考查方式也更加灵活,需要一定的反应时间。在有限的2个小时之内,做到游刃有余地完成全部题目还是有一些难度的。例如,一道中等难度的简答题可能在4 000字左右,官方公布的标准答案约3 800~4 000字,整个题量可想而知。因此,尽管战略科目的综合题得分率通常较高,但仍然建议同学们留下充足的时间完成,在平时做题练习时需要有意训练自己的做题速度。

此外,根据网络调查数据显示,近几年来,战略难度系数向上突破,横向对比其他科目,战略科目也并非网传的"特别简单""背背就能过"。因此,需要同学们保持"空杯心态",脚踏实地地学习,搭建战略框架,培养战略思维,背记战略要点。

三、战略怎么学?

(一) 活用学习工具

名师天团,全程伴学:"讲→学→练"结合,"书→课→人"一体,助力通关。

要点	板块	板块定位
讲	知识精讲/例题解析/应试点拨	精选重难点，一堂课解决一个疑难杂症，帮助在有限的时间里抓住备考重点，掌握答题技巧
	章末总结	好的复习模式是成功的一半。高顿CPA名师亲录章后复盘课，辅以超详思维导图，让您更好地掌握知识逻辑架构，在长线知识学习的过程中，避免前学后忘
学	知识点全解	正文主体部分以知识点讲解为主，每个完整考点讲解结束之后以例题讲解帮助巩固吸收，实现一点一练，点对点突破，同时紧扣最新考试大纲，标注知识点考查题型和考频，提醒考点的重要程度，帮助同学在预习阶段把握应试方向，感知高频考点
	名师说	在同学们过往学习过程中，经常会遇到个别的专业表述无法理解，从而曲解整个知识点的意思。别担心，"名师说"凝聚高顿老师们多年的教学经验，用通俗易懂的语言讲解CPA的专业知识点
	敲黑板	知识点之间长得类似，换个说法就傻傻分不清楚。"敲黑板"模块帮助同学们建立知识点与考点的链接，直接透视知识点命题逻辑，辨析易错易混点
练	真题巩固	依据最新考点，带练有价值真题，了解考题难度，把握命题规律和解题思路
	模拟自测	参考历年真题的命题逻辑与考查角度命题，帮助巩固基础知识，提高应试水平
	跨章节主观题综合提高	以专题形式呈现近几年CPA主观题的高频考点，帮助强化知识应用，缩小备考范围，轻松击破难点

（二）科学通关路径

1. 章节学习早知道

战略科目章节编排具有很强的逻辑性，建议同学们按章节顺序学习，不要跳章节学习。

同学们在学习第一章时，可能会遇到阻力，大多数学科的第一章都具有总论性质且概括性极强，因此，在对整个学科有大致了解之前，学习第一章会有困难。但毕竟万事开头难，入门之后所行皆坦途，第一章的内容会给同学们学习后续章节打下良好基础，帮助同学们快速了解科目的系统结构。同学们在第一遍学习时，可以快速通过第一章，有不太明白的地方也不必停留，待到前三章结束时，自会豁然开朗。

第二章的"性价比"极高，几乎所有知识点都是必考重点，难度低、分值高，同学们要尽量做到在第一遍学习时就吃透知识点并完成背诵任务。

第三章是本科目绝对的重点，占据总分值的半壁江山。第三章的内容也较多，主要集中在主观题的考查，因此，对同学们背诵的要求极高。同学们要在理解知识点的基础上进行背诵。在2024考季，教材在本章新增"商业模式"，修改了历年主观题常考点"市场营销战略""研究与开发战略"的大部分主题内容，本着注协"考新考重"的一贯出题原则，需要同学们重点关注这些基础新修订内容。此外，学习第三章时切勿心急，结束后将倍感轻松——"遇到"占总分值比重不高的第四章和第五章。

第四章和第五章有一个共同的特点：知识点很多，但分值不多。如果同学们备考时间比较充裕，可以进行全面深入的学习；反之，则在本书标注的二星及三星知识点部分发力攻破即可。此外，第五章根据新《公司法》内容，做出了部分修订，在战略考试中，本部分修订内容可考性不是很高，建议考生在时间充足的情况下，可以适当关注。如备考科目较多，压力较大，建议"抓大放小"，优先关注高频考点。

在风险篇，第六章在考试中所出题目多为概念性问题，较为抽象，以考查客观题为主。第七章重点突出，大部分题目将会集中在风险管理体系的知识点上，以考查客观题为主。第八章为重点新增章节，希望各位同学在理解的基础上加强记忆，考试中以考查主观题为主。

2. 用书技巧小提示

战略科目的主观题部分会有记忆、背诵的要求，因此，在知识点讲解中有标注"（记忆）"的重点，需要各位考生重点记忆、背诵。

除了知识点学习，习题练习也是必不可少的，本书设置"真题巩固"与"模拟自测"板块。"真题巩固"能够比较好地反映近年的真题命题趋势，"模拟自测"模块有较大调整，新增了大量精选模拟题。由于第一章、第四章、第五章与第六章内容与分值较少，所以本书在章后附有"真题巩固"与"模拟自测"；第二章、第三章、第七章内容与分值较多，所以本书在这些章的"真题巩固"与"模拟自测"模块按照小节进行了细分。考生在学习时，在学过一个章/节后，进展到习题模块时，应及时完成练习，以巩固所学的内容。

"真题巩固""模拟自测"中的题目分为单选题、多选题、主观题三种题型。其中，主观题为与本章/节知识点有关的简答题或者综合题的节选，简答题与综合题这两类主观题的做题方法与逻辑一致，因此，本书不再做简答题与综合题的区分。

在练习"真题巩固""模拟自测"时，建议考生先练习客观题至熟练，因为重要的知识点均会反映在客观题中，这样做可以很好地检验考生对知识点的理解程度。考生在学习的初期阶段无需花费太多时间练习主观题，在整体学完一遍，以及掌握主观题的做法后，于复习阶段集中大量练习主观题，加强记忆，可以起到事半功倍的效果。

由于战略考试难度近年有所增加，建议各位考生留出更多时间进行学习及最后的复习背诵冲刺，在考前留出 1 个月以上的时间进行集中背诵是比较稳妥的做法。

2024 年是一个新的开始，希望大家在 2024 年考季都能得偿所愿，早日通关注会，顺利上岸！

目 录

第一章 战略与战略管理概述
- 2 第一节 公司战略的基本概念
- 5 第二节 公司战略管理

第二章 战略分析
- 19 第一节 企业外部环境分析
- 40 第二节 企业内部环境分析
- 55 第三节 企业内外部环境综合分析

第三章 战略选择
- 59 第一节 总体（公司层）战略
- 75 第二节 业务单位（竞争）战略
- 94 第三节 职能战略
- 123 第四节 国际化经营战略

第四章 战略实施
- 136 第一节 公司战略与组织结构
- 148 第二节 公司战略与企业文化
- 151 第三节 战略控制
- 159 第四节 公司战略与数字化技术

第五章 公司治理
- 167 第一节 公司治理概述
- 173 第二节 公司治理三大问题
- 176 第三节 公司内部治理结构和外部治理机制
- 185 第四节 公司治理原则

第六章 风险与风险管理概述

191 第一节 风险的概念及风险的要素

192 第二节 风险管理的概念、特征、目标和职能

196 第三节 风险管理理论的演进和风险管理实践的发展

第七章 风险管理的流程、体系与方法

201 第一节 风险管理的流程

206 第二节 风险管理体系

228 第三节 风险管理的技术与方法

第八章 企业面对的主要风险与应对

241 第一节 战略风险与应对

243 第二节 市场风险与应对

245 第三节 财务风险与应对

248 第四节 运营风险与应对

259 第五节 法律风险和合规风险与应对

第一章 战略与战略管理概述

轻装上阵

本章讲什么?

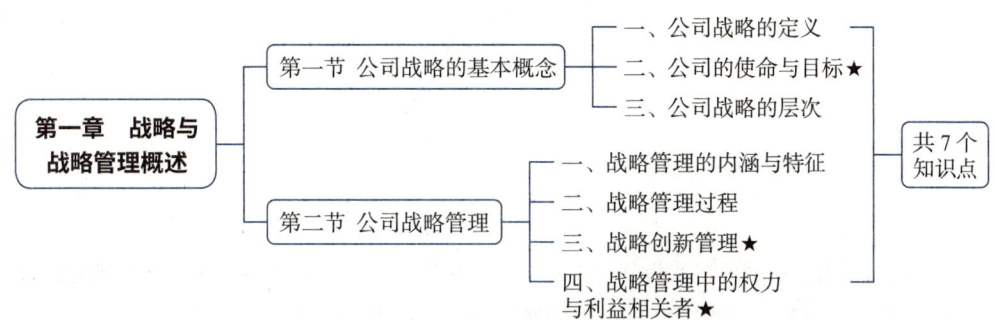

在正式开始学习公司战略这部分内容之前,同学们首先要了解的就是何为战略,何为战略管理。本章内容清晰明确,"战略"和"战略管理"分别展开,在第一节,同学们会学习学者在不同时期、不同时代背景下对战略作出的不同定义,以及在企业中有着怎样不同层次的战略。第二节则对战略管理展开了详细讲解。正如企业经营过程离不开管理,个人开小卖部都要自上而下进行"管理",那么战略也同样离不开管理。如果说公司战略指导着企业的一切活动,那么公司战略管理要解决的问题就有:如何通过科学的分析去制定恰当的战略决策?如何把制定好的战略实施到位?后续又如何评估、反思、再次提升?在第二节,上述问题将会一一呈现,并一一得到解答。

本章如何考?

本章的知识点在考试中多以客观题的形式出现,每年考查分值为3~5分。同时,有部分知识点如"公司使命与目标""战略创新管理""战略管理中的权力与利益相关者"等也会与其他章节的知识点相结合,进行主观题的考查。

本章怎么学?

介绍完理论背景,让我们回归应试逻辑。由于本章是纲要性章节,大部分内容做简单了解即可。在本章中,"公司的使命"所包含的三个部分需要同学们进行背记,"战略创新管理"的相关内容需要同学们结合例题,能够在辨析的基础上进行背记,以应对主观题的考查。

2024年本章主要变化

2024年教材在仅在本章"战略创新管理"部分新增"创新管理流程模型",其余变动均为个别文字表述修改,无实质性变动。

考点冲浪

第一节 公司战略的基本概念

一、公司战略的定义★

1. 传统概念

美国哈佛大学教授波特认为公司战略是公司为之奋斗的**一些终点**与公司为达到它们而寻求的**途径的结合物**。它强调的公司战略的属性——**计划性、全局性、长期性**。

2. 现代概念

加拿大管理学家明茨伯格认为以计划为基点将企业战略视为理性计划的产物是不正确的,企业中许多成功战略是在事先无计划的情况下产生的。因此公司战略是一系列或整套的**决策或行动方式**,这套方式包括计划性的和非计划性的战略。它强调的公司战略的属性——**应变性、竞争性、风险性**。

> **名师说**
> (1)传统概念强调终点与途径的结合(即传统=终点+途径),而现代概念只强调途径,不强调终点(即现代=途径)。
> (2)事实上,传统概念与现代概念都比较片面,公司大部分战略是计划性和应变性的组合。也就是说,首先由管理者根据需要设定一个预谋的规划,之后随着内外部环境的不断变化随时对其进行调整。一个实际的战略是管理者在公司内外各种情况不断暴露的过程中不断规划和再规划的结果。在当今瞬息万变的环境里,公司战略意味着企业要采取主动态势预测未来,影响变化,而不仅是被动地对变化做出反应。

敲黑板
近几年,此知识点的考查形式通常是客观二次判断题。考试中,考生首先要注意分辨题干中所描述公司战略的所属派别,判断其属于传统概念还是现代概念,在大方向确定后,再仔细体会选项描述的思想,进而进行对应。

经典例题1-1 〔2018年·多选题〕

逸风公司是一家手机游戏软件开发商。该公司为实现预定的战略目标,借助大数据分析工具,及时根据市场需求的变化调整产品开发和经营计划,成效显著。下列各项中,对逸风公司上述做法表述正确的有(   )。

A. 逸风公司的战略是理性计划的产物
B. 逸风公司的战略是在其内外环境的变化中不断规划和再规划的结果
C. 逸风公司采取主动态势预测未来
D. 逸风公司的战略是事先的计划和突发应变的组合

解析 以计划为基点将企业战略视为理性计划的产物是不正确的,企业中许多成功战略是在事先无计划的情况下产生的。因此选项A错误。一个实际的战略是管理者在公司内外各种情况不断暴露的过程中不断规划和再规划的结果。因此选项B正确。公司应当采取主动态势预测未来,公司大部分战略是计划性和应变性的组合。因此选项CD正确。

答案 BCD

二、公司的使命与目标★★★

1. 公司的使命

公司的使命阐明企业组织的根本性质与存在理由,一般包括三个方面:

(1) **公司目的**:公司目的是企业组织的根本性质与存在理由的<u>直接体现</u>。组织按其存在理由可分为两类:营利组织和非营利组织。

(2) **公司宗旨**:公司宗旨阐述公司长期的战略意向,说明公司目前和未来所要从事的<u>经营业务范围</u>。业务范围包括产品或服务、顾客对象、市场、技术等。宗旨反映出企业的定位。

例如,美国复印机生产企业S公司的宗旨从"我们生产复印机"发展到"我们提高办公效率"。

(3) **经营哲学**:经营哲学是公司为其经营活动方式确立的<u>价值观、基本信念、行为准则</u>,是<u>企业文化</u>的高度概括。经营哲学影响公司的经营范围和经营效果。

例如,医药生产企业的经营理念从"生产足够多的好药满足人民需要"向"关爱生命,呵护健康"转变。

> **敲黑板**
> 请同学们记忆公司使命三方面的名称,并且注意三方面的案例辨析。考试中常出现案例,让同学们选择是属于公司目的、公司宗旨和经营哲学中的哪一个。

> **名师说**
> (1) 公司目的即赚钱与否,公司宗旨即公司做什么,经营哲学即公司做事的底线。
> (2) 事实上,使命就是前文中公司战略传统概念强调的终点。但是许多公司对其使命的表述往往较为抽象,不会太全面,因为过于全面的使命表述会使公司在多变的环境中较为被动。比如,假设某公司将使命表述为"赚够1个亿",那么是否意味着"赚够1个亿"以后该公司则不再继续经营?
> (3) 营利性组织的首要目的是为其所有者带来经济价值,但这并非唯一目的,此外,还须履行社会责任(如促进地区经济发展、保护环境、支持公益事业等),从而保障营利目的的实现。而非营利组织(例如红十字会),首要目的是提高社会福利、促进政治和社会变革。

经典例题1-2 2018年·单选题

近年来,方红公司的产品从洗衣液逐渐扩展到多种清洁剂和清洁设备,公司使命也从"我们提供顾客最满意的洗衣液"变为"我们创造清洁的世界"。这种变化体现了该公司( )。

A. 目的的变化   B. 宗旨的变化   C. 目标的变化   D. 经营哲学的变化

解析 公司宗旨阐述公司长期的战略意向,说明公司目前和未来所要从事的经营业务范围。其中,业务范围包括产品或服务、顾客对象、市场、技术等。"方红公司的产品从洗衣液逐渐扩展到多种清洁剂和清洁设备"说明公司的经营业务范围的变化(选项B正确)。参考教材案例:美国复印机生产企业S公司的宗旨从"我们生产复印机"变为"我们提高办公效率"。由此可见,教材案例十分重要,考试中会考查与之类似的题目,需加以重视。

答案 B

2. 公司的目标

公司目标是**使命的具体化**，是一个体系，分为两类：

（1）**财务目标体系**：市场占有率、收益增长率、投资回报率、股利增长率、股票价格评价、现金流等。

（2）**战略目标体系**：获取足够的市场竞争优势，在产品质量、客户服务或产品革新等方面压倒竞争对手，使整体成本低于竞争对手的成本，提高公司在客户中的声誉，在国际市场上建立更强大的立足点，建立技术上的领导地位，获得持久的竞争力，抓住诱人的成长机会等。

> **敲黑板**
> 注意两大体系指标的不同分类，考试中可能会出现让同学们选择是财务指标还是战略指标的客观题。

> **名师说**
> （1）目标是为完成使命而存在，因此，区别于使命来说，目标较为具体，有具体的指标变量、具体的完成期限、定量化。
> （2）与财务数据相关的结果属于财务目标体系，与之相对的是，与竞争对手相关的结果属于战略目标体系。两大目标体系都有长期和短期之分。目标体系的建立需要所有管理者的参与，公司中各个单元的目标都需汇总，并且与整个公司目标匹配，才能最终实现目标，完成使命。

三、公司战略的层次 ★

战略一般分为三个层次：总体战略、业务单位战略和职能战略。各层次战略所涉及的管理层次见图1-1。

图1-1 公司战略的管理层次

1. 总体战略（公司层战略）

最高层次，总体战略需要**根据企业的目标**，**选择**企业可以竞争的经营领域，**合理配置企业经营所必需的资源**，**使各项经营业务**相互支持、相互协调，涉及**整个企业的财务结构和组织结构方面的问题**。

2. 业务单位战略（竞争战略）

二级战略，涉及**各业务单位**的主管及辅助人员。他们将企业目标、发展方向和措施**具体化**，形成**本业务单位具体的竞争与经营战略**。业务单位战略要针对不断变化的外部环境，在各自的经营领域中有效竞争。各经营单位要有效地**控制资源的分配和使用**。

3. 职能战略（职能层战略）

主要涉及企业内各**职能部门**，如营销、财务、生产、研发、人力资源、信息技术等。职能战略主要研究如何更好地配置企业内部资源，为各级战略服务，**提高组织效率**。

协同作用在职能战略中具有非常重要的意义，首先体现在单个的职能中各种活动的协调性与一致性，其次体现在各个不同职能战略和业务流程或活动之间的协调性与一致性。

> （1）总体战略强调领域选择和资源配置，业务单位战略强调竞争，职能战略强调协调与效率。注意不同层次的战略中对"资源"相关的表述具有差异：总体战略是合理配置"整个企业经营所必需的全部资源"；业务单位战略是有效地控制"资源的分配和使用"；职能战略主要是研究如何更好地配置"企业的内部资源"。
>
> （2）对于一家单业务公司来说，总体战略和业务单位战略合二为一。只有对业务多元化的公司来说，总体战略和业务单位战略的区分才有意义。因此，如果判断出某企业是业务多元化的企业，那么该企业的战略层次包含总体战略、业务单位战略与职能战略三个层次。

▶ **经典例题 1-3** （多选题）

甲集团的经营范围涉及网络游戏、医药保健。最近，该集团宣布进军电子金融领域。由此可见，甲集团的公司战略层次包括（　　）。

A. 总体战略　　　B. 业务单位战略　　　C. 多元化战略　　　D. 职能战略

（解析）甲集团涉及多个业务领域，说明甲公司为跨行业经营的多元化集团。业务多元化的公司拥有三个战略层次：总体战略、业务单位战略、职能战略。

（答案）ABD

第二节　公司战略管理

一、战略管理的内涵与特征 ★

1. 战略管理的内涵

企业战略管理是为实现企业的使命和战略目标，科学地分析企业的内外部环境与条件，制定战略决策，评估、选择并实施战略方案，控制战略绩效的动态管理过程。

2. 战略管理的特征

（1）战略管理是企业的**综合性**管理。

（2）战略管理是企业的**高层次**管理。

（3）战略管理是企业的一种**动态性**管理。

> 综合性管理是指战略管理为企业的发展指明基本方向和前进道路，是各项管理活动的精髓，是一项涉及企业所有管理部门、业务单位及所有相关因素的综合性管理活动；高层次管理是指战略管理的核心是对企业现在及未来的整体经营活动进行规划和管理，它是一种关系到企业长远生存发展的管理，必须由企业的高层领导来推动和实施；动态性管理是指企业战略管理活动应具有动态性，即为适应企业内外部各种条件和因素的变化对战略管理活动进行适当调整或变更。

二、战略管理过程★

战略管理包括三个关键要素：战略分析、战略选择和战略实施，是一个**循环往复**的过程。战略管理要不断监控和评价战略的实施过程，修正原来的分析、选择与实施工作。

1. 战略分析

战略分析阶段要明确**企业目前处于什么位置**，需要考虑许多方面的问题，主要是外部环境分析和内部环境分析。战略分析的内容见图 1-2。

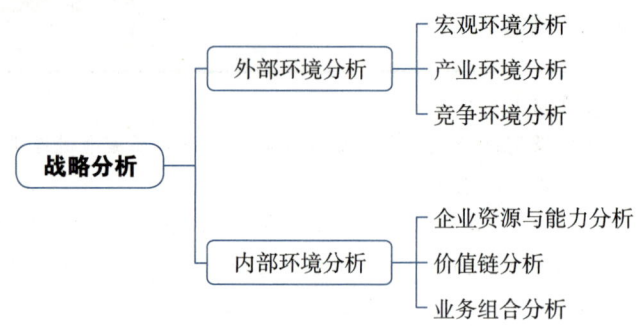

图 1-2 战略分析的内容

2. 战略选择

战略选择要回答的问题是**企业向何处发展**。

（1）选择类型。

战略选择的类型见表 1-1。

敲黑板

选择类型就是根据战略的三个层次来划分，这是"战略选择"章节的重点内容，甚至是考试的重点考查内容。我们会在本书后续章节"战略选择"这一部分对其进行详细叙述。

表 1-1 战略选择的类型

类型	内容
总体（公司层）战略	发展战略、稳定战略、收缩战略
业务单位（竞争）战略	基本竞争战略、中小企业竞争战略、蓝海战略
职能（职能层）战略	市场营销战略、生产运营战略、研究与开发战略、采购战略、人力资源战略、财务战略等

（2）选择过程。

约翰逊和施乐斯于 1989 年提出战略选择过程的 3 个组成部分，见表 1-2。

表 1-2 战略选择过程

步骤	方法或标准
制订战略选择方案	**自上而下**：高层制订，下属形成系统。 **自下而上**：下属提交，高层修改。 **上下结合**：共同参与，沟通制定
评估战略备选方案	**适宜性标准**：考虑方案是否适合企业，有无扬长避短，是否发挥企业优势、克服劣势，是否利用机会、削弱威胁，是否有助企业实现目标。 **可接受性标准**：考虑利益相关者能否接受方案。 **可行性标准**：对战略的评估最终要落实到战略收益、风险和可行性分析的财务指标上

续表

步骤	方法或标准
选择战略	根据企业目标选择； 提交上级管理部门审批； 聘请外部专家进行战略选择工作

以上制订战略选择方案中的三种方法，其主要区别是战略制定中的集权与分权程度不同。

3. 战略实施

战略实施要解决的问题有：

（1）调整和完善企业的组织结构，使之适合公司战略的定位。

（2）推进企业文化的建设，使企业文化成为实现公司战略目标的驱动力和重要支撑，以及调动企业员工积极性促进战略实施的保证。

（3）运用财务和非财务手段、方法，监督战略实施进程，及时发现和纠正偏差，确保战略实施达到预定的目标，或者对战略做出适当修改，以利于企业绩效的持续提升。

（4）采用先进技术尤其是数字化技术，构建新型企业组织，转变经营模式，支持企业数字化转型和数字化战略的实施。

（5）协调好企业战略、组织结构、文化建设和技术创新与变革等诸方面的关系。战略管理不是一次性的工作，而是一个循环往复的过程。

三、战略创新管理★★★

1. 什么是战略创新

企业创新是指企业为了获得可持续竞争优势，根据所处的内外部环境已经发生或预测会发生的变化，结合环境、战略、组织三者之间的动态协调性原则，并涉及企业组织各要素同步支持性变化，对新的创意进行搜索、选择、实施、获取的系统性过程。

2. 创新的重要性

（1）创新是企业适应不断变化的外部环境、确保自身生存发展至关重要的能力。

（2）创新是企业获得持续竞争优势最主要的来源。

（3）持续不断的创新是维持企业竞争优势的根本保障。

3. 战略创新的类型

> **应试点拨**　特别注意：上述四种创新类型经常交织在一起，其界限并不十分清晰。例如，一艘喷气式海洋渡轮既有产品创新也有流程创新；将咖啡和果汁这样的饮料重新定位为高端产品既是定位创新也是范式创新。考生在考试时，应以题干字面信息为范围进行分析，**万万不可自己加条件**！

战略创新的类型-
知识精讲

（1）**产品创新**，是指组织提供的产品和服务的变化。例如，推出一款新设计的轿车、为婴儿提供新保险种类、提供安装新的家庭娱乐系统服务等。

（2）**流程创新**，是指产品和服务的生产和交付方式的变化。例如，生产汽车及家庭娱乐系统的制造方法和设备的变化，保险业务办公手续和任务排序的变化等。

（3）**定位创新**，是指通过重新定位用户对既有产品和服务的感知来实现的创新。例如，英国产品"Lucozade"，早在1927年作为葡萄糖饮品辅助病人康复，后来又作为提高运动效能的饮品重新推出。

（4）**范式创新**，是指影响组织业务的思维模式和实践规范的变化。例如，一家传统建筑公司，立足于发展绿色产业的全新视角，向一家从事低碳建筑的设计、材料开发和建造的公司转型。

4. 探索战略创新的不同方面

（1）创新的新颖程度——渐进性还是突破性。相关内容见表1-3。

探索战略创新的不同方面-知识精讲

表1-3 渐进性创新和突破性创新

持续的渐进性创新	非连续性的突破性创新
持续、稳步前进的变化过程	全面性的变化过程，使企业整个体系发生改变
"全面质量管理"运动	"创造性毁灭"的过程

（2）创新的基础产品和产品家族。

这种方法的基本思路是，依托一个稳健的基础产品或可以扩展的产品家族，为创新提供一定范围的延展空间。

> **名师说**
>
> 创新的基础产品和产品家族。
> 产品家族——在同一种核心产品的基础上，通过共用生产设备和类似的加工过程而生产或制造出来一组形态有异而功能相同或类似的产品。
> 基础产品——产品家族中的核心产品。
> 例如，小米公司于2014年开启的"生态链计划"，其围绕小米公司基础产品——手机的业务，建成了消费类万物互联产品家族，连接超过1亿台智能设备，构建起手机配件、智能硬件、生活消费产品三层产品矩阵。小米公司也从一家手机厂商发展成为一个涵盖众多消费电子产品、软硬件和内容全覆盖的互联网企业，这一计划堪称国内企业依托基础产品和产品家族创新的经典案例。

（3）创新的层面——在组件层面还是架构层面。

有些创新改变了组件层面，有些创新则改变了整个系统架构。

> **名师说**
>
> 组件层面与架构层面的创新。
> 组件层面的创新——只涉及单一技术的产品、服务的局部创新。
> 架构层面的创新——涉及多种技术的产品、服务的整体性、系统性创新。
> 例如，对于飞机制造来说，组件层面上的改变也许包括采用新的金属或者复合材料来制造机翼，但是如果在系统架构层面上对于如何连接机翼、控制系统和推动系统等知识不做更新，组件层面的创新可能很难实现。

（4）时机——创新生命周期。相关内容见表1-4。

表1-4 创新生命周期

创新特征	流变阶段	过渡阶段	成熟阶段
竞争重点	功能性的产品性能	产品差异化	降低成本
创新的驱动因素	关于客户需求的信息，技术投入	通过扩展内部的技术能力来创造机会	降低成本、提高质量
创新的主要类型	产品的经常性的主要变化	伴随生产规模扩大而出现的重大流程创新	渐进性的产品和流程创新
产品线	多样性，通常包括定制的设计	包括至少一种稳定或主导设计	基本无差异的标准产品
生产流程	灵活但低效，目标带有实验性，而且经常变化	变得越来越严格和明确	高效，通常形成资本集约化

5. 战略创新的情境

（1）建立创新型组织。

创新型组织的组成要素和关键特征，见表1-5。

表1-5 创新型组织的组成要素和关键特征

组成要素	关键特征
共同使命、领导力和创新的意愿	明确阐述共同的使命； 高管层的承诺及领导力
合适的组织结构	组织设计使创造力、学习和互动成为可能； 关键问题是在"有机的"和"机械的"模式之间找到恰当的平衡
关键个体	①发明者或团队领导者； ②组织发起者（通常在董事会有席位）； ③技术把关人员； ④项目经理、"商业创新者"等。 以上个体可赋予创新活力或促进创新
全员参与创新	全员参与整个组织的持续改进活动； 全员参与创新的五个阶段： ①无意识的全员创新； ②全员创新的正式尝试； ③将全员创新习惯与组织战略目标联系起来，使各种团队和个体的改进活动能够与组织战略目标保持一致； ④对个体和小组"授权"，这有助于员工主动试验和创新； ⑤达到全员创新的最高阶段，组织中的每个人都充分参与试验和改进过程，分享知识，积极创建学习型组织

战略创新的情境-知识精讲

续表

组成要素	关键特征
有效的团队合作	适当地使用团队（在本部门、跨职能和组织间）来解决问题、需要在团队选择和建设上给予投入； 影响高效团队合作的关键因素： ①得到明确定义的**任务和目标**； ②有效的**团队领导**； ③团队角色和个人行为**风格的良好平衡**； ④小组内部有效的**冲突解决机制**； ⑤与外部组织的**持续联络**； 团队的四个发展阶段： ①**形成**；②**震荡**；③**规范化**；④**执行**
创造性的氛围	使用积极的方法来获得创造性的想法，得到相关激励系统的支持； 氛围影响创新六个最关键的因素： ①**信任和开放性**；②**挑战和参与**；③**组织松弛度**；④**冲突和争论**；⑤**风险承担**；⑥**自由**
跨越边界	外部导向意识首先体现为强化对组织内部和外部多方位顾客的联系和协同；更多的外部导向不仅仅限于组织内外部的顾客和终端用户，开放式创新需要与形形色色的利益相关者建立联系，包括供应商、合作者、竞争者、管理者和很多其他的主体

（2）制定创新的战略。

本书后续各章将以"战略分析——战略选择——战略实施"的逻辑展开全面的阐述。

6. 创新管理的主要过程

创新管理的主要过程–
知识精讲

（1）**搜索阶段**——如何找到创新的机会。

（2）**选择阶段**——要做什么以及为什么。

（3）**实施阶段**——如何实现创新。

（4）**获取阶段**——如何获得利益。

▎**经典例题 1-4** （2021年·单选题）

通恒公司是一家主营工程设计与施工业务的企业，其创新管理的重点是利用其首创的多项绿色环保施工技术和数字化、智能化等"新基建"带来的市场机会，大力拓展业务种类和规模，并利用在业务拓展过程中获得的新知识巩固目前的创新。从创新管理的主要过程来看，通恒公司的创新管理处于（   ）。

A. 搜索阶段　　　　B. 选择阶段　　　　C. 实施阶段　　　　D. 收获阶段

创新管理的主要过程–
例题解析

（**解析**）本题考查创新管理的过程。本题是典型的知识点还原题。题目描述"利用……带来的市场机会，大力拓展业务种类和规模，并利用在业务拓展过程中获得的新知识巩固目前的创新"，可见在此阶段，早期的不确定性已经被取代，目前开始持续地从最初的概念中寻找问题和解决问题，围绕创新逐渐形成相关知识，最终这些知识以某种形式进入目标环境，这正是实施阶段的特点。因此，选项 C 正确。

（**答案**）C

▎**经典例题 1-5** （2021年·单选题）

知立公司是一家致力于游戏软件研发的创新型企业，该公司通过组织授权和培训，帮助每一名员工去挑战自己和团队成长的极限，成就其对事业的追求。下列各项中，属于知立公司作为创新型组织组成要素的是(　　)。

A. 有效的团队合作　　　　　　B. 合适的组织结构
C. 全员参与创新　　　　　　　D. 关键个体

【解析】全员参与创新最终达到组织中的每个人都充分参与试验和改进过程，分享知识，积极创建学习型组织；有效的团队合作涉及适当地使用团队（在本部门、跨职能和组织间）来解决问题、需要在团队选择和建设上给予投入；合适的组织结构涉及组织设计；关键个体主要指发明者、组织发起者、把关人员和其他角色赋予创新活力或促进创新。题目中，知立公司"帮助每一名员工"显然有关全员创新，并不涉及有效的团队、组织结构与关键人物方面。综上，选项C正确。

近年来，考题越来越注重阅读分析能力，建立创新型组织的组成要素有：共同使命、领导力和创新的意愿；合适的组织结构；关键个体；全员参与创新；有效的团队合作；创造性的氛围；跨越边界。可能多数同学并不熟悉此知识点，但是如果在考场上冷静分析思考，也有很大概率通过分析得出正确答案。

【答案】C

7. 创新管理流程模型

具体内容见表1-6。

表1-6　创新管理流程模型

名称	要点	内容
阶段-门模型	含义	该模型将整个创新过程划分为一系列有序的阶段，这些阶段通常包括市场研究、概念开发、定义产品、技术开发、产品设计、原型制作、测试检验、全面生产以及市场推广等。在各个阶段之间设置了一道决策门（也称为关口或阶段门），即由跨职能的团队或决策委员会依据有关技术、市场、财务等方面的信息，对项目的阶段活动成果进行分析和评估，评估结果分为"进入下一阶段""放弃"和"返工"
	主要表现	该模型是对传统的线性创新管理过程的改进，主要表现在：将产品创新的整个过程分为不同阶段，在每个阶段的末尾都设立决策门，在每个门前都要进行评估和决策；允许在项目进行过程中根据新信息作出调整，如果在某个阶段发现了问题，可以返回上一个阶段进行修正，然后再次经过决策门；资源在每个阶段分配，而不是在整个项目启动时一次性分配。这样，决策门既保证了及早发现和纠正问题，有效控制项目风险，又能够有效地控制资源的使用，并确保每个阶段都有足够的资源支持
3M创新漏斗模型	含义	3M创新漏斗模型是一种创新管理方法，由美国3M公司提出和首先应用。该模型将创新管理分为三个阶段
	阶段	第一阶段为涂鸦式创新。在此阶段，组织鼓励全员开展头脑风暴，信马由缰地自由探索，寻找创新机遇，提出创新想法或概念。 第二阶段为设计式创新。通过对涂鸦式创新产生的各种创意、概念进行评价、筛选，组织将其中有重大价值和意义的创新纳入设计式创新框架。 第三阶段为引领式创新。在这一阶段，组织对设计式创新成功的产品项目追加投资，邀请各方面专家进行专业化指导，业务部门主动提供营销以及供应链管理等方面的支持
	作用	3M创新漏斗模型的应用能够极大地激发组织人员的创新积极性和主动性，促进并实现能够给组织带来发展机遇的创新

续表

名称	要点	内容
集成产品开发（IPD）流程	含义	IPD是一种企业产品开发和创新管理的理念与方法
	特点	与其他管理方法相比，IPD有三个显著特点： (1) 摒弃"纯技术"路线，强调市场和客户需求对于产品开发和创新的根本性作用。 (2) 将产品开发作为投资进行管理，在产品开发的每一个重要阶段，都不仅从技术角度，而且从商业角度进行可行性评估，以确保实现产品投资回报或尽可能减少投资失败造成的损失。 (3) 强调企业内部各个部门之间、开发团队与外部合作者之间的密切沟通与协作

四、战略管理中的权力与利益相关者★★★

> **名师说**：利益相关者是对企业产生影响或者受企业行为影响的任何团体和个人。利益相关者理论认为企业各类利益相关者的利益期望、利益冲突、利益均衡以及相对权力是关键。

1. 企业主要的利益相关者（见表1-7）

表1-7 企业主要的利益相关者

利益相关者分类		利益期望
内部利益相关者	向企业投资的利益相关者（包括股东与机构投资者）	资本收益——股息、红利（利润最大化）；如果企业的投资者不止一方，争得多数股权也是各方股东的利益所在
	经理阶层	企业增长、销售额最大化
	企业员工	是多方面的，主要追求个人收入和职业稳定的极大化
外部利益相关者	政府	最直接的利益期望是对企业税收的期望；其他的期望：提供就业、支付税款、履行法律责任、促进经济增长、确保国际收支平衡
	购买者和供应者	在他们各自所处的阶段增加更多的价值
	债权人	企业有理想的现金流量管理状况，以及较高的偿付贷款和利息的能力
	社会公众	企业能够承担一系列的社会责任。对于股票上市公司来说，除了利润最大化以外，还要求企业遵循正确的会计制度，提供公司财务绩效的适当信息，制止包括内幕交易、非法操纵股票和隐瞒财务数据等在内的不道德行为

2. 企业利益相关者的利益矛盾与均衡

由于利益相关者的利益期望不同，所以会产生利益的矛盾和冲突，进而需要找到均衡点以平衡冲突，以下我们将讨论利益相关者矛盾与均衡的过程。具体内容见表1-8。

表 1-8 利益相关者矛盾与均衡的过程

矛盾双方	模型	矛盾	均衡
股东——经理	鲍莫尔——销售最大化模型	经理期望获得**最大化销售收益**，强调销售额的重要性；股东期望利润最大化	代表经理利益的销售额最大化与代表股东利益的利润最大化的均衡
	马里斯——增长模型	经理期望**公司规模的增长**；股东期望利润最大化	经理和股东在共同利益的驱使下，将企业的增长率确定在双方都能接受的区域内
	威廉姆森——管理权限理论	经理期望自己的**权力和声望最大化**（体现在三个重要变量：雇员开支、酬金开支、可支配的投资开支）；股东期望利润最大化	反映了经理运用信息优势来实现自身对利益的追求，那些大公司大到足以使经理们抵制股东要求利润最大化的压力
员工——企业（股东/经理）	列昂惕夫	员工追求**工资收入最大化和工作稳定**；企业追求利润最大化，选择最佳就业水平	是一个讨价还价的结果，均衡点偏向哪一方的利益，取决于双方讨价还价实力的大小
企业利益——社会效益	社会效益：所有企业外部利益相关者的共同利益	外部利益相关者共同期望企业承担社会责任：**保证企业利益相关者的基本利益要求、保护自然环境、赞助和支持社会公益事业**；企业期望利润最大化	企业如何对待社会效益被称为"商业伦理"问题，企业的社会效益目标与自身经济目标很难两全其美，在这二者之间，也总是存在一个讨价还价的均衡点
其他方面		投资者之间的股权之争、各级经理人员集权与分权的关系、专业技术人员与企业的矛盾、政府税收与企业利润最大化的矛盾、跨国公司进入东道国市场的利益追求与东道国政府吸引外资目标的差异等等	各利益集团承认各方共存的需要，因此企业最终确定的各种目标是各方的一种妥协结果，最终的均衡点几乎总是低于最大值

> **名师说**
>
> 企业承担的社会责任举例：
> ①**保证企业利益相关者的基本利益要求**。例如：履行缴纳国家税金的义务；保证按时按量偿还债权人的债务；保护广大股民的基本权益；正确处理与供应者、购买者的利益分配等。
> ②**保护自然环境**。例如：处理好与企业生产有关的污水、有毒废料和一般废料；制定安全政策，减少可能引起的灾难性环境问题的事故；珍惜稀缺资源等。
> ③**赞助和支持社会公益事业**。例如：赞助慈善事业和非营利基金会或协会；积极支持公共卫生和教育事业；反对世界上存在的政治不平等，如种族隔离和独裁政治等；支援落后国家和地区等。

经典例题 1-6 （2021年·简答题）

Q省地处QS高原腹地，具有发展太阳能产业的独特资源优势。近年来，随着国内外清洁能源需求的不断增长，Q省以电力企业为依托，抓住人才、技术、资金等关键资源，打造光伏一条龙全产业链，实现经济、生态保护和民生改善多赢。

作为Q省TL戈壁滩光伏产业园区的核心企业，河天水电公司将生态保护的理念融入产业园区的建设中。TL戈壁滩日照多、降水少、风沙大，几乎没有多少绿色植被，刮风沙时，经常有小石子被吹起来，造成光伏板破损，导致其破损率较高。河天水电公司开展了光伏生态产业种植的研究试验工作，根据当地土壤、水质的特点，种植雪菊、紫苏、透骨草等高原生态作物。这些作物牢牢抓住土壤，解决了光伏电板易损、报废的问题。产业园区会定期清洗光伏板，而冲洗光伏板的水能灌溉作物，作物的生长又使水土更好地得到保持，光伏板下因此形成了小型绿色生态园。

植被长势太好，甚至会遮蔽光伏电板，导致冬季可能引发火灾。为解决这一问题，河天水电公司与附近几个村庄合作，发展小尾寒羊的养殖。为了避免羊吃草的随意性，公司规划出了放羊路线，请牧民按规划到光伏产业园区放羊，羊吃不到的地方就请牧民手动除草，工资另算。

光伏电站不仅带来了生态的良性循环，还发展了当地的养殖产业，对于实现当地牧民的脱贫目标，功不可没。

要求：

依据"企业利益与社会效益"的相互关系，简要分析Q省在打造光伏一条龙全产业链的过程中，企业所承担的社会责任。

【答案】①保证企业利益相关者的基本利益要求。"近年来，随着国内外清洁能源需求的不断增长，Q省以电力企业为依托，抓住人才、技术、资金等关键资源，打造光伏一条龙全产业链，实现经济、生态保护和民生改善多赢"；"光伏电站不仅带来了生态的良性循环，还发展了当地的养殖产业，对于实现当地牧民的脱贫目标，功不可没"。

②保护自然环境。"……核心企业，河天水电公司将生态保护的理念融入产业园区的建设中"；"光伏板下因此形成了小型绿色生态园"；"光伏电站不仅带来了生态的良性循环……"。

③赞助和支持社会公益事业。"光伏电站发展了当地的养殖产业，对于实现当地牧民的脱贫目标，功不可没"。

3. 权力与战略过程

（1）权力与职权。

权力：个人或利益相关者能够采取（或者说服其他有关方面采取）某些行动的能力。权力的影响力体现在各个方面；受制权力的人不一定能够接受这种权力；权力来自各个方面；权力很难被识别和标榜。

职权：职权是指管理职位所固有的发布命令和希望命令得到执行的一种权力。职权是权力的一种类型，但权力不一定是职权。职权沿着企业的管理层次方向自上而下；职权一般能够被下属接受；职权包含在企业指定的职位或功能之内；职权在企业的组织结构图上很容易确定。

注意，职权是权力的一种，权力包含职权。

（2）企业利益相关者的权力来源。（见表1-9）

表 1-9 企业利益相关者的权力来源

权力来源	主要特征
对资源的控制与交换的权力	企业的利益相关者由于控制着企业所需的具体资源，存在着许多交换权力的机会。他们争取和保卫利益行动的有效性取决于他们所提供的资源的稀缺程度与企业对这些资源的依赖程度
在管理层次中的地位（正式职权）	法定权=奖励权+强制（惩罚）权。强制权意味着实施者和被实施者之间产生一种敌对关系且会减少长期合作的预期；而奖励权则更为积极并能发展为一种长期关系
个人的素质和影响	个人的素质和影响是一种非正式职权的权力的重要来源。 专家权：来源于对其他人或作为整体组织而言有价值的特殊知识的占有，它也可以被认为是在特定情景中对专家的理所当然的遵从。 榜样权：为那些受人尊敬的人所拥有，他们得到尊重是因为他们具有某些特殊的能力或性格特征，或是具有能保证他人服从的个人气质或形象。榜样权和专家权比正式职权、奖励权或强制权更具有持久性。榜样权与专家权不仅存在于正式组织之中，在企业的非正式组织中也大量存在
参与或影响企业的战略决策与实施过程	参与或影响企业战略决策与实施也会形成一定权力。"能够接近那些有权力的人"本身就是一种权力来源
利益相关者集中或联合的程度	股东、经理、劳动者影响企业决策的实力与他们自身的联合程度有关

战略决策与实施过程中的权力运用对比-知识精讲

（3）在战略决策与实施过程中的权力运用。

战略决策与实施过程中的权力运用类型见图 1-3。

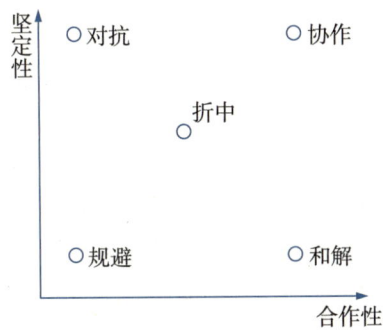

图 1-3 战略决策与实施过程中的权力运用类型

敲黑板

在学习权力运用时，要注意辨析谁退让了谁没有退让。对抗是自身没有退让，对方退让了；和解是自身退让了，对方没有退让；协作是积极合作；折中是双方各退一步；规避是躲避冲突。

战略决策与实施过程中的权力运用对比见表 1-10。

表 1-10 战略决策与实施过程中的权力运用对比

名称	特征	描述
对抗	坚定行为 不合作行为	企业利益相关者运用这种模式处理矛盾与冲突，目的在于使对方彻底就范，根本不考虑对方的要求，并坚信自己有能力实现所追求的目标
和解	不坚定行为 合作行为	一方利益相关者面对利益矛盾与冲突时，设法满足对方的要求，目的在于保持或改进现存的关系。和解模式通常表现为默认和让步

续表

名称	特征	描述
协作	坚定行为 合作行为	在对待利益矛盾与冲突时，既考虑自己利益的满足，也考虑对方的利益，力图寻求相互利益的最佳结合点，并借助于这种合作，使双方的利益都得到满足
折中	中等程度的坚定性 中等程度的合作性行为	通过各方利益相关者之间的讨价还价，相互做出让步，达成双方都能接受的协议。折中模式既可以采取积极的方式，也可以采取消极的方式。前者是指对冲突的另一方做出承诺，给予一定的补偿，以求得对方的让步；后者则以威胁、惩罚等要挟对方做出让步。在多数场合，则是双管齐下
规避	不坚定行为 不合作行为	以时机选择的早晚来区分，该模式可分为两种情况：一种是当预期将要发生矛盾与冲突时，通过调整来躲避冲突；另一种是当矛盾与冲突实际发生时主动或被动撤出

战略决策与实施过程中的权力运用对比-例题解析

经典例题 1-7 （2020年·单选题）

国内电子消费产品制造商天奇公司发现其开发的新产品被其供应商大洋公司冒名仿造并销售，遂向对方提出抗议并准备诉诸法律，大洋公司随后表示立即停止侵权行为并向天奇公司赔付2亿元人民币。天奇公司处理与大洋公司的利益矛盾所采取的行为模式是（   ）。

A. 和解　　　　B. 折中　　　　C. 对抗　　　　D. 规避

解析 企业利益相关者运用对抗模式处理矛盾与冲突，目的在于使对方彻底就范，根本不考虑对方的要求，并坚信自己有能力实现所追求的目标。天奇公司向对方提出抗议并准备诉诸法律，对方退让，所以该做法属于对抗。

答案 C

考点加油站

第一章 战略与战略管理概述

- **公司战略管理**
  - **公司战略的基本概念**
    - 公司战略的定义
      - 传统概念
      - 现代概念（综合概念）
    - 公司的使命与目标
      - 公司使命
        - 公司目的
        - 公司宗旨
        - 经营哲学
      - 公司目标
        - 财务目标体系
        - 战略目标体系
    - 公司战略的层次
  - **战略创新管理**
    - 战略管理的内涵
    - 战略管理的特征——综合性；高层次；动态性
    - 战略管理过程——战略分析→战略选择→战略实施
    - 战略创新是什么
    - 创新的重要性
    - 战略创新的类型——产品创新；定位创新；流程创新；范式创新
    - 探索战略创新的不同方面——新颖程度；基础产品和产品家族；层面；时机
    - 战略创新的情境——建立创新型组织（7个组成要素）；制定创新的战略
    - 创新管理的主要过程——搜索→选择→实施→获取
    - 创新管理流程模型
  - **战略管理中的权力与利益相关者**
    - 企业主要利益相关者——内部/外部
    - 企业利益相关者的利益与矛盾均衡
      - 投资者与经理人员
      - 企业员工与企业
      - 企业利益与社会效益
    - 权力与战略过程
      - 权力 VS 职权
      - 权力的来源
      - 权力的运用——对抗/和解/折中/协作/规避

章末总结

8%

第二章 战略分析

轻装上阵

本章讲什么？

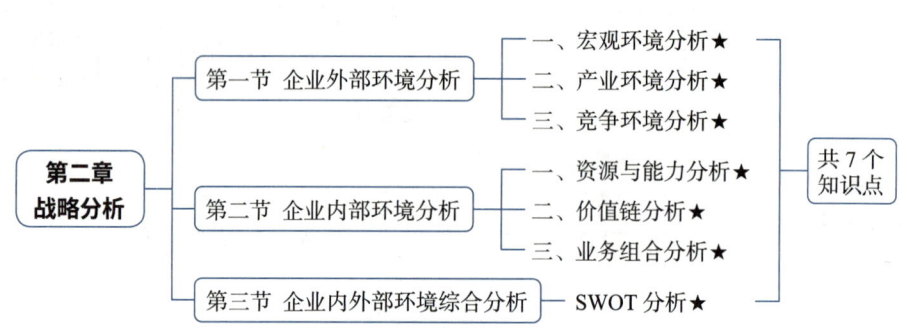

本章开始，我们就正式进入了"战略管理过程"的学习，而战略分析正是战略管理过程的第一个环节。企业若想制定出符合企业现状和目标的战略，就需要了解自身所处的环境（观察环境——第一节"外部环境分析"）并知道自己具备的条件（内视自身——第二节"内部环境分析"），也就是常说的"知己知彼，百战不殆"。

那么，企业应该如何对外部环境进行分析呢？企业之外，包括宏观的影响整个社会的大环境，也包括企业所处产业的环境，这更是企业与竞争对手直接竞争的环境。本章将介绍从宏观环境到产业环境再到竞争环境的各种分析工具。分析外部环境有众多模型，分析企业自身条件同样需要不少工具：这些工具能够帮助企业了解自身具备哪些资源和能力，即"硬件和软件"；具有哪些生产经营活动，它们之间有哪些关系，以及经营的各项业务表现如何。而内外部环境的分析结果综合运用的模型（第三节"SWOT 分析"）将告诉企业日后如何做出战略选择（第三章内容）。

本章如何考？

本章在考试中属于重要章节，在单选题、多选题和简答题中都有出现，每年考查分值为 15~25 分。同时，考试也会将本章知识点如五力模型、企业资源与能力分析、SWOT 分析等与其他章节的知识点相结合，进行综合题的命题。

本章怎么学？

学习本章，理清各个模型的用途和特点尤为重要，需要同学们不断总结和复习，对于宏观环境分析与产业环境分析的相关内容，近几年主观题考查频率上升，需要同学们注意相关内容的背记。在资源与能力分析部分，要格外关注企业的资源与能力分析，2024年的教材做了部分内容修订，本着注协一贯"考新考重"的出题偏好，需要引起同学们的重视。关于价值链分析、业务组合分析与SWOT分析，同学们应通过加强客观题的训练来进行巩固辨析。

2024年本章主要变化

2024年教材修订了本章第二节"企业内部环境分析—核心能力的特征"的部分内容；修改了"企业资源分析—企业资源的类型"部分文字描述，且扩充举例，建议考生关注。

考点冲浪

第一节 企业外部环境分析

一、宏观环境分析★★★

宏观环境因素主要由政治和法律因素（political factors）、经济因素（economical factors）、社会和文化因素（social factors）和技术因素（technological factors）四大类组成。所以，宏观环境分析又称PEST分析，见图2-1。

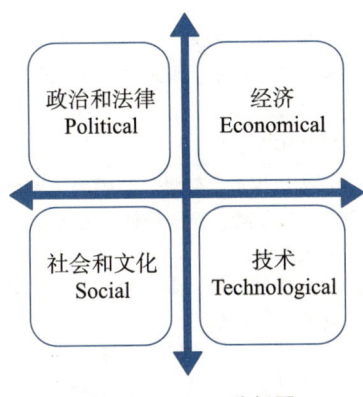

图2-1 PEST分析图

宏观环境四种要素的首字母组合为PEST，主要的PEST因素见表2-1。

敲黑板

PEST分析为每年必考知识点，同学们在记忆四要素名称的基础上，应深刻理解每一种要素分析内容的含义，并可以根据案例从机会和威胁两个角度分析企业所面对的宏观环境。PEST分析各因素重在关键词：若题目中出现"政府或国家""政府或国家推行政策"或"法律"等则归纳为政治和法律环境因素；若题目中有经济指标，或出现"经济增长""经济发展"等字眼则归纳为经济环境因素；若与人们的生活方式、生活态度、消费观念、消费环境相关，则属于社会和文化环境因素；若是因市场或者行业的技术趋势导致某种现象，或者出现"技术""科技"等字眼则归纳为技术环境因素。

表 2-1 宏观环境因素汇总

四要素名称	含义	分析内容
政治和法律因素（P）	指那些制约和影响企业的政治要素和法律系统，及其运行状态	政治因素分析包括： (1) **企业所在国家和地区的政局稳定状况**。 (2) **政府行为对企业的影响**。 (3) **执政党的态度和政策**以及政策的连续性和稳定性。 (4) **各政治利益集团**对企业活动产生的影响。 法律法规存在的四大目的： (1) **保护企业**，反对不正当竞争。 (2) **保护消费者**，包括商品包装、商标、食品卫生、广告等方面的法规。 (3) **保护员工**，包括员工招聘和工作条件的健康与安全方面的法规。 (4) **保护公众权益**，免受不合理企业行为的损害
经济因素（E）	指构成企业生存和发展的社会经济状况及国家的经济政策	(1) **社会经济结构**，一般包括产业结构、分配结构、交换结构、消费结构和技术结构等。 (2) **经济发展水平与状况**。经济发展水平是指一国经济发展的规模、速度和所达到的水平，常用指标为国内生产总值（GDP）、人均 GDP 和经济增长速度。经济发展状况会影响一个企业的财务业绩。经济的增长率取决于商品和服务需求的总体变化，其他影响因素包括税收水平、通货膨胀率、贸易差额和汇率、失业率、利率、信贷投放以及政府补助等。 (3) **经济体制**，通常是指国家经济组织的形式，它规定了各经济主体之间的关系，通过一定管理手段和方法调控或影响社会经济流动的范围、内容和方式等。 (4) **宏观经济政策**，包括综合性的全国发展战略和财政政策、货币政策、产业政策、国民收入分配政策等。 (5) **其他经济条件**，如工资水平、供应商及竞争对手产品和服务的价格变化等
社会和文化因素（S）	指企业所处的社会结构、社会风俗和习惯、信仰和价值观念、行为规范、生活方式、文化传统、人口规模与地理分布等因素的形成和变动	(1) **人口因素**。变量：结婚率、离婚率、出生率、死亡率、平均寿命、人口年龄、地区分布、民族比例、性别比例、教育水平差异、生活方式差异。 (2) **社会流动性**，多指阶层之间的转换和差异、财富差异以及不同区域的人口分布。 (3) **消费心理**。求同、求异、攀比、求实。 (4) **生活方式变化**。人们对物质需求会越来越高，对社交、自尊、求知、审美等精神需求也会越来越强烈。 (5) **文化传统**。一个国家或地区在较长历史时期内形成的一种社会习惯。 (6) **价值观**：社会公众评价各种行为的观念和标准
技术因素（T）	指企业所处环境中的科技要素及与该要素直接相关的各种社会现象的集合	(1) **国家科技体制**。 (2) **科技政策**。 (3) **科技水平**。 (4) **科技发展趋势**

> **名师说** 拓展：PEST 因素补充

政治和法律环境	经济环境	社会和文化环境	技术环境
税法的变化	向服务经济转型	交通拥堵	互联网技术
特别关税	可支配收入水平	工作态度	电子商务技术
专利法的变化	工人的生产率水平	购买习惯	高新技术
环境保护法	股市走势	伦理问题	无线电技术
国防支出水平	收入差距	储蓄倾向	技术革新
反垄断法	货币/财政政策	投资倾向	
进出口条例	税率	节约能源	
政府的财政和货币政策变化		品味和偏好的变化	
政府预算的水平			

经典例题 2-1 （2021年·简答题）

2013年12月，红宝宝公司以海外购物攻略为切入点，建立了个分享境外购物经验笔记和攻略的 UGC（用户创造内容）手机 APP 社区平台。在这一阶段，平台围绕社区建设，注重培养跨境购物领域 KOL（关键意见领袖），社区积累了大量优质内容，获得了第一批具有真实跨境购物需求的用户。

随着中国经济的迅速发展，消费者境外购物的需求不断增加。2014年7月，政府有关部门相继出台两个关于规范和监管跨境贸易电子商务的公告，从政策层面上认可了跨境电商业务。2014年12月，红宝宝公司正式上线电商渠道，结合社区和数据选品实现商业闭环。在这一阶段，公司着重加强电商板块，充分发挥前期社区优质内容的深厚积累，推动社交功能与网购功能并行。经过对商业模式的摸索，公司找到了自己的定位——社交内容电商平台。借助迅猛发展的数字技术，公司实现了智能内容分发，通过个性化推荐提升转化率，电商品牌也从海外逐渐拓展到"海外+本土"。

红宝宝公司基于其目标人群的特征，即一、二线城市的年轻女性，将其内容定位为：标记自己的生活，把与生活息息相关的事物或经验传递给他人。平台将内容细分为：时尚穿搭、护肤、发型、彩妆、动漫、音乐、食谱、运动健身、旅游、摄影、明星等30余个类别，以满足年轻女性日益增长的对时尚、娱乐、情感交流以及精致生活的全方位需求。通过普通用户对这些内容的分享和传递，其他用户内心的共鸣被引起，同时产生对该产品的购买欲，他们之后即可直接在红宝宝商城进行购买。公司开创的社交内容电商平台，充分挖掘了消费者、商家、创造者和平台方的价值创造潜力，引领着价值共创共享的时代潮流。

截至2019年7月，红宝宝平台用户突破3亿人，未来依旧有较大发展空间。

要求：

从宏观环境（PEST）的角度分析红宝宝公司所抓住的发展机遇。

答案 ①政治和法律环境。"2014年7月，政府有关部门相继出台两个关于规范和监管跨境贸易电子商务的公告，从政策层面上认可了跨境电商业务"。

②经济因素环境。"随着中国经济的迅速发展，消费者境外购物的需求不断增加"。

③社会和文化环境。"以满足年轻女性日益增长的对于时尚、娱乐、情感交流以及精致生活的全方位需求"。

④技术环境。"借助迅猛发展的数字技术……"。

二、产业环境分析

产业的常用定义：一个产业是由一群生产相似替代品的公司组成的。

产业环境分析在考试中包括以下三个知识点：产品生命周期，产业五种竞争力，成功关键因素分析。

（一）产品生命周期★★★

关于生命周期是适合用于个别产品还是适用于整个产业存在争论，全国注册会计师统一考试中产品生命周期理论既适用于产业也适用于产品。但是在这里波特教授概括了适用于产业的观点。

产业发展要经过四个阶段：导入期、成长期、成熟期和衰退期。这些阶段是以**产业销售额增长率曲线的拐点**划分。产业的增长与衰退由于新产品的创新和推广过程而呈"S"形，四阶段销量变化见图2-2。

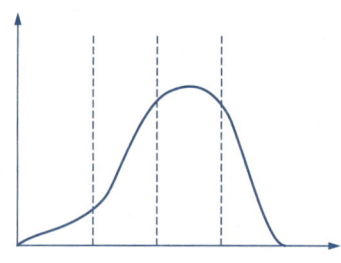

图2-2 产品生命周期

波特总结了常见的关于产业在其生命周期中如何变化以及它如何影响战略，四阶段的特征变化以及战略变化见表2-2。

表2-2 产品生命周期四阶段比较

内容名称	导入期	成长期	成熟期	衰退期
产品特征	**不成熟** 设计新颖，但产品质量有待提高。产品类型、特点、性能和目标市场方面尚在不断发展变化当中	**差异化** 各厂家的产品在技术和性能方面有较大差异。消费者对质量的要求不高	**标准化** 产品逐步标准化，差异不明显，技术和质量改进缓慢	**差别小** 各企业的产品差别小，因此价格差异也会缩小。为降低成本，产品质量可能会出现问题
销量	**小，增长慢** 产品用户很少，只有高收入用户会尝试新的产品	**销量节节攀升** 产品销量上升，产品的销售群已经扩大	**市场饱和** 市场巨大，但已经基本饱和。新的客户减少，主要靠老客户的重复购买支撑	**下降** 客户对性价比要求很高
成本	**高** 为了说服客户购买，导入期的产品营销成本高，广告费用大，而且销量小，产能过剩，生产成本高	**单位成本下降** 广告费用较高，但是每单位销售收入分担的广告费在下降。生产能力不足，需要向大批量生产转换，并建立大宗分销渠道	**稳定** 生产稳定，局部生产能力过剩	**低** 产能严重过剩，只有大批量生产并有自己销售渠道的企业才具有竞争力

续表

内容名称	导入期	成长期	成熟期	衰退期
竞争	**很少** 只有很少的竞争对手	**加剧** 市场扩大，竞争者涌入，出现兼并	**最激烈** 挑衅性的价格竞争	**下降** 有些竞争者先于产品退出市场
利润	**较低** 产品的独特性和客户的高收入使价格弹性小，可以采用高价格、高毛利的政策，但是销量小使得净利润较低	**最高** 产品价格最高	**适中** 产品价格开始下降，毛利率和净利润率都下降，利润空间适中	**低，有望稍上扬** 产品的价格、毛利都很低，只有到后期，多数企业退出后，价格才有望上扬
经营风险	**非常高** 各项经营存在很大不确定性	**较高** 仍然维持在较高水平，但有所下降。主要是因为随着竞争激烈，市场的不确定性增加，但是产品本身的不确定性在降低	**中** 销售额和市场份额、盈利水平都比较稳定，现金流量变得比较容易预测。经营风险主要是稳定的销售额可以持续多长时间，以及总盈利水平的高低	**低** 进一步降低，主要的悬念是什么时间产品将完全退出市场
战略目标	**扩大市场份额** 企业的规模可能会非常小，目标是扩大市场份额，争取成为"领头羊"	**争取最大市场份额** 争取最大市场份额，并坚持到成熟期的到来	**巩固市场份额的同时提高投资报酬率** 因为扩大市场份额已经变得很困难	**防御** 首先是防御，获取最后的现金流
战略路径	**研发** 投资于研究开发和技术改进，提高产品质量	**市场营销** 此时是改变价格形象和质量形象的好时机	**提高效率，降低成本**	**控制成本** 如缺乏成本控制的优势，就应采用退却战略，尽早退出

> **名师说**
> （1）产品生命周期指的是产品经过研发、生产、投向市场并最终被市场淘汰的过程，若指的是产业，则为产业的演变过程。
> （2）经营风险指的是由于生产经营变动或市场环境改变导致企业未来的盈利或成本发生变化，企业存在经营失败或发生损失的可能性。导入期的经营风险非常高，是因为研制产品能否成功、研制成功的产品能否被顾客接受、被顾客接受的产品又能否达到经济生产规模、可以达到规模生产的产品又能否取得相应的市场份额等问题，都存在很大的不确定性。也就是说，新产品只有成功和失败两种可能性，成功便会进入到下一阶段——成长期，失败则连前期投入的研发、设备和开拓市场的成本都无法收回。

产品生命周期理论的局限性：
（1）各阶段的**持续时间随产业的不同而不同**，且产业处于生命周期的哪一个**阶段通常不清楚**。

敲黑板

注意四阶段的特征区分。考试中常出现根据关键词判断所处阶段的题目。四个阶段最主要、最明显的性质需要稍加记忆：

导入期：产品不成熟并且销量小，各项成本费用都很高，利润最低，产能过剩，需要扩大市场份额。

成长期：产品差异化且销量上升快，产品价格和净利润最高（市场供小于求），产能不足，需要争取最大市场份额。

成熟期：产品标准化并且销量达峰值，竞争者之间出现价格战，利润空间适中，市场基本饱和，局部产能过剩，需要巩固市场份额。

衰退期：产品差别小且销量开始下降，有些竞争者先于产品退出市场，产能严重过剩，需要防御以获取最后现金流。

（2）产业的**增长并不总是"S"形**。有的产业跳过成熟阶段，直接从成长走向衰亡；有的产业在经过一段时间衰退之后又重新上升；还有的产业似乎完全跳过了导入期这个缓慢的起始阶段。

（3）**公司可**通过产品创新和产品重新定位来**影响增长曲线的形状**。若公司认定生命周期一成不变，那就成为一种没有意义的预言。

（4）与生命周期每一阶段相联系的**竞争属性随着产业的不同而不同**。

▎经典例题 2-2　（2018年·单选题）

近年来，国产品牌智能手机企业强势崛起，出货量迅猛增长，与国际品牌智能手机在市场上平分秋色。中低端智能手机市场基本被国产智能手机占领，新进入者难以获得市场地位。同时，由于运营商渠道调整，电商等渠道比重加大。产品"同质化"现象加剧，"价格战"日趋激烈。根据上述情况，国内智能手机产业目前所处于生命周期阶段是（　　）。

A. 成长期　　　　　B. 导入期　　　　　C. 衰退期　　　　　D. 成熟期

（解析）"同质化"现象加剧，"价格战"日趋激烈，属于成熟期的特征。

（答案）D

▎经典例题 2-3　（多选题）

下列关于产品生命周期的表述中，正确的有（　　）。

A. 成熟期开始的标志是竞争者间出现挑衅的价格竞争
B. 与产品生命周期每一阶段相联系的竞争属性随着产业的不同而不同
C. 一个产业所处生命周期具体阶段通常比较清晰
D. 从产业销售额增长率曲线的拐点划分，产品生命周期可划分为导入期、成长期、成熟期和衰退期4个阶段

（解析）各阶段的持续时间随产业的不同而不同，产业处于生命周期的哪一个阶段通常不清楚。因此选项C错误。

（答案）ABD

（二）产业五种竞争力★★★（记忆）

波特认为，每一个产业中都存在五种基本竞争力量，即潜在进入者、替代品、购买者、供应者和现有竞争者之间的抗衡，见图2-3。

五力模型-潜在进入者的进入威胁-知识精讲

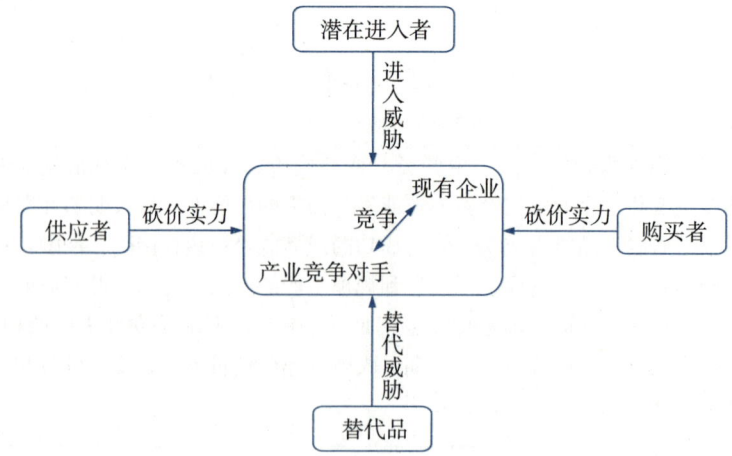

图2-3　产业竞争格局

1. 潜在进入者的进入威胁

潜在进入者将在两个方面减少现有厂商的利润：

第一,进入者会瓜分原有的市场份额,获得一些业务;
第二,进入者减少了市场集中,从而激发现有企业间的竞争,减少利润。
进入威胁的大小取决于呈现的进入障碍,见表2-3。

表2-3 进入威胁的影响因素

决定进入壁垒高度的主要因素	结构性障碍	(1) **规模经济**; (2) **现有企业对关键资源的控制**(表现为对资金、专利或专有技术、原材料供应、分销渠道、学习曲线等资源及资源使用方法的积累与控制); (3) **现有企业的市场优势**(品牌优势、政府政策)
	行为性障碍 (或战略性障碍)	(1) **限制进入定价**; (2) **进入对方领域**

名师说

(1) 结构性障碍是新进入者在进入产业之前面对的来自**产业结构的挑战**,行为性障碍是现有企业对新进入者实施的**报复手段**。不管是结构性障碍还是行为性障碍,只要进入障碍较高,则潜在进入者的进入威胁就会变小。也就是说,进入障碍高,对新进入者不利,对现有企业有利。

(2) 在结构性障碍中,学习曲线与规模经济往往交叉地影响产品成本的下降水平。区别因学习曲线所产生的学习经济和因规模而产生的规模经济很有必要:

规模经济使经济活动在处于一个比较大的规模时,能够以较低的单位成本进行生产;学习经济是由于累积经验导致的单位成本的减少。

即使学习经济很小的情况下(即累积产量导致的成本下降),规模经济也可能是很大的,这通常在简单资本密集型生产中产生,比如铝罐制造。

在规模经济很小时(即因规模导致的单位成本下降),学习经济也可以很大,这存在于复杂的劳动密集型产业,比如计算机软件开发。

(3) 在行为性障碍中,限制进入定价对于有技术优势的、需要大量投资的市场非常有利,现有企业会通过实施低价来告诉新进入者自己是低成本的,进入则无利可图;进入对方领域是寡头垄断企业常用的手段,目的就是占据先机,采取主动攻势来避免新进入者为自己带来的风险。

(4) **结构性障碍举例**:
①国内某市鲜奶品牌控制本市的鲜奶销售网络。
②美国某复印机公司出租复印机而不是销售,使流动资金需求大大增加。
③国内某饮料品牌依靠产品差异化优势占据65%的市场份额。

行为性障碍举例:
①国内微波炉行业老大G集团大幅度降低价格,以阻止生产空调的M集团进入。
②美国西海岸生产咖啡的F公司在进入东海岸的S公司领地时,S公司立即在西海岸加强销售。
③国内Q省D啤酒公司收购B省两家啤酒公司进入B省后,B省Y啤酒公司也收购了Q省三家啤酒公司,进入Q省。

敲黑板

波特教授将结构性障碍作了七分类:规模经济、产品差异、资金需求、转换成本、分销渠道、其他优势及政府政策。贝恩将这七种障碍归纳为三种主要进入障碍:规模经济、现有企业对关键资源的控制、现有企业的市场优势。

历年试题全部表现为"考试时如无特别说明,默认考核贝恩三分类"。

2. 替代品的替代威胁

产品替代的种类见表2-4。

表2-4 产品替代的种类

种类名称	解释
直接产品替代	即某一种产品直接取代另一种产品，如苹果计算机取代微软计算机
间接产品替代	即由能起到相同作用的产品非直接地取代另外一些产品，如人工合成纤维取代天然布料

名师说

(1) 关于界限问题：直接与间接是相对的概念，取决于对产业边界的大小界定。

(2) 关于替代规律：老产品能否被新产品替代主要取决于两种产品的性能—价格比（价值=功能/成本）的比较，即价值高（物美价廉）的产品获得竞争优势。对老产品来说，当替代品的威胁日益严重时，老产品已处于成熟期或衰退期，因此，老产品提高产品价值的主要途径是降低成本与价格。

(3) 关于共存问题：替代品的替代威胁并不一定意味着新产品对老产品最终的取代。几种替代品长期共存也是很常见的情况，比如运输工具火车、汽车、飞机、轮船长期共存。

(4) **替代品威胁举例**：
①国内生产录像机 HL 集团彻底失败的原因在于 VCD 产品替代录像机。
②电脑排版取代铅字排版，使印刷机械产品市场被取代。
③模拟电视机生产厂家通过降价应对当时技术还不稳定、成本较高的数字彩电。

3. 供应者、购买者讨价还价的能力

对购买者来说，希望购买到的产品物美而价廉；而对供应者来说，则希望提供的产品质次而价高。购买者和供应者讨价还价的能力大小，取决于它们各自以下几个方面的实力（参见表2-5）：

表2-5 购买者和供应者的议价能力分析

敲黑板

供应者、购买者讨价还价的能力是选择题的常考点，也是易错点。注意，买方和卖方的议价能力刚好相反。

五力模型-供应者、购买者讨价还价的能力-知识精讲

实力方面	购买者议价能力高	供应者议价能力高
集中程度或业务量大小	购买者集中度高，业务量大	供应者集中度高
产品差异化程度与资产专用性程度	供应者的产品是标准化产品或者没有差别	供应者的产品存在差异化，替代品无法与其竞争
纵向一体化程度	购买者实行部分一体化或存在后向一体化的现实威胁	供应者表现出前向一体化的现实威胁
信息掌握的程度	购买者充分了解需求、实际市场价格，甚至供应者的成本等方面信息	供应者充分掌握购买者的有关信息，了解购买者的转化成本
劳动力	普通劳动力	劳工紧地团结起来或者稀缺劳动力的供应受到某些限制无法增加

> （1）集中度指的是某行业相关市场内部前几家企业所占市场份额的总和。集中度越高，则说明相关主体数量越少。比如，对卖方市场来说，少数几家公司形成垄断，销售给较为零散的消费者，则公司就会在价格、质量等条件上对买方实施压力。
> （2）纵向一体化是企业沿着经营链条的纵向（即上下游方向）进一步发展。具体分为前向一体化，即向销售商（下游企业）方向延伸；以及后向一体化，即向供应商（上游企业）方向延伸。详细的实施条件、风险等内容，我们会在"战略选择"章节进行学习。
> （3）信息掌握的程度中，转化成本是站在消费者角度说的，是消费者在不同供应商那里购买产品所付出的代价。
> （4）劳动力也是供应者的一部分，当劳工紧紧地团结起来或者稀缺劳动力的供应受到某些限制无法增加时，劳务供应方的势力就会很强大，该观点在"战略实施的利益相关者的权力来源"知识点中已经得到证实。
> （5）**供应者、购买者讨价还价能力举例**：
> ①大型超市以规模经济优势增强对供应者的讨价还价能力。在高度垄断产业中，消费者不得不承受质次价高的产品和服务。
> ②外商不肯对国内企业需求的外购件降价的原因，在于国内产品还不能替代国外产品。
> ③随着国内家用电器质量水平的提高，导致国际产品也参与到国内品牌产品的价格竞争。
> ④美国汽车公司通常使用"自己生产"一部分零部件这一筹码作为讲价手段而著称。

4. 产业内现有企业的竞争

产业内现有企业的竞争在下面几种情况下可能是很激烈的：
(1) 产业内有**众多的或势均力敌的竞争对手**。
(2) 产业**发展缓慢**。
(3) 顾客认为所有的**商品都是同质的**。
(4) 产业中存在**过剩的生产能力**。
(5) 产业**进入障碍低而退出障碍高**。

> 产业发展缓慢会导致现有市场饱和，相当于产业进入了成熟期甚至演变为衰退期，因此企业竞争激烈。产业内现有企业的竞争这部分内容，我们将会在以后的"竞争环境分析"这一知识点中进行深入分析，此处大致了解即可。

5. 五种竞争力量的应对

五种竞争力分析表明产业中所有公司都必须面对产业利润的威胁力量。因此，公司必须寻求以下几种战略来对抗这些竞争力量：
(1) 公司必须自我定位，利用**成本领先和差异优势**把公司与五种竞争力相隔离，从而超过竞争对手。

（2）公司必须识别在产业的哪一个细分市场中，五种竞争力的影响更少一点，即波特提出来的"集中战略"。

（3）公司必须努力去改变这五种竞争力，比如通过建立长期战略联盟来减少讨价还价。

> **名师说** 对付五种竞争力的战略，其实就是"战略选择"章节的三种基本竞争战略，在"战略选择"章节会有详细的讲解。

6. 五力模型的局限性

（1）该分析模型基本上是**静态的**，然而，现实中竞争环境始终在变化。这些变化可能从高变低，也可能从低变高，其变化速度比模型所显示的要快得多。

（2）该模型能够确定行业的盈利能力，但是**对于非营利机构**，有关获利能力的**假设可能是错误的**。

（3）该模型基于这样的**假设**：即一旦进行了这种分析，**企业就可以制定企业战略来处理分析结果**，但这只是一种理想的方式。

（4）该模型**假设战略制定者可以了解整个行业**（包括所有潜在的进入者和替代产品）的信息，但这一假设在现实中并不存在。对于任何企业来讲，在制定战略时掌握整个行业的信息既不可能也无必要。

（5）该模型**低估了**企业与供应商、客户或分销商、合资企业之间**可能建立长期合作关系**以减轻相互之间威胁的可能性。

（6）该模型对**产业竞争力的构成要素考虑不够全面**。哈佛商学院教授大卫·亚非认为，任何一个产业内部都存在不同程度的**互补互动（指互相配合一起使用）的产品或服务业务**，见图2-4。

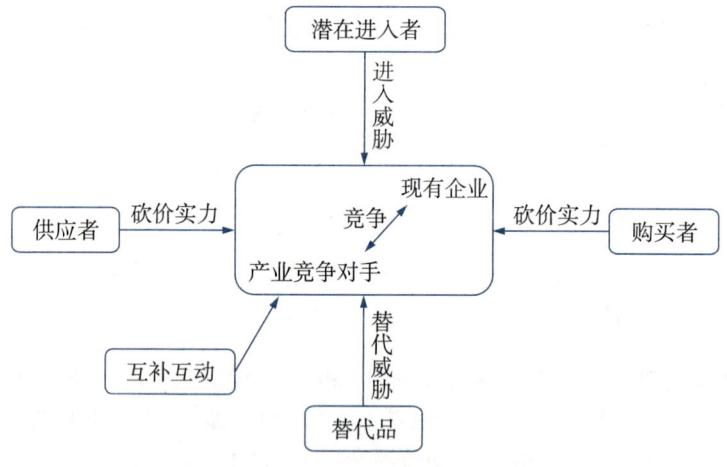

图2-4 产业竞争力的第六种要素

五力模型-潜在进入者的进入威胁-例题解析

▎**经典例题2-4** （2019年·单选题）

龙苑公司是一家制作泥塑工艺品的家族企业。该公司成立100多年来，经过世代相传积累了丰富的泥塑工艺品制作经验和精湛技艺，产品远销国内外。目前一些企业试图进入泥塑工艺品制作领域。根据上述信息，龙苑公司给潜在进入者设置的进入障碍是（　　）。

A. 资金需求　　　B. 学习曲线　　　C. 分销渠道　　　D. 行为性障碍

【解析】学习曲线是由于累积经验和专有技术而导致的单位成本的减少。"经过世代相传积累了丰富的泥塑工艺品制作经验和精湛技艺,产品远销国内外"体现的是学习曲线。因此选项B正确。

【答案】B

经典例题 2-5 （单选题）

2007～2013年,S公司在作为P公司最大的元器件和闪存供应商的同时,推出了系列智能手机和平板电脑,成为P公司在智能手机和平板电脑市场主要的竞争对手。P公司很想摆脱对S公司的依赖,但由于S公司在生产关键零部件方面的能力显著强于其他公司,因而在短期内P公司仍然离不开S公司。这一案例中,影响S公司对P公司讨价还价能力的主要因素是( )。

A. 业务量
B. 产品差异化程度与资产专用性程度
C. 信息掌握程度
D. 纵向一体化程度

五力模型-供应者、购买者讨价还价的能力-例题解析

【解析】"S公司在生产关键零件方面的能力显著强于其他公司"是产品差异化程度和资产专用性程度。

【答案】B

经典例题 2-6 （2020年·简答题）

随着国内消费的不断升级,中高端产品日益成为酒业的消费热点。由于高端白酒在窖池、工艺、环境、品牌等多方面的进入门槛很高,高端白酒长期处于供小于求的状态,使其对消费者具有更强的议价能力。此外,高端白酒通常具备一定的收藏价值,这对价格不太敏感的高端酒客户来说更具吸引力。一些以中端酒为主的酒企开始转型升级、调整产品结构、增加高端产品的占比,以适应国内消费升级的变化趋势。此外,对国内白酒业整体而言,进口红酒的冲击不可小视。在如今的商务宴请中,喝红酒的人越来越多,进口红酒抢占了一定的市场份额。

S省酒业具有悠久的历史。改革开放后,S省白酒的地理优势、技术优势和人才优势逐步凸显,白酒产业迅速发展,保持着较强的盈利能力。S省既有多家全国品牌大企业,也有诸多地方品牌中小企业。2019年1月,S省白酒行业协会推出的《白酒产业振兴发展培育方案》指出,要做专、做优、做强白酒名优企业,提升企业效益,增强企业核心竞争力,支持名优企业通过兼并、收购等多种方式整合省内中小企业;支持名优企业之间强强联合、战略合作,推进白酒产业与旅游文化产业的融合发展,充分发挥S省得天独厚的旅游文化资源等。

作为国内名优白酒品牌的龙头企业之一,S省臻老窖公司近年来实施一系列战略举措,以打造其在高端白酒业的竞争优势。

(1) 采取"公司+农户"的订单模式,大力开发建设生态酿酒原料生产基地,从源头上把好质量关;

(2) 启动"酿酒废弃物热化学能源化与资源化耦合利用技术"研究项目,为实现"高粱种植→白酒酿造→固废资源化利用→优质高粱种植→优质白酒酿造"的绿色循环产业链打下坚实基础;

(3) 投资实施智能化包装中心技改项目,打造自动化、智能化的现代化包装基地,推动公司包装物流体系的转型升级;

（4）通过音乐、艺术等国际通用的"语言"将白酒文化传播到世界各地，拓展海外市场，抵消了部分进口红酒在国内市场的替代威胁。

要求：

从五种竞争力分析角度，简要分析致臻老窖公司在高端白酒业所具备的竞争优势。

【答案】①潜在进入者的进入威胁。"由于高端白酒在窖池、工艺、环境、品牌等多方面的进入门槛很高"。

②购买者讨价还价能力。"高端白酒长期处于供小于求的状态，使其对消费者具有更强的议价能力。此外，高端白酒通常具备一定的收藏价值，这对价格不太敏感的高端酒客户来说更具吸引力"。

③供应者讨价还价能力。"采取'公司+农户'的订单模式，大力开发建设生态酿酒原料生产基地，从源头上把好质量关"。

④替代品的替代威胁。"对国内白酒业整体而言，进口红酒的冲击不可小视。在如今的商务宴请中，喝红酒的人越来越多，进口红酒抢占了一定的市场份额"；"通过音乐、艺术等国际通用的'语言'将白酒文化传播到世界各地，拓展海外市场，抵消了部分进口红酒在国内市场的替代威胁"。

⑤同业竞争。"高端白酒长期处于供小于求的状态"；"一些以中端酒为主的酒企开始转型升级、调整产品结构、增加高端产品的占比"；"作为国内名优白酒品牌的龙头企业之一"。

（三）成功关键因素分析★★★

成功关键因素是指公司在特定市场获得盈利必须拥有的**技能和资产**。

1. 成功关键因素随产业的不同而不同

成功关键因素分析相关内容见表2-6。

表2-6 成功关键因素分析相关内容

部门类别	成功关键因素
啤酒	批发分销网络、充分利用酿酒能力、上乘的广告
服装	设计和色彩组合、低成本制造效率
铝罐	生产工厂的位置
铀、石油	原料资源
船舶制造、炼钢	生产设施
航空、高保真音响	设计能力
纯碱、半导体	生产技术
百货商场、零部件	产品范围、花色品种
大规模集成电路、微机	工程设计和技术能力
电梯、汽车	销售能力、售后服务
啤酒、家电	销售网络

2. 随着产品寿命周期的演变，成功关键因素也发生变化

具体内容见表 2-7。

表 2-7 随着产品寿命周期的演变，成功关键因素的变化

阶段	导入期	成长期	成熟期	衰退期
市场	广告宣传，了解需求，开辟销售渠道	建立商标信誉，开拓新销售渠道	保护现有市场，渗入别人的市场	选择市场区域，改善企业形象
生产经营	提高生产效率，开发产品标准	改进产品质量，增加花色品种	加强和顾客的关系，降低成本	缩减生产能力，保持价格优势
财力	利用金融杠杆	集聚资源以支持生产	控制成本	提高财务管理和控制系统的效率
人力资源	使员工适应新的生产和市场	提升生产和技术能力	提高生产效率	面向新的增长领域
研究开发	掌握技术秘诀	提高产品的质量和功能	降低成本，开发新品种	面向新的增长领域

随着产品寿命周期的演变成功关键因素的变化-知识精讲

3. 同一产业中的各个企业，也可能对该产业成功关键因素有不同的侧重

在零售业中，**沃尔玛侧重于**卫星定位系统支持下的系统、高效、完善的物流配送体系，以及在此基础上的与供应商的良好发展关系；

家乐福侧重于鲜明的市场布局策略、兼有廉价性和综合性的大卖场的业态选择以及对消费者心理的准确把握等。

> **名师说**
>
> 以下补充几种**常见的成功关键因素**。
> **与技术相关的成功关键因素：**
> （1）科学研究技能（在如制药产业、空间探测以及其他一些高科技产业中尤为重要）；
> （2）在产品生产工艺和过程中进行有创造性的改进的技术能力；
> （3）产品革新能力；
> （4）在既定技术上的专有技能；
> （5）运用因特网发布信息、承接订单、送货或提供服务的能力。
> **与制造相关的成功关键因素：**
> （1）低成本生产效率（获得规模经济，取得经验曲线效应）；
> （2）固定资产很高的利用率（在资本密集型/高固定成本的产业中尤为重要）；
> （3）低成本的生产工厂定位；
> （4）能够获得足够的娴熟劳动力；
> （5）劳动生产率很高（对于劳动力成本很高的商品来说尤为重要）；
> （6）成本低的产品设计和产品工程（降低制造成本）；
> （7）能够灵活地生产一系列的模型和规格的产品以照顾顾客的订单。
> **与分销相关的成功关键因素：**
> （1）强大的批发分销商/特约经销商网络（或者拥有通过互联网建立起来的电子化的分销能力）；

（2）能够在零售商的货架上获得充足的空间；
（3）拥有公司自己的分销渠道和网点；
（4）分销成本低；
（5）送货很快。

与市场营销相关的成功关键因素：
（1）快速准确的技术支持；
（2）礼貌的客户服务；
（3）顾客订单的准确满足（订单返回很少或者没有出现错误）；
（4）产品线和可供选择的产品很宽；
（5）商品推销技巧；
（6）有吸引力的款式/包装；
（7）顾客保修和保险（对于邮购零售、大批量购买以及新推出的产品来说尤为重要）；
（8）精明的广告。

与技能相关的成功关键因素：
（1）劳动力拥有卓越的才能（对于专业型的服务，如会计和投资银行，这一点尤为重要）；
（2）质量控制诀窍；
（3）设计方面的专有技能（在时装和服装产业尤为重要，对于低成本的制造也是一个关键的成功因素）；
（4）在某一项具体的技术上的专有技能；
（5）能够开发出创造性的产品和取得创造性的产品改进；
（6）能够使最近构想出来的产品快速地经过研究与开发阶段到达市场上的组织能力；
（7）卓越的信息系统（对于航空旅游业、汽车出租业、信用卡行业和住宿业来说是很重要的）；
（8）能够快速地对变化的市场环境作出反应（简捷的决策过程，将新产品推向市场的时间很短）；
（9）能够娴熟地运用互联网和电子商务的其他侧面来做生意；
（10）拥有比较多的经验和诀窍。

其他类型的成功关键因素：
（1）在购买者中间拥有有利的公司形象/声誉；
（2）总成本很低（不仅仅是在制造中）；
（3）便利的设施选址（对于很多的零售业务都很重要）；
（4）公司的职员在与所有顾客打交道的时候都很礼貌、态度和蔼可亲；
（5）能够获得财务资本（对那些最新出现的有着高商业风险的新兴产业和资本密集型产业来说是很重要的）；
（6）专利保护。

经典例题 2-7 （2019 年·多选题）

近几年 VR（虚拟现实）产品的销售量节节攀升，顾客群逐渐扩大；不同企业的产品在技术和性能方面有较大差异；消费者对产品质量的要求不高。从市场角度看，现阶段 VR 行业的成功关键因素有(   )。

A. 建立商标信誉　　　　　　B. 保护现有市场
C. 开拓新销售渠道　　　　　D. 改善企业形象

【解析】"销售量节节攀升，顾客群逐渐扩大；不同企业的产品在技术和性能方面有较大差异；消费者对产品质量的要求不高"属于成长期，成功关键因素为建立商标信誉，开拓新销售渠道。

【答案】AC

随着产品寿命周期的演变成功关键因素的变化-例题解析

三、竞争环境分析

作为产业环境分析的补充，竞争环境分析的重点集中在与企业直接竞争的每一个企业。包括两个方面：一是从个别企业视角去观察分析竞争对手的实力（竞争对手分析），二是从产业竞争结构视角观察分析企业面对的竞争格局（战略群组分析）。

（一）竞争对手分析（Competitor Analysis）★★★

对竞争对手的分析有四个方面的主要内容，即竞争对手的未来目标、假设、现行战略和能力，基本框架见图 2-5。

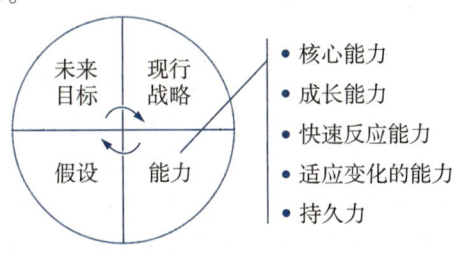

图 2-5　竞争对手分析的基本框架

1. 竞争对手的未来目标

对竞争对手未来目标的分析与了解，有利于预测竞争对手对其目前的市场地位以及财务状况的满意程度，从而推断其改变现行战略的可能性以及对其他企业战略行为的敏感性，使本公司在市场中找到既能达到目的又不威胁竞争对手的位置，或者通过明显的优势迫使竞争对手让步以实现自己的目标。

分析竞争对手未来竞争战略的目标，可以考虑以下因素：

（1）竞争对手的财务目标。它反映竞争对手未来的发展速度和发展规模，及其业务结构、资源配置改变的方向。

（2）竞争对手对于风险的态度。企业对于风险的不同态度，导致采用不同的战略。

（3）竞争对手的价值观。价值观反映企业的宗旨和目标，竞争对手的价值观对其业务范围、经营行为以及竞争手段和策略有重大影响。

（4）竞争对手的组织结构。不同的组织结构一般对应不同的业务组合和管理方式，尤其与不同的战略类型相匹配。

（5）竞争对手的会计系统、控制与激励系统。这可以在一定程度上反映竞争对手战略实施所受到的约束、激励和成功的可能性。

（6）竞争对手领导阶层的情况，包括人员构成和对未来发展方向表现出一致性的程度。

分析、了解竞争对手领导阶层的情况，有利于判断、预测其战略类型的取向和发生重大改变的可能性。

（7）对竞争对手行为的各种政府或社会限制，如反托拉斯法案等。从这些限制可以了解竞争对手的战略选择余地和业务发展方向。

如果竞争对手是某个较大公司的一个子公司，则对竞争对手未来目标的分析除了上述内容外，还需注意以下方面：

（1）母公司的总体目标和经营现状。这个方面对子公司的目标和目标实现情况有重要影响。

（2）母公司对子公司及其业务的态度。母公司对子公司及其业务的态度直接影响子公司在投资、销售、收益等方面所面临的限制，在很大程度上决定子公司的战略选择和实施。

（3）母公司招聘、激励、约束子公司经理人员的方法。这些方法影响子公司的经营水平、管理效率和收益。

▍**经典例题 2-8** 〖2022 年·多选题〗

博通公司是一家橡胶轮胎生产商，该公司的主要竞争对手是某跨国公司旗下的艾菲公司。近来，博通公司对艾菲公司未来竞争战略的目标进行了分析。下列各项中，属于博通公司在上述分析中应考虑的因素有（　　）。

A. 艾菲公司的会计系统、控制和激励系统
B. 艾菲公司如何看待橡胶轮胎行业的发展趋势
C. 艾菲公司母公司对子公司及其业务的态度
D. 艾菲公司母公司领导阶层的情况

（解析）分析竞争对手的未来目标可以考虑以下因素：①竞争对手的财务目标；②竞争对手对于风险的态度；③竞争对手的价值观；④竞争对手的组织结构；⑤竞争对手的会计系统、控制与激励系统（选项 A 正确）；⑥竞争对手领导阶层的情况，包括人员构成和对未来发展方向表现出一致性的程度；⑦对竞争对手行为的各种政府或社会限制，如反托拉斯法案等。

如果竞争对手是某个较大公司的子公司，则对竞争对手未来目标的分析除了上述内容外，还需注意以下几个方面：①母公司的总体目标和经营现状；②母公司对子公司及其业务的态度（选项 C 正确）；③母公司招聘、激励、约束子公司经理人员的方法。

选项 D 在分析竞争对手的未来目标中没有涉及；艾菲公司如何看待橡胶轮胎行业的发展趋势（选项 B）属于分析竞争对手的假设。综上，选项 AC 正确。

（答案）AC

2. 竞争对手的假设

假设包括竞争对手对自身企业的评价和对所处产业以及其他企业的评价。

假设往往是企业各种行为取向的最根本动因，所以了解竞争对手的假设有利于正确判断竞争对手的战略意图。

分析竞争对手的假设可以考虑以下方面：

（1）竞争对手的公开言论、领导层和销售队伍的宣称及其他暗示，表现出其对自己在成本、产品质量、技术尖端性及产品其他主要方面的相对地位持何种认识，它把什么看成自己的优势或劣势，这些看法是否正确。

（2）由于历史、感情或文化上的原因，在诸如产品设计方法、产品质量要求、制造场所、推销方法、分销渠道等方面，竞争对手强烈坚持哪些方面。例如，德国公司一般非常重视生产和产品质量，不惜以提高单位产品成本和市场营销费用为代价把产品质量提高到无懈可击的程度。

(3) 竞争对手根深蒂固的价值观和观察、分析事物方法是什么。

(4) 竞争对手对产品的未来需求和产业发展趋势持何种看法，它是否囿于历史经验和传统方式而对新的市场情况视而不见，是否因毫无根据地对需求缺乏信心而不愿增加生产能力，或者因为相反的原因过度增强了生产能力，是否错误地估计了产业的某种趋势。例如，它是否以为产业正在集中而事实并非如此。

(5) 竞争对手对其竞争者们的目标和能力的看法如何，它是否高估或低估了它们。

3. 竞争对手的现行战略

对竞争对手现行战略的分析，目的在于揭示竞争对手正在做什么、能够做什么。

把竞争对手的战略看成业务中各职能领域的关键性经营方针，以及了解它如何寻求各项职能的相互联系。

4. 竞争对手的能力

竞争对手的目标、假设和现行战略会影响其进行战略反击的可能性、时间、性质及强烈程度。竞争对手的优势与劣势将决定其发起战略反击行动的能力以及处理所处环境或产业中事件的能力。

竞争对手有以下几方面能力：**核心能力，成长能力，快速反应能力，适应变化的能力，持久力**。

> 竞争对手的能力分辨：
>
> (1) **核心能力**。核心能力表现为企业在某项或某些职能活动方面独有的长处或优势。如行业领先的研发能力、客户服务能力、组织及文化优势等。
>
> (2) **成长能力**。成长能力表现为企业在所处产业中发展壮大的潜力，这种能力取决于企业人员、技术开发与创新、生产能力、财务状况等。
>
> (3) **快速反应能力**。快速反应能力是指企业对所处环境变化的**敏感**程度和**迅速**采取正确应对措施的能力。快速反应能力由下述因素决定：自由现金储备、留存借贷能力、厂房设备的余力、定型的但尚未推出的新产品等。
>
> (4) **适应变化的能力**。适应变化的能力表现为企业随着**外部环境的改变**适时调整资源配置、经营方式和采取相关行动，以顺应环境变化的趋势、实现自身长期生存和持续发展的能力。分析竞争对手适应变化的能力需考虑其以下方面：固定成本与可变成本的情况；是否与母公司的其他业务单位共用生产设施、销售队伍或其他设备、人员；适应成本竞争、管理更复杂的产品系列或增加新产品和服务方面的竞争以及营销活动升级的能力；对诸如持续的高通货膨胀、技术革命引起对现有厂房设备的淘汰、经济衰退、工资率上升、政府出台影响该企业业务的条例、竞争对手发动进攻或退出竞争等外部事件做出反应的能力。
>
> (5) **持久力**。持久力是指企业在处于**不利**环境或收入、现金流面临压力时，能够坚持以待局面改变的时间的长短。持久力主要由如下因素决定：现金储备、管理人员的协调统一、长远的财务目标等。

敲黑板

"对竞争对手能力的分析"是此知识点考核的重点，同学们需记忆五个能力"核心能力、成长能力、快速反应能力、适应变化的能力、持久力"的名称，并能在考试中准确判断案例所指代的是哪一种能力。

竞争对手分析-
竞争对手的能力-
知识精讲

经典例题 2-9 【2020年·单选题】

T公司是国际著名汽车制造商，该公司2019年预计，随着环保理念的普及和相关技术的进步，Z国的新能源汽车产业将进入快速发展期，其竞争对手Z国的汽车制造商S公司将减少传统燃油汽车的生产量，增加电动汽车和混合动力汽车的生产量。T公司对S公司的上述

竞争对手分析-
竞争对手的能力-
例题解析

分析属于( )。

A. 财务能力分析　　　　　B. 适应变化的能力分析
C. 快速反应能力分析　　　D. 成长能力分析

(解析)"随着环保理念的普及和相关技术的进步，Z国的新能源汽车产业将进入快速发展期"属于一个变化，分析竞争对手对这个变化的适应能力，是适应变化的能力分析。

(答案) B

(二) 产业内的战略群组（Strategic Group）★★★

战略群组是指某一个产业中在某一战略方面采用相同或相似战略，或具有相同战略特征的各公司组成的集团。

1. 战略群组的特征

识别战略特征的变量有：产品（或服务）差异化（多样化）程度，各地区交叉的程度，细分市场的数目，所使用的分销渠道，品牌的数量，营销的力度（如广告覆盖面，销售人员的数目等），纵向一体化程度，产品的服务质量，技术领先程度（是技术领先者还是技术追随者），研究开发能力（生产过程或产品的革新程度），成本定位（如为降低成本而作的投资大小等），能力的利用率，价格水平，装备水平，所有者结构（独立公司或者母公司的关系），与政府、金融界等外部利益相关者的关系，组织的规模。

> 名师说：战略群组的特征实际上就是分组的标准。

2. 战略群组分析的意义（记忆）

战略群组分析有助于企业了解相对于其他企业而言，本企业的战略地位以及公司战略变化可能的竞争性影响。

（1）有助于很好地了解战略群组间的竞争状况，主动地发现近处和远处的竞争者，也可以很好地了解某一群组与其他群组间的不同。图2-6显示了20世纪80年代欧洲食品业划分的战略群组。

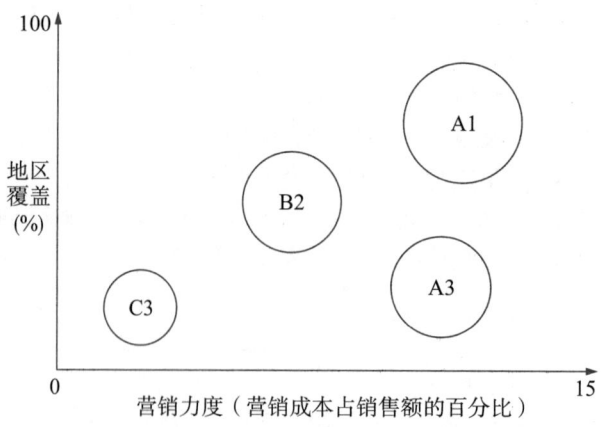

图2-6　20世纪80年代欧洲食品业战略分组

> 图2-6显示了20世纪80年代的欧洲食品业的战略分组，横轴代表的是营销力度，纵轴代表的是地区覆盖率。总共分4个组，分别是A1、A3、B2和C3，每个组中都会有很多的企业。其中，A1和A3营销力度都很强，说明两组中的企业在营销方面竞争激烈；而C3和A3地区覆盖率都很低，说明两组中的企业都非常注重成本的控制；另外，A1与C3距离较远，营销力度和地区覆盖两个指标完全相反，说明两者竞争关系较为缓和。

（2）**有助于了解各战略群组之间的"移动障碍"**，见图2-7。

```
100 |                                    | A1
    |                                    | 顾客品牌认定；
    |                                    | 专有的方法知识；
    |                                    | 研究开发能力；
    |                                    | 合适的经济规模；
    |                                    | 营销和组织能力
    |              B2
    |              生产成本低；
地区覆盖           总成本低；
 (%)              技术先进；
    |              有一些专有的方法知识；
    |              零售商转移成本
    | C3                                  | A3
    | 低成本生产；                         | 制造过程的有关知识；
    | 专有方法；                           | 对品牌的忠实性；
    | 零售商转移成本；                     | 本地知识；
    | 本地知识制度                         | 营销能力
  0 |_____|
             营销力度（营销成本占销售额的百分比）
```

图2-7 移动障碍因素

> 移动障碍指的是公司从一个群组转移到另一个群组需要付出的代价。如图2-7所示，相比之下，A1条件较高，C3条件较低，从A1到C3较容易。

（3）**有助于了解战略群组内企业竞争的主要着眼点。**

> 同一个组内的企业战略实施效果不同，因此，要看组内的竞争对手情况。比如，同在A1组中的不同企业，即便地区覆盖和营销力度两个战略特征都相似，相互之间的战略也有所区别。

（4）**利用战略群组图还可以预测市场变化或发现战略机会**，蓝海战略进一步延伸了这一思路，见图2-8。

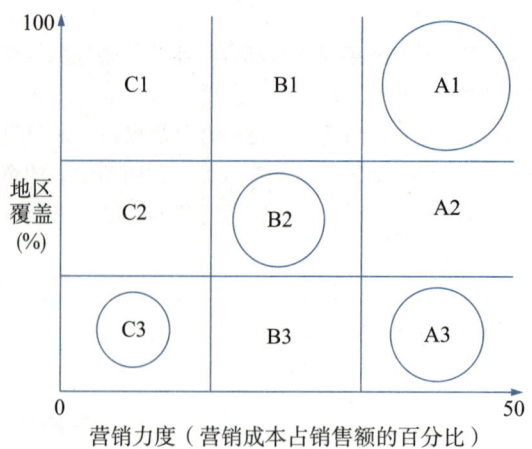

图 2-8 战略群组图

> **名师说**　图 2-8 是在图 2-7 的基础上，根据两个维度划分成的九宫格。其中，C1、C2、B1、B3、A2 这五个组里面企业不多甚至是没有企业存在，属于竞争的缓冲地带，竞争不激烈。也就是之后"战略选择"章节的蓝海战略所说的"蓝海"概念。

经典例题 2-10 （单选题）

下列关于产业内战略群组分析的叙述中，正确的是(　　)。

A. 有助于预测市场变化或发现战略机会
B. 有助于了解产业内企业之间的纵向或横向的关系
C. 有助于了解产业的进入障碍
D. 有助于寻找产业内的合作伙伴结成战略联盟

（解析）战略群组分析有助于企业了解本企业的相对于其他企业战略地位以及公司战略变化可能的竞争性影响。具体为：①有助于了解战略群组内企业竞争的主要着眼点。②有助于很好地了解战略群组间的竞争状况，主动地发现近处和远处的竞争者，也可以很好地了解某一群组与其他群组间的不同。③有助于了解各战略群组之间的"移动障碍"。④利用战略群组图还可以预测市场变化或发现战略机会。只有选项 A 涉及上述内容，因此选项 A 正确。

（答案）A

经典例题 2-11 （简答题）

福安公司为一家食品生产企业。2006 年，福安公司拟扩大生产经营范围，投资于饮料行业。

福安公司管理层在对当时国内饮料行业进行深入调研后发现：已有一批大中型饮料企业从事各类饮料的生产和销售。相关情况如下。

（1）水清公司生产饮用水的历史最长，其生产的矿泉水的市场综合占有率多年位列行业前三。

（2）蓝宝公司实施相关多元化战略，已形成瓶装水、高档玻璃瓶装水、碳酸饮料、茶饮料、果汁饮料等几大系列十几种产品，全方位进入饮料市场。

（3）童乐公司从儿童营养液起步，已形成奶制品、水、茶、可乐、八宝粥五大战略业务单元。

(4) 万宝公司以长期经营的多种饮料产品为基础，近年来开发了新产品果蔬饮料，在短短两三年的时间，就在全国各地成立了20家分公司，链接了60多个优质果蔬原料基地，建立了基本覆盖全国的营销服务网络，在果蔬饮料的开发、生产、销售及市场占有率等方面具有绝对优势。

(5) K公司和B公司是两大国际知名外资企业，其产品集中于碳酸饮料。它们资金雄厚，研发能力强，依靠庞大的渠道网络和低成本的产量扩张，在饮料市场占据了最大的份额，在碳酸饮料市场的占有率超过80%。

通过对饮料市场的深入调研，福安公司管理层对市场竞争格局有了清晰的把握。鉴于开发上述公司已经占据优势地位的饮料产品市场的难度太大，福安公司管理层决定：着手开发当时国内市场上尚属空白的功能饮料，而且选择高端市场，注重品质和功能。这部分市场虽然目前市场需求量有限，但发展前景良好。2008年，福安公司生产的第一批功能性饮料下线试销，受到消费者的广泛认同。

要求：

(1) 简述战略群组的内涵，运用"产品多样化程度""新产品程度"两个战略特征，各分为"高""低"两个档次，对福安公司所调研的国内饮料行业的企业进行战略群组划分。

(2) 简述战略群组分析的主要作用，分析福安公司进入尚属空白的功能饮料的依据。

【答案】(1) 一个战略群组是指某在一个产业中，在某一战略方面采用相同或相似战略，或具有相同战略特征的各公司组成的集团。运用"产品多样化程度""新产品程度"两个战略特征，各分为"高""低"两个档次，对福安公司所调研的国内饮料行业的企业进行战略群组划分。可将饮料生产企业划分为3个战略群组：

①产品多样化程度高、新产品程度低的群组，包括童乐公司、蓝宝公司。

②产品多样化程度低、新产品程度低的群组，包括水清公司、K公司、B公司。

③产品多样化程度高、新产品程度高的群组，包括万宝公司。

(2) 战略群组分析的主要作用：战略群组分析有助于企业了解相对于其他企业，本企业的战略地位以及公司战略变化可能带来的竞争性影响。

①有助于很好地了解战略群组间的竞争状况，主动发现近处和远处的竞争者。

②有助于了解各战略群组之间的"移动障碍"。

③有助于了解战略群组内企业竞争的主要着眼点。

④可以预测市场变化或发现战略机会，蓝海战略进一步延伸了这一思路。

依据：福安公司通过对饮料市场战略群组的分析，了解了战略群组间的竞争状况和战略群组内企业竞争的主要着眼点，"对市场竞争格局有了清晰的把握"。

了解了各战略群组之间的"移动障碍"，"开发上述公司已经占据优势地位的饮料产品市场的难度太大"。

发现了战略机会，"着手开发当时国内市场上尚属空白的功能饮料"。

第二节 企业内部环境分析

一、资源与能力分析★★★

（一）企业资源分析

企业资源是指企业所拥有或控制的有效因素的总和，企业的资源禀赋是其获得持续优势的重要基础。企业资源**分析的目的在于识别**企业的资源状况、企业资源方面所表现出来的**优势和劣势**以及对未来战略目标制定和实施的影响。

1. 企业资源的主要类型

企业资源的主要类型见表2-8。

表2-8 企业资源的主要类型

主要类型	解释说明	注意事项
有形资源	是指可见的、能用货币直接计量的资源，主要包括**物质资源和财务资源**。 (1) 物质资源包括企业的土地、厂房、生产设备、原材料等，是企业的实物资源。 (2) 财务资源是企业可以用来投资或生产的资金，包括应收账款、有价证券等	(1) 资产负债表所记录的账面价值并不能完全代表有形资源的战略价值。 (2) 具有**稀缺性的有形资源**能使公司获得**竞争优势**
无形资源	是指企业长期积累的、没有实物形态的，甚至难以用货币精确度量的资源。通常包括**品牌、商誉、技术诀窍、专利、商标、企业文化、社会网络、组织模式和组织经验以及信息、数据等**	(1) 资产负债表中的无形资产并不能代表企业的全部无形资源。 (2) 无形资源一般都难以被竞争对手了解、购买、模仿或替代，因此，无形资源比有形资源对总资产价值的贡献更大。无形资源是企业竞争优势的基础和十分重要的来源
人力资源	人力资源是指企业员工以及与员工相关的各种因素，主要包括三类：**第一类是员工的数量和结构**，如年龄结构、受教育结构等。**第二类是员工拥有的知识、能力和素质**，其中员工的能力主要指员工的学习力、适应力和创造力，员工的素质主要指员工的道德法律素质、文化素质、专业素质和身心素质等。**第三类是有效地组织、管理、培育、发展前两类人力资源的体制和机制**	人力资源是企业资源中最重要的资源，是推动企业持久发展的第一资源

名师说

(1) 需要注意的是，战略中的无形资源与会计中的无形资产不同，企业资源中强调的涵盖范围比会计中确认的资产范围要大得多。

(2) 技术资源包括专利、版权和商业秘密等，企业可以据此建立自己的竞争优势。

2. 决定企业竞争优势的企业资源判断标准

分析一个企业拥有的资源时，必须知道哪些资源是有价值的，可以帮助企业获得竞争优势。判断标准见表2-9。

表2-9 企业竞争优势的资源判断标准

判断标准	分类及解释说明	
资源的**稀缺性**	如果企业掌握了处于短缺供应状态的资源，而其他竞争对手又不能获取这种资源，则企业就可获得竞争优势；同时，如果企业能持久地拥有这种稀缺性资源，则企业的竞争优势也是可持续的	
资源的**不可模仿性**（是竞争优势的来源，也是价值创造的核心）	**物理上独特**的资源	由物质本身特性决定，如绝佳的地理位置、矿物开采权或受到法律保护的专利生产技术等
	具有**路径依赖性**的资源	长期积累才能获得，如多年来不断完善的营销体制和售后服务
	具有**因果含糊性**的资源	形成原因不能给出清晰的解释，如企业文化、优越的人力资源和组织经验等
	具有**经济制约性**的资源	因市场空间有限导致竞争对手无法复制资源，如需要在特定市场投入大量资本的领先企业
资源的**不可替代性**	五力模型中替代品的威胁，竞争者很难通过获得替代资源改变自己的竞争地位，如旅游景点的独特优势就很难被其他景点的资源所替代	
资源的**持久性**	资源的贬值速度越慢，就越有利于形成核心竞争力。一般来说，有形资源都有损耗周期，而无形资源和人力资源则很难确定贬值速度。比如，一些品牌资源随着时代的发展会不断升值，而通信和计算机技术的迅速更新换代对建立在这些技术之上的企业竞争优势构成严峻挑战	

企业竞争优势的资源判断标准-知识精讲

客观题中常出现根据案例的描述判断企业资源所属的类型或者企业竞争优势的资源判断标准的题目。

▶ **经典例题2-12** （2020年·单选题）

广记公司是一家卤制品生产企业。该公司凭借其长期积累形成的原料配置秘方和生产工艺诀窍等资源生产的多种卤制品，深受消费者喜爱，今年国内市场占有率一直位居第一。在下列资源不可模仿性的形式中，广记公司的上述资源属于( )。

A. 物理上独特的资源　　　　B. 具有因果含糊性的资源
C. 具有经济制约性的资源　　D. 具有路径依赖性的资源

（解析）具有路径依赖性的资源是指必须经过长期的积累才能获得的资源，"长期积累形成的原料配置秘方和生产工艺诀窍"属于具有路径依赖性的资源。

（答案）D

企业竞争优势的资源判断标准-例题解析

（二）企业能力分析

1. 企业能力的定义

企业能力，是指企业**配置资源，发挥其生产和竞争作用**的能力。企业能力来源于企业有形资源、无形资源和人力资源的整合，是企业**各种资源有机组合**的结果。

2. 企业能力的构成

企业能力主要由**研发能力、生产管理能力、营销能力、财务能力和组织管理能力**等组成。（记忆）

（1）**研发能力**主要从研发计划、研发组织、研发过程和研发效果几个方面衡量；
（2）**生产管理能力**主要涉及生产过程、生产能力、库存管理、人力资源管理和质量管理；
（3）**营销能力**包括**产品竞争能力**、**销售活动能力**和**市场决策能力**；
（4）**财务能力**涉及**筹集资金**以及**资金使用和管理的能力**；

企业能力的构成需要记忆，主观题常考企业能力构成的默写。

（5）**组织管理能力**从职能管理体系的任务分工、岗位责任、集权和分权的情况、组织结构以及管理层次和管理范围的匹配几个方面进行衡量。

▌ 经典例题 2-13 （2023年·单选题）

天海公司是一家咖啡机制造企业，该公司2022年产品销售收入为33.01亿元，同比增长77.9%；市场占有率为23%，同比提高35%。从企业营销能力分析角度看，上述数据体现了天海公司的（　　）。

A. 销售活动能力　　B. 销售组织能力　　C. 市场决策能力　　D. 产品竞争能力

（解析）企业的营销能力指企业引导消费以占领市场、获取利润的产品竞争能力、销售活动能力和市场决策能力。营销能力主要包括：产品竞争能力、销售活动能力、市场决策能力。其中，产品的竞争力主要可以从产品的市场地位、收益性、成长性等方面分析。案例描述"该公司2022年产品销售收入为33.01亿元，同比增长77.9%；市场占有率为23%，同比提高35%"，体现了该公司产品的收益性、成长性与市场地位，属于产品竞争能力，故选项D正确，当选。

（答案）D

（三）企业的核心能力

1. 核心能力的概念

核心能力又称核心竞争力，就是企业在具有重要竞争意义的经营活动中能够**比其竞争对手做得更好的能力**。

2. 核心能力的特征

核心能力一般具有的特征见表2-10。

表2-10　核心能力的特征

特征	阐释
价值性	核心能力具有战略价值，能够帮助企业在创造价值的活动中做得比竞争对手更优秀，包括向顾客提供超出期望的利益，以及为企业创造长期竞争优势和超过行业平均利润水平的利润
独特性	核心能力是企业所独有的，同行竞争者不会拥有相同的核心能力。核心能力往往是在企业创始人或企业的成长过程中逐渐形成的，是企业的资源和能力长期积累、优化的结果。核心能力难以通过市场交易获取，也难以通过复制或模仿获得
可延展性	核心能力是整个企业业务的基础，既能够不断衍生出新的核心产品和最终产品，也可以溢出、渗透、辐射、扩散到企业经营的其他相关产业，从而使企业在原有业务领域保持竞争优势的同时，在其他相关业务领域获得持续竞争优势
不可替代性	企业除核心能力之外，一般还拥有其他各种能力，其中有些能力也会给企业带来竞争优势，如通过成功地组织营销活动在一定时期提高了企业或产品的声誉，但是，这种声誉由于不是源于企业的核心能力，因而虽能给企业带来一定的价值或效益，但难以具有持久性。企业的核心能力是其他能力不可替代的
动态性	企业的核心能力不是静止不变的。随着时间和环境的变化，企业的核心能力也会发生变化和调整。引起企业核心能力变化的主要因素有技术进步、消费者需求的变化、竞争对手的行动和企业自身资源及其配置的改变等。例如，数字化、智能化技术的出现和发展，导致许多企业原有的核心能力失去其价值性
整合性	核心能力是企业将多个领域的多种优势资源融合在一起，从而产生协同作用的结果。例如，企业在客户服务方面的核心能力，往往是通过不同业务部门、不同职能领域的人员或团队密切协作而形成的；企业在技术创新方面核心能力的形成，一般是以企业战略、研发、营销、人力资源等职能发挥出合力为前提的

3. 核心能力的评价

(1) 企业的自我评价。
(2) 行业内部比较。
(3) 基准分析。

基准分析就是**把企业和标杆企业相比**，进而评价企业的核心能力。基准对象的不同决定了基准类型的不同，基准分析的类型见表 2-11。

表 2-11 基准分析的类型

类型名称	解释说明
内部基准	企业**内部各个部门之间**互为基准进行学习与比较
竞争性基准	基准对象是**产业内部直接竞争对手**
过程或活动基准	基准对象是具有**类似核心经营**的企业，但是二者之间的产品和服务不存在直接竞争的关系。例如，一家电冰箱制造商以一家生产空调的企业为基准对象进行比较
一般基准	即以具有**相同业务功能**的企业为基准进行比较。例如，金融业和酒店业都是服务行业，具有相同的业务功能，因此，一家金融企业就可以以一家酒店为基准对象进行比较
顾客基准	即以**顾客的预期**为基准进行比较

企业的核心能力-基准分析

> **应试点拨**
>
> 　　五种基准分析类型的辨析是客观题的常考点，也是容易混淆的点。"内部基准""顾客基准"较易辨别，而"竞争性基准""过程或活动基准""一般基准"较难辨别。因教材在 2023 年的修订中，插入了一个案例（一家金融企业就可以以一家酒店为基准对象进行比较），使此处辨析更加不易把握，因此给同学们补充两种做题方法。第一种，按照教材举例原文来进行选择。第二种，根据以往应试规律进行判断。判断时，首先判断两企业是否处于同一产业，若不是则为"过程或活动基准"（不同行无竞争），若是则为"竞争性基准"或"一般基准"；再判断两者是否属于直接竞争对手，若不是则为"一般基准"（同行无竞争），若是则为"竞争性基准"（同行且竞争）。
> 　　例如 2016 年单选题题干：M 国的甲航空公司专营国内城际航线，以低成本战略取得很大成功，专营 B 国国内城际航线的 H 国乙航空公司，也采用低成本战略，学习甲公司的成本控制措施，在竞争激烈的航空市场取得了良好的业绩，乙公司基准分析的类型是（　　）。做题思路：首先判断甲乙两家公司是否处于同一产业，很显然本题两家公司同属于航空公司，所以不是"过程或活动基准"；再判断是否属于直接竞争对手，甲乙分属于两个不同国家经营国内航线，并不会直面竞争，因此属于"一般基准"。

(4) 成本驱动力和作业成本法。
(5) 收集竞争对手的信息。

4. 企业核心能力与成功关键因素

区别点：成功关键因素应被看作是**产业和市场层次的特征**，而不是针对某个个别公司。拥有成功关键因素是获得竞争优势的必要条件，而不是充分条件。

共同点：它们都是公司盈利能力的指示器。虽然在概念上的区别是清楚的，但在特定的环境中区分它们并不容易。例如，一个成功关键因素可能是某产业所有企业要成功都必须具备的，但它也可能是特定公司所具备的独特能力。

> **名师说**　成功关键因素是产业中所有企业要成功必须拥有的条件，而核心能力专属于个别公司。

（四）钻石模型

1990 年，波特在《国家竞争优势》一书中，试图对能够加强国家在产业中的竞争优势的特征进行分析，他识别出国家竞争优势的四个决定性因素，并以钻石图来显示，见图 2-9。

钻石模型-知识精讲

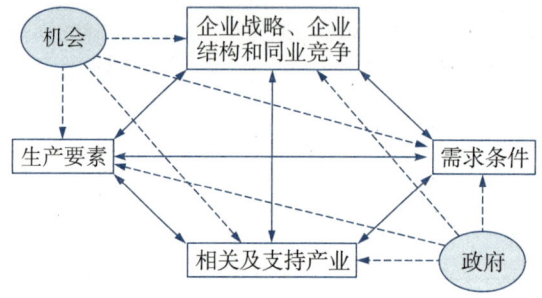

图 2-9　国家竞争优势分析的钻石图

钻石模型四要素有生产要素、需求条件、相关与支持性产业及企业战略、企业结构和竞争对手的表现，详细内容见表 2-12。

表 2-12　钻石模型要素及内容

要素名称	内容
生产要素	第一种分类： （1）初级生产要素：天然资源、气候、地理位置、非技术工人、资金等。 （2）高级生产要素：现代通讯、信息、交通等基础设施，受过高等教育的人力、研究机构等。 第二种分类： （1）一般生产要素。 （2）专业生产要素：高级专业人才、专业研究机构、专用的软、硬件设施等。 结论： （1）一个国家如果想通过生产要素建立起产业**强大而又持久的优势**，就必须**发展高级生产要素和专业生产要素**。如果国家把竞争优势建立在初级与一般生产要素的基础上，它通常是不稳定的。 （2）一个国家的竞争优势其实**可以从不利的生产要素中形成**
需求条件	国内需求是产业发展的动力（本地客户的本质、预期性需求）
相关与支持性产业	对形成国家竞争优势而言，相关和支持性产业与优势产业是一种**休戚与共的关系**。例如"产业集群"
企业战略、企业结构和竞争对手的表现	这是波特的企业治理三角理论，指**如何创立**、**组织和管理公司**，如何应对同业竞争对手等问题

> **敲黑板**　钻石模型四要素的名称需要记忆，并且注意四要素的辨析。

> **名师说**
>
> （1）高级生产要素和专业生产要素很难从外部获得，必须企业自己投资创造。一般认为，资源丰富和劳动力价格便宜的国家应该发展劳动密集的产业，但是这类产业对大幅度提高国民收入不会有大的贡献，同时，仅仅依赖初级生产要素是无法获得全球竞争力的。
>
> （2）需求条件中的需求指的是国内需求，企业可以及时发现国内市场的客户需求，这是国外竞争对手所不及的。此外，波特指出，国内挑剔的客户会激发该国企业的竞争优势，如果能满足最难缠的客户，其他客户的要求也不在话下；另一个重要方面是预期性需求，即本地需求领先于其他国家则也会产生一种优势，因为先进的产品需要前卫的需求来支持。
>
> （3）一个优势产业不是单独存在的，是与国内相关强势产业一同崛起的，即波特五力模型中的第六种要素——互动互补作用力，有竞争力的本国产业通常会带动相关产业的竞争力。
>
> （4）同创造与维持产业竞争优势关联最大的因素是国内市场强有力的竞争对手。在国际市场上，成功的产业必须先经过国内市场的搏斗，迫使其进行改进和创新，海外市场则是竞争的延伸。反观一些在政府保护和补贴下的国内没有竞争对手的"超级明星企业"，则通常不具有国际竞争能力。
>
> （5）在四大要素之外还存在两大变量：**政府与机会**。
>
> 机会是无法控制的，政府政策的影响是不可漠视的。
>
> 机会：机会是可遇而不可求的，机会可以影响四大要素发生变化。在波特的"国家竞争优势"理论中，"机会"是一个很重要的角色，作为竞争条件之一，一般与产业所处的国家环境无关，也并非企业内部的能力，甚至不是政府所能影响的。其主要包括：基础科技的发明创新，传统技术出现断层，生产成本突然提高，全球金融市场或汇率重大变化，全球市场需求重大变化，外国政府重大决策，战争等。引发机会的事件虽然会影响产业的竞争优势，但国家的钻石体系如果健全，往往能够转危机为机遇。
>
> 政府：政府在产业发展中最重要的角色莫过于保证国内市场处于活泼的竞争状态，制定竞争规范，避免托拉斯状态。波特认为，保护会推迟产业竞争优势的形成，使企业停留在缺乏竞争的状态。

经典例题 2-14 （2020年·多选题）

卓力公司是一家汽车玻璃生产企业，拟在S国投资建立汽车玻璃生产基地，并对S国的相关环境进行了分析。卓力公司所做的下列分析中，属于钻石模型要素分析的有（　　）。

A. S国的汽车玻璃业发展落后，仅有一家本国汽车玻璃生产企业，其他国家的汽车玻璃生产企业尚未进入

B. S国政府鼓励并支持该国汽车玻璃业的发展

C. S国的汽车制造业处于成长期

D. S国的土地租金和电力价格长期处于较低水平

钻石模型-例题解析

（解析）"S国政府鼓励并支持该国汽车玻璃业的发展"属于钻石模型的变量，不属于钻石模型要素。

（答案）ACD

经典例题 2-15 （简答题）

据专家预测，到 2020 年，国内葡萄酒将进入世界葡萄酒消费前三位；全球葡萄酒过剩时代结束，短缺时代即将到来。

葡萄酒界流传着"七分原料，三分工艺"的说法，意即决定葡萄酒品质最重要的是葡萄产地。G 省的葡萄种植基地、葡萄酒生产企业主要集中在西北黄金产业带上。适宜的纬度、最佳光热水土资源组合，加之大幅度的昼夜温差、适宜有效的气温和干燥少雨的气候，使 G 省成为国内生产葡萄酒原料的最佳区域之一。

G 省葡萄酒产业发展具有深厚的文化底蕴。"葡萄美酒夜光杯，欲饮琵琶马上催"等一系列脍炙人口的赞美葡萄酒的诗歌经久不衰。历史史料中不难看出，自汉朝以来的 2 000 多年，西北黄金产业带的葡萄酒一直闻名遐迩，享誉盛赞。

然而，G 省葡萄酒企业在国内市场的竞争地位却不尽人意。2011 年，国内四大葡萄酒知名品牌占据国内葡萄酒市场份额的 60% 左右，而 G 省最具竞争力的高华品牌只在华南和西北地区占有很低的市场份额，省内另外几家企业的葡萄酒基本未进入省外市场。2011 年，G 省葡萄酒企业年销量仅占全国销量的 1.1%。

以下三方面因素在一定程度上影响了 G 省葡萄酒企业的竞争力。其一，相比国内东部产区，G 省产区交通条件欠发达，因此，葡萄酒产品在外运过程中成本较高。其二，随着市场的发展，包装对于葡萄酒来说不仅是保护商品、方便流通的手段，更成为一种差异化、准确定位目标市场的营销方式。而 G 省与葡萄酒产业相关的包装印刷业发展缓慢，企业主要产品包装品的制作和商标的印刷大部分依靠南方地区的企业提供。其三，G 省绝大多数葡萄酒生产企业规模小且分散，产品销售网覆盖地区有限，彼此之间的竞争不够充分。

近年来，为进一步完善本地葡萄酒企业发展环境，G 省酒类商品管理局实施了"抱团走出去，择优引进来"策略，通过开展品牌宣传、招商引资等多种手段，努力提升 G 省葡萄酒在国内市场的知名度。

要求：

(1) 依据钻石模型四要素，简要分析 G 省葡萄酒产业发展的优势与劣势。

(2) 依据企业资源的判断标准，简要分析 G 省葡萄酒业资源的"不可模仿性"有哪几种形式。

【答案】(1) 钻石模型四要素包括生产要素、需求条件、相关与支持性产业和企业战略、企业结构和同业竞争。

优势：

①生产要素。"G 省的葡萄种植基地、葡萄酒生产企业主要集中在西北黄金产业带上。适宜的纬度、最佳光热水土资源组合，加之大幅度的昼夜温差、适宜有效的气温和干燥少雨的气候，使 G 省成为国内生产葡萄酒原料的最佳区域之一"。

②需求条件。"据专家预测，到 2020 年，国内葡萄酒将进入世界葡萄酒消费前三位；全球葡萄酒过剩时代结束，短缺时代即将到来"。

劣势：

①相关与支持产业。"其一，相比国内东部产区，G 省产区交通条件欠发达，因此，葡萄酒产品在外运过程中成本较高。其二，随着市场的发展，包装对于葡萄酒来说不仅是保护商品、方便流通的手段，更成为一种差异化、准确定位目标市场的营销方式。而 G 省与葡萄酒产业相关的包装印刷业发展缓慢，企业主要产品包装品的制作和商标的印刷大部分依靠南方地区的企业提供"。

②企业战略、企业结构和竞争对手的表现。"G 省绝大多数葡萄酒生产企业规模小且分散，产品销售网覆盖地区有限，彼此之间的竞争不够充分"。

（2）资源的不可模仿性包括物理上独特的资源、具有路径依赖性的资源、具有因果含糊性的资源和具有经济制约性的资源。

①物理上独特的资源。"G省的葡萄种植基地、葡萄酒生产企业主要集中在西北黄金产业带上。适宜的纬度、最佳光热水土资源组合，加之大幅度的昼夜温差、适宜有效的气温和干燥少雨的气候，使G省成为国内生产葡萄酒原料的最佳区域之一"。

②路径依赖性或因果含糊性资源。"G省葡萄酒产业发展具有深厚的文化底蕴。'葡萄美酒夜光杯，欲饮琵琶马上催'等一系列脍炙人口的赞美葡萄酒的诗歌经久不衰。从历史史料中不难看出自汉朝以来的2 000多年，西北黄金产业带的葡萄酒，一直闻名遐迩，享誉盛赞"。

二、价值链分析★★★

波特认为，企业每项生产经营活动都是其创造价值的经济活动，那么，企业所有的互不相同但又相互关联的生产经营活动便构成了<u>创造价值的一个动态过程</u>，即价值链，见图2-10。

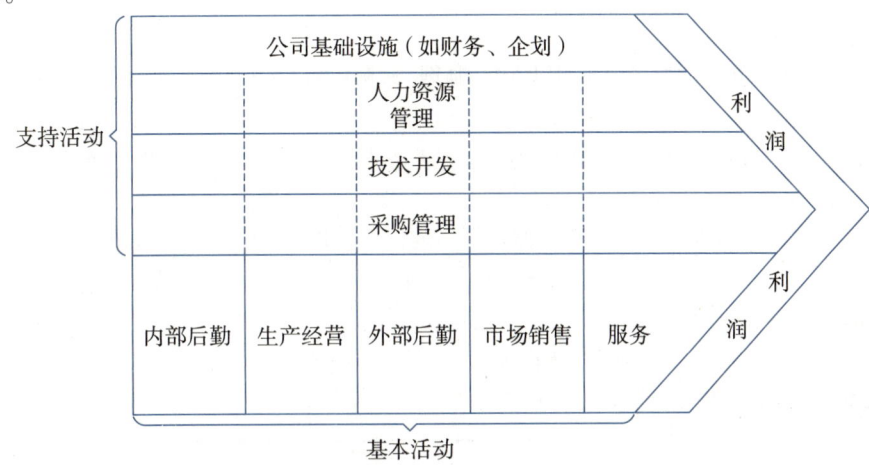

图2-10 价值链

（一）价值链的两类活动

1. **五种基本活动的内容**，见表2-13

表2-13 价值链的基本活动

名称	解释	具体活动形式
内部后勤（进货物流）	与产品投入有关的进货、仓储和分配等活动	原材料的装卸、入库、盘存、运输以及退货等
生产经营	将投入转化为最终产品的活动	加工、装配、包装、设备维修、检测等
外部后勤（出货物流）	与产品的库存、分送给购买者有关的活动	最终产品的入库、接受订单、送货等
市场销售	与促进和引导购买者购买企业产品有关的活动	广告、定价、销售渠道等
服务	与保持和提高产品价值有关的活动	培训、修理、零部件的供应和产品的调试等

敲黑板

九种活动名称需记忆，在主观题或客观题中都可能出现，考生要能够对案例描述的活动准确划分类别。

价值链的两类活动-知识精讲

> **名师说** 基本活动涵盖了产品的产销过程，即从原料进入企业到生产成成品运到外部，最后被消费者购买并且提供售后服务的全过程。

2. 四种支持活动的内容，见表 2-14

表 2-14 价值链的支持活动

名称	解释	具体活动形式
采购管理	采购企业所需投入品的**职能**，而**不是**被采购的**投入品本身**	采购是广义的，既包括生产原材料的采购，也包括其他资源投入的管理
技术开发	可以改进企业产品和工序的一系列**技术活动**	广义的概念，既包括生产性技术，也包括非生产性技术
人力资源管理	是指企业对**职工的管理**	企业职工的招聘、雇用、培训、提拔和退休等各项管理活动
基础设施	**财务**、**企划**、企业的**组织结构**、**惯例**、**控制系统**以及**文化**等活动、企业**高层管理人员**	

> **名师说**
> (1) 五种基本活动都需要四种辅助活动的支持，同时四种辅助活动也会相互支持。
> (2) 采购管理和技术开发都是广义的，也就是说，资源的采购范围不局限于原料，技术的开发范围不局限于产品。比如，采购另一个企业提供的服务也是采购管理；企业的信息技术、管理技术也是技术开发。
> (3) 厂房、设备等都属于设施而非活动，而价值链是对企业的活动进行研究，因此，价值链中的基础设施不包括这些。

经典例题 2-16 （2020年·单选题）

甲公司是一家汽车制造企业。该公司通过售后用户体验追踪系统随时掌握、分析不同车型的质量问题，并与汽车分销商共享信息，不断提高前来维修的客户的满意度。甲公司的上述做法属于该公司价值链中的（　　）。

A. 内部后勤　　　B. 服务　　　C. 基础设施　　　D. 外部后勤

【解析】服务是指与保持和提高产品价值有关的活动。"该公司通过售后用户体验追踪系统随时掌握、分析不同车型的质量问题，并与汽车分销商共享信息，不断提高前来维修的客户的满意度"属于服务。

【答案】B

（二）价值链的确定

为了在一个特定产业进行竞争并判定企业竞争优势，就必须确定企业的价值链，也就是在一个特定的企业中，按照企业的要求将每一项活动进一步分解为相互分离的活动，用来揭示企业的竞争优势，见图 2-11。在对企业价值活动进行分解时需要把握的原则是：

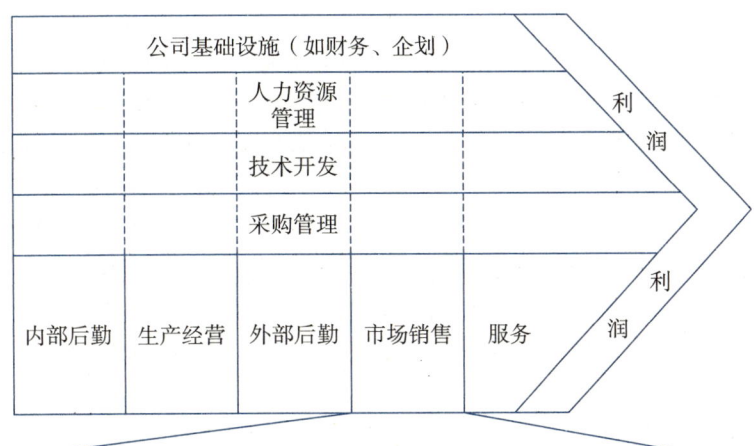

图 2-11 一条价值链的再分解

(1) 具有**不同的经济性**。
(2) 对**产品差异化**产生很大的潜在影响。
(3) 在**成本中所占比例很大或**所占比例在**上升**。

（三）企业资源能力的价值链分析（记忆）

价值链分析的关键就是要将资源有效地组织起来，生产出最终顾客认为有价值的产品或服务。因此，资源分析必须是一个从资源评估到对怎样使用这些资源的评估过程。资源使用的价值链分析要明确以下几点：

(1) **确认**那些支持企业竞争优势的**关键性活动**。（单个活动）
(2) **明确价值链内各种活动之间的联系**。（企业内部联系）
(3) **明确价值系统内各项价值活动之间的联系**。（企业外部联系）

总之，价值活动的联系不仅存在于企业价值链内部，而且存在于企业与企业的价值链之间。

> **名师说**：价值链分析有助于对企业能力进行考察，适用于独立的产品、服务或业务单位。但是对于多元化经营的公司来说，价值链分析就显得过于复杂，需要将资源和能力作为一个整体来考虑，也就是业务组合分析，用来分析和规划企业的产品组合。常用的分析方法就是以下的波士顿矩阵和通用矩阵。

 敲黑板

企业资源能力的价值链分析在主观题中很可能会出现，若出现在主观题中，同学们须首先默写上述三点，接着找出案例材料中的对应素材。寻找方法是：先从九种活动中找出对企业来说最有优势的关键性活动，再看活动之间有没有联系，最后看上下游企业价值链的联系，能否形成共赢的局面。

经典例题 2-17　（2021年·简答题）

2015年成立的盟塑公司是国内一家工业电子商务服务平台，相比国内综合性B2B（企业与企业之间交易）电商平台，盟塑公司专注于塑化行业，围绕塑化原材料贸易，运用数字化技术，为采购商和供应商提供专业的塑化材料采购和配套的供应链服务。具体运营模式如下。

(1) 建立塑化原材料上下游对接通道。针对塑化原料贸易信息不透明、交易流程长、效率低下等关键行业痛点，盟塑平台提供大量供应商的信息数据，采购商通过专业搜索可以拿到大品牌厂家的直供原料，满足其专业化采购的需求；上游企业也因此获得大量消费者、提高了毛利、打造了品牌。

企业资源能力的价值链分析-例题解析

（2）整合关联服务方，提供一站式互联网服务。针对塑化原材料贸易双方对于仓储公司、物流公司以及金融机构等关联服务方的需求问题，盟塑平台将这些关联服务方整合进来，贸易双方不需要再费时费力地去跟各个环节打交道，大大降低了贸易成本。而对于关联服务方而言，也因此增加了客源，并能通过盟塑平台积累的大量用户的数据，增加对用户信用的了解，降低了经营风险。

（3）引入 C 端（消费者）参与贸易服务。盟塑平台引入包括行业的采购师、分销人员、司机车主等个人提供对应的贸易服务，有资源的其他消费者也能通过盟塑平台参与贸易服务，从而加速塑化产业的货物流通和货款流通，解决成本高、效率低下的难题。

2019 年，盟塑公司荣获"中国 B2B 电子商务平台 50 强"称号。

要求：

简要分析盟塑公司是如何运用价值链分析构筑自身竞争优势的。

【答案】盟塑公司运用价值链分析构筑其竞争优势体现如下：

①确认那些支持企业竞争优势的关键性活动。"针对塑化原料贸易信息不透明、交易流程长、效率低下等关键行业痛点……"。

②明确价值链内各种活动之间的联系。"盟塑平台提供大量供应商的信息数据，采购商通过专业搜索可以拿到大品牌厂家的直供原料，满足其专业化采购的需求；上游企业也因此获得大量消费者、提高了毛利、打造了品牌"。

③明确价值系统内各项价值活动之间的联系。"整合关联服务方，提供一站式互联网服务。针对塑化原材料贸易双方对于仓储公司、物流公司以及金融机构等关联服务方的需求问题。盟塑平台将这些关联服务方整合进来，贸易双方不需要再费时费力地去跟各个环节打交道，大大降低了贸易成本。而对于关联服务方而言，也因此增加了客源，并能通过盟塑平台积累的大量用户的数据，增加对用户信用的了解，降低了经营风险"。

三、业务组合分析

（一）波士顿矩阵（BCG Matrix）★★★

它又称市场增长率——相对市场份额矩阵、波士顿咨询集团法、四象限分析法、产品系列结构管理法等。BCG 矩阵既可以解决如何使用企业的产品品种及其结构适合市场需求的变化，又可以将有限的资源有效地分配到合理的产品结构中去。BCG 矩阵认为一般决定产品结构的基本因素有两个，即市场引力与企业实力。两者都包括很多指标，其中，**最主要的反映市场引力的综合指标为市场增长率，反映企业实力的综合指标为相对市场占有率**。

> 【名师说】
> （1）市场增长率和相对市场占有率相互影响又互为条件：市场引力大同时市场占有率高，显示产品发展的良好前景，企业也具备较强的内部实力；市场引力大而市场占有率低，说明企业尚没有足够的实力，该产品也无法顺利发展；企业实力强但市场引力小，则预示该产品的市场前景不佳。
> （2）相对市场占有率是企业的某项业务的市场份额与该业务最大竞争对手的市场份额之比，分界线为 1，该分界线将占有率分为高和低两个区域，若大于 1，则说明企业的该产品处于市场第一的地位。市场增长率是企业所在产业某项业务前后两年市场销售额增长的百分比，通常用 10% 作为高和低的分界线。

1. 基本概念

BCG 矩阵将企业所有产品从市场增长率和相对市场占有率两个角度进行再组合，见图 2-12。在图中，圆圈面积大小代表该业务收益占企业全部收益的比重。

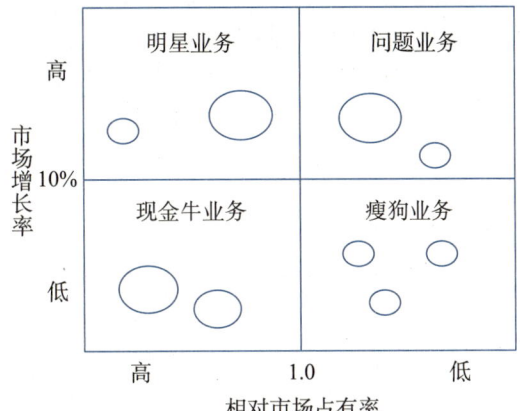

图 2-12 波士顿矩阵

波士顿矩阵四种业务类型比较见表 2-15。

表 2-15 波士顿矩阵四种业务类型比较（记忆）

业务类型	指标特征	资金状况	对策	组织要求
明星业务	市场占有率高；市场增长率高	是企业资源的主要消费者，需要大量的投资	采取**发展战略**：在短期内优先供给它们所需的资源，支持它们继续发展，积极扩大经济规模和市场机会，以长远利益为目标，提高市场占有率，加强竞争地位	管理组织最好采用事业部形式，由对生产技术和销售两方面都很内行的经营者负责
问题业务	市场占有率低；市场增长率高	通常处于最差的现金流量状态	采取**选择性投资战略**：对"问题"业务的改进与扶持方案一般均列入企业长期计划中	最好是采用智囊团或项目组织等形式，选拔有规划能力、敢于冒风险、有才干的人负责
现金牛业务	市场占有率高；市场增长率低	本身不需要投资，反而能为企业提供大量资金，用以支持其他业务的发展	采用**收割战略**：即所投入资源以达到短期收益最大化为限。一方面把设备投资和其他投资尽量压缩；另一方面采用榨油式方法，对于市场增长率仍有所增长的业务，应进一步进行市场细分，维持现存市场增长率或延缓其下降速度	适合于采用事业部制进行管理，其经营者最好是市场营销型人才
瘦狗业务	市场占有率低；市场增长率低	可获利润很低，不能成为企业资金的来源	采用**收割或放弃战略**：首先应减少批量，逐渐撤退，对那些还能自我维持的业务，应缩小经营范围，加强内部管理；而对那些市场增长率和企业市场占有率均极低的业务则应立即淘汰。其次是将剩余资源向其他产品转移。最后是整顿产品系列	最好将"瘦狗"产品与其他事业部合并，统一管理

考试中客观题常出现根据四种业务的特征、资金状况、对策或者组织判断所属阶段的题目。

> **名师说**
> （1）从理论上来说，部分问题业务和明星业务需要资金较多，而现金牛业务恰好可以带来大量资金，因此，现金牛业务的资金主要用于支持这两种的业务发展。此外，瘦狗业务前景不大，专项管理反而会花费大量资金，造成管理成本的重复，因此，只需与其他业务合并管理即可。
> （2）四种业务与产品生命周期基本对应：问题业务对应导入期，明星业务对应成长期，现金牛业务对应成熟期，瘦狗业务对应衰退期。

▌**经典例题 2-18** （单选题）

环美公司原以家电产品的生产和销售为主业，近年来逐渐把业务范围扩展到新能源、房地产、生物制药等行业。依据波士顿矩阵分析法，下列各项环美公司对其业务所做的定位的描述中，错误的是（　　）。

A. 新能源行业发展潜力巨大、前景广阔，公司在该领域竞争优势不足。公司应当对新能源业务进行重点投资，以提高市场占有率

B. 房地产业进入"寒冬"期，公司的房地产业务始终没有获利。公司应当果断地从该行业务中撤出

C. 生物制药行业近年来发展迅猛，公司收购的一家生物制药企业由弱到强，竞争优势日益显现。公司应当在短期内优先供给其所需资源，支持该业务继续发展

D. 家电业务的多数产品进入成熟期，公司在家电行业竞争优势显著。公司应当对该业务加大投资力度，以维持公司在行业中的优势地位

〔解析〕家电业务的多数产品进入成熟期，公司在家电行业竞争优势显著是现金牛业务，采用收获战略，即所投入资源以达到短期收益最大化为限。①把设备投资和其他投资尽量压缩；②采用榨油式方法。对于市场增长率仍有所增长的业务，应进一步进行市场细分，维持现存市场增长率或延缓其下降速度。D 选项"应当对该业务加大投资力度"并非现金牛业务的对策。

〔答案〕D

2. BCG 矩阵的运用策略（见表 2-16）

表 2-16　波士顿矩阵的运用策略

对策	对策目标	适用情况
发展	以提高经营单位的相对市场占有率为目标，甚至**不惜放弃短期收益**	"问题"类业务成为"明星"类业务
保持	**投资维持现状**，目标是保持业务单位现有的市场占有率	较大的"现金牛"
收割	为控制成本、**减少亏损和增加现金流**而减少投资	处境不佳的"现金牛"类业务及没有发展前途的"问题"类业务和"瘦狗"类业务
放弃	目标在于**清理和撤销某些业务，减轻负担**，以便将有限的资源用于效益较高的业务	无利可图的"瘦狗"类和"问题"类业务

> **名师说**：实际上，波士顿矩阵这四种运用对策，对应的就是四种业务类型的策略：问题业务需要选择性的投资策略，如果是有希望则发展，没有希望就收割或放弃；明星业务需要发展，因此需要投资；现金牛业务是收获策略，因此可以带来大量资金的则保持，带来资金少的则收割；瘦狗业务需要撤退，将无利可图的放弃，没有前途的就直接收割，把这部分资金省下来用于其他业务。

3. BCG 矩阵的启示

波士顿矩阵有以下几方面的贡献：

（1）波士顿矩阵是最早的组合分析方法之一，作为一个有价值的思想方法，**被广泛运用**在产业环境与企业内部条件的综合分析、多样化的组合分析等方面。

（2）波士顿矩阵将企业不同的经营业务综合在一个矩阵中，具有**简单明了的效果**。

（3）波士顿矩阵**指出了每个经营单位在竞争中的地位**，使企业了解到它们的作用和任务，从而**有选择和集中地运用企业有限的资金**。每个经营业务单位也可以从矩阵中了解自己在总公司中的位置和可能的战略发展方向。

（4）利用波士顿矩阵还可以**帮助企业推断竞争对手对相关业务的总体安排**。其前提是竞争对手也使用波士顿矩阵的分析技巧。

4. BCG 矩阵的局限性

波士顿矩阵也有局限性：

（1）波士顿矩阵**过于简单**。首先，它用市场增长率和企业相对市场占有率**两个单一指标**分别代表产业的吸引力和企业的竞争地位，不能全面反映这两方面的状况；其次，两个坐标各自的划分都只有两个，**划分过粗**。

（2）在实践中，企业要确定各业务的**市场增长率和相对市场占有率是比较困难的**。

（3）波士顿矩阵事实上暗含了一个假设：**企业的市场份额与投资回报是呈正比的**。但在有些情况下这种假设可能是不成立或不全面的。一些市场占有率小的企业如果实施创新、差异化和市场细分等战略，仍能获得很高的利润。

（4）波士顿矩阵的**另一个条件是资金是企业的主要资源**。但在许多企业内，要进行规划和均衡的重要资源不仅是现金，还有技术、时间和人员的创造力。

（5）波士顿矩阵在**具体运用中有很多困难**。

（二）通用矩阵★

通用矩阵又称行业吸引力矩阵，是美国通用电气公司设计的一种投资组合分析方法。通用矩阵改进了波士顿矩阵过于简化的不足：首先，纵横坐标轴上都增加了中间等级；其次，纵横坐标轴都是多个指标（加权平均综合计算得出）综合反映产业吸引力和企业竞争地位。图 2－13 所示的通用矩阵比波士顿矩阵更好地说明了企业各类业务的状态，其中，矩阵中圆圈面积的大小与产业规模呈正比，圈中扇形部分，表示某项业务的市场占有率。

> **名师说**：影响产业吸引力的因素包括产业增长率、市场价格、市场规模、获利能力、市场结构、竞争结构、技术及社会政治等因素。影响竞争地位的因素包括相对市场占有率、市场增长率、买方增长率、产品差别化、生产技术、生产能力、管理水平等。

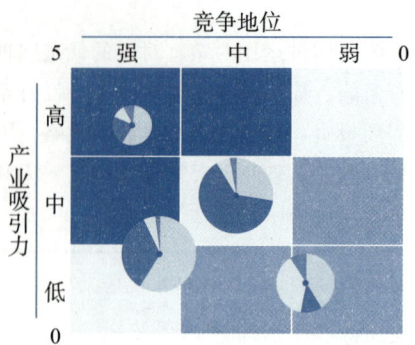

图 2-13 通用矩阵

1. 通用矩阵的运用

处于**左上方三个方格**的业务：最适于采取**增长与发展战略**，企业应优先分配资源。处于**右下方三个方格**的业务：一般应采取**停止、转移、撤退战略**。

处于**对角线三个方格**的业务：应采取**维持或有选择地发展的战略**，维持原有的发展规模，同时调整其发展方向。

2. 通用矩阵的局限性

通用矩阵虽然改进了波士顿矩阵过于简化的不足，但是也因此带来了自身的不足：

（1）**划分较细**，对于多元化业务类型较多的大公司必要性不大，且**需要更多数据，方法比较繁杂**。

（2）用**综合指标**来测算产业吸引力和企业的竞争地位，这些指标在一个产业或一个企业的表现可能会产生不一致，评价结果也会由于指标权数分配的不准确而**带来偏差**。

> **名师说**　产业吸引力和竞争地位涉及因素较多，各个因素在两个维度中所占的比重只能由管理者确定，因此带有主观性。

拓展：行业吸引力测定的例子

因素	权数	等级评分	加权分
税收	0.05	4	0.20
汇率变化	0.08	2	0.16
零件供应	0.10	5	0.50
工资水平	0.10	1	0.10
技术力量	0.10	5	0.50
人员来源	0.10	4	0.40
市场容量	0.15	4	0.60
市场增长率	0.12	4	0.48
行业盈利率	0.20	3	0.60
总计	1.00	1-5	3.54

第三节 企业内外部环境综合分析

SWOT 分析★★★

1. 基本定理

SWOT 分析是一种**综合考虑企业内部条件和外部环境**的各种因素，进行系统评价，**从而选择最佳经营战略**的方法。其中，S 指的是企业内部的**优势（strengths）**，W 指的是企业内部的**劣势（weakness）**，O 指的是企业外部环境的**机会（opportunities）**，T 指的是企业外部环境的**威胁（threats）**。

2. SWOT 分析的应用

SWOT 分析中最核心部分是评价企业的优势和劣势、判断企业所面临的机会和威胁并做出决策。即在企业现有的内外部环境下，如何最优地运用自己的资源，并建立公司未来的资源，见表 2-17。

表 2-17　SWOT 分析的应用（记忆）

内外条件		外部环境	
		机会	威胁
内部环境	优势	1 增长型战略（SO）	4 多元化战略（ST）
	劣势	2 扭转型战略（WO）	3 防御型战略（WT）

（1）优势——机会（SO）

增长型战略是一种**发展企业内部优势与利用外部机会的战略**，是一种理想的战略模式。当企业具有特定方面的优势，而外部环境又为发挥这种优势提供有利机会时，可以采取该战略。

（2）劣势——机会（WO）

扭转型战略是**利用外部机会来弥补内部劣势**，使企业扭转劣势从而获取优势的战略。当存在外部机会，但由于企业存在一些内部劣势而妨碍其利用机会时，可采取措施先克服这些劣势。

（3）劣势——威胁（WT）

防御型战略是一种旨在减少内部劣势，回避外部环境威胁的防御性战略。当企业处于**内忧外患**的境地时，往往面临生存危机，应进行业务调整，设法避开威胁和消除劣势。

（4）优势——威胁（ST）

多元化战略是指企业**利用自身优势，回避或减轻外部威胁所造成的影响**。例如，竞争对手利用新技术大幅度降低成本，给企业造成很大的成本压力；同时材料供应紧张，其价格可能上涨；消费者要求大幅度提高产品质量；企业还要支付高额环保成本等等，若企业拥有充足的现金、熟练的技术工人和较强的产品开发能力，便可利用这些优势开发新工艺，简化生产工艺过程，提高原材料利用率，从而降低材料消耗和生产成本，同时提高产品质量，从而回避外部威胁影响。

> **敲黑板**
>
> 考生需学会判断和归纳案例中的优势、劣势、机会和威胁。企业内部的优势和劣势是相对于竞争对手而言的，一般表现在企业的资金、技术设备、员工素质、产品、市场、管理技能等方面。企业外部的机会和威胁是环境中的有利因素和不利因素。例如，政府支持、高新技术的应用、良好的购买者和供应者关系等属于有利因素；新竞争对手的出现、市场增长缓慢、购买者和供应者讨价还价能力增强、技术老化等属于不利因素。

名师说 SWOT 分析的下一步就是战略选择,对战略分析和战略选择来说属于承上启下的存在,即承接了外部和内部环境分析的结果,以最终确定企业的战略方向。

经典例题 2-19 (单选题)

甲公司是一家多元化经营的企业,业务范围涉及洗化、零售、房地产、新能源等。甲公司对其业务发展状况进行分析,下列各项中,不符合 SWOT 分析的是(   )。

A. 洗化行业增长缓慢,公司市场占有率高,应采用 SO 战略
B. 房地产行业不景气,公司市场占有率低,应采用 WT 战略
C. 新能源行业具有广阔的发展前景,公司在该行业不具有竞争优势,应采用 WO 战略
D. 零售行业近年来发展势头明显回落,公司在该行业中具备一定优势,应采用 ST 战略

(解析) 选项 A,"洗化行业增长缓慢"属于外部环境的威胁(T),"公司市场占有率高"属于企业内部的优势(S),因此应采用 ST 战略。

(答案) A

考点加油站

- 第二章 战略分析
  - 外部环境分析
    - 产业环境分析
      - 宏观环境分析（PEST分析）——政治法律因素、经济因素、社会和文化因素、技术因素
      - 产品生命周期——导入期、成长期、成熟期、衰退期
      - 产业五种竞争力（波特五力模型）
        - 潜在进入者的进入威胁（结构性障碍/行为性障碍）
        - 替代品的替代威胁
        - 供应者、购买者的讨价还价能力
        - 产业内现有企业的竞争
      - 成功关键因素分析（KSF）
    - 竞争环境分析
      - 竞争对手分析——竞争对手的目标、假设、现行战略、能力
      - 产业内的战略群组——"两组间一组内，发现战略机会"
  - 内部环境分析
    - 企业资源与能力分析
      - 企业资源分析
        - 主要类型：有形、无形、人力资源
        - 决定企业竞争优势的企业资源判断标准
          - 资源的稀缺性
          - 资源的不可模仿性——物理上独特；路径依赖；因果含糊；经济制约
          - 资源的不可替代性
          - 资源的持久性
      - 企业能力分析——研发、生产管理、营销、财务、组织管理能力
      - 企业的核心能力
        - 核心能力的特征
        - 基准分析——内部基准；竞争性基准；过程活动基准；一般基准；顾客基准
      - 产业资源配置分析框架——钻石模型
        - 生产要素
        - 需求条件
        - 相关与支持性产业
        - 企业战略、企业结构和同业竞争
    - 价值链分析
      - 两类活动——基本活动（5）；支持活动（4）
      - 企业资源能力的价值链分析（3条）
    - 业务组合分析
      - 波士顿矩阵——明星、问题、现金牛、瘦狗
      - 通用矩阵（简单了解）
  - 内外部环境分析——SWOT分析——S优势、W劣势、O机会、T威胁

章末总结

20%

第三章 战略选择

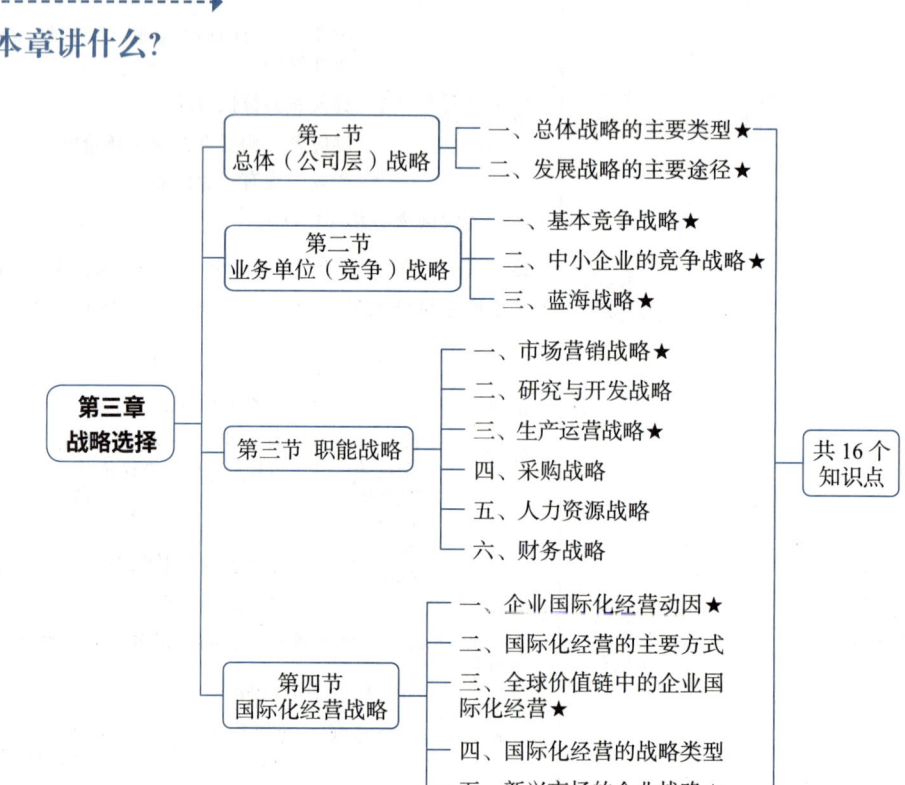

在第二章,我们对公司进行过战略分析之后,管理层会结合公司的实际情况进行战略选择。本章仍然延续了在第一章当中所学的公司战略的三个层次,从总体战略,即企业整体发展的大方向上先进行选择,主要考虑此时选择向前发展(总体战略—发展战略)还是维持现状(总体战略—稳定战略),或是暂避锋芒,选择后撤(总体战略—收缩战略)。在确定过整体的大方向之后,再具象到具体的业务单位进行竞争。最后,企业设置的不同的职能部门都有各自的任务,为了更好地保障各层级的战略落地,职能部门也要有相应的战略规划,即职能战略。此外,本章的第四节,单独补充企业在国际市场上如何开展业务,介绍了企业为什么纷纷选择国际化(经营动因),以及国际化的方式(国际化经营的主要方式);在全球的价值链当中,企业占据怎样的地位,如何不断进行进步(全球价值链中的企业国际化经营);当企业走出国门,可以有哪些战略选择(国际化经营的战略类型);面临跨国企业踏进我国市场时,又有哪些战略可选(新兴市场的企业战略)。上述问题,都会在本章得到一一解答。

本章如何考？

本章在考试中属于特别重要的章节，在单选题、多选题和简答题中都有体现，每年考查分值为 35~45 分。同时，考试也会将本章的知识点与其他章节的知识点相结合，进行综合题的命题。如发展战略的类型，发展战略的主要途径，业务单位战略的类型、优势、实施条件及风险，市场营销战略的具体内容，发展中国家企业国际化经营的动因，新兴市场的企业战略等都是重要知识点，每年必考。

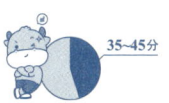

本章怎么学？

本章知识体量极其庞大，占据考试分值的半壁江山。同时综合性非常高，考题花样百出，可称之为主观题"题窝"，因此在第一轮学习时，同学们对于正文中标记了背记的内容，要及时地提炼关键词进行总结记忆。此外，从本章开始，主观题的训练也应该提上日程，通过总结案例线索，来匹配记忆"数不胜数"的适用条件、优势、特征。此外，同学们还可以扫码观看重难点的视频讲解，对于个别背记内容较多的知识点，本书也准备了小口诀带背。

2024 年本章主要变化

2024 年教材在本章第二节新增知识点"商业模式"，在第一节"企业发展战略的主要实施途径—战略联盟"部分新增"网络联盟"，对第三节"市场营销战略"与"研究与开发战略"进行了大篇幅内容修订，建议考生关注。其余变动均为个别文字表述修改，无实质性变动。

考点冲浪

第一节 总体（公司层）战略

总体战略（公司层战略）是企业最高层次的战略。它需要根据企业的目标，选择企业可以竞争的经营领域，合理配置企业经营所必需的资源，使各项经营业务相互支持、相互协调。公司战略常常涉及整个企业的财务结构和组织结构方面的问题。总体战略分为三大类：**发展战略、稳定战略和收缩战略**。

一、发展战略★★★

发展战略强调充分利用外部环境的机会，充分发掘企业内部的优势资源，以求得企业在现有的基础上向更高一级的方向发展。

1. 一体化战略

一体化战略是指企业对具有优势和增长潜力的产品或业务，沿其**经营链条的纵向或横向**

> **敲黑板**
>
> 总体战略的细分类型较多，也是考试的重点部分，考试中如果问到发展战略的类型，请同学们判断到最后一种细分类型（比如回答：案例中的甲公司采取的是发展战略中的一体化战略中的纵向一体化战略中的前向一体化战略）。判断总体战略的类型也是主观题回答原因、适用条件和风险的前提，所以平时学习时需注意训练。

延展业务的深度和广度，扩大经营规模，实现企业成长。按照业务拓展的方向划分，一体化战略分为纵向一体化战略和横向一体化战略，纵向一体化战略又分为前向一体化战略和后向一体化战略。表3-1列示了一体化战略的优缺点及风险。

一体化战略的优缺点及风险-知识精讲

表3-1 一体化战略的优缺点及风险（记忆）

战略类型			简要说明	适用条件
一体化战略	纵向一体化战略		优点：从理论上分析，企业采用纵向一体化战略有利于节约与上、下游企业在市场上进行购买或销售的**交易成本**，控制稀缺资源，保证关键投入的质量或者获得新客户。 缺点：会增加企业的内部管理成本，企业规模并不是越大越好。 主要风险： (1) 不熟悉新业务领域所带来的风险。 (2) 纵向一体化，尤其是后向一体化，一般涉及的投资数额较大且资产专用性较强，增加了企业在该产业的退出成本	—
一体化战略	纵向一体化战略	前向一体化战略：获得分销商或销售商的所有权或加强对他们的控制权	优点：有利于企业控制和掌握市场，增强对消费者需求变化的敏感性，提高企业产品的市场适应性和竞争力	(1) 企业现有销售商的销售成本较高或者可靠性较差而难以满足企业的销售需要。 (2) 企业所在产业的增长潜力较大。 (3) 企业具备前向一体化所需的资金、人力资源等。 (4) 销售环节的利润率较高
一体化战略	纵向一体化战略	后向一体化战略：获得供应商的所有权或加强对其控制权	优点：有利于企业有效控制关键原材料等投入的成本、质量及供应可靠性，确保企业生产经营活动稳步进行	(1) 企业现有的供应商供应成本较高或者可靠性较差而难以满足企业对原材料、零件等的需求。 (2) 供应商数量较少而需求方竞争者众多。 (3) 企业所在产业的增长潜力较大。 (4) 企业具备后向一体化所需的资金、人力资源等。 (5) 供应环节的利润率较高。 (6) 企业产品价格的稳定对企业十分关键，后向一体化有利于控制原材料成本，从而确保产品价格的稳定
一体化战略	横向一体化战略		指企业向产业价值链相同阶段方向扩张的战略。企业采用横向一体化战略的主要目的是实现规模经济以获取竞争优势	(1) 企业所在产业竞争较为激烈。 (2) 企业所在产业的规模经济较为显著。 (3) 企业的横向一体化符合反垄断法律法规，能够在局部地区获得一定的垄断地位。 (4) 企业所在产业的增长潜力较大。 (5) 企业具备横向一体化所需的资金、人力资源等

> **名师说**
>
> （1）特别关注前向一体化（向下游延伸）、后向一体化（向上游延伸）和横向一体化（同环节竞争对手）的区分。
>
> （2）后向一体化战略在汽车、钢铁等产业应用较多，因此，其投资数额较大、资产专用性程度也很高。美国一些汽车制造商实施后向一体化战略，延伸至钢铁、轮胎、橡胶、玻璃等业务，通过后向一体化对原材料成本加以控制，并通过统一严密的生产控制系统使其生产流程大大加快。
>
> （3）因为发展战略强调利用外部环境的机会，发掘内部优势资源，所以发展战略类型的适用条件中，都有"产业增长潜力大"（外部环境的机会）和"具有扩张的资金、人力资源"（内部资源的优势）。

2. 密集型战略

密集型战略的基本框架，是安索夫的"产品—市场战略组合"矩阵，见表 3-2。

表 3-2　安索夫矩阵

市场或产品		产品	
		现有产品	新产品
市场	现有市场	市场渗透：在单一市场，依靠单一产品，目的在于大幅度增加市场占有率	产品开发：在现有市场上推出新产品；延长产品寿命周期
	新市场	市场开发：将现有产品推销到新地区；在现有实力、技能和能力基础上发展，改变销售和广告方法	多元化：以现有业务或市场为基础的相关多元化；与现有产品或市场无关的非相关多元化

市场渗透战略（现有产品和现有市场），强调发展单一产品，试图通过更强的营销手段来获得更大的市场占有率。**市场开发战略（现有产品和新市场）**，是指将现有产品或服务打入新市场的战略。**产品开发战略（新产品和现有市场）**，是在原有市场上，通过技术改进与开发研制新产品。表 3-3 列示了三种战略的具体内容。

表 3-3　密集型战略的三种类型（记忆）

类型	方法或原因	适用条件
市场渗透战略	基础是增加现有产品或服务的市场份额，或增加在现有市场中经营的业务。目标是通过各种方法来增加产品的使用频率。 方法： （1）扩大市场份额：适合于整体正在成长的市场。 （2）开发小众市场：适合于实力弱小的企业。 （3）保持市场份额：适合于衰退的市场	（1）当**整个市场正在增长**时，那些想要取得市场份额的企业能够以较快的速度达成目标。相反，向停滞或衰退的市场渗透可能会难得多。 （2）如果一家**企业决定将利益局限在现有产品或市场领域**，即使在整个市场衰退时也不允许销售额下降，那么企业可能必须采取市场渗透战略。 （3）如果**其他企业由于各种原因离开了市场**，市场渗透战略可能是比较容易成功的。 （4）**企业拥有强大的市场地位，并且能够利用经验和能力来获得强有力的独特竞争优势**，那么实施市场渗透战略是比较容易的。 （5）市场渗透战略对应的**风险较低**、**高级管理者参与度较高**，且在需要的**投资相对较低**的时候，市场渗透策略也会比较适用

密集型战略的三种类型-知识精讲

续表

类型	方法或原因	适用条件
市场开发战略	原因： (1) 企业发现现有产品**生产过程的性质导致难以转变而生产全新的产品**，因此他们希望能开发其他市场。 (2) 市场开发**往往与产品改进结合在一起**。 (3) **现有市场或细分市场已经饱和**，这可能会导致竞争对手去寻找新的市场。	(1) **存在未开发或未饱和的市场**。 (2) **可得到新的、可靠的、经济的和高质量的销售渠道**。 (3) 企业在现有经营领域十分成功。 (4) 企业拥有扩大经营所需的资金和人力资源。 (5) 企业存在过剩的生产能力。 (6) 企业的主业属于正在**迅速全球化的产业**。
产品开发战略	拥有特定细分市场、产品综合性不强或服务范围窄小的企业可能会采用这一战略： (1) **充分利用企业对市场的了解**。 (2) **保持相对于竞争对手的领先地位**。 (3) 从现有产品组合的不足中**寻求新的机会**。 (4) 使企业能继续在现有市场中**保持稳固的地位**。	(1) 企业产品具有较高的市场信誉度和顾客满意度。 (2) 企业所在产业属于适宜创新的高速发展的高新技术产业。 (3) 企业所在**产业正处于高速增长阶段**。 (4) 企业具有较强的研究与开发能力。 (5) 主要**竞争对手以类似价格提供更高质量的产品**。

> **名师说**　需要注意的是，产品开发中的新产品也包括产品升级，因此提供不同尺寸、不同颜色和不同包装的产品也属于产品开发。

密集型战略的三种类型-例题解析

▎**经典例题 3-1**　（单选题）

某城市商业银行为了扩大信用卡的发行量，在当地与大型百货商场、航空公司合作，推出签账回赠礼品、签账换航空飞行里程等营销措施。从密集型战略来看，这种营销措施属于（　　）。

　　A. 产品开发战略　　B. 市场营销战略　　C. 市场开发战略　　D. 市场渗透战略

（解析）为了扩大信用卡的发行量用营销手段进行市场渗透。

（答案）D

3. 多元化战略

多元化战略的内容-知识精讲

多元化是新产品与新市场结合的结果，又可分为相关多元化和非相关多元化，这一战略可从密集型战略类型中分离出来，归为发展战略的另一种类型。多元化战略是指企业进入与现有产品和市场不同的领域。由于市场变化是如此迅速，企业必须持续地调查市场环境以寻找多元化的机会。当现有产品或市场不存在期望的增长空间时（例如，受到地理条件限制、市场规模有限或竞争太过激烈），企业经常会考虑多元化战略。表 3-4 列示了多元化战略的分类、原因、优点和风险。

表 3-4　多元化战略的内容（记忆）

内容名称	解释说明
类型	（1）**相关多元化**也称同心多元化，是指企业**以现有业务或市场为基础进入相关产业或市场**的战略。相关多元化的相关性可以是产品生产技术、管理技能、营销渠道、营销技巧以及用户等方面的类似。 （2）**非相关多元化**也称离心多元化，是指企业**进入与当前产业和市场均不相关的领域**的战略。如果企业当前所在的产业或市场缺乏吸引力，而企业也不具备较强的能力和技能转向相关产品或市场，较为现实的选择就是采用非相关多元化战略
原因	（1）在**现有产品或市场中持续经营并不能达到目标**。 （2）企业由于以前在现有产品或市场中成功经营而保留下来的**资金超过了**其在现有产品或市场中的**财务扩张所需要的资金**。 （3）与在现有产品或市场中的扩张相比，**多元化战略意味着更高的利润**
优点	（1）**分散风险**，当企业在现有产品及市场失败时，新产品或新市场能为企业提供保护。 （2）**能更容易地从资本市场中获得融资**。 （3）**在企业无法增长的情况下找到新的增长点**。 （4）**利用未被充分利用的资源**。 （5）**运用盈余资金**。 （6）**获得资金或其他财务利益**。 （7）**运用企业在某个产业或某个市场中的形象和声誉来进入另一个产业或市场**，而在另一个产业或市场中要取得成功，企业形象和声誉是至关重要的
风险	（1）**来自原有经营产业的风险**。企业资源总是有限的，多元化经营往往意味着原有经营的产业要受到削弱。 （2）**市场整体风险**。市场经济中的广泛相互关联性决定了多元化经营的各产业仍面临共同的风险。在宏观力量的冲击之下，企业多元化经营的资源分散反而加大了风险。 （3）**产业进入风险**。企业在进入新产业之后还必须不断地注入后续资源，去学习这个行业并培养自己的员工队伍，塑造企业品牌。另外，产业竞争态势是不断变化的，竞争者的策略也是一个未知数，企业必须相应地不断调整自己的经营策略。 （4）**产业退出风险**。如果企业深陷一个错误的投资项目却无法做到全身而退，那么很可能导致企业全军覆没。 （5）**内部经营整合风险**。企业作为一个整体，必须把不同业务对其管理机制的要求以某种形式融合在一起。多元化经营、多重目标和企业有限资源之间的冲突，使这种管理机制上的融合更为困难，甚至使企业多元化经营的战略目标最终由于内部冲突而无法实现

> **名师说**
>
> （1）多元化战略不仅仅属于安索夫矩阵的一部分，也是发展战略的其中一种类型。多元化——新产品和新市场。这是新产品与新市场结合的结果，又可分为相关多元化和非相关多元化。这一战略方向应当从密集型战略类型中分离出来，归为发展战略的另一种基本类型。
>
> （2）由于多元化战略指企业进入与现有产品和市场不同的领域，所以需要企业重新对市场和产品进行定位，这需要花费巨大的资金，因此多元化战略的原因、优点和风险都是从"钱"这个方面考虑的。

经典例题 3-2 （2022年·综合题（节选））

资料二

1985年，国内风扇市场趋于饱和，行业利润率开始大幅下滑，金峰公司的销售额和利润额增长也开始趋缓。为了避免单一经营的风险并给企业持续发展开辟新的空间，高先生果断决定压缩风扇生产规模，同时进入刚刚兴起的空调、电冰箱、电饭煲等市场需求和企业利润率迅速攀升的相关行业。5月，金峰公司利用积累的自有资金投资建成"金峰空调设备厂"；8月，收购国内两家电冰箱制造企业，组建"金峰电冰箱制造厂"；12月，与J国森田公司合资成立"金峰电饭煲制造有限公司"。1986年10月，金峰公司转制成立金峰电器企业集团。此后十年，金峰集团经过不懈奋斗，使各类产品的质量、性能和制造技术逐渐达到行业领先水平，到20世纪90年代中期，金峰集团生产的空调、电冰箱、电饭煲均登上国内名牌商品榜单，在国内市场占有举足轻重的地位，其中，电饭煲的市场占有率连续数年位居第一，金峰集团成为该领域公认的行业领导者和最受消费者信赖的企业。金峰集团的上述突出业绩、良好形象及品牌声誉，在其以后发展过程中，无论在进入新领域、推广新产品方面，还是在获得资本市场青睐与融资方面，都发挥了重要作用。

1995~1996年，金峰集团先后三次从国内外著名投资公司融到共计约5亿元人民币资金，用这笔资金分别收购了国内丽光制冷设备有限公司、G国沃克电器有限公司、J国春立厨具公司等，产品范围扩展到微波炉、饮水机、洗碗机、洗衣机等新品类，覆盖了当时所有的家电产品领域。1997年，金峰集团在深圳证券交易所挂牌上市，高先生任集团董事长。此后三年内，金峰集团的各类产品业务都迅猛发展，集团的销售收入增长近四倍，资产增长近三倍，成为当时国内最大的家电生产基地之一。

2000年，金峰集团在完成家电行业全品类布局后，开始跨行业投资、经营，利用自己多年成功经营家电产品积累的盈余资金，启动并完成对云海汽车制造有限公司、晨光污水处理设备厂和荣达机器人有限公司的收购和整合，经营范围得到极大扩展，形成家电、汽车、环保设备、机器人四大业务板块。同年，集团改革组织结构，成立了分别主营上述四类业务的四个公司，每个公司下设若干事业部，分别管理多个不同的产品生产线，必要时把一些管理职权下放到各个产品线，集团总部则摆脱繁杂的具体事务，集中精力制定集团战略规划、协调和安排资源以及采用销售额增长率、销售利润增长率、资本回报率等指标对各事业部进行考核。新的组织结构进一步释放、激发了集团活力，促进了此后十年集团业务和效益持续增长。

要求：

简要分析金峰从1985年到2000年所采用的总体战略的类型及采用该战略的原因和优点。

【答案】 ①金峰1985年到2000年所采用的总体战略的类型是多元化战略，包括：

a. 相关多元化战略，即企业以现有业务或市场为基础进入相关产业或市场的战略。"高先生果断决定压缩风扇生产规模，同时进入刚刚兴起的空调、电冰箱、电饭煲等市场需求和企业利润率迅速攀升的相关行业"；金峰集团"收购了国内丽光制冷设备有限公司、G国沃克电器有限公司、J国春立厨具公司等，产品范围扩展到微波炉、饮水机、洗碗机、洗衣机等新品类，覆盖了当时所有的家电产品领域"。

b. 非相关多元化战略，即企业进入与当前产业和市场均不相关的领域的战略。金峰集团"开始跨行业投资、经营……经营范围得到极大扩展，形成家电、汽车、环保设备、机器人四大业务板块"。

②采用多元化战略的原因有：

a. 在现有产品或市场中持续经营不能达到目标。"国内风扇市场趋于饱和，行业利润率开始大幅下滑,金峰公司的销售额和利润额增长也开始趋缓。为了避免单一经营的风险并给企业持续发展开辟新的空间,高先生果断决定压缩风扇生产规模,同时进入刚刚兴起的空调、电冰箱、电饭煲等市场需求和企业利润率迅速攀升的相关行业"。

b. 企业由于以前在现有产品或市场中成功经营而保留下来的资金超过了其在现有产品或市场中的财务扩张所需要的资金。"金峰集团在完成家电行业全品类布局后,开始跨行业投资、经营,利用自己多年成功经营家电产品积累的盈余资金,启动并完成对云海汽车制造有限公司、晨光污水处理设备厂和荣达机器人有限公司的收购和整合"。至此,金峰集团的"经营范围得到极大扩展,形成家电、汽车、环保设备、机器人四大业务板块"。

c. 与在现有产品或市场中的扩张相比,多元化战略意味着更高的利润。"国内风扇市场趋于饱和,行业利润率开始大幅下滑,金峰公司的销售额和利润额增长也开始趋缓。为了避免单一经营的风险并给企业持续发展开辟新的空间,高先生果断决定压缩风扇生产规模,同时进入刚刚兴起的空调、电冰箱、电饭煲等市场需求和企业利润率迅速攀升的相关行业"。

③企业采用多元化战略的优点有:

a. 分散风险。"为了避免单一经营的风险并给企业持续发展开辟新的空间……"。

b. 能更容易地从资本市场中获得融资。"金峰集团生产的空调、电冰箱、电饭煲均登上国内名牌商品榜单……在获得资本市场青睐与融资方面,都发挥了重要作用";"先后三次从国内外著名投资公司融到共计约5亿元人民币资金"。

c. 当企业在原产业无法增长时找到新的增长点。"国内风扇市场趋于饱和,行业利润率开始大幅下滑,金峰公司的销售额和利润额增长也开始趋缓……高先生果断决定压缩风扇生产规模,同时进入刚刚兴起的空调、电冰箱、电饭煲等市场需求和企业利润率迅速攀升的相关行业"。

d. 利用未被充分利用的资源。"利用自己多年成功经营家电产品积累的盈余资金,启动并完成对云海汽车制造有限公司、晨光污水处理设备厂和荣达机器人有限公司的收购和整合……形成家电、汽车、环保设备、机器人四大业务板块"。

e. 运用盈余资金。"利用自己多年成功经营家电产品积累的盈余资金,启动并完成对云海汽车制造有限公司、晨光污水处理设备厂和荣达机器人有限公司的收购和整合……形成家电、汽车、环保设备、机器人四大业务板块"。

f. 获得资金或其他财务利益。"金峰集团生产的空调、电冰箱、电饭煲均登上国内名牌商品榜单……在获得资本市场青睐与融资方面都发挥了重要作用";"金峰集团的各类产品业务都迅猛发展,集团的销售收入增长近四倍,资产增长近三倍";"先后三次从国内外著名投资公司融到共计约5亿元人民币资金"。

g. 运用企业在某个产业或某个市场中的形象和声誉来进入另一个产业或市场。"金峰集团的上述突出业绩、良好形象及品牌声誉……在进入新领域、推广新产品方面……都发挥了重要作用"。

二、稳定战略 ★

稳定战略,又称维持战略,是指限于经营环境和内部条件,企业在战略期所期望达到的经营状况**基本保持在战略起点的范围和水平上**的战略,见表3-5。

表 3-5　稳定战略的内容

内容名称	解释说明
适用情况	适用于对战略期**环境的预测变化不大**，且在**前期经营相当成功**的企业
优点	(1) 可以**充分利用**原有生产经营领域中的**各种资源**。 (2) **减少**开发新产品和新市场所必需的巨大**资金投入和开发风险**。 (3) **避免资源重新配置和组合的成本**。 (4) **防止**由于发展过快、过急造成的**失衡状态**
风险	(1) 一旦企业**外部环境发生较大变动**，企业战略目标、外部环境、企业实力三者之间就会失去平衡，**使企业陷入困境**。 (2) 稳定战略还容易**使企业减弱风险意识**，甚至会形成惧怕风险、回避风险的企业文化，降低企业对风险的敏感性和适应性

> **名师说**　从以上稳定战略的相关特征可以看出，涉及国计民生的行业或保障人民生活稳定的行业，多数考虑采取稳定战略。

▍**经典例题 3-3**　（单选题）

某市自来水公司由市政府全资控股，其确定的公司使命和目标是为该市所有企事业单位和个人提供生产、生活用水服务。根据公司战略理论，下列各项战略类型中，该自来水公司可以选择的是(　　)。

A. 密集型战略　　　B. 稳定战略　　　C. 紧缩与集中战略　　　D. 转向战略

（解析）稳定战略是指限于经营环境和内部条件，企业在战略期所期望达到的经营状况基本保持在战略起点的范围和水平上的战略。

（答案）B

三、收缩战略 ★★★

收缩战略，也称为撤退战略，是那些**没有发展或者发展潜力很渺茫的企业应该采取**的战略，见表 3-6。

表 3-6　收缩战略的内容（记忆）

内容名称		解释说明
原因	主动原因	一些企业选择收缩战略是为了满足企业战略重组的需要
	被动原因	(1) **外部环境原因**，包括宏观经济形势、产业周期、技术、政策、社会价值观或时尚等方面发生重大变化，市场达到饱和、竞争行为加剧或改变，导致企业赖以生存的外部环境恶化甚至出现危机等； (2) **内部环境原因**，包括内部经营**机制不顺**、**决策失误**、**管理不善**，企业或企业某业务经营陷入困境，失去竞争优势

> **敲黑板**
> 收缩战略指的是业务范围、业务部门、市场或者产品的缩减，并非是企业的整体出售。同学们要特别关注收缩战略三种方式以及退出障碍五大表现在案例中的运用。

续表

内容名称		解释说明
方式	**紧缩与集中战略**：往往集中于短期效益，主要涉及采取补救措施制止利润下滑，以期立即产生效果	(1) **机制变革**，如调整领导班子、重新制定新的政策和管理控制系统、改善激励机制和约束机制； (2) **财政和财务战略**，如严格控制现金流量、签订债转股协议等； (3) **削减成本战略**，如削减人工成本、材料成本、管理费用及资产（内部放弃或改租、售后回租）等、缩小分部和职能部门的规模
	转向战略：更多地涉及企业的经营方向的改变	(1) **重新定位或调整现有的产品和服务**； (2) **调整营销策略**（在价格、广告、渠道等环节推出新的举措）
	放弃战略：将企业的一个或若干个部门出售、转让或停止经营	(1) 特许经营； (2) 分包； (3) 卖断； (4) 管理层与杠杆收购； (5) 拆产为股/分拆；
困难	对企业或业务状况的判断	收缩战略效果如何取决于对公司业务状况判断的准确程度，而这是一项难度很大的工作
	退出障碍的表现	(1) **固定资产的专用性程度**； (2) **退出成本**，包括劳工协议、重新安置成本、备件维修能力等； (3) **内部战略联系**，企业内某经营单位与公司其他业务单位在市场形象、市场营销能力、利用金融市场、设施共享等方面的内部相互联系； (4) **感情障碍**，即管理人员和职工因为利益受损而产生的抵触情绪； (5) **政府与社会约束**，政府考虑失业问题和对地区经济的影响，有时会出面反对或劝阻企业退出的决策

> **名师说**　收缩战略中的部门是一个比较宽泛的概念，可以是一个经营单位（如子公司、事业部）、一项业务、一条流水线等。最近几年经济形势表现一般，一些企业正考虑采取收缩战略，因此收缩战略是近几年考试的热点，同学们要重点背诵收缩的原因、方式与退出障碍的表现，并学会结合案例进行分析。

▎**经典例题 3-4**　（2020 年·多选题）

滦河公司是一家大型能源集团，拥有分别从事煤矿开采、炼焦、发电等业务的多家子公司。面对煤炭产能过剩、销售困难的局面，该公司管理层提出放弃煤矿开采业务，但此举将使大量煤炭采掘设备废弃，下岗工人生活和重新安置费用短期内难以解决，炼焦、发电等业务原料来源的稳定性将受到影响，因此此举遭到各个子公司员工的质疑、不满甚至反对。滦河公司的煤矿开采业务面临的退出障碍有（　　）。

A. 感情障碍　　　　　　　　　　B. 退出成本
C. 内部战略联系　　　　　　　　D. 固定资产的专用性程度

(解析)"大量煤炭采掘设备废弃"属于固定资产的专用性程度;"下岗工人生活和重新安置费用"属于退出成本;"炼焦、发电等业务原料来源的稳定性将受到影响"属于内部战略联系;"遭到各个子公司员工的质疑、不满甚至反对"属于感情障碍。

(答案)ABCD

经典例题 3-5 （2020年·简答题）

"达达出行"创建于2012年。经过几年的发展，"达达出行"从一个出租车打车软件平台，成长为涵盖出租车、专车、快车、顺风车、代驾及大巴等多项业务的一站式出行平台。

"达达出行"的顺风车业务定位于"共享出行"，旨在进一步释放闲置车辆的利用效率。为了调动广大车主和乘客参与的积极性，"达达出行"有意突出了其社交属性，"就像咖啡馆、酒吧一样，私家车也能成为一个半公开、半私密的社交空间"。然而，这一思路给达达顺风车业务带来灾难性的后果。

2018年5月和8月，达达顺风车连续两次发生了女乘客被车主杀害事件，引发社会舆论轩然大波。有关政府部门在第一时间约谈"达达出行"，责令全面整改。在"达达出行"承诺给予被害者巨额赔偿后，国内一家主流报刊发文评论，"生命安全是人类最基本的需求，网络平台不能把资本思维凌驾于公共利益之上"。随后"达达出行"发布公告，自8月27日起下线全国顺风车业务，进行内部整改。之后，达达顺风车开展了多项整改措施。

（1）调整产品定位和属性。坚决摒弃社交思路，回归顺风车"顺路"属性。达达顺风车永久下线用户真实头像、性别等个人信息展示；限制车主接单次数，确保无法挑单；去掉非行程相关的评价标签，防止隐私泄露等。

（2）完善安全管理控制体系。达达顺风车安全管理优化了226项功能，聚焦真正顺路、真实身份核实以及全程的安全防护。

（3）改善激励机制与约束机制，打造友善出行环境。达达顺风车将原有的"信任值"升级为"行为分"，更有效地引导车主和乘客双方在平台上的"好行为"。同时，达达顺风车为用户每次行程免费提供最高120万元/人保额的驾乘人员意外险。

下线整改一年多后，2019年11月20日上午9:00起，达达顺风车终于开启试运营。

要求：

简要分析"达达出行"实施收缩战略的原因和方式。

(答案)"达达出行"实施收缩战略的原因是被动原因，企业（或企业某项业务）失去竞争优势。由于企业内部经营机制不顺、决策失误、管理不善等原因，企业经营陷入困境，不得不采用防御措施。"这一思路给达达顺风车业务带来了灾难性的后果……2018年5月和8月，达达顺风车连续两次发生了女乘客被车主杀害事件，引发社会舆论轩然大波，'达达出行'发表公告，自8月27日起下线全国顺风车业务，进行内部整改"。

"达达出行"实施收缩战略的方式包括：

①紧缩与集中战略中的机制变革。

A. 重新制定新的政策和管理控制系统。"完善安全管理控制体系……"

B. 改善激励机制与约束机制。"改善激励机制与约束机制，打造友善出行环境……"

②转向战略。

A. 重新定位或调整现有的产品和服务。"调整产品定位和属性，坚决摒弃社交化思路，回归顺风车'顺路'属性……"

B. 调整营销策略。"达达顺风车还将为用户每次行程免费提供最高120万元/人保额的驾乘人员意外险"。

四、发展战略的主要途径★★★

发展战略一般可以采用三种途径,即**外部发展(并购)、内部发展(新建)与企业战略联盟**。(记忆)

1. 外部发展(并购)(记忆)

外部发展是指企业**通过取得外部经营资源谋求发展**的战略。外部发展的**狭义内涵是并购**,表3-7列示了并购的类型。

表3-7 并购的类型

划分标准	类型名称	解释说明
按并购双方所处的产业分类	横向并购	指并购方与被并购方处于**同一产业**
	纵向并购	指在**经营对象上有密切联系,但处于不同产销阶段**的企业之间的并购。可分为前向并购与后向并购
	多元化并购	指处于**不同产业、在经营上也无密切联系**的企业之间的并购
按被并购方的态度分类	友善并购	指并购方与被并购方通过**友好协商确定并购条件**,在双方意见基本一致的情况下实现产权转让的一类并购
	敌意并购	又叫恶意并购,通常是指当友好协商遭到拒绝后,并购方**不顾被并购方的意愿采取强制手段**强行收购对方企业的一类并购
按并购方的身份分类	产业资本并购	一般由非金融企业进行。目的是获得产业利润
	金融资本并购	一般由**投资银行或非银行金融机构**(如金融投资企业、私募基金、风险投资基金等)进行收购。目的是获得投资利润
按收购资金来源分类	杠杆收购	收购方在实施收购时,如果其**70%**及以上的资金来源是对外负债,即是在银行贷款或金融市场借贷的支持下完成的
	非杠杆收购	收购方的**主体资金来源是自有资金**

 **敲黑板**

考试中常考查案例所属的并购类型,在判断时,要特别关注题干中的划分标准。比如,若题干中的标准是被并购方的态度,则答案应在友善并购和敌意并购当中选择,而非其他并购类型。

> **名师说**
> 前向并购和后向并购的方向判断,与前向一体化战略和后向一体化战略相同,前向并购是控制下游企业的手段,后向并购是控制上游企业的手段。
> 如主观题涉及并购类型的判断,同学们还必须写出划分标准,因此学习中不要忽略划分标准的背诵。

(1)并购的动机。
采用并购战略的原因有:
①避开进入壁垒,迅速进入,争取市场机会;
②获得协同效应;
③克服企业负外部性,减少竞争,增强对市场的控制力。

> **名师说**
> (1)与内部发展(新建)这种方式相比,外部发展(并购)要快得多。
> (2)协同效应指的是两个企业资源整合后达到1加1大于2的效果。
> (3)负外部性实际上是指竞争对手之间的不良竞争。

并购的动机-知识精讲

(2) 并购失败的原因。

并购方式失败的概率是很高的，主要原因有以下几种：

① 决策不当的并购；

② 并购后不能很好地进行企业整合；

③ 支付过高的并购费用；

④ 跨国并购面临政治风险。

并购失败的原因-知识精讲

> **名师说**
> 防范东道国的政治风险，具体措施可以考虑以下几点：
> (1) 加强对东道国的政治风险的评估，完善动态监测和预警系统；
> (2) 采取灵活的国际投资策略，构筑风险控制的坚实基础；
> (3) 实行企业当地化策略，减少与东道国之间的矛盾和摩擦。

并购失败的原因-例题解析

▍经典例题 3-6 （2020年·多选题）

百苑集团是一家实行标准化管理的跨国餐饮连锁企业。2016 年以来，该公司收购了国内多家分别经营"川""鲁""粤"等不同菜系的餐饮企业。收购后的标准化管理难以适应多元化的中餐文化和管理风格，运营状况远逊于预期。依据并购战略并购失败的原因，下列各项中属于百苑集团收购后运营状况远逊于预期的原因有（　　）。

A. 决策不当

B. 跨国并购面临政治风险

C. 支付过高的并购费用

D. 并购后不能很好地进行企业整合

（解析）"收购后的标准化管理难以适应多元化的中餐文化和管理风格，运营状况远逊于预期"属于决策不当和并购后不能很好地进行企业整合。

（答案）AD

2. 内部发展（新建）

内部发展也称内生增长，是企业在**不收购其他企业的情况下利用**自身的规模、利润、活动等**内部资源来实现扩张**。内部发展的**狭义内涵是新建，是指新建立一个企业**。表 3-8 列示了内部发展的动因、应用条件和风险。

敲黑板

内部发展（新建）的动因和风险实际上是与并购进行对比后得出的，同学们可以对比并购进行理解。此外，内部发展的应用条件是站在五力模型中的进入障碍的角度提出的，因为狭义上的内部发展指的是在产业内新建一个企业，其实就是要看进入产业的条件是否合适。

表 3-8　内部发展

内容	解释说明
动因	(1) 开发新产品的过程最能使企业**深刻地了解市场及产品**。 (2) **不存在合适的收购对象**。 (3) **保持统一的管理风格和企业文化**，从而减轻混乱程度。 (4) **为管理者提供职业发展机会**，避免停滞不前。 (5) 可能付出的**代价较低**，因为获得资产时无须为商誉支付额外的金额。 (6) **收购通常会产生隐藏的或无法预测的损失**，而**内部发展不太可能**产生这种情况。 (7) 这可能是唯一合理的、**实现真正技术创新的方法**。 (8) 可以有计划地进行，很**容易从企业资源获得财务支持**，并且成本可以按时间分摊。 (9) **风险较低**。在收购中，购买者可能还需承担以前业主所做的决策产生的后果。 (10) 内部发展的成本增速较慢

续表

内容	解释说明
应用条件	（1）产业处于不均衡状况，**结构性障碍还没有完全建立起来**。 （2）产业内现有企业的**行为性障碍容易被制约**。 （3）企业**有能力克服结构性壁垒与行为性障碍**，或者企业克服障碍的代价小于企业进入后的收益。 克服进入障碍的能力往往表现在以下几个方面： ①企业现有业务的资产、技能、分销渠道同新的经营领域有较强的相关性； ②企业进入新领域后，有独特的能力影响其行业结构，使之为自己服务； ③企业进入该经营领域后，有利于发展企业现有的经营内容。
缺点	（1）与购买市场中现有的企业相比，在市场上增加了竞争者，这可能会**激化某一市场内的竞争**。 （2）企业并**不能接触到另一知名企业的知识及系统**。 （3）从一开始就**缺乏规模经济或经验曲线效应**。 （4）当市场发展得非常快时，内部发展会显得**过于缓慢**。 （5）进入新市场可能会面对**非常高的障碍**。

3. **企业战略联盟**

（1）战略联盟是指两个或两个以上经营实体之间为了**达到某种战略目的而建立的一种合作关系**，内容见表 3-9。

表 3-9 战略联盟的内容

内容名称	解释说明
基本特征	（1）从经济组织形式来看，战略联盟是介于企业与市场之间的一种"**中间组织**"。 （2）从企业关系来看，组建战略联盟的企业各方是在资源共享、优势相长、相互信任、相互独立的基础上通过事先达成协议而结成的一种**平等的合作伙伴关系**。联盟企业之间的协作关系主要表现为： ①相互往来的**平等性**； ②合作关系的**长期性**； ③整体利益的**互补性**； ④组织形式的**开放性**。 （3）从企业行为来看，联盟行为是一种**战略性的合作行为**。
形成的动因 （记忆）	（1）**促进技术创新**。 （2）**避免经营风险**。 （3）**避免或减少竞争**。 （4）**实现资源互补**。 （5）**开拓新的市场**。 （6）**降低协调成本**。
主要类型 （记忆名称）	（1）**合资企业**。 （2）**相互持股投资**。 （3）**功能性协议**： ①技术交流协议：联盟成员间相互交流技术资料，通过"知识"的学习以增强竞争实力； ②合作研究开发协议：分享现成的科研成果，共同使用科研设施和生产能力，在联盟内注入各种优势，共同开发新产品； ③生产营销协议：通过制定协议共同生产和销售某一产品； ④产业协调协议：建立全面协作与分工的产业联盟体系，多见于高科技产业中

考试中战略联盟形成的动因极容易与案例结合考查，以下案例请了解：
战略联盟促进技术创新：
1. 美国 T 电气公司和法国 S 公司合作开发一种新的飞机引擎。
2. 美国飞机制造企业 B 公司和日本 F 公司、L 公司及 Q 公司共同投资 40 亿美元联合开发新型喷气客机。
战略联盟避免或减少竞争：
1. 日本 D 公司与美国 M 公司为了巩固在半导体领域的竞争地位，通过签订一系列协议，建立起全面的分工与协作关系。
2. 中国 G 航空公司与美国 X 航空公司结成联盟伙伴，合作经营泛太平洋中美航线。
战略联盟实现资源互补：
中国内地 L 集团与香港 D 电脑公司充分嫁接两者的优势，很快拥有了开拓海外市场的能力。
（接下页）

战略联盟的形成动因-知识精讲

续表

内容名称		解释说明
按阶段分类		(1) 研究开发阶段的战略联盟。 (2) 生产制造阶段的战略联盟。 (3) 销售阶段的战略联盟。 (4) 全面性的战略联盟
管控	订立协议	①严格界定联盟的目标； ②周密设计联盟结构； ③准确评估投入的资产； ④规定违约责任和解散条款
	建立合作信任的联盟关系	联盟企业之间必须相互信任，并且以双方利益最大化为导向，而不是以自身利益最大化为导向

> **名师说**
> (1) 五力模型有一定局限性，即忽略了企业之间的合作关系，战略联盟其实就是这种合作最明显的表现之一。
> (2) 战略联盟的形式分为股权式和契约式。合资企业和相互持股投资都属于股权式战略联盟，功能性协议属于契约式战略联盟。

企业战略联盟的主要类型及特点见表 3-10。

表 3-10 企业战略联盟的主要类型及特点

	类型	特点
股权式联盟	**合资企业**（体现战略意图，并非仅仅限于寻求较高的投资回报率）	**优势**：有利于**扩大企业的资金实力**，并通过部分"拥有"对方的形式，增强双方的**信任感和责任感**，有利于**长久合作**。 **劣势**：灵活性差
	相互持股投资（少量持股，而且股权持有往往是双向的）	
契约式联盟	**功能性协议** 主要包括：技术交流协议；合作研究开发协议；生产营销协议；产业协调协议	**优势**： ①更加强调相关企业的协调与默契，因此**更具有战略联盟的本质特征**； ②在**经营灵活性**、自主权和经济效益等方面具有更大的优越性。 **劣势**：存在对联盟的**控制能力差**、松散的组织缺乏稳定性和长远利益、联盟内成员之间的**沟通不充分**、**组织效率低下**等问题

(2) 企业战略联盟的新发展——网络合作联盟。
具体内容见表 3-11。

敲黑板

（接上页）
战略联盟实现开拓新的市场：
1. 日本公司将与美国高新技术产业公司的战略联盟作为进入这些产业并获取技术优势的一种重要机制。
2. 日本公司主要利用欧洲联盟公司在欧盟市场的重要地位来渗透和拓展欧洲市场。
3. 美国 F 公司与日本 M 汽车公司结成战略联盟，以此作为进入亚洲汽车市场的桥梁。

战略联盟降低协调成本：
美国 S 公司在成功地收购了 80 多家公司后，总结得出，对于大企业，并购后整合效果一般不理想，适合采用联盟的方式进行合作。其原因就在于并购大企业的协调成本太高。

敲黑板

本部分内容为教材新增内容，也是实务案例中比较流行的一种合作方式，建议同学们在理解内容的基础上，对于优势和风险进行适当的关键词背记，以应对主观题的考查。

表 3-11 网络合作联盟

要点		阐释
概念		网络合作联盟就是由一群企业组成的合作体,旨在通过建立多重关系共享资源来实现共同目标。随着社会经济以及信息化、数字化的发展,企业之间的联系日益紧密、扩大和深化,企业战略联盟逐渐突破传统固定的双边或为数不多的多边合伙关系,形成动态的、开放的、随时都可能有新成员加入的网络合作联盟
联盟成员	选取原则	由于网络合作联盟中的各个企业之间可能具有较大的异质性,因此挑选网络合作联盟成员企业,比挑选普通的双边或多边战略合作伙伴更为重要。网络合作联盟成员企业选取的重要原则是新成员企业的资源能够被有效地整合,与网络中现有的企业能够优势互补、互相协调
	判断标准	对于新成员企业的具体评估与判断标准包括: ①对相关业务领域的理解、优势和潜力。 ②与现有联盟成员企业的业务内容的重叠度。 ③与现有联盟成员企业战略的相容性。 ④与现有联盟成员企业的合作历史
网络联盟类型	稳定网络合作联盟	稳定网络联盟多见于成熟行业中,创新发生不频繁,竞争优势可以存续较长的时间,顾客的需求也相对固定且可预测。该联盟中的企业可以通过网络合作延伸自身的竞争优势,通过实现规模经济或者范围经济,持续地在相对成熟的核心业务中创造价值,提升自己的经济效益,获得利润
	动态网络合作联盟	动态网络合作联盟多见于产品创新频繁、产品生命周期较短的行业中。处于该行业中的企业都不可能单凭自己的力量来保持竞争优势和培育新的竞争优势,因此往往有意愿形成更为动态的网络合作联盟。该联盟中的成员企业能够实现更敏捷、更灵活的聚散,能够通过资源的共享不断地探索新想法,实现产品与服务的创新,甚至通过进入或开发新市场保证成员企业的经济利益与市场良好表现。此外,企业还可以通过动态网络合作联盟提升自己的生存可能,尤其是联盟中的小公司可以通过与大公司的合作获得更大的成功
优势		(1) 企业进入多个联盟可以**分享更多资源**,分享更多联盟成员提供的互补优势,增加获得额外竞争优势的可能性。 (2) 资源与能力的共享进一步**推动了企业能力的开发以及产品与服务的创新**。 (3) 企业之间产生集聚效应,**进一步提升网络合作联盟的效率**,同时,联盟中的企业通过共享资源与能力能够**推动创新的产生**,大大提高了额外获得资源与能力的可能性
风险		(1) 企业可能会因为联盟的存在**而仅仅局限于与现有合作者合作**,而放弃与其他公司发展联盟的机会,**为企业的资源共享和创新设置了障碍**。 (2) 联盟内部的负面事件和矛盾冲突也有可能给企业带来种种不利影响,甚至使联盟成为企业的负担,从而**拖累公司的业绩与未来发展**

经典例题 3-7 （2020 年·多选题）

为共同推进国内某市 5G 生态产业集群的发展,鹏宵电信公司与东序软件公司达成战略合作协议,前者作为基础网络和电信服务供应商,提供基础通信、流量入口、运营平台建设保障,后者作为技术供应商,负责该市智慧园区、工业互联网、"5G+光网双千兆"标杆园区、云计算应用等领域的场景落地。下列各项中,属于上述两个公司结成战略联盟的特点的有( )。

> **敲黑板**
>
> 考试中可能会出现让同学们判断联盟形式之后选择相应特征的题目。实际上,股权式联盟是因为双方有"钱"的连接而使得两方关系较为正式并变更长久,而契约式联盟则是因为没有"钱"的连接而导致双方限制没有那么严格。

A. 双方在经营上具有较强的灵活性和自主权
B. 双方具有较好的信任感和责任感
C. 联盟内成员之间的沟通不充分
D. 组织效率较高

【解析】 本题解题分两步，首先根据案例判断战略联盟的类型，再识别该种战略联盟的特征。案例描述两个公司达成战略联盟没有初始成本，属于契约型战略联盟。它的特征为灵活性好，控制力度差。选项BD为股权型战略联盟的特征。因此，选项AC正确。

【答案】 AC

经典例题 3-8 〔2019年·简答题〕

2004年1月，以B2C为主要经营模式的综合性网络零售商喜旺公司注册成立。此时在电商领域，无论是用户规模或是平台数量，早期进入者云里公司已占尽先机。为了突破云里公司一家独大的状况，喜旺公司采取一系列战略举措，实现对商业产业链上下游的控制和整合，打造自身的竞争优势。

（1）自建物流体系。喜旺公司早期的商品与大多数电商一样，采用第三方物流配送商品。随着商品年销售量的不断增加，第三方物流配送能力不足、每天数千单货物积压问题日益显著，严重影响服务质量和客户满意度。喜旺公司决定自建物流体系。2007年，喜旺公司投资2 000万元建立东速快递公司，专门为喜旺商城提供物流服务，服务范围覆盖200多座城市。东速快递公司的成立，大大提高了喜旺商城全国配送业务的速度，为喜旺商城的用户带来良好的体验。此后，喜旺公司不断完善物流配送体系，将大量资金用于物流队伍、运输车队、仓储体系建设。到2011年，喜旺公司在全国各地建立7个一级物流中心和20多个二级物流中心，以及118个大型仓库。

（2）进一步整合物流配送资源和能力。2014年3月，喜旺公司并购迅风物流；2014年10月，喜旺公司与国有邮政公司达成战略合作；2016年5月，喜旺公司并购"快快"，实现"两小时极速达"的个性化增值服务。喜旺公司这一系列举措，使其下游配送的效率取得质的飞跃。

（3）运用多种方式整合与完善商品采购与供给端。为了确保上游供给商品的质量与可靠性，2014年4月，喜旺公司与国内最大海洋牧场微岛公司达成合作协议；2014年6月，喜旺公司投资智能体重体脂秤P产品；2015年5月，喜旺公司投资7 000万美元建立生鲜电商果园；2015年8月，喜旺公司与国信医药公司合作，使用户在喜旺平台可购买处方药品；2015年8月，喜旺公司出资43亿元战略入股永芒超市，取得10%股权。永芒超市是国内超市中最好的生鲜品供应商，拥有业内最低的生鲜品采购成本。永芒超市的门店超过350家，但还不能覆盖全国。线上线下两大零售巨头原本是竞争对手，达成合作后，在永芒超市门店尚未覆盖的区域，喜旺公司可以与永芒超市共同提供O2O服务（即online线上网店和offline线下消费），喜旺公司还拥有配送网络，因此双方还有较大的潜在合作空间。

要求：
（1）简要分析喜旺公司所实施的发展战略类型及其实施该战略的动因（或优势）。
（2）简要分析喜旺公司实施发展战略所采用的途径。
（3）简要分析喜旺公司与永芒超市合作的动因。

【答案】 （1）喜旺公司所实施的发展战略类型属于纵向一体化战略，包括前向一体化战略和后向一体化战略。

①前向一体化战略。"自建物流体系";"进一步整合物流配送资源和能力"。其动因(或优势)是有利于企业控制和掌握市场,增强对消费者需求变化的敏感性,提高企业产品的市场适应性和竞争力。"随着商品年销售量的不断增加,第三方物流配送能力不足、每天数千单货物积压问题日益显著,严重影响服务质量和客户满意度。喜旺公司决定自建物流体系";"喜旺公司这一系列的举措,使其下游配送的效率取得质的飞跃"。

②后向一体化战略。"运用多种方式整合与完善商品采购与供给端"。其动因(或优势)是有利于企业有效控制关键原材料等投入的成本、质量及供应可靠性,确保企业生产经营活动稳步进行。"为了确保在商品上游供给的质量与可靠性";"喜旺公司与国信医药公司合作,使用户在喜旺平台可购买处方药品";"永芒超市是国内超市中最好的生鲜品供应商,拥有业内最低的生鲜品采购成本"。

(2) 喜旺公司所采取的发展战略的主要途径包括外部发展(并购)、内部发展(新建)以及战略联盟。

①外部发展(并购)。"2014年3月,喜旺公司并购迅风物流";"2016年5月,喜旺公司并购'快快'"。

②内部发展(新建)。"自建物流体系。2007年,喜旺公司投资2 000万元建立东速快递公司,专门为喜旺商城提供物流服务";"喜旺公司不断完善物流配送体系,将大量资金用于物流队伍、运输车队、仓储体系建设。到2011年,喜旺公司在全国各地建立7个一级物流中心和20多个二级物流中心,以及118个大型仓库";"2014年6月,喜旺公司投资智能体重体脂称P产品;2015年5月,喜旺公司投资7 000万美元建立生鲜电商果园"。

③战略联盟。"2014年10月,喜旺公司与国有邮政公司达成战略合作";"2014年4月,喜旺公司与国内最大海洋牧场微岛公司达成合作协议";"2015年8月,喜旺公司与国信医药公司合作,使用户在喜旺平台可购买处方药品";"2015年8月,喜旺公司出资43亿元战略入股永芒超市,取得10%股权"。

(3) 喜旺公司与永芒超市合作的动因:

①避免或减少竞争。"线上线下两大零售巨头原本是竞争对手";"双方还有较大的潜在合作空间"。

②实现资源互补。"永芒超市是国内超市中最好的生鲜品供应商,拥有业内最低的生鲜品采购成本,永芒超市的门店超过350家,但还不能覆盖全国";"达成合作后,在永芒超市门店尚未覆盖的区域,喜旺公司可以与永芒超市共同提供O2O服务"。

③开辟新的市场。"喜旺公司可以与永芒超市共同提供O2O服务"(喜旺开拓线下市场,永芒超市开拓线上市场)。

第二节 业务单位(竞争)战略

名师说 业务单位战略是将总体战略所包括的目标、方向和措施具体化,形成适合本业务单位具体的经营战略。

一、基本竞争战略

波特在《竞争战略》一书中归纳总结了三种具有内部一致性的基本竞争战略，即成本领先战略（cost leadership strategy）、差异化战略（differentiation strategy）和集中化战略（focus strategy），其中集中化战略包括集中成本领先战略与集中差异化战略，见表3-12。

表3-12 波特的基本竞争战略

分类	低成本优势	顾客可察觉到的独特性
全产业范围	成本领先	差异化
特定细分市场	集中化战略（集中成本领先、集中差异化）	

1. 成本领先战略

成本领先战略是指企业通过在内部加强成本控制，在研究开发、生产、销售、服务和广告等领域把成本降到最低限度，成为**产业中的成本领先者的战略**。成本领先战略的优势、实施条件和风险见表3-13。

成本领先战略的优势、实施条件和风险-知识精讲

表3-13 成本领先战略的优势、实施条件和风险（记忆）

名称		解释说明
优势		(1) 形成进入障碍。 (2) 增强讨价还价能力。 (3) 降低替代品的威胁。 (4) 保持领先的竞争地位
实施条件	市场情况 （外部条件）	(1) 产品具有较高的价格弹性，市场中存在大量的**价格敏感用户**。 (2) 产业中所有企业的**产品都是标准化的产品**，产品难以实现差异化。 (3) 购买者不太关注品牌。 (4) **价格竞争是市场竞争的主要手段**。 (5) 消费者的**转换成本较低**
	资源和技能 （内部条件）	(1) 在规模经济显著的产业中建立生产设备来**实现规模经济**。 (2) **降低各种要素成本**。 (3) **提高生产率**。 (4) **改进产品工艺设计**。 (5) **提高生产能力利用程度**。 (6) 选择适宜的**交易组织形式**（自行生产或外购）。 (7) **资源集中配置**
风险		(1) 技术的变化可能使过去用于降低成本的投资（如扩大规模、工艺革新等）与积累的经验一笔勾销。 (2) 产业的新加入者或追随者通过模仿或者以高技术水平设施的投资能力，**用较低的成本进行学习**。 (3) **市场需求从注重价格转向注重产品的品牌形象**，使企业原有的优势变为劣势

名师说：
(1) 成本领先战略和后续差异化战略的优势都可以联系五力模型进行理解。
(2) 价格弹性全称为需求价格弹性，指的是价格和需求的变化关系。产品具有较高的价格弹性指的是价格的变化导致需求变化的幅度较大。
(3) 实际上，大部分生活必需品都是比较适合成本领先战略的，同学们可以根据生活必需品的特征来理解和记忆成本领先战略的优势、实施条件和风险。

2. 差异化战略

差异化战略指的是企业向顾客提供的产品和服务**在产业范围内独具特色**，这种特色**可以给产品带来额外的加价**，如果一个企业的产品或服务的溢出价格超过因其独特性所增加的成本，那么，拥有这种差异化的企业将获得竞争优势。差异化战略的优势、实施条件和风险，见表3－14。

表3－14 差异化战略的优势、实施条件和风险（记忆）

名称		解释说明
优势		(1) 形成进入障碍。 (2) 降低顾客对价格的敏感程度。 (3) 增强讨价还价能力。 (4) 防止替代品威胁
实施条件	市场情况（外部条件）	(1) 产品能够充分地实现差异化，且为顾客所认可。 (2) 顾客的需求是多样化的。 (3) 企业所在产业技术变革较快，创新成为竞争的焦点
	资源和技能（内部条件）	(1) 具有强大的研发能力和产品设计能力，拥有很强的研究开发管理人员。 (2) 具有很强的市场营销能力，拥有很强的市场营销能力的管理人员。 (3) 有能够确保激励员工创造性的激励体制、管理体制和良好的创造性文化。 (4) 具有从总体上提高某项经营业务的质量、树立产品形象、保持先进技术和建立完善分销渠道的能力
风险		(1) 企业形成产品差别化的成本过高。 (2) 市场需求发生变化。 (3) 竞争对手的模仿和进攻使已建立的差异缩小甚至转向

差异化战略的优势、实施条件和风险－知识精讲

名师说：
(1) 注意成本领先战略和差异化战略在优势上的不同，成本领先为"保持领先的竞争地位"，而差异化为"降低顾客敏感程度"。
(2) 注意成本领先战略和差异化战略的实施条件都是分内部和外部的，因此考试时主观题答题也需要分内外部。
(3) 实际上，奢侈品是比较适合差异化战略的，同学们可以参考奢侈品的特征进行知识点的理解与记忆。

3. 集中化战略

集中化战略是指针对某一特定购买群体、产品细分市场或区域市场，采用成本领先或产品差异化来获取竞争优势的战略。一般是**中小企业采用的战略**，可分为两类：**集中成本领先**

战略和集中差异战略。集中化战略的优势、实施条件和风险见表3-15。

表3-15 集中化战略的优势、实施条件和风险（记忆）

名称	解释说明
优势	(1) 成本领先和差异化战略抵御产业五种竞争力的优势也都能在集中化战略中体现出来。 (2) 由于集中战略避开了在大范围内与竞争对手的直接竞争，所以，对于一些力量还不足以与实力雄厚的大公司抗衡的中小企业来说，集中战略的实施可以增强它们相对的竞争优势。 (3) 对于大企业来说，采用集中战略避免与竞争对手正面冲突，使企业处于一个竞争的缓冲地带
实施条件	(1) 购买者群体之间在需求上存在着差异。 (2) 目标市场在市场容量、成长速度、获利能力、竞争强度等方面具有相对的吸引力。 (3) 在目标市场上，没有其他竞争对手采用类似的战略。 (4) 企业资源和能力有限，难以在整个产业实现成本领先或差异化，只能选定个别细分市场
风险	(1) 狭小的目标市场导致的风险。 (2) 购买者群体之间需求差异变小。 (3) 竞争对手的进入与竞争

敲黑板

集中化战略包括两种类型，都是在目标市场（某一特定购买群体、产品细分市场或区域市场）采用的战略。在考试中，不管是客观题还是主观题，都要尽可能准确地判断出案例属于集中化战略中的哪一种类型。

经典例题3-9 （多选题）

Y国的F公司是一家专门生产高档运动自行车的企业，其产品在Y国高档运动自行车细分市场上的占有率高达80%以上。下列各项中，属于F公司竞争战略实施条件的有（　　）。

A. 购买者群体之间在需求上存在差异
B. 目标市场上在市场容量、成长速度等方面具有相对的吸引力
C. 产业规模经济显著
D. 产品具有较高的价格弹性，市场中存在大量价格敏感用户

（解析）在高档运动自行车细分市场中，竞争属于集中化。集中化战略实施条件：(1) 购买者群体之间在需求上存在着差异（选项A正确）。(2) 目标市场在市场容量、成长速度、获利能力、竞争强度等方面具有相对的吸引力（选项B正确）。(3) 在目标市场上，没有其他竞争对手采用类似的战略。(4) 企业资源和能力有限，难以在整个产业实现成本领先或差异化，只能选定个别细分市场。

（答案）AB

经典例题3-10 （综合题（节选））

资料一

1978年，高先生集资8 000元在南方某乡创办了一家占地不足200平方米、仅有12名员工的企业——金峰。创业初期，金峰的业务是代加工风扇。金峰凭借较低的土地租金、员工工资和高先生的精心管理，逐渐把代加工费用降至行业最低水平。因此，客户和订单逐年增加，资产和经营规模不断扩大。

1981年，高先生将企业更名为金峰家用电器公司，生产自主申请注册的"金峰牌"风扇。此后三年中，在金峰专注于风扇业务的同时，国内生产风扇的厂家如雨后春笋迅速增加，

竞争日趋激烈。由于短期内各个厂家的生产技术和产品性能都难以有明显的特色和质的提升，因而消费者在市场上众多品牌的风扇之间有很大选择余地，用户选购风扇的关注点以及厂家之间竞争的焦点主要是价格。金峰公司凭借以往从事代加工风扇业务积累的技术、管理经验和实干、严谨、精进的作风，对每一项设计、工艺、流程进行微小的改进以提升生产效率；随着生产规模的扩大，适时调整优化生产组织和管理组织，改进生产设施，使生产能力得到最大限度的利用和发挥；精干销售队伍，完善和优化客户服务以节省相关费用。金峰还把自己不擅长的一些业务环节如零部件的电镀外包给其他企业，有效降低了成本。1983年，金峰牌风扇的成本降到行业平均成本的80%以下，成为无人企及的行业标杆。成本的大幅降低为金峰带来显著的竞争优势，使金峰牌风扇以良好的品质、低廉的价格成为市场热销的名牌商品。

要求：
简要分析金峰从创立到1984年所采用的竞争战略的类型及其实施条件。

〔答案〕①金峰从创立到1984年所采用的竞争战略的类型是成本领先战略，即通过在内部加强成本控制，在研究开发、生产、销售、服务和广告等领域把成本降到最低限度，成为产业中的成本领先者的战略。金峰"逐渐把代加工费用降至行业最低水平"；"金峰公司凭借以往从事代加工风扇业务积累的技术、管理经验和实干、严谨、精进的作风，对每一项设计、工艺、流程进行微小的改进以提升生产效率；随着生产规模的扩大，适时调整优化生产组织和管理组织，改进生产设施，使生产能力得到最大限度的利用和发挥；精干销售队伍，完善和优化客户服务以节省相关费用。金峰还把自己不擅长的一些业务环节如零部件的电镀外包给其他企业，有效降低了成本。1983年，金峰牌风扇的成本降到行业平均成本的80%以下，成为无人企及的行业标杆"。

②实施成本领先战略的条件有：

A. 市场情况

a. 产品具有较高的价格弹性，市场中存在大量的价格敏感用户。"用户选购风扇的关注点……主要是价格"。

b. 产业中所有企业的产品都是标准化的产品，产品难以实现差异化。"短期内各个厂家的生产技术和产品性能都难以有明显的特色和质的提升"。

c. 购买者不太关注品牌，大多数购买者以同样的方式使用产品。"用户选购风扇的关注点……主要是价格"。

d. 价格竞争是市场竞争的主要手段，消费者的转换成本较低。"厂家之间竞争的焦点主要是价格"；"消费者在市场上众多品牌的风扇之间有很大选择余地"。

B. 资源和能力

a. 在规模经济显著的产业中装备相应的生产设施来实现规模经济。"随着生产规模的扩大……改进生产设施……有效降低了成本"。

b. 降低各种要素成本。"凭借较低的土地租金、员工工资……"。

c. 提高生产率。"对每一项设计、工艺、流程进行微小的改进以提升生产效率"。

d. 改进产品工艺设计。"对每一项设计、工艺、流程进行微小的改进以提升生产效率"。

e. 提高生产能力利用程度。"随着生产规模的扩大，适时调整优化生产组织和管理组织，改进生产设施，使生产能力得到最大限度的利用和发挥"。

f. 选择适宜的交易组织形式。"金峰还把自己不擅长的一些业务环节如零部件的电镀外包给其他企业,有效降低了成本"。
　　g. 重点集聚(资源集中配置)。"金峰专注于风扇业务"。
　4. 基本竞争战略的综合分析——"战略钟"
　　鲍曼提出的"战略钟",可以对波特的许多理论进行综合。将产品的价格作为横坐标,顾客对产品认可的价值作为纵坐标,然后将企业可能的竞争战略选择在这一平面上用八种途径表现出来,见图3-1。

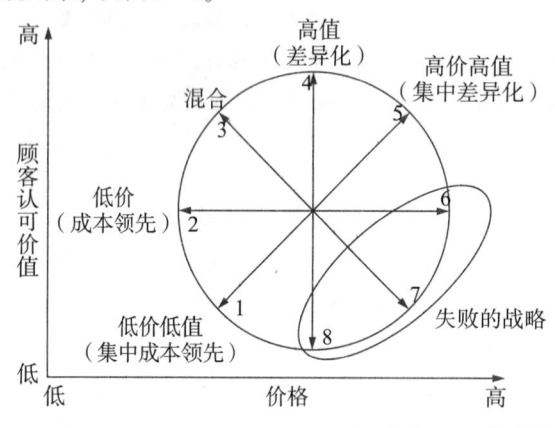

成本领先战略(途径1、途径2)
差异化战略(途径4、途径5)
混合战略(途径3)
失败的战略(途径6、途径7、途径8)

图3-1 战略钟

　　在战略钟的竞争战略里面,有效竞争战略分为下列五种。
　　(1) 成本领先战略。
　　成本领先战略包括途径1和途径2。可以大致分为两个层次:一是**低价低值战略(途径1)**,二是**低价战略(途径2)**。途径1可以看成是集中成本领先战略。途径2则可以看作是成本领先战略。
　　(2) 差异化战略。
　　差异化战略包括途径4和途径5。也可大致分为两个层次:一是**高值战略(途径4)**,二是**高价高值战略(途径5)**。途径4可以看成是差异化战略。途径5则可以看成是集中差异化战略。
　　(3) 混合战略(整体成本领先/差异化战略)。
　　混合战略指的是途径3。在某些情况下,**企业可以在为顾客提供更高的认可价值的同时,获得成本优势**。
　　从理论角度看,以下因素会导致一个企业同时获得两种优势:
　　(1) 提供高质量产品的公司会增加市场份额,而这又会因规模经济而降低平均成本。其结果是,公司可同时在该产业取得高质量和低成本的定位。
　　(2) 生产高质量产品的经验累积和降低成本的速度比生产低质量产品快。其原因是生产工人必须更留心产品的生产,这又会因经验曲线而降低平均成本。
　　(3) 注重提高生产效率可以在高质量产品的生产过程中降低成本。

> **名师说** 对于混合战略,其实就是生活中所提到的"物美价廉",即提供高质量服务或产品的同时价格又很低,这也是波特的基本竞争战略所忽视的一种战略方式,同时追求成本领先和差异化。

▌经典例题 3-11 （2019年·单选题）

从事苹果种植与销售的秋实公司于2017年率先采取了一种新的经营方式，在种植区内增设了园林景观、运动场、游戏场等，到秋收季节，顾客可前来付费进行休闲娱乐等活动，同时能以市场最低的价格采摘和购买苹果。顾客采摘和购买的苹果达到一定数量，可免费参加休闲娱乐活动。这一经营方式受到市场的热捧。秋实公司采用的上述战略属于（　　）。

A. 成本领先战略　　B. 差异化战略　　C. 集中化战略　　D. 混合战略

（解析）"从事苹果种植与销售的秋实公司于2017年率先采取了一种新的经营方式，在种植区内增设了园林景观、运动场、游戏场等，到秋收季节，顾客可前来付费进行休闲娱乐等活动，同时能以市场最低的价格采摘和购买苹果"体现了企业可以在为顾客提供更高的认可价值的同时，获得成本优势，做到物美价廉，这属于混合战略。

（答案）D

二、中小企业的竞争战略★★★

> **名师说**　中小企业既可以指其规模比较小，也可以指其产业类型是零散的和新兴的。在本知识点中，中小企业的竞争战略包含了零散产业的竞争战略和新兴产业的竞争战略。

1. 零散产业的竞争战略

在零散型产业中，**产业集中度很低**，且没有任何企业占有显著的市场份额，也没有任何一个企业对整个产业的发展产生重大的影响。

> **名师说**　一些传统的服务业，比如快餐业、洗衣业、照相业、零售业等都符合零散产业的特征。

（1）造成产业零散的原因。产业零散的原因主要来源于产业本身的基础经济特性：
①**进入障碍低或存在退出障碍**；
②**市场需求多样导致高度产品差异化**；
③**不存在规模经济或难以达到经济规模**。

以上三个方面的原因是从产业本身的经济特性角度归纳的。如果再考虑其他的因素，如**政府政策和地方法规对某些产业集中的限制**，以及一个新产业中还**没有企业掌握足够的技能和能力以占据重要的市场份额**等因素，也是导致产业零散的原因。

> **名师说**　实际上，零散产业中，原本企业数量就较多，而企业进来容易退出难、消费者需求多样、不存在规模经济、政府的政策和产业处于导入期等这些造成产业零散的原因又会进一步使产业不能规模化。

（2）零散产业的战略选择。

零散产业中有很多企业，每个企业的资源和能力条件会有很大差异，因此零散产业的战略可以从多个角度考虑。

如果从三种基本竞争战略的角度出发,零散产业的战略选择有以下三个分类,见表3-16。

表3-16 零散产业的战略选择

零散产业的战略
选择-知识精讲

选择类型	具体途径
克服零散—— 获得成本优势	①连锁经营或特许经营; ②技术创新以创造规模经济; ③尽早发现产业趋势
增加附加价值—— 提高产品差异化程度	许多零散产业生产的产品或服务是一般性的商品,或者是很难实现差异化的,因此需要增加产品的附加价值
专门化——目标集聚	①产品类型或产品细分的专门化; ②顾客类型专门化; ③地理区域专门化

> 【名师说】
> 技术创新创造规模经济案例参考:
> (1) 美国零售业W公司于20世纪80年代初花费4亿美元买卫星,"用卫星卖鸡蛋"的做法曾不为人们所理解。正是由于W公司在信息技术上的投资,在传统零售业中创造了规模经济,使得W公司在21世纪连续多年稳居世界500强第一位。
> (2) 我国农村圈养业过去以家庭圈养为主,随着养殖技术的发展,我国农村养殖业逐步集中,全国性的养殖场成为养殖业的龙头企业。

(3) 谨防潜在的战略陷阱。

零散产业独特的结构环境造成了一些特殊的战略陷阱。某些常见的陷阱应引起足够的警惕。在零散产业中进行战略选择要注意以下几个方面:
①避免寻求支配地位;
②保持严格的战略约束力;
③避免过分集权化;
④了解竞争者的战略目标与管理费用;
⑤避免对新产品做出过度反应。

> 【名师说】
> 零散产业本身的特征决定了其战略陷阱:没有企业能够对整个产业造成影响,因此寻求支配地位(不断扩大规模)、对新产品做出过度反应(盲目投资新产品或进行产品开发)的企业往往会失败;企业的规模较小也就意味着战略容易变化(缺乏战略约束力)、容易改变企业的目标、决策权也往往集中于上层领导者(过分集权化)。以上都属于零散产业中的企业所需要避免的问题。

2. 新兴产业的竞争战略

新兴产业是**新形成的或重新形成的产业**。其形成的原因是技术创新、消费者新需求的出现,或其他经济和社会文化将某个产品或服务提高到一种潜在可行的商业机会的水平。

> **名师说**
> 创新技术的行业——电信、计算机、家用电器。
> 新需求的行业——搬家、送餐、礼仪。
> 重新形成的产业——典当行。

从战略制定的观点看，新兴产业的基本特征是**没有游戏规则**。缺乏游戏规则**既是风险又是机会的来源**。

（1）新兴产业的内部结构环境。

新兴产业在内部结构上彼此差异很大，但是仍有一些共同的结构特征，包括：

①**技术的不确定性**；

②**战略的不确定性**；

③**成本的迅速变化**；

④**萌芽企业和另立门户企业较多**；

⑤**客户多为首次购买者**。

（2）新兴产业发展障碍与机遇。

新兴产业在不同程度上面临产业发展的障碍。从产业的五种竞争力角度分析，这些**障碍主要表现在新兴产业的供应者、购买者与被替代品三个方面**，其根源还在于前述的产业本身的结构特征。

新兴产业常见的发展障碍有：

①**专有技术选择、获取与应用的困难**；

②**原材料、零部件、资金与其他供给的不足**；

③**顾客的困惑与等待观望**；

④**被替代产品的反应**；

⑤**缺少承担风险的胆略与能力**。

（3）新兴产业的战略选择。

在新兴产业中，风险与机遇共存，而风险与机遇都来源于产业的不确定性。所以新兴产业中的战略制定过程必须处理好这一不确定性，见表3－17。

表3－17 新兴产业的战略选择

战略选择	解释说明
塑造产业结构	在新兴产业中占压倒地位的战略问题是考虑企业是否有能力促进产业结构趋于稳定而且成型，这种战略选择有利于企业建立长远的产业地位
正确对待产业发展的外在性	在对产业倡导和追求自身狭窄利益的努力之间做出平衡。产业内企业的发展离不开与其他同类企业的协调以及整个产业的发展，为了产业的整体利益以及自身长远利益，有时必须放弃暂时的自身利益
注意产业机会与障碍的转变，在产业发展变化中占据主动地位	新兴产业的迅速发展可能会使原有的障碍和机会都发生变化。一方面，当产业在规模上有所发展，企业也证明了自身价值时，上下游企业的态度和行为可能会向有利于企业发展的方向转变，尽早挖掘这些方向变化就可能给企业提供战略机会；另一方面，产业的发展会吸引更有规模、资金和市场营销等实力的企业进入，甚至供给者和购买者也可能以纵向一体化的方式进入该产业，此时企业就必须有应对激烈竞争的准备

续表

战略选择		解释说明
选择适当的进入时机与领域	进入时机	早期进入是适当的（早期进入涉及高风险，但可以在关键市场取得"局内人的位置"，获得市场支配地位）：①企业的形象和声望对顾客至关重要，企业可因先驱者而发展和提高声望；②产业中的学习曲线很重要，经验很难模仿，早期进入企业可以较早地开始这一学习过程；③顾客忠诚非常重要，那些首先对顾客销售的企业将获益；④早期与原材料供应、分销渠道建立的合作关系对产业发展至关重要
		早期进入是非常危险的：①产业发展成熟后，早期进入的企业面临过高的转换成本；②为了塑造产业结构，需付出开辟市场的高昂代价，其中包括顾客教育、法规批准、技术开拓等；③技术变化使早期投资过时，并使晚期进入的企业因拥有最新产品和工艺而获益
	进入领域	进入战略的选择还包括对进入领域的选择，即使是新兴产业，不同领域的市场发展前景、发展速度、五种竞争力的变化状况也不尽相同，因而产业整体的盈利水平也会有较大差异

敲黑板

中小企业中的零散产业与新兴产业知识点经常会混在一起考核，因此同学在学习过程中要注意这两个知识点的对比，做题时特别留心考核的是哪一类产业。例如【例3-12】，做题时先判断出来考核的是零散产业，注意选项A的表述，出题老师将其设计为新兴产业的结构特征就很具有迷惑性。

名师说

对于新兴产业中的企业来说，找到适当的时机占据主动态势才是最佳的选择。

一个典型案例：W公司是VCD产业的早期进入者，曾经对产业的发展做出了杰出的贡献，但随着产业的发展，W公司失去了继续投资的能力；B公司的战略则是当产业成长和利润前景已经明朗的情况下，大规模进入，利用某著名电视台这一强势媒体，抢占产业的领先地位。我国VCD产业中，W公司和B公司因进入时机的不同而造成的竞争优势的差异值得研究与借鉴。

经典例题3-12（2019年·多选题）

快餐业由很多中小餐饮企业组成，其中没有任何一个企业占有显著的市场份额或对整个产业的发展产生重大影响。造成快餐业上述状况的原因有（　　）。

A. 快餐业的经营成本变化迅速　　B. 快餐业进入障碍低

C. 快餐业难以达到规模经济　　D. 快餐市场需求多样导致高度产品差异化

解析　快餐产业属于零散产业。造成产业零散的基础经济性原因有：（1）进入障碍低或存在退出障碍（选项B正确）。（2）市场需求多样导致高度产品差异化（选项D正确）。（3）不存在规模经济或难以达到经济规模（选项C正确）。

答案　BCD

经典例题3-13（2021年·单选题）

伊峰公司是一家从事光学仪器研发和制造的企业。该公司拟投资进入尚处于产业导入期的新型显示技术产业。从新兴产业战略选择角度看，下列各项中，属于该公司近期进入新型显示技术产业需具备的条件是（　　）。

A. 新型显示技术的变化比较迅速

B. 为了塑造新型显示技术产业结构，需付出开辟市场较高的代价

C. 顾客忠诚的重要性在早期不显著

D. 企业的形象与声望对顾客至关重要

解析 本案例中描述的是新兴产业的战略选择问题。选择适当的进入时机在新兴产业中尤为重要，当企业在下列基本情况具备时，早期进入是适当的：①企业的形象和声望对顾客至关重要，企业可因先驱者而发展和提高声望（选项D）。②产业中的学习曲线很重要，经验很难模仿，并且不会因持续的技术更新换代而过时，早期进入企业可以较早地开始这一学习过程。③顾客忠诚非常重要，那些首先对顾客销售的企业将获得较高的收益。④早期与原材料供应、分销渠道建立的合作关系对产业发展至关重要。因此，选项D正确。

答案 D

经典例题 3-14（2020年·简答题）

2003年，从国内名牌大学毕业的李轩开始"眼睛肉店"老板的身份在X市农贸市场卖猪肉，成为备受关注的"最有文化的猪肉佬"。多年的教育背景让李轩把卖猪肉这个生意做到了很高的水准，他从来不卖注水肉，品质不好的肉坚决不进货，也从不缺斤少两，慢慢地积攒了诚信经营的口碑，一天能卖出十几头猪。

2008年，李轩与同是经营猪肉生意的本校校友张生相识。张生于2007年在G市创办猪肉连锁店，同样因为"国内名牌大学"和"猪肉"的名号，引起众人关注。

李轩和张生开始联手打造"特号土猪"的猪肉品牌。他们自己养猪，自己卖猪。他们选择口感颇受国内百姓喜爱的优良土猪品种；猪场采用半开放式的大空间，让猪自由活动；猪场里设有音响，专门给猪听音乐。他们认为，猪和人一样，只有心情愉悦，才会长得又肥又壮，肉质也会更加鲜美。

"特号土猪"公司日益发展壮大。从2010年5月开始，李轩和张生凭借着自己多年经营猪肉的经验，开办了培训职业屠夫的"屠夫学校"，培养目标是"通晓整个产业流程的高素质创新型人才"。"特号土猪"公司每年都会招聘应届大学生，经过"屠夫学校"40天培训，再派往各店铺工作。

2015年，"特号土猪"销量超过10亿元，成为国内土猪肉第一品牌。2016年，在互联网大潮引领下，"特号土猪"登陆国内最大电商平台，成为第一个面向大众消费者的"互联网+"猪肉品牌。线上与线下同时发力，"特号土猪"品牌影响力进一步扩展，销量也更上一层楼。

2019年，"特号土猪"品牌连锁店开到全国20多个城市，共有2 000多家门店。十几年来，李轩和张生专心致志，将"特号土猪"高端品牌做到极致。

要求：

(1) 简要分析李轩和张生在零散产业——猪肉经营业中是如何实施三种基本竞争战略的。

(2) 从差异化战略实施条件（资源能力）角度，简要分析李轩和张生将"特号土猪"高端品牌做到极致的原因。

答案 (1) 克服零散——获得成本优势。

①连锁经营或特许经营。"张生于2007年在G市创办猪肉连锁店"；"2019年，'特号土猪'品牌连锁店开到了全国20多个城市，共有2 000多家门店"。

②技术创新以创造规模经济。"在互联网的大潮引领下，'特号土猪'登陆国内最大电商平台，成为第一个面向大众消费者的'互联网+'猪肉品牌。线上与线下同时发力，'特号土猪'品牌影响力进一步扩展，销量也更上一层楼"；"开办了培训职业屠夫的'屠夫学校'，

培养目标是'通晓整个产业流程的高素质创新型人才'"。

增加附加价值——提高产品差异化程度。"把卖猪肉这个生意做到了很高的水准,从来不卖注水肉、品质不好的肉坚决不进货,也从不缺斤少两,慢慢地积攒了诚信经营的口碑";"他们自己养猪、自己卖猪。他们选择口感颇受国内百姓喜爱的优良土猪品种;猪场采用半开放式的大空间,让猪自由活动;猪场里设有音响,专门给猪听音乐。他们认为,猪和人一样,只有心情愉悦,才会长得又肥又壮,肉质也会更加鲜美";"开办了培训职业屠夫的'屠夫学校',培养目标是'通晓整个产业流程的高素质创新型人才'"。

专门化——目标集聚。"十几年来,李轩和张生专心致志,将'特号土猪'这个高端品牌做到了极致"。

(2)①具有强大的研发能力和产品设计能力。"开办了培训职业屠夫的'屠夫学校',培养目标是'通晓整个产业流程的高素质创新型人才'";"他们自己养猪、自己卖猪。他们选择口感颇受国内百姓喜爱的优良土猪品种;猪场采用半开放式的大空间,让猪自由活动;猪场里设有音响,专门给猪听音乐。他们认为,猪和人一样,只有心情愉悦,才会长得又肥又壮,肉质也会更加鲜美"。

②具有很强的市场营销能力。"从来不卖注水肉、品质不好的肉坚决不进货,也从不缺斤少两,慢慢地积攒了诚信经营的口碑,他的肉铺一天能卖出十几头猪";"在互联网的大潮引领下,'特号土猪'登陆国内最大电商平台,成为第一个面向大众消费者的'互联网+'猪肉品牌。线上与线下同时发力,'特号土猪'品牌影响力进一步扩展,销量也更上一层楼"。

③有能够确保激励员工创造性的激励体制、管理体制和良好的创造性文化。"开办了培训职业屠夫的'屠夫学校',培养目标是'通晓整个产业流程的高素质创新型人才'"。

④具有从总体上提高某项经营业务的质量、树立产品形象、保持先进技术和建立完善分销渠道的能力。"李轩和张生开始联手打造'特号土猪'的猪肉品牌";"选择口感颇受国内百姓喜爱的优良土猪品种,猪场采用半开放式的大空间,让猪自由活动,猪场里设有音响,专门给猪听音乐";"开办了培训职业屠夫的'屠夫学校',培养目标是'通晓整个产业流程的高素质创新型人才'";"在互联网的大潮引领下,'特号土猪'登陆国内最大电商平台,成为第一个面向大众消费者的'互联网+'猪肉品牌";"专心致志,将'特号土猪'这个高端品牌做到了极致"。

三、蓝海战略★★★

欧洲工商管理学院的 W. 钱·金(W. Chan Kin)和勒妮·莫博涅(Renee Mauborgne)在 2005 年 2 月出版的《蓝海战略》(*Blue Ocean Strategy*)一书中,为企业指出了一条通向未来增长的新路。他们设想市场空间由两种海洋组成:红海和蓝海。

红海代表当前业已存在的所有行业和市场,这是一个已知的市场空间,因为供给严重大于需求,企业竞争激烈,企业之间进行血拼,就如一片战斗中的血海,故称为红海。"红海"就是充满血腥和竞争的已知市场空间。

蓝海是指**尚未开发,或者尚未被大部分企业重视的市场领域**,在这样的领域中,竞争压力比较小。"蓝海"就是尚未开发的新的市场空间。

在红海中,产业边界是明晰和确定的,游戏的竞争规则是已知的。身处红海的企业试图超过竞争对手,以攫取已知需求下更大的市场份额。当市场空间变得拥挤,利润增长的前景随之黯淡。产品只是常规性的商品,而"割喉式"的恶性竞争使红海变得更加血腥。与之相反,蓝海则意味着未开垦的市场空间,需求的创造以及利润高速增长的机会。尽管有些蓝海是在现有的红海领域之外创造出来的,但绝大多数蓝海是通过扩展已经存在的产业边界而形成的。蓝海与竞争无关,因为游戏规则还有待建立。红海和蓝海的区别见表3-18。

表3-18 红海和蓝海的区别

红海	蓝海
已存在的行业和市场	尚未开发或尚未被大部分企业重视的市场领域
已知的市场空间	新的市场空间
游戏规则已确立	游戏规则有待建立
竞争激烈	与竞争无关

红海战略和蓝海战略的区别-知识精讲

名师说：实际上,之前学过的"战略群组"就是蓝海的雏形。利用战略群组图可以帮助企业预测市场变化或发现战略机会。战略群组图存在很多的"空白"领域,"空白"领域即为蓝海,若企业能了解这些"空白"领域为自己带来战略机会的可行性,就能为新战略或者新的战略群体提供机会。

1. 蓝海战略的内涵

蓝海战略,就是企业突破红海的残酷竞争,不把主要精力放在打败竞争对手上,而放在全力为客户与企业自身创造价值飞跃上,并由此开创新的"无人竞争"的市场空间,彻底甩脱竞争,开创属于自己的一片蓝海。这是一种企业通过开创新的、未被竞争对手重视的市场领域达到扩张目的的战略。

蓝海战略要求企业把视线从市场的供给一方移向需求一方,从与对手的竞争转向为客户提供价值的飞跃;通过跨越现有竞争边界看市场,将不同市场的客户价值元素筛选与重新排序,企业就将重建市场和产业边界,开启巨大的潜在需求,从而摆脱"红海"的血腥竞争,开创"蓝海",实现同时追求"差异化"和"成本领先"。价值创新是开创蓝海、突破竞争的战略思考和战略执行的新途径。红海战略和蓝海战略的区别见表3-19。

表3-19 红海战略和蓝海战略的区别

红海战略	蓝海战略（记忆）
在现有的市场空间内竞争	拓展非竞争性市场空间
参与竞争	规避竞争
争夺现有需求	创造并攫取新需求
遵循价值与成本互替定律	打破价值与成本互替定律
根据差异化或低成本的战略选择,把企业行为整合为一个体系	同时追求差异化和低成本,把企业行为整合为一个体系

名师说：蓝海战略的逻辑就是"价值创新",不跟其他现有企业竞争,而是实现客户和企业自身价值的双赢。

2. 蓝海战略制定的原则

蓝海战略是一种崭新的战略思维,其制定和实施的方法也完全不同于典型的战略规划。蓝海战略开拓了一套条理清晰的绘制和讨论战略布局的过程,以将企业战略推向蓝海。蓝海战略制定的原则见表3-20。

表3-20 蓝海战略制定的原则

战略制定原则	各原则降低的风险因素
重建市场边界	降低搜寻的风险
注重全局而非数字	降低规划的风险
超越现有需求	降低规模风险
遵循合理的战略顺序	降低商业模式风险
战略执行原则	各原则降低的风险因素
克服关键组织障碍	降低组织的风险
将战略执行建成战略的一部分	降低管理的风险

敲黑板

关于蓝海战略制定的原则,应重点掌握"重建市场边界",剩余部分能够判断降低的风险因素即可。

(1)战略制定原则。

①重建市场边界。开创和夺取蓝海需要必备的分析工具和框架,通过有目的地运用这些有关机会与风险的工具和框架,企业可以主动改变产业和市场的基础条件。

②注重全局而非数字。蓝海战略注重全局,而不是沉浸在数字和术语中,这样才能超越小步改进价值的境界,在减少规划风险的同时,实现价值创新。

③超越现有需求。为了最大限度地开拓市场需求,蓝海战略强调通过审视"非顾客"之间强大的共同点统合需求,而不是把目光集中在顾客间的差别上,以此能够最大限度地拓宽创建中的蓝海和启动新的需求,并能够最大限度地降低规模的风险。

④遵循合理的战略顺序。可以按效用、价格、成本、接受这样一种顺序来制定蓝海战略,以确保企业所建立的商业模式风险小,并能够在其所开创的蓝海中获利。

(2)战略执行原则。

①克服关键组织障碍。蓝海战略的有效执行需要企业经理层克服那些在组织方面阻碍战略实施的主要困难,跨越认知、资源、动力和组织政治方面的障碍,在有限的时间和有限的资源条件下执行蓝海战略。

②将战略执行建成战略的一部分。企业应把战略的执行结合到战略制定的过程中,从而鼓舞人们行动起来,去执行蓝海战略,并使这种积极性根植于企业组织中,长久保持下去。

3. 重建市场边界的基本法则

蓝海战略的第一条原则,就是重新构筑市场的边界,从而打破现有竞争局面,开创蓝海。这一原则解决了许多公司经常会碰到的搜寻风险。其难点在于如何成功地从一大堆机会中准确地挑选出具有蓝海特征的市场机会。

蓝海战略总结了6种重建市场边界的基本法则,被称之为6条路径框架。表3-21对6种重建市场边界的路径框架作了一个小结。

表 3-21　从肉搏式竞争到蓝海战略

表现	肉搏式竞争	开创蓝海战略（记忆）
产业	专注于产业内的竞争者	审视他择产业
战略群体	专注于战略群体内部的竞争地位	跨越产业内不同的战略群体看市场
买方群体	专注于更好地为买方群体服务	重新界定产业的买方群体
产品或服务范围	专注于在产业边界内将产品或服务的价值最大化	放眼互补性产品或服务
功能/情感导向	专注于产业既定功能/情感导向下性价比的改善	重设客户的功能性或情感性诉求
时间	专注于适应外部发生的潮流	跨越时间参与塑造外部潮流

重建市场边界的基本法则（6条路径）—知识精讲

企业应把眼光放在更多的产业、战略群体和购买群体，提供互补性产品或服务，超越产业现有的功能性或情感倾向，甚至应该超越时间。只有这样，企业才能获得重建市场空间、开创蓝海的新视角。

> **名师说**　前两条路径是指要将企业服务的产业范围增大，做他择品的产业、做其他战略群组的产品和服务，其中，他择品的概念要比替代品更广：形式不同但功能或者核心效用相同的产品或服务，属于替代品（如报纸与电视），而他择品则还包括了功能和形式都不同目的却相同的产品或服务（如电影院和酒吧）。路径三是说不应局限于产品的购买者，而更要关注产品的实际使用者和对购买者的决策施加影响的人；路径五中的功能性诉求指的是理性用户的选择，注重的是产品或服务的实际使用效果，而情感性诉求指的是感性用户的选择，注重的是产品和服务带来的体验感和情怀；路径六中的跨越时间并非是预测潮流到底怎么变化，而是抓住潮流，提高企业和客户的价值。

经典例题 3-15　（单选题）

甲公司是一家区别于传统火锅店的新式火锅餐饮企业，在给顾客提供用餐服务的同时，还免费给顾客提供拖鞋、美甲、擦拭眼镜等服务。甲公司的经营模式取得了成功，营业额高速增长。甲公司实施蓝海战略的路径是(　　)。

A. 跨越时间　　　　　　　　　B. 重新界定产业的买方群体
C. 重设客户的功能性或情感性诉求　　D. 跨越战略群体

（解析）路径五：重设客户的功能性或情感性诉求。当企业挑战产业中已经存在的功能或情感诉求时，常常会发现新的市场机会。题目中，甲公司注重的是产品和服务带来的体验感和情怀，这属于重设客户的功能性或情感性诉求。

（答案）C

经典例题 3-16　（2018年·简答题）

随着生活节奏的加快，生活在都市的人们越来越希望能有一方净土，在空闲的时光摆脱繁忙的工作，通过劳动来净化自己的心灵，回归到最简单的生活方式中。此外，消费者对有机农产品的需求与日俱增，而一些企业的不规范行为导致消费者对市场销售的有机农产品的真实性产生怀疑。

一种新型的社区支持型农业顺应这些需求而产生，其中以小马驹市民农园最为知名。小马驹市民农园成立于2008年。农园将农业、休闲业、教育产业融为一体，以会员制的模式运作。会员分为两种类型——配送份额会员和劳动份额会员。对于配送份额会员，农园提供配送服务，包括宅配和取菜点两种方式。宅配即配送到家，配送频率为每周一次或两次；小马驹农园在市区设立了三个取菜点，会员可以自行选择时间和取菜点。这些配送为消费者提供了便利，使他们享受到被关爱的体验。

劳动份额会员可以在空闲时间到农场耕种自己的园地。有儿童的家庭特别青睐这种亲近自然、家庭团聚、寓教于乐的模式。小马驹农园策划了很多节日活动，包括开锄节、立夏节、端午节、立秋节、中秋节、丰收节等，在这些节事活动中对小朋友进行传统农耕和文化教育。农园还开展了一些活动激发小朋友的兴趣，包括认识植物、喂养动物、挖红薯、拔萝卜、荡秋千、玩沙子、滚铁环、拔河、在野地里撒欢等，这些活动是孩子们在城市中不可能见到的。在农园一角设立了一个大食堂，会员在劳动过程中，可以到食堂用餐。农园要求会员用餐后自己洗碗，洗碗用的不是洗涤灵，而是麦麸，这更增添了农园天然质朴环保的色彩。

小马驹市民农园新鲜的有机农产品去掉了中间商，可以直接被会员们购买，在传统农产品的激烈竞争中，确保了稳定的市场和农民可靠的收入来源；同时，由于降低了农产品物流和包装成本，会员们能够亲历有机农产品的生产过程，也满足了会员们能够放心地享用物美价廉有机农产品的消费需求。

要求：

（1）依据红海战略和蓝海战略的关键性差异，简要分析小马驹农园怎样体现蓝海战略的特征。

（2）依据蓝海战略重建市场边界的基本法则（开创蓝海战略的途径），简要分析小马驹农园如何在激烈的农产品生产领域，开创新的生存与发展空间。

【答案】（1）①拓展非竞争性市场空间，规避竞争。"在传统农产品的激烈竞争中，确保了稳定的市场和农民可靠的收入来源"。

②创造并攫取新需求。"生活在都市的人们越来越希望能有一方净土，在空闲的时光摆脱繁忙的工作，通过劳动来净化自己的心灵，回归到最简单的生活方式中。此外，消费者对有机农产品的需求与日俱增，而一些企业的不规范行为导致消费者对市场销售的有机农产品的真实性产生怀疑。一种新型的社区支持型农业顺应这些需求而产生"。

③打破价值与成本互替定律，同时追求差异化和低成本，把企业行为整合为一个体系。"小马驹市民农园新鲜的有机农产品去掉了中间商，可以直接被会员们购买，在传统农产品的激烈竞争中，确保了稳定的市场和农民可靠的收入来源"；"由于降低了农产品物流和包装成本，会员们能够亲历有机农产品的生产过程，也满足了会员们能够放心地享用物美价廉有机农产品的消费需求"。

（2）①审视他择产业或跨越产业内不同的战略群组。"农园将农业、休闲业、教育产业融为一体"。

②重新界定产业的买方群体。"小马驹市民农园新鲜的有机农产品去掉了中间商，可以直接被会员们购买"。

③放眼互补性产品或服务。"农园将农业、休闲业、教育产业融为一体"。

④重设客户的功能性或情感性诉求。"这些配送为消费者提供了便利，使他们享受到被关爱的体验"；"有儿童的家庭特别青睐这种亲近自然、家庭团聚、寓教于乐的模式……农园还开展了一些活动激发小朋友的兴趣，包括认识植物、喂养动物、挖红薯、拔萝卜、荡秋千、玩沙子、滚铁环、拔河、在野地里撒欢等，这些活动是孩子们在城市中不可能见到的。在农

园一角设立了一个大食堂，会员在劳动过程中，可以到食堂用餐，农园要求会员用餐后自己洗碗，洗碗用的不是洗涤灵，而是麦麸，这更增添了农园天然质材环保的色彩"。

⑤跨越时间参与塑造外部潮流。"一种新型的社区支持型农业顺应这些需求而产生，其中以小马驹市民农园最为知名"。

四、商业模式

（一）商业模式的内涵

现代管理学之父彼得·德鲁克说过"企业的竞争不是产品和服务的竞争，而是商业模式的竞争"。关于商业模式的内涵，理论界基本认同商业模式是一种超越产品和服务的价值创造方式，包含为顾客提供产品或服务的"Who""What""When""Why""Where""How"和"How much"等元素。商业模式就是为了实现客户价值最大化，把能使企业运行的内外各要素整合起来，形成完整的、高效率的、具有独特核心竞争力的运行系统，并通过提供产品和服务使系统持续达成赢利目标的整体解决方案。

（二）商业模式画布

2008年著名学者亚历山大·奥斯特瓦德（Alexander Osterwalder）在《商业模式新生代》这本书中提出了商业模式画布（business model canvas）的概念。商业模式画布是一种用来描述、可视化、评估和创新商业模式的通用语言。企业以顾客为核心，根据细分市场客户需求提出价值主张，并运用各种核心资源和关键业务与合作将价值主张以产品或服务的形式表达出来，最后通过沟通、分销渠道与客户建立关系，成功满足客户需求，创造价值。

商业模式具备四个板块，分别是客户、供给、基础设施和财务，而这四个板块又被细分为九个要素，具体内容见表3-22与图3-2。

> **敲黑板**
>
> 本部分内容为2024年教材新增内容，整体而言理解起来较为抽象，建议考生适度关注，能够熟悉商业模式的几个要素，以及区分商业模式创新的三种不同类型。

表3-22 商业模式的九个要素

板块	要素	阐释
供给板块	价值主张	价值主张是企业形成商业模式的第一步。价值主张是指通过针对某个群体的需求定制一套新的元素组合来为该群体创造价值，这种价值可以是数量上的，如价格、服务响应速度等；也可以是质量上的，如设计、客户体验等。价值主张需要明确产品/服务是为谁创造价值，即客户细分。锚定目标客户群体后，需要以一定的方式将价值传递给客户，即要打通渠道通路。为了实现可持续性的价值传递，还需要建立客户关系，进行有效反馈与交流。同时需要与非客户的合作伙伴进行重要合作，以获取新的资源及渠道通路
客户板块	客户细分	是指企业对想要接触和服务的客户或市场所进行的划分。客户细分可以分为五种类型：①大众市场。②利基市场。③区隔化市场。④多元化市场。⑤多边平台或多边市场
客户板块	渠道通路	是指企业将能够带来价值的产品或服务传递给目标客户的途径。企业可以选择通过自有渠道、合作伙伴渠道或两者混合来接触客户，其中自有渠道包括自建销售队伍和在线销售；合作伙伴渠道包括合作伙伴店铺和批发商。不论采取什么样的渠道组合，都需要完成五个阶段的工作：①扩大知名度。②客户评价。③完成购买。④传递价值主张。⑤售后服务
客户板块	客户关系	是指为了进行信息的反馈交流，企业与客户间所建立的联系。客户关系大致可以分为六种：①个人助理。②自助服务。③专用个人助理。④自动化服务。⑤社区。⑥共同创作

续表

板块	要素	阐释
基础设施	核心资源	核心资源是企业实现商业模式所必需的资源及能力,可以分为四种类型:①实体资产。②知识资产。③人力资源。④金融资产
	关键业务	关键业务涉及业务流程安排和资源配置,是企业确保商业模式运行核心的活动。关键业务可以分为以下三种类型:①制造产品,即与设计、制造及发送产品有关的活动。②平台/网络,即与平台管理、服务提供和平台推广相关的活动,网络服务、交易平台、软件甚至品牌都可看成平台。③问题解决,即为客户提供新的解决方案
	重要合作	重要合作指企业选择其他组织作为合作伙伴,建立合作关系网络。合作类型可以分为四种:①非竞争者之间的战略联盟关系。②竞争者之间的战略合作关系。③为开发新业务而构建的合资关系。④为确保获得供应品而与供应商建立的合作关系
财务板块	成本结构	根据商业模式画布理论,成本结构是指商业模式运转引发的所有成本。成本结构可以分为两种类型:①成本驱动型。②价值驱动型
	收入来源	收入来源是企业从客户获取的收入,通常包括七种类型:①资产销售。②使用收费。③订阅收费。④租赁收费。⑤授权收费。⑥经济收费。⑦广告收费

重要合作 企业所构建的合作关系网络	关键业务 企业需要做的关键任务	价值主张 企业要为自己客户创造的核心价值	客户关系 与客户建立怎样的连接	客户细分 企业要为谁创造主张价值
	核心资源 实体资产 知识资产 人力资源 金融资产		渠道通路 将价值传递给客户的方式	
成本结构 企业在价值创造中需要付出的代价			收入来源 企业如何赚钱创造价值	

图 3-2 商业模式画布

(三) 商业模式创新

具体内容见表 3-23。

表 3-23 商业模式创新

要点	阐释
概念	商业模式创新是企业探索创造与获取价值的新方法、新逻辑,主要包括四个构成要素:价值主张、价值创造、价值获取、价值实现。 (1) 价值主张是对客户价值即客户真实需求的深入描述,包括两部分内容,即目标客户、产品和服务的内容。 (2) 价值创造是指企业创造客户价值的方式。 (3) 价值获取是指企业生产、供应满足目标客户需要的产品或服务的一系列业务活动以及支撑业务活动的核心资源与合作伙伴。 (4) 价值实现是指企业通过正确的机制在有吸引力的价值定位上产生利润,主要涉及企业成本结构与收入来源

续表

要点			阐释
类型	平台商业模式	含义	平台商业模式是一种基于外部供应商和顾客之间价值创造互动的商业模式。平台连接两个或两个以上的特定群体，为其提供互动机制和交流平台，满足所有人的需求，并从中获利。按照平台内容划分，可以分为交易中介（如京东、亚马逊）、媒体（优酷、Facebook）、支付工具（支付宝）和软件平台（苹果、谷歌）四类。在互联网经济中最受推崇的具备网络效应的多边平台商业模式，腾讯、谷歌、亚马逊、阿里巴巴等巨头公司就是此类平台的典型代表
		具体体现	(1) 关键业务。平台服务、管理及升级 (2) 价值主张。①吸引不同的客户群体。②对不同的客户群体进行双边匹配。③提供交易闭环的环境，并降低交易成本。 (3) 客户细分。有2个或更多细分客户群体；每个客户群体都有各自的价值主张与收益流；这些客户群体相互依存。 (4) 收入来源。在多边平台上每个细分客户群体都能够产生收益流；部分客户群体享受免费服务或补贴；定价（含补贴）决策决定了平台的商业成败。 (5) 核心资源。平台。 (6) 成本结构。平台开发管理，商业补贴
	长尾商业模式	含义	网络时代是关注"长尾"、发挥"长尾"效益的时代。所谓长尾商业模式是指，只要产品存储、流通和展示的渠道足够宽广，需求不旺或销量不佳的产品所共同占据的市场份额可以和那些少数热销产品所占据的市场份额相匹敌甚至更大，即众多小市场的汇聚可产生与主流市场相匹敌甚至更多的收益
		具体体现	(1) 关键业务。①开发、维护小众产品的获取与生产；②提供平台管理服务以及平台升级。 (2) 价值主张。提供宽范围的非热销品，这些产品可以与热销品共存。 (3) 重要合作。重要合作伙伴是小众产品提供者，包括专业人员和用户。用户创造的产品在小众产品中占有重要地位。 (4) 客户细分。主要聚焦于小众客户和小众市场内容的提供者。 (5) 收入来源。从大规模品类的销售中获取收入；从多种多样的小众产品销售和服务中取得各种收入，如广告费、产品销售收入或者订阅费等。 (6) 核心资源。平台。 (7) 成本结构。平台开发管理
类型	免费商业模式	内涵和逻辑	免费模式的实施就是由市场中"一边"补贴"另一边"完成的。这两边可以是不同的对象、不同的产品、不同的时间节点，也可以是不同的地点。免费商业模式的实质是单方免费，多方收费，免费是为了给商家带来人气、声誉和销量，最终目的是扩张地盘，赚取利润。伴随着互联网经济的蓬勃兴起，免费模式成为新兴互联网平台的特征，挑战着各种传统行业和市场行为。以阿里巴巴、腾讯、奇虎360为代表的互联网公司通过各种免费策略打开市场，实现迅猛发展

续表

要点		阐释
类型	免费商业模式 盈利模式	（1）增值服务收费模式。商家提供免费的基础服务，让尽可能多的用户使用产品，然后将其中少数需要个性化服务或高端稀缺资源的用户转化为付费用户，向他们提供更高级的服务。例如，搜索引擎商 Google、百度等依托海量的免费网络用户，将搜索结果的排名向企业进行竞价销售，赚取服务费。 （2）广告模式，又称三方市场模式。用户可以免费使用网站，当网站吸引到足够的用户量后，再以用户资源为筹码向企业收取广告费。例如电视广告，所有消费者免费观看，但根据不同时段不同节目的收视率向做广告的企业收费。 （3）交叉补贴模式，也称基本品免费、互补品收费模式。这种模式是指企业免费提供一款产品或服务，但对该产品或服务的互补品收取费用，或者企业免费提供商品，但对后续服务收费。例如，通信运营商往往推出赠送手机活动，客户通过购买特定的话费套餐"免费"获得一部手机。在正常使用话费的条件下，客户省去购买一部手机的费用，而通信运营商绑定了客户，可以长期收取话费、赚取通讯利润，同时手机生产商通过向通信运营商销售手机赚取了利润，形成了"三赢"的局面。 （4）非货币市场模式。这种模式是指企业用免费产品和服务换取用户的相关劳务。例如，一些企业利用用户的创造性，鼓励用户参与改进产品或服务的活动，如内容创作、插件开发、提供反馈等，并以免费产品、服务或特权回报用户

第三节　职能战略

一、市场营销战略★★★

在现代市场营销理论中，市场营销战略的核心是 STP 营销，即市场细分（market segmenting）、目标市场选择（market targeting）和市场定位（market positioning）。

1. 市场细分

（1）消费者市场细分。

市场细分要依据一定的细分变量来进行。消费者市场的细分变量主要有地理、人口、心理和行为四类，见表 3-24。

表 3-24　消费者市场细分的变量（记忆变量名称）

变量	具体指标
地理细分	根据地理因素进行市场细分是指企业根据消费者所处的不同地理位置、自然环境来细分消费者市场。地理细分的变量包括国家、地区、城市农村、地形气候、交通运输条件等
人口细分	按照**人口变量**（包括年龄、性别、收入水平、职业、受教育程度、家庭规模、家庭生命周期阶段、社会阶层、宗教信仰、民族及国籍等）来细分消费者市场
心理细分	企业按照消费者的生活方式、个性等心理状况的变量来细分消费者市场。心理细分的变量包括个性、爱好、价值观念、生活方式、购买动机、追求的利益等
行为细分	按照消费者购买或使用某种产品的时机、消费者对某种产品的使用率、消费者进入市场的程度和消费者对品牌或企业的忠诚度等来细分消费者市场

消费者市场细分的变量-知识精讲

(2) 产业市场细分。

产业市场的购买者是工商服务企业。产业市场细分的变量有一些与消费者市场细分变量相同,如地理因素、追求的利益、进入市场的程度、对品牌的忠诚度等。但产业市场也有自己的特殊性,采用最多的细分变量可以归纳为用户的行业类别、用户规模、用户地理位置和用户购买行为等因素。

①用户的行业类别。不同的最终用户对同一种产业用品的市场营销组合往往有不同的要求,例如,飞机制造商所需要的轮胎必须达到的安全标准比农用拖拉机制造商所需轮胎的安全标准高很多,豪华汽车制造商比一般汽车制造商需要更优质的轮胎。

②用户规模。公司规模可以分为大型、中型和小型,不同规模的用户,其购买力、购买批次、频率、购买行为和方式都有可能不同,要求供应商提供的服务也可能不同。例如,一家办公室用具制造商按照顾客规模将顾客细分为两类顾客群:一类是大客户,另一类是小客户。

③用户的地理位置。例如,国界、地区、气候、地形、交通运输、产业布局、自然环境、资源等。

④用户购买行为。购买行为包括用户追求的利益、使用频率、品牌忠诚度、使用者地位(如重点户、一般户、常用户、临时户等)和购买方式等。例如,企业可以将用户细分为:想取得单一货源的企业和想取得多货源的企业;必须采购招标的企业和可以通过谈判达成交易的企业;倾向于租赁产品的企业和想要购买产品的企业。

(3) 产业市场细分的其他变量。

美国的波诺马(Bo-noma)和夏皮罗(Shapiro)两位学者从多个角度提出了细分产业市场的主要变量,如表3-25所示。

表3-25 产业市场细分的主要变量

经营变量
(1) 技术:我们应该把重点放在顾客重视的哪些技术上?
(2) 使用者或非使用者情况:我们应该把重点放在大量、中量、少量使用者身上,还是非使用者身上?
(3) 顾客能力:我们应该把重点放在需要很多服务的顾客身上,还是需要很少服务的顾客身上?
采购方法变量
(1) 采购职能组织:我们应该把重点放在采购组织高度集中的公司,还是采购组织高度分散的公司?
(2) 权力结构:我们应该把重点放在技术主导型公司,还是财务主导型公司?
(3) 现有关系的性质:我们应该把重点放在现在与我们有牢固关系的公司,还是追求最理想状态的公司?
(4) 总采购政策:我们应该把重点放在乐于采用租赁或服务合同、系统采购的公司,还是乐于采用密封投标等贸易方式的公司?
(5) 采购标准:我们应该把重点放在追求质量、重视服务的公司,还是注重价格的公司?
情境因素变量
(1) 紧急:我们应该把重点放在要求迅速和突然交货的公司,还是要求提供服务的公司?
(2) 特别用途:我们应该把重点放在本公司产品的某些用途上,还是同等关注各种用途?
(3) 订货量:我们应该把重点放在大宗订货上,还是少量订货上?

续表

企业特征变量
(1) 购销双方的相似点：我们是否应该把重点放在那些人员及其价值观念与本公司相似的公司？ (2) 对待风险的态度：我们应该把重点放在敢于冒险的顾客，还是规避风险的顾客？ (3) 忠诚度：我们是否应该把重点放在那些对供应商非常忠诚的公司？
其他变量
(1) 行业：我们应该把重点放在哪些行业？ (2) 公司规模：我们应该把重点放在多大规模的公司？ (3) 地理位置：我们应该把重点放在哪些地区？

2. 目标市场选择

(1) 企业可以采取的目标市场选择策略共三种，见表 3-26。

表 3-26 目标市场选择策略

种类	含义	优点	缺点
无差异市场营销	企业在市场细分之后，不考虑各子市场的特性，而只注重子市场的共性，决定只推出单一产品，运用单一的市场营销组合，力求在一定程度上适合尽可能多的顾客的需求	①产品品种、规格、款式单一，有利于标准化及大规模生产和销售，发挥规模经济的优势，有利于降低生产、存货、运输、研发的成本； ②无差异的营销组合有利于节省大量的市场调查以及广告宣传、渠道维护等方面的费用，从而以低成本赢得市场竞争优势	①单一产品难以满足所有消费者的需要； ②当同一行业中有几家公司都实行无差异性营销策略时，竞争会异常激烈； ③应变能力较差，一旦市场需求发生变化，特别是在产品生命周期进入成熟阶段后，企业难以及时调整生产结构和营销组合，会面临很大的经营风险
差异市场营销	企业同时决定同时为几个子市场服务，设计不同的产品，并在渠道、促销和定价方面都加以相应的改变，以适应各个子市场的需要	①面向广阔的市场，可以满足不同消费者的不同需要，有利于扩大销售量； ②有利于阻止竞争对手进入，增强企业竞争力； ③小批量、多品种，生产机动灵活，富有回旋余地，在一定程度上分散或减少了经营风险； ④企业的不同产品品类如果同时在几个细分市场上占有优势，就会提高顾客对企业的信任感和忠诚度，进而提高重复购买率	①产品品种、价格、销售渠道、促销手段的多样化，给企业经营管理增加了难度；②生产成本、研发成本、存货成本、销售费用、市场调研费用相应增加
集中市场营销	企业集中所有力量，以一个或少数几个性质相似的子市场作为目标市场，试图在较少的子市场上占领较大的市场份额	①企业对一个或少数几个特定细分市场容易取得比较深入的了解，采取更为有效的营销组合，从而在特定市场取得优势地位； ②在特定市场上竞争优势的确立，有利于提高产品和企业知名度以及顾客的忠诚度； ③企业集中运用有限的资源，实行专业化的生产和销售，有利于节省营销费用，提高投资收益率	对单一、窄小的目标市场依赖性大，一旦目标市场情况发生变化，如顾客消费偏好改变或出现了强有力的竞争对手，企业经营就会面临极大的风险

(2) 选择以上三种策略时需要考虑以下五个方面的因素。

①企业资源和能力。企业如果资源丰富，且在研发、技术、生产、营销等方面的能力很强，就可以采用无差异性营销策略或差异性营销策略；若资源和能力有限，则宜采用集中性营销策略。

②产品同质性。产品同质性是指产品在性能、特点等方面差异性的大小。同质产品如食盐、普通水泥、标准件，以及一些初级产品如水力、电力等，适合采用无差异性营销策略；而一些差异性较大的产品如家具、服装、食品、家用电器、汽车等，宜采用差异性营销策略或集中性营销策略。

③产品所处的生命周期阶段。处在导入期的新产品，消费者需求及销售渠道等都比较单一，企业宜采用无差异性营销策略。当产品进入成长或成熟阶段，由于同类产品增加、市场竞争加剧和消费者需求日益多样化，实行无差异性营销策略就难以奏效，这时，企业采用差异性营销策略或集中性营销策略，可以建立有别于竞争对手的特色，或者开拓新市场，满足新需求，延长产品生命周期，从而取得更好的经营效果。

④市场同质性。如果消费者的需求、偏好相同或相近，对企业营销组合的反应差异不大，如消费者对自来水、燃气等一些生活必需品的需求，则企业宜采用无差异性营销策略；反之，应采取差异性营销策略或集中性营销策略。

⑤竞争对手的战略。如果竞争对手实行无差异性营销策略，则企业选择差异性营销策略或集中性营销策略有利于开拓市场，提高竞争力；如果竞争对手已采取差异性营销策略，则企业不应该采取无差异性营销策略，而可以采用对等的营销策略，也可以在进一步细分市场的基础上，采用更深层次的差异性营销策略，或者选择集中性营销策略。

3. 市场定位

市场定位就是根据竞争对手产品在市场上所处的位置，针对消费者对产品的需求状况，结合企业现有条件，确定本企业及其产品在目标市场上的位置，塑造本企业产品与众不同的个性或形象，进而通过特定的营销模式让消费者接受产品。

市场定位一般有以下几种策略，见表 3-27。

本部分内容历年来考试频率较低，但在 2024 年，教材对本部分内容基本重新改写，部分专业术语修订，需要考生引起适当关注。

表 3-27 市场定位的策略

策略	要点	阐释
避强定位	含义	避强定位是指企业主动回避与目标市场上强有力的竞争对手直接对抗，抢占或填补市场空位的市场定位。例如，美国汽水定位于"非可乐型饮料"就避免了与两大巨头可口可乐和百事可乐的正面竞争
	优点	能够迅速地在市场上站稳脚跟，并在消费者心目中树立起企业与产品的形象。这种定位策略的市场风险较小，成功率较高，常常被许多企业所采用
迎头定位	含义	迎头定位是指企业将自己的产品定位于与现有竞争者产品重合的市场位置，争夺同样的顾客群体。例如，在快餐市场上，麦当劳与肯德基之间进行着持续不断的竞争。企业实行迎头定位策略的前提是知己知彼，其目的并不是一定打垮竞争对手，只要能够与竞争对手在市场上平分秋色就是成功
	优点	虽然这种定位策略带来的风险很大，但不少企业认为采用这种定位策略能够激励自己奋发向上，而且一旦成功就会获得巨大的竞争优势

市场定位的策略—知识精讲

续表

策略	要点	阐释
并存定位	含义	并存定位是指企业将自己的产品定位在目标市场上现有竞争者的产品附近，力图与竞争对手共同满足同一个目标市场的需求
	优点	（1）企业一般无须开发新产品，而是可以仿制竞争者的产品，因而节省了大量研究开发费用，向市场销售自己品牌的产品。 （2）由于竞争者已经为产品进行了推广宣传，所以本企业能够节省推广费用，且可减少不适销的风险。 （3）由于产品已经在市场上畅销，所以本企业可以避免产品不适销对路的风险
	适用条件	（1）目标市场还有未被满足的需求，能够吸纳新进入的产品； （2）企业推出的产品要能够与竞争产品相媲美，并突出自己的特色
取代定位	含义	取代定位是指企业将竞争对手赶出原有位置，并取而代之
	适用条件	企业要实行这种定位策略，必须比竞争对手有明显的优势，提供比竞争者更加优越和更有特色的产品，还要在价格、渠道及促销等方面采取行之有效的措施，以提高本企业产品的形象和知名度，冲淡顾客对竞争者产品的印象和好感
重新定位	含义	重新定位是指企业变更自己产品的特色，从而使目标顾客群重新认识原有产品的个性和形象。例如，本田公司曾把它的元素汽车车型重新定位于适合年轻人的喜好，而实际购买者的平均年龄超过了40岁，许多年纪较大的顾客在使用这款汽车时感觉自己回到充满激情的青年时代。以顾客的怀旧情结作为卖点进行重新定位，本田开拓了中年消费者市场
	适用情形	在下列情况出现时企业应考虑进行重新定位： （1）产品的原有定位不适合目标市场的需求，实行的效果不佳。 （2）竞争对手将其产品定位在本企业产品定位附近，侵占了本企业的一部分市场，使本企业产品的销售量及市场占有率下降。 （3）顾客的消费偏好发生变化，从喜爱本企业产品转移到喜欢竞争对手的产品。 （4）在目标市场上，本企业产品已走向产品生命周期的衰退期。重新定位作为企业适应营销环境和调整市场营销战略的必要环节，有时会起到企业意想不到的作用
领先定位	含义	领先定位是指企业通过开辟一个新的细分市场或者对已有产品进行再创造而成为市场领先者。企业在面对强大竞争对手的情况下，可以对顾客需求重新进行市场细分，也可以依据某一新生概念进行市场细分，以最终找到一个利基市场，并成为该市场的领先者。例如，王老吉将凉茶和药品区别开来，将凉茶重新定位成可以预防上火的功能性饮料，并通过打出"怕上火，喝王老吉"的广告语，使其品牌形象融入目标顾客的心中

4. 设计营销组合（4Ps 组合）

市场营销组合可控制的变量可以概括为四个，分别是产品（product）、价格（price）、分销（place）和促销（promotion），四个单词的第一个字母缩写为 4P，因此又被称为 4Ps 组合。

> **名师说**
> price 也可翻译为定价，place 也可翻译为渠道或地点。

（1）产品策略。

产品策略包括**产品组合策略**、**品牌策略**、**新产品开发策略**。（记忆）

①产品组合策略。产品组合是指企业提供给市场的全部产品的构成。产品组合的范围及策略类型见表3-28。

表3-28 产品组合的范围及策略类型

项目名称	明细	解释说明
范围	宽度	宽度又称为产品的多样性，是指一个企业的产品组合中所包含的产品线或产品大类的数量
	长度	指一个企业的产品组合中所包含的产品项目的总数，产品项目就是产品大类内由质地、功能、价格、外观以及其他属性来区别的产品
	深度	指产品大类中每种产品有多少花色、品种、规格
	关联性	指一个企业的各个产品大类在最终使用或目标市场、生产条件、分销渠道等方面的密切相关程度
策略类型（记忆名称）	**扩大产品组合**	包括拓展产品组合的宽度；增加产品组合的长度；加强产品组合的深度；加强产品组合的关联度
	缩减产品组合	剔除获利很小甚至亏损的产品大类或产品项目
	产品延伸	具体做法有向下延伸、向上延伸和双向延伸三种

②品牌策略。品牌策略包括以下几种类型，见表3-29。

表3-29 品牌特征与品牌策略

类型	阐释
品牌归属策略	（1）是使用自己的品牌，这种品牌叫企业品牌、生产者品牌或自有品牌。 （2）是企业将产品出售给中间商，中间商再用自己的品牌将产品转卖出去，这种品牌叫中间商品牌。 （3）贴牌生产，即企业使用其他生产者的品牌
品牌统分策略	（1）统一品牌，即企业所有的产品都使用一个品牌名称。例如，飞利浦公司的所有产品如电视、音响、灯管、剃须刀、显示器等，都使用"飞利浦"品牌名称。 （2）其二是个别品牌，即企业各种不同的产品分别使用不同的品牌名称。 （3）是分类品牌，即在对企业所有产品进行分类的基础上，各类产品使用不同的品牌。例如，企业将自己生产的产品分为服装类产品、床上用品类产品和布艺装饰类产品，并分别赋予其不同的品牌名称。 （4）复合品牌策略，即企业所生产的同一种产品同时采用两个或两个以上品牌名称，具体做法可以是结合公司名称和品牌名称，也可以是结合品牌名称和产品名称，还可以将自有品牌和他人品牌联合并用

敲黑板

本部分内容在2024年做出细化调整，并且以往年度曾在此处考察过主观题，建议考生适当关注，记忆品牌策略的两种类型（背记名称）。

③新产品开发策略。具体内容见表3-30。

表3-30 新产品开发策略

类型	阐释
含义	新产品是指与旧产品相比，具有新结构、新功能和在某方面能够满足顾客新需求的产品，主要包括以下四类：①全新产品。②替代产品。③改进产品。④模仿性新产品

续表

类型	阐释
成功条件	新产品开发成功须具备以下基本条件： ①具有独特性的优质产品。 ②与顾客保持密切的沟通，深入了解他们真正的需求。 ③采用开放式新产品开发模式。 ④合理配置资源

（2）价格策略。

基本定价方法、主要定价策略和新产品定价策略，见表3-31。

表3-31 基本定价方法、主要定价策略和新产品定价策略

主要定价策略-
知识精讲

项目名称	解释说明
基本定价方法	①成本导向定价法。 ②需求导向定价法。 ③竞争价格定价法
主要定价策略	①心理定价策略。（尾数定价、整数定价、声望定价、招徕定价） ②产品组合定价策略。（系列产品定价、备选产品定价、副产品定价、关联产品定价、分部定价和产品捆绑定价等） ③折扣与折让策略。（现金折扣、数量折扣、功能折扣、季节折扣和预购折扣和折让等） ④差别定价策略。（顾客差别定价、地点差别定价、时间差别定价和样式差别定价）
新产品定价策略	①渗透定价法——低价（市场占有率）。 ②撇脂定价法——高价（赚取利润）。 ③温和定价策略——温和定价策略又称满意定价策略，介于以上两种定价策略之间的适中定价策略。 ④免费定价策略（参照本章第二节"商业模式"）。——主要适用于数字化产品的定价。包括四种类型：限制使用免费；产品部分免费；捆绑式免费；完全免费

▌**经典例题3-17**　2022年·单选题

价格策略-例题解析

吉松公司是一家生产各种滑雪装备的企业。该公司规定：凡同时购买滑雪板、滑雪杖和滑雪衣的顾客，比分别购买上述产品的顾客享受一定价格优惠。下列各项中，属于吉松公司采用的定价策略是（　　）。

A. 系列产品定价　　　　　　　　B. 推广折扣

C. 捆绑定价　　　　　　　　　　D. 关联产品定价

（解析）捆绑定价是将几种相关产品组合起来，以低于整体价格的价格销售。本题中的吉松公司将滑雪板、滑雪杖和滑雪衣捆绑组合，以一定的优惠价格销售，属于捆绑定价。因此选项C正确。

（答案）C

（3）分销策略。

分销策略是确定产品和服务从生产者向消费者转移的最佳方式。其中，分销渠道结构、基于成员关系的渠道系统的选择以及分销渠道的管理构成分销策略的主要内容。

①分销渠道结构。

具体内容见表3-32。

表 3-32 分销渠道结构

类型			阐释
渠道的长度	含义		是指产品和服务从生产者向消费者转移所经过的中间环节的数量。中间环节越多,渠道越长,反之则越短
	分类	直接渠道	(1) 是生产者将产品直接销售给最终客户,不经过任何中间环节。 (2) 主要有三种销售方式:①直接销售,包括上门推销、家庭展示、办公室推销等;②直复营销,包括电话营销、电视直销、网络直销、目录营销和邮购等;③生产者自营店,如生产商开设的连锁商店、工厂的零售门市部等。 (3) 优点:有利于生产者与客户建立并保持良好的关系、对市场信息作出快速响应、减少流通费用和产品在流通过程中的损耗。 (4) 缺点:增加了生产者的分销负担和成本、不适合消费者分散且购买量少的产品的销售
		间接渠道	(1) 是生产者通过批发商和零售商等中介完成产品的分销,可分为一级渠道、二级渠道、三级渠道以及更多的渠道,分别含有一个、两个、三个以及更多的销售中介机构,如代理商、批发商、零售商等各类中间商。 (2) 优点:有利于企业间的专业化协作和产品的广泛分销。 (3) 缺点:不利于生产者和最终客户之间的密切沟通、对需求信息反应滞后,同时,随着渠道中介增多,生产者对渠道的控制力会减弱
渠道的宽度	含义		是指在渠道的每一级所使用的同一类型中介机构的数量。根据渠道的宽度,分销策略可分为三种:独家分销、选择分销和密集分销。独家分销是指生产企业在某一地区仅选择一家中间商推销其产品;选择分销是指生产企业在某一地区仅仅通过少数几个精心挑选的、最适合的中间商推销其产品;密集分销是指生产企业通过尽可能多的中间商推销其产品。表 3-27 展示了三种分销策略的比较
渠道的广度	含义		指企业是采用单渠道、多渠道、跨渠道还是全渠道等策略进行产品分销
	分类	单渠道与多渠道	以往企业都采用单一渠道分销产品。如今,随着顾客细分市场的多样化与新技术催生的新渠道的出现,越来越多的企业开始采用多种渠道进行分销。多渠道分销使企业能够更有针对性地为不同类型的顾客提供服务,同时有利于实行顾客定制化销售
		跨渠道	跨渠道强调多种渠道的交叉,尤其是线上和线下的交叉,各渠道之间数据无缝对接,实现了价值和需求在生产企业、中间商和用户之间的传递。例如,打车服务与外卖服务
		全渠道	全渠道指企业采用尽可能多的渠道进行整合销售。全渠道包括实体店铺、网上商城、信息媒体等

②基于成员关系的渠道系统。

具体内容见表 3-33。

表 3-33 基于成员关系的渠道系统

类型	阐释
松散型渠道系统	松散型渠道系统是指由各自独立的生产者、批发商、零售商和消费者组成的分销渠道,渠道成员各自为政、各行其是,没有一个成员能够完全控制其他成员。虽然这种渠道系统比较灵活,易于变革,但成员之间缺乏密切的协作,渠道效率较低

续表

类型	阐释
垂直渠道系统	垂直渠道系统是指一种纵向的由生产者、批发商和零售商等中间商组成的联合体。垂直渠道系统的成员或者属于同一家公司,或者由独立生产者和中间商通过签订协议结成联合体,或者基于某个成员的影响力而自愿聚合在一起。对于生产者来说,垂直渠道系统的主要优势在于增强了对渠道的控制以及获得规模效益
水平渠道系统	水平渠道系统是指两个或两个以上企业进行横向联合,企业之间可以互相利用对方的渠道,也可以共同开发新的渠道。这种渠道系统能够使企业在优势互补、分担渠道成本的同时,扩大产品销售的范围

③分销渠道的管理。

企业对整个分销渠道的管理主要包括渠道成员的选择、激励、控制以及渠道冲突的管理。三种分销策略的比较见表 3-34。

表 3-34　三种分销策略的比较

类型	优势	劣势	适用范围
独家分销	对中间商的服务水平和提供的产品保持控制。中间商能获得企业给定的产品的优惠价格	需企业与经销商之间更紧密的合作。因缺乏竞争,消费者的满意度可能会受到影响;经销商对生产商的反控制力度较强	适用于技术含量较高,需要售后服务的专门产品的分销,如机械产品、耐用消费品、特殊产品等
选择性分销	比密集分销能取得经销商更大的支持,同时又比独家分销能给消费者购物带来更大的方便	中间商的竞争较独家分销时激烈	适宜消费品中的选购品和特殊品
密集分销	市场覆盖率高、便利消费者	价格竞争激烈,导致市场混乱,有时会破坏厂家的营销意图;渠道的管理成本很高	比较适宜日用消费品的分销。多数家具、家用电器品牌也采用此种策略

（4）促销策略。

企业为了赢得潜在客户的注意、激发客户的购买欲望和购买行为,须通过多种促销方式实施促销策略。企业对各种促销方式进行合理选择和恰当搭配,称为促销组合。具体内容见表 3-35。

表 3-35　促销的目的、促销组合的要素和促销组合策略

促销组合构成要素-知识精讲

项目名称	解释说明
促销组合构成要素（记忆名称）	①广告促销,企业以付费的方式,通过电视、报纸、广播、户外广告等传统媒体以及手机短信、微信、微博、短视频、数字报纸、数字广播、数字电视等各类新兴媒体,对其产品或服务进行宣传,以影响、诱导消费者实施购买行动; ②营业推广,是指企业采用非媒体手段而进行的产品推广活动。常见的营业推广办法有以打折、抽奖、优惠、赠品、满减、团购等手段吸引消费者前来购买;通过店铺的装饰和陈列,营造出吸引消费者的环境和氛围; ③公关营销,是指通过有效的公共关系策略和手段,将企业和产品的信息传播给消费者,并通过为企业及其产品建立良好的公众形象和关系来促进销售。公关营销的手段和方式通常包括媒体宣传、事件营销、口碑营销、公益事业和危机公关等; ④人员推销,是企业销售人员直接与潜在购买者进行面对面的交流,说服对方购买某种产品或服务的过程

续表

项目名称	解释说明
促销组合策略	①推式策略：产品经过营销渠道推向最终消费者。 ②拉式策略：制造商的市场活动直接指向最终消费者。 ③推拉结合策略：在向中间商大力促销的同时，通过广告刺激市场需求

> **名师说**
>
> 企业选择推式策略还是选择拉式策略来进行销售，对促销组合具有重要影响。推式策略是指利用推销人员与中间商促销将产品推入渠道，即生产者将产品积极推到批发商手上，批发商又积极地将产品推给零售商，零售商再将产品推向消费者。拉式策略是指企业针对最终消费者，花费大量的资金从事广告及消费者促销活动，以增进产品的需求，如果该策略有效，消费者就会向零售商要求购买该产品，于是拉动了整个渠道系统，零售商会向批发商要求购买该产品，而批发商又会向生产者要求购买该产品。企业对推式策略和拉式策略的选择显然会影响各种促销工具的资金分配。

经典例题 3-18 （2020年·多选题）

新业影视公司于2019年底推出一档贺岁片。该片公映前，公司召开新片发布会，全体创作人员、导演和阵容强大的主要演员集体在媒体和影视界嘉宾前亮相，宣称此片将"进军奥斯卡"。公司在会上散发了该片的精彩剧照，透露了令人捧腹的拍摄花絮，并请与会人员免费观看了该片的首映。新业影视公司采用的促销组合策略要素有（　　）。

A. 广告促销　　B. 公关营销　　C. 人员推销　　D. 营业推广

促销组合构成要素-例题解析

【解析】 "宣称此片将'进军奥斯卡'"属于公关营销；"全体创作人员、导演和阵容强大的主要演员集体在媒体和影视界嘉宾前亮相"属于人员推销；"会上散发了该片的精彩剧照，透露了令人捧腹的拍摄花絮，并请与会人员免费观看了该片的首映"属于营业推广。

【答案】 BCD

二、研究与开发战略★★

研究与开发（以下简称研发）战略是指企业制定的用于指导和推动研发活动的长期规划和决策。它是企业在不断变化的环境中提升竞争力、实现可持续发展的重要手段。

1. 研发的层次

企业研发一般包括三个层次。

（1）基础性研究。基础性研究是对科学概念、原理和理论进行的研究。

（2）应用型研究。应用型研究是针对实际问题进行的研究，旨在将基础性研究的成果，即科学理论知识转化为可应用的技术、产品构思或解决方案。

（3）开发型研究。开发型研究是在应用型研究的基础上进行的研发活动，旨在将应用型研究成果转化为实际的产品、服务或解决方案。

2. 研发的类型

一般来说，企业研发可分为四种类型。

（1）**产品研发**。产品研发是指研制、开发新产品或改进现有产品。

（2）**技术研发**。技术研发是指探索、发现、采用新的技术或改进现有技术。

（3）**工艺研发**。工艺研发是指对产品生产过程的研究和改进，包括对生产设备的研发、更新和改造，以及材料的选择、加工方法的优化和对工艺参数的调整等。

（4）**流程研究**。流程研究是指对生产、管理过程的各个环节及其相互关系进行分析和评估，识别和解决流程中存在的问题，并提出改进或重组方案。

3. 研发的流程

企业研发通常是一个包含多个阶段的复杂流程。例如，产品研发一般须经过如下阶段：

（1）调研阶段。
（2）产品设计阶段。
（3）开发和测试阶段。
（4）产品制造和发布阶段。
（5）维护和升级阶段。

4. 研发的动力来源

> **敲黑板**
> 本年教材在研发的动力来源进行了扩充，以往真题当中对于此处的考查频率较高，建议考生关注。

（1）**市场需求**。市场需求是企业研发的主要动力来源之一。只有满足市场需求，产品才能销售出去，使企业收回投资并盈利。

（2）**技术进步**。新技术的出现可以激发企业加大研发投入，努力将新技术应用于产品、流程和工艺的改进、更新、升级，从而更好地满足市场需求，推动企业持续发展。

（3）**市场竞争**。市场竞争激烈，企业会面临极大的生存和发展压力。为了应对竞争对手的挑战，获取、保持和巩固竞争优势，企业必须不断研发新技术、新产品。

（4）**法规政策**。政府颁布的相关法律法规和政策，都会影响企业的研发决策。

（5）**创新文化**。倡导、鼓励创新的企业文化是研发动力的重要来源。

（6）**社会责任**。企业研发新的技术和产品，可以为降低社会生产成本和推进产业结构升级作出贡献。同时，通过研发绿色技术和产品，企业可以在打造低碳供应链或产业链、保护环境等方面有效履行社会责任。

5. 研发的模式

企业研发一般有四种模式：自主研发、合作研发、委托研发和开放研发。

（1）**自主研发**。自主研发是指企业依靠自己的资源独立研制和开发新技术、新产品，并对研发成果拥有完全的知识产权。

（2）**合作研发**。合作研发是指立项企业与其他企业、科研单位、投资机构或政府等组织以合作创新为目的，以共同利益为基础，以资源互补为前提，通过签订协议，分别投入资金、技术、人力等，共同完成研发项目。

（3）**委托研发**。委托研发是指被委托单位或机构基于企业委托而开发的项目。企业以支付报酬的形式获得被委托单位或机构的研发成果。

（4）**开放研发**。开放研发是指企业通过搭建网络平台与外部各种合作者共享研发过程和成果。

6. 研发的战略作用

（1）波特的基本战略。
产品创新是产品差异化的来源，流程创新使企业能够采用成本领先或差异化战略。

（2）波特的价值链。
研发是价值链中的支持性活动，通过提供低成本的产品或改良的差异化产品可以强化价值链。

（3）安索夫矩阵。
研发支持四个象限，可以通过产品求精来实现市场渗透战略和市场开发战略，产品开发和多元化需要更显著的产品创新。

（4）产品的生命周期。

产品研发会加速现有产品的衰退，因而需要研发来为企业提供替代产品。

7. 研发的定位（记忆名称）

（1）**成为向市场推出新技术产品的企业**（通过发明、采用全新的技术率先向市场推出性能、质量领先的产品。风险较大）。

（2）**成为成功产品的创新模仿者**（采用不同的技术方法模仿生产出市场上已有的成功产品的类似产品。风险和成本最小，这种方法必须由先驱企业开发第一代新产品并证明存在该产品的市场，然后由跟随的企业开发类似的产品。但要求优秀的研发人员和营销部门）。

（3）**成为成功产品的低成本生产者**（通过大量生产与先驱企业开发的产品相类似、但价格相对低廉的产品来成为低成本生产者。由于产品已经被客户所接受，因此价格对作出购买决定非常重要。规模营销成为主要的销售战略。这种研发战略要求企业对工厂和设备进行不断投资，但与前两种战略相比其所需的研发费用较低）。

研发的定位-知识精讲

（4）**成为成功产品低成本生产者的模仿者**（成功产品的低成本生产者会带来显著的效率和成本优势，对于收入水平和技术水平较低国家的企业具有很强的吸引力。对低成本生产者的模仿也要求企业加大对设备与工艺流程的投资，但由于有低成本生产带头企业的示范效应，模仿者能够以更低的投入获得更高的产出）。

三、生产运营战略★★

生产运营、市场营销和研发被视作企业的三种传统核心职能。

（一）生产运营战略所涉及的主要因素和阶段（见表3-36）

表3-36 运营流程四要素和五阶段

要素及阶段		解释说明
四要素	批量	**大规模生产——低成本**（可以实现专业化分工）； 小规模生产——高成本（无法实现专业化分工）
	种类	多品种——成本高（要求足够的灵活性）； **少品种——成本低**（标准化的生产）
	需求变动	需求波动——产能利用率低——成本高； **需求稳定**——产能利用率较高——**成本低**
	可见性	指**生产运营流程为客户所见的程度**； 可见性高（服务型行业）——员工技巧要求高——单位成本可能比较高； **可见性较低**（生产型行业）——员工技巧要求低——**单位成本可能比较低**
五阶段		（1）确定生产运营目标； （2）将业务战略或营销战略转化为生产运营战略，即确定工作得以**具体完成的方式**； （3）通过与竞争者比较来**评估企业当前的运营绩效**； （4）以缺口分析为基础来**制定战略**； （5）**执行战略**，并通过对环境变化做出反应来不断地检查、改善和改良战略

（二）生产运营战略的内容

1. 产品（服务）的选择

通常要考虑以下因素：

（1）**市场条件**，主要分析拟选择产品（服务）行业所处的生命周期阶段，市场供需的总体状况及发展趋势、企业开拓市场资源的能力、企业在目标市场的地位和竞争能力预期等。

（2）**企业内部的生产运营条件**，主要分析企业的技术、设备水平，新产品的技术、工艺可行性、所需原材料和外购件的供应状况等。

（3）**财务条件**，主要分析产品开发和生产所需的投资、预期收益和风险程度等财务衡量指标，此外还要结合产品所处的生命周期来判断产品对企业的贡献前景。

（4）**企业各部门工作目标的差异性**，由于企业内部各部门的职能划分不同，在共同的企业总体战略目标之下，各部门工作目标的差异性也是客观存在的，这种差异必然会对产品选择产生影响，增加工作难度。

2. 自制或外购选择

3. 生产与运营方式选择

（1）大批量、低成本。

（2）多品种、小批量。

除以上两种较为传统的生产运营方式外，可供企业选择的先进生产方式还有计算机集成制造、大规模定制等。

4. 供应链与配送网络选择

（1）供应链选择，见表3-37。

表3-37 供应链选择

种类	适用市场环境	降低成本	适用产品
高效供应链	**品种少、产量高、可预见的市场环境**	**追求降低"实物成本"**，即物流在各阶段发生的成本，如生产成本、运输成本和库存成本	**共性需求产品**（如工业上的紧固件、轴承、生活上的方便面、饮料等，这些产品生命周期长、需求稳定、可预测，市场协调成本较低。但由于生产厂家多、竞争激烈，对价格敏感，需要严格控制实物成本）
敏捷供应链	**品种多、产量低、难以预见的市场环境**	**追求降低"市场协调成本"**，即供需不协调造成的成本，涉及过量生产造成的积压成本和市场不足造成的机会成本	**个性化需求产品**（如工业上的专用设备、生活上的太阳镜等，这些产品满足个性化需求，消费者容易接受较高价格，对实物成本的控制要求不高，但它们的生命周期短、对时间敏感、需求不稳定、难以预测，往往市场协调成本高）

（2）配送网络选择

按照产品库存的位置和交付方式的不同，可以构成6种模式的配送网络：

①**制造商存货加直送**。（产品绕过零售商直接从制造商发送到最终顾客）

②**制造商存货、直送加在途并货**。（与纯粹的直送模式的不同之处是，来自不同地点的订单会被组合起来，顾客只需接收一次交付）

③**分销商存货加承运人交付**。（分销商或零售商将产品存放在中间仓库里，并使用包裹承

运人将产品从中间仓库运送到最终顾客）

④**分销商存货加到户交付**。（到户交付是指分销商或零售商不通过承运人，直接将产品交付到顾客家门）

⑤**制造商或分销商存货加顾客自提**。（顾客通过在线或电话下订单，然后到指定的提货点领取他们的商品）

⑥**零售商存货加顾客自提**。（库存存放在零售店，顾客走进零售店购货，或者通过在线或电话下订单，然后到零售店提货）

（三）生产运营战略的竞争重点（TQCF）

1. 交货期（Time）

对交货期的要求可表现在两个方面：快速交货和按约交货。

2. 质量（Quality）

质量是指产品的质量和可靠性，主要依靠顾客的满意度来体现。这里所讲的质量是指全面的质量，既包括产品本身的质量，也包括生产过程的质量。

3. 成本（Cost）

成本包括生产成本、制造成本、流通成本和使用成本等。

4. 制造柔性（Flexibility）

制造柔性是指企业面临市场机遇时在组织和生产方面体现出来的快速而又低成本地适应市场需求，反映了企业生产运作系统对外部环境做出反应的能力。

> **名师说**：对 TQCF 理解时需要注意的是，企业要想在 TQCF 四个竞争要素方面同时优于竞争对手而形成竞争优势是不太容易的。企业应从具体情况出发，集中主要资源形成自己的竞争优势。特别是当 TQCF 发生冲突时，就产生了多目标平衡问题，需要对此进行认真分析、动态协调。

敲黑板：应特别关注产能计划类型和平衡方法在案例上的区分。对于产能计划的类型，看产能是否先发生，若先大量发生则为领先策略，先少量发生则为匹配策略，后发生则为滞后策略。对于平衡方法，比如，建筑公司会等中标后再开始准备材料，这属于资源订单式生产；餐厅会先备好材料等客人点菜才生产，这属于订单生产式生产；玩具生产商在预计圣诞节需求增长的前提下，会提前生产各种玩具来满足可能到来的市场需求，这属于库存生产式生产。

（四）生产流程计划与产能计划

生产流程通常构成了企业总资产中的大部分资产。生产运营战略实施的大部分过程都发生在生产现场。对生产运营战略实施的成败具有重大影响的方面：工厂规模、工厂地点、产品设计、设备的选择、工具的类型、库存规模、库存控制、质量控制、成本控制、标准的使用、工作专业化、员工培训、设备与资源利用、运输与包装以及技术创新。产能计划的类型以及平衡方法，见表 3-38。

表 3-38 产能计划的类型和平衡方法

项目名称	类型或方法	解释说明
产能计划的类型	领先策略（进攻型）	根据对需求增长的预期增加产能，目标是将客户从企业的竞争者手中吸引过来，劣势在于通常会产生过量的产能，生产能力不能充分利用而导致企业成本上升
	滞后策略（保守型）	仅当企业因需求增长而满负荷生产或超额生产后才增加产能，降低生产能力过剩的风险，但可能导致潜在客户流失
	匹配策略（稳健性）	少量地增加产能来应对市场需求的变化

续表

产能计划的类型和
平衡方法-知识精讲

项目名称	类型或方法	解释说明
平衡产能与需求的方法	**资源订单式生产** 订单→资源→生产	当需求不确定时,企业仅在需要时才购买所需材料并开始生产所需的产品或提供所需的服务。例如,建筑企业可能会收到承建新的道路桥梁的大订单,建筑企业将仅在签订合同之后才开始采购必需的资源
	订单生产式生产 资源→订单→生产	企业会在实际收到订单之后才开始生产产品或提供服务。例如,企业会配备适当的劳动力和设备,但企业会在实际收到订单之后才开始生产产品或提供服务
	库存生产式生产 资源→生产→订单	这种情况在制造型企业非常常见,在收到订单之前或在知道需求量之前就开始生产产品或提供服务。例如,玩具生产商预计在圣诞节前订单会有 15%~20% 的增长,因此在第三季度就开始生产各种玩具,以减少在第四季度不能满足市场需求的压力

> **名师说**
>
> 生产流程计划:对于高技术企业而言,由于经常需要改变主要产品,因此生产成本与生产灵活性同等重要。某些产业(比如生物技术和整形外科等)所依赖的生产体系必须具有足够的灵活性,使其能够进行频繁的产品变更和新产品的快速引进。
>
> 产能计划是指确定企业所需的生产能力以满足其产品的需求不断变化的过程。企业产能与客户需求之间的差距会导致效率低下,产能计划的目标就是使这种差距最小化。企业可以通过以下方式来提高产能:引进新技术、设备和材料;增加员工或机器的数量;增加轮班的次数或增添其他生产设备。

产能计划的类型和
平衡方法-例题解析

经典例题 3-19 （单选题）

瑞祥公司是一家啤酒制造和销售企业。2016 年初,公司管理层预计今年夏天温度较高,加上今年属于奥运会年,啤酒的销售将比去年有较大增长。因此,瑞祥公司决定加大公司上半年的产量,以应对未来需求的增长,瑞祥公司采用的平衡产能与需求的方法是(　　)。

A. 库存生产式生产
B. 资源订单式生产
C. 准时生产式生产
D. 订单生产式生产

解析 库存生产式生产(资源→生产→订单)这种情况在制造型企业非常常见,例如玩具生产商预计在圣诞节前订单会有 15%-20% 的增长,因此在第三季度就开始生产各种玩具,以减少第四季度生产不能满足市场需求的压力。此题中的啤酒厂商与教材中举例的玩具厂商类似。

答案 A

四、采购战略★★

(一) 货源策略 (见表3-39)

表3-39 三种货源策略

资源策略	优点	缺点
少数或单一货源的策略	(1) 使企业与供应商建立较为稳固的关系; (2) 有利于企业信息的保密; (3) 使企业增加进货的数量,从而产生规模经济并使企业享受价格优惠; (4) 随着与供应商关系的加深,企业可能获得高质量的供应品	(1) 若无其他供应商,则单一供应商的议价能力就会增强; (2) 企业容易遭受供应中断的风险
多货源少批量策略	(1) 企业可以与较多的供应商建立和保持联系,以保证稳定的供应; (2) 有利于与多个供应商合作从而获得更多的知识和技术; (3) 供应商之间的竞争使企业的议价能力增强	(1) 企业与供应商的联系不够稳固,相互信任程度较低; (2) 不利于产生规模经济,企业不能享受大批量购买的价格优惠; (3) 不利于企业获得质量和性能不断提高改进的供应品
平衡货源策略	在以上两种货源策略之间寻求一个均衡点,使企业既能获得集中于少数货源的好处,又充分利用多货源的优点	

名师说

企业采用何种货源策略,取决于下列因素:
(1) 市场上供应商的数量。
(2) 供应商的规模实力、经营状况、信誉、产品或服务价格、交易条件等。
(3) 企业对供应品的价格、质量、数量、交货期、相关服务等的要求或态度。
(4) 企业与供应商的议价能力对比。如果供应商的议价能力强于企业,企业可采用多货源少批量策略有效减弱供应商的议价能力。相反,如果的企业议价能力强于供应商,则能够采用少数或单一货源策略。

(二) 交易策略 (见表3-40)

表3-40 四种交易策略

交易策略	说明	适用条件
市场交易策略 (短期、低成本)	市场交易策略即企业通过与供应商签订买卖合同在市场上取得所需供应品的策略。	(1) 供应品的技术含量较低或生产技术相对成熟; (2) 供应品在企业产品的生产和销售中不具有重要性; (3) 企业不需要供应商提供售后服务; (4) 供应商所处的市场较为成熟; (5) 供应商数量较多; (6) 竞争比较激烈

续表

交易策略	说明	适用条件
短期合作策略（短期、创新）	短期合作策略即企业为了应对一定的市场需求对供应商采取短期合作的策略，在市场需求满足或消失后，合作就宣告结束。	（1）企业的产品往往面临急剧变化的市场机会和变化很灵活的客户需求； （2）供应品的供给具有较高的适应性； （3）有的供应品有较高的技术含量，对企业产品的设计、生产、销售都有重要影响
功能性联盟策略（长期、低成本）	功能性联盟策略即企业与供应商通过订立协议结成联盟的策略。	（1）供应品在企业产品的生产经营中起着重要作用； （2）企业对供应品的需求量比较大； （3）供应品的生产技术成熟，可替代性较高； （4）供应商拥有较强的生产能力和实现规模经济的能力
创新性联盟策略（长期、创新）	创新性联盟策略即企业为了产品、业务的创新并取得长期竞争优势而与供应商结成联盟的策略	

> **名师说**：在上述四类交易策略中，从管理的角度来看，企业采用市场交易策略和功能性联盟策略侧重于考虑降低采购成本，采用短期合作策略和创新性联盟策略则侧重于考虑创新；从所追求的目标来看，企业采用市场交易策略和短期合作策略重视的是短期利益，而采用功能性联盟策略和创新性联盟策略追求的是长期利益。

（三）采购模式（见表3-41）

表3-41 采购模式的特点

采购模式的特点-知识精讲

采购模式	说明	特点
传统采购模式	传统采购模式是指企业采购部门在每个月末或者每个季末，根据库存情况制定下个月或下个季的采购计划，经主管经理或企业负责人审批后，向供应商发出采购信息，供应商接收后向企业报价，再经过双方谈判、协商，最终签订交易合同。必要时企业通过招标方式确定供应商和交易价格	（1）企业与供应商之间的信息沟通不够充分、有效，甚至双方有时为了各自在谈判中占据有利地位，有意隐瞒一些信息； （2）企业和供应商之间只是简单的供需关系，缺少其他方面的合作； （3）以补充库存为目的，缺少对生产需求及市场变化的考虑，因而经常造成库存积压或供不应求，影响企业生产经营正常进行； （4）管理简单、粗放，采购成本居高不下
MRP（Material Requirement Planning）采购模式	MRP采购模式是指企业以生产为导向，根据生产计划中的产品数量、结构和库存情况，计算推导出需要购买的各种原材料、零部件的数量以及进货时间，据此编制采购计划，按照采购计划向供应商发出订单	（1）生产计划和采购计划十分精细，从产品到原材料、零部件，从需求数量到需求时间，从生产进度到进货顺序，都无一遗漏地做出明确规定； （2）采购计划的计算、编制非常复杂，尤其在产品种类繁多、产品结构复杂的情况下，对各种所需原材料和零部件及其进货时间的计算量是十分巨大的，因而需要借助计算机技术进行

续表

采购模式	说明	特点
JIT（Just In Time）采购模式	JIT采购又称准时化采购，该模式是指企业根据自身生产需要对供应商下达订单，要求供应商把适当数量、适当质量的物品在适当的时间送达适当的地点。采用这种采购模式，既能及时充分满足企业生产对物资的需求，又使企业库存降到最小，甚至实现零库存，从而大大减少了相关采购、仓储费用，加快了企业资金周转	（1）供应商数量少甚至是单一供应商； （2）企业与供应商建立长期稳定的合作关系； （3）采购批量小，送货频率高； （4）企业与供应商都关心对方产品的改进和创新，并主动协调、配合； （5）信息共享快速可靠
VMI（Vendor Managed Inventory）采购模式	VMI采购模式是指企业和供应商签订协议，规定由供应商管理企业库存，确定最佳库存量，制定并执行库存补充措施，合理控制库存水平，同时双方不断监督协议执行情况，适时修订协议内容，使库存管理得到持续改进	（1）企业与供应商建立了长期稳定的深层次合作关系； （2）打破了以往各自为政的采购和库存管理模式，供应商通过共享企业实时生产消耗、库存变化、消耗趋势等方面的信息，及时制定并实施正确有效的补货策略，不仅以最低的成本满足了企业对各类物品的需要，而且尽最大可能地减少了自身由于独立预测企业需求的不确定性造成的各种浪费，极大地节约了供货成本； （3）企业与供应商之间按照利益共享、风险共担的原则，协商确定对相关管理费用和意外损失的分担比例以及对库存改善带来的新增利润的分成比例，从而为双方的合作奠定了坚实的基础
数字化采购模式	数字化采购模式是指通过人工智能、物联网、云端协同等技术，实现对采购全流程的智慧管理，在选择和管理供应商、采购需求和费用分析、决策审批、订单生成、进货物流、对账结算、开票付款等各个环节都实现自动化、可视化、标准化和可控化，并通过实时监测和定期评估使之不断优化	（1）企业和供应商以数字化平台为基础建立了自动识别、彼此认知、直接交易、高度契合的新型合作关系； （2）自动化技术淘汰了以往大量的人工操作，创新、优化了采购流程甚至企业全部业务流程； （3）采购管理的科学性、便捷性、精细性、准确性空前提高，"降本增效"极为显著；适应新技术发展趋势，推广前景十分广阔

■ 经典例题3-20 （2020年·单选题）

灵川公司是一家汽车制造商，原先只从一家公司购买其所需的轴承，后来改为分别从3家公司购买。下列各项中，属于灵川公司增加轴承供应商的目的的是（　　）。

A．随着与供应商关系的加深，可能获得高质量的轴承

B．获取更多的知识和专门技术

C．产生规模经济

D．与轴承供应商建立更稳定的关系

（解析）灵川公司原本从一家公司购买，属于单一货源策略，后来从三家公司购买，属于多货源策略，因此判断出本题需要选择多货源策略的优点。选项B属于多货源策略的优点。

答案 B

经典例题 3-21 (2022年·多选题)

电脑制造商圣和公司根据生产需要对电脑零部件供应商瑞云公司下达订单，要求瑞云公司把适当数量、适当质量的电脑零部件在适当的时间送达适当的地点。下列各项中，属于圣和公司采用的采购模式的特点的有(　　)。

A. 采购管理的科学性、便捷性、精细性、准确性空前提高，"降本增效"极为显著

B. 企业与供应商之间按照利益共享、风险共担的原则，协商确定对相关管理费用的分担比例

C. 企业与供应商建立长期稳定的合作关系

D. 采购批量小，送货频率高

【解析】本题属于"知识点还原题"类题目，考查采购模式。

圣和公司采购模式的特点为"把适当数量、适当质量的电脑零部件在适当的时间送达适当的地点"，该模式为 JIT（准时化采购）。该模式的特点为：

①供应商数量少甚至是单一供应商；

②企业与供应商建立长期稳定的合作关系（选项C）；

③采购批量小，送货频率高（选项D）；

④企业与供应商都关心对方产品的改进和创新，并主动协调、配合；信息共享快速可靠。

选项 A 为数字化采购模式的特点，不选；选项 B 为 VMI 采购模式的特点，不选。综上，选项 CD 正确。

【答案】CD

五、人力资源战略 ★★

> **名师说**：人力资源战略的大致框架是：规划→招聘→培训→绩效评估→薪酬激励。实际上，大部分战略都是按照这个步骤进行的，即先有战略，之后规划，再制定详细计划，最后实施。

（一）人力资源规划

1. 人力资源规划层次

包括人力资源总体规划和人力资源业务计划两个层次。

2. 人力资源规划步骤

（1）调查、收集和整理涉及企业战略决策和经营环境的各种信息。

（2）根据企业或部门实际情况确定人力资源规划的期限、范围和性质。

（3）在分析人力资源供给和需求影响因素的基础上，采用以定量为主，结合定性分析的各种科学方法对企业未来人力资源供求进行预测。

（4）制定人力资源供求平衡的总计划和各项业务计划。

3. 人力资源供需平衡策略

人力资源规划的最终目的是实现企业人力资源供给和需求的平衡。

（1）**针对供给和需求总量平衡但结构不匹配情况应当采取的措施**。

①进行人员内部的重新配置，包括晋升、调动、降职等，来弥补空缺的职位；

②对现有人员进行有针对性的专门培训，使他们能够从事空缺职位的工作；
③进行人员的置换，清理企业不需要的人员，补充企业需要的人员，以调整人员的结构。
（2）针对供给大于需求情况应当采取的措施。
①扩大经营规模，或者开辟新的增长点；
②永久性地裁员或者辞退员工；
③鼓励员工提前退休；
④冻结招聘；
⑤缩短员工的工作时间、实行工作分享或者降低员工工资等方式；
⑥对富余的员工进行培训。
（3）针对供给小于需求情况应当采取的措施。
①从外部雇用人员，包括返聘退休人员；
②采取多种方法提高现有员工的工作效率；
③延长工作时间；
④降低员工的离职率；
⑤将企业的某些业务外包。

（二）人力资源获取

招聘包括招募、甄选与录用三个部分。

1. 招募的渠道和方法

招募的渠道包括内部招募和外部招募。内部招募和外部招募的来源和方法总结见表 3-42，两者的对比见表 3-43。

表 3-42　招募的来源和方法

招聘渠道	来源	方法
内部招募	①下级职位上的人员通过晋升的方式填补空缺职位； ②同级职位上的人员工作调换或轮换； ③上级职位上的人员通过降职的方式来填补空缺职位	①工作公告法； ②档案记录法
外部招募	学校、竞争者、其他公司、失业者、老年群体、退伍军人、自由职业者等	广告招募、外出招募、借助职业中介结构招募、推荐招募

表 3-43　内部招募与外部招募的对比

招募渠道	优势	劣势
内部招募	①有利于提高员工的士气和发展期望； ②对组织比较熟悉，能够迅速开展工作； ③对企业有认同感，有利于个人和企业长期发展； ④对员工有基本了解，可靠性较高； ⑤节约时间和成本	①容易引起员工间过度竞争； ②失利者心理不平衡，难以安抚，降低士气； ③新上任者难以建立起领导声望； ④思想观念因循守旧，缺乏创新活力

续表

招募渠道	优势	劣势
外部招募	①为企业注入新鲜血液，能够给企业带来活力；②避免企业内部互相竞争；③给内部人员压力，激发工作动力；④选择的范围比较广	①对内部人员是一个打击，感到晋升无望；②外部人员对企业不了解，需要较长时间适应；③对外部人员不了解，可靠性较差；④外部人员不一定认同企业价值观和企业文化，给企业稳定造成影响

2. 甄选与录用

甄选工具一般包括面试、评价中心、心理测试、工作样本和知识测试。

3. 与企业竞争战略匹配的人力资源获取策略（见表3-44）

表3-44　与企业竞争战略匹配的人力资源获取策略

与企业竞争战略匹配的
人力资源获取策略-
知识精讲

人力资源获取策略	成本领先	差异化	集中化
员工来源	外部	内部	两者兼顾
晋升阶梯	狭窄、不宜转换	广泛、灵活	狭窄、不宜转换
甄选决策	人力资源部	业务部门	结合两者
甄选方法	简历和面试为主	多重方法	心理测试
甄选标准	强调技能	强调与文化契合	结合两者
社会化过程	正式的雇佣和社会化过程	非正式的雇佣和社会化过程	结合两者

> **名师说**　采取成本领先战略的企业，在员工招聘时，往往比较注重员工招聘成本，尤其对通用型和辅助型员工，由于可替代性强，多采用的是外部招募和人力资源外包。在选拔时，常用简历、面试和纸笔测试，以缩减成本支出；相反，采取差异化战略的企业，可能对员工的甄选采取较为严密的策略；集中化战略的企业，更强调招聘工作的速度，常采用认知能力测试和人格测试等快速识别能够胜任工作的员工。

与企业竞争战略匹配的
人力资源获取策略-
例题解析

经典例题3-22　（2022年·单选题）

叶丰公司是一家农药生产企业，该公司率先采用生物技术生产的无毒级高效农药深受种植企业欢迎。目前，叶丰公司因业务发展需招聘新员工。下列关于叶丰公司人力资源获取策略的表述中，正确的是（　　）。

A. 采用成本低、速度快的方法甄选新员工
B. 由人力资源部负责新员工的招聘
C. 新员工的甄选标准强调与叶丰公司文化契合
D. 新员工的甄选方法以简历和面试为主

【解析】从题干中的"该公司率先采用生物技术生产"可以推论出叶丰公司是差异化战略，甄选员工的标准应是强调与文化契合。因此选项C正确。

【答案】C

(三) 人力资源培训与开发

1. 培训与开发流程

(1) 培训需求分析。培训需求分析是培训活动的首要环节。需求分析的层次分为组织分析、人员分析、任务分析;培训需求的分析方法包括观察法、关键人员面谈法、问卷法。

(2) 培训计划设计。包括培训目标、培训的内容和对象、培训讲师、培训地点和设施、培训的方式方法和费用。

(3) 培训实施。包括在岗培训法、脱产培训法。

(4) 培训效果评估。以四个层次评估模型:反应层、学习层、行为层和结果层。

2. 培训与开发类型

(1) 按照培训对象的不同,分为新员工培训和在职员工培训。

(2) 按照培训形式的不同,分为在岗培训和脱产培训。

(3) 按照培训性质的不同,分为传授性培训和改变性培训。

(4) 按照培训内容的不同,分为知识性培训、技能性培训和态度性培训。

3. 与竞争战略相匹配的人力资源开发与培训(见表3-45)

表3-45 与竞争战略相匹配的人力资源开发与培训

竞争战略	成本领先	差异化	集中化
强调方面	个人能力	与其他企业的不同之处	应用范围适中的知识
要求	范围有限的知识和技巧	广泛的知识、技巧和创造性	对专业领域知识需求迫切
采用方式	设立企业大学或定期培训	购买技能或利用外部培训机构	在职培训或外部培训;自己培养技能或购买技能

(四) 人力资源绩效评估

1. 绩效计划

绩效计划是整个绩效管理系统的起点,是指在绩效周期开始时,由上级和员工一起就员工绩效考核期内的绩效目标、绩效过程和手段等进行讨论并达成一致。在实践中,企业普遍使用的绩效计划工具主要有关键绩效指标法(KPI)、平衡计分卡(BSC)、目标管理法、360度评估法等。绩效计划工具见表3-46。

表3-46 绩效计划工具

绩效计划工具	含义	说明
关键绩效指标法	关键绩效指标是用于评估和管理被评估者绩效的可量化的或可行为化的标准体系,是对组织战略目标有增值作用的指标,它将个体绩效与组织战略目标紧密连接起来	确定关键绩效指标一般遵循以下过程:①建立评价指标体系;②设定评价标准;③审核关键绩效指标。 运用关键绩效指标法对绩效进行管理,可以保证对组织有贡献的行为受到关注和鼓励

续表

绩效计划工具	含义	说明
目标管理法	目标管理法不仅是一种评估体系和过程，而且是一种管理实践哲学，是一种管理者和下属一起进行计划、组织、控制、交流和讨论的方法	目标管理程序遵循以下系统化步骤：①主管和下属开会明确下属的关键任务和设置有限数目的目标；②参与者设置现实的、挑战性的、明确的和可以理解的目标；③在征询下属意见之后，主管建立评价目标完成程度的标准；④审核中间过程的日期被一致通过和加以实施；⑤主管和下属按要求对原有目标进行一些修改；⑥主管做出目标完成状况的最终评估，并且召开小组会议和下属一起就结果进行商议和鼓励
360度评估法	360度评估法是指由员工自己、上级、直接部属、同事和顾客等从各个角度来评估人员绩效的方法。评估内容可包括沟通技巧、人际关系、领导能力、行政能力等等	360度评估法具有以下优点：①准确性；②接受性；③参与性。被评估者可以从自己、上级、部属、同事和顾客处获得多种角度的反馈，也可以从这些不同的反馈清楚地知道自己的长处、不足与发展需求

2. 绩效监控

绩效监控是指在整个绩效期间内，通过上级与员工之间持续的沟通来预防或解决员工实现绩效时可能发生的各种问题的过程。

正式的沟通有：书面报告（如工作日志、周报、月报、季报、年报等）、会议、正式面谈等。

非正式沟通有：走动式管理、开放式办公室、休息时间的沟通、非正式的会议等。

3. 绩效考核

绩效考核是指确定一定的考核主体，借助一定的考核方法，对员工的工作绩效做出评价。

4. 绩效反馈

绩效反馈是指绩效周期结束时在上级和员工之间进行绩效考核面谈，由上级将考核结果告知员工，指出员工在工作中存在的不足并和员工一起制订绩效改进的计划。

5. 绩效管理与企业基本竞争战略的匹配，见表3-47

表3-47 绩效管理与企业基本竞争战略的匹配

竞争战略	成本领先	差异化	集中化
主张	强调以结果为导向，以控制成本为目的	关注创新和新颖性	综合两者
范围	评估范围狭窄，信息来源单一，上级作为考核的主要考官	范围宽广，评估信息丰富，主要用于员工的发展和素质提升	综合两者

（五）人力资源薪酬激励

1. 薪酬的组成及公平性原则

（1）薪酬的组成包括基本薪酬、可变薪酬、间接薪酬。

（2）薪酬的公平性原则包括外部公平性、内部公平性、个体公平性。

2. 薪酬水平策略

(1) 领先型策略：即薪酬水平高于市场平均水平的策略。
(2) 匹配型策略：即薪酬水平与市场平均水平保持一致。
(3) 拖后型策略：即薪酬水平要明显低于市场平均水平。
(4) 混合型策略：即针对企业内部的不同职位采用不同的策略（例如，对关键职位采用领先型策略，对辅助性职位采用匹配型策略）。

3. 薪酬构成策略

薪酬构成策略是指在总体薪酬中，不同类型薪酬的组合方式。
(1) 基本薪酬在吸引、保留人员方面效果比较显著，在激励人员方面效果一般。
(2) 可变薪酬在吸引、激励人员方面效果比较显著，在保留人员方面效果中等。
(3) 间接薪酬在保留人员效果方面比较显著，在吸引、激励人员方面效果一般。

4. 企业竞争战略与薪酬策略

实施成本领先战略的企业强调对外公平，实施差异化战略和集中化战略的企业强调对内公平。

六、财务战略 ★★★

(一) 财务战略的概念

1. 财务管理与财务战略的概念

财务管理：为企业战略提供资金支持，为提高企业经营活动的价值而进行管理的活动。

财务战略：涉及财务性质的战略；一方面，主要考虑资金的使用和管理的战略问题，以此与其他性质的战略相区别；另一方面，主要考虑财务领域全局、长期发展方向问题，以此与传统财务管理相区别，见图 3-3。

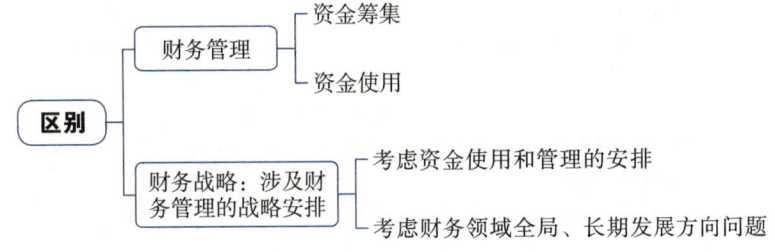

图 3-3　财务管理和财务战略的区别

2. **财务战略与非财务战略的区别。企业战略分为财务战略与非财务战略两类，见图 3-4**

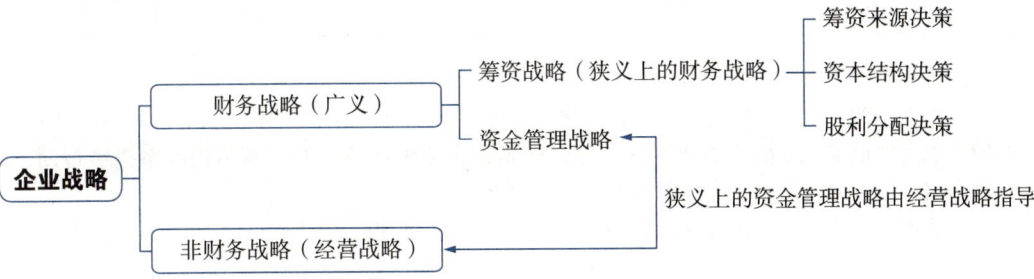

图 3-4　财务战略与非财务战略的区别

财务战略强调必须适合企业所处的发展阶段并符合利益相关者的期望。财务战略分为筹资战略和资金管理战略。狭义的财务战略仅指筹资战略，包括资本结构决策、筹资来源决策和股利分配决策等。资金管理战略涉及实物资产的购置和使用，并非财务职能而是由经营战略指导的。资金管理战略主要考虑如何建立和维持有利于创造价值的资金管理体系。

非财务战略也叫经营战略，主要强调与外部环境和企业自身能力相适应。

（二）财务战略的确立

财务战略的确立是指在追求实现企业财务目标的过程中，高层财务管理人员对筹资来源、资本结构、股利分配等方面做出决定以满足企业发展需要的过程。

1. 筹资来源

筹资来源，即企业的融资方式。一般来说，企业有四种不同的融资方式，见表3-48。

表3-48 四种融资方式比较

融资方式		优点	缺点
内部融资		（1）管理层**自主性强**，不需要像债权融资那样向银行披露自身的战略计划，或者像股权融资那样向资本市场披露相关信息； （2）可以**降低融资成本**	①**融资数量有限**； ②向股东传递了以后盈利的信号，**对企业盈利能力要求高**
股权融资		（1）经常面对的是企业现在的股东，按照现有股东的投票权比例进行新股发行，新股发行的**成功取决于现有股东对企业前景是否看好**（配股）； （2）没有固定的股利支付压力，**适宜于大量资金需求**	①引起控制权的变更； ②成本比较高
债权融资	贷款	与股权融资相比： （1）融资**成本较低**； （2）融资的**速度较快**； （3）融资方式也**较为隐蔽**	①限制较多； ②额度有限； ③需要按期还本付息，**企业的压力大**
	租赁	（1）**不需要额外融资**，因而不需要付出融资成本； （2）租赁很有可能使企业享有**更多的税收优惠**（租金有抵税的作用）； （3）租赁可以**增加企业的资本回报率**	企业使用租赁资产的权利是有限的，因为资产的**所有权不属于企业**
资产销售融资		（1）**简单易行**； （2）**不会稀释股东权益**	①**无回旋余地**； ②如果**销售的时机**选择不当，销售的价值就会低于资产本身的价值

2. 融资成本与最优资本结构

评价上述四种不同的融资方式，需要考察它们带给企业的融资成本，主要考虑股权融资和债权融资的成本。分析资本成本的最终目的是为企业做出最优的资本结构决策提供帮助。具体来讲，资本结构是权益资本与债务资本的比例。

企业的融资成本与最优资本结构的考虑因素，见表3-49。

表 3-49 企业融资成本与最优资本结构的考虑因素

内容	解释说明
融资成本	(1) 股权融资成本的估计： ①资本资产定价模型：企业权益资本成本等于无风险资本成本加上企业的风险溢价，因而企业的资本成本可以计算为无风险得利与企业风险溢价之和。 ②无风险利率估计：使用这种方法时，企业首先要得到无风险债券的利率值，然后企业再综合考虑自身企业的风险，并在此利率值的基础上加上几个百分点，最后按照这个利率值计算企业的权益资本成本。 (2) **长期债务资本成本**：等于各种债务利息费用的加权平均数扣除税收效应。 (3) **加权平均资本成本**：权益资本成本与长期债务资本成本的加权平均
最优资本结构的考虑因素	(1) 资本成本； (2) 代理成本； (3) 可接受的债务目标水平； (4) 管理层对于融资方式的倾向； (5) 企业的举债能力； (6) 其他因素，包括管理层对企业的控制能力、企业的资产结构、增长率、盈利能力以及有关的税收成本； (7) 难以量化的因素，包括企业未来战略的经营风险、企业对风险的态度、企业所处行业的风险、竞争对手的资本成本与资本结构、影响利率的潜在因素

3. 股利分配政策

一般而言，实务中的股利分配政策有四大类，见表 3-50。

表 3-50 四大股利分配政策比较

政策名称	特征	优缺点
固定股利政策	每年支付固定或稳定增长的股利	优点：为投资者提供**可预测的现金流**，减少管理层将资金转移到盈利能力差的活动的机会，为成熟企业提供稳定的现金流。缺点：盈余下降时导致股利发放困难
固定股利支付率政策	按企业发放的每股现金股利除以每股盈余的比率付	优点：保持盈余、再投资率和股利现金流之间的稳定关系。缺点：投资者**无法预测现金流**，也无法表明管理层的意图或者期望
零股利政策	不支付股利，全部留给企业	适合于**成长期**的企业，并可反映在股价的增长中
剩余股利政策	只有在没有现金净流量为正的项目时支付	在处于**成长阶段**、**不能轻松获得其他融资来源**的企业中较为常见

(三) 财务战略的选择

1. 财务风险与经营风险的搭配

经营风险的大小是由特定的经营战略决定的，财务风险大小是由资本结构决定的，它们共同决定了企业的总风险。财务风险和经营风险的搭配方式共有四种类型，见图 3-5。

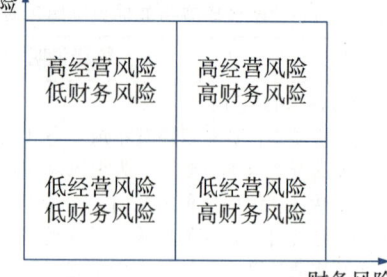

图 3-5　财务风险与经营风险的搭配

（1）经营风险与财务风险的**反向搭配**，是**可以同时符合权益投资人和债权人的期望**的现实搭配。

（2）"**双高搭配**"**符合风险投资人**的要求，不符合债权人的要求，会因找不到债权人而无法实现。

（3）"**双低搭配**"，**对债权人是理想的资本结构**，但不符合权益投资人的期望，不是现实的搭配。

2. 基于发展阶段的财务战略选择

企业在产品生命周期的不同阶段，经营也会有不同的特征，见表 3-51。

表 3-51　生命周期不同发展阶段的财务战略的选择

具体指标及阶段	各阶段的选择			
	导入期	成长期	成熟期	衰退期
经营风险	非常高	高	中等	低
财务风险	非常低	低	中等	高
资本结构	**股东权益**	**主要是股东权益**	**股东权益+债务**	**股东权益+债务**
资金来源	**风险资本**	**权益投资增加**	**保留盈余+债务**	**债务**
股利（现金流）	**不分配（负）**	**分配率很低（低）**	**分配率高（高）**	**全部分配（减少）**
价格/盈余倍数（市盈率）	非常高	高	中	低
股价	**迅速增长**	**增长并波动**	**稳定**	**下降并波动**

▎经典例题 3-23　（多选题）

甲公司是一家制造和销售洗衣粉的公司。目前洗衣粉产业的产品逐步标准化，技术和质量改进缓慢，洗衣粉市场基本饱和。处于目前发展阶段的甲公司具备的财务特征有（　　）。

A. 财务风险高　　　　　　　　　　　B. 股利分配率高

C. 资金来源于保留盈余和债务　　　　D. 股价迅速增长

【解析】从"产品逐步标准化，技术和质量改进缓慢，市场基本饱和"可以判断甲公司处于成熟期。成熟期股利分配率高，资金来源于保留盈余和债务。

【答案】BC

3. 基于创造价值或增长率的财务战略选择

（1）影响价值创造的主要因素，见表 3-52。

表 3-52 影响价值创造的主要因素

影响因素	解释说明
企业的市场增加值	计量企业价值变动的指标是企业的市场增加值,即特定时点企业资本的市场价值与占用资本的差额,简称"市场增加值"。企业市场增加值=企业资本市场价值-企业占用资本
销售增长率、筹资需求与创造价值	在资产周转率、销售净利率、资本结构、股利支付率不变(目前经营效率和财务政策不变)并且不增发和回购股份的情况下: (1)**销售增长率超过可持续增长率:现金短缺**。这种增长状态为高速增长。这里"现金短缺"是指在当前的经营效率和财务政策下产生的现金不足以支持销售增长,需要通过提高经营效率、改变财务政策或增发股份来平衡现金流。 (2)**销售增长率低于可持续增长率:现金剩余**。这种增长状态为缓慢增长。这里的"现金剩余"是指在当前的经营效率和财务政策下产生的现金,超过了支持销售增长的需要,剩余的现金可投资于能创造价值的项目(包括扩大现有业务的规模或开发新的项目),或者还给股东。 (3)销售增长率等于可持续增长率:现金平衡。这种增长状态为均衡增长。这里的"现金平衡"是指在当前的经营效率和财务政策下产生的现金,与销售增长的需要可以保持平衡。这是一种理论上的状态,现实中不平衡是绝对的。 从财务的战略目标考虑,必须区分两种现金短缺:一种是创造价值的现金短缺;另一种是减损价值的现金短缺。对于前者,应当设法筹资以支持高增长,创造更多的市场增加值;对于后者,应当提高可持续增长率以减少价值减损。 同理,现金剩余也有两种:一种是创造价值的现金剩余,企业应当用这些现金提高股东价值增长率,创造更多的价值;另一种是减损价值的现金剩余,企业应当把钱还给股东,避免更多的价值减损。 综上所述,**影响价值创造的因素主要有:①投资资本回报率;②资本成本;③销售增长率;④可持续增长率**。它们是影响财务战略选择的主要因素,也是管理者为增加企业价值可以操控的主要内容

(2)价值创造和增长率矩阵。

财务战略矩阵,就是通过一个矩阵,将影响价值创造的四种因素组合在一起,把价值创造(投资资本回报率、资本成本)和现金余缺(销售增长率、可持续增长率)联系起来,形成四个象限,见图 3-6。

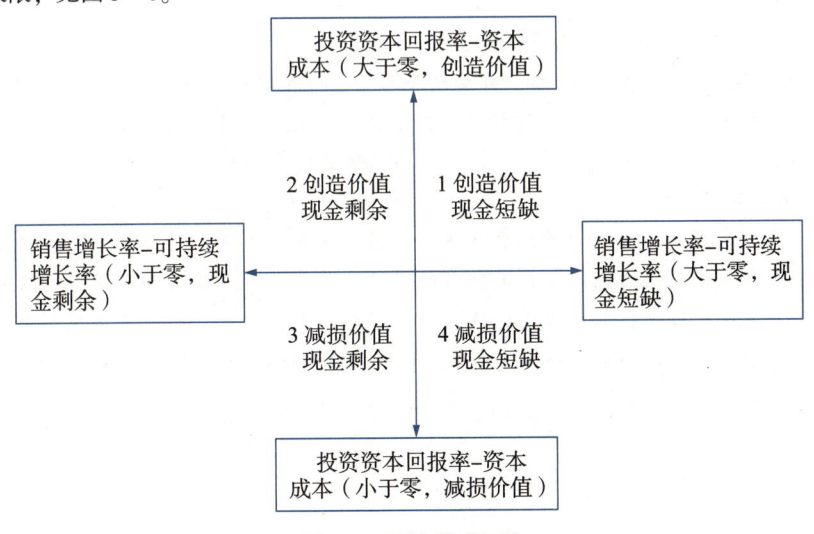

图 3-6 财务战略矩阵

价值创造和增长率矩阵可以作为评价和制定战略的分析工具，见表3-53。

表3-53　基于价值创造和增长率矩阵的财务战略选择

象限特征	财务战略
增值型现金短缺（第一象限）：**投资资本回报率-资本成本>0　销售增长率-可持续增长率>0**	（1）如果**高速增长是暂时的**，则应通过**借款来筹集所需资金**。 （2）如果**高速增长是长期的**，则资金问题有两种解决途径： ①**提高可持续增长率**，包括提高经营效率（提高税后经营利润率和周转率）和改变财务政策（停止支付股利、增加借款），使之向销售增长率靠拢； ②**增加权益资本**（增发股份、兼并现金牛企业），提供增长所需资金
增值型现金剩余（第二象限）：**投资资本回报率-资本成本>0　销售增长率-可持续增长率<0**	（1）首选的战略是**利用剩余现金加速增长**。途径包括： ①内部投资； ②收购相关业务。 （2）如果加速增长之后仍有剩余现金，找不到进一步投资的机会，则**应把多余的钱还给股东**。途径包括： ①增加股利支付； ②回购股份
减损型现金剩余（第三象限）：**投资资本回报率-资本成本<0　销售增长率-可持续增长率<0**	（1）首选的战略是**提高投资资本回报率**，途径有： ①提高税后经营利润率； ②提高经营资产周转率。 （2）在提高投资资本回报率的同时，如果负债比率不当，可以适度调整，以**降低平均资本成本**。 （3）如果企业**不能提高投资资本回报率或者降低资本成本**，则应该**将企业出售**
减损型现金短缺（第四象限）：**投资资本回报率-资本成本<0　销售增长率-可持续增长率>0**	（1）如果盈利能力低是本**公司独有的问题**，并且觉得有能力扭转价值减损局面，则可以选择"**彻底重组**"；否则，应该选择"**出售**"。 （2）如果盈利能力低是**整个行业的衰退引起**的，则应该选择的财务战略是"**尽快出售**"，以减少损失

> **敲黑板**
> 财务战略矩阵是高频考点之一，同学们需熟练掌握每个象限对应的财务战略选择，在理解原理的基础上进行记忆。理解的关键在于清楚每个象限所解决的问题是什么：对于增值型现金短缺，解决的是缺钱的问题；对于增值型现金剩余，解决的是多余资金的使用问题；对于减损型现金剩余，解决的是企业价值减损的问题；对于减损型现金短缺，解决的是"没钱又没价值"的问题。

价值创造和增长率矩阵-例题解析

经典例题3-24　（2019年·多选题）

甲公司某年的投资回报率为5%，销售增长率为10%。经测算甲公司的加权平均资本成本为8%，可持续增长率为6%。在上述情况下，甲公司应选择的财务战略有（　　）。

A．彻底重组　　　　　　　　B．改变财务政策
C．提高资本回报率　　　　　D．出售

解析　投资回报率小于加权平均资本成本，销售增长率大于可持续增长率，是减损型现金短缺战略。如果盈利能力低是本公司独有的问题，并且觉得有能力扭转价值减损局面，则可以选择彻底重组；否则，应该选择出售。如果盈利能力低是整个行业的衰退引起的，则应该选择的财务战略是尽快出售，以减少损失。因此选项AD正确。

答案　AD

第四节 国际化经营战略

一、企业国际化经营动因★★

联合国贸易和发展会议（UNCTAD）于2006年发布的《世界投资报告》中所提出的影响企业国际化经营决策的四大动机：

（一）寻求市场

区位理论认为，国际市场的不完全性会导致各国之间的市场差异，即在生产要素价格、市场规模、市场资源供给等方面存在着不同的差异。市场需求方面的区位优势与竞争对手分布情况决定企业选择对外直接投资的国家和地区，去寻求更大的市场机会。

企业国际化经营
动因-知识精讲

（二）寻求效率

寻求效率也是发展中国家企业对外直接投资的重要动机。相对较先进（因而劳动力成本较高）的发展中国家企业对外直接投资的这一动机更为明显。寻求效率的投资往往基于**两个方面的驱动因素，一是投资国生产成本上涨，特别是劳动力成本**，这是韩国、马来西亚和新加坡等东亚、东南亚国家及毛里求斯（该国具有成衣劳动密集型出口产业）的企业特别关注的问题。**二是发展中国家公司所面临的竞争压力正在推动它们向海外扩展**，这些压力主要来自低成本生产商的竞争，特别是来自东亚和东南亚高效率制造商以及国外跨国企业的竞争。

（三）寻求资源

石油、天然气、金属和非金属矿产等自然资源对于任何国家的经济发展都是必不可少的，如果缺乏这些自然资源的有效供给，任何现代经济都无法运行。近年来，许多发展中大国，例如中国和印度，日新月异的快速增长使其所需的关键自然资源出现短缺。这些国家的政府鼓励企业跨国投资以获取对母国经济至关重要的原材料供给。中国和印度的跨国企业都在向具有丰富资源的国家投资，特别是在石油和天然气领域。

（四）寻求现成资产

寻求现成资产型对外投资主要表现为发展中国家企业向发达国家的投资，其**主要动机是主动获取发达国家企业的垄断优势**，即品牌、先进技术与管理经验、资金、规模经济等现成资产。例如，中国企业吉利汽车并购沃尔沃的主要动机是有效弥补品牌短板、提升研发能力、获得关键技术、获取全球经销商网络、赢得一流管理团队和技术人才，进而提升企业的国际竞争力。

经典例题 3-25 （2020年·多选题）

国内从事有色金属矿产地质勘探的艾地公司于2017年横向收购了N国的纳奇公司。N国政府只允许本国企业从事贵金属矿产的勘探，因此这次收购使艾地公司获得N国储量丰富的黄金矿产的勘探权。此后艾地公司留用了纳奇公司经验丰富的管理层。艾地公司向N国投资的动机有（　　）。

A. 寻求市场　　　B. 寻求资源　　　C. 寻求现成资产　　　D. 寻求效率

企业国际化经营
动因-例题解析

解析"这次收购使艾地公司获得N国储量丰富的黄金矿产的勘探权"属于寻求市场；"N国政府只允许本国企业从事贵金属矿产的勘探"，而艾地公司收购了N国的纳奇公司"使艾地公司获得N国储量丰富的黄金矿产的勘探权"，这说明艾地公司并购就是为了能够进入N

国，从事贵金属矿产的勘探服务，属于寻求市场，而不是寻求资源。通过并购，艾地公司获得的是勘探权，而不是黄金矿产。"留用纳奇公司经验丰富的管理层"体现了寻求现成资产。"留用了纳奇公司经验丰富的管理层"属于寻求现成资产。

〖答案〗AC

二、国际市场进入模式 ★

企业进入国外市场一般有三种形式，即出口、对外股权投资、非股权形式。

（一）出口

商品与服务的出口贸易是企业国际化经营中相对比较简单的，也是比较普遍的进入外国市场的方式，出口的战略选择和定价见表 3-54。

表 3-54　出口的战略选择及定价

战略选择		解释说明
目标市场选择	目标市场的区域路径	(1) 传统方式： 高新技术产品在发达国家出口的国别路径是先到经济技术发展水平相类似的发达国家，然后再到发展中国家； 发展中国家则是先到环境类似的发展中国家，最后再逐步走向发达国家； 发展中国家的农产品、矿产品等初级产品和劳动密集型的低端产品主要流向是发达国家。 (2) 新型方式： 经济全球化背景下，许多产业中的全球分工体系已经形成，全球同步使用新产品。 不论是发达国家还是发展中国家，该产业中的高新技术产品出口的国别路径是先到发达国家（特别是美国），以占领世界最大市场，然后再走向发展中国家
	选择目标客户	目标客户选择的基础是市场细分： (1) 各国之间的细分市场通常在数量、大小和特点上存在差别，如美国、中国市场可按地域进行细分，但日本却几乎不存在地域差异。 (2) 影响细分市场的规模和重要性的因素随着产业的不同而不同：对于消费品的细分市场，影响因素是人口、收入；对于工业机械和原料细分市场，影响因素为工资、科技水平、分散性、工业产品的结构。 (3) 不同产业所适用的细分市场有所不同：对于高科技、高度自动化及非专用型的机器可选北欧、日本和加拿大；而标准化、大批量生产的机器则适用于新兴的工业化国家；老式的标准化机器适用于发展中国家
选择分销渠道与出口营销		渠道特点： (1) 一般说来，国际分销渠道比国内分销渠道更复杂，涉及更多的中间环节。 (2) 国际分销渠道的成本通常比国内分销渠道的成本高。 (3) 出口商有时必须通过与国内市场不同的分销渠道向海外市场进行销售。 (4) 国际分销渠道通常为公司提供海外市场信息，包括产品在市场上的销售情况及其原因。 贸易中介可以从两个方面加以归类和描述： (1) 商品的所有权：代理人或分销商。 (2) 对销售渠道的控制方法：直接法和间接法。直接法是指公司拥有并管理分销渠道（控制能力强，信息充分，成本高）；间接法是指分销渠道独立于公司之外（成本低，控制能力减弱，信息不足）

续表

战略选择	解释说明
出口贸易定价	(1) 定价**偏高**，以期获得大于国内市场的收益。 (2) 制定使海外市场**与国内市场收益水平接近**的价格。 (3) 在短期内定价**较低**，即使收益偏低甚至亏损也在所不惜。 (4) 只要在抵消变动成本之后还能增加利润，就按能**把超过国内市场需求量的产品销售出去的价格定价**

（二）对外直接投资

对外直接投资包括全资子公司和合资经营两种类型。

对外直接投资各种类型的优缺点，见表3-55。

表3-55 对外直接投资各类型的优缺点

类型名称	优点或动因	缺点
对外直接投资	(1) 与出口方式相比，缩短了生产和销售的距离，**减少了运输成本**； (2) 可利用当地廉价的劳动力、原材料、能源等生产要素，**降低制造成本**； (3) 能随时获得当地市场的信息和产品的信息反馈，从而**根据市场的需求来调整生产**； (4) 对外直接投资也使企业跨越东道国政府的各种贸易和非贸易壁垒，有时直接投资还**能享受东道国提供的某种优惠**	需要大量的资金、管理和其他资源的投入，这就意味着**风险大，灵活性差**
全资子公司（或独资经营）	(1) 管理者可以**完全控制子公司在目标市场上的日常经营活动**，并确保有价值的技术、工艺和其他一些无形资产都留在子公司； (2) 可以**摆脱合资经营在利益、目标等方面的冲突问题**，从而使国外子公司的经营战略与企业的总体战略融为一体	(1) 这种方式可能得**耗费大量资金**，公司必须在内部集资或在金融市场上融资以获得资金； (2) 由于没有东道国企业的合作与参与，全资子公司难以得到当地的政策与各种经营资源的支持，**规避政治风险的能力也明显小于合资经营企业**
合资	动因： (1) 加强现有业务； (2) 将现有产品打入国外市场； (3) 将国外产品引入国内市场； (4) 经营一种新业务。 优点： (1) **减少**国际化经营的**资本投入**； (2) 弥补跨国经营经验不足的**缺陷**，有利于吸引和利用东道国合资方的资源	合资企业由多方参与投资，因而**协调成本可能过大**。协调问题又主要表现在以下两个方面： (1) 合资各方**目标的差异**； (2) 合资各方的**文化差异**（国家、民族文化和企业文化）

（三）非股权形式

非股权形式包括合约制造、服务外包、订单农业、特许经营、许可经营、管理合约及其他类型的**合约关系**。

> **名师说** 非股权形式是介于对外直接投资与贸易（出口）两种方式的中间道路，也就是仅通过合同协议来协调东道国企业的运作和行为。某些情况下，非股权形式可能会比对外直接投资的形式更为适宜，比如，在农业领域，订单农业比大规模土地收购更易于解决投资的责任问题，因为订单农业会更加尊重本地权利、农民的生计和资源的可持续利用。

三、全球价值链中的国际化经营★★

（一）全球价值链的理论与概念

1. 产品内国际分工

> **名师说** "产品内国际分工"体现特定产品不同的生产环节在地理空间上分散到不同国家（地区），由不同国家（地区）进行专业化生产，形成跨国家（地区）生产的一种生产组织方式。

产品内国际分工具备以下三个特点：(1) 产品生产环节分解为多个过程；(2) 生产环节在两个或两个以上国家（地区）进行；(3) 至少一国（地区）使用了进口产品生产并出口使用了该进口产品的产品。

2. 全球生产网络

全球生产网络的基本构成单位是跨国企业的价值链，不同跨国企业价值链之间的相互作用形成了全球生产网络，因而全球生产网络具有明显的地理分散特征。

3. 全球价值链

全球价值链是指在全球范围内为实现商品或服务价值而连接生产、销售、回收处理等过程的全球性跨国企业网络组织，涉及从原料采集和运输、半成品和成品的生产和分销，直至最终消费和回收处理的过程。它括所有参与者和生产销售等活动的组织及其价值利润分配，并且通过自动化的业务流程和供应商、合作伙伴以及客户的链接，以支持机构的能力和效率。

（二）企业国际化经营与全球价值链构建

1. 全球价值链中企业的角色定位（见表3-56）

全球价值链中企业的角色定位-知识精讲

表3-56 全球价值链中企业的角色定位

定位	说明
领先企业	领先企业拥有产品、技术、品牌、营销渠道、规模经济等垄断优势，担负全球价值链战略制定、组织领导以及管理工作，在全球生产网络中拥有绝对的控制力和影响力
一级供应商	技术能力较强、具有较高成本优势的一级供应商能够起到在领先企业和本地供应商之间的桥梁作用，除了必须由领先企业承担的核心技术研发和营销渠道构建等功能外，能够承担诸如部件的生产、组装、物流等外围管理工作。一级供应商可以通过其拥有的非核心技术创新以及生产成本的相对优势，在全球价值链中获得相对较高的地位与价值增值

续表

定位	说明
其他层级供应商	以微弱比较优势参与全球价值链的企业通常处在二级、三级或更低级别供应商的位置。这些企业与一级供应商相联系，承接价值网络中非关键环节的非核心生产活动，如进行简单组装、初始设备制造（Original Equipment Manufacturer, OEM）等。其他层级的供应商由于缺乏对关键资源的掌控能力和技术创新能力，在全球价值链中处于较低的地位，也只能获得较低的价值增值。在全球价值链中，企业所在的位置决定了其利润分配。 例如：美国的英特尔公司等主导了电子产业中芯片、软件等高附加值部分的生产，并且能够获得高达60%的利润。这些领先企业位于日本、韩国的一级供应商可以通过关键性电子零部件的生产获得20%左右的利润；而在中国等发展中国家的其他层级的供应商，对产成品进行加工、组装或生产一般性的零部件，仅获得其余10%左右的利润
合同制造商	合同制造商存在于全球生产网络中，它们能够为领先企业提供除关键环节设计和营销以外的配套服务。合同制造商通常具备一定的技术能力，能够承接领先企业对技术有一定要求的产品的生产，也可以独立完成产品部分结构的生产。 例如：初始设计制造商（Original Design Manufacture, ODM）就能够为领先企业提供部分设计服务。 合同制造商与一级供应商相类似。二者的不同之处是，它们与领先企业的密切程度有所差异。合同制造商往往参与多个全球价值链，对领先企业的依赖度较低，也较少承担对领先企业和其他层级供应商的连接桥梁作用

2. 全球价值链的分工模式（见表 3-57）

表 3-57 全球价值链的分工模式

分工模式	说明
科层型价值链	领先企业通过对外直接投资并购或新建适宜的供应商，在企业内部设立产品制造中心。领先企业通过构建涵盖人力资源、财务和运营管理等职能的"总部功能"，来有效地整合、协调、管理各个子公司和分支机构在全球开展的各种复杂的生产及交易活动
市场型价值链	这种分工模式适合标准化产品，能够以一种简单的市场交易方式在采购方与供给方之间交换诸如价格、规格和质量保证等商品或服务的信息。由于信息交换的复杂度相对较低，领先企业只需具备简单的协调能力就可以完成交易
俘获型价值链	当产品规格和结构的复杂度都很高时，为减少内部化分工模式难以避免的交易复杂程度，领先企业会寻求一些自身核心能力不强的供应商进行"锁定"，因而产生了俘获型分工模式。在这种分工模式中，供应商向其他类型价值链或其他领先企业转换的成本很高从而选择停留在已有价值链中，即被"俘获"。领先企业要对供应商提供清晰、成文的指示，并在必要时提供技术支持，供应商才能生产出满足复杂规格要求的产品
模块型价值链	通过减少零部件之间的差异性而实现对零部件、产品、过程等规格的标准化。产品规格的标准化意味着领先企业能够获得定制产品，而不必与供应商发生复杂的交易。模块式分工模式可实现全球价值链协调成本最小化、选择和更换供应商便利化。该管理模式广泛应用于电子产业
关联型价值链	如果产品规格难以编码，交易复杂且供应商的能力较强时，将产生关联型分工模式。复杂而难以描述的信息交换常通过高频率的当面交流或高度明确的调控来实现，这使得关联双方向其他类型价值链或其他企业转换的成本也很高

经典例题 3-26 2022年·单选题

波利公司是一家在剃须刀行业占据主导地位的跨国企业。由于产品结构简单且标准化，该公司以简单的市场交易方式与分散在若干国家的供应商交换关于价格、规格和质量保证等商品或服务的信息，并且完成交易。上述事实表明，剃须刀行业全球价值链的分工模式属于（　　）。

A. 市场型价值链
B. 俘获型价值链
C. 模块型价值链
D. 关联型价值链

解析 市场型价值链这种分工模式适合标准化产品，能够以一种简单的市场交易方式在采购方与供给方之间交换诸如价格、规格和质量保证等商品或服务的信息。波利公司剃须刀行业全球价值链的分工模式属于市场型价值链。因此选项 A 正确。

答案 A

全球价值链五种分工模式的主要特点及对供应商的主要影响见表 3-58。

表 3-58 全球价值链五种分工模式的主要特点及对供应商的主要影响

全球价值链五种分工模式的主要特点及对供应商的主要影响-知识精讲

分工模式		领先企业与供应商关系主要特点	对供应商的主要影响
对外直接投资		产品规格或加工规格方面的信息专有或不易于整理和传播； 适用于具有高知识产权、高质量风险以及高品牌价值的产品； 交易复杂，领先企业需要进行全面的风险管理； 领先企业协调性高	供应商是被垂直整合的，受到全面的管理控制； 能够快捷地获得领先企业的现成资产； 技术扩展和知识转移通过内部商业联系
市场交易		产品规格的相关信息易于传播； 适用于商品以及商品化的产品； 交易简单，价格机制发挥主导作用； 领先企业协调性低	交易伙伴间没有正式合作； 客户转换成本低； 受到市场力量的影响； 学习方式仅限于贸易渠道
非股权形式	俘获型	产品信息或加工规格不容易整理和传播； 领先企业有效控制生产，交易相对简单； 领先企业协调性较高； 在汽车产业供应商的分级结构中较常见	相对较小的供应商受到领先企业的高度监管和控制； 对领先企业依赖度较高； 知识转移侧重于提高效率，与部分产品改进的知识共享
	模块型	产品结构具有模块型特征，从而降低信息编码的难度； 领先企业选择和更换供应商便利，交易相对简单； 领先企业协调性较低； 在电子产业的供应商关系中较常见	企业间联系范围广、信息流动量较高； 对领先企业的依赖度较低，供应商往往参与多个价值链
	关联型	产品信息或加工规格不容易整理和传播； 团队合作； 复杂的交易通过高频率的当面交流或高度明确的调控来实现； 领先企业协调性中等	合作伙伴间相互依存度较高； 合作伙伴间的交易与交流频繁； 供应商更容易生产差异化产品； 知识学习和转移的程度相对较高； 由于领先企业转换成本较高，需求更加稳定

(三) 全球价值链与发展中国家企业升级

大量研究表明，发展中国家企业参与全球价值链，能够提高生产效率，并进入或扩展至全球价值链的高附加值阶段。

1. 企业升级的类型

（1）**工艺升级**，即通过对生产技术的改进和生产组织管理效率的提升而实现的升级。例如，为满足农业生产的更高标准，许多领先企业鼓励发展中国家供应商采用"GAP"（良好农业规范），在田间管理、收割期后、存储运输等环节实现工艺升级，并提供培训和技术援助。

（2）**产品升级**，即通过改进产品设计（甚至开发突破性的产品）提高产品的竞争力而实现的升级。例如，在旅游业价值链中，企业提供更高品质的酒店或增加诸如生态旅游和医疗旅游等高档次产品实现产品升级。

（3）**功能升级**，即通过占领价值链更高附加值的环节而实现升级。例如，企业从初始设备制造商（OEM）到初始设计制造商（ODM）的提升就是典型的功能升级。

（4）**价值链升级**，即通过进入技术壁垒或资本壁垒更高的价值链或获取价值链中更高的地位以提升盈利能力和竞争力而实现的升级。例如，汽车零部件供应商进入整车制造产业、企业从初始设备制造商（OEM）到初始设计制造商（ODM）再到自有品牌制造商（Original Brand Manufacturer，OBM）等都属于价值链升级。

2. 全球价值链分工模式与企业升级

影响发展中国家企业升级的发展进程有多种因素。相关研究从参与领先企业主导的全球价值链分工模式角度考察，发现不同的分工模式对于四种升级类型有着不同的影响。具体内容见表3-59。

表3-59 分工模式对升级类型的影响

分工模式	分工模式对升级类型的影响	
科层型价值链（对外直接投资）	工艺升级和产品升级很快能够发生	功能升级和价值链升级较难发生
俘获型价值链		
关联性价值链		
模块型供应商	一旦形成了与领先企业的供给关系后，可以基于自主核心能力**发展功能升级和价值链升级**	工艺升级与产品升级较为缓慢
市场型供应商（市场交易）		

发展中国家企业的最终目标是占据价值链高端位置或者建立自主价值链。企业应依据自身能力与产业发展的不同阶段，选择适宜的分工模式参与全球价值链，在分工合作中努力汲取领先企业的现成资产，同时加强自主创新，培育核心竞争力，**最终实现从工艺升级到价值链升级的跨越**。

四、国际化经营的战略类型★★

国际化经营共有四种战略类型，可以通过"全球协作程度"和"本土独立性和适应能力"所构成的两维坐标体现，见图3-7。

全球价值链与发展中国家企业升级-知识精讲

```
          高  ┌─────────┬─────────┐
全球          │ 全球化战略 │ 跨国战略 │
协作          ├─────────┼─────────┤
程度          │ 国际战略 │多国本土化战略│
          低  └─────────┴─────────┘
              低                 高
              本土独立性和适应能力
```

图3-7 国际化经营的战略类型

四种国际化经营战略类型的区别，见表3-60。

表3-60 四种国际化经营战略类型的区别（记忆名称）

类型	解释说明	主要特征	适应情况	缺点
国际战略	企业将其具有价值的产品与技能转移到国外的市场，以创造价值的举措。**产品开发的职能留在母国，而在东道国建立制造和营销职能，总部一般严格地控制产品与市场战略的决策权**： (1) 产品一般在国内生产，出口到其他国家。 (2) 有时也会在其他国家生产，生产什么由总部决定，当地机构没有决策权	适应性较差；经营成本高	企业的特殊竞争力如果在国外市场上拥有竞争优势，并在该市场上降低成本的压力较小	不能根据当地市场需求提供产品与服务。在国外重复建设，加大经营成本
多国本土化战略	将自己国家所开发出的产品和技能转移到国外市场，并在重要的国家市场上从事生产经营活动。满足各地个性化需求，适应性强；成本结构较高，**无法获得经验曲线效益和区位效益**： (1) 产品在当地生产和销售，当地机构具有决策权。 (2) 在不同国家生产销售的产品不一样	适应性较好；经营成本高；高度分权	在当地市场强烈要求根据当地需求提供产品和服务并降低成本时	生产设施重复建设且成本高。子公司过于独立，企业最终指挥不动子公司
全球化战略	向全世界的市场推销标准化的产品和服务，并在较有利的国家集中地进行生产经营活动，由此形成经验曲线和规模经济效益，以获得高额利润。企业采用该战略的目的是实施成本领先战略，通过提供标准化产品来促使不同国家的习俗和偏好趋同： (1) 生产什么由总部统一决定，产品生产的不同环节配置在不同国家。 (2) 不同国家生产销售的产品一样	适应性较差；经营成本低；高度集权	成本压力大且当地特殊要求小	在要求提供当地特色的产品的市场上不合适

敲黑板

同学们需在记忆四种类型名称的同时，分别牢记四种类型具体说明的关键词，并可在案例中准确判断所属类型。国际战略：产品开发以及决策权都在母国，东道国进行制造和营销。多国本土化战略：子公司独立性非常强，虽然产品各有不同，却无法形成经验曲线和区位效益。全球化战略：标准化的产品和服务可以形成经验曲线和规模效益。跨国战略：兼具多国本土和全球化的理想状态。

续表

类型	解释说明	主要特征	适应情况	缺点
跨国战略	形成以经验为基础的成本效益和区位效益，转移企业内的特殊竞争力，同时注意当地市场的需要。为了避免外部市场的竞争压力，母公司与子公司、子公司与子公司的关系是双向的。运用经验曲线效应，形成区位效益，能够满足当地市场的需求，达到全球学习的效果。综合了多国本土化战略和全球化战略的做法	适应性较好；经营成本低	充分考虑东道国的需求，同时保证跨国公司的核心目标和技能的实现	在实践中地区的适应性和全球化效率的平衡点难以确定，是一种理想化而非现实的形式

经典例题 3-27　（2020年·单选题）

贝恩公司是著名的电子商务企业，下设5大商务区和分布在100多个国家的子公司。商务区经理负责为各自商务区制定国际化经营战略，各国子公司经理则根据所在国市场需求对该子公司的经营活动行使经营权和管理权。商务区经理需要各国子公司经理的合作，当商务区经理和子公司经理的意见或决策发生冲突时，可提交总公司裁决。贝恩公司采用的国际化经营的战略类型是（　　）。

A. 国际战略　　　　　　　　B. 全球化战略
C. 跨国战略　　　　　　　　D. 多国本土化战略

〖解析〗"商务区经理负责为各自商务区制定国际化经营战略，各国子公司经理则根据所在国市场需求对该子公司的经营活动行使经营权和管理权。商务区经理需要各国子公司经理的合作，当商务区经理和子公司经理的意见或决策发生冲突时，可提交总公司裁决"说明注意当地市场的需要，母公司与子公司、子公司与子公司的关系是双向的，这属于跨国战略。

〖答案〗C

国际化经营的战略类型-例题解析

五、新兴市场的企业战略★★（记忆名称）

新兴市场是指一些市场发展潜力巨大的发展中国家。

（一）按产业特性配置资源

在争夺新兴市场的大战中，强大的跨国公司并非占尽优势。

1. 认识不同行业面临的不同压力

在估计全球化压力所产生的影响时，不同产业面临的压力是不同的，本土企业可以在不同产业中了解和评估跨国竞争对手的优势和劣势，从而明确自身在产业中合适的定位。

2. 评估企业自身的优势资源

一旦本土企业对自身所处的产业有所了解，接下来要做的就是评估自身的优势资源，了解能最大限度发挥自身优势的方式，无论是成功捍卫本国市场、还是向其他市场扩张，本土企业都可能使其具有竞争优势。

（二）本土企业的战略选择

将产业所面临的全球化压力和新兴市场本土企业所拥有的优势资源作为两个维度，就可用来指导本土企业的战略选择，见图3-8。

	适合于本国市场	可以向海外移植
产业的全球化进程 高	"躲闪者" 通过转向新业务或缝隙市场避开竞争	"抗衡者" 通过全球竞争发动进攻
产业的全球化进程 低	"防御者" 利用国内市场的优势防卫	"扩张者" 将企业的经验转移到周边市场

新兴市场本土企业优势资源

图 3-8 本土企业的战略选择

1. "防御者"（defender）——利用本土优势进行防御

面对来势汹汹且实力雄厚的外国竞争对手，"防御者"要做的就是利用本土优势进行防御。具体做法可以考虑：

（1）把**目光集中于喜欢本国产品的客户**，而不考虑那些崇尚国际品牌的客户。

（2）**频繁地调整产品和服务**，以适应客户特别的甚至是独一无二的需求。

（3）**加强分销网络的建设和管理**，缓解国外竞争对手的竞争压力。在面临跨国竞争对手的挑战时应当注意：

①不要试图赢得所有顾客。

②不要一味模仿跨国竞争对手的战略。

2. "扩张者"（extender）——**向海外延伸本土优势**

在某种情况下，本土企业可以不局限于保住现有市场，通过合理运用可移植的优势资源，**以其在本地市场的成功为平台，向其他市场扩张**。慎重并有选择地将海外扩张战略用于**企业的核心资源**，不仅可以增加企业收入，还能促进规模经济，同时也能获得颇有价值的国际化经营的经验。

在向海外延伸本土优势时应当注意寻找在消费者偏好、地缘关系、分销渠道或政府管制方面与本国市场相类似的市场，以最有效地利用自己的资源。

3. "躲闪者"（dodger）——**避开跨国公司的冲击**

在全球化压力很大的产业中，"躲闪者"不能仅仅依赖公司的本土资源，还必须**重新考虑自身的商业模式**。在这种情况下，如果这些企业的资源仅仅在本土才有价值，最好的选择可能是以下几个：

（1）与跨国公司建立**合资、合作**企业。

（2）将企业**出售**给跨国公司。

（3）**重新定义**自己的**核心业务**，避开与跨国公司的直接竞争。

（4）根据自身的本土优势**专注于细分市场**，将业务重心转向价值链中的某些环节。

（5）**生产与跨国公司产品互补的产品**，或者将其改造为适合本国人口味的产品。

4. "抗衡者"（contender）——**在全球范围内对抗**

具体做法包括：

（1）**不拘泥于成本上的竞争**，而是比照行业中的领先公司来衡量自己的实力。

（2）找到一个**定位明确又易于防守的市场**。

（3）在一个**全球化的产业**中找到合适的**突破口**。

（4）**学习从发达国家获取资源**，以克服自身技能不足和资本的匮乏。

经典例题 3-28 （2020年·单选题）

金力公司是国内一家风力发电设备制造企业。2015年，金力公司取得世界最大的风力发电机组制造商麦尔公司的叶轮生产外包项目，并从对方引进一整条先进生产线，成为麦尔公司唯一的叶轮供应商。之后，金力公司通过引进麦尔公司的先进技术，不断提高产品性能和生产效率，并把引进的新技术移植到核心业务齿轮增速器的生产中，成为欧美多家相关企业的齿轮增速器供应商。作为新兴市场国家本土企业，金力公司采用的战略类型是(　　)。

A. 防御者战略　　　　　　B. 抗衡者战略
C. 扩张者战略　　　　　　D. 躲闪者战略

本土企业的战略
选择-例题解析

（解析）"金力公司通过引进麦尔公司的先进技术，不断提高产品性能和生产效率，并把引进的新技术移植到核心业务齿轮增速器的生产中"体现了学习从发达国家获取资源，以克服自身技能不足和资本的匮乏，属于抗衡者战略。

（答案）B

章末总结

第三章 战略选择

总体（公司层）战略

- **发展战略**
  - 一体化战略
    - 横向一体化战略
    - 纵向一体化战略
    - 优缺点、适用条件
  - 密集型战略
    - 市场渗透战略
    - 市场开发战略
    - 产品开发战略
    - 途径、适用条件
  - 多元化战略 —— 优点、风险
  - 实现发展战略的途径
    - 并购 —— 类型、动机、失败的原因
    - 内部发展（新建）
    - 战略联盟 —— 主要类型及特点、形成动因及管控
- **稳定战略**
- **收缩战略**
  - 原因 —— 主动/被动
  - 方式
    - 紧缩与集中战略 —— ①机制变革 ②财政和财务战略 ③削减成本战略
    - 转向战略 —— ①重新定位 ②调整营销策略
    - 放弃战略
  - 退出障碍 —— 5条

业务单位（竞争）战略

- **基本竞争战略**
  - 成本领先战略
  - 差异化战略
  - 集中化战略
  - 优势、风险、实施条件
  - 基本竞争战略的综合分析 —— "战略钟"
- **中小企业竞争战略**
  - 零散产业中的竞争战略 —— 战略选择、战略陷阱
  - 新兴产业中的竞争战略 —— 特征、发展障碍、战略选择
- **蓝海战略**
  - 关键性差异
  - 六项原则
  - 重建市场边界的六条路径 —— "两看两重两跨越"
- **商业模式**
  - 内涵与商业模式画布
  - 商业模式创新
  - 商业模式创新类型

职能战略

- **市场营销战略**
  - 市场细分
    - 消费者市场细分（地理因素、人口因素、心理因素、行为因素）
    - 产业市场细分（用户行业类别、用户规模、用户的地理位置、用户购买行为）
    - 其他细分变量
  - 目标市场选择 3种
  - 市场定位
  - 设计市场营销组合
    - 产品策略 —— 产品策略、品牌策略、新产品开发策略
    - 价格策略
    - 分销策略
    - 促销策略 —— 促销组合要素（广告促销、公关营销、营业推广、人员推销）
- **研究与开发战略** —— 研发的层次、类型、流程、动力来源、模式、研发的战略作用、研发定位
- **生产运营战略** —— 主要因素、内容（4个方面）、竞争重点、产能计划
- **采购战略** —— 货源策略、交易策略、采购模式
- **人力资源战略** —— 人力资源规划、获取、培训与开发、绩效评估、薪酬激励
- **财务战略**
  - 基于产品生命周期的财务战略选择
  - 基于价值创造或增长率的财务战略选择

国际化经营战略

- 企业国际化经营动因 —— 寻求市场、寻求效率、寻求资源、寻求现成资产
- 国际化经营的主要方式 —— 出口贸易、对外直接投资、非股权安排
- 全球价值链中的国际化经营
  - 企业国际化经营与全球价值链构建
  - 全球价值链与发展中国家企业升级
- 国际化经营的战略类型 —— 国际战略、多国本土化战略、全球化战略、跨国战略
- 新兴市场的企业战略 —— 防御者、扩张者、躲闪者、抗衡者

60%

第四章 战略实施

轻装上阵

本章讲什么？

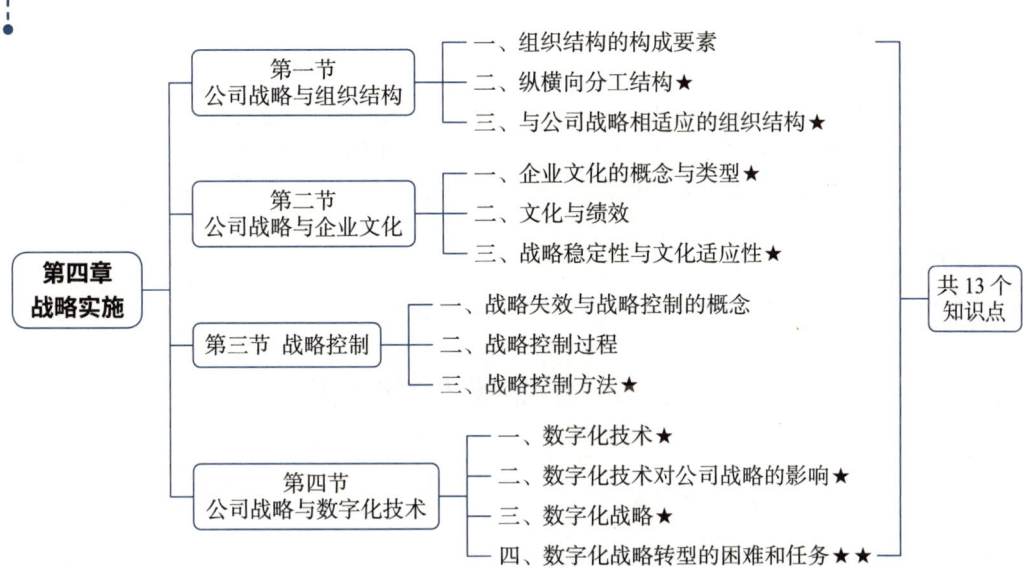

在选出适合企业的战略之后，此时需要考虑的问题就变成了如何将想法化作行动落实下去。本章从企业结构和企业文化出发，首先帮助同学们深刻理解企业组织结构以及企业文化的调整与完善，再理清它们与战略实施之间的关系。而后详细阐述战略实施过程中可能遇见的"大风大浪"——战略失效，以及如何让战略按照我们的预想去实施——战略控制，其中包括评价实施情况的各种方法。最后介绍数字化技术的发展，它给企业带来了极大的影响，同时也成了战略实施过程中不得不考虑的问题。数字化技术用得好，能让企业战略焕发新的活力，用得不好，则可能面临数据丢失、被盗等风险，因此，本章也对数字化进行了细致的介绍。

本章如何考？

本章知识点在考试中多以单选题、多选题的形式出现，每年考查分值在5~15分左右。同时，考试也会将本章知识点与战略分析、战略选择等其他章节的知识点相结合，进行主观题的综合考查。

本章怎么学？

从本章开始，知识点的理论性会相对较强。知识点众多且零碎，学起来可能会觉得难以把握重点。希望同学们能克服心理上的抗拒，坚持下去。相较第二章与第三章，本章并无太多需要大篇幅背诵的内容，背记压力较小，建议结合后续习题册中对应章节客观题，通过刷题，以题带点进行加强巩固。

2024 年本章主要变化

2024 年教材在本章第三节"战略控制方法"部分对 ESG 绩效衡量进行了较大篇幅修订与内容扩充，在第四节"公司数字化战略转型面临的困难"中新增部分内容，建议考生关注。其余部分为个别文字表述修改，对考试无实质性影响。

考点冲浪

第一节　公司战略与组织结构

一、组织结构的构成要素★

> **名师说**　组织结构的基本构成要素是**分工与整合**。分工是将企业转化成不同职能及事业部的手段，而整合是要将不同的职能及部门进行结合。

1. 分工是企业为创造价值而对其人员和资源的分配方式

（1）纵向分工。

企业高层管理人员必须在如何**分配组织的决策权**上做出选择，以便很好地控制企业创造价值的活动。

（2）横向分工。

企业高层管理人员必须在如何**分配人员、职能部门以及事业部**方面做出选择，以便增加企业创造价值的能力。

2. 整合是指企业为实现预期的目标而用来协调人员与职能的手段

二、纵横向分工结构★★★

（一）纵向分工结构

1. 纵向分工结构的基本类型（见图 4-1）

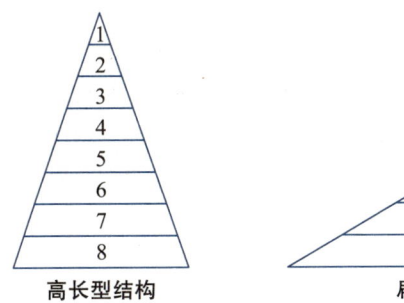

图 4-1 纵向分工结构的基本类型

（1）高长型组织结构。

管理层次**多**。在每个层次上，管理人员的控制幅度较**窄**。**这种结构有利于企业内部的控制，但对市场变化的反应较慢。**

（2）扁平型组织结构。

管理层次较**少**。在每个层次上，管理人员的控制幅度较**宽**。**这种结构可以及时地反映市场的变化，并做出相应的反应，但容易造成管理的失控。**

> **名师说**
>
> 每一个管理者能直接管理的下属人数是有限的。受认识和信息处理能力的制约，管理者的有效协调人数有一个客观限度，我们称之为管理幅度。扩大管理幅度，可以减少管理者人数，但也会带来一系列问题，如监督弱化、不能给每一个下级以明确的指示、无暇顾及重大问题、容易失控等，从而使协调工作无法顺利进行；反之，如果缩小管理幅度，尽管有利于组织协调，但也会带来管理人员过多、管理成本增大等问题。因此，管理幅度不宜过大，也不宜过小。那么，管理幅度究竟以多大最为合适？对这一问题的争论可谓由来已久，被称为"最佳管理幅度"的数量标准也是五花八门，如 7～8 人、15～16 人或者更多，但一直没有定论。事实上，我们不可能给管理幅度规定一个理论上的最佳数字，因为它是由许多因素综合决定的，如管理者的能力、被管理者的训练水平、工作性质和内容、控制手段等，而这些因素在不同的企业有很大的差异。因此，最佳的管理幅度是因企业、因人而异的。

> **敲黑板**
>
> 考试会考核高长型与扁平型结构的区分，这里的经验数据为：一个员工 4 000 人左右的公司，如果拥有 7 层级别，一般判断为高长型；如果拥有 5 层级别，一般判断为扁平型。请注意这并不是一条红线基准，而是一个大致的经验数据，考试时需要结合案例灵活判断。
>
> 另，请记住高长型组织结构最大的问题在于对市场变化的反应较慢，扁平型组织结构最大的问题在于容易造成管理的失控。

2. **纵向分工结构组织内部的管理问题**

（1）集权与分权。

①集权是指企业的**高层管理人员拥有最重要的决策权力**。集权可以使企业高层管理人员比较容易地控制与协调企业的生产经营活动，以达到企业预期的目标。集权型企业一般拥有多级管理层，并将决策权分配给顶部管理层；其管理幅度比较窄，从而呈现出层级式结构。产品线数量有限且关系较为密切的企业更适于采用集权型结构。

集权型决策的优缺点见表 4-1。

表 4-1 集权型决策的优缺点

集权型决策的优点	集权型决策的缺点
①易于协调各职能间的决策； ②易于对上下沟通的形式进行规范； ③能与企业的目标达成一致； ④危急情况下能够做出快速决策； ⑤有助于实现规模经济； ⑥比较适用于由外部机构实施密切监控的企业，因为所有的决策都能得以协调	①高级管理层可能不会重视个别部门的要求； ②决策时间过长； ③级别较低的管理者职业发展有限

> **名师说**　注意对集权型结构的优缺点比较，集权型结构优点中的第④点指**危急情况**下集权型结构的决策速度快，因为决策权集中在上层；集权型结构缺点中的②点指**一般情况**下集权型结构的决策速度慢，因为需要逐级汇报。不同的环境有不同的速度，这并不矛盾。

> **敲黑板**　集权型对应高长型结构，分权型对应扁平型结构。

②分权型结构一般包含更少的管理层次，并将**决策权分配到较低的层级**，从而具有较宽的管理幅度并呈现出扁平型结构。事业部制结构对成长型企业而言更为灵活。分权型结构减少了信息沟通的障碍，提高了企业反应能力，能够为决策提供更多的信息并对员工产生激励效应。

（2）中层管理人员人数。

高长型结构需要较多的中层管理人员，会增加行政管理费用。企业为了降低成本，使其结构效率化，应尽量减少管理层次。

（3）信息传递。

企业内部管理层次越多，信息在传递的过程中就会发生不同程度的扭曲，不可能完整地到达信息传递的目的地，这样也会增加管理的费用。

（4）协调与激励。

企业的管理层次过多，会妨碍内部员工与职能部门间的沟通，增加管理费用。在激励方面，高长型组织中的管理人员在行使权力时，往往会受到各种限制。高层管理人员就需要花费大量的时间从事协调工作。在扁平型结构中，管理人员拥有较大的职权，并可对自己的职责负责，效益也可以清楚地显现，并有较好的报酬。因此，**扁平型结构比高长型结构更能调动管理人员的积极性**。

> **名师说**　可以看出，一般情况下人们认为扁平型结构比较好，但是也要注意扁平型结构的缺点：容易造成管理的失控。

▎**经典例题4－1** 〔多选题〕

大众火锅店规定：10万元以下的开支，各个分店的店长就可以做主；普通的一线员工，拥有免单权，而且可以根据客人的需求，赠送水果盘。根据组织纵向分工结构集权与分权理论，大众火锅店这种组织方式的优点有（　　）。

A. 降低管理成本　　　　　　　　　B. 易于协调各职能间的决策
C. 提高企业对市场的反应能力　　　D. 能够对普通员工产生激励效应

〔解析〕先判断大众火锅店的组织方式属于分权型结构。分权型结构一般包含更少的管理层次，并将决策权分配到较低的层级，从而具有较宽的管理幅度并呈现出扁平型特点。分权型结构对成长型企业而言更为灵活。分权型结构减少了信息沟通的障碍，提高了企业反应能力，能够为决策提供更多的信息并对员工产生激励效应。

〔答案〕ACD

> **敲黑板**　本知识点属于重要内容，八种横向分工基本类型需要学会辨析，并注意每种类型的适用情况及优缺点的背诵。

（二）横向分工结构

1. **横向分工结构的基本类型**

（1）创业型组织结构（**记忆名称、适用情况**），见表4－2。

表 4-2 创业型组织结构

基本含义	企业的所有者或管理者对若干下属实施直接控制，并由其下属执行一系列工作任务。企业的战略计划（若有）由中心人员完成，该中心人员还负责所有重要的经营决策。
特点	弹性较小并缺乏专业分工，其成功主要依赖于该中心人员的个人能力
适用情况	通常应用于小型企业

（2）职能制组织结构（记忆名称、适用情况、优点、缺点），见表 4-3。

表 4-3 职能制组织结构

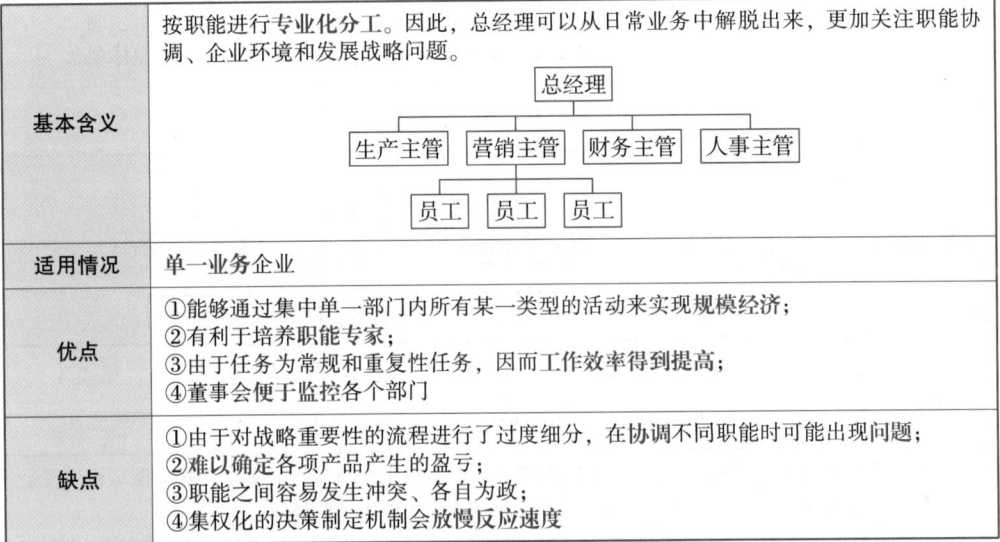

基本含义	按职能进行专业化分工。因此，总经理可以从日常业务中解脱出来，更加关注职能协调、企业环境和发展战略问题。
适用情况	单一业务企业
优点	①能够通过集中单一部门内所有某一类型的活动来实现规模经济； ②有利于培养职能专家； ③由于任务为常规和重复性任务，因而工作效率得到提高； ④董事会便于监控各个部门
缺点	①由于对战略重要性的流程进行了过度细分，在协调不同职能时可能出现问题； ②难以确定各项产品产生的盈亏； ③职能之间容易发生冲突、各自为政； ④集权化的决策制定机制会放慢反应速度

（3）事业部制组织结构（记忆名称、适用情况、优点、缺点），见表 4-4。

表 4-4 事业部制组织结构

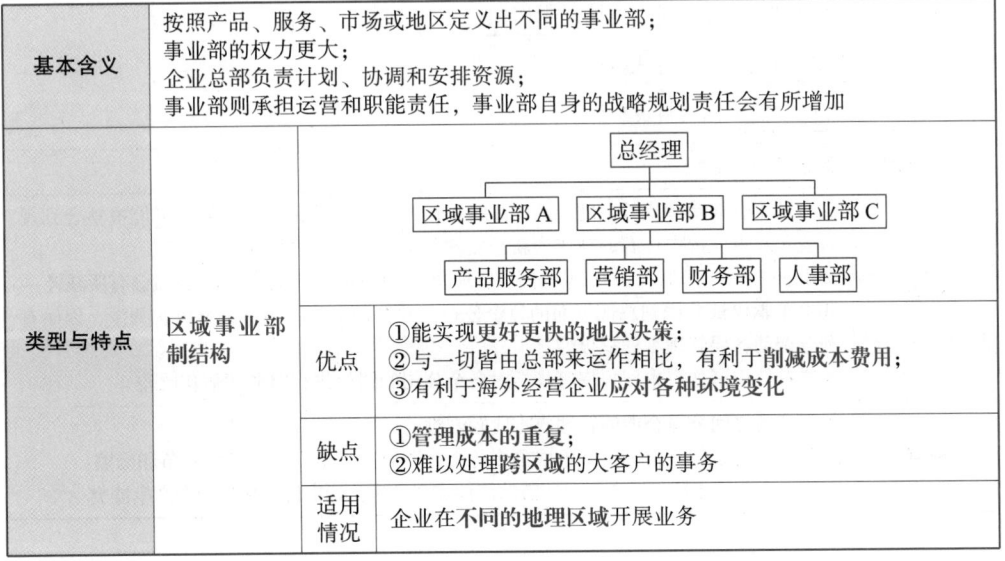

事业部制组织结构-知识精讲

基本含义	按照产品、服务、市场或地区定义出不同的事业部； 事业部的权力更大； 企业总部负责计划、协调和安排资源； 事业部则承担运营和职能责任，事业部自身的战略规划责任会有所增加		
类型与特点	区域事业部制结构	优点	①能实现更好更快的地区决策； ②与一切皆由总部来运作相比，有利于削减成本费用； ③有利于海外经营企业应对各种环境变化
		缺点	①管理成本的重复； ②难以处理跨区域的大客户的事务
		适用情况	企业在不同的地理区域开展业务

续表

类型与特点	产品/品牌事业部制结构	优点	①生产与销售产品的不同职能活动可以通过**事业部经理来协调**；②各个事业部可以**集中精力于**自身负责的产品的经营；③**更具灵活性**，因此有助于企业实施产品差异化战略；④**易于出售或关闭**经营不善的事业部
		缺点	①各个事业部之间可能由于**争夺有限资源而产生摩擦甚至冲突**；②各个事业部之间会存在**管理成本的重叠和浪费**；③如果事业部数量较多，难以对各个事业部进行协调；④如果事业部数量较多，则**事业部经理容易缺乏整体观念**
		适用情况	具有**若干生产线**的企业
类型与特点	客户细分或市场细分事业部制结构		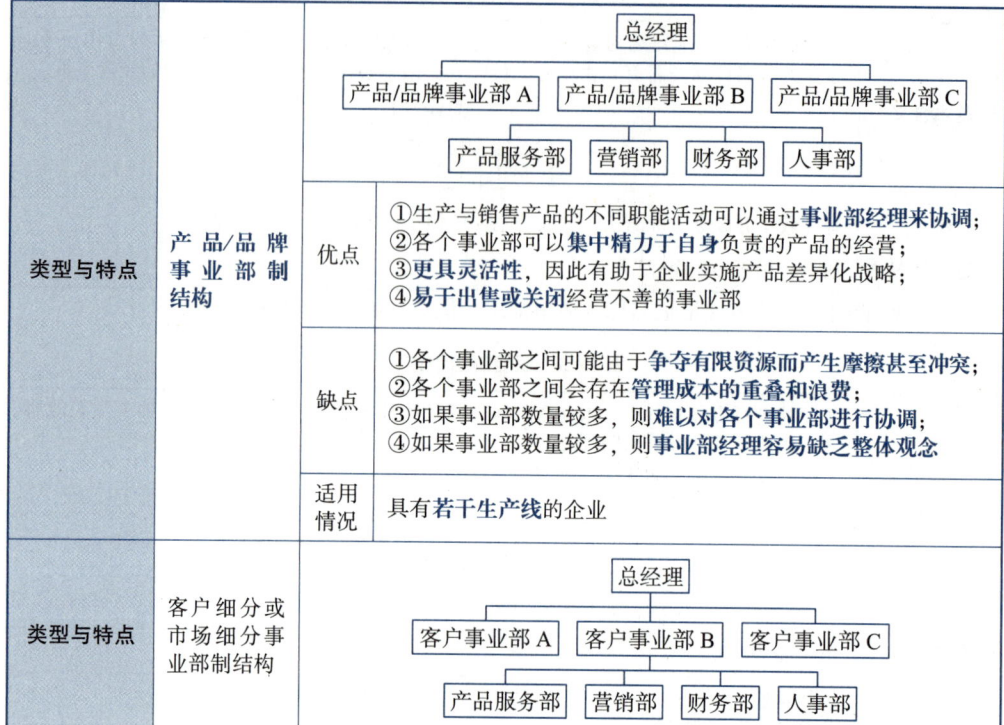

M型企业组织结构-知识精讲

(4) M型企业组织结构（多部门结构）（**记忆名称、适用情况、优点、缺点**），见表4-5。

表4-5 M型企业组织结构（多部门结构）

基本含义	通过产品线的增加，企业规模的扩大，具有多个产品线的企业应采用M型结构，将企业划分成若干事业部，**每一个事业部负责一个或多个产品线**。
适用情况	具有**多个产品线**
优点	①**有利于企业持续成长**。随着新产品线的创建或收购，这些新产品线可能被整合到现有公司或事业部中，有的被作为新开发的公司或事业部的基础；②由于每一个公司都有其自身的高层管理者，**总经理及总部员工的工作量会有所减轻**；③由于**职权被分派**到总部下面的每个公司，并在每个公司内部进行再次分派，因而有利于调动各层管理者的积极性；④能够使用诸如资本回报率等指标**对各个公司的绩效进行财务评估和比较**
缺点	①在公司之间**分摊企业的管理成本比较困难**；②各个公司之间经常会由于争取更多的企业资源而产生有损职能的**竞争和摩擦**；③当一个公司生产另一个公司所需的部件或产品时，**确定转移价格也会产生冲突**

敲黑板

2012年以前，教材将M型归入事业部制。事业部制包括：区域事业部、产品/品牌事业部、客户细分或市场细分事业部、M型。2013年后将其中的M型单作为单独的类型进行讲解。

从应试角度看，考生要牢记教材定义，在M型组织结构中，原来的事业部一般由拥有更大经营权的公司所代替；每个公司比以前的事业部负责更多的产品线，有的公司下设若干事业部分别管理不同的产品生产线。应重点关注是否提及"在一个事业部/公司下有多个产品线"，若没有提及，则往往是事业部制。

（5）战略业务单位组织结构（SBU）**（记忆名称、适用情况、优点、缺点）**，见表4-6。

表4-6 战略业务单位组织结构（SBU）

基本含义	按照战略业务单位建立组织结构 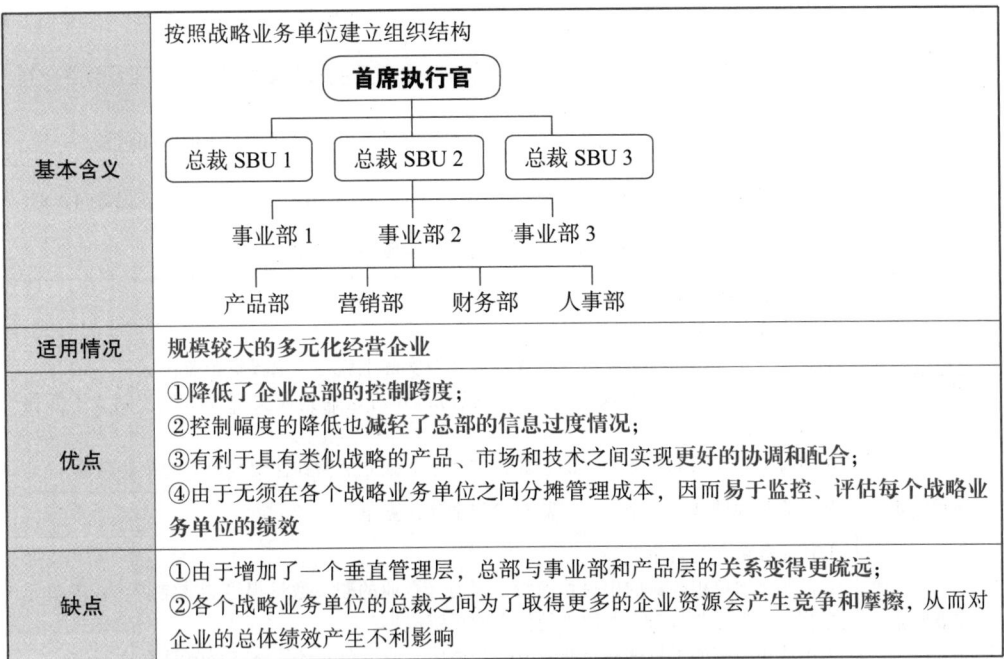
适用情况	规模较大的多元化经营企业
优点	①降低了企业总部的控制跨度； ②控制幅度的降低也减轻了总部的信息过度情况； ③有利于具有类似战略的产品、市场和技术之间实现更好的协调和配合； ④由于无须在各个战略业务单位之间分摊管理成本，因而易于监控、评估每个战略业务单位的绩效
缺点	①由于增加了一个垂直管理层，总部与事业部和产品层的关系变得更疏远； ②各个战略业务单位的总裁之间为了取得更多的企业资源会产生竞争和摩擦，从而对企业的总体绩效产生不利影响

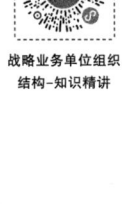

战略业务单位组织结构-知识精讲

（6）矩阵制组织结构**（记忆名称、适用情况、优点、缺点）**，见表4-7。

表4-7 矩阵制组织结构

基本含义	是一种具有两个或多个命令通道的结构，包含两条预算权力线以及两个绩效和奖励来源 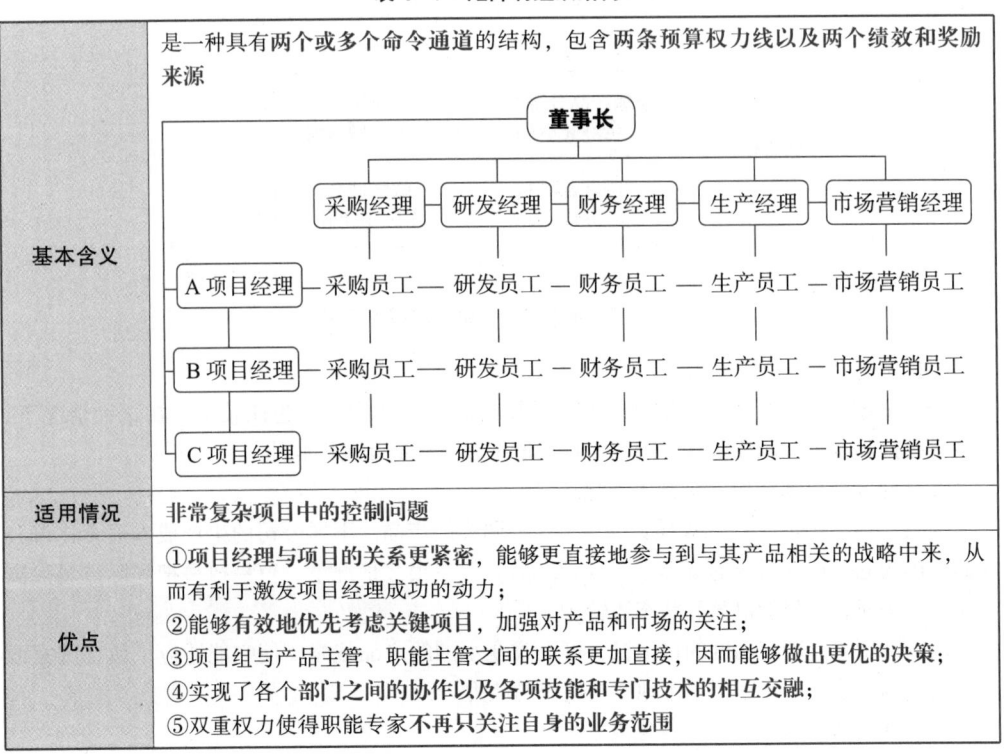
适用情况	非常复杂项目中的控制问题
优点	①项目经理与项目的关系更紧密，能够更直接地参与到与其产品相关的战略中来，从而有利于激发项目经理成功的动力； ②能够有效地优先考虑关键项目，加强对产品和市场的关注； ③项目组与产品主管、职能主管之间的联系更加直接，因而能够做出更优的决策； ④实现了各个部门之间的协作以及各项技能和专门技术的相互交融； ⑤双重权力使得职能专家不再只关注自身的业务范围

矩阵制组织结构-知识精讲

续表

缺点	①可能导致权力划分不清晰（例如，谁来负责预算），甚至造成职能工作和项目工作之间的冲突； ②双重权力容易使管理者之间产生冲突； ③管理层可能难以接受双重权力结构，并且管理者可能会觉得另一名管理者会争夺其权力，从而产生危机感； ④协调所有的产品和职能会增加时间成本和财务成本，并导致决策的时间过长

（7）H型结构（控股企业/控股集团结构）（记忆名称、适用情况、主要特点），见表4-8。

表4-8 H型结构（控股企业/控股集团结构）

基本含义	成立控股企业，其下属子企业具有独立的法人资格。 控股企业的类型： ①对某家企业进行永久投资，可能控股企业实际上就是一家投资企业； ②拥有各种单独的、无联系的企业的股份，并对这些企业实施较小的控制或不实施控制； ③拥有自主经营的业务单位的企业，这些企业独立经营并保留其原本的企业名称
适用情况	企业业务领域涉及多个方面，甚至参与全球化竞争
主要特点	①其业务单元的自主性强； ②企业无须负担高额的中央管理费，因为母企业的职员数量很可能非常少；业务单元能够自负盈亏并从母企业取得较便宜的投资成本； ③在某些国家如果将这些企业看成一个整体，业务单元还能够获得节税收益； ④控股企业可以将风险分散到多个企业中，但是有时也很容易撤销对个别企业的投资

（8）国际化经营企业的组织结构（记忆名称），见图4-2。

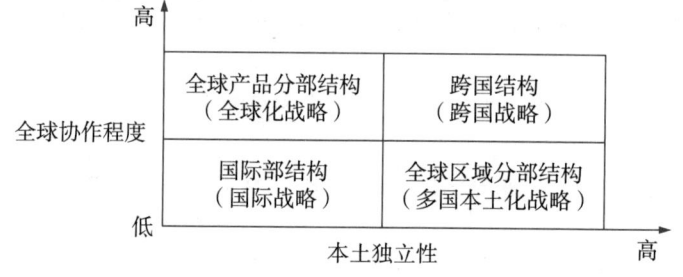

图4-2 国际化经营企业的组织结构

①国际部结构（国际战略）。

企业全球协作程度低，产品对东道国市场的需求的适应能力也比较弱。在这种情况下，企业多把产品开发的职能留在母国，而在东道国建立制造和营销职能。

②全球区域分部结构（多国本土化战略）。

为较小的"国内"市场规模较少地生产了同样的产品。下属公司的生产成本通常比母公司高，因为它要以相对小的规模生产各种产品。但在很多情况下，贸易壁垒把国际市场隔离开来，使下属公司仍能以盈利状态运转。

地区和国家经理有高度的自主权，可以改变本国的产品战略，使它能适应于所在国家或地区的特殊环境。公司获得了本地迅速适应的能力。

③全球产品分部结构（全球化战略）。

当公司在全球范围内寻求资源时，产品经理可以根据各国成本和技术的差异来设置活动。

在全球产品分部结构下，**一些活动会被分散进行**，如零件加工和装配，**而其他活动则集中进行**，如研制开发活动。由企业总部确定企业的总目标和经营战略，各产品部根据总部的经营目标和战略分别制订本部的经营计划。**下属公司的运营并没有太大自主权**，它们成为全球组织的一个组成部分，下属公司生产的产品是提供整个公司使用的某一模型或部件，产品的设计和说明很少由下属公司来决定。各**下属公司应以服从为重**，并被作为一个成本中心来评估。全球性的**下属公司几乎没有战略自主权**。通常来说，由**母公司管理整个国际市场的营销**，而**下属公司可能会雇用自己市场的营销人员**，这些营销人员一般对部门营销经理负责。

④跨国结构（跨国战略）。

从全球性产品——地区混合结构思路出发，从下属公司的功能与权力角度，对组织结构作进一步优化。产品分部和地区分部都由副总经理负责，企业总部从全球范围来协调各产品分部和地区分部的活动，以**取得各种产品的最佳地区合作**，管理各子公司的经营活动。

跨国结构的目的是力求**同时最大限度地提高效率、地区适应能力和组织学习能力**。

跨国结构适用于那些产品多样化程度很高、地区分散程度也很大的跨国公司。尤其是那些销售、计划、财务、人事、研发等职能难以全部下放到产品分部或地区分部，而这些职能又对协调各分部以下的子公司具有重要意义的企业。

经典例题 4-2 （2020年·单选题）

华通公司是一家铁路建造企业。该公司把施工单位划分为轨道、桥梁、涵洞等若干项目组，每个项目组都包括从事技术、采购、运输、生产等活动的人员；每个人员都受项目组主管和所属职能部门主管的双重领导。下列各项中，属于华通公司采用的组织结构的优点是（   ）。

A. 权力划分比较清晰
B. 实现了各个部门之间的协作
C. 容易协调管理者之间的关系
D. 职能专家更加关注自身的业务范围

（解析）通过"每个项目组都包括从事技术、采购、运输、生产等活动的人员；每个人员都受项目组主管和所属职能部门主管的双重领导"可以首先判断华通公司采用的组织结构属于矩阵制结构。矩阵制结构可能导致权力划分不清晰（比如谁来负责预算），因此选项 A 错误；双重权力线容易使管理者之间产生冲突，因此选项 C 错误；双重权力线使企业具有多重定位，这样职能专家就不会只关注自身的业务范围，因此选项 D 错误。实现了各个部门之间的协作以及各项技能和专门技术的相互交融，因此选项 B 正确。

（答案）B

2. 横向分工结构的基本协调机制

> **名师说** 在学习横向分工结构的六种基本协调机制之前，希望大家先学习编者补充的结构构型的五个元素（明茨伯格），然后对应图示进行理解，见图 4-3。

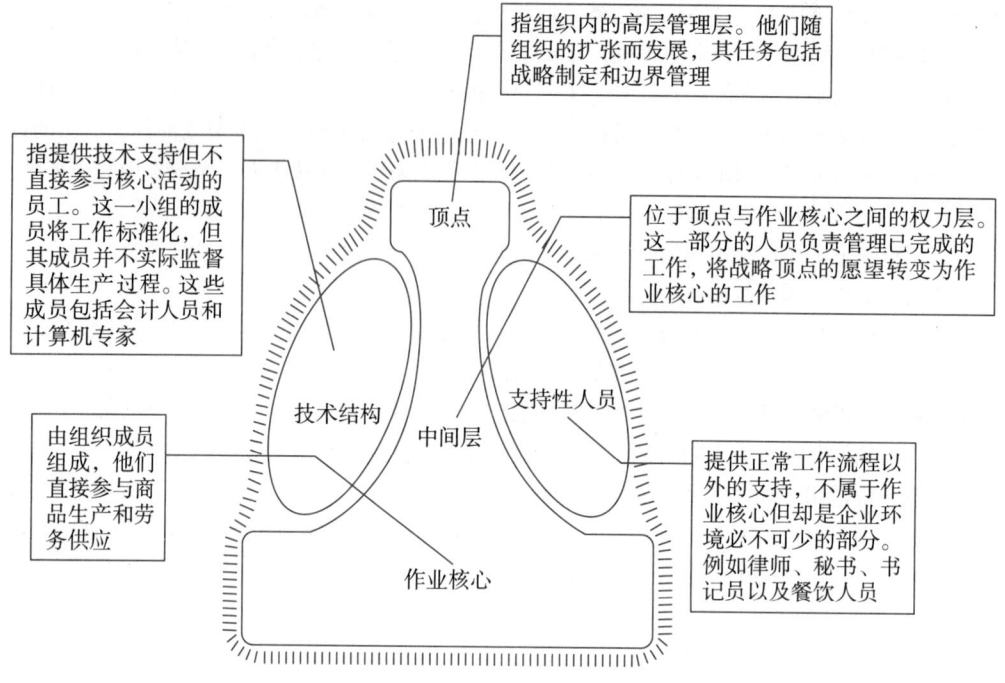

图 4-3 结构构型的五个元素（明茨伯格）

横向分工结构的基本协调机制见表 4-9。

表 4-9 横向分工结构的基本协调机制

机制名称	图示	含义
相互适应，自行调整		是一种自我控制方式。组织成员直接通过非正式的、平等的沟通达到协调，相互之间不存在指挥与被指挥的关系，也没有来自外部的干预。 适合于最简单的组织结构。在十分复杂的组织里，由于人员构成复杂，工作事务事先不能全部规范化，因而也采用这种协调机制
直接指挥，直接控制		组织的所有活动都按照一个人的决策和指令行事
工作过程标准化		组织通过预先制定的工作标准来协调生产经营活动

续表

机制名称	图示	含义
工作成果标准化		组织通过**预先制定的工作成果标准**，实现组织中各种活动的协调。这种协调只规定最终目标，不限定达到目标的途径、方法、手段和过程
技艺（知识）标准化		组织对其成员所应有的**技艺、知识加以标准化**。属于**超前的间接协调机制**
共同价值观		组织内全体成员要对组织的战略、目标、宗旨、方针有共同的认识和共同的价值观念，充分地了解组织的处境和自己的工作在全局中的地位和作用，互相信任、彼此团结，具有使命感，组织内的**协调和控制达到高度完美的状态**

> **名师说**　最简单的组织结构适用于相互适应、自行调整的协调机制。随着工作复杂化，协调机制逐渐升级，在工作极其复杂、难以标准化时，企业往往又回到互相适应调整这种最简单而又最灵活的协调机制上。不过，这不是一种简单的循环，而是螺旋式上升。企业不可能在一段时间内只依靠一种协调机制运行，而是根据不同任务的侧重点混合使用这六种协调机制。

▎经典例题 4-3 （单选题）

育英公司是一家英语培训机构，定位于高端培训。该公司实行纯英文教学，全部课程由外籍教师进行授课，另外配备一名中文教师担任助教。所有教师都须有 5 年以上的教学经验，育英公司培训活动中的组织协调机制是（　　）。

A. 技艺（知识）标准化　　　　B. 工作过程标准化
C. 工作成果标准化　　　　　　D. 相互适应，自行调整

（解析）"全部课程由外籍教师进行授课"是技艺（知识）标准化，组织对其成员所应有的技艺、知识制定标准。这属于超前的间接协调机制。

（答案）A

三、与公司战略相适应的组织结构 ★★

（一）组织结构与战略的关系

钱德勒的组织结构服从战略理论可以从以下两个方面展开。

1. 战略的前导性与结构的滞后性

（1）战略前导性：指企业战略的变化快于组织结构的变化。

（2）结构滞后性：指企业组织结构的变化常常慢于战略的变化速度。造成这种现象的原因有两种：一是新、旧结构交替有一定的时间过程；二是管理人员的抵制。

> **名师说**：请注意，钱德勒组织结构服从战略理论的两个方面就是两种关系，一种是战略与结构的先后关系，另一种是阶段与结构的匹配关系。

2. **企业发展阶段与结构**（见表4-10）

表4-10 企业发展阶段与结构

产业发展阶段	企业战略	企业特征	企业结构类型
初步发展（导入期）	市场渗透战略	着重发展单一产品，试图通过更强的营销手段来获得更大的市场份额	创业型
发展后	市场开发战略	需要将产品或服务扩展到其他地区	职能制
进一步发展（成长期）	纵向一体化战略	拥有多个产品线，销售市场迅速扩张	事业部制
高度发展（成熟期）	多元化经营战略	为避免投资或经营风险，需要开发与原有产品不相关的新产品系列	战略业务单位、矩阵制、H型

拓展：企业组织发展周期

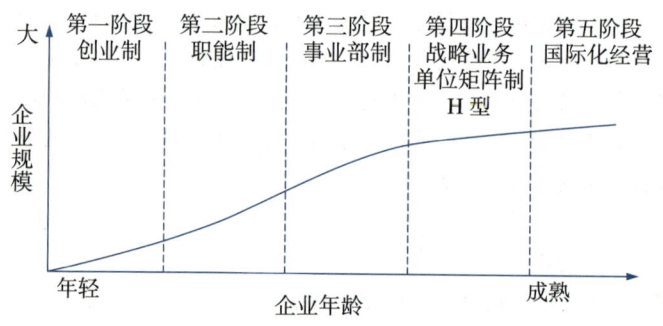

发展阶段	企业战略	企业特征	企业结构类型
国际化经营	国际战略	随着在国内业务多元化经营的企业越来越大，开始向海外扩张	国际部结构
	多国本土化战略	随着国际部结构在对国外业务进行协调时逐渐变得无效，导致企业需要进行重组	全球区域分部结构
	全球化战略	随着海外业务进一步发展，企业面临着不断增大的跨国协调的压力和在国家内部进行专业化分工的问题，为了促进在全球的生产和分销活动中实现规模经济而进行重组	全球产品分部结构
	跨国战略	企业发现需要对当地情况做出快速反应和为获得全球范围内的规模经济而要求的集中之间进行平衡	跨国结构

(二) 组织的战略类型（见表 4-11）

表 4-11 组织的战略类型

类型名称	开创性问题	技术关键	结构	危险
防御型组织	稳定的环境：创造稳定的经营领域，占领一部分产品市场；通过竞争性定价、高质量产品实现目标	提高技术效率：集中于技术效率，尽可能有效地生产与销售产品或提供服务	"机械式"：有利于产生并保持高效率，最终形成明显的稳定性	适合于较为稳定的产业：不可能对市场环境做重大的改变
开拓型组织	动态的环境：寻求和开发新产品与新市场	灵活性：为了避免长期陷入单一的技术，常常开发机械程度很低和具有例外性的多种技术和标准技术	"有机式"：行政管理具有很大的灵活性	缺乏效率：面临利润较低与资源分散的风险，很难获得最大利润
分析型组织	中间型：以最小的风险、最大的可能获得利润，寻求新的产品和市场机会的同时，保持传统产品和市场。模仿开拓型组织已开发成功的产品或市场，同时依靠已经稳定的产品和市场来保证收入的主要来源	在技术的灵活性与稳定性之间进行的平衡。适合既稳定又变动的经营业务，可以使两种经营业务达到平衡	分析型组织的矩阵结构。在职能部门制定集约式计划，在产品开发小组制定粗放式计划；在职能部门实行集权控制，在产品开发小组实行分权控制	限制了组织的应变能力。如果分析型组织不能保持战略与结构关系的必要平衡，它最大的危险就是既无效能又无效率
反应型组织	动荡不定的调整模式。是一种下策。缺少在变化的环境中随机应变的机制，往往会对环境变化和不确定性做出不适当的反应，随后又执行不力，对以后的经营行动犹豫不决。结果，反应型组织永远处于不稳定的状态。一个企业组织如果不是处于经营垄断或被高度操纵的产业里，就不应该采取反应型战略组织形态，即使采取了这种战略，也要逐步地过渡到防御型、开拓型或分析型战略组织形态。一个企业之所以选择反应型组织，主要有三个原因： (1) 决策层没有明文确定企业战略； (2) 管理层中没有形成可适用于现有战略的组织结构； (3) 只注重保持现有的战略与结构的关系，忽视了外部环境条件的变化			

经典例题 4-4 （单选题）

甲公司是研发音乐耳塞的企业，其近期面向舞台表演者和音乐发烧友推出的 3 款 "入耳型" 音乐耳塞产品，虽然外形并不时尚，但凭借着先进的音频技术和舒适的佩戴感觉，得到了客户的认可。甲公司决定不断完善 3 款产品的制造工艺技术，降低产品成本并提高产品质量，从而能够继续保持这一部分耳塞市场份额。甲公司宜采取的组织战略类型为(　　)。

A. 防御型战略组织　　　　　　　　B. 开拓型战略组织
C. 分析型战略组织　　　　　　　　D. 反应型战略组织

(解析) 根据 "降低产品成本并提高产品质量，从而能够继续保持这一部分耳塞市场份额",可以看出甲公司欲通过竞争性价格、高质量产品巩固已有的市场份额,属于防御型战略组织。防御型战略组织,追求一种稳定的环境。创造一个稳定的经营领域,占领一部分产品市场。将大量的资源用于解决自身的工程技术问题,集中于技术效率,尽可能有效地生产与销售产品或提供服务。

答案 A

第二节 公司战略与企业文化

一、企业文化的概念与类型★★

> **名师说**：企业文化是企业成员共有的哲学、意识形态、价值观、信仰、假定、期望态度和道德规范。企业文化代表了企业内部的行为指针,它们不能通过契约明确下来,却制约和规范着企业的管理者和员工。

企业文化的概念与类型见表 4-12。

表 4-12 企业文化的概念与类型

类型	主要表现
权力导向型	掌权人试图对下属保持绝对控制,企业组织结构往往是传统框架; 企业的决策可以很快地做出,但其质量在很大程度上取决于企业经理人员的能力; 企业的变革主要由企业中心权力来决定; 通常存在于**家族式企业和刚开创的企业**
角色导向型	尽可能追求理性和秩序,角色文化十分重视合法性、忠诚和责任; 企业的权力仍在上层,十分强调等级和地位; 这种企业被称作官僚机构,具有稳定性、持续性的优点,可能带来高效率,但是,这类企业不太适合动荡的环境; 最常见于**国有企业和公务员机构**
任务导向型	管理者关心的是不断地和成功地解决问题; 采用的组织结构往往是矩阵式的; 实现目标是任务导向型企业的主导思想; 企业强调的是速度和灵活性,专长是个人权力和职权的主要来源,并且决定一个人在给定情景中的相对权力; 这类企业的特征是无连续性,具有很强的适应性,个人能高度控制自己分内的工作,在十分动荡或经常变化的环境中会很成功,但是也会给企业带来很高的成本; 常见于**新兴产业中的企业**,特别是一些**高科技企业**
人员导向型	企业存在的目的主要是为其成员的需要服务,员工通过示范和助人精神来互相影响,而不是采用正式的职权; 这类文化中的人员不易管理,企业能给他们施加的影响很小; 常见于**俱乐部**、**协会**、**专业团体和小型咨询公司**

> **名师说** 尽管存在着企业文化，但要将它与其他文化区别开来却很困难。此外，在一个大型企业中要识别出一种能涵盖所有成员的单一文化是困难的，企业的不同部门可能有不同的文化。在这里，我们只研究那些能潜在影响企业经济绩效。主要存在于企业决策制定者中的文化。

▶ **经典例题 4-5** （单选题）

J国的S公司是一家全球500强企业，依靠严格的规章制度进行精细化管理，内部等级分明，决策权主要集中在上层，资历在员工晋升中发挥了重要作用。S公司的企业文化类型属于（　　）。

A. 任务导向型　　　　　　　　B. 人员导向型
C. 角色导向型　　　　　　　　D. 权力导向型

〔解析〕角色导向型，尽可能追求理性和秩序，角色文化十分重视合法性、忠诚和责任。企业的权力集中在上层，十分强调等级和地位。这种企业被称作官僚机构。具有稳定、持续的优点，可能带来高效率，但是，这类企业不太适合动荡的环境。最常见于国有企业和公务员机构。S公司"内部等级分明，决策权主要集中在上层，资历在员工晋升中发挥了重要作用"，属于角色导向型企业文化，因此选项C正确。

〔答案〕C

二、文化与绩效★

> **名师说** 企业文化可能与高绩效有关，但不一定是高绩效的必然原因。

（一）企业文化为企业创造价值的途径

1. 文化简化了信息处理

企业文化中的价值观、行为准则和相应的符号，可以使员工的活动集中于特定的有范围的安排之中；可以使一起工作的员工分享对他们工作的一系列预期，因而减少不确定性；可以使一起工作的员工始终存在共同关注的焦点。

2. 文化补充了正式控制

文化作为集体价值观和行为准则的集合体，在组织中能发挥一种控制功能。

威廉姆·奥奇（Ouchi, W. G.）引入了一个"团体控制"的概念来阐述文化对于官僚控制或市场控制模式的替代作用，奥奇的分析是建立在对日本企业不同于西方企业的管理模式的分析基础之上的。

大多数的企业运用市场控制（建立在市场价格基础之上的控制）、官僚控制、团体控制三种控制技术的组合。

3. 文化促进合作并减少讨价还价成本

企业文化通过互相强化道德规范，减轻企业内权力运动的危害效应，这就使得企业内部可能出现在利己主义的个人之间不可能出现的多方受益的合作行为。可以解决个体理性与集体理性的矛盾。

（二）文化、惯性和不良绩效

当战略符合其环境的要求时，文化则支持企业的定位并使之更有效率；而当企业所面对的环境产生了变化，并显著地要求企业对此适应以求得生存时，文化对绩效的负面影响就变得重要起来。尤其是在一个不利的商业环境中，文化的不可管理性将使之成为一种惯性或阻碍变化的来源。

（三）企业文化成为维持竞争优势源泉的条件

首先，文化必须为企业创造价值；其次，公司文化必须是企业所特有的；最后，企业文化必须是很难被模仿的。

三、战略稳定性与文化适应性★★（见图4-4）

战略稳定性与文化适应性-知识精讲

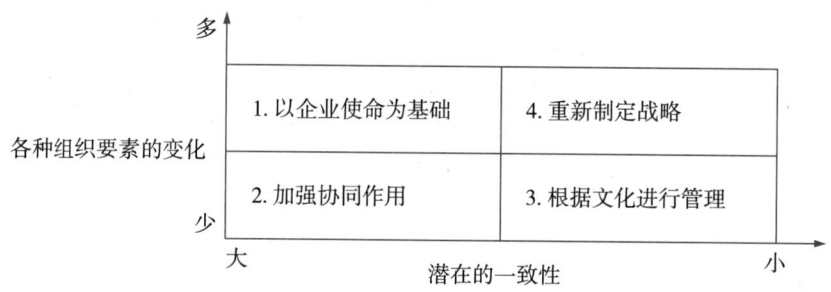

图4-4 战略稳定性与文化适应性

企业战略稳定性与文化适应性类型见表4-13。

表4-13 企业战略稳定性与文化适应性

类型	特点	主要表现
以企业使命为基础	战略变化大；文化一致性大	那些以往效益好的企业，可以根据自己的实力，寻找可以利用的重大机会，或试图改变自己的主要产品和市场，以适应新的要求。企业处理战略与文化关系的重点有以下几项： （1）企业在进行重大变革时，必须考虑与企业基本使命的关系； （2）发挥企业现有人员在战略变革中的作用； （3）在调整企业的奖励系统时，必须注意与企业组织目前的奖励行为保持一致； （4）考虑进行与企业组织目前的文化相适应的变革，不要破坏企业已有的行为准则
加强协同作用	战略变化小；文化一致性大	发生在企业采用稳定战略（或维持不变战略）时，企业应主要考虑两个问题： （1）利用目前的有利条件，巩固和加强企业文化； （2）利用文化相对稳定的这一时机，根据企业文化的需求，解决企业生产经营中的问题
根据文化进行管理	战略变化小；文化一致性小	需要研究变化是否可能给企业带来成功的机会。企业可以根据经营的需要，在不影响企业总体文化一致的前提下，对某种经营业务实行不同的文化管理

续表

类型	特点	主要表现
重新制定战略	战略变化大；文化一致性小	企业首先要考察是否有必要推行这个新战略。如果没有必要，企业则需要考虑重新制定战略。 在企业外部环境发生重大变化，企业考虑到自身长远利益，必须实施不能迎合企业现有的文化的重大变革时，则必须进行文化管理，使企业文化也做出相应重大的变化。 为了处理这种重大的变革，企业需要从四个方面采取管理行动： （1）企业的高层管理人员要痛下决心进行变革，并向全体员工讲明变革的意义； （2）为了形成新的文化，企业要招聘或从内部提拔一批与新文化相符的人员； （3）改变奖励结构，将奖励的重点放在具有新文化意识的事业部或个人的身上，促进企业文化的转变； （4）设法让管理人员和员工明确新文化所需要的行为，形成一定的规范，保证新战略的顺利实施

经典例题 4-6（2020 年·单选题）

越达公司是合成橡胶、合成树脂等石化类产业的龙头企业。2017 年，该公司启动新的战略变革，将公司在原产业领域积累的高分子技术应用到光化学和有机合成化学领域，使业务内容扩大到半导体制造材料、显示器材料等领域，同时进行了广泛的组织结构调整。此次战略变革得到公司上下一致认同和支持。该公司处理企业战略稳定性与文化适应性的关系时应（　　）。

A. 以企业使命为基础　　　　B. 根据文化进行管理
C. 重新制定战略　　　　　　D. 加强协同作用

战略稳定性与文化适应性-例题解析

【解析】"广泛的组织结构调整"说明组织要素的变化大，"得到公司上下一致认同和支持"说明潜在一致性大，属于以企业使命为基础。

【答案】A

第三节　战略控制

一、战略失效与战略控制的概念 ★

（一）战略失效

战略失效的含义：企业战略实施的结果偏离了预定的战略目标或战略管理的理想状态。

战略失效的原因：①企业内部缺乏沟通。②战略实施过程中各种信息的传递和反馈受阻。③战略实施所需的资源条件与现实的资源条件之间出现较大缺口。④用人不当，主管人员、作业人员不称职或玩忽职守。⑤公司管理者决策错误，使战略目标本身存在严重缺陷或错误。⑥企业外部环境出现了较大变化，而现有战略一时难以适应等。

战略失效的类型：①**早期失效**（战略实施初期）。②**偶然失效**（偶然因素出现产生的影响）。③**晚期失效**（战略实施一段时间后）。

判断是早期失效还是晚期失效需注意题干中的定性描述，不要过于在意几个月算早期、几个月算晚期这种定量的判断。

（二）战略控制

战略控制的含义：战略控制是指监督战略实施进程，及时纠正偏差，确保战略有效实施，使战略实施结果符合预期战略目标的必要手段。

战略控制与预算控制的对比见表 4-14。

表 4-14 战略控制与预算控制的对比

类型	主要特征
战略控制	期间比较长，从几年到十几年以上； 定性方法和定量方法； 重点是内部和外部； 不断纠正行为
预算控制	期间通常为一年以下； 定量方法； 重点是内部； 通常在预算期结束之后采用纠正行为

二、战略控制过程★

战略控制的重要步骤见表 4-15。

表 4-15 战略控制的重要步骤

重要步骤	说明
设定战略控制的目标	是指依据企业战略目标，结合企业的内部资源以及外部环境的重大变化，合理设定的企业战略控制标准或指标
选择战略控制的方法	是从企业战略控制的实际需要出发，用来收集和处理企业经营的相关信息，对内部和外部环境进行监测，检查业务进展情况，衡量和评价企业整体及各个部门的长期和短期业绩，制定调整或纠正偏差措施的方式、工具和标准。选择合理、有效的战略控制方法是战略控制过程中十分重要的一步，直接影响甚至决定战略控制目标的实现与否
实施战略控制措施	实施战略控制措施就是企业决策者通过一定的组织、程序和机制，运用一种或多种战略控制方法，对企业整体以及各个经营领域的状况和业绩进行科学衡量和合理评价，将衡量和评价结果与企业的战略控制目标进行比较，找出它们之间的差距，结合企业内外环境的变化分析和识别差距产生的原因，制定和实施弥补差距对策或应对变化的措施
反馈战略控制效果	是指将实施战略控制措施的效果或结果及时反馈给企业决策者、部门经理和一般员工，以推动战略控制的持续改进和战略目标的实现

三、战略控制方法★★★

（一）预算

1. 预算的概念和作用

科学、规范的预算在战略控制中发挥多种作用，其中主要有：

（1）为企业的长期战略实施提供一个覆盖企业各层次、各方面、内容详细的短期财务目标，促进、引导企业战略目标的最终实现。

(2) 通过检查预算执行情况、查找预算与实际支出之间产生差距的原因，促使企业管理层、职能机构、业务部门，甚至每个经理或负责人及时发现战略实施中出现的问题和偏差，并采取必要的解决对策和纠正措施。

(3) 促进企业各级员工围绕任务完成情况、工作计划与设想等进行交流和沟通。

(4) 协调企业各个职能机构、业务部门的活动，确保它们向着共同目标一起努力。

(5) 根据兼顾必要性和可行性的原则合理分配资金，确保预算目标和战略目标的实现。

(6) 促进企业内部合理授权、提高效率。预算应当作为对相关经理人员发生费用的授权，只要是在预算中列明的费用支出项目，经理人员就无须在费用发生之前申请获得进一步的批准。

(7) 为企业员工的绩效评估提供了一种有效手段。

(8) 激励员工提高业绩。预算提供了一个可以让员工了解其工作完成质量的系统，有利于激发员工关注个人绩效的兴趣和提升绩效的积极性，也为管理层提高企业未来整体绩效提供了重要手段和动力。

2. 预算的类型

预算类型的具体内容见表 4-16。

表 4-16 预算的类型

预算类型	含义	优点	缺点
增量预算	这种预算是指在以前期间的预算或者实际业绩的基础上，通过增加相应的内容编制新的预算。增量预算的假设条件是：企业现有的业务活动是合理、必须的，不需要进行调整；企业现有的各项业务活动的开支水平是合理的，在预算期不予改变；以企业现有的业务活动和各项业务活动的开支水平，确定预算期各项活动的预算	(1) 预算编制工作量较少，相对容易操作。 (2) 预算变动较小且循序渐进，为各个部门的经营活动提供了一个相对稳定的基础。 (3) 有利于避免因资金分配规则改变而引起各部门之间产生冲突。 (4) 比较容易对预算进行协调	(1) 没有考虑经营条件和经营情况的变化。 (2) 容易使企业管理层和部门经理产生维持现状的保守观念，不利于企业创新。 (3) 与部门和员工的业绩没有联系，没有提供降低成本的动力。 (4) 鼓励各部门用光预算以保证下一年的预算不减少。 (5) 随着业务活动及其开支水平的变化而失去合理性、可行性
零基预算	这种预算是指在新的预算期，不受以往预算安排的影响，不考虑过去的预算项目和收支水平，以零为基点编制预算。采用零基预算必须从实际出发，逐项审查新预算期内各项业务的内容及其开支标准，重新分析、判断各个部门的需求和费用，根据企业财力，在综合平衡的基础上编制预算	(1) 有利于根据实际需要合理分配资金。 (2) 有利于调动各个部门和员工参与预算编制的积极性。 (3) 增强员工的成本效益意识。 (4) 鼓励企业管理层和部门经理根据环境变化进行创新。 (5) 增加预算的科学性和透明度，提高预算管理水平	(1) 预算编制比较复杂，工作量大，费用较高。 (2) 如果过度强调眼前预算项目的需要，容易导致追求短期利益而忽视长期利益。 (3) 预算规则和业务项目开支标准的改变可能引起部门之间的矛盾和冲突

▎**经典例题 4-7** （2018年·多选题）

信达银行每年都依据实际业绩编制预算。2016年底信达银行在某地开设了一家分行，该分行2017年预算编制类型的优点有（　　）。

A. 能够促进更为有效的资源分配　　B. 系统相对容易操作和理解
C. 容易实现协调预算　　D. 能够应对环境的变化

<u>解析</u> 先判断新开设分行，无法得到前期的预算或者实际业绩作为基础，所以是零基预算，AD 是零基预算的特点。

<u>答案</u> AD

（二）企业业绩衡量指标

1. 财务衡量指标

（1）盈利能力和回报率指标：毛利率与净利率；已动用资本报酬率。

（2）股东投资指标：每股盈余或市净率；股息率；市盈率。

（3）流动性指标：流动比率；速动比率；存货周转期；应收账款周转期；应付账款周转期。

（4）负债和杠杆作用指标：负债率；现金流量比率。

使用比率来进行绩效评价的**主要原因（优点）**：①通过比较不同时期的比率可以很容易发现它们的变动。②相对于实物数量或货币的绝对数值，比率对企业业绩的衡量更为适合。③比率适合用作业绩目标。④比率提供了总结企业业绩和经营成果的工具、方法，并可在同类企业之间进行比较。

比率评价有如下**局限性（缺点）**：①信息获取存在困难。②信息的使用存在局限性。③比率在各个行业的理想标准不同，不同行业或同一行业中不同企业的业绩比较困难。④比率有时不能准确反映真实情况。⑤比率有时体现的是被扭曲的结果。⑥可能鼓励短期行为。⑦忽略其他战略要素。⑧激励、控制的人员范围有限，对于那些对财务结果无任何责任的人员，无法起到激励和控制作用。

2. 非财务指标

使用非财务指标衡量、评价企业业绩的**主要原因（优点）**：①能够反映和监控非财务方面的经营业绩。②通常比使用财务衡量指标提供的企业业绩信息更为及时。③容易被非财务管理人员理解并使用。④有利于激励企业高管关注财务因素之外的因素甚至决定企业成败的战略因素。⑤一些衡量企业长期业绩的非财务指标有利于避免短期行为。⑥往往需要同时采用定性和定量分析、衡量，因此更能反映企业业绩的真实情况。⑦激励、控制的人员范围较广，覆盖了对财务结果无任何责任的人员。

采用非财务指标衡量企业业绩有如下**局限性（缺点）**：①不能使用统一的比率标准，因此不能容易地发现业绩变化或进行行业业绩比较。②指标通常产生于各个经营部门并被它们分别使用，不能作为所有部门的共同业绩目标即企业整体性业绩目标。③难以避免外部环境中某些因素的变化，造成不能客观、真实地衡量和反映企业业绩。

经典例题 4-8　（2022 年·多选题）

建筑玻璃生产商英利公司采用销售量及其年增长率、市场份额、主要客户数量及其年增长率等指标衡量该公司的市场营销业绩。下列各项中，属于英利公司采用上述做法的原因的有(　　)。

A. 比使用财务衡量指标提供企业业绩信息更为及时
B. 有利于避免短期行为
C. 能够激励、控制对财务结果无任何责任的人员
D. 能够避免外部环境中某些因素的变化造成不能真实衡量和反映企业业绩

<u>解析</u> "销售量及其年增长率、市场份额、主要客户数量及其年增长率"属于非财务指

标，使用非财务指标衡量、评价企业业绩的主要原因有：能够反映和监控非财务方面的经营业绩；通常比使用财务衡量指标提供企业业绩信息更为及时（选项 A 正确）；容易被非财务管理人员理解并使用；有利于激励企业高管关注财务因素之外的因素甚至决定企业成败的战略因素；一些衡量企业长期业绩的非财务指标有利于避免短期行为（选项 B 正确）；往往需要同时采用定性和定量分析、衡量，因此更能反映企业业绩的真实情况；激励、控制的人员范围较广，覆盖了对财务结果无任何责任的人员（选项 C 正确）。综上，选项 ABC 正确。

（答案）ABC

3. ESG 绩效衡量

（1）概念。

ESG 是环境（environmental）、社会（social）和治理（governance）的英文单词首字母缩写，是一种关注环境变化影响、社会效益和公司治理绩效综合表现的发展理念，也是企业可持续发展的核心内容和评价标准。

（2）ESG 披露标准。

ESG 披露标准是规定和指导企业披露与环境、社会和公司治理相关的信息和数据的准则和框架，包括披露的范围、内容和格式等。它们旨在确保信息的透明度和可比性，帮助投资者和利益相关方了解企业的 ESG 表现。目前，不同国际组织、行业协会或政府部门制定了多个 ESG 披露标准，其中较为常见的披露标准有以下几个：

①GRI 标准。

GRI 标准是由全球报告倡议组织（Global Reporting Initiative，GRI）制定的标准。该标准自 2000 年问世，经过多次修改、补充和完善，现已成为一套在全球范围内得到广泛使用的标准。

GRI 标准分为通用标准和议题专项标准。GRI 通用标准适用于所有组织，其披露内容包括组织概况、战略、利益相关方参与、道德与诚信、管治以及报告实践六大方面内容。GRI 议题专项标准由经济、环境和社会领域的 79 项指标构成。

②ISO 26000 标准。

ISO 26000 标准是由国际标准化组织（International Standard Organization，ISO）制定的编号为 26000 的社会责任指南标准，该标准"旨在帮助所有组织（无论其起点是什么）将社会责任整合到他们的运作方式中"。

ISO 26000 标准为所有类型的企业提供指导，该标准涵盖社会责任的定义、原则、背景、特点、核心议题等。ISO 26000 标准列出了七个社会责任核心议题，分别是组织治理、人权、劳工、环境、公平运营、消费者问题、社会参与和发展。

③SASB 标准。

SASB 标准是由设立在美国的可持续会计准则委员会（Sustainability Accounting Standards Board，SASB）制定的标准。该标准采用独有的行业分类，为不同行业制定有关 ESG 议题的信息披露准则。

SASB 标准包括五个信息披露主题，分别是环境、社会资本、人力资本、商业模式与创新、领导与治理。

④CDP 标准。

CDP 标准是由碳排放信息披露项目（Carbon Disclosure Project，CDP）制定的标准。碳排放信息披露项目是一家总部设在伦敦的非营利性机构，该机构专注于气候、森林和水等环境问题的自愿披露，披露的主体包括城市和企业。

CDP 标准的信息披露框架涉及气候、森林和水三大议题，这些议题以调查问卷的形式提供给相关企业选用。

⑤TCFD 标准。

2015 年 12 月，G20 金融稳定委员会（FSB）成立了气候相关财务信息披露工作组（Task Force on Climate-related Financial Disclosures，TCFD），TCFD 于 2017 年发布《气候相关财务信息披露框架》，即 TCFD 标准。

TCFD 标准包括四个核心要素，分别是：治理；战略；风险管理；指标和目标。

（3）ESG 评价体系。

①评价原则。

ESG 评价应遵循以下原则（见表 4-17）：

表 4-17 ESG 评价原则

原则	内容
客观性	评价人员秉持诚实正直的职业道德和操守，以事实为依据，以资料和数据为客观证明，对企业 ESG 表现作出公正、公平、规范的评价
独立性	评价人员独立开展评价活动，并且在任何情况下都应不带偏见，没有利益上的冲突。评价方法、过程和结果公开透明，不受被评价企业的影响
一致性	使用一致的时间维度、评价方法、评价过程和统计方法，使数据信息能为利益相关方提供有意义的比较
适宜性	评价方案应符合特定应用场景的特点和需求。对于有显著区别的应用场景，应选用不同的评价指标和评价方法

②评价指标体系。

基于对主流或有代表性的评价指标体系的归纳，ESG 三个维度评价指标体系常见的内容如表 4-18 所示。

表 4-18 ESG 三个维度评价指标体系常见内容

指标	内容
环境维度	废物污染及管理政策、清洁制造、能源使用/消费、可再生能源、碳及温室气体排放、节能减排措施、水资源使用与管理、物料使用和管理、自然资源使用和管理、生物多样性、员工环境意识、绿色采购、环境成本核算、环境信息披露、碳交易与定价、绿色产品及绿色技术
社会维度	国家战略响应、产业链协同、合作机制和平台、客户服务与权益保障、企业招聘政策、员工多元化与平等、员工满意度和流动率、员工权益、员工培训与发展、工作条件、职业健康安全、生产规范、产品安全与质量、供应商及供应链责任管理、应对公共危机、数据安全与隐私保护、社区参与和发展、精准扶贫、公益慈善
治理维度	公司治理结构、股东权益保护、董事会独立性与多样性、高管薪酬、信息披露、组织结构、企业文化、ESG 管理、反贪污受贿政策、纳税透明度、商业道德和行为规范、反不公平竞争、风险管理、创新发展、利益相关者关系

③ESG 评价方法。

ESG 评价方法一般方法如下：

a. 收集信息数据；

b. 筛选指标；

c. 确定指标权重；

d. 综合评分及评价等级。

经典例题 4-9 （2023 年·多选题）

华翔食品公司积极践行"奉献绿色食品，赋能美好生活"的企业使命，制定了行之有效的 ESG 业绩衡量指标体系。下列关于华翔食品公司制定的 ESG 业绩衡量指标中，涉及社会方面的有（ ）。

A. 食品安全性和质量达到国际先进标准
B. 产品低碳包装物的使用率达到 80% 以上
C. 对各级管理人员进行管理培训，每年不少于 2 次
D. 建立完善的风险管理体系，确保重大风险发生率为零

【解析】ESG 评价体系中指标体系中，社会维度主要包括国家战略响应、产业链协同、合作机制和平台、客户服务与权益保障、企业招聘政策、员工多元化与平等、员工满意度和流动率、员工权益、员工培训与发展、工作条件、职业健康安全、生产规范、产品安全与质量、供应商及供应链责任管理、应对公共危机、数据安全与隐私保护、社区参与和发展、精准扶贫、公益慈善。故选项 AC 正确，当选。选项 B，属于环境维度。选项 D，属于治理维度。故选项 BD 均不选。

【答案】AC

（三）平衡计分卡的企业业绩衡量方法

1. 平衡计分卡的基本概念

平衡计分卡的实例见图 4-5。

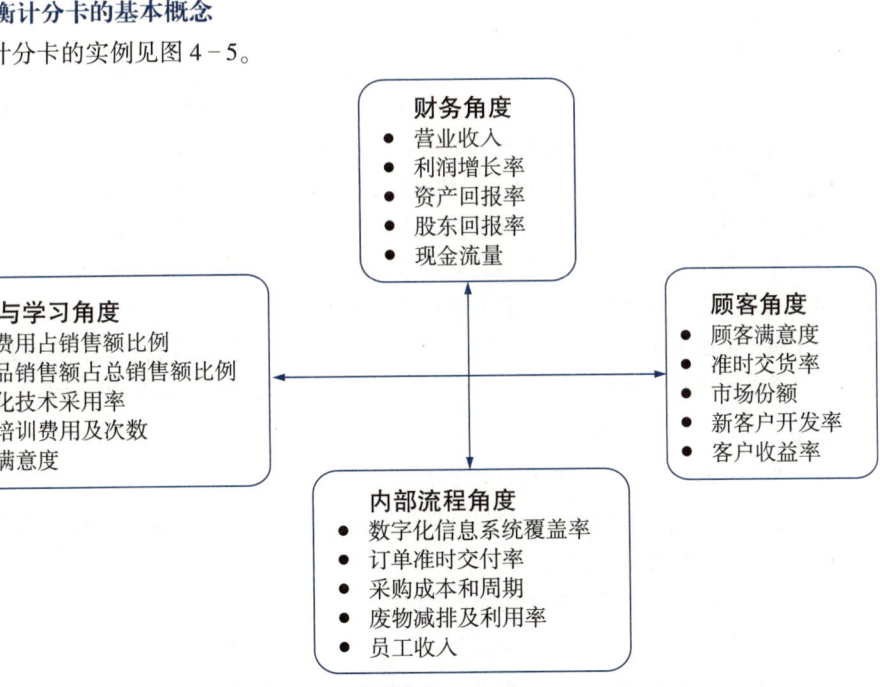

图 4-5 平衡计分卡实例

平衡计分卡的基本概念–知识精讲

敲黑板

历年真题多数考查平衡计分卡四角度的指标。因此，同学需掌握所有指标的分类。

（1）财务指标。

财务指标能够显示企业战略及其实施对提高企业盈利能力和股东价值做出的贡献，常用的财务指标有**营业收入、销售增长率、利润增长率、资产回报率、股东回报率、现金流量、经济增加值**等。

（2）**顾客指标**。

顾客指标用来衡量和反映企业在满足顾客需求、提高顾客价值方面的业绩。顾客指标的设定和选择取决于企业对目标市场的价值定位。常用的顾客指标有**客户满意度**、**顾客投诉率**、**投诉解决率**、**准时交货率**、**市场份额**、**客户保留率**、**新客户开发率**、**客户收益率**等。

（3）**内部流程指标**。

内部流程指标用于衡量和确认企业在哪些业务流程上表现优异，需要加强或改进哪些业务流程才能保证战略落地。常用的内部流程指标有**数字化信息系统覆盖率**、**计划准确率**、**设备利用率**、**订单准时交付率**、**采购成本和周期**、**项目进度及完成率**、**废物减排及利用率**、**安全事故率**、**接待客户的时间和次数**、**对客户诉求的反应时间以及员工建议采纳率和员工收入**等。

（4）**创新与学习指标**。

创新与学习指标衡量和体现企业在人力资源管理以及建设创新型、学习型组织和文化方面的业绩，常用的指标有**研发费用占销售额的比例**、**新产品销售额占总销售额的比例**、**专利等级和数量**、**数字化技术采用率**、**员工流动率**、**员工培训费用及次数**、**员工满意度**等。创新与学习指标对驱动企业经营活动达到平衡计分卡其他三类指标的要求，使财务、客户、流程等方面得到持续改善并成为企业战略和企业长远成长的坚固支撑，起着重大作用。

2. 平衡计分卡的特点

（1）用全面体现企业战略目标的四个方面的指标内容代替了单一的财务指标内容，为企业战略实施提供了强有力的支持。

（2）平衡计分卡四个角度指标所包含的内容体现了五个方面的平衡：财务指标和非财务指标的平衡；企业的长期目标（如创新与学习指标的内容）和短期目标（如财务指标的内容）的平衡；结果性指标（如财务指标的内容）与动因性指标（如内部流程指标、创新与学习指标的内容）之间的平衡；企业内部利益相关者（员工）与外部利益相关者（股东、客户）的平衡；领先指标即预期性指标与滞后指标即结果性指标之间的平衡。

（3）平衡计分卡四个指标的内容之间都紧密联系、相互支持、彼此加强。

（4）每个企业的平衡计分卡都具有独特性。企业应根据自身战略及其实施情况、产品和服务的性质、企业规模和成长阶段、生产技术和组织形式、员工构成和文化特色以及所处行业的竞争格局和行业成功关键因素等，合理选择和确定平衡计分卡四个角度指标的具体内容。

3. 平衡计分卡的作用

（1）为企业战略管理提供强有力的支持。

（2）提高企业整体管理效率和效果。平衡计分卡所包含的四项指标内容，都是企业成功经营和未来发展的关键性要素。

（3）促进部门合作，完善协调机制。

（4）完善激励机制，提高员工参与度。

（5）促进企业立足实际、着眼未来，实现长期可持续发展。

▌**经典例题 4－10**　2019 年·多选题（改编）

东亚建筑公司采用平衡计分卡衡量公司业绩，并选取了利润预期、工程进度完成率、市场份额等作为绩效衡量标准。该公司选取的上述指标涵盖的平衡计分卡角度有(　　)。

A. 财务角度　　　　　　　　　　B. 创新与学习角度
C. 顾客角度　　　　　　　　　　D. 内部流程角度

解析 利润预期属于财务角度、工程进度完成率属于内部流程角度、市场份额属于顾客角度。综上，选项 ACD 正确。

答案 ACD

（四）统计分析与专题报告

1. 统计分析报告

统计分析结果可以通过表格、图形和文章等多种形式表现出来。文章的主要形式是统计分析报告。是所有表现形式中最完善的一种。

统计分析报告，是指运用统计资料和统计分析方法，以独特的表达方法和结构特点，表现所研究事物的本质和规律性的一种应用文章。

特点：统计分析报告以统计数据为主体；统计分析报告以科学的指标体系和统计方法来进行分析、研究和说明；统计分析报告具有独特的表达方式和结构特点；统计分析报告在结构上的突出特点是脉络清晰、层次分明。

2. 专题报告

专题报告是指根据企业管理人员的要求，指定专人对特定问题进行深入、细致的调查研究，形成包括现状与问题、对策与建议等有关内容的研究报告，以供决策者参考。

第四节　公司战略与数字化技术

一、数字化技术★★

（一）数字化技术的发展历程

1. 信息化

信息化通常指现代信息技术应用，特别是促进应用对象或领域（比如企业或社会）发生转变的过程。信息化的基本功能是开发信息资源。

2. 数字化

数字化是利用数学量化、统计分析方法和数字数据技术以提高人们的认识能力和实践能力、提高产品或工作系统功效的过程或活动。数字化的基本功能是信息形式的统一化、信息表达的准确化、信息利用的高效化。

3. 智能化

智能化是在产品、工具和工作系统中协同应用人类智能和人工智能，以提高其功效的过程。智能化的本质特征在于智能的协同发展和应用。

（二）数字化技术应用领域

1. 大数据

大数据是指所涉及的资料规模巨大，无法通过目前常规软件工具，在合理时间内达到撷取、管理、处理、整理成为有用信息的数据集合。

大数据具有如下特征：

(1) **大量性**（数据量巨大）；

(2) **多样性**（数据种类繁多）；

(3) **高速性**（大数据处理时效性高）；

(4) **价值性**（大数据价值巨大，但价值密度低，如何通过强大的机器算法迅速高效地完成数据的价值"提纯"，成为大数据时代亟须解决的难题）。

2. 人工智能

人工智能是一门新兴的边缘学科，是自然科学和社会科学的交叉学科，它吸取了自然科学和社会科学的最新成果，以智能为核心，形成了具有自身研究特点的新的体系。

3. 移动互联网

移动互联网是个人计算机互联网发展的必然产物，它将移动通信和互联网二者结合起来，成为一体。

4. 云计算

云计算提供三个层次的服务：基础设施级服务（IaaS）、平台级服务（PaaS）、软件级服务（SaaS）。

5. 物联网

物联网即"万物相连的互联网"，是在互联网基础上延伸和扩展的网络。物联网应用三项关键技术：传感器技术、射频识别技术、嵌入式系统技术。

6. 区块链

区块链就是由一个又一个保存了一定的信息，按照它们各自产生的时间顺序连接而成的链条，它是分布式数据存储、点对点传输、共识机制、加密算法等计算机技术的新型应用模式。

▌经典例题 4-11 2022 年·简答题

数字化技术-
例题解析

从 21 世纪初起，三镇钢铁集团为了提高产品质量、降低成本、减少能源消耗、最大限度地满足客户个性化需求，使用先进的信息技术，实现了产品的优化设计、制造和管理。集团通过对钢铁生产过程中的原料运输、储存、投料到焦化、冶炼、连铸、轧钢等基础信息资源进行深度开发和利用，实现了管理高度集中、产销高度衔接、数据高度一致和信息高度安全。

精准的温度控制是钢铁生产中保障产品质量、降低能耗的关键环节。传统钢铁厂因各生产环节衔接不畅，导致温度不稳定。2016 年，三镇钢铁集团引进并开发了数字监测和分析系统，实现了对高炉铁水、炼钢钢水、出钢钢坯等各工序温度情况的实时跟踪，并基于模型预测目标温度，为铁水指吊、出钢节奏、精炼加热升温提供指导。

2018 年，三镇钢铁集团在现有技术基础上引进 5G 专网技术，利用 5G 网络低时延、大带宽、广连接等优势，打通厂区内的信息孤岛，并与国内数据服务商和云服务商开展全方位合作，构建了钢铁工业数据收集平台和私有云监测平台，实现了数据双向互通、数据融合，在市场预判、交易节点、产品结构、硬件健康状态等方面提供全面实时的数据支撑和量化监测。2019 年，集团建成三镇智慧中心，下设 7 个工作岛，实时收集分析生产区 35 万个互联设备的数据，监测、调度 8 大工序、30 个系统，替代了原来的 42 个中控室，让 400 多名员工撤出操作现场。2020 年，集团打造了全国钢铁行业首个智能环保无人原料场、无人码头系统、智慧铁水运输系统。2021 年，集团在钢铁工业大数据平台基础上，打通基于分布式数据存储中心的管控架构，打造了一个具有去中心化、不可篡改、全程留痕、公开透明等特点的产业协同体系，实现了降本增效。

要求：

(1) 简要分析三镇钢铁数字化技术的发展历程。

(2) 简要分析三镇钢铁数字化技术的应用领域。

【答案】(1) ①信息化。"使用先进的信息技术，实现了产品的优化设计、制造和管理。集团通过对钢铁生产过程中的原料运输、储存、投料到焦化、冶炼、连铸、轧钢等基础信息资源进行深度开发和利用，实现了管理高度集中、产销高度衔接、数据高度一致和信息高度安全"。

②数字化。"2016 年，三镇钢铁集团引进并开发了数字监测和分析系统，实现了对高炉铁水、炼钢钢水、出钢钢坯等各工序温度情况的实时跟踪，并基于模型预测目标温度，为铁水指ня、出钢节奏、精炼加热升温提供指导"。

③智能化。"2019 年，集团建成三镇智慧中心""2020 年，集团打造了全国钢铁行业首个智能环保无人原料场、无人码头系统、智慧铁水运输系统"。

(2) ①大数据。"与国内数据服务商和云服务商开展全方位合作，构建了钢铁工业数据收集平台和私有云监测平台，实现了数据双向互通、数据融合，在市场预判、交易节点、产品结构、硬件健康状态等方面提供全面实时的数据支撑和量化监测"。

②人工智能。"2019 年，集团建成三镇智慧中心，下设 7 个工作岛，实时收集分析生产区 35 万个互联设备的数据，监测、调度 8 大工序、30 个系统，替代了原来的 42 个中控室，让 400 多名员工撤出操作现场。2020 年，集团打造了全国钢铁行业首个智能环保无人原料场、无人码头系统、智慧铁水运输系统"。

③移动互联网。"引进 5G 专网技术，利用 5G 网络低时延、大带宽、广连接等优势，打通厂区内的信息孤岛"。

④云计算。"与国内数据服务商和云服务商开展全方位合作，构建了钢铁工业数据收集平台和私有云监测平台，实现了数据双向互通、数据融合，在市场预判、交易节点、产品结构、硬件健康状态等方面提供全面实时的数据支撑和量化监测"。

⑤物联网。"2019 年，集团建成三镇智慧中心，下设 7 个工作岛，实时收集分析生产区 35 万个互联设备的数据，监测、调度 8 大工序、30 个系统，替代了原来的 42 个中控室，让 400 多名员工撤出操作现场"。

⑥区块链。"2021 年，集团在钢铁工业大数据平台基础上，打通基于分布式数据存储中心的管控架构，打造了一个具有去中心化、不可篡改、全程留痕、公开透明等特点的产业协同体系，实现了降本增效"。

二、数字化技术对公司战略的影响★★★

(一) 数字化技术对组织结构的影响

企业数字化技术对组织结构变革的影响表现在以下几个方面：

1. 组织结构向平台化转型

2. 构建传统与数字的融合结构

3. 以新型组织结构为主要形式

在数字化技术的支持下，一些组织设计并采用了一些新型的组织结构以增强组织竞争力，其中最为重要的是团队结构和虚拟组织。

(1) 团队结构。

团队结构是以团队作为协调组织活动的主要方式，团队成员在动机、价值取向和目标追求上具有高度的一致性，要求成员既是全才又是专才。团队具有高度的自主性，对大多数操作性工作负全部责任。信息技术使得团队之间的沟通和组织对团队的有效监督成为可能。

(2) 虚拟组织。

虚拟组织是组织扁平化在企业之间的形式，是当市场出现新机遇时，具有不同资源与优势的企业为了共同开拓市场，共同对付其他的竞争者而组织、建立在信息网络基础上的共享技术与信息，分担费用，联合开发的、互利的企业联盟体。这种结构的优点在于灵活性强，有利于很快地重组社会的资源，以适应市场的需要。

（二）数字化技术对经营模式的影响

数字化技术对企业经营模式的影响主要体现在以下几个方面：

1. 互联网思维的影响

最为显著和重要的变化是信息技术的飞速发展使传统的销售与传播环节变得不再重要。依托数字技术，企业能以更好的产品和服务满足消费者的个性化需求，且价格更低、速度更快。

2. 多元化经营的影响

实体零售企业加快线上线下O2O全渠道布局，通过线上线下融合对全渠道范围零售要素（店铺、产品、服务、渠道、技术、营业模式、业态）进行重新整合，从而推动实体零售业态多元化发展。

数字化技术对经营模式的影响-知识精讲

3. 消费者参与的影响

新一代数字技术不仅通过信息的透明降低了企业与消费者的信息不对称程度，而且通过信息的即时交互使消费者广泛介入企业的运作过程中，使松散的消费者个体凝聚成为有价值的群体，形成消费者增权。逐步形成以企业与消费者互动为基础的各种新型商业模式。

（三）数字化技术对产品和服务的影响

1. 个性化

企业要具备较强的信息挖掘、整理和使用能力。数字化时代提供了高效便捷的数据获取和分析工具，企业可以在消费者"留痕"的平台（社交平台、购物平台和搜索平台）上将零散的信息收集、加工、处理，充分提取消费者的偏好信息，发现消费者的隐性需求和个性化需求。数字经济时代，互联网技术使得万物互联成为现实，消费者的信息获取能力大大增强，且参与成本变低、方式变多、难度变小，多样化、个性化需求表达成为可能，由此驱动企业产品理念向定制化、个性化和多样化转型。

数字化技术对产品和服务的影响-知识精讲

2. 智能化

通过大量的传感器、处理器、存储器等电子元器件，智能产品实现了对使用数据的实时抓取，这些数据被企业用于分析消费者的使用行为，或者用于智能产品的自主学习，以便为消费者提供更好的使用体验，而配套的操作系统和应用软件，使得消费者能够在购买到产品后，自行完成最后的定制环节，从而可以按照个性化需求控制和使用智能化产品。

3. 连接性

数字化环境下产品的另一重要特征是不断增强的连接性。事实上，这种连接不但发生在产品之间，而且发生在所有事物之间，即所谓的万物互联。

4. 生态化

通过依靠科技促进低碳化发展，实现数字化赋能生态发展。通过数字化赋能，提高效率、节约资源，实现降低能耗，加快重铸产业结构、生产方式、生活方式、空间格局。在这一过程中，生态化的发展对企业数字化转型提供重大的发展契机，消费者对于生态产品的需求能够迫使企业依靠科技创新实现生产技术的更新换代，从而在根本上实现整个行业转型升级，在此基础上，通过搭建数字化平台和管理体系，推动整个产业的数字生态发展。

（四）数字化技术对业务流程的影响

业务流程重组，是企业通过对业务流程彻底地再设计而大幅度改善成本、质量、进度和服务效益，从而在市场上成为一名成功的竞争者的过程。

数字化信息系统是企业重组业务流程的核心。

三、数字化战略★★★

（一）数字化战略的定义

数字化战略就是全面评估企业数字资产，制定持续改进计划并积极服务于企业业务增长目标的战略举措。

（二）数字化战略转型的主要方面

1. 技术变革

（1）**数字化基础设施建设**。数字化基础设施建设是企业进行数字化转型的基石。

（2）**数字化研发**。数字化研发是企业转型升级的主要动力。

（3）**数字化投入**。数字化投入为推动企业数字化转型提供支持。

2. 组织变革

（1）**组织架构**。数字化转型为企业组织架构带来重要变革。

（2）**数字化人才**。数字化人才是推动企业数字化转型的关键要素之一。

3. 管理变革

（1）**业务数字化管理**。业务数字化管理是企业数字化转型的重点之一，选取电子商务采购比率、数字化仓储物流设备占比、订单准时交付率以及数据可视化率作为业务管理的评价指标。

（2）**生产数字化管理**。数字化生产是企业数字化转型的关键，选取作业自动化编制及优化排程比例、与过程控制系统（PCS）或生产执行系统（MES）直接相连的数字化设备占比、数字化检测设备占比和在线设备管理与运维比例作为衡量企业数字化生产能力的指标。

（3）**财务数字化管理**。财务数字化管理为企业数字化转型提供保障，企业可以选取企业资源规划（ERP）系统覆盖率、资金周转率和库存资金占有率来反映企业财务数字化管理指标。

（4）**营销数字化管理**。凭借多种数字化媒介，企业可以整合不同渠道为客户提供线上和线下全面的无缝式体验，打造全渠道营销的服务模式。通过大数据技术对海量客户信息进行挖掘和利用，将结果数据转化为改进营销方式的切入点，有利于企业实现精准营销。

四、数字化战略转型的困难和任务★★

（一）公司数字化战略转型面临的困难

1. 网络安全问题
2. 数据容量问题
3. "数据孤岛"问题
4. 核心数字技术问题
5. 技术伦理与道德问题
6. 法律问题

（二）大数据时代企业战略转型的主要任务

1. 构建数字化组织设计，转变经营管理模式
（1）制定数字化转型战略。
（2）建立数字化企业架构。
（3）推动数字化组织变革。

2. 加强核心技术攻关，夯实技术基础

3. 打破"数据孤岛"，打造企业数字化生态体系

4. 加快企业数字文化建设

5. 利用新兴技术，提升公司网络安全水平

6. 重视数字伦理，提升数字素养

考点加油站

章末总结

```
第四章
战略实施
├── 公司战略与组织结构
│   ├── 纵横向分工结构
│   │   ├── 纵向分工结构
│   │   │   ├── 类型：高长/扁平
│   │   │   └── 纵向分工结构组织内部的管理问题——集权 VS 分权
│   │   └── 横向分工结构
│   │       ├── 8 个横向分工结构的基本类型——7+1（创业—职能—事业部—M 型—SBU—矩阵—H 型）
│   │       └── 6 个横向分工结构的基本协调机制
│   └── 企业战略与组织架构
│       ├── 组织结构与战略的关系
│       └── 组织的战略类型——防御/开拓/分析/反应
├── 公司战略与企业文化
│   ├── 企业文化的概念及类型——类型：权力、角色、任务、人员导向型
│   └── 战略稳定性与文化适应性（矩阵）
│       ├── 以企业使命为基础
│       ├── 加强协同作用
│       ├── 根据文化进行管理
│       └── 重新制定战略
├── 战略控制
│   ├── 战略失效——原因及类型
│   └── 战略控制方法
│       ├── 预算——增量预算 VS 零基预算
│       ├── 企业业绩衡量
│       │   ├── 财务衡量指标——比率评价
│       │   └── 非财务衡量指标
│       ├── ESG 绩效衡量——内涵、披露标准、评价体系（原则、指标体系、评价方法）
│       └── 平衡计分卡的企业业绩衡量——财务/顾客/内部流程/创新与学习
└── 公司战略与数字化技术
    ├── 数字化技术
    │   ├── 数字化技术的发展历程——信息化、数字化、智能化
    │   └── 数字化技术应用领域——大数据、人工智能、移动互联网、云计算、物联网、区块链
    ├── 数字化技术对公司战略的影响
    │   ├── 数字化技术对组织结构的影响
    │   │   ├── 组织结构向平台化转型
    │   │   ├── 构建传统与数字的融合结构
    │   │   └── 以新型组织结构为主要形式
    │   │       ├── 团队结构
    │   │       └── 虚拟组织
    │   ├── 数字化技术对经营模式的影响
    │   │   ├── 互联网思维的影响
    │   │   ├── 多元化经营的影响
    │   │   └── 消费者参与的影响
    │   ├── 数字化技术对产品和服务的影响——个性化、智能化、连接性、生态化
    │   └── 数字化技术对业务流程的影响
    ├── 数字化战略转型的主要方面
    │   ├── 技术变革——① 数字化基础设施建设；② 数字化研发；③ 数字化投入
    │   ├── 组织变革——① 组织架构；② 数字化人才
    │   └── 管理变革——① 业务数字化管理；② 生产数字化管理；③ 财务数字化管理；④ 营销数字化管理
    └── 公司数字化战略转型面临的困难
        ├── 1. 网络安全问题与个人信息保护问题
        ├── 2. 数据容量问题
        ├── 3. "数据孤岛"问题
        ├── 4. 核心数字技术问题
        ├── 5. 技术伦理与道德问题
        └── 6. 法律问题

        主要任务
        ├── 1. 构建数字化组织设计，转变经营管理模式
        ├── 2. 加强核心技术攻关，夯实技术基础
        ├── 3. 打破"数据孤岛"，打造企业数字化生态体系
        ├── 4. 加快企业数字文化建设
        ├── 5. 利用新兴技术，提升公司网络安全水平
        └── 6. 重视数字伦理，提高数字素养
```

70%

第五章 公司治理

轻装上阵

本章讲什么？

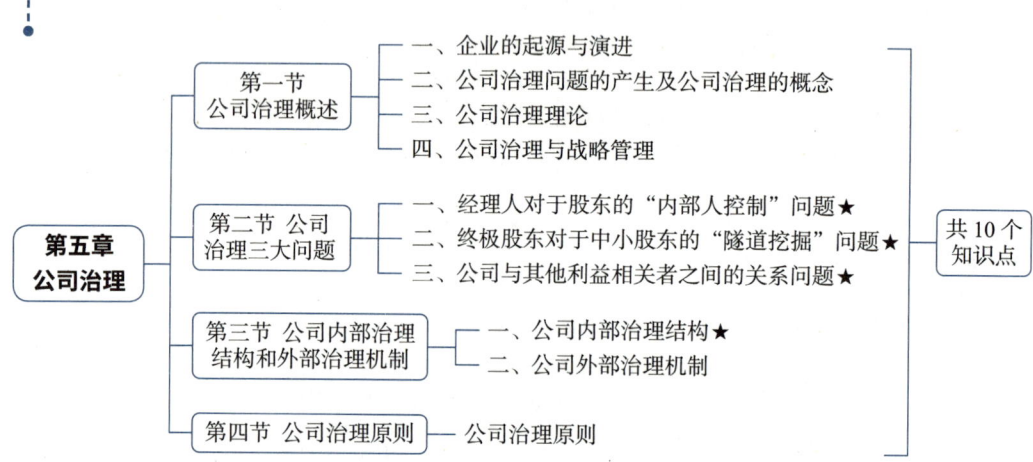

从本章开始，我们将进公司治理的领域。

首先，本章第一节向我们阐述了企业发展的历程及公司治理理论的演进，从这些历史及理论中，同学们将进一步了解了企业，并意识到公司治理在现有制度下一定会存在相应的缺陷与风险。

其次，第二节进一步对这些公司治理问题进行了描述；并在第三节给出了目前条件下的解决方案，即加强内部治理结构与外部治理机制来应对出现的公司治理问题。

最后，第四节介绍了世界经合组织在2015年提出的第二次修订的公司治理原则。

本章如何考？

本章在考试中多以单选题、多选题的形式出现，每年考查分值为4~10分。同时，考试也会将本章知识点与风险管理等其他章节的知识点相结合，进行主观题的综合考查。

本章怎么学？

对于第一节的历史及理论演进的相关内容与第四节的公司治理原则，这两部分考核的分值及可能性较低，同学可以稍作了解，应重点背诵公司三大治理问题及内部治理结构、外部治理机制相关的内容，要做到理解并记忆，同时加强这两小节的课后练习。

2024 年本章主要变化

2024 年教材在本章变动较大。删除了第四节"公司治理基础设施",重编调整成为第三节的新增部分"外部监督机制"的内容;删除"隧道挖掘"问题的表现中的超额股利,还调整了公司内部治理结构和外部治理机制部分表述。建议考生关注变化部分。

考点冲浪

第一节 公司治理概述

一、企业的起源与演进★

(一) 企业制度类型 (见图 5-1)。

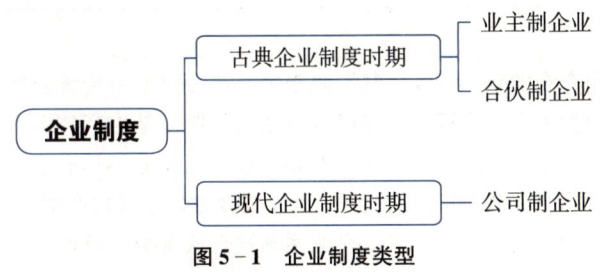

图 5-1 企业制度类型

(二) 企业制度优缺点比较 (见表 5-1)

表 5-1 企业制度优缺点比较

组织形式	优点	缺点
业主制企业①	(1) 企业内部组织形式简单,经营管理的制约因素少,经营管理灵活,法律登记手续简单,容易创立和解散。 (2) 企业的资产所有权、控制权、经营权、收益权均归业主所有,业主享有完全自主权,便于发挥其个人能动性、生产力及创造力。 (3) 业主自负盈亏,对企业负债承担无限责任	(1) 所有者只有一人,企业规模小,资金筹集困难,企业容易因资金受限而难以扩大生产和规模。 (2) 企业所有权、收益权、控制权、经营权高度统一归业主所有,使企业存续受制于业主的经营意愿、生命期、继承者能力等因素。 (3) 企业经营者也只是所有者一人,当企业发展到一定规模后,限制在个人内的人力资本就很可能会影响到组织决策的质量。 (4) 因业主承担无限责任所带来的风险较大,企业为规避风险而缺乏动力进行创新,不利于新产业发展

续表

组织形式	优点	缺点
合伙制企业[2]	(1) 扩大了资金来源，有助于企业扩大规模、生产发展，部分缓解了业主制资金不足的问题。 (2) 合伙企业虽然拥有多个产权主体，但其产权结构完整统一，更有利于整合发挥合伙人的资源优势，促进技术、土地、资金等资源共享，部分缓解了业主制人力资本不足的问题。 (3) 合伙人共同经营企业、共担风险，在企业经营管理上可以实现优势互补、集思广益，一定程度上分散了经营压力	(1) 合伙人对企业债务承担无限责任，风险较大。 (2) 合伙人间缺乏有效制约机制，监督履责困难，可能产生"搭便车"行为[3]，单个合伙人没有全部承担他的行动引起的成本或收益，在无限责任下这种外部性导致了很大的连带风险。 (3) 在经营管理决策中合伙人之间产生的分歧带来很多的组织协调成本，降低了决策效率。 (4) 合伙人的退伙会影响企业的生存和寿命
有限责任制[4]	(1) 降低股东风险，激励投资行为。 (2) 促进资本流动，推动证券市场发展。 (3) 有限责任可以转移，避免付出高昂的监督成本，减少交易费用，降低管理成本	(1) 经营风险转移到利益相关者身上，股东可能产生不谨慎投资行为，做出错误决策，间接损害利益相关者权益。 (2) 股东可能利用有限责任漏洞规避法律义务甚至从事违法活动，损害公众利益

注：

①业主制是最早存在的企业制度，其发源于工业革命时期由传统家庭作坊演变而来的手工工厂组织，是由自然人个人投资成立和经营控制的组织，是生产技术水平提高和市场规模扩大对专业化分工合作生产提出要求的必然产物。业主制企业不具有法人资格，对企业的负债承担无限责任，即当企业资不抵债的时候，业主需要拿出个人财产偿还企业债务。

②随着企业规模的不断扩大，业主制企业逐渐被合伙制企业所取代。合伙制企业是由两个或多个出资人联合组成的企业。在合伙制企业中，企业归出资人共同所有、共同管理，并分享企业剩余或亏损，对企业债务承担无限责任。

③搭便车理论首先由美国经济学家曼柯奥尔逊于1965年发表的《集体行动的逻辑：公共利益和团体理论》（*The Logic of Collective Action Public Goods and the Theory of Groups*）一书中提出的。其基本含义是不付成本而坐享他人之利。搭便车问题是一种发生在公共财产上的问题，指经济中某个体消费的资源超出他的公允份额，或承担的生产成本少于他应承担的公允份额。例如，一些人需要某种公共财产，但事先宣称自己并无需要，在别人付出代价去取得后，他们就可不劳而获地享受成果。常指宏观经济学中的公共品的消费问题。

④受到上述合伙制缺点的局限，合伙制企业又不断向公司制企业演变。在最简单的公司制企业中，公司由三类不同的利益主体组成：股东、公司管理者、雇员。有限责任的缺点导致三大公司治理问题中的"企业与其他利益相关者之间的关系问题"。例如，可能产生过激的投资行为，甚至投机损害债权人的利益，生产劣质的商品损害消费者的利益，污染环境损害周围居民的利益。

> **名师说**：有时候一件事情是好事同时也是坏事，一个特征是优点同时也是缺点。例如，在业主制企业中，业主制形式简单，同时是优点（1）和缺点（1），所有权力归为同一个人同时是优点（2）和缺点（2）（3），业主自负盈亏承担无限责任同时是优点（3）和缺点（4）。

（三）公司制企业的特点

1. 有限责任制

有限责任指公司应当以其全部财产承担清偿债务的责任。

有两层含义：一是公司以其全部法人财产对其债务承担有限责任；二是当公司破产清算时，股东仅以其出资额为限，对其公司承担有限责任。

> **名师说**：古典企业制度时期的企业（业主制、合伙制）不具有法人地位，因此所有者承担无限责任。现代企业制度时期的公司具有法人地位，因此股东承担有限责任。

2. 股东财产所有权与企业控制权分离

在公司制企业中，股东保留决策控制权，职业经理人获得决策管理权。

一项决策活动可分为四个阶段：决策制定、决策审批、决策执行、执行监督。其中决策制定和决策执行属于决策管理，决策审批和执行监督属于决策控制。

股东财产所有权与企业控制权两权分离是公司治理的基础，其最大优势是可以将掌握资产但缺乏管理能力的投资者与富有经营管理经验却缺乏资产的经理人结合在一起，实现企业资源与经营管理人员的最优组合，从而实现企业利润最大化的经营目标。

3. 规模增长和永续生命

公司制企业初始即实现了产权与经营权的分离，所有者与法人财产权的分离，使企业实现永续运行。

（四）公司制企业的类型

主要包括**有限责任公司和股份有限公司**，以及另外有两种特殊形式（一人有限责任公司、国有独资公司）。

1. 有限责任公司

有限责任公司指依法设立的由一定人数（我国规定50人以内）的股东出资组成，每个股东以其出资额为限对公司承担责任，公司以其全部资产对公司债务承担责任的企业法人。

特征：

（1）股东数量有最高数额限制。

（2）资本不划分为等额股份，也不能公开筹集股份，不能发行股票，对股东出资的转让限制严格，一般要经过其他股东的同意，而且其他股东有优先购买权。

（3）有限责任公司只有发起设立而无募集设立，程序较为简单，可以由一个或几个人发起，管理机构也较为简单、灵活，公司账目及资产负债情况无须向公众公开。

（4）有限责任公司的经营管理机构比较简单。

> **名师说**：我国公司法规定，有限责任公司的注册资本为在公司登记机关登记的全体股东认缴的出资额。全体股东认缴的出资额由股东按照公司章程的规定自公司成立之日起五年内缴足。法律、行政法规以及国务院决定对有限责任公司注册资本实缴、注册资本最低限额另有规定的，从其规定。股东会是最高权力机构，有权决定公司的

一切活动事项，由股东按照出资比例行使表决权。

有限责任公司设董事会，成员为三人以上，其中可以有公司职工代表。规模较小或者股东人数较少的有限责任公司，可以不设董事会，设一名董事，行使董事会的职权。有限责任公司设监事会，其成员不得少于三人。规模较小或者股东人数较少的有限责任公司，可以不设监事会，设一名监事，行使监事会的职权；经全体股东一致同意，也可以不设监事，而是按照公司章程的规定在董事会中设置由董事组成的审计委员会，行使监事会的职权。公司董事会成员中的职工代表可以成为审计委员会成员。

2. 股份有限公司

股份有限公司是指将全部资本划分为等额股份，股东以其认购的股份为限对公司承担责任，公司以全部财产对公司债务承担责任的法人。

特征：

（1）可以采取发起设立或者募集设立的方式。

（2）对发起人有明确规定。我国规设立股份有限公司，应当有一人以上二百人以下为发起人，其中须有半数以上的发起人在中国境内有住所。股份有限公司发起人承担公司筹办事务。

（3）可以向社会公开发行股票，股票可以依法转让或交易。必须向全体股东以及有关部门、潜在的投资者、债权人及其他社会公众公开披露财务状况，包括董事会的年度报告、公司损益表和资产负债表等。

> **名师说**：有限责任公司和股份有限公司主要在股东人数、股份形成、经营规模等方面存在差异。在做题时，一般情况下可以认为有限责任公司规模较小，股份有限公司规模较大。

二、公司治理问题的产生及公司治理的概念 ★

（一）公司治理问题产生的原因

现代公司制的以下两个特征导致了公司治理问题的产生。

1. 股权结构的分散化

特点：

一方面，明确、清晰的财产权利关系为资本市场的有效运转奠定了牢固的制度基础。另一方面，高度分散的股权结构意味着公司所有权的供给者和需求者都很多，股票的买卖者数量越多，股票交易就越活跃，转让也越容易，公司规模发展更快，通过资本市场投融资更便捷。

不利影响：

公司的股东们无法在集体行动上达成一致，从而提高了治理成本。对公司的经营者的监督弱化，特别是大量存在的小股东不仅缺乏参与公司决策和对公司高层管理人员进行监督的积极性，也不具备这种能力。分散的股权结构使得股东和公司其他利益相关者处于被机会主义行为损害、掠夺的风险之下。

> **名师说**　股权结构分散化的缺点使得大股东与小股东的权、责、利不匹配，导致三大公司治理问题中的"隧道挖掘问题"。

2. 所有权和控制权的分离

现代公司已由受所有者控制转变为受经营者控制，管理者权力的增大有损害资本所有者利益的危害。

> **名师说**　所有权与控制权的分离缺点使得所有者与经营者目标出现偏差，导致三大公司治理问题中的"内部人控制问题"。

（二）公司治理的定义（见表 5-2）

表 5-2　公司治理的定义

定义	内容
狭义的公司治理	**指所有者（主要是股东）对经营者的一种监督与制衡机制**，即通过一种制度安排，合理地配置所有者和经营者之间的权力和责任关系。它是借助股东大会、董事会、监事会、经理层所构成的公司治理结构来实现的内部治理。其目标是保证股东利益的最大化，防止经营者对所有者利益的背离
广义的公司治理	不局限于股东对经营者的制衡，**还涉及广泛的利益相关者**，包括股东、雇员、债权人、供应商和政府等与公司有利害关系的集体或个人。治理的目标不仅是股东利益的最大化，更是保证所有利益相关者的利益最大化
泛广义的公司治理	在涵盖狭义与广义的公司治理内涵的同时，**还包括了企业的战略决策系统、企业文化、企业高管控制制度、收益分配激励制度、财务制度、人力资源管理等制度**

> **名师说**　主要掌握三种类型的公司治理范围的大小区别。狭义的公司治理指所有者和经营者之间的权力和责任关系，也就是指股东和经理之间的关系。广义的公司治理指不局限于股东对经营者的制衡，还包括广泛的利益相关者，包括股东、雇员、债权人、供应商和政府等与公司有利害关系的集体或个人，也就是指公司与其他利益相关者之间的关系。泛广义的公司治理除了以上两种含义外，还包括各种系统、文化、制度的概念。

（三）公司治理的概念理解

1. 公司治理结构与治理机制

治理结构主要侧重于公司的内部治理，包括股东大会、董事会、监事会、高级管理团队及公司员工间权责利相互监督制衡的制度体系。

治理机制主要指除企业内部的各种监督机制外的各项市场机制对公司多维度的监督与约束。

考生大致了解内部治理结构与外部治理机制即可，后续知识点会进一步阐述。

2. 从权力制衡到科学决策

公司治理的实质就是委托代理关系下利益相关方的权、责、利配置问题。

由于市场信息不对称、合约不完备及代理成本的存在，在利益不一致的委托人和代理人间可能产生逆向选择和道德风险等代理问题。

"公司治理的目标不是相互制衡，它只是保证公司科学决策的方式与途径"，权力制衡只是方法，科学决策才是公司治理的核心。

3. 公司治理能力

治理结构和治理机制可被视作企业的两种重要资源。

这种能力与公司领导者的个人能力、治理工具、治理环境等要素密切相关。这些要素相互影响、相互作用，综合地体现了公司的治理能力。

公司治理结构、治理机制、治理能力以及治理环境等因素共同组成了完整的公司治理体系，并综合地形成了公司的治理能力系统。

三、公司治理理论 ★

> 敲黑板
> 本知识点理论性较强，考频相对较低，看懂即可。

（一）委托代理理论

委托代理理论是制度经济学契约理论的主要内容之一。

委托代理理论的主要观点认为：委托代理关系是随着生产力大发展和规模化大生产的出现而产生的。其原因一方面是生产力发展使得分工进一步细化，权利的所有者由于知识、能力和精力的原因不能行使所有的权利了；另一方面，专业化分工产生了一大批具有专业知识的代理人，他们有精力、有能力代理行使好被委托的权利。

所有权与控制权分离导致的直接后果是委托-代理问题的产生。

从委托人方面来看：股东因为缺乏有关的知识和经验，没有能力监控经营者；或者其主要从事的工作太繁忙，以至于没有时间、精力来监控经营者。对于众多中小股东来说，股东监控带来的经营业绩改善是一种公共物品。

从代理人方面来看：代理人有着不同于委托人的利益和目标，所以，他们的效用函数和委托人的效用函数不同。代理人会不惜损害委托人的利益来谋求自身收益的最大化，即产生机会主义行为。

（二）资源依赖理论

资源依赖理论认为组织需要通过获取环境中的资源来维持生存，没有组织可以完全实现资源自给，企业经营所需的资源大多需要在环境中进行交换获得。组织对环境及其中资源的依赖，也是资源依赖学派解释组织内权力分配问题的始点。

资源依赖理论也考虑了组织内部的因素，认为组织对某些资源的需要程度、该资源的稀缺程度、该资源能在多大程度上被利用并产生绩效以及组织获取该项资源的能力，都会影响组织内部的权力分配格局。

相较于委托代理理论，**资源依赖理论可以更好地解释企业董事会的功能。**

董事会可以管理环境依赖并且应该反映环境的需要。董事会有能力获得并降低企业的依赖性，董事会的规模和构成影响了董事会为公司提供核心资源的能力。

董事会的规模并不是随意的、独立的，而是对外部环境条件的理性反映，随着环境的改变，董事会的构成也应随之改变。

董事会为获取资源发挥的作用主要包括：为企业带来忠告、建议形式的信息；获得公司和外部环境之间的信息通道；取得资源的优先条件；提升企业的合法性。

处于不同生命周期的企业对董事的资源依赖也不同，小公司由于缺乏关键资源，资源提供功能较监督功能对其绩效的影响就更为显著。而处于组织衰退和破产期的公司正经历着资源基础的锐减，作为资源提供者的董事发挥的作用更为明显。

有更多外部董事的公司，更可能从破产中重组，再次验证了资源依赖理论的论断。

（三）利益相关者理论

利益相关者管理理论是指企业的经营管理者为综合平衡各个利益相关者的利益要求而进行的管理活动。

与传统的股东至上主义相比较，该理论认为任何一个公司的发展都离不开各利益相关者的投入或参与，**企业追求的是利益相关者的整体利益，而不仅仅是某些主体的利益**。

利益相关者理论的要点主要体现在以下几个方面：

（1）在现代公司中，所有权是一个复杂的概念，讨论公司治理以所有权为起点"是彻底错误的，是高水平的误导"，股东并不是唯一的所有者，他们只能拥有企业的一部分。

（2）并不是只有股东承担剩余风险，职工、债权人、供应商都可能是剩余风险的承担者，应该设计一定的契约安排和治理制度来分配给所有的利益相关者一定的企业控制权，即所有的利益相关者都应该参与公司治理。

（3）该理论还从对企业发展的贡献上说明了重视非股东的其他利益相关者的必要性。在现代经济生活中，绝大多数资本所有者只是小股东，只不过是市场上的寻利者，大多只会"用脚投票"，而放弃"用手投票"权，对企业承担的责任日益减少；真正为企业的生存和发展操心的，是与企业利害关系更为密切的经理人员和广大职工。公司治理结构不能仅仅局限于调节股东与经理之间的关系，董事会等决策机构中除了股东代表以外还应有其他利益相关者的代表。

（4）从产权角度论证了其"新所有权观"的合理性。出资者投资形成的资产、公司经营过程中的财产增值和无形资产共同组成公司的法人财产，法人财产是相对独立的。

四、公司治理与战略管理★

1. 公司治理直接影响战略管理主体行使战略管理权限和职能
2. 公司治理影响企业战略目标
3. 公司治理模式对战略实施过程有重大影响

第二节　公司治理三大问题

公司治理三大问题见表5-3。

三大公司治理问题是本章重点，在实际考查中出题也比较灵活。首先要准确判断题目中是哪种公司治理问题，再考虑这个问题的表现形式与解决方案。判断时注意判断谁"欺负"谁：经理人"欺负"股东是"内部人控制问题"，终极股东"欺负"中小股东是"隧道挖掘问题"，企业"欺负"其他利益相关者是"企业与其他利益相关者之间的关系问题"。同学们重点掌握前两个问题。

表 5-3 公司三大治理问题

代理型公司治理问题	剥夺型公司治理问题	公司治理的第三类问题
股东与经理之间的关系	股东与股东间的利益关系	公司与其他利益相关者之间的关系问题
公司所有者与经营者（亦即股东与经理之间）的代理问题	大股东与中小股东之间的代理问题	
"经理人对于股东的内部人控制"问题	"终极股东对于中小股东的隧道挖掘"问题	

一、经理人对于股东的"内部人控制"问题（代理型公司治理问题）★★★

企业的内部成员（如厂长、经理或工人）能够直接参与企业的战略决策，并掌握了大部分企业实际控制权，在企业战略决策中追求自身利益，甚至内部各方面联手谋取各自利益，从而架空所有者的有效控制，并以此来侵蚀作为外部人（股东）的合法权益，这就是所谓的"内部人控制"现象。

1. "内部人控制"问题的成因

（1）所有者目标较为单一，追求企业利益最大化，而代理人的目标更为多元化，既追求个人收入也追求权力、地位与在职消费等。当两者之间发生利益冲突时，经营者往往会利用控制企业的特殊地位和拥有企业大量信息的有利条件，设法弱化所有者的约束，放弃甚至侵害所有者的权益以实现自身利益的最大化。

（2）公司治理机制的不完善为内部人控制提供了有利条件。股东大会流于形式，企业并没有把股东大会作为最高权力机构，董事会凌驾于股东大会之上，甚至是董事长兼任总经理一揽大权，董事会、监事会成员由股东大会选举产生的比例也不高，所以难以产生监督和制衡的作用。

2. "内部人控制"问题的主要表现（记忆）（见表 5-4）

表 5-4 "内部人控制"问题的主要表现

类型	主要表现
经理人违背忠诚义务	（1）过高的在职消费。 （2）盲目过度投资，经营行为短期化。 （3）侵占资产，转移资产。 （4）工资、奖金等收入增长过快，侵占利润。 （5）会计信息作假、财务作假。 （6）建设个人帝国
经理人违背勤勉义务	（1）信息披露不完整、不及时。 （2）敷衍偷懒不作为。 （3）财务杠杆过度保守。 （4）经营过于稳健、缺乏创新
国企改革过程中的"内部人控制"问题	（1）国有资产流失。 （2）会计信息失真

3. 治理"内部人控制"问题的基本对策

内部人控制问题虽然出现在企业内部，但**根源在于企业外部的制度和机制**，即外部职责的懈怠和治理功能的缺失。

(1) 完善公司治理体系，加大监督力度。
(2) 强化监事会的监督职能，形成企业内部权力制衡体系。
(3) 加强内部审计工作，充分发挥内部审计的监督职能，完善企业内部约束机制。
(4) 完善和加强企业的外部监督体系，使利益相关者参与到企业的监管中，再结合以经济、行政、法律等手段，构建对企业经营者的外部监督机制。

二、终极股东对于中小股东的"隧道挖掘"问题（剥夺型公司治理问题）★★★

1. "隧道挖掘"问题的成因

许多企业存在具有绝对影响力的大股东，对于数量众多的中小股东而言，他们只拥有名义上的控制权。

当资本市场缺乏对小股东利益的保护机制时，对企业经营活动具有控制力的大股东的行为就更加不容易被约束，他们可能以牺牲众多的中小股东利益为代价，通过追求自利目标而非公司价值目标来实现自身福利最大化，从而导致终极股东的"隧道挖掘"问题。

"隧道挖掘"行为的产生，在于控制股东"隧道挖掘"的收益大于其"隧道挖掘"的成本。而收益来源于控股股东所掌控的权力，成本则反映了控制股东对其行为所承担的责任。

2. "隧道挖掘"问题的表现（记忆）（见表5-5）

表5-5 "隧道挖掘"问题的表现

类型		主要表现
滥用公司资源（终极股东作为代理人违背勤勉义务）		(1) 为了家族荣耀等目标采取过度保守的经营策略。 (2) 为了保障社会就业而导致国有企业的冗员
占用公司资源（终极股东作为代理人违背忠实义务）	直接占用资源	(1) 直接借款、利用控制的企业借款、代垫费用、代偿债务、代发工资、利用企业为终极股东违规担保、虚假出资。 (2) 预付账款也是占用企业资金的途径之一，比其他应收款、应收账款更加隐秘。 (3) 终极股东占用企业商标、品牌、专利等无形资产以及抢占企业的商业机会
	关联性交易	(1) **商品服务交易活动**：终极股东以高于市场价格向公司销售商品和提供服务，以低于市场价格向公司购买商品和服务。 (2) **资产租用和交易活动**：就房屋、土地使用权、机器设备、商标和专利、托管经营活动等进行非市场交易。 (3) **费用分摊活动**：上市公司的控股母公司将广告费用、离退员工费用、员工福利费（如医疗、住房、交通费）、高管薪酬奖金、在职消费等费用分摊到公司进行利益输送
	掠夺性财务活动	(1) **掠夺性融资**：公司通过作假骗取融资资格、虚假包装、过度融资、向终极股东低价定向增发，损害中小股东利益。 (2) **内幕交易**：终极股东利用信息优势，谋取不当利益。 (3) **掠夺性资本运作**：标的物是公司股权。上市公司高价收购终极股东持有的其他公司股权，造成公司的利益流向终极股东

"隧道挖掘"问题的表现-知识精讲

3. 如何保护中小股东（记忆名称）

（1）**累积投票制**：这种局部集中的投票方法，能够使小股东选出代表自己利益的人，从而对终极股东形成制衡，增强中小股东的话语权，提升中小股东权益的保护水平。

（2）**建立有效的股东民事赔偿制度**：我国公司法规定公司股东滥用股东权利给公司或者其他股东造成损失的，应当依法承担赔偿责任。

（3）**建立表决权排除制度**：有利害关系的终极股东不参与表决使得表决更能体现公司整体利益，从而保护了中小股东的权益。

（4）**完善小股东的代理投票权**：①股东本人主动委托他人代为行使表决权。②他人劝诱股东将表决权委托给自己代为行使——股东表决权征集。

（5）**建立股东退出机制**：①转股，指股东将股份转让给他人从而退出公司，即"用脚投票"。②退股，指特定条件下股东要求公司以公平合理价格回购其股份从而退出公司。这种机制来源于异议股东股份回购请求权制度，是一种中小股东在特定条件下的解约退出权。

三、公司与其他利益相关者之间的关系问题★

企业并不单纯是所有者的企业，而是所有其他利益相关者共同的企业。只有当各利益相关者的利益得到合理的配置与满足时，才能建立更有利于企业长远可持续发展的外部环境，这有利于实现企业价值最大化，积累增加股东财富的目标。

1. 主张

企业经营必须重视将利益相关者融入企业的治理模式中，让外部与企业利益相关的主体共同参与公司治理。

2. 弊端

所有利益相关者共同参与公司治理会产生权责不清的问题，从而降低企业运作效率，企业容易陷入"泛利益相关者治理"的困境。

经典例题 5-1 （2020年·单选题）

建安集团是一家上市公司，公开信息显示该公司2016年实现净利润3.8亿元。当年该公司股价波动区间为12~22元，市盈率波动区间为6~11倍，公司以每股5元的价格向控股股东定向增发1 000万股。从掠夺性财务活动角度分析，建安集团的上述定向增发行为属于（　　）。

A. 内幕交易　　B. 超额股利　　C. 掠夺性资本运作　　D. 掠夺性融资

解析 从题目表述可以看出建安集团的行为是低价定增，低价定增属于掠夺性融资。

答案 D

第三节　公司内部治理结构和外部治理机制

一、公司内部治理结构★★★

公司内部治理结构是指主要涵盖股东大会、董事会（监事会）、高级管理团队以及公司员工之间权责利相互制衡的制度体系。

> **名师说** 经理人员与股东的利益不一致、合约的不完备和信息的不对称所产生的不确定性，使得委托代理问题不太可能通过合约来解决。这样在公司内部就需要一个制度机制来约束经理人员的行为。所以在实践中，股东并不是将公司的控制权直接交给经理人员，而是以一种信托关系首先交给董事会，董事会再通过委托代理关系聘用经理人员进行经营管理。为了使公司有效运作，各层权力机构应明确自身的权利与义务，避免出现越级管理的现象。

（一）公司内部治理结构的模式

> **名师说** 公司内部治理结构的模式是指公司的决策、经营和监督机制，它是公司运作的基础和保障。在以下介绍的这三种治理模式中，最高权力机构都是股东会，但其他权力机构或主体的设置、组成和职能有所不同。

敲黑板

本知识点为今年新修实质性知识点，提请同学关注。

公司内部治理结构的三种模式见表5-6。

表5-6 公司内部治理结构的三种模式

公司内部治理结构的三种模式-知识精讲

模式	含义	基本特征	优点	缺点
1. 外部控制主导型治理模式（"市场导向型治理模式""英美公司治理模式"）	指主要依靠外部的市场机制来达到公司治理目的的模式	（1）股权在资本结构中所占比重较大，企业的资产负债率较低。 （2）股权分散且流动性较高，不存在掌握绝对控制权的大股东。 （3）实行单层董事会制，即不设立监事会，董事会兼具决策职能和监督职能。 （4）公司的经营权主要集中在经理层手中。 （5）股东采用"用脚投票"的方式回避风险，同时对公司经理层及其他管理人员进行管控、激励和约束。 （6）资本市场上经常发生的企业并购和随之而来的对被并购企业经理层的更换，对经理人员形成较大的压力	（1）股东不直接介入或插手企业经营决策，而是通过证券市场上的股票交易活动监督经理层人员，既赋予经理层充分的经营自主权，又使经理层尽力发挥自己的经营能力和创造力，提升企业业绩。 （2）股东能够通过买卖股票保护自身利益	（1）股权的分散化和市场监督所具有的高成本，造成股东会"空壳化"现象，即股东的许多权力只处于名义层面，公司的实际权力几乎完全被经理层所掌握。 （2）股权的高度分散使得股东无法关注公司的长远发展，而是通过股票价格和盈利率等指标来衡量公司价值，并据此采取一些短期主义行为

续表

模式	含义	基本特征	优点	缺点
2. 内部控制主导型治理模式（"关系控制主导型治理模式""德日治理模式"）	指股东、债权人（银行）和经理层在公司治理中发挥主要作用的模式	（1）主要通过法人及银行进行债务融资，股权在资本结构中所占比重较小，企业的资产负债率较高。 （2）股权集中且流动性较低。 （3）实行双层董事会制，即分别设立监事会和执行董事会。① （4）主要债权人如银行派代表进入公司监事会和董事会，发挥监督作用。 （5）以银行为中心，供应商和客户等公司法人之间交叉持股的现象十分普遍。通过交叉持股，公司之间一方面相互渗透、相互依存，另一方面为了防止风险的产生和传递而彼此监督	（1）由于股权比较集中，股东具备通过"用手投票"监督经理人员的意愿和能力，能够比较有效地缓解经营者与股东之间的代理问题。② （2）交叉持股的股权结构增强了股东的稳定性，促进了企业之间互助，这种情况一方面降低了公司被并购的可能性，另一方面降低了企业间的交易成本，便于企业间共担风险	（1）稳定的、集中化的股权结构抑制了外部治理机制的发展，导致外部资本的并购和股东"用脚投票"难以进行、信息透明度低等问题。 （2）交叉持股导致公司在人事上互为股东、互为高管，长此以往，容易使股东、高管为维护自身利益相互勾结而非相互监督，从而使内部控制失灵。 （3）企业之间稳定的股权联系会降低企业间的竞争性，抑制企业的创新动力，阻碍企业的长期发展
3. 家族控制主导型治理模式（"东亚及东南亚家族治理模式"）	指一个或若干个家族占有公司的相当一部分股份并成为公司实际控制人的治理模式	这种模式盛行于东亚及东南亚一些国家和地区的家族企业。这些家族企业的所有权既没有掌握在分散的投资者手中，也没有掌握在银行、法人手中，而是掌握在家族手中，同时，家族也掌握企业的经营权，管理企业的日常活动	（1）所有权和经营权的"两权合一"能够有效减少股东与经营者之间的委托代理问题，降低监督成本，提高治理效率。 （2）高度集中的决策机制有利于降低公司决策的协调成本。 （3）家族资源的集中统一配置有助于为企业重点发展或优先发展的业务提供充足的物质资本和人力资本	（1）独断的决策机制容易造成较高的经营风险。 （2）大股东控股的股权结构可能产生侵占小股东利益的行为。 （3）对控股股东缺乏有效的外部和内部监督机制。 （4）以血缘关系和亲情为基础的人事制度，既不利于广揽人才、任人唯贤，又会使工作关系和家族关系相互混淆，阻碍管理的规范化。 （5）由于缺乏科学、规范的换届制度和流程，容易引发家族企业潜在继承人之间的纷争和冲突，导致企业衰退甚至解体、倒闭

①德国公司的董事会由监事会选举产生，由执行董事组成，行使执行职能。监事会对董事会实施监督。日本公司的董事会和监事会则都由股东会选举产生，董事会和监事会是平行机构，彼此没有隶属关系。董事会和高管团队共同负责决策与执行，监事会负责监督董事会和高级管理人员。

②例如银行作为主要债权人或大股东参与公司治理，能够更方便地观察公司资金流动，具有比其他类型的股东更多的信息优势，因而能够降低股东的监督成本，提高股东的监督效果。

（二）公司内部治理结构各方主体的权利和义务

1. 股东和股东会

股东和股东会的具体内容见表 5-7。

> 敲黑板
>
> 本知识点为今年新修实质性知识点，提请同学关注。

表 5-7 股东和股东会

名称	含义
股东	股东是出资设立公司并对公司债务负责的自然人或各种类型的法人实体。股东可以分为**普通股股东和优先股股东**，普通股是代表一般权利的股份，优先股则是比普通股有一定优先权的股份
股东权利	（1）**表决权**。普通股股东通过亲自出席或者委托代理人出席股东会，对会议议决事项享有表示同意或者表示不同意的权利。 （2）**选举权和被选举权**。普通股股东有权通过股东会选举公司的董事或监事，也有权在符合法定任职资格的条件下，被选举为公司的董事或监事。 （3）**依法转让股权或股份的权利**。法律禁止股东出资获得公司股权后从公司抽逃投入资产，但允许股东为了转移投资风险或者收回投资并获得相应的利益而转让其股权或股份。 （4）**增资优先认股权**。公司新增资本或增发新股时，在同等条件下，原有普通股股东有权按其持股比例优先于外部投资者认缴出资或者认购新股。 （5）**股利分配和剩余财产分配请求权**。在公司持续经营的条件下，作为公司的投资者，股东拥有投资收益权，这一权利主要体现为有权取得并保有公司分配的股利。 （6）**查阅、建议和咨询权**。股东作为公司资本的提供者和经营风险的最终承担者，有权知悉公司的人事、财务、经营、管理等方面的情况，通过一定程序和方式，查阅公司相关文件资料、会议记录、决议、账簿、报告等，同时负有保密义务并承担相应责任。 （7）**提议召开临时股东会和自行召集的权利**。根据《公司法》的有关规定，有限责任公司代表 1/10 以上表决权的股东、1/3 以上的董事或者监事会，可以提议召开临时股东会；股份有限公司单独或者合并持有公司 1/10 以上股份的股东有权请求召开临时股东会。 （8）**临时提案权**。根据《公司法》的有关规定，股份有限公司单独或者合计持有公司 1%以上股份的股东，可以在股东会会议召开十日前提出临时提案并书面提交董事会。 （9）**申请法院解散公司的权利**。根据《公司法》的有关规定，公司经营管理发生严重困难，继续存续会使股东利益遭受重大损失，通过其他途径不能解决的，持有公司10%以上股东表决权的股东，可以请求人民法院解散公司

续表

名称	含义
股东会职权	（1）选举和更换董事、监事，决定有关董事、监事的报酬事项； （2）审议批准董事会的报告； （3）审议批准监事会的报告； （4）审议批准公司的利润分配方案和弥补亏损方案； （5）对公司增加或者减少注册资本作出决议； （6）对发行公司债券作出决议； （7）对公司合并、分立、解散、清算或者变更公司形式作出决议； （8）修改公司章程； （9）公司章程规定的其他职权

2. 董事会

董事会的具体内容见表5-8。

表5-8 董事会

名称	含义	
董事会	董事会是由股东会选举产生的董事组成、代表公司并行使经营决策权的常设机关	
董事会的组成	董事会成员为三人以上，其成员中可以有公司职工代表。 职工人数三百人以上的有限责任公司，除依法设监事会并有公司职工代表的外，其董事会成员中应当有公司职工代表。 董事会中的职工代表由公司职工通过职工代表大会、职工大会或者其他形式民主选举产生。 股东人数较少或者规模较小的有限责任公司，可以设一名执行董事，不设立董事会，执行董事的职权与董事会相当	
董事的分类	内部董事（执行董事）	指同时担任本公司其他管理职务的董事，如总经理、常务副总经理等
	外部董事	指不在本公司担任除董事以外的其他职务的董事，如其他上市公司的总裁、公司咨询顾问和大学教授等	**关联董事**：是与公司保持着利益关系的董事，如公司关联机构的雇员 **独立董事**：是与公司或公司的经营管理者没有业务联系或专业联系，并对公司事务作出独立判断的董事
董事的任期与解任	董事任期由公司章程规定，但每届任期不得超过**3年**，届满后**可连选连任**。 股东会可以决议解任董事，决议作出之日解任生效	

续表

名称	含义
董事会职权	(1) 召集股东会会议，并向股东会报告工作； (2) 执行股东会的决议； (3) 决定公司的经营计划和投资方案； (4) 制订公司的利润分配方案和弥补亏损方案； (5) 制订公司增加或者减少注册资本以及发行公司债券的方案； (6) 制订公司合并、分立、解散或者变更公司形式的方案； (7) 决定公司内部管理机构的设置； (8) 决定聘任或者解聘公司经理及其报酬事项，并根据经理的提名决定聘任或者解聘公司副经理、财务负责人及其报酬事项； (9) 制定公司的基本管理制度； (10) 公司章程规定或者股东会授予的其他职权
董事会机构设置	董事会设董事长1人，可以设副董事长。 股份有限公司可以按照公司章程的规定在董事会中设置由董事组成的审计委员会，行使《公司法》规定的监事会的职权，不设监事会或者监事。 审计委员会成员为3名以上，**过半数成员**不得在公司担任除董事以外的其他职务，且不得与公司存在任何可能影响其独立客观判断的关系。 公司董事会成员中的职工代表可以成为审计委员会成员。 审计委员会作出决议，应当经审计委员会成员的过半数通过。 上市公司董事会可以按照股东会的有关决议，设立**战略**、**审计**、**提名**、**薪酬与考核**等专门委员会。专门委员会成员全部由董事组成，其中审计委员会、提名委员会、薪酬与考核委员会中**独立董事应占多数并担任召集人**

3. 监事会

监事会的具体内容见表5-9。

表5-9 监事会

名称	含义
监事会	监事会是由依法产生的监事组成、对董事和经理的经营管理行为及公司财务进行监督的常设机构。它代表全体股东行使对公司经营管理进行监督的职能
监事会的组成	监事会的成员不得少于3人。 股东人数较少或者规模较小的有限责任公司，可以不设监事会，设一名监事；全体股东一致同意，也可以不设监事。 监事会应当包括股东代表和适当比例的公司职工代表，其中职工代表的比例不得低于1/3，具体比例由公司章程规定。 监事会中的职工代表由公司职工通过职工代表大会、职工大会或者其他形式的民主选举产生。 **董事、高级管理人员不得兼任监事。** 上市公司的监事应具**有法律、会计等方面的专业知识或工作经验**。 监事会设主席一人，股份有限公司监事会可以设副主席，监事会主席和副主席由全体监事过半数选举产生
监事任期	监事的任期每届为**3年**，任期届满**可以连选连任**

续表

名称	含义
监事会职权	(1) 检查公司财务； (2) 对董事、高级管理人员执行公司职务的行为进行监督，对违反纪律、行政法规、公司章程或者股东会决议的董事、高级管理人员提出罢免的建议； (3) 当董事、高级管理人员的行为损害公司的利益时，要求董事、高级管理人员予以纠正； (4) 提议召开临时股东会会议，在董事会不履行法律规定的召集和主持股东会会议职责时召集和主持股东会会议； (5) 向股东会会议提出提案； (6) 依照《公司法》第一百八十九条的规定，对董事、高级管理人员提起诉讼； (7) 公司章程规定的其他职权。 监事可以列席董事会会议，并对董事会决议事项提出质询或者建议

4. 经理管理机关

经理管理机关的具体内容见表 5-10。

表 5-10 经理管理机关

名称	含义
经理管理机关	是指由董事会聘任的、负责公司日常经营活动的常设业务执行机关，即公司的经理。在有限责任公司中，经理不是必设机构而是选设机构
经理的职权	公司董事会可以决定由董事会成员兼任经理。经理对董事会负责，行使下列职权： (1) 主持公司的生产经营管理工作，组织实施董事会决议； (2) 组织实施公司年度经营计划和投资方案； (3) 拟订公司内部管理机构设置方案； (4) 拟订公司的基本管理制度； (5) 制定公司的具体规章； (6) 提请聘任或者解聘公司副经理、财务负责人； (7) 决定聘任或者解聘除应由董事会决定聘任或者解聘以外的负责管理人员； (8) 董事会授予的其他职权。 公司应当定期向股东披露董事、监事、高级管理人员从公司获得报酬的情况。公司不得直接或通过子公司向董事、监事、高级管理人员提供借款。上市公司总经理及高层管理人员（副总经理、财务主管和董事会秘书）必须在上市公司领薪，不得由控股股东代发薪水

5. 国有企业各级党委（党组）

国有企业各级党委（党组）的具体内容见表 5-11。

表 5-11 国有企业各级党委（党组）

名称	含义
国有企业各级党委（党组）的设置	国有企业党员人数 100 人以上的，设立党的基层委员会（以下简称党委）。党员人数不足 100 人、确因工作需要的，经上级党组织批准，也可以设立党委。 党员人数 50 人以上、100 人以下的，设立党的总支部委员会（以下简称党总支）。 党员人数不足 50 人、确因工作需要的，经上级党组织批准，也可以设立党总支。 正式党员 3 人以上的，成立党支部。正式党员 7 人以上的党支部，设立支部委员会。 经党中央批准，中管企业一般设立党组，中管金融企业设立党组性质党委
国有企业党委组成和任期	国有企业党委一般由 5 至 9 人组成，最多不超过 11 人，其中书记 1 人、副书记 1 至 2 人。设立常务委员会的，党委常务委员会委员一般 5 至 7 人，最多不超过 9 人，党委委员一般 15 至 21 人。 国有企业党委一般由 5 至 9 人组成，最多不超过 11 人，其中书记 1 人、副书记 1 至 2 人。 国有企业党委由党员大会或者党员代表大会选举产生，每届任期一般为 5 年。党总支和支部委员会由党员大会选举产生，每届任期一般为 3 年。任期届满应当按期进行换届选举。 国有企业坚持和完善"双向进入、交叉任职"领导体制，符合条件的党委（党组）班子成员可以通过法定程序进入董事会、监事会、经理层，董事会、监事会、经理层成员中符合条件的党员可以依照有关规定和程序进入党委（党组）。 党委（党组）书记、董事长一般由一人担任，党员总经理担任副书记。确因工作需要由上级企业领导人员兼任董事长的，根据企业实际，党委书记可以由党员总经理担任，也可以单独配备
国有企业党委（党组）在公司治理中的作用	重大经营管理事项必须经党委（党组）研究讨论后，再由董事会或者经理层作出决定。研究讨论的事项主要包括： （1）贯彻党中央决策部署和落实国家发展战略的重大举措； （2）企业发展战略、中长期发展规划、重要改革方案； （3）企业资产重组、产权转让、资本运作和大额投资中的原则性、方向性问题； （4）企业组织架构设置和调整、重要规章制度的制定和修改； （5）涉及企业安全生产、维护稳定、职工权益、社会责任等方面的重大事项； （6）其他应当由党委（党组）研究讨论的重要事项

二、公司外部治理机制（记忆名称）

（一）市场机制

市场机制的具体内容见表 5-12。

表 5-12 市场机制

类型	含义
1. 产品市场	产品市场的竞争对经理人员的约束主要来自两个方面： （1）在充分竞争的市场上，只有最有效率的企业才能生存，作为企业的经理人员自然也就面临更大的压力。企业的经理人员如果不努力的话，企业就可能破产，经理人员自己也可能失业。 （2）产品市场的竞争可以提供有关经理人员行为的更有价值的信息。企业的股东可以通过把自己的企业与其他企业进行比较而获得经理人员工作好坏的更准确的信息。有了产品市场上的比较，股东就可以把经理人员的报酬与同行业其他企业经理人员的业绩相联系，也就可以为经理人员提供更强的激励

续表

类型	含义
2. 资本市场	也称为控制权市场。 当企业现有经理人员经营不努力时，企业的业绩就可能下降，企业的股票价格就会下跌，股票的价值也会小于可能的最大价值。这时，就会有人通过资本市场上的收购，取得这家企业的控制权，经营无方的管理者将被替代。 因此，收购和重组的威胁被认为是控制经理人员行为最有效的方法之一
3. 经理人市场	在竞争的市场上声誉是决定个人价值的重要因素。 经理人员如果不努力，其业绩表现就会不佳，声誉就会下降。只有信誉好了，在未来才会有人愿意聘请他，他才能获得更高的报酬

（二）外部监督机制

> **敲黑板**
> 本知识点为今年新修实质性知识点，提请同学关注。

外部监督机制的具体内容见表 5-13。

表 5-13 外部监督机制

类型	含义
1. 行政监督	一方面表现为行政监督职能部门在法律法规授权的范围内，对公司进行法律和政策上的监控，规范、管理、制约和监督企业的各类行为，及时制止和纠正公司的违法违规行为，促使公司规范运作、依法生产； 另一方面表现为行政监督部门依照法律授权和职能职责，及时细化完善相关行政法律规范、经济政策及监管规则，平衡公司外部各主体的利益，协调整个社会系统，有效降低社会交易成本，实现营商环境市场化、法治化、国际化，推动公司治理水平持续提升
2. 司法监督	主要是国家的司法部门依照法律规定，对公司在经营过程中的违法行为进行约束和制裁，并对因公司违法行为而遭受损害的有关权利进行救济和保护
3. 中介机构执业监督	为确保信息披露质量，相关法律要求**会计师事务所**、**律师事务所**等中介机构对公司编报的信息进行审计和核查验证后方可披露。 从会计师事务所的审计看，注册会计师的独立性、客观性和专业胜任能力为公司依据现行会计准则恰当编报财务报告提供了合理保证。 从**律师事务所**、**投资银行**、**资信评级**等中介机构来看，他们分别从合规、核查验证、评级、分析等方面对公司信息出具意见或进行评级评价，促进公司不断提升治理水平
4. 舆论监督	舆论监督的实施主体主要分为两个层次，即公众和媒体层次。 **公众**作为舆论监督的主体，是舆论话题的发现者与提供者。 **媒体**一方面是公众舆论监督的实现途径和输出管道；另一方面也是舆论监督话题的发现者与供应者。可以说，媒体在舆论监督中负有双重任务。 媒体监督具有全方位性和独立性，它无处不在，对公司治理主体和客体构成现实的和潜在的监督

> **名师说**
> 司法监督和行政监督的区别
> 司法监督和行政监督类似，体现的是国家意志。与行政监督的主动性不同，司法监督是一种被动的监督方式，具有滞后性，但它是最有强制力的，也是最有效率的。
> 行政监督制止了违法违规行为，司法制裁则强制违法人员承担民事责任和刑事责任，从而使公司治理不再局限于"投资者利益高于一切"的内部视野。

第四节　公司治理原则

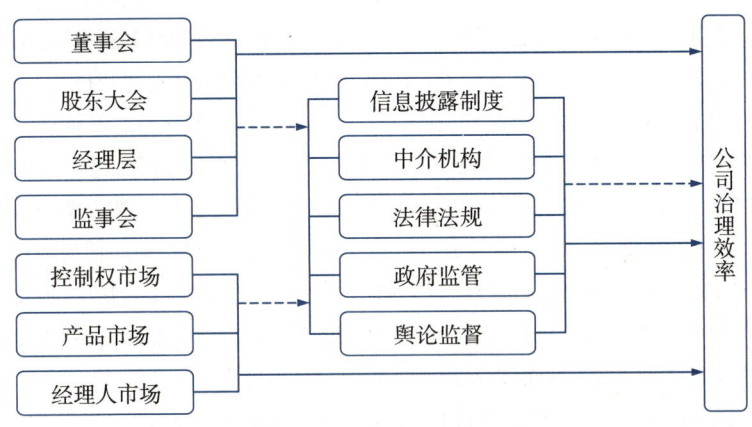

图 5-3　公司治理的参与方

公司治理原则

《OECD 公司治理原则》主要包括以下内容（经济合作与发展组织——OECD）。

1. 确保有效的公司治理框架的基础

（1）建立公司治理框架时，应当考虑其对整体经济运行和市场完整性的影响，其对市场参与者创新的激励，以及其对透明、运作良好市场的促进作用。

（2）影响公司治理实践的那些法律的和监管的要求应符合法治原则，并且是透明和可执行的。

（3）明确划分管理机构的责任，以便更好地为公众利益服务。

（4）证券交易所的监管应为有效的公司治理提供支持。

（5）应保证监督、监管和执行部门有适当的权力、正直的操守和充足的资源，以专业、客观的态度履行职责，做出及时、透明、解释充分的裁定。

（6）应增强跨境合作，利用双边及多边安排促进信息交换。

2. 股东权利公平待遇和关键所有权功能

（1）股东的基本权利包括：①可靠的所有权登记办法；②委托他人管理股份或向他人转让股份；③及时、定期地获得公司的实质性信息；④参加股东大会和参与投票表决；⑤选举和罢免董事会成员；⑥分享公司利润。

（2）股东有权批准或参与涉及公司重大变化的决策并为此获得充分信息，这些重大变化包括：①修改公司规章或其他类似的公司治理文件；②授权增发股份；③重大交易，包括转让全部或大部分资产而造成公司被出售的结果。

（3）股东应有机会参加股东大会并行使投票权，有权了解包括投票程序在内的股东大会的有关规则：①股东应当充分、及时收到关于股东大会召开的日期、地点、议程等信息，也包括关于会议将要做出决定的事项的全部信息；②股东大会的流程与程序应及全体股东的公平待遇。公司程序不应使投票过于困难或成本过高；③在合理的范围内，股东应当有机会

敲黑板

公司治理原则由经济合作与发展组织（OECD）在1999年提出，旨在帮助OECD成员国及非成员国政府评估和改善本国公司治理的法律、制度和监管体系，为股票交易所、投资者、公司和其他在推进良好公司治理过程中发挥作用的机构提供指引和建议。《OECD 公司治理原则》是一份不断完善的文件，是一个灵活的工具。这部分考频较低，同学们大致掌握即可。

对董事会提出问题，包括与年度审计报告相关的问题，应当有机会增加股东大会议程中的议题并提出议案；④应当创造便利条件，使股东能有效参与关键的公司治理决策，如提名和选举董事会成员。股东应能够对董事会成员和关键经理人员的薪酬通过包括股东大会投票等渠道发表意见。董事会成员和雇员的薪酬方案中的股权部分应得到股东的批准；⑤股东可以亲自或由代理人投票，两者都赋予投票结果以同等效力；⑥应消除跨国投票障碍。

（4）应为包括机构投资者在内的所有股东行使权利创造有利条件，从而使包括机构投资者在内的股东能就本《原则》中所界定的股东基本权利有关的事宜相互进行协商。

（5）同类同系列的股东应享有同等待遇。对于使特定股东获得与其股票所有权不成比例的某种支配力或控制权的资本结构和安排，应当予以披露：①同类别的任何股份系列，均具有相同的权利。所有的股份都应该具有同样的权利。所有的投资者在购股之前都应该获得有关各类各系列股份所享有的权利的信息。投票权上的任何改变都应该由受到不利影响的股份类别持有者同意。②资本结构和控制安排的披露应当必不可少。

（6）关联交易的批准和执行，应确保对利益冲突进行适当管理，并保护公司和股东：①关联交易中内在的利益冲突应当予以处理；②董事会成员和关键高管应当按照规定向董事会披露是否在任何直接影响公司交易或事务中有直接、间接或代表第三方的实质性利益。

（7）少数股东应受到保护，使其不受控股股东直接或间接滥用权力，或他人为控股股东的利益而滥用权力的侵害，并应当享有有效的补救手段。

（8）应允许公司控制权市场以有效和透明的方式运行：①有关资本市场中公司控制权收购、较大比例公司资产的出售，以及类似于合并的特类交易的规则和程序，都应清楚详细并予以披露，以使投资者理解自己的权利和追索权。交易应在价格透明和公平条件下进行，以使各类股东的权利都受到保护。②反收购工具不应当成为管理层和董事会规避问责的借口。

3. 机构投资者、证券交易所和其他中介机构

（1）作为受托人时，机构投资者应当披露与其投资有关的公司治理及投票政策，包括决定使用投票权的相关程序。

（2）存管人或代理人应按照股份受益人的指示进行投票。

（3）作为受托人时，机构投资者应当披露如何管理可能会影响所投项目之关键所有权行使的重大利益冲突。

（4）公司治理框架应当要求委托投票代理顾问、分析师、经销商、评级机构，以及为投资人决策提供分析或建议的其他人员，披露可能会损及其分析或建议公正性的利益冲突，并将相应冲突控制在最低限度。

（5）内幕交易和市场操纵应当予以禁止，适用的规则应当予以执行。

（6）对于在注册地以外司法管辖区上市的公司，应当明确披露其适用的公司治理法律法规。在交叉上市的情况下，关于如何承认第一上市所适用的上市规则、相关的标准和流程，应当透明，并明文规定。

（7）证券交易所应当发挥公平高效的价格发现功能，以利于改善公司治理效果。

4. 利益相关者在公司治理中的作用

（1）经法律或共同协议而确立的利益相关者的权利应得到尊重。

（2）在利益相关者的权利受法律保护的情形下，当其权利受到侵害时应能够获得有效的

赔偿。

(3) 应允许开发那些有利于业绩提升的员工参与机制。

(4) 如果利益相关者参加了公司治理程序，他们有权及时、定期获取与他们的权利有关的充分、可靠的信息。

(5) 利益相关者（包括个人雇员及其代表团体）应有权向公司董事会以及当地主管政府机构自由地就公司的非法或不道德的做法进行交流，并不得因行使该权利而妨碍其他权利的行使。

(6) 公司治理框架应以有成效、有效率的破产制度框架和有效的债权人权利执行机制作为补充。

5. 信息披露和透明度

(1) 应当披露的重大信息至少包括：①公司的财务和业绩状况；②公司经营目标和非财务信息；③公司主要的股票所有权及相关的投票权；④董事会成员和关键高管的薪酬政策，董事会成员的其他信息，包括他们的任职资格、选择过程、就任其他公司董事职务情况、是否被董事会认定为独立董事等；⑤关联方交易；⑥可预期的重大风险因素；⑦与雇员和其他利益相关者有关的重要问题；⑧公司的治理结构和政策，尤其是其执行所依据的任何公司治理规则或政策及程序的内容。

(2) 应根据会计、财务和非财务披露的高质量标准，准备并披露信息。

(3) 公司每年应聘请独立、尽职、有执业资格的审计人员出具年度审计报告，由外部人员为董事会和股东对财务报表的编制和呈报的方式提供客观的依据。

(4) 外部审计人员向股东负责，对公司负有在审计中发挥应有的职业审慎的义务。

(5) 信息传播的途径应确保信息使用人能够平等、及时、低成本地获取有关信息。

6. 董事会的义务

(1) 董事会成员应在充分知情的基础上，诚实、尽职、谨慎地开展工作，最大程度地维护公司和股东的利益。

(2) 当董事会的决策可能对不同股东团体造成不同的影响时，董事会应做到公平对待所有股东。

(3) 董事会应具备高度的道德准则，并考虑利益相关者的利益。

(4) 董事会应履行以下主要职责，包括：①审查和指导公司的战略、重要行动计划、风险管理政策和流程、年度预算和商业计划；设定公司的业绩目标；监督战略实施和绩效；监督重大的资本支出、并购和出售等行为。②对公司治理的有效性进行监督并根据实际需要加以调整。③选举关键管理人员，确定其薪酬，监督他们的行为和业绩，在必要的时候更换新的人员并对他们职务的交接进行监督。④促使关键管理人员和董事的薪酬与公司和股东的长期利益相一致。⑤确保董事会成员的提名和选举过程的正规性和透明度。⑥对管理层、董事会成员和股东之间的潜在的利益冲突进行监督和管理，包括滥用公司资产和不当关联方交易。⑦确保包括独立审计在内的公司会计和财务报告系统诚实可靠；确保公司具备恰当的控制系统，特别是风险管理、财务和运营控制系统，以及合规系统。⑧监督信息披露和沟通流程。

(5) 董事会应能够对公司事务做出客观独立的判断。

①董事会应考虑委派相当数量的、具备独立判断能力的非执行董事对可能存在利益冲突

的事项进行判断。例如，确保财务和非财务报告制度的完整性，并审查关联方交易对董事会成员及关键经理人员的提名、董事会成员薪酬等。

②董事会应当考虑设立专门委员会，以支持全部董事会成员履行职能，特别是在审计、风险管理及薪酬方面（取决于公司的规模和风险特征）。如果董事会成立了专门的委员会，他们的职责、组成和工作流程应予以明确并由董事会进行披露。

③董事会成员应能有效地承担其职责。

④董事会应定期评估董事会的业绩，并评价董事会是否具备适当的履历和能力。

（6）为了更好地履行其职责，董事会成员应能够及时、准确地获取有关的信息。

如果在董事会中设置员工代表是一项强制规定，董事会应当制定促进保障员工代表知情权和培训权的机制，以便员工代表有效地行使权利，最大程度地促进董事会有效性和独立性。

考点加油站

章末总结

- 第五章 公司治理
  - 公司治理概述
    - 企业的起源与演进
    - 公司治理问题的产生及公司治理的概念
    - 公司治理理论
    - 公司治理与战略管理
  - 公司治理三大问题
    - 经理人对于股东的"内部人控制"问题（代理型公司治理问题）
      - "内部人控制"问题的成因
      - "内部人控制"问题的主要表现★
      - 治理"内部人控制"问题的基本对策
    - 终极股东对于中小股东的"隧道挖掘"问题（剥夺型公司治理问题）
      - "隧道挖掘"问题的成因
      - "隧道挖掘"问题的表现★
      - 如何保护中小股东
    - 公司与其他利益相关者之间的关系问题
  - 公司内部治理结构和外部治理机制
    - 公司内部治理结构
      - 公司内部治理结构的模式★
        - 外部控制主导型治理模式
        - 内部控制主导型治理模式
        - 家族控制主导型治理模式
      - 公司内部治理结构各方主体的权利和义务★
        - 股东和股东会
        - 董事会
        - 监事会
        - 经理管理机关
        - 国有企业各级党委（党组）
    - 公司外部治理机制
      - 市场机制★
        - 产品市场
        - 资本市场
        - 经理人市场
      - 外部监督机制★
        - 行政监督
        - 司法监督
        - 中介机构执业监督
        - 舆论监督
  - 公司治理原则 — 公司治理原则

75%

第六章　风险与风险管理概述

轻装上阵

本章讲什么？

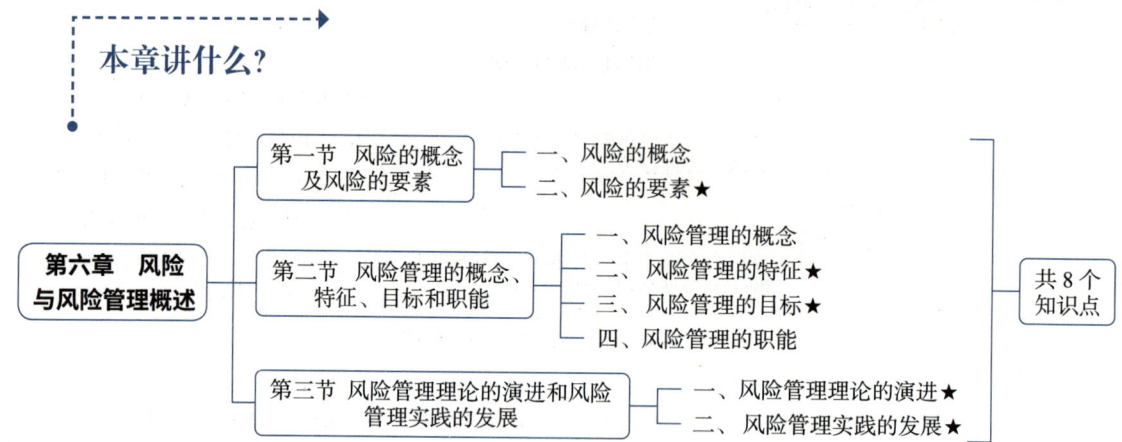

从本章开始，我们进入风险管理的领域。

本章属于风险板块的导论，内容较为简单，对于什么是风险及什么是风险管理进行了大致阐述。

本章如何考？

本章考试题型以客观题为主，预计 2~3 分。

本章怎么学？

总体而言，本章多为概念类型的知识点，考生在第一次学习时不必深究，待全科目学完再复习时，很多问题会迎刃而解。

对于一些小标题，需要有一定的记忆，小标题的背诵任务可以放到第二轮复习时进行。

2024 年本章主要变化

2024 年教材在本章变动较小，主要为文字表述的调整。风险的要素中的"损失"调整为"风险后果"；在当代风险管理实践阶段中新增了部分表述。

第一节 风险的概念及风险的要素

一、风险的概念 ★

COSO 委员会 2017 年对风险的定义：风险是事项发生并影响实现战略和经营目标的可能性。

ISO 31 000 定义风险：风险是不确定性对目标的影响。

国务院国有资产监督管理委员会 2006 年印发的《中央企业全面风险管理指引》对企业风险的定义：未来的不确定性对企业实现其经营目标的影响。

风险分为纯粹风险（只有带来损失一种可能性）和机会风险（带来损失和盈利的可能性并存）。风险是有价值的。

理解风险的定义需要把握以下几个方面：

(1) 企业风险与企业战略相关。
(2) 风险是一系列可能发生的结果，不能简单理解为最有可能的结果。
(3) 风险既具有客观性，又具有主观性。
(4) 风险往往与机遇并存。有风险才有机会，风险是机会存在的基础。可以把负面的风险称为威胁，把正面的风险称为机会。

> **名师说**：风险具有不确定性，所以风险是一系列可能的结果，如果只有一种最可能的结果，那么就不存在不确定性，也就不存在风险了。风险是客观存在的，这体现了风险的客观性；风险是可以通过主观努力去改变的，这体现了风险的主观性。可以认为负面的风险是纯粹风险，正面的风险是机会风险。

二、风险的要素 ★

1. 风险因素

风险因素是指促使某一风险事件发生，或增加其发生的可能性，或提高其损失程度的原因或条件。

(1) **有形风险因素**，是指直接影响事物物理功能的物质风险因素，也称为实质性风险因素（如水源或空气污染是损害人们健康的有形风险因素，汽车刹车系统失灵是引起车祸的有形风险因素）。

(2) **无形风险因素**，是指影响物质损失的可能性和程度的非物质因素，可以进一步分为道德风险因素（由于个人不诚实、不正当、不轨企图，如欺诈、抢劫、盗窃、贪污等）和心理风险因素（由于人们主观上的过失或疏忽，如司机在驾驶过程中注意力分散增加车祸发生的风险、居民外出忘记锁门增加盗窃发生的风险）。

2. 风险事件（事故）

风险事件是指造成损失的偶发事故。例如，火灾、洪水、地震、车祸、核泄漏、疾病、股市崩盘等,都是导致财产损失的风险事件。

造成风险事件发生的根源主要有自然力作用、社会经济变动、人的行为等。

3. 风险后果

根据现代风险管理理论,风险后果是指对目标产生的影响。

后果可能是确定的或不确定的,可能对目标产生正面或负面、直接或间接的影响。

正面影响是指能促进企业目标实现,负面影响即风险损失。

风险管理中的损失包括两个方面的内容:一是非故意的、非预期的和非计划的;二是经济价值(即能以货币衡量的价值)的减少,两者缺一不可。如折旧和捐赠虽然有经济价值的减少,但不含有第一个方面的内容;又如某人因受到惊吓而精神失常,虽然包括第一个方面的内容,但不属于经济价值减少的情况,因此均不能称其为损失。

(1) 直接损失。

是指风险事件导致的财产损毁和人身伤害,这类损失又称为实质损失。

(2) 间接损失。

是指由直接损失引起的其他损失,即派生损失,包括额外费用损失、收入损失、责任损失以及声誉损失等。

间接损失有时会大于直接损失。

4. 风险因素、风险事件和风险后果三者的关系

风险因素、风险事件和风险后果是共同构成风险的统一体。它们之间相互依存、相互作用,风险因素引起风险事件发生或增加其发生的概率;风险事件的发生造成风险后果;风险后果的发生使风险因素和风险事件得以呈现或暴露,使风险最终形成。

第二节 风险管理的概念、特征、目标和职能

一、风险管理的概念★

风险管理的内涵见表6-1。

表6-1 风险管理的内涵

内涵	说明
风险管理的决策主体是风险管理单位	风险管理的决策主体是风险管理单位,既可以是个人、家庭和企业,也可以是政府、事业单位、社会团体等,还可以是国际组织等。 个人、家庭——对人身风险、家庭财产风险和责任风险的管理; 企业——对企业战略风险、市场风险、运营风险、财务风险、法律合规风险的管理; 政府——对整个社会生命、财产和责任风险的管理
风险管理的核心是降低损失并致力于创造价值	风险管理的核心是在风险事件发生前防患于未然,预见将来可能发生的损失,或者在风险事件发生后,采取一些减少损失、保持和创造价值的方法

续表

内涵	说明
风险管理的对象可以是纯粹风险，也可以是投机风险	纯粹风险——只有损失机会而无获利可能的风险。 投机风险——那些既存在损失可能性，又存在获利可能性的风险
风险管理过程是决策和控制的过程	风险管理过程实际上是一个管理决策和控制的过程，其本质是通过合理和科学的管理决策为组织实现价值保持和创造

二、风险管理的特征★★

企业风险管理的特征见表6-2。

表6-2 企业风险管理的特征

特征		说明
客观性		风险不以人的意志为转移，是独立于人的主观意识之外的客观存在
战略性		尽管风险管理渗透到企业各项活动中，存在于企业管理者对企业的日常管理当中，但它主要运用于企业战略管理层面，站在战略层面管理企业层面风险，降低风险损失的期望值，这是风险管理的价值所在
可行性		对风险进行管理的可行性主要源于风险成本间的替代性。风险损失成本与风险管理成本之间在一定程度上存在替代关系，即在成本有效的情况下，风险管理成本越大，风险损失成本可能越低；风险管理成本越小，风险损失成本可能越高 风险虽然不可完全避免，但防范与控制风险是可能的，分散和转移风险成本也是可能的
系统性	全面性	风险管理是一项全面性的管理
	广泛性	风险管理是涉及许多领域的管理，风险管理学是涉及多门学科的交叉学科
	全员性	企业全面风险管理是一个由企业治理层、管理层和所有员工参与，旨在把风险控制在风险容量以内，增进企业价值的过程
专业性		要求风险管理的专业人才实施专业化管理，从而有助于形成企业可持续发展的核心竞争力
二重性		全面风险管理的商业使命在于： ①损失最小化管理（风险不能避免时，尽量减小损失）； ②不确定性管理（风险可能发生时，降低发生的可能）； ③绩效最优化管理（风险预示着机会时，化风险为增进企业价值的机会）； 全面风险管理既要管理纯粹风险，也要管理投机风险

经典例题6-1 （单选题）

永泽公司是一家餐饮公司。2010年，一场传染病的流行使餐饮业进入"寒冬"，该公司在进行风险评估后认为，这场传染病的流行将使消费者的健康饮食意识大大增强，于是组织员工迅速开发并推出系列健康菜品。使公司营业额逆势上升。永泽公司的上述做法体现的风险管理特征是(　　)。

A. 专业性　　　　B. 战略性　　　　C. 系统性　　　　D. 二重性

（解析）既管理纯粹风险（一场传染病的流行使餐饮业进入"寒冬"）又管理机会风险（传染病的流行将使消费者的健康饮食意识大大增强，于是组织员工迅速开发并推出系列健康菜品），体现二重性。因此选项 D 正确。

答案 D

> **名师说**
>
> 补充资料：《中央企业全面风险管理指引》第九章　风险管理文化
>
> 第五十九条　企业应注重建立具有风险意识的企业文化，促进企业风险管理水平、员工风险管理素质的提升，保障企业风险管理目标的实现。
>
> 第六十条　风险管理文化建设应融入企业文化建设全过程。大力培育和塑造良好的风险管理文化，树立正确的风险管理理念，增强员工风险管理意识，将风险管理意识转化为员工的共同认识和自觉行动，促进企业建立系统、规范、高效的风险管理机制。
>
> 第六十一条　企业应在内部各个层面营造风险管理文化氛围。董事会应高度重视风险管理文化的培育，总经理负责培育风险管理文化的日常工作。董事和高级管理人员应在培育风险管理文化中起表率作用。重要管理及业务流程和风险控制点的管理人员和业务操作人员应成为培育风险管理文化的骨干。
>
> 第六十二条　企业应大力加强员工法律素质教育，制定员工道德诚信准则，形成人人讲道德诚信、合法合规经营的风险管理文化。对于不遵守国家法律法规和企业规章制度、弄虚作假、徇私舞弊等为违法及违反道德诚信准则的行为，企业应严肃查处。
>
> 第六十三条　企业全体员工尤其是各级管理人员和业务操作人员应通过多种形式，努力传播企业风险管理文化，牢固树立风险无处不在、风险无时不在、严格防控纯粹风险、审慎处置机会风险、岗位风险管理责任重大等意识和理念。
>
> 第六十四条　风险管理文化建设应与薪酬制度和人事制度相结合，有利于增强各级管理人员特别是高级管理人员风险意识，防止盲目扩张、片面追求业绩、忽视风险等行为的发生。
>
> 第六十五条　企业应建立重要管理及业务流程、风险控制点的管理人员和业务操作人员岗前风险管理培训制度。采取多种途径和形式，加强对风险管理理念、知识、流程、管控核心内容的培训，培养风险管理人才，培育风险管理文化。

三、风险管理的目标 ★

1. 风险管理目标的设置原则

风险管理目标的设置原则见表 6-3。

表 6-3　风险管理目标的设置原则

原则	说明
一致性原则	风险管理目标与企业总体战略目标一致
现实性原则	风险管理目标要具有客观可能性
明晰性原则	风险管理的目标明确，在有效地实施后能够进行效果评价
层次性原则	根据层级、主次、职能等，将风险管理目标进行有效的划分。权责相应，提升风险管理的效果

2. 目标的层次

目标的层次见表 6-4。

表 6-4 目标的层次

目标层次	说明
基本目标	风险管理的基本目标是企业与组织及成员的生存和发展，即企业和组织在面临风险和意外事故的情形下能够维持生存和发展
直接目标	(1) 保证组织的各项活动恢复正常运转。 (2) 尽快实现企业持续稳定的收益
核心目标	确保风险管理与总体战略目标相匹配
支撑目标	加强企业文化建设，使风险管理融入企业文化，以保障企业的可持续发展

▌经典例题 6-2 （2023 年·单选题）

龙江矿业公司制定了未来五年资产规模和利润翻番的战略目标，并围绕该目标实施了风险管理，确保将风险控制在与战略目标相适应且可承受的范围内，以保障企业价值创造的实现。本案例中，龙江矿业公司风险管理的目标属于（   ）。

A. 基本目标　　　B. 直接目标　　　C. 核心目标　　　D. 支撑目标

〔解析〕企业风险管理的核心目标是确保风险管理与总体战略目标相匹配。本案例中龙江矿业公司"实施了风险管理，确保将风险控制在与战略目标相适应且可承受的范围内"是为了"保障企业价值创造的实现"，确保风险管理与企业总体战略目标"未来五年资产规模和利润翻番"相匹配，属于核心目标。

〔答案〕C

四、风险管理的职能 ★

风险管理的职能见表 6-5。

表 6-5 风险管理的职能

职能	说明
计划职能	通过对企业风险的识别、分析、评价和选择风险应对的手段，设计管理方案，并制订风险应对的实施计划
组织职能	根据风险管理计划，对风险管理单位的活动及其生产要素进行的分派和组合
指导职能	对风险应对计划进行解释、判断，传达计划方案，交流信息和指挥活动，也就是组织该机构的成员去实现风险管理计划
控制职能	对风险应对计划执行情况的检查、监督、分析和评价，也就是根据事先设计的标准，对计划的执行情况进行测定、评价和分析，对计划与实际不符之处予以纠正

第三节 风险管理理论的演进和风险管理实践的发展

一、风险管理理论的演进 ★

(一) 传统风险管理思想 (20 世纪 30 年代前)

根据传统风险管理思想,风险管理的对象主要是不利风险,目的是减少不利风险对企业经营和可持续发展的影响,风险管理的主要策略是风险回避和风险转移,保险是最主要的风险管理工具。

(二) 现代风险管理理论 (20 世纪 30 年代~20 世纪 90 年代末)

1992 年 9 月,美国 COSO 发布了《企业内部控制——整合框架》,进一步明确了内部控制的定义:"内部控制是由主体的董事会、管理层和其他员工实施的,旨在为经营的效率和有效性、财务报告的可靠性、遵循适用的法律法规等目标的实现提供合理保证的过程。"

这个定义揭示了内部控制的一些基本内涵:

第一,内部控制是一个过程,它是实现目标的手段,而非目标本身。
第二,内部控制是由人来实施的,涉及组织各个层级人员的活动。
第三,内部控制可以为主体目标的实现提供合理的保证,但不能提供绝对的保证。
第四,内部控制目标包括经营目标、财务报告目标和合规目标等多个彼此独立又相互交叉的目标,因此,内部控制不只限于会计控制或管理控制。

COSO 框架还明确了内部控制的内容包括**控制环境、风险评估、控制活动、信息与沟通和监督**五个相互关联的要素。其中,控制环境是实施内部控制的基础,风险评估是内部控制的重要前提,控制活动是内部控制的具体措施,信息与沟通和监督是内部控制的必要条件,监督是内部控制的保证手段。

(三) 当代风险管理理论 (20 世纪 90 年代末至今)

1. 北美非寿险精算师协会 (Casualty Actuarial Society, CAS)

CAS 将全面风险管理定义为对各种来源的风险进行评价、控制、研发、融资、监测的过程,任何行业的企业都可以通过这一过程提升短期或长期利益相关者的价值。CAS 把风险分为外部风险、金融风险、运营风险和战略风险四种类型,指出风险管理包括环境扫描、风险识别、风险分析、风险集成、风险评估、风险管理和风险监控七个紧密联系的步骤,体现了风险管理理念的最新成果。

2. 巴塞尔银行监管委员会推出《巴塞尔新资本协议》

第一,首次提出全面风险管理的理念,而不再只关注信用风险。新资本协议将银行面临的风险分为信用风险、市场风险和其他风险(包括利率风险、操作风险、法律和声誉风险),几乎囊括了银行所面临的一切风险。

第二,提出银行风险监管的三大支柱,即资本充足率、监管当局的监督检查和市场纪律,而不再只限于监管资本充足率。

第三,提出了提高监管资本的风险敏感度、激励商业银行不断提高风险管理水平两大监管目标。

第四,明确了监管资本、经济资本和财会资本的概念,允许商业银行主动进行资本套利。

第五,提出主动控制风险原则。

第六,提出对风险进行量化管理。在信用风险方面,提出了标准法和内部评级法。在操作风险方面,提出了基本指标法、标准法、标准法的替代法、高级法等。

3. 美国COSO发布的《企业风险管理——整合框架》

该框架指出:"全面风险管理是一个过程,它由一个主体的董事会、管理层和其他人员实施,应用于战略制定并贯穿于企业之中,旨在识别可能影响主体的潜在事项、管理风险,以使其在该主体的风险容量之内,并为主体目标的实现提供合理保证。"

4. 美国COSO发布的《企业风险管理——整合战略和绩效》

二、风险管理实践的发展★★

风险管理实践的发展阶段见表6-6。

表6-6 风险管理实践的发展阶段

阶段	说明
(一)传统风险管理实践阶段	
萌芽阶段	企业风险管理实践是伴随工业革命的开始而萌生的
形成阶段	一些重大损失事件使许多公司高层决策者认识到风险管理的重要性,因而在企业中设立风险管理岗位,指定专人即"全职风险管理人",负责管理风险
发展阶段	风险管理作为一种管理职能和管理活动开始得到推广。 风险管理理念开始传入亚洲、欧洲、拉丁美洲,风险管理实务在许多国家、地区的企业中得到重视并广泛开展
(二)现代风险管理实践阶段	
COSO委员会通过制定和发布企业风险管理框架指引,有力地推进了风险管理实践的发展	
(三)当代风险管理实践阶段	
风险管理标准化实施阶段	许多国家试图通过规范化、标准化的风险管理手段加强风险管理的绩效
全面风险管理实施阶段	2006年6月,我国国务院国有资产监督管理委员会印发《中央企业全面风险管理指引》(国资发改革〔2006〕108号),要求中央企业根据自身实际情况开展全面风险管理工作。《中央企业全面风险管理指引》是我国第一个权威性的风险管理框架,标志着我国的风险管理理论和实践进入一个新的历史阶段
	2008年5月,我国财政部会同证监会、审计署、原银监会、原保监会制定并印发了《企业内部控制基本规范》(以下简称《基本规范》),自2009年7月1日起在上市公司范围内施行,并鼓励非上市的大中型企业执行。2010年4月26日,财政部、证监会、审计署、原银监会及原保监会联合发布了《企业内部控制配套指引》(以下简称《配套指引》),其中包括《企业内部控制应用指引》(以下简称《应用指引》)、《企业内部控制评价指引》(以下简称《评价指引》)和《企业内部控制审计指引》(以下简称《审计指引》)。《基本规范》《应用指引》《评价指引》和《审计指引》四个类别构成一个相辅相成的整体,标志着适应我国企业实际情况、融合国际先进经验的中国企业内部控制规范体系基本形成

续表

阶段	说明
全面风险管理实施阶段	2019年10月19日，国务院国资委印发《关于加强中央企业内部控制体系建设与监督工作的实施意见》（国资发监督规〔2019〕101号），要求以风险管理为导向，以合规管理监督为重点，严格落实各项规章制度，将风险管理和合规管理要求嵌入业务流程，加强信息化管控、加大企业监督评价力度、加强出资人监督，实现"强内控、防风险、促合规"的目标，明确"强监管、严问责"，切实全面提升内控体系的有效性
	2022年1月7日，国务院国资委印发《关于做好2022年中央企业内部控制体系建设与监督工作有关事项的通知》（国资厅监督〔2021〕299号）（以下简称《通知》）。《通知》要求，对新兴业务、高风险业务以及风险事件频发的领域每半年至少要自评价一次，集团要制订年度监督评价方案，加强对子企业内控有效性的监督评价，在2022年底前完成第一轮集团监督评价"三年全覆盖"，对于集团监督评价"零缺陷"的企业，国务院国资委将纳入内控体系有效性评价重点抽查范围
	2023年3月，国务院国资委印发《关于做好2023年中央企业内部控制体系建设与监督工作有关事项的通知》（国资厅监督〔2023〕8号）（以下简称《通知》）。《通知》要求：（1）进一步完善党的领导融入公司治理的运行机制，加强党委（党组）对内控管理工作的全面领导，对企业内控与风险管理工作，以及存在的重大内控缺陷和风险隐患等情况，要定期向党委（党组）报告并抄送企业纪检监察机构。（2）落实董事会对内控体系的监管责任，明确审计与风险管理等专门委员会推进内控体系建设与监督工作的职责，董事会要定期听取和审议内控职能部门工作情况报告。（3）充分发挥内控职能部门统筹推动、组织协调、监督落实的作用，有效开展完善制度、强化执行、监督评价、整改落实等内控管理工作，切实提升内控体系规范化、法治化、专业化水平

考点加油站

章末总结

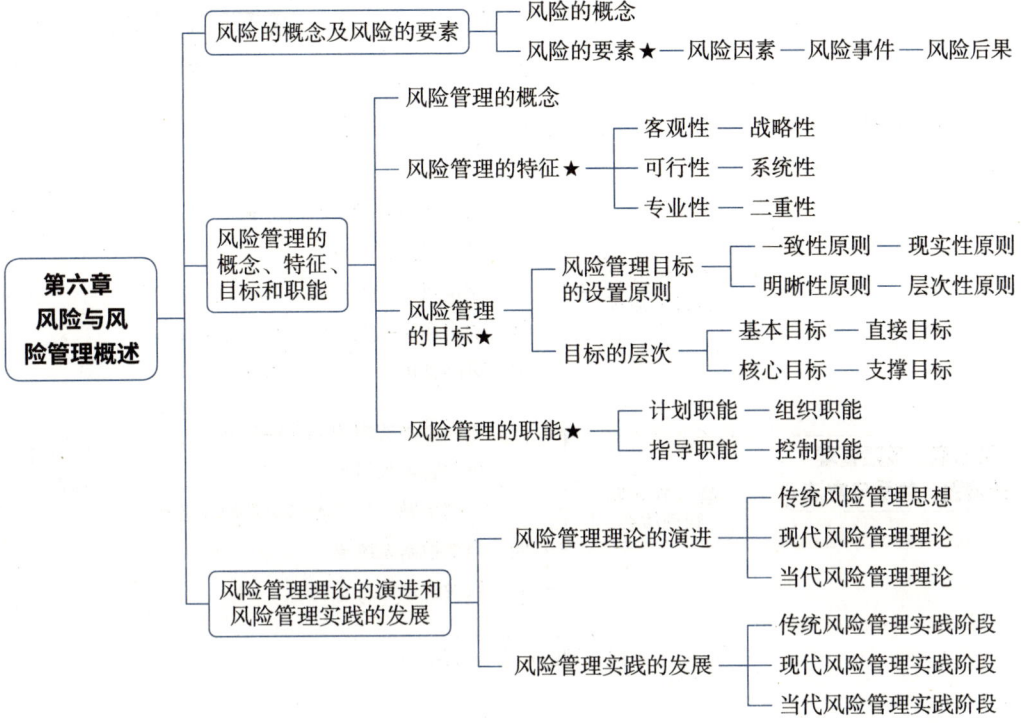

第七章 风险管理的流程、体系与方法

轻装上阵

本章讲什么?

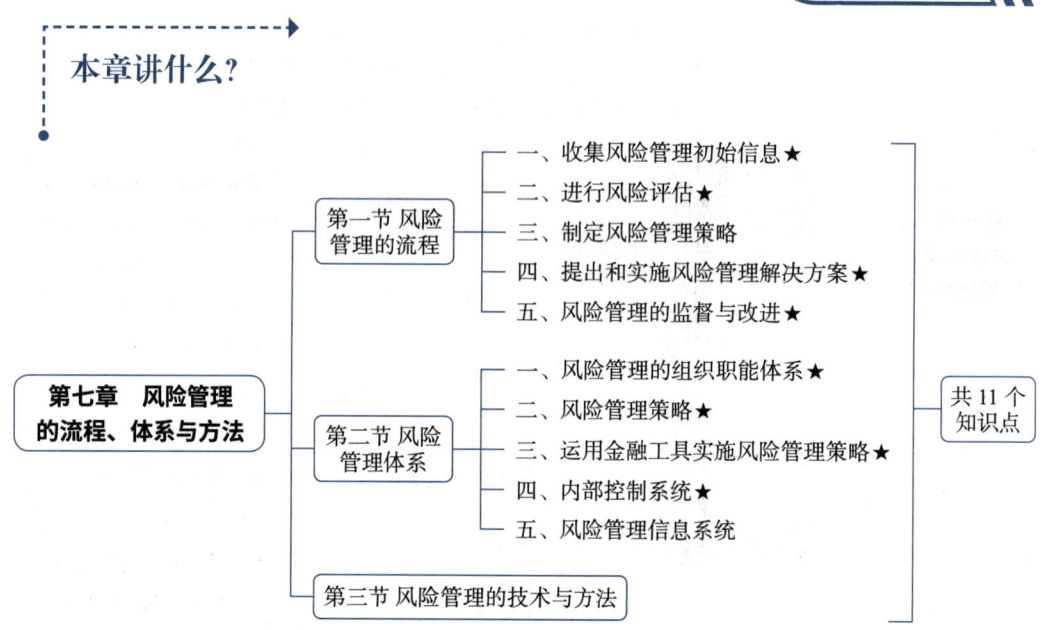

本章对于风险管理进行了全面细致的介绍。章标题已经全面体现了本章三个小节的全部内容,它们分别为风险管理的流程、管理体系、技术与方法,本章内容对于同学以后从事风险管理相关的实践工作具有指导意义。

本章如何考?

本章为风险板块的重点章,可能进行主观题与客观题的考核,预计 5~15 分。

本章怎么学?

第一节与第三节主要为客观题的考核,在学习中以理解为主。

第二节"风险管理体系"是重点小节,其中的组织职能体系、风险管理策略、运用金融工具实施风险管理策略、内部控制系统属于每年必考内容,需要全面掌握。

本章内容学习起来会有一定难度,同学可以配合视频与课后练习辅助学习。

2024年本章主要变化

2024年教材在本章主要为文字表述的调整。"风险理财措施"调整为"运用金融工具实施风险管理策略",内容有表述上的调整;风险管理策略工具部分表述有调整。

第一节 风险管理的流程

风险管理基本流程请见图7-1。

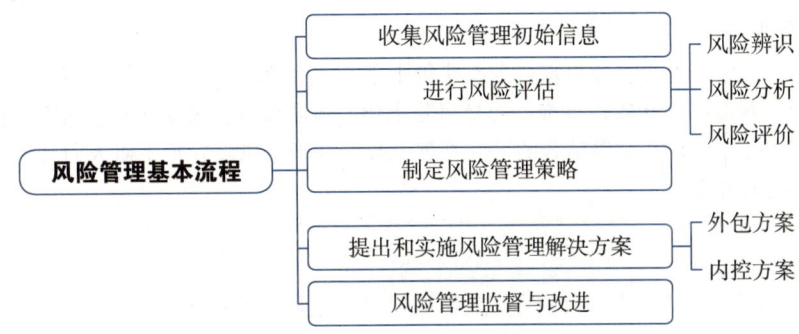

图7-1 风险管理基本流程

一、收集风险管理初始信息 ★

收集风险管理初始信息是风险管理基本流程的第一步。不同的风险类型见表7-1。

表7-1 不同的风险类型

风险类型	要求
分析战略风险	企业应广泛收集国内外企业战略风险失控导致企业蒙受损失的案例,本企业制定和实施发展战略的依据、效果,并收集与本企业相关的诸如国内外宏观环境、产业环境、竞争环境以及企业内部环境等方面重要信息
分析市场风险	企业应广泛收集国内外企业因忽视市场风险、缺乏应对措施导致企业蒙受损失的案例,并收集与本企业相关的市场供给、需求、价格、竞争以及影响企业经营效益的经济政策等方面的重要信息
分析财务风险	企业应广泛收集国内外企业财务风险失控导致危机的案例,并收集全面反映本企业财务战略选择和财务管理状况及效果的指标、数据
分析运营风险	企业应广泛收集国内外企业因轻视或忽视运营风险、应对措施不力导致企业蒙受损失甚至经营失败的案例,并收集本企业生产运营、市场营销、研发、组织人员、信息系统、风险管理等方面的重要信息,以及企业外部可能给本企业带来运营风险的社会、自然等方面的重要信息
分析法律合规风险	企业应广泛收集国内外企业忽视法律法规风险、缺乏应对措施导致企业蒙受损失的案例,并收集国内外可能给本企业带来法律风险的政治、法律法规、政策等方面的重要信息,以及企业内部存在的可能导致法律风险的因素

二、进行风险评估★

（1）风险评估包括风险辨识、风险分析、风险评价三个步骤。（记忆）

①风险辨识：指查找企业各业务单元、各项重要经营活动及其重要业务流程中有无风险，有哪些风险。

②风险分析：对辨识出的风险及其特征进行明确的定义和描述，分析风险发生可能性的高低、风险发生的条件。

③风险评价：评估风险对企业实现目标的影响程度、风险的价值等。

（2）风险评估应由企业组织有关职能部门和业务单位实施，也可聘请有资质、信誉好、风险管理专业能力强的中介机构协助实施。

（3）企业应对风险管理信息实行动态管理，定期或不定期实施风险辨识、分析、评价，以便对新的风险和原有风险的变化重新评估。

三、制定风险管理策略★

风险管理策略，是指企业根据自身条件和外部环境，围绕企业发展战略，确定风险偏好、风险承受度、风险管理有效性标准，选择风险承担、风险规避、风险转移、风险转换、风险对冲、风险补偿、风险控制等适合的风险管理工具，并确定风险管理所需人力和财力资源的配置原则的总体策略。

> **名师说**：风险管理策略在后续内容会具体展开，这里无需关注。

四、提出和实施风险管理解决方案★

（一）风险管理解决方案的两种类型

从大的分类看，风险管理解决方案可以分为外部和内部解决方案。

1. 外部解决方案（一般指外包）

应注重成本与收益的平衡、外包工作的质量、自身商业秘密的保护以及防止自身对风险解决外包产生依赖性风险等，并制定相应的预防和控制措施。

2. 内部解决方案（风险管理体系的运转）

在具体实施中，一般是以下几种手段的综合应用：组织职能体系；风险管理策略；运用金融工具实施风险管理策略；内部控制系统，包括政策、制度、程序；信息系统，包括报告体系。

其中，内部控制系统针对的风险是可控纯粹风险，其控制对象是企业中的个人，其控制目的是规范员工的行为，其控制范围是企业的业务和管理流程。

> **名师说**
>
> 企业制定内控措施包括的内容见表 7-2。
>
> 表 7-2 企业制定内控措施包括的内容
>
> | 内控措施 | 要求 |
> | --- | --- |
> | 建立内控岗位授权制度 | 对内控所涉及的各岗位明确规定授权的对象、条件、范围和额度等，任何组织和个人不得超越授权做出风险性决定 |
> | 建立内控报告制度 | 内控报告制度是内控信息与沟通要素的具体体现，该制度明确规定报告人与接受报告人，以及报告的时间、内容、频率、传递路线、负责处理报告的部门和人员等 |
> | 建立内控批准制度 | 内控批准制度是授权制度的表现，该制度对内控所涉及的重要事项，明确规定批准的程序、条件、范围和额度、必备文件以及有权批准的部门和人员及其相应责任 |
> | 建立内控责任制度 | 内控责任制度应与内控岗位授权制度相配套，该制度按照权利、义务和责任相统一的原则，明确规定各有关部门和业务单位、岗位、人员应负的责任和奖惩制度 |
> | 建立内控审计检查制度 | 该制度结合内控的有关要求、方法、标准与流程，明确规定审计检查的对象、内容、方式和负责审计检查的部门等。内控审计检查制度是内控系统中的重要组成部分，是内控系统执行风险管理基本流程中监控改进步骤的重要环节，是保证内控有效且不断加强的关键。应当坚持内控审计部门与内控执行部门的相对独立 |
> | 建立内控考核评价制度 | 具备条件的企业应把各业务单位风险管理执行情况与绩效薪酬挂钩。内控的绩效考核与评价是落实内部控制奖惩制度的基础，有条件时，要量化内控的绩效 |
> | 建立重大风险预警制度 | 重大风险预警制度是对引起风险事件发生的关键成因指标进行管理的方法，该制度依靠对关键成因的监测，对重大风险发生的可能性进行持续不断的监控，及时发布预警信息，制定应急预案，并根据情况变化调整控制措施 |
> | 建立健全企业法律顾问制度 | 企业要充分考虑到法律风险的环境特性和复合特性，即法律风险管理的专业性，大力加强企业法律风险防范机制建设，有条件的企业可以设置总法律顾问，形成由企业决策层主导、企业总法律顾问牵头、企业法律顾问提供业务保障、全体员工共同参与的法律风险责任体系，完善企业重大法律纠纷案件的备案管理制度 |
> | 建立重要岗位权力制衡制度，明确规定不相容职责的分离 | 涉及重大决策制定、重大事件应对、重大风险管理、重要信息披露等责任的岗位应视为重要岗位。对内控所涉及的重要岗位可设置一岗双人、双职、双责，相互制约；明确该岗位的上级部门或人员对其应采取的监督措施和应负的监督责任；将该岗位作为内部审计的重点 |

（二）关键风险指标管理

关键风险指标管理是对引起风险事件发生的关键成因指标进行管理的方法。

关键风险指标管理可以管理单项风险的多个关键成因，也可以管理影响企业主要目标的多个主要风险。

1. 关键风险指标管理的步骤

假设公司现在关心的主要目标是年度盈利指标。影响年度盈利指标的风险因素有许多，包括年度销售额、原材料价格、制造成本、销售成本、投资收入、利息、应收账款等。

（1）分析风险成因，从中找出关键成因。经过数据分析，认定影响盈利的主要风险是信用风险，其代表性的风险事件是客户还款不及时，导致应收账款大量增加。

（2）将关键成因量化，确定其度量，分析确定导致风险事件发生（或极有可能发生）时该成因的具体数值。将应收账款进一步量化，得到月度坏账损失额、每月未回收的应收账款和客户结构变化率等三个量化指标，并得出预警值。

（3）以该具体数值为基础，以发出风险信息为目的，加上或减去一定数值后形成新的数值，该数值即为关键风险指标。

（4）建立风险预警系统，即当关键成因数值达到关键风险指标时，发出风险预警信息。

（5）制定出现风险预警信息时应采取的风险控制措施。

（6）跟踪监测关键成因的变化，一旦出现预警，即实施风险控制措施。

> **名师说**
>
> 《中央企业全面风险管理指引》附录里有一个很好的例子可以帮助我们理解关键风险指标管理：以易燃易爆危险品储存容器泄漏引发爆炸的风险管理为例。容器泄漏的成因有：使用时间过长、日常维护不够、人为破坏、气候变化等，但容器使用时间过长是关键成因。如容器最高使用期限为50年，人们发现当使用时间超过45年后，则易发生泄漏。该"45年"即为关键风险指标。为此，制定使用时间超过"45年"后需采取的风险控制措施，一旦使用时间接近或达到"45年"，发出预警信息，即采取相应措施。
>
> 该方法既可以管理单项风险的多个关键成因指标，也可以管理影响企业主要目标的多个主要风险。使用该方法，要求风险关键成因分析准确，且易量化、易统计、易跟踪监测。

2. 关键风险指标分解

对于关键风险指标的分解要注意职能部门和业务单位之间的协调。

（三）落实风险管理解决方案

（1）高度重视，充分认识到风险管理是企业时刻不可放松的工作，是企业价值创造的根本源泉。

（2）风险管理是企业全员的分内工作，没有风险的岗位是不创造价值的岗位，没有理由存在。

（3）将风险管理方案落实到各级各类组织，明确分工和责任。

（4）对风险管理解决方案的实施进行持续监控改进，并与绩效考核联系起来，以确保工作的效果。

五、风险管理的监督与改进 ★

风险管理的监督与改进是风险管理基本流程的最后一个步骤。

(一) 风险管理监督方法

对风险管理的有效性进行检验的方法见表 7-3。

表 7-3　对风险管理的有效性进行检验的方法

方法	说明
压力测试	在极端情景下,分析评估风险管理模型或内控流程的有效性、发现问题、制定改进措施,目的是防止出现重大损失事件
返回测试	将历史数据输入风险管理模型或内控流程中,把结果与预测值进行对比,以检验风险管理有效性
穿行测试	在正常运行条件下,将初始数据输入内控流程,穿越全流程和所有关键环节,把运行结果与设计要求进行对比,以发现内控流程缺陷
风险控制自我评估	公司为更好地实现风险管理的目标,定期或不定期地评价自己及子公司的风险管理系统、风险管理的有效性及风险管理实施的效率效果

(二) 风险管理监督与改进的职责分工

各部门风险管理监督与改进的职责分工见表 7-4。

表 7-4　各部门风险管理监督与改进的职责分工

部门	分工	工作输出	报送
各有关部门和业务单位	应定期对风险管理工作进行自查和检验,及时发现缺陷并改进	检查、检验报告	及时报送企业风险管理职能部门
企业风险管理职能部门	应定期对各部门和业务单位风险管理工作的实施情况和有效性进行检查和检验,要根据在制定风险管理策略时提出的有效性标准对风险管理策略进行评估,对跨部门和业务单位的风险管理解决方案进行评价,提出调整或改进建议	评价和建议报告	及时报送企业总经理或其委托分管风险管理工作的高级管理人员
企业内部审计部门	应每年至少一次对包括风险管理职能部门在内的各有关部门和业务单位能否按照有关规定开展风险管理工作及其工作效果进行监督评价,此项工作也可结合年度审计、任期审计或专项审计工作一并开展	监督评价报告	直接报送董事会或董事会下设的风险管理委员会和审计委员会

第二节 风险管理体系

一、风险管理的组织职能体系★★

1. 规范的公司法人治理结构（见表7-5）

表7-5 规范的公司法人治理结构

要求	企业应建立外部董事、独立董事制度，以保证董事会能够在重大决策、重大风险管理等方面做出独立于经理层的判断和选择。 董事会就全面风险管理工作的有效性对股东（大）会负责。 对于国有企业，其重大经营管理事项必须经党委（党组）研究讨论后，再由董事会或者经理层做出决策，防范国有企业重大经营风险
职责	（1）审议并向股东（大）会提交企业全面风险管理年度工作报告。 （2）确定企业风险管理总体目标、风险偏好、风险承受度，批准风险管理策略和重大风险管理解决方案。 （3）了解和掌握企业面临的各项重大风险及其风险管理现状，做出有效控制风险的决策。 （4）批准重大决策、重大风险、重大事件和重要业务流程的判断标准或判断机制。 （5）批准重大决策的风险评估报告。 （6）批准内部审计部门提交的风险管理监督评价审计报告。 （7）批准风险管理组织机构设置及其职责方案。 （8）批准风险管理措施，纠正和处理任何组织或个人超越风险管理制度做出的风险性决定的行为。 （9）督导企业风险管理文化的培育。 （10）批准或决定全面风险管理的其他重大事项

2. 风险管理委员会（见表7-6）

表7-6 风险管理委员会

要求	具备条件的企业，董事会可下设风险管理委员会。 该委员会的召集人应由不兼任总经理的董事长担任；董事长兼任总经理的，召集人应由外部董事或独立董事担任。 该委员会成员中需有熟悉企业重要管理及业务流程的董事，以及具备风险管理监管知识或经验、具有一定法律知识的董事。 风险管理委员会对董事会负责。 企业总经理对全面风险管理工作的有效性向董事会负责。总经理或总经理委托的高级管理人员负责主持全面风险管理的日常工作，负责组织拟订企业风险管理组织机构设置及其职责方案

续表

职责	(1) 提交全面风险管理年度报告。 (2) 审议风险管理策略和重大风险管理解决方案。 (3) 审议重大决策、重大风险、重大事件和重要业务流程的判断标准或判断机制，以及重大决策的风险评估报告。 (4) 审议内部审计部门提交的风险管理监督评价审计综合报告。 (5) 审议风险管理组织机构设置及其职责方案。 (6) 办理董事会授权的有关全面风险管理的其他事项

3. **风险管理职能部门**（见表 7-7）

表 7-7　风险管理职能部门

要求	企业应设立专职部门或确定相关职能部门履行全面风险管理的职责。该部门对总经理或其委托的高级管理人员负责
职责	(1) 研究提出全面风险管理工作报告。 (2) 研究提出跨职能部门的重大决策、重大风险、重大事件和重要业务流程的判断标准或判断机制。 (3) 研究提出跨职能部门的重大决策风险评估报告。 (4) 研究提出风险管理策略和跨职能部门的重大风险管理解决方案，并负责该方案的组织实施和对该风险的日常监控。 (5) 负责对全面风险管理有效性的评估，研究提出全面风险管理的改进方案； (6) 负责组织建立风险管理信息系统。 (7) 负责组织协调全面风险管理日常工作。 (8) 负责指导、监督有关职能部门，各业务单位以及全资、控股子企业开展全面风险管理工作。 (9) 办理风险管理的其他有关工作

4. **审计委员会**（见表 7-8）

表 7-8　审计委员会

要求	企业应在董事会下设立审计委员会，企业内部审计部门对审计委员会负责。内部审计部门在风险管理方面，主要负责研究提出全面风险管理监督评价体系，制定监督评价相关制度，开展监督与评价，出具监督评价审计报告
审计委员会履行职责的方式	董事会应决定委派给审计委员会的责任。审计委员会的任务因企业的规模、复杂性及风险状况而有所不同。审计委员会应定期与外聘及内部审计师会面，讨论与审计相关的事宜，但无须管理层出席。审计委员会成员之间的不同意见如无法内部调解，应提请董事会解决。 　　此外，审计委员会应每年对其权限及其有效性进行复核，并就必要的人员变更向董事会报告。为了很好地完成这项工作，行政管理层必须向审计委员会提供恰当的信息。管理层对审计委员会有告知义务，并应主动提供信息，而不应等待审计委员会索取

续表

审计委员会与合规	审计委员会的主要活动之一是核查对外报告合规的情况。 审计委员会一般有责任确保企业履行对外报告合规的义务。 审计委员会应结合企业财务报表的编制情况，对重大的财务报告事项和判断进行复核。 管理层的责任是编制财务报表，审计师的责任是编制审计计划和执行审计。 审计委员会应倾听审计师关于审计问题的看法。 如果对拟采用的财务报告的任何方面不满意，审计委员会应告知董事会。 审计委员会还应对财务报表后所附的与财务有关的信息（比如，运营和财务复核信息及公司治理部分关于审计和风险管理的陈述）进行复核
审计委员会与内部审计	确保充分且有效的内部控制是审计委员会的义务，其中包括负责监督内部审计部门的工作。 审计委员会应监察和评估内部审计职能在企业整体风险管理系统中的角色和有效性，并确保内部审计部门能直接与董事长或董事会主席接触。 审计委员会复核及评估年度内部审计工作计划，听取内部审计部门的定期工作报告，复核和监察管理层对内部审计的调查结果的反映。 审计委员会还应确保内部审计部门提出的合理建议得到执行。 审计委员会有助于保持内部审计部门对压力或干涉的独立性。 审计委员会及内部审计师需要确保内部审计部门的有效运作，并在四个主要方面对内部审计进行复核，即组织中的地位、职能范围、技术才能和专业应尽义务

5. **其他职能部门及各业务单位**（见表 7-9）

表 7-9 其他职能部门及各业务单位

要求	企业其他职能部门及各业务单位在全面风险管理工作中，应接受风险管理职能部门和内部审计部门的组织、协调、指导和监督
职责	(1) 执行风险管理基本流程。 (2) 研究提出本职能部门或业务单位重大决策、重大风险、重大事件和重要业务流程的判断标准或判断机制。 (3) 研究提出本职能部门或业务单位的重大决策风险评估报告。 (4) 做好本职能部门或业务单位建立风险管理信息系统的工作。 (5) 做好培育风险管理文化的有关工作。 (6) 建立健全本职能部门或业务单位的风险管理内部控制子系统。 (7) 办理风险管理其他有关工作

6. **风险管理组织职能体系对比**（见表 7-10）

表 7-10 风险管理组织体系职能对比

职责	董事会	风险管理委员会	风险管理职能部门	其他职能部门及各业务单位
企业全面风险管理年度工作报告	审议并向股东（大）会提交	提交	研究提出	—

续表

职责	董事会	风险管理委员会	风险管理职能部门	其他职能部门及各业务单位
企业风险管理总体目标、风险偏好、风险承受度，批准风险管理策略和重大风险管理解决方案	确定	审议	研究提出，并负责组织实施和日常监控	—
企业面临的各项重大风险及其风险管理现状	了解和掌握，做出有效控制风险的决策	—	研究提出	—
重大决策、重大风险、重大事件和重要业务流程的判断标准或判断机制	批准	审议	研究提出	研究提出本职能部门或业务单位的
重大决策的风险评估报告	批准	审议	研究提出	研究提出本职能部门或业务单位的
内部审计部门提交的风险管理监督评价审计报告	批准	审议		
风险管理组织机构设置及其职责方案	批准	审议		
风险管理措施	批准	—	研究提出，并负责落实	执行风险管理基本流程
企业风险管理文化的培育	督导	—	—	做好培育风险管理文化的有关工作
对全面风险管理有效性的评估	—	—	负责	—
风险管理信息系统	—	—	负责组织建立	做好本职能部门或业务单位建立风险管理信息系统工作
全面风险管理日常工作	—	—	负责组织协调	
有关职能部门、各业务单位以及全资、控股子企业开展全面风险管理工作	—	—	负责指导、监督	建立健全本职能部门或业务单位的风险管理内部控制子系统

经典例题 7-1 （2021年·单选题）

雅莱公司主营化妆品的研发、生产与销售。该公司董事会下设风险管理委员会。下列各项中，属于雅莱公司风险管理委员会职责范围的是（   ）。

A. 研究提出公司全面风险管理工作报告

B. 研究提出化妆品研发、生产、销售等业务部门和各个职能部门的重大决策风险评估报告

C. 组织协调公司全面风险管理日常工作

D. 审议公司及各部门的风险管理策略和重大风险管理解决方案

(解析) 风险管理委员会对董事会负责，主要履行以下职责：①提交全面风险管理年度报告；②审议风险管理策略和重大风险管理解决方案（选项D）；③审议重大决策、重大风险、重大事件和重要业务流程的判断标准或判断机制，以及重大决策的风险评估报告；④审议内部审计部门提交的风险管理监督评价审计综合报告；⑤审议风险管理组织机构设置及其职责方案；⑥办理董事会授权的有关全面风险管理的其他事项。对于董事会下设的风险管理委员会来说，主要承担"审议""提交全面风险管理年度报告"等此类领导工作，一般不会"研究提出""组织协调日常工作"。"研究提出""组织协调日常工作"通常指做一些具体的工作，由专职部门或相关的职能部门来完成。因此，选项D正确。

(答案) D

经典例题 7-2 〔2022年·单选题〕

东光航空公司坚持全面风险管理，不断加强风险管理职能部门的建设。下列各项中，属于该公司风险管理职能部门应履行的职责是（　　）。

A. 督导"顾客至尊、安全至上"的企业文化的培育

B. 提交公司全面风险管理年度报告

C. 组织协调全面风险管理日常工作

D. 研究提出全面风险管理监督评价体系

(解析) 企业应设立专职部门或确定相关职能部门履行全面风险管理的职责。主要履行以下职责：①研究提出全面风险管理工作报告；②研究提出跨职能部门的重大决策、重大风险、重大事件和重要业务流程的判断标准或判断机制；③研究提出跨职能部门的重大决策风险评估报告；④研究提出风险管理策略和跨职能部门的重大风险管理解决方案，并负责该方案的组织实施和对该风险的日常监控；⑤负责对全面风险管理有效性进行评估，研究提出全面风险管理的改进方案；⑥负责组织建立风险管理信息系统；⑦负责组织协调全面风险管理日常工作（选项C）；⑧负责指导、监督有关职能部门、各业务单位以及全资、控股子企业开展全面风险管理工作；⑨办理风险管理其他相关工作。因此，选项C正确。

(答案) C

二、风险管理策略 ★★★

（一）风险管理策略总体定位与作用

> **名师说** 风险管理策略，是指企业根据自身条件和外部环境，围绕企业发展战略，确定风险偏好、风险承受度、风险管理有效性标准，选择风险承担、风险规避、风险转移、风险转换、风险对冲、风险补偿、风险控制等适合的风险管理工具，并确定风险管理所需人力和财力资源的配置原则的总体策略。

1. 风险管理策略的总体定位

(1) 风险管理策略是根据企业经营战略制定的全面风险管理的总体策略；
(2) 风险管理策略在整个风险管理体系中起着统领全局的作用；
(3) 风险管理策略在企业战略管理的过程中起着承上启下的作用，制定与企业战略保持一致的风险管理策略减少了企业战略错误的可能性。

2. 风险管理策略的作用

(1) 为企业的总体战略服务，保证企业经营目标的实现；
(2) 连接企业的整体经营战略和运营活动；
(3) 指导企业的一切风险管理活动。

(二) 风险管理策略的组成部分

1. 风险偏好和风险承受度

明确公司要承担什么风险以及承担多少风险。

2. 全面风险管理的有效性标准

明确怎样衡量我们的风险管理工作成效。

3. 风险管理的工具选择

明确怎样管理重大风险。

4. 全面风险管理的资源配置

明确如何安排人力、财力、物资、外部资源等风险管理资源。

(三) 确定风险偏好和风险承受度

1. 风险偏好和风险承受度的概念

风险偏好和风险承受度的具体内容见表 7-11。

表 7-11 风险偏好和风险承受度

名称	含义	举例
风险偏好	是企业在追求其战略和业务目标时愿意接受的风险类型和数量。 分析风险偏好要回答的问题是企业希望承担什么风险。 风险偏好是一个企业运营风格的体现，受到企业利益相关各方价值取向和利益追求方式的影响和调节	(1) 应当与这个公司联盟吗？ (2) 是否需要套期保值？ (3) 应当在他国进行投资吗？ (4) 是否使用未经认证的有机产品？
风险承受度	是指企业可接受的与实现目标相关的绩效变化的界限。 风险承受度一般使用绩效语言表达，它可以作为企业采取行动的预警指标。 企业可以设置若干风险承受度指标，以显示不同的警示级别	(1) 市场表现持续到什么时候，我们就应当追回投资或退出？ (2) 资产负债率高到多少以及高到什么时候，我们就应当停止投资？ 例如，一家汽车公司设定零部件产品的年度收入为总收入的7%，其可接受的实际收入目标变化范围为总收入的3%~11%，此下限和上限值构成的区间即为企业的风险承受度

2. 确定风险偏好和风险承受度须考虑的因素

确定风险偏好和风险承受度须考虑的因素的具体内容见表 7-12。

表 7-12 确定风险偏好和风险承受度须考虑的因素

因素	注意
风险个体	对每一个风险都可以确定风险偏好和风险承受度
相互关系	既要考虑同一个风险在各个业务单位或子公司之间的分配，又要考虑不同风险之间的关系
整体形状	一个企业的整体风险偏好和风险承受度是基于针对每一个风险的风险偏好和风险承受度
行业因素	同一风险在不同行业的风险偏好和风险承受度不同

一般来讲，风险偏好和风险承受度是针对企业的重大风险确定的，对企业非重大风险的风险偏好和风险承受度不一定要十分明确，甚至可以先不提出。

企业风险和风险承受度的确定依赖于企业风险评估的结果。由于企业面对的风险不断变化，企业需要持续进行风险评估，并调整自己的风险偏好和风险承受度。

重大风险的风险偏好和风险承受度是企业的重大决策，应由**董事会决定**。

（四）风险度量

1. 风险度量的关键

风险度量的关键在于量化。风险偏好可以定性，但风险承受度一定要定量。

敲黑板

以下几种风险度量方法的区别请同学们特别关注。考虑一下哪些方法是需要知道概率的，哪些方法无需知道概率。

2. 风险度量方法

企业应该对所采取的风险度量取得共识，但不一定在整个企业使用唯一的风险度量，而应对不同的风险采取不同的度量方法。

（1）**最大可能损失**。最大可能损失指风险事件发生后可能造成的最大损失。企业一般在无法判断发生概率或无须判断概率的时候，使用最大可能损失作为风险度量的方法。

（2）**概率值**。概率值是指风险事件发生的概率或造成损失的概率。在可能的结果只有好坏、对错、是否、输赢、生死等简单情况下，常常使用概率值。在许多场合使用频率作为概率值是没有意义的，特别是在缺少数据或者一次性的决策场合。

（3）**期望值**。期望值通常指的是数学期望，即概率加权平均值。期望值综合了概率和最大损失两种方法。

（4）**波动性**。波动性反映数据的离散程度，也就是该变量离其期望值的距离。一般用方差或均方差（标准差）来描述波动性。

（5）**在险值**。在险值是指在正常的市场条件下，在给定的时间段中和给定的置信区间内，预期可能发生的最大损失。优点：在险值具有通用、直观、灵活的特点，为《巴塞尔协议》所采用。缺点：在险值的局限性是适用的风险范围小，对数据要求严格，计算困难，对肥尾效应无能为力。

在险值请见图 7-2。

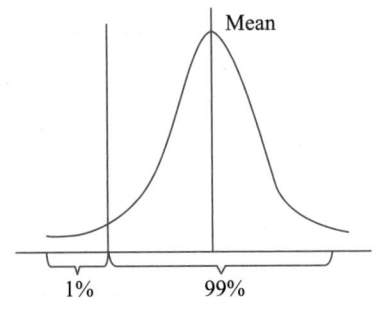

图 7-2 在险值

(6) 直观方法。不依赖于概率统计结果的度量,是人们直观的判断,如专家意见。当统计数据不足或需要度量的结果包括人们的偏好时,可以使用直观的度量方法。

3. 选择适当的风险度量模型

对不同种类的风险要使用不同的度量模型。对外部风险的度量包括市场指标、景气指数等。对内部运营风险的度量包括各种质量指标、执行效果、安全指数等。

4. 风险量化的困难

(1) 方法误差;
(2) 数据;
(3) 信息系统;
(4) 整合管理。

(五) 确立风险管理有效性标准

1. 风险管理有效性标准的作用

风险管理有效性标准的作用是帮助企业了解:企业现在的风险是否在风险承受度范围之内,即风险是否优化;企业风险状况的变化是否是所要求的,即风险的变化是否优化。

量化的企业风险管理的有效性标准与企业风险承受度有相同的度量基础。

2. 确立风险管理有效性标准的原则

(1) 风险管理的有效性标准要针对企业的重大风险,能够反映企业重大风险管理的现状;
(2) 风险管理有效性标准应当对照全面风险管理的总体目标,在所有五个方面保证企业的运营效果;
(3) 风险管理有效性标准应当在企业的风险评估中应用,并根据风险的变化随时调整;
(4) 风险管理有效性标准应当用于衡量全面风险管理体系的运行效果。

(六) 选择风险管理策略工具

风险管理策略工具的具体内容见表 7-13。

表 7－13　风险管理策略的工具

风险管理策略的
工具-知识精讲

风险管理策略七大工具几乎是每年必考的重点。同学们要学会准确地判断工具种类，这些举例也需要进行记忆。

名称	含义	注意点
风险承担	亦称风险保留、风险自留，是指企业对所面临的风险采取接受的态度，从而承担风险带来的后果	企业风险评估的结果对于是否采用风险承担影响很大。对于重大风险，一般不应采用风险承担。对于未能辨识出的风险，企业只能采用风险承担。对于辨识出的风险，企业也可能由于以下几种原因采用风险承担： （1）缺乏能力进行主动管理，只能承担这部分风险。 （2）没有其他备选方案。 （3）从成本效益考虑，这一方案是最适宜的方案
风险规避	指企业回避、停止或退出蕴含某一风险的商业活动或商业环境，避免成为风险的所有人	例如： （1）退出某一市场以避免激烈竞争。 （2）拒绝与信用不好的交易对手进行交易。 （3）外包某项对工人健康安全风险较高的工作。 （4）停止生产可能有潜在客户安全隐患的产品。 （5）禁止各业务单位在金融市场进行投机。 （6）不准员工访问某些网站或下载某些内容
风险转移	指企业通过合同将风险转移到第三方，企业对转移后的风险不再拥有所有权。 转移风险不会降低其可能的严重程度，只是从一方移除后转移到另一方	例如： （1）保险。 （2）非金融型的风险转移：使用经济处理方式将风险可能导致的财务风险损失负担转移给第三方机构，例如组建合资公司、非核心业务外包给第三方、服务保证书、担保等。 （3）风险证券化：保险公司通过发行保险连接型证券（即保险证券）的方式，将保险风险向资本市场转移。这种证券的利息支付和本金偿还取决于某个风险事件是否发生或其严重程度
风险转换	指企业通过战略调整等手段将企业面临的风险转换成另一个风险	手段包括战略调整和衍生产品等。 风险转换一般不会直接降低企业总的风险，其简单形式就是在减少某一风险的同时，增加另一风险。 例如，通过放松交易客户信用标准，增加了应收账款，但扩大了销售。企业可以通过风险转换在两个或多个风险之间进行调整，以达到最佳效果。 风险转换可以在低成本或无成本的情况下达到目的
风险对冲	指采取各种手段，引入多个风险因素或承担多个风险，使这些风险能够互相对冲	例如，资产组合使用、多种外币结算的使用和战略上的多种经营、将 IT 运作中心设置在两个独立的地点等。 在金融资产管理中，对冲也包括使用衍生产品，如利用期货进行套期保值。 在企业的风险中，有些风险具有自然对冲的性质，应加以利用，如不同行业的经济周期风险对冲。 风险对冲必须涉及风险组合，而不是单一风险；对于单一风险，只能进行风险规避、风险控制等其他工具
风险补偿	指企业对风险可能造成的损失采取适当的措施进行补偿。表现在企业主动承担风险，并采取措施以补偿可能的损失	风险补偿的形式有财务补偿、人力补偿、物资补偿等。财务补偿是损失融资，包括企业自身的风险准备金或应急资本等。（后面将在风险理财中具体介绍）

续表

名称	含义	注意点
风险控制	指控制风险事件发生的动因、环境、条件等，来达到减轻风险事件发生时的损失或降低风险事件发生的概率的目的	控制风险事件发生概率的例子：在仓库定期进行消防安全检查、持续开展员工行为规范培训等。 控制风险事件发生后的损失的例子：在生产车间建立严格的产品质量检验流程防止次品出厂等。 风险控制对象一般是可控风险，包括多数运营风险，如质量、安全和环境风险，以及法律风险中的合规性风险

▶ 经典例题 7-3（单选题）

中科公司是国内一家著名的印刷机制造商。面对 G 国先进印刷机在中国的市场占有率迅速提高，中科公司将业务转型为给 G 国印刷机的用户提供零配件和维修保养服务，取得比业务转型前更高的收益率。从风险管理策略角度看，中科公司采取的策略是（　　）。

A. 风险规避　　B. 风险转换　　C. 风险转移　　D. 风险补偿

〖解析〗"中科公司将业务转型为给 G 国印刷机的用户提供零配件和维修保养服务"体现了中科公司退出了印刷机制造商的领域，即风险规避。

〖答案〗A

风险管理策略的
工具-例题解析

（七）风险管理的资源配置

风险管理的资源包括人才、组织设置、政策、设备、物资、信息、经验、知识、技术、信息系统、资金等。应当统筹兼顾，将资源用于需要优先管理的重大风险。

（八）确定风险管理的优先顺序

风险管理的优先顺序决定企业优先管理哪些风险，对哪些风险管理进行资源优先配置。确定风险管理顺序的一个很重要的原则是，风险与收益相平衡，在风险评估结果的基础上，全面考虑风险与收益。要特别重视对企业有影响的重大风险，要首先解决"颠覆性"风险问题，保证企业持续发展。

根据风险与收益平衡原则，确定风险管理的优先顺序可以考虑以下几个因素：风险事件发生的可能性和影响；风险管理的难度；风险的价值或管理风险可能带来的收益；合规的需要；对企业技术、人力、资金的需求；利益相关者的要求。

（九）风险管理策略检查

风险管理策略要随着企业经营状况的变化、经营战略的变化，外部环境风险的变化而调整。风险管理策略定期检查的频率取决于企业面临的风险。回顾企业经营战略时应该同时总结和分析风险管理策略。要定期重新评估风险以便确认风险管理策略的有效性。必要时，应调整风险管理的有效性标准。

制定风险管理策略要注意整个全面风险管理体系的配合。

三、运用金融工具实施风险管理策略★★★

（一）运用金融工具实施风险管理策略的必要性

对于可控风险，运用适当的金融工具，能够有效地弥补风险管理策略工具的不足，为企业运营提供安全保障。

对于不可控的风险，虽然与风险管理相关的金融工具既不改变风险事件发生的可能性，也不改变风险事件可能引起的直接损失程度，但能够使企业避免或减少风险带来的损失。

（二）运用金融工具实施风险管理策略的特点

（1）需要判断风险的定价。

（2）应用范围一般不包括声誉等难以衡量价值的风险，也难以消除战略失误造成的损失。

（3）技术性强。

（4）创造价值。企业可能通过使用金融工具来承担额外的风险，改善企业的财务状况，创造价值。

（三）运用金融工具实施风险管理策略的原则和要求

（1）与企业整体风险管理策略一致。

（2）与企业所面对风险的性质相匹配。

（3）选择金融工具的要求。

金融工具有多种，如准备金、保险、应急资本、期货、期权、其他衍生产品等，企业在选择这些金融工具时要考虑以下几点：合规的要求、可操作性、法律法规环境、企业的熟悉程度、金融工具的风险特征等。不同的金融工具可能适用于同一风险。

（4）成本与收益的平衡。

（四）运用金融工具实施风险管理策略的主要措施

运用金融工具实施风险管理策略的主要措施分为两类：损失事件管理与套期保值。战略科目重点阐述其中的损失事件管理。损失事件管理是指对可能给企业造成重大损失的风险事件进行事前、事后管理的方法。

损失包括企业的资金、声誉、技术、品牌、人才等。

1. 损失融资

损失融资是为风险事件造成的财物损失融资，是从风险理财的角度进行损失事件的事后管理。是损失事件管理中最具共性，也是最重要的部分。企业损失分为预期损失和非预期损失，因此损失事件融资也相应分为预期损失融资和非预期损失融资。预期损失融资一般作为运营资本的一部分，而非预期损失融资则是属于风险资本的范畴。

2. 风险资本

风险资本即除经营所需的资本之外，公司还需要额外的资本用于补偿风险造成的财务损失。

敲黑板

损失事件管理这部分的知识点考客观题的概率较大，特别是应急资本、保险、专业自保这几点，需要仔细学习，适当记忆。

风险资本-知识精讲

传统的风险资本表现形式是风险准备金。风险资本是使一家公司破产的概率低于某一给定水平所需的资金,因此取决于公司的风险偏好。

例如,一家公司每年最低运营资本是5亿元,但是有5%的可能性需要7.5亿元维持运营,有1%的可能性需要10亿元才能维持运营。换句话说,如果风险资本为2.5亿元,那么这家公司的生存概率就是95%,而5亿元的风险资本对应的则是99%的生存概率。7.5-5=2.5(亿元),也就是如果有2.5亿的风险资本在手,生存的可能性为95%,破产的可能性为5%。10-5=5(亿元),也就是如果有5亿的风险资本在手,生存的可能性为99%,破产的可能性为1%。继续推论,如果有3亿的风险资本在手,生存的可能性为95%~99%,破产的可能性为1%~5%。

▍经典例题7-4 （2020年·单选题）

甲公司每年最低运营资本是5 000万元,有10%的可能性维持运营需要5 800万元;有5%的可能性维持运营需要6 200万元。若甲公司风险资本为1 000万元,则该公司的生存概率为( )。

A. 10% B. 90%~95% C. 95%以上 D. 90%

〖解析〗风险资本为800万元时生存概率为90%,风险资本为1 200万元时生存概率为95%,风险资本为1 000万元时生存概率为90%~95%。

〖答案〗B

风险资本-
例题解析

以上案例需要仔细琢磨,学会计算。计算题在本科目中考查得不多,所以需要特别关注。

3. 应急资本

应急资本是一个金融合约,规定在某一个时间段内、某个特定事件发生的情况下公司有权从应急资本提供方处募集股本或贷款(或资产负债表上的其他实收资本项目),并为此按时间向资本提供方缴纳权力费,这里的特定事件称为触发事件。应急资本费用、利息和额度在合同签订时约定。应急资本最简单的形式是公司为满足特定条件下的经营需要而从银行获得的信贷额度,一般通过与银行签订协议加以明确,比如信用证、循环信用工具等。

应急资本具有如下特点:

①应急资本的提供方并不承担特定事件发生的风险,而只是在事件发生并造成损失后提供用于弥补损失、持续经营的资金,事后公司要向资本提供者归还这部分资金,并支付相应的利息;

②应急资本是一个综合运用保险和资本市场技术设计和定价的产品,与保险不同,应急资本不涉及风险的转移,是企业风险补偿策略的一种方式;

③应急资本是一个在一定条件下的融资选择权,公司可以不使用这个权利;

④应急资本可以提供经营持续性的保证。

4. 保险

保险是风险转移的传统手段,即投保人通过保险把风险可能导致的财务损失负担转移给保险公司。可保风险是纯粹风险,机会风险不可保。

保单类型请见表7-14。

表 7－14　保单类型

风险	保单类型
财产	商业财产险、企业收入损失险、汽车物理损失险
责任	商业一般责任险、汽车责任险、员工赔偿和雇主责任险
多种财产	商业综合险
海险	海运险、内陆航运险
雇员福利	人寿保险、医疗保险、伤残保险

专业自保-知识精讲

5. 专业自保

专业自保公司又称专属保险公司，是非保险公司的附属机构，为母公司提供保险，并由其母公司筹集保险费，建立损失储备金。

专业自保的特点：由被保险人所有和控制，承保其母公司的风险，可以通过租借的方式承保其他公司的保险，不在保险市场上开展业务。

专业自保的优点：降低运营成本；改善公司现金流；保障项目更多；相对公平的费率；保障的稳定性；可进行再保险；提高服务水平。

专业自保的缺点：增加了资本投入；提高了内部管理成本；减少其他保险的可得性；损失储备金不足。

四、内部控制系统★★★

（一）COSO 委员会关于内部控制的定义与框架

1. 内部控制的定义

COSO 委员会（Committee of Sponsoring Organization）是美国反虚假财务报告委员会下属的发起人委员会。

COSO 委员会对内部控制的定义是："公司的董事会、管理层及其他人士为实现以下目标提供合理保证而实施的程序：运营的效益和效率，财务报告的可靠性和遵守适用的法律法规"。

COSO 委员会的上述定义对内部控制的基本概念提供了一些深入的见解，并特别指出：内部控制是一个实现目标的程序及方法，而其本身并非目标；内部控制只提供合理保证，而非绝对保证；内部控制要由企业中各级人员实施与配合。

2. 《内部控制——整合框架》的三项目标和五大要素

（1）三项目标：取得经营的效率和有效性；确保财务报告的可靠性；遵循适用的法律法规。

（2）五大要素：控制环境（包括员工的正直、道德价值观和能力，管理当局的理念和经营风格，管理当局确立权威性和责任、组织和开发员工的方法等）；风险评估（为了达成组织目标而对相关的风险所进行的辨别与分析）；控制活动（为了确保实现管理当局的目标而采取的政策和程序，包括审批、授权、验证、确认、经营业绩的复核、资产的安全性等）；信息与沟通（为了保证员工履行职责而必须识别、获取的信息及其沟通）；监控（对内部控制实施质量的评价，主要包括经营过程中的持续监控，即日常管理和监督、员工履行职责的行动等，也包括个别评价，或者是两者的结合）。

(二) 我国内部控制规范体系

我国内部控制规范体系包括基本规范、应用指引、评价和审计三个类别。

1.《企业内部控制基本规范》

《企业内部控制基本规范》（简称《基本规范》）规定内部控制的目标、要素、原则和总体要求，是内部控制的总体框架，在内部控制标准体系中起统领作用。

《基本规范》要求企业建立内部控制体系时应符合以下目标：合理保证企业经营管理合法合规、资产安全、财务报告及相关信息真实完整；提高经营效率和效果；促进企业实现发展战略。

《基本规范》借鉴了COSO委员会内部控制整合报告为代表的国际内部控制框架，并结合中国国情，要求企业所建立与实施的内部控制，应当包括下列五个要素：内部环境；风险评估；控制活动；信息与沟通；内部监督。

> **敲黑板**
> 我国《基本规范》的目标与COSO的三项目标相比，多关注了资产安全与促进企业实现发展战略。

2.《企业内部控制应用指引》

《企业内部控制应用指引》（简称《应用指引》）是对企业按照内部控制原则和内部控制五要素建立健全本企业内部控制所提供的指引，在配套指引乃至整个内部控制规范体系中占据主体地位。

3.《企业内部控制评价指引》和《企业内部控制审计指引》

《企业内部控制评价指引》和《企业内部控制审计指引》二者是对企业按照内部控制原则和内部控制五要素建立健全本企业事后控制的指引，是对企业贯彻《基本规范》和《应用指引》效果的评价与检验。

(三) 内部控制的要素

> **名师说**
>
> 补充资料：《企业内部控制基本规范》第一章 总则
>
> 第一条 为了加强和规范企业内部控制，提高企业经营管理水平和风险防范能力，促进企业可持续发展，维护社会主义市场经济秩序和社会公众利益，根据《中华人民共和国公司法》《中华人民共和国证券法》《中华人民共和国会计法》和其他有关法律法规，制定本规范。
>
> 第二条 本规范适用于中华人民共和国境内设立的大中型企业。
>
> 小企业和其他单位可以参照本规范建立与实施内部控制。
>
> 大中型企业和小企业的划分标准根据国家有关规定执行。
>
> 第三条 本规范所称内部控制，是由企业董事会、监事会、经理层和全体员工实施的、旨在实现控制目标的过程。
>
> 内部控制的目标是合理保证企业经营管理合法合规、资产安全、财务报告及相关信息真实完整，提高经营效率和效果，促进企业实现发展战略。
>
> 第四条 企业建立与实施内部控制，应当遵循下列原则：
>
> （一）全面性原则。内部控制应当贯穿决策、执行和监督全过程，覆盖企业及其所属单位的各种业务和事项。

（二）重要性原则。内部控制应当在全面控制的基础上，关注重要业务事项和高风险领域。

（三）制衡性原则。内部控制应当在治理结构、机构设置及权责分配、业务流程等方面形成相互制约、相互监督，同时兼顾运营效率。

（四）适应性原则。内部控制应当与企业经营规模、业务范围、竞争状况和风险水平等相适应，并随着情况的变化及时加以调整。

（五）成本效益原则。内部控制应当权衡实施成本与预期效益，以适当的成本实现有效控制。

第五条　企业建立与实施有效的内部控制，应当包括下列要素：

（一）内部环境。内部环境是企业实施内部控制的基础，一般包括治理结构、机构设置及权责分配、内部审计、人力资源政策、企业文化等。

（二）风险评估。风险评估是企业及时识别、系统分析经营活动中与实现内部控制目标相关的风险，合理确定风险应对策略。

（三）控制活动。控制活动是企业根据风险评估结果，采用相应的控制措施，将风险控制在可承受度之内。

（四）信息与沟通。信息与沟通是企业及时、准确地收集、传递与内部控制相关的信息，确保信息在企业内部、企业与外部之间进行有效沟通。

（五）内部监督。内部监督是企业对内部控制建立与实施情况进行监督检查，评价内部控制的有效性，发现内部控制缺陷，应当及时加以改进。

第六条　企业应当根据有关法律法规、本规范及其配套办法，制定本企业的内部控制制度并组织实施。

第七条　企业应当运用信息技术加强内部控制，建立与经营管理相适应的信息系统，促进内部控制流程与信息系统的有机结合，实现对业务和事项的自动控制，减少或消除人为操纵因素。

第八条　企业应当建立内部控制实施的激励约束机制，将各责任单位和全体员工实施内部控制的情况纳入绩效考评体系，促进内部控制的有效实施。

第九条　国务院有关部门可以根据法律法规、本规范及其配套办法，明确贯彻实施本规范的具体要求，对企业建立与实施内部控制的情况进行监督检查。

第十条　接受企业委托从事内部控制审计的会计师事务所，应当根据本规范及其配套办法和相关执业准则，对企业内部控制的有效性进行审计，出具审计报告。会计师事务所及其签字的从业人员应当对发表的内部控制审计意见负责。

为企业内部控制提供咨询的会计师事务所，不得同时为同一企业提供内部控制审计服务。

COSO 委员会	我国
·控制环境	·内部环境
·风险评估	·风险评估
·控制活动	·控制活动
·信息与沟通	·信息与沟通
·监控	·内部监督

控制环境的具体内容见表 7-15。

表 7-15 控制环境

COSO 委员会	我国《企业内部控制基本规范》关于内部环境要素的要求
1. 控制环境要素的要求： 控制环境决定了企业的基调，直接影响企业员工的控制意识。控制环境提供了内部控制的基本规则和构架，是其他四要素的基础。控制环境包括员工的诚信度、职业道德和才能；管理哲学和经营风格；权责分配方法、人事政策；董事会的经营重点和目标等。 2. 控制环境要素应当坚持以下原则： （1）企业对诚信和道德价值观做出承诺。 （2）董事会独立于管理层，对内部控制的制定及其绩效施以监控。 （3）管理层在董事会的监控下，建立目标实现过程中所涉及的组织架构、报告路径以及适当的权利和责任。 （4）企业致力于吸引、发展和留住优秀人才，以配合企业目标达成。 （5）企业根据其目标，使员工各自担负起内部控制的相关责任	（1）企业应当根据国家有关法律法规和企业章程，建立规范的公司治理结构和议事规则，明确决策、执行、监督等方面的职责权限，形成科学有效的职责分工和制衡机制。 （2）董事会负责内部控制的建立健全和有效实施。监事会对董事会建立与实施内部控制进行监督。经理层负责组织领导企业内部控制的日常运行。企业应当成立专门机构或者指定适当的机构具体负责组织协调内部控制的建立实施及日常工作。 （3）企业应当在董事会下设立审计委员会。审计委员会负责审查企业内部控制，监督内部控制的有效实施和内部控制自我评价情况，协调内部控制审计及其他相关事宜等。审计委员会负责人应当具备相应的独立性、良好的职业操守和专业胜任能力。 （4）企业应当结合业务特点和内部控制要求设置内部机构，明确职责权限，将权利与责任落实到各责任单位。企业应当通过编制内部管理手册，使全体员工掌握内部机构设置、岗位职责、业务流程等情况，明确权责分配，正确行使职权。 （5）企业应当加强内部审计工作，保证内部审计机构设置、人员配备和工作的独立性。内部审计机构应当结合内部审计监督，对内部控制的有效性进行监督检查。内部审计机构对监督检查中发现的内部控制缺陷，应当按照企业内部审计工作程序进行报告；对监督检查中发现的内部控制重大缺陷，有权直接向董事会及其审计委员会、监事会报告。 （6）企业应当制定和实施有利于企业可持续发展的人力资源政策。人力资源政策应当包括下列内容：员工的聘用、培训、辞退与辞职；员工的薪酬、考核、晋升与奖惩；关键岗位员工的强制休假制度和定期岗位轮换制度；掌握国家秘密或重要商业秘密的员工离岗的限制性规定；有关人力资源管理的其他政策。 （7）企业应当将职业道德修养和专业胜任能力作为选拔和聘用员工的重要标准，切实加强员工培训和继续教育，不断提升员工素质。 （8）企业应当加强文化建设，培育积极向上的价值观和社会责任感，倡导诚实守信、爱岗敬业、开拓创新和团队协作精神，树立现代管理理念，强化风险意识。董事、监事、经理及其他高级管理人员应当在企业文化建设中发挥主导作用。企业员工应当遵守员工行为守则，认真履行岗位职责。 （9）企业应当加强法制教育，增强董事、监事、经理及其他高级管理人员和员工的法制观念，严格依法决策、依法办事、依法监督，建立健全法律顾问制度和重大法律纠纷案件备案制度

敲黑板

企业内部控制要素的内容非常多，也是每年必考的重点，请同学们特别关注我国《企业内部控制基本规范》中的要求（见表 7-15 至表 7-19），不需要精准背诵每一句话，但是需要记忆大体的要求方向。

表 7-16 风险评估

COSO 委员会	我国《企业内部控制基本规范》关于风险评估要素的要求
1. 关于风险评估要素的要求： 每个企业都面临诸多来自内部和外部的有待评估的风险。风险评估的前提是使经营目标在不同层次上相互衔接，保持一致。风险评估指识别、分析相关风险以实现既定目标，从而形成风险管理的基础。由于经济、产业、法规和经营环境的不断变化，需要确立一套机制来识别和应对由这些变化带来的风险。 **2. 风险评估要素应当坚持以下原则：** (1) 企业制定足够清晰的目标，以便识别和评估有关目标所涉及的风险。 (2) 企业从整个企业的角度来识别实现目标所涉及的风险，分析风险，并据此决定应如何管理这些风险。 (3) 企业在评估影响目标实现的风险时，考虑潜在的舞弊行为。 (4) 企业识别并评估可能会对内部控制系统产生重大影响的变更	(1) 企业应当根据设定的控制目标，全面系统持续地收集相关信息，结合实际情况，及时进行风险评估。 (2) 企业开展风险评估，应当准确识别与实现控制目标相关的内部风险和外部风险，确定相应的风险承受度。风险承受度是企业能够承担的风险限度，包括整体风险承受能力和业务层面的可接受风险水平。 (3) 企业识别内部风险，应当关注下列因素：董事、监事、经理及其他高级管理人员的职业操守、员工专业胜任能力等人力资源因素；组织机构、经营方式、资产管理、业务流程等管理因素；研究开发、技术投入、信息技术运用等自主创新因素；财务状况、经营成果、现金流量等财务因素；营运安全、员工健康、环境保护等安全环保因素；其他有关内部风险因素。 (4) 企业识别外部风险，应当关注下列因素：经济形势、产业政策、融资环境、市场竞争、资源供给等经济因素；法律法规、监管要求等法律因素；安全稳定、文化传统、社会信用、教育水平、消费者行为等社会因素；技术进步、工艺改进等科学技术因素；自然灾害、环境状况等自然环境因素；其他有关外部风险因素。 (5) 企业应当采用定性与定量相结合的方法，按照风险发生的可能性及其影响程度等，对识别的风险进行分析和排序，确定关注重点和优先控制的风险。企业进行风险分析，应当充分吸收专业人员，组成风险分析团队，按照严格规范的程序开展工作，确保风险分析结果的准确性。 (6) 企业应当根据风险分析的结果，结合风险承受度，权衡风险与收益，确定风险应对策略。企业应当合理分析并准确掌握董事、经理及其他高级管理人员和关键岗位员工的风险偏好，采取适当的控制措施，避免因个人风险偏好给企业经营带来重大损失。 (7) 企业应当综合运用风险规避、风险降低、风险分担和风险承受等风险应对策略，实现对风险的有效控制。 (8) 企业应当结合不同发展阶段和业务拓展情况，持续收集与风险变化相关的信息，进行风险识别和风险分析，及时调整风险应对策略

表 7-17 控制活动

COSO 委员会	我国《企业内部控制基本规范》关于控制活动要素的要求
1. 关于控制活动要素的要求： 控制活动指那些有助于管理层决策顺利实施的政策和程序。控制行为有助于确保实施必要的措施以管理风险，实现经营目标。控制行为体现在整个企业的不同层次和不同部门中，它们包括诸如批准、授权、查证、核对、复核经营业绩、资产保护和职责分工等活动。 2. 控制活动要素应当坚持以下原则： （1）企业选择并制定有助于将目标实现风险降低至可接受水平的控制活动。 （2）企业为用以支持目标实现的技术选择并制定一般控制政策。 （3）企业通过政策和程序来部署控制活动：政策用来确定所期望的目标；程序则将政策付诸行动	（1）企业应当结合风险评估结果，通过手工控制与自动控制、预防性控制与发现性控制相结合的方法，运用相应的控制措施，将风险控制在可承受度之内。控制措施一般包括：不相容职务分离控制、授权审批控制、会计系统控制、财产保护控制、预算控制、运营分析控制和绩效考评控制等。 （2）不相容职务分离控制。所谓不相容职务，是指那些如果由一个人担任既可能发生错误和舞弊行为，又可能掩盖其错误和舞弊行为的职务。 （3）授权审批控制。授权审批是指单位在办理各项经济业务时，必须经过规定程序的授权批准。 （4）会计系统控制。会计系统控制主要是通过对会计主体所发生的各项能用货币计量的经济业务进行记录、归集、分类、编报等而进行的控制。 （5）财产保护控制。财产保护控制要求企业建立财产日常管理制度和定期清查制度，采取财产记录、实物保管、定期盘点、账实核对等措施，确保财产安全。 （6）预算控制。预算控制要求企业实施全面预算管理制度，明确各责任单位在预算管理中的职责权限，规范预算的编制、审定、下达和执行程序，强化预算约束。 （7）运营分析控制。运营分析控制要求企业建立运营情况分析制度，经理层应当综合运用生产、购销、投资、筹资、财务等方面的信息，通过因素分析、对比分析、趋势分析等方法，定期开展运营情况分析，发现存在的问题，及时查明原因并加以改进。 （8）绩效考评控制要求企业建立和实施绩效考评制度，科学设置考核指标体系，对企业内部各责任单位和全体员工的业绩进行定期考核和客观评价，将考评结果作为确定员工薪酬以及职务晋升、评优、降级、调岗、辞退等的依据。 （9）企业应当根据内部控制目标，结合风险应对策略，综合运用控制措施，对各种业务和事项实施有效控制。 （10）企业应当建立重大风险预警机制和突发事件应急处理机制，明确风险预警标准，对可能发生的重大风险或突发事件，制定应急预案、明确责任人员、规范处置程序，确保突发事件得到及时妥善处理

表 7-18　信息与沟通

COSO 委员会	我国《企业内部控制基本规范》关于信息与沟通要素的要求
1. 关于信息与沟通要素的要求：公允的信息必须被确认、捕获并以一定形式及时传递，以便员工履行职责。信息系统产出涵盖经营、财务和遵循性信息的报告，以助于经营和控制企业。信息系统不仅处理内部产生的信息，还包括与企业经营决策和对外报告相关的外部事件、行为和条件等。有效的沟通从广义上说是信息的自上而下、横向以及自下而上的传递。所有员工必须从管理层得到清楚的信息，认真履行控制职责。员工必须理解自身在整个内控系统中的位置，理解个人行为与其他员工工作的相关性。员工必须有向上传递重要信息的途径。同时，与外部诸如客户、供应商、管理当局和股东之间也需要有效的沟通。 2. 信息与沟通要素应当坚持以下原则： （1）企业选择、制定并实行持续及/或单独的评估，以判定内部控制各要素是否存在且发挥效用。 （2）企业及时评估内部控制缺陷，并将有关缺陷及时通报给负责整改措施的相关方，包括高级管理层和董事会（如适当）。企业选择并制定有助于将目标实现风险降低至可接受水平的控制活动	（1）企业应当建立信息与沟通制度，明确内部控制相关信息的收集、处理和传递程序，确保信息及时沟通，促进内部控制有效运行。 （2）企业应当对收集的各种内部信息和外部信息进行合理筛选、核对、整合，提高信息的有用性。企业可以通过财务会计资料、经营管理资料、调研报告、专项信息、内部刊物、办公网络等渠道，获取内部信息。企业可以通过行业协会组织、社会中介机构、业务往来单位、市场调查、来信来访、网络媒体以及有关监管部门等渠道，获取外部信息。 （3）企业应当将内部控制相关信息在企业内部各管理级次、责任单位、业务环节之间，以及企业与外部投资者、债权人、客户、供应商、中介机构和监管部门等有关方面之间进行沟通和反馈。信息沟通过程中发现的问题，应当及时报告并加以解决。重要信息应当及时传递给董事会、监事会和经理层。 （4）企业应当利用信息技术促进信息的集成与共享，充分发挥信息技术在信息与沟通中的作用。企业应当加强对信息系统的开发与维护、访问与变更、数据输入与输出、文件储存与保管、网络安全等方面的控制，保证信息系统安全稳定运行。 （5）企业应当建立反舞弊机制，坚持惩防并举、重在预防的原则，明确反舞弊工作的重点领域、关键环节和有关机构在反舞弊工作中的职责权限，规范舞弊案件的举报、调查、处理、报告和补救程序。企业至少应当将下列情形作为反舞弊工作的重点：未经授权或者采取其他不法方式侵占、挪用企业资产，牟取不当利益；在财务会计报告和信息披露等方面存在虚假记载、误导性陈述或者重大遗漏等；董事、监事、经理及其他高级管理人员滥用职权；相关机构或人员串通舞弊。 （6）企业应当建立举报投诉制度和举报人保护制度，设置举报专线，明确举报投诉处理程序、办理时限和办结要求，确保举报、投诉成为企业有效掌握信息的重要途径。举报投诉制度和举报人保护制度应当及时传达至全体员工

表 7-19 监控

COSO 委员会	我国《企业内部控制基本规范》关于内部监督要素的要求
关于监控要素的要求为：内部控制系统需要被监控，即对该系统有效性进行评估的全过程。可以通过持续性的监控行为、独立评估或两者的结合来实现对内控系统的监控。持续性的监控行为发生在企业的日常经营过程中，包括企业的日常管理和监控行为、员工履行各自职责的行为。独立评估活动的广度和频度有赖于风险预估和日常监控程序的有效性。内部控制的缺陷应该自下而上进行汇报，性质严重的应上报最高管理层和董事会	（1）企业应当根据本规范及其配套办法，制定内部控制监督制度，明确内部审计机构（或经授权的其他监督机构）和其他内部机构在内部监督中的职责权限，规范内部监督的程序、方法和要求。内部监督分为日常监督和专项监督。日常监督是指企业对建立与实施内部控制的情况进行常规、持续的监督检查；专项监督是指在企业发展战略、组织结构、经营活动、业务流程、关键岗位员工等发生较大调整或变化的情况下，对内部控制的某一或者某些方面进行有针对性的监督检查。专项监督的范围和频率应当根据风险评估结果以及日常监督的有效性等予以确定。 （2）企业应当制定内部控制缺陷认定标准，对监督过程中发现的内部控制缺陷，应当分析缺陷的性质和产生的原因，提出整改方案，采取适当的形式及时向董事会、监事会或者经理层报告。内部控制缺陷包括设计缺陷和运行缺陷。企业应当跟踪内部控制缺陷整改情况，并就内部监督中发现的重大缺陷，追究相关责任单位或者责任人的责任。 （3）企业应当结合内部监督情况，定期对内部控制的有效性进行自我评价，出具内部控制自我评价报告。 （4）企业应当以书面或者其他适当的形式，妥善保存内部控制建立与实施过程中的相关记录或者资料，确保内部控制建立与实施过程的可验证性

▋ **经典例题 7-5** （2019 年·单选题）

甲公司在实施全面风险管理过程中，注重加强法制教育，增强董事、监事、经理及其他高级管理人员和员工的法制观念，严格依法决策、依法办事、依法监督。甲公司的上述作法所涉及的内部控制要素是（　　）。

A. 控制环境　　　　　　　　B. 风险评估
C. 监控　　　　　　　　　　D. 控制活动

解析 依据《企业内部控制基本规范》关于内部环境要素的要求：企业应当加强法制教育，增强董事、监事、经理及其他高级管理人员和员工的法制观念，严格依法决策、依法办事、依法监督，建立健全法律顾问制度和重大法律纠纷案件备案制度。因此选项 A 正确。

答案 A

> **名师说**
>
> 对于内部控制的五大要素，以下细节需要同学关注：
>
> **一、控制活动要素**
>
> **（1）不相容职务相分离。**
>
> 不相容职务一般包括：授权批准与业务经办、业务经办与会计记录、会计记录与财产保管、业务经办与稽核检查、授权批准与监督检查等。对于不相容的职务如果不实行相互分离的措施，就容易发生舞弊等行为。不相容职务分离的核心是"内部牵制"，要求企业首先应全面系统地分析、梳理业务流程中所涉及的不相容职务，其次要明确规定各个机构和岗位的职责权限，使不相容岗位和职务之间能够相互监督、相互制约，形成有效的制衡机制。

(2) 授权审批形式通常有常规授权和特别授权之分。

常规授权是指单位在日常经营管理活动中按照既定的职责和程序进行的授权，用以规范经济业务的权力、条件和有关责任者，其时效性一般较长。特别授权是指单位对办理例外的、非常规性交易事件的权力、条件和责任的应急性授权。授权审批控制要求企业根据常规授权和特别授权的规定，明确各岗位办理业务和事项的权限范围、审批程序和相应责任。企业应当编制常规授权的权限指引，规范特别授权的范围、权限、程序和责任，严格控制特别授权。企业各级管理人员应当在授权范围内行使职权和承担责任。企业对于重大的业务和事项，应当实行集体决策审批或者联签制度，任何个人不得单独进行决策或者擅自改变集体决策。

(3) 会计系统控制的主要内容。

①依法设置会计机构，配备会计人员。从事会计工作的人员，必须具备从事会计工作必要的专业能力，会计机构负责人应当具备会计师以上专业技术职务资格或从事会计工作3年以上经历。大中型企业应当设置总会计师或者财务总监，设置总会计师或者财务总监的单位，不得设置与其职权重叠的副职。

②建立会计工作的岗位责任制，对会计人员进行科学合理的分工，使之相互监督和制约。

③按照规定取得和填制原始凭证。

④设计良好的凭证格式。

⑤对凭证进行连续编号。

⑥明确会计凭证、会计账簿和财务会计报告的处理程序，保证会计资料真实完整。

⑦明确凭证的装订和保管手续责任。

⑧合理设置账户，登记会计账簿，进行复式记账。

⑨按照《会计法》和国家统一的会计准则制度的要求编制、报送、保管财务报告。

(4) 财产保护控制的主要内容。

①财产记录和实物保管。关键是要妥善保管涉及资产的各种文件资料，避免记录受损、被盗、被毁。对重要的文件资料，应当留有备份，以便在遭受意外损失或毁坏时重新恢复，这在计算机处理条件下尤为重要。

②定期盘点和账实核对。它是指定期对实物资产进行盘点，并将盘点结果与会计记录进行比较。盘点结果与会计记录如不一致，说明可能在资产管理上出现错误、浪费、损失或其他不正常现象，应当分析原因、查明责任、完善管理制度。

③限制接近。它是指严格限制未经授权的人员对资产的直接接触，只有经过授权批准的人员才能接触该资产。限制接近包括限制对资产本身的接触和通过文件批准方式对资产使用或分配的间接接触。一般情况下，对货币资金、有价证券、存货等变现能力强的资产必须限制无关人员的直接接触。

(5) 预算控制的主要内容。

预算控制的内容涵盖了单位经营活动的全过程，单位通过预算的编制和检查预算的执行情况，可以比较、分析内部各单位未完成预算的原因，并对未完成预算的不良后果采取改进措施，确保各项预算的严格执行。在实际工作中，预算编制不论采用自上而下还是自下而上的方法，其决策权都应落实在内部管理的最高层，由这一权威层次进行决策、指挥和协调。预算确定后由各预算单位组织实施，并辅之以对等的权、责、利关系，由内部审计部门等负责监督预算的执行。预算控制的主要环节有：

①确定预算的项目、标准和程序；
②编制和审定预算；
③预算指标的下达和责任人的落实；
④预算执行的授权；
⑤预算执行过程的监控；
⑥预算差异的分析和调整；
⑦预算业绩的考核和奖惩。

二、监控要素

企业围绕内部环境、风险评估、控制活动、信息与沟通、内部监督等要素，确定内部控制评价的具体内容，对内部控制设计与运行情况进行评价。内部控制自我评价的方式、范围、程序和频率，由企业根据经营业务调整、经营环境变化、业务发展状况、实际风险水平等自行确定。国家有关法律法规另有规定的，从其规定。

内部控制评价程序一般包括：制定评价工作方案、组成评价工作组、实施现场测试、认定控制缺陷、汇总评价结果、编报评价报告等环节。

企业可以授权内部审计部门或专门机构（以下简称内部控制评价部门）负责内部控制评价的具体组织实施工作。内部控制评价工作组应当对被评价单位进行现场测试，综合运用个别访谈、调查问卷、专题讨论、穿行测试、实地查验、抽样和比较分析等方法，充分收集被评价单位内部控制设计和运行是否有效的证据，按照评价的具体内容，如实填写评价工作底稿，研究分析内部控制缺陷。

现场测试方法见表7-20。

表7-20 现场测试方法

现场测试方法	说明
个别访谈法	企业根据检查评价需要，对被检查单位员工进行单独访谈，以获取有关信息。通过找有关人员谈话，可以调查了解内部控制制度，还可以针对可疑账项或异常情况等向有关人员提出询问
调查问卷法	企业设置问卷调查表，分别对不同层次的员工进行问卷调查，根据调查结果对相关项目做出评价
专题讨论会法	通过召集与业务流程相关的管理人员就业务流程的特定项目或具体问题进行讨论及评估
穿行测试和重新执行法	穿行测试见本章第一节中的相关内容。重新执行是指通过对某一控制活动全过程的重新执行来评估控制执行情况的方法
抽样法	企业针对具体的内部控制业务流程，按照业务发生频率及固有风险的高低，从确定的抽样总体中抽取一定比例的业务样本，对业务样本的符合性进行判断，进而对业务流程控制运行的有效性做出评价
比较分析法	通过分析、比较数据间的关系、趋势或比率来取得评价证据

内部控制评价工作组应当根据现场测试获取的证据，对内部控制缺陷进行初步认定，并按其影响程度分为重大缺陷、重要缺陷和一般缺陷。重大缺陷应当由董事会予以最终认定。企业对于认定的重大缺陷，应当及时采取应对策略，切实将风险控制在可承受范围之内，并追究有关部门或相关人员的责任。

五、风险管理信息系统 ★

名师说：此部分内容来自《中央企业全面风险管理指引》第八章"风险管理信息系统"，考试频率较低，大致了解即可。

企业应将信息技术应用于风险管理的各项工作，建立涵盖风险管理基本流程和内部控制系统各环节的风险管理信息系统，包括信息的采集、存储、加工、分析、测试、传递、报告、披露等。

企业应采取措施确保向风险管理信息系统输入的业务数据和风险量化值的一致性、准确性、及时性、可用性和完整性。对输入信息系统的数据，未经批准，不得更改。

风险管理信息系统应能够进行对各种风险的计量和定量分析、定量测试；能够实时反映风险矩阵和排序频谱、重大风险和重要业务流程的监控状态；能够对超过风险预警上限的重大风险实施信息报警；能够满足风险管理内部信息报告制度和企业对外信息披露管理制度的要求。

风险管理信息系统应实现信息在各职能部门、业务单位之间的集成与共享，既能满足单项业务风险管理的要求，也能满足企业整体和跨职能部门、业务单位的风险管理综合要求。

企业应确保风险管理信息系统的稳定运行和安全，并根据实际需要不断进行改进、完善或更新。

已建立或基本建立企业管理信息系统的企业，应补充、调整、更新已有的管理流程和管理程序，建立完善的风险管理信息系统；尚未建立企业管理信息系统的，应将风险管理与企业各项管理业务流程、管理软件统一规划、统一设计、统一实施、同步运行。

敲黑板：十一种风险管理技术与方法每年必考，内容繁多，但是分值却不高，主要以选择题的形式进行考核，每年1~2题，所以属于性价比较低的知识点。建议同学们先掌握考核频率较高的主要优点与局限性这部分知识，在有余力的情况下再扩展到定义、适用范围、实施步骤等部分。

第三节 风险管理的技术与方法

风险管理技术与方法在风险评估各阶段的适用性见表 7-21。

表 7-21 风险管理技术与方法在风险评估各阶段的适用性

(●：非常适用　○：基本适用)

风险管理技术与方法 \ 风险评估阶段	风险辨识	风险分析	风险评价
头脑风暴法	●	○	○
德尔菲法	●	○	○

续表

风险管理技术与方法 \ 风险评估阶段	风险辨识	风险分析	风险评价
失效模式影响与危害度分析法	●		
流程图分析法	●		
马尔科夫分析法	○	●	
风险评估系图法	●	●	○
情景分析法	●	●	○
敏感性分析法	●	●	○
事件树分析法		●	
决策树法		●	○
统计推论法	○	●	○

一、头脑风暴法（Brain-storming）

头脑风暴法又称智力激励法、BS 法、自由思考法。它是指刺激并鼓励一群知识渊博、知悉风险情况的人员畅所欲言，开展集体讨论的方法。

头脑风暴法的分类请见表 7-22。

表 7-22　头脑风暴法的分类

直接头脑风暴法 （通常简称"头脑风暴法"）	专家群体决策，尽可能激发创造性，产生尽可能多的设想的方法
质疑头脑风暴法 （也称"反头脑风暴法"）	对前者提出的设想、方案逐一质疑，分析其现实可行性的方法

1. **适用范围**

适用于充分发挥专家意见，**在风险识别阶段进行定性分析**。

2. **实施步骤**

（1）会前准备。

（2）风险主题展开探讨。

（3）风险主题探讨意见分类与整理。

3. **主要优点与局限性**

（1）主要优点：

①激发了想象力，有助于发现新的风险和全新的解决方案。

②让主要的利益相关者参与其中，有助于进行全面沟通。

③速度较快并易于开展。

（2）局限性：

①参与者可能缺乏必要的技术及知识，无法提出有效的建议。

②头脑风暴法相对松散，因此较难保证过程的全面性。

③可能会出现特殊的小组状况，导致某些有重要观点的人保持沉默而其他人成为讨论的主角。

二、德尔菲法（Del Phi Method）

德尔菲法又名专家意见法，是在一组专家中取得可靠共识的程序，其基本特征是专家单独、匿名表达各自的观点，同时随着过程的进展，他们有机会了解其他专家的观点。

1. 适用范围

适用于在专家取得一致性意见基础上，**对风险进行定性分析**。

2. 实施步骤

（1）组成专家小组。

（2）向所有专家提出所要预测的问题及有关要求，并附上有关这个问题的所有背景材料，同时请专家提出还需要什么材料，然后由专家做书面答复。

（3）各专家根据他们所收到的材料，提出自己的预测意见，并说明自己是怎样利用这些材料并提出预测值的。

（4）将各位专家第一次提出的判断意见汇总，再次分发，以便他们参考修改自己的意见。

（5）将所有专家的修改意见汇总，再次分发，以便做第二次修改。这一过程反复进行，直到每一个专家不再改变自己的意见为止。

（6）对专家的意见进行综合处理。

3. 主要优点和局限性

（1）主要优点：

①由于观点是匿名的，因此更有可能表达出那些不受欢迎的看法。

②所有观点有相同的权重，避免重要人物占主导地位的问题。

③专家不必一次聚集在某个地方，比较方便。

④专家最终形成的意见具有广泛的代表性。

（2）局限性：

①权威人士的意见影响他人的意见。

②有些专家碍于情面，不愿意发表与其他人不同的意见。

③有的专家可能出于自尊心而不愿意修改自己原来的意见。

④过程比较复杂，花费时间较长，这是德尔菲法的主要缺点。

三、失效模式、影响和危害度分析法（FMECA）

FMECA（failure mode effects and criticality analysis），即失效模式、影响及危害度分析法，可用来分析、审查系统的潜在故障模式。

1. 适用范围

适用于对失效模式、影响及危害进行**定性或定量分析**，还可以对其他风险识别方法提供数据支持。

2. 实施步骤

（1）失效模式分析。将系统分成组件或步骤，确认各部分出现明显故障的方式，即失效模式，分析造成这些失效模式的具体机制以及故障可能产生的影响。

（2）失效影响分析。根据故障后果的严重性，对识别出的各个失效模式进行分类并确定风险等级。风险等级一般可以通过故障后果的严重程度与故障发生概率的组合获得并予以定性、半定量或定量表达。

（3）失效危害度分析。识别风险优先级，这是一种半定量的危害度测量方法，它将故障后果、可能性和发现故障的难度（如果故障很难发现，则认为其优先级较高）进行等级赋值（通常在1~10之间），然后相乘获得危险度。

（4）列出一份失效模式、失效机制及其对系统影响的清单，该清单包含系统失效的可能性、失效模式导致的风险程度等结果，如果结果是定量的，同时故障率的资料可靠，FMECA可以输出定量结果。

3. 主要优点和局限性

（1）主要优点：
①广泛适用于人力、设备和系统失效模式，以及硬件、软件和程序。
②识别组件失效模式及其原因和对系统的影响，同时用可读性较强的形式表现出来。
③能够在设计初期发现问题，因而避免了开支较大的设备改造。
④识别单个失效模式以适合系统安全的需要。

（2）局限性：
①只能识别单个失效模式，无法同时识别多个失效模式。
②一般耗时较长且开支较大。

表7-23 某公司 GPS 汽车天线导航设备 FMECA 分析

功能	失效模式	失效后果	严重度	失效起因/机理	发生频率	现行探测设计控制	发现故障难度	危害度
防水	不防水	客户极不满意	6	结构不合理	1	通过防水实验	3	18
运输中不会异常	运输中损坏	客户不满意	6	结构设计不合理，强度不够	1	振动实验/跌落实验	2	12
产品符合ROHS标准	材料不环保	客户不满意	9	材料选用有误	2	ROHS测试	2	36
……	……	……	……	……	……	……	……	……

四、流程图分析法（Flow Charts Analysis）

流程图分析法是对流程的每一阶段、每一环节逐一进行调查分析，从中发现潜在风险，找出导致风险发生的因素，分析风险产生后可能造成的损失以及对整个组织可能造成的不利影响。

1. 适用范围

适用于对企业生产或经营中的风险及其成因进行定性分析。

报销流程图见表7-24。

表7-24 报销流程图

流程图	风险审核点	权责部门
报销单据整理黏贴	报销人员根据公司费用报销制度要求，整理好需要报销的发票或单据，并进行整齐粘贴。根据报销内容填写《费用报销单》	报销人员
填写《费用报销单》	报销单填写要求不得涂改，不得用铅笔或红色的笔填写，并附上相关的报销发票或单据。若属于出差的费用报销，必须附上经过批准签字的《差旅费报销单》。采购物品报销需附上总经理签字确认的《采购申请表》	报销人员
部门领导审核 ……	《费用报销单》及相关单据准备完成后，报销人员提交给直接主管审核签字，直接主管须对以下方面进行审核： (1) 费用产生开支的原因及真实性； (2) 费用的标准性及合理性； (3) 费用的控制等。 若发现不符合要求，立即退还给相关报销人员重新整理提报 ……	相关部门领导 ……

2. **实施步骤**

(1) 根据企业实际绘制业务流程图。

(2) 识别流程图上各业务节点的风险因素，并予以重点关注。

(3) 针对风险及产生原因，提出监控和预防的方法。

3. **主要优点和局限性**

(1) 主要优点：

流程图分析是识别风险最常用的方法之一。其主要优点是清晰明了，易于操作，且组织规模越大，流程越复杂，流程图分析法就越能体现出优越性。

(2) 局限性：该方法的使用效果依赖于专业人员的水平。

经典例题7-6 (2021年·多选题)

美邦公司是一家建筑装修企业，该公司的采购总监为了防范原材料和设备采购过程中可能发生的风险，梳理了从采购计划、供应商筛选、询议价格、制作订单、部门领导审核、采购合同签订、产品验收入库直到结算等各个环节的潜在风险，并找出导致风险发生的因素，分析风险发生后可能造成的损失。下列各项中，属于该公司采用的上述风险分析方法优点的有(　　)。

A. 使用效果较少依赖专业人员的水平

B. 风险识别定量分析准确率高

C. 组织规模越大，流程越复杂，越能体现出优越性

D. 清晰明了，易于操作

解析 流程图分析法是对流程的每一阶段、每一环节逐一进行调查分析，从中发现潜在

风险，找出导致风险发生的因素，分析风险产生后可能造成的损失以及对整个组织可能造成的不利影响。该公司"为了防范……可能发生的风险，梳理了……各个环节的潜在风险，并找出导致风险发生的因素，分析风险发生后可能造成的损失"属于使用了流程图分析法，对企业生产或经营中的风险及其成因进行定性分析（选项 B 错误）。该方法主要优点是清晰明了，易于操作（选项 D 正确），且组织规模越大，流程越复杂，流程图分析法就越能体现出优越性（选项 C 正确）。该方法的使用效果依赖于专业人员的水平（选项 A 错误）。综上，选项 CD 正确。

【答案】CD

五、马尔科夫分析法（Markov Analysis）

马尔科夫分析方法主要围绕"**状态**"这个概念展开。如果**系统未来的状态仅取决于其现在的状况**，那么就可以使用马尔科夫分析法。这种方法通常用于对那些存在**多种状态**（包括各种降级使用状态）的可维修**复杂系统**进行分析。

1. 适用范围

适用于对**复杂系统中不确定性事件及其状态改变的定量分析**。

2. 实施步骤

（1）调查不确定性事件的各种状态及其变化情况。
（2）建立数学模型。
（3）求解模型，得到风险事件各个状态发生的可能性。
具体内容见表 7-25。

表 7-25 马尔科夫分析法

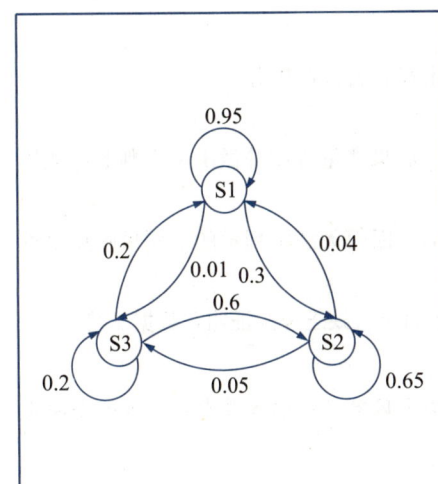	P_i 表示系统处于状态 i（i 可以是 1、2 或 3）的概率，那么需要解决的联立方程包括： $P_1 = 0.95P_1 + 0.30P_2 + 0.20P_3$ （1） $P_2 = 0.04P_1 + 0.65P_2 + 0.60P_3$ （2） $P_3 = 0.01P_1 + 0.05P_2 + 0.20P_3$ （3） 这三个方程并非独立的，无法解出三个未知数。因此，下列方程必须使用，而上述方程中有一个方程可以弃用。 $1 = P_1 + P_2 + P_3$ （4） 解联立方程组，得到状态 1、2 及 3 的概率分别是 0.85、0.13 和 0.02，即该系统只在 85% 的时间里能充分发挥功效，在 13% 的时间内处于降级状态，而在 2% 的时间里存在故障。现实中的系统状态比上述例子复杂得多，须联立求解的方程也更为复杂，故需要借助计算机程序来完成

3. 主要优点和局限性

（1）主要优点：能够计算出具有维修能力和多重降级状态的系统的概率。
（2）局限性：
①无论是故障还是维修，都假设状态变化的概率是固定的。
②所有事项在统计上具有独立性，因此未来的状态独立于一切过去的状态，除非两个状态紧密相连。

③需要了解状态变化的各种概率。

④有关矩阵运算的知识比较复杂,非专业人士很难看懂(层次分析或转移概率矩阵)。

六、风险评估系图法(Risk Assessment System)

风险评估系图请见图7-3。

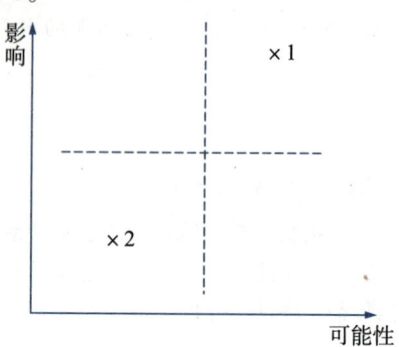

图7-3 风险评估系图

用以评估风险影响的常见的定性方法是制作风险评估系图。风险评估系图识别某一风险是否会对企业产生重大影响,并将此结论与风险发生的可能性联系起来,**为确定企业风险的优先次序提供框架**。

1. 适用范围

适用于对风险初步的定性分析。

2. 实施步骤(略)

3. 主要优点和局限性

(1) 主要优点:风险评估系图法作为一种简单的定性方法,直观明了。

(2) 局限性:

①需要对风险重要性等级标准、风险发生可能性、后果严重程度等做出主观判断可能影响使用的准确性。

②所确定的风险重要性等级是通过相互比较确定的,因而无法将列示的个别风险重要性等级通过数学运算得到总体风险的重要性等级。

③如需要进一步探求风险原因,则采用该方法过于简单,缺乏经验证明和数据支持。

经典例题7-7 (单选题)

在风险评估系图中,风险对企业所产生的影响是决定风险评级的重要参数,另一个决定风险评级的重要参数是( )。

A. 应对风险措施的成本

B. 风险发生的可能性

C. 企业对风险的偏好

D. 企业对风险的承受能力

(解析) 风险评估系图是把风险发生可能性的高低、风险发生后对目标的影响程度,作为两个维度绘制在同一个平面上(即绘制成直角坐标系)。

(答案) B

七、情景分析法（Scenario Analysis）

情景分析可用来预计威胁和机遇可能发生的方式，以及如何将威胁和机遇用于各类长期及短期风险分析。在周期较短且数据充分的情况下，可以从现有情景中推断出可能出现的情景。对于周期较长或数据不充分的情况，情景分析的有效性更依赖于合乎情理的想象力。应特别关注那些最重要、最不确定的因素。

1. 适用范围

适用于对企业面临的风险进行定性和定量分析。

2. 实施步骤

（1）建立团队和相关沟通渠道，确定需要处理的问题和事件的背景。
（2）确定可能出现的变化的性质。
（3）对主要因素、趋势变化的可能进行研究、预测。

3. 主要优点和局限性

（1）主要优点：对于未来变化不大的情况能够给出比较精确的模拟结果。
（2）局限性：
①在存在较大不确定性的情况下，模拟有些情景可能不够现实。
②对数据的有效性以及分析师和决策者开发现实情境的能力有很高的要求。
③将情景分析法作为一种决策工具，所用情景可能缺乏充分的基础，数据可能具有随机性。一家企业在评估一项投资项目的风险时所进行的情景分析请见表 7－26。

情景分析法-
知识精讲

表 7－26　一家企业在评估一项投资项目的风险时所进行的情景分析

因素		最佳情景	基准情景	最差情景
影响因素	市场需求	不断提升	不变	下降
	经济增长	增长 5%～10%	增长<5%	负增长
发生概率		20%	45%	35%
结果		投资项目可在 5 年达到收支平衡	投资项目可在 10～15 年达到收支平衡	不确定

八、敏感性分析法（Sensitivity Analysis）

敏感性分析是针对潜在的风险，研究项目的各种不确定因素变化至一定幅度时，计算其主要经济指标变化率及敏感程度的一种方法。

敏感性分析最常用的显示方式是龙卷风图。龙卷风图有助于比较具有较高不确定性的变量与相对稳定的变量之间的相对重要程度。

1. 适用范围

适用于对项目不确定性对结果产生的影响进行的定量分析。

2. 实施步骤

（1）选定不确定因素，并设定这些因素的变动范围。
（2）确定分析指标。
（3）进行敏感性分析。
（4）绘制龙卷风图。

（5）确定变化的临界点。

3. 主要优点和局限性

（1）主要优点：

①为决策者提供有价值的参考信息。

②清晰地为风险分析指明方向。

③可以帮助企业制定紧急预案。

（2）局限性：

①所需要的数据经常缺乏，无法提供可靠的参数变化；

②分析时借助公式计算，没有考虑各种不确定因素在未来发生变动的概率，无法给出各参数的变化情况，因此其分析结果可能和实际相反。

九、事件树分析法（Event Tree Analysis）

事件树（ETA）是一种表示初始事件发生之后**互斥性后果的图解技术**，它按事件发展的时间顺序由初始事件开始推论可能的后果，从而进行危险源的辨识。

事件树分析法请见图7-4。

事件树分析法-
知识精讲

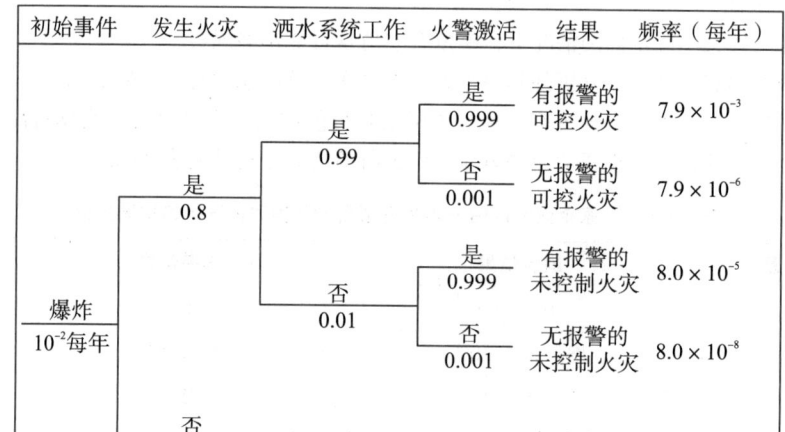

图7-4 事件树分析法

1. 适用范围

适用于具有多种环节的故障发生以后，对各种可能后果进行定性和定量分析。

2. 实施步骤

（1）挑选初始事件。

（2）按序列出那些旨在缓解结果的现有功能或系统。

（3）在每条线上标注一定的失效概率，同时通过专家判断或故障树分析的方法来估算这种条件概率。

3. 主要优点和局限性

（1）主要优点：

①ETA以清晰的图形显示了经过分析的初始事项之后的潜在情景，以及缓解系统或功能成败产生的影响。

②它能说明时机、依赖性以及很烦琐的多米诺效应。
③它生动地体现事件的顺序。

（2）局限性：

①为了将 ETA 作为综合评估的组成部分，一切潜在的初始事项都要进行识别，这可能需要使用其他分析方法（如危害及可操作研究法），但总是有可能错过一些重要的初始事项。

②事件树只分析了某个系统的成功及故障状况，很难将延迟成功或恢复事项纳入其中。

③任何路径都取决于路径上以前分支点处发生的事项。因此，要分析各可能路径上众多从属因素。然而，人们可能会忽视某些从属因素，如常见组件、应用系统以及操作员等。如果不认真处理这些从属因素，就会导致风险评估过于乐观。

十、决策树法（Decision Tree）

决策树是考虑到在不确定性情况下，以序列方式表示决策选择和结果。类似于事件树法，决策树法始于初始事项或最初决策，之后对可能发生的事件及可能做出的决策的各种路径和结果进行建模。决策树法用于项目风险管理，有助于在不确定的情况下选择最佳的行动步骤。

1. 适用范围

适用于对**不确定性投资方案期望收益**的定量分析。

2. 实施步骤（略）

3. 主要优点和局限性

（1）主要优点：

①对于决策问题的细节提供了一种清楚的图解说明。

②能够计算到达一种情形的最优路径。

（2）局限性：

①大的决策树可能过于复杂，不利于交流。

②为了能够用树形图表示，可能有过于简化环境的倾向。

两个互斥项目的决策分析请见表 7-27。

决策树法-
知识精讲

表 7-27 两个互斥项目的决策分析

项目	投资额	经营年限	状态	
			销路好（0.7）	销路差（0.3）
A1	450 万元	5 年	300 万元	-60 万元
A2	240 万元	5 年	120 万元	30 万元

在两个互斥项目之间进行决策，与情景分析不同，可以进行剪枝。决策树分析法请见图 7-5。

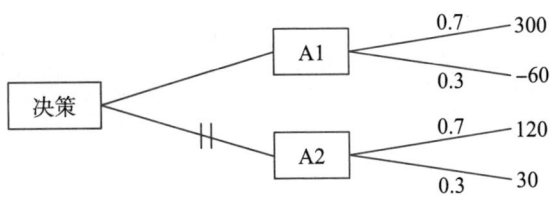

图 7-5 决策树分析法

A1 的净收益值=（300×0.7−60×0.3）×5−450=510（万元） A2 的净收益值=（120×0.7+30×0.3）×5−240=225（万元）

十一、统计推论法（Inferential Statistics）

统计推论是进行项目风险评估和分析的一种十分有效的方法，它可分为前推、后推和旁推三种类型。

前推，就是根据历史的经验和数据推断出未来事件发生的概率及其后果。

后推，是在手头没有历史数据可供参考时所采用的一种方法。是把未知的想象的事件及后果与一已知事件与后果联系起来，把未来风险事件归结到有数据可查的造成这一风险事件的初始事件上，从而对风险做出评估和分析。

旁推，就是利用类似项目的数据进行外推，用某一项目的历史记录对新的类似建设项目可能遇到的风险进行评估和分析。

1. 适用范围

适合于各种风险分析预测。

2. 实施步骤

（1）收集并整理与风险相关的历史数据。
（2）选择合适的评估指标并给出数学模型。
（3）根据数学模型和历史数据预测未来风险发生的可能性和损失大小。

3. 主要优点和局限性

（1）主要优点：
①在数据充足可靠的情况下简单易行。
②应用领域广泛。
（2）局限性：
①由于历史事件的前提和环境已发生了变化，不一定适用于今天或未来。
②没有考虑事件的因果关系，使外推结果可能产生较大偏差。为了修正这些偏差，有时必须在历史数据的处理中加入专家或集体的经验修正。

敲黑板

定性分析：头脑风暴法、德尔菲法、流程图分析法、风险评估体系图法。定量分析：马尔科夫分析法、敏感性分析法、决策树法、统计推论法。定性和定量分析：失效模式、影响和危害度分析法、情景分析法、事件树分析法。

考点加油站

章末总结

- 第七章 风险管理的流程、体系与方法
  - 风险管理的流程
    - 收集风险管理初始信息
      - 分析战略风险 — 分析市场风险 — 分析财务风险
      - 分析运营风险 — 分析法律合规风险
    - 进行风险评估 — 风险辨识、风险分析、风险评价
    - 制定风险管理策略
    - 提出和实施风险管理解决方案
      - 风险管理解决方案的两种类型
      - 关键风险指标管理
      - 落实风险管理解决方案
    - 风险管理的监督与改进
      - 风险管理监督方法
      - 风险管理监督与改进的职责分工
  - 风险管理体系
    - 风险管理的组织职能体系★
      - 规范的公司法人治理结构 — 风险管理委员会
      - 风险管理职能部门 — 审计委员会 — 其他职能部门及各业务单位
    - 风险管理策略
      - 风险管理策略总体定位与作用 — 风险管理策略的组成部分 — 确定风险偏好和风险承受度
      - 风险度量★ — 确立风险管理有效性标准 — 选择风险管理策略工具★
      - 风险管理的资源配置 — 确定风险管理的优先顺序 — 风险管理策略检查
    - 运用金融工具实施风险管理策略
      - 运用金融工具实施风险管理策略的必要性
      - 运用金融工具实施风险管理策略的特点
      - 运用金融工具实施风险管理策略的原则和要求
      - 运用金融工具实施风险管理策略的主要措施★
        - 损失融资
        - 风险资本
        - 应急资本
        - 保险
        - 专业自保
    - 内部控制系统
      - COSO委员会关于内部控制的定义与框架
      - 我国内部控制规范体系
      - 内部控制的要素★ — 内部环境、风险评估、控制活动、信息与沟通、内部监督
    - 风险管理信息系统
  - 风险管理的技术与方法

85%

第八章 企业面对的主要风险与应对

轻装上阵

本章讲什么?

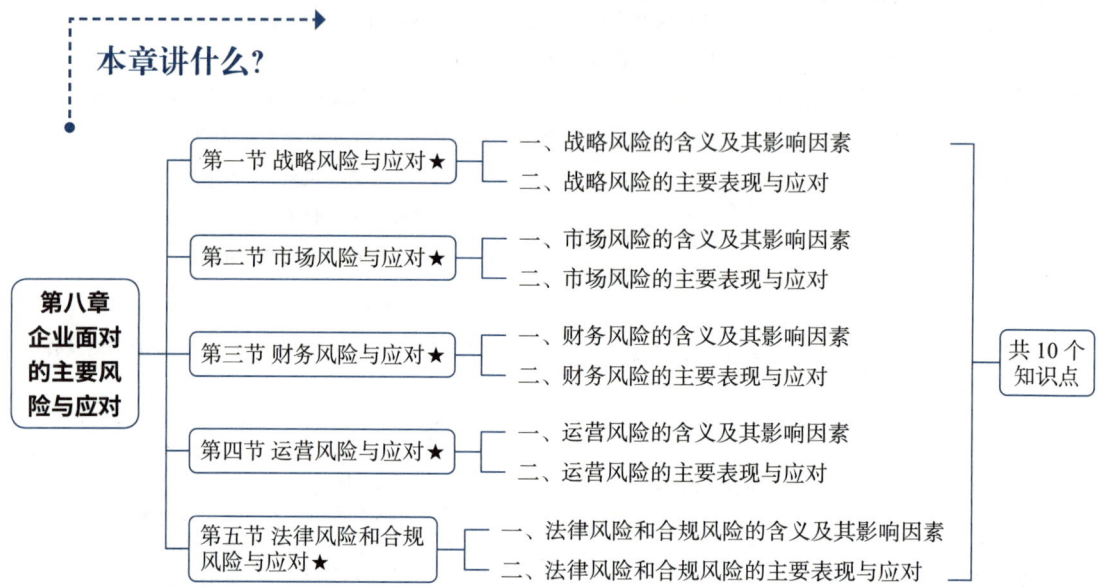

本章内容繁多,主要结合我国目前的风险管理要求介绍了战略、市场、财务、运营、法律和合规五大类风险的含义、影响因素、主要表现与应对。

本章如何考?

本章以主观题考核为主,预计 10~15 分,同学们在学习时注意要在理解的基础上记忆。

本章怎么学?

因内容较多,本章可能是使同学们感到最为头疼的一章。但是本章重要性极高,每年此部分的内容都会涉及主观题的考核,需要加强背诵。在第一次学习的时候,建议同学们边学边做好笔记整理,自己动手画一画思维导图,把涉及的小标题进行整理,方便考前背诵。在学习的过程中,对于表现与应对方面的内容,不要心急,慢慢理解,尽量记忆。

本章内容为最后集中冲刺背诵内容,因此,对于前七章涉及背诵的任务,建议尽量提前它们的完成时间,以便在考前冲刺时为本章预留出背诵时间。

2024年本章主要变化

2024年教材在本章的变化主要为调整文字表述，其中需要注意"运营风险"部分的表述调整。此外，"法律风险和合规风险"中的新增部分也有实质性变动。

考点冲浪

第一节　战略风险与应对

一、战略风险的含义及其影响因素（记忆）★★

（一）战略风险的含义

战略风险是指企业在运用各类资源与能力追求发展的过程中，因自身要素与外部复杂环境匹配失衡而引发企业在实现战略目标中产生的各种阻碍或者机遇。

理解战略风险的含义需要把握两个要点：

第一，战略风险基于未发生的各种不确定性事件，已经发生的确定性事件不属于企业战略风险的考虑范围。

第二，虽然影响企业战略的因素很多，但并不是每个可能性事件都构成战略风险，只有当某个事件的偶然发生影响到战略目标实现时，它才成为战略风险。

（二）战略风险的影响因素

战略风险的影响因素见表8-1。

表8-1　战略风险的影响因素

影响因素	说明
企业的战略环境	企业外部对企业战略产生重大影响的一些因素，例如，政治法律环境、经济环境、社会环境、技术环境、行业状况、竞争对手战略等
企业的战略资源	对企业战略管理具有重大、直接影响的资源，包括有形资源、无形资源和人力资源等
企业的战略能力	企业通过配置战略资源达成战略目标的能力，包括研发能力、生产管理能力、营销能力、财务能力和组织管理能力等
企业的战略定位	企业的战略定位对战略风险的产生有重大作用。战略定位的内容主要包括战略目标、企业使命、战略类型和战略实施途径的选择。战略定位应与企业战略环境相适应，同时与企业自身战略资源和战略能力相匹配
企业领导者的领导力	企业领导者是企业战略选择和实施的决策者、组织者与推动者，其决策及管理风格、学识水平、认知能力、阅历经验、风险偏好、知识结构都会影响他们对战略管理过程的领导力，从而从根本上决定企业战略的得失成败

二、战略风险的主要表现与应对（记忆）★★★

战略风险的主要表现与应对见表 8-2。

表 8-2 战略风险的主要表现与应对

过程	涵义	应对
1. 战略制定	主要表现在缺乏明确且符合企业发展实际的战略目标，可能导致企业脱离实际盲目发展，难以形成竞争优势，丧失发展机遇和动力	（1）制定战略前，企业战略归口管理部门通过内外部信息渠道广泛收集有关国家政治法律、宏观经济、国内外行业动态、市场发展趋势和竞争对手动态等信息，深入了解、系统剖析企业自身的战略资源与战略能力状况，分析、评估企业内外环境中的重要因素对企业战略造成的影响，明确企业面临的机遇、威胁、优势及劣势，并提交至决策层审阅，为企业制定战略规划提供参考意见及决策支持。 （2）制定战略时，企业应组织专业人员开展研究工作，专业人员主要包括企业内部战略归口管理部门的主要人员、企业内部有丰富战略制定与实施经验的人员、纳入企业战略专家库的人员、企业外部专业战略咨询机构的人员等。经深入分析和反复讨论，形成清晰、全面的战略规划报告，其中包括对企业长期生存与发展具有前瞻性、指导性、全局性的战略定位和相应的实施方案，报决策机构批准
2. 战略实施	主要表现在战略实施人员缺乏、战略实施组织不力等方面。战略实施人员方面的风险主要表现在：没有或缺少战略实施人员的参与，将导致战略实施与经营系统脱节，从而使任何良好的战略都得不到正确、有效的贯彻执行甚至失败。战略实施组织方面的风险主要表现在： （1）战略信息缺乏真实性、准确性和完整性；战略信息传递不通畅，甚至受阻。 （2）组织结构与战略不匹配，可能导致战略无法落实到企业经营的各项业务中。 （3）缺乏充分的激励和充足的资源支持，可能导致战略推进速度缓慢，战略实施效率低下	（1）企业应对战略实施人员方面的风险可采取如下管控措施：①企业应该配置恰当的战略实施人员来推进和实现战略落地，战略实施人员必须具备相关的知识以及能力；企业应制定和实行相应的培养战略实施人才、防止战略实施人才流失的政策。②战略实施人员应参与企业战略制定、战略实施、战略调整和战略复盘整改的全过程，把握战略风险，进行事前控制、事中控制和事后控制。 （2）企业应对战略实施组织方面的风险可采取如下管控措施：①改进、完善信息收集、传递系统与机制，保证企业掌握的战略信息真实、准确、完整，并在企业各层级、各单位之间顺畅传递。②建立、完善与企业战略相匹配的组织结构。③战略分解。公司应将战略规划中战略定位的相关内容通过经营计划层层分解落实到各级经营管理活动中，同时开展广泛的宣导工作，把战略及其分解落实情况传递到各个管理层和全体员工。④加强战略激励和资源支持。在战略实施过程中，企业应该明确各层级、各单位人员的战略实施责任，制定并实行相应的激励措施，提供足够的支持战略实施的资源，以提高战略实施的效率和效果
3. 战略调整	企业在战略实施过程中，如发现现有战略与企业战略环境或自身战略资源、能力不相适应，造成实施效果与战略目标之间出现较大偏差，应及时进行战略调整	（1）基于企业战略调整的实际需要，决策层会同战略归口管理部门、战略实施人员在深入研究和谨慎论证的基础上，确定战略调整目标，制定战略调整方案，并经过必要的审批流程传达给相关部门和人员。 （2）决策层组织相关部门和人员，通过一定的程序和机制，采用恰当的措施，落实战略方案，推进并实现战略调整或战略转型

> **敲黑板**
>
> 战略调整风险和战略复盘风险主要体现在未及时进行战略调整与未及时开展战略复盘与整改行动。

续表

过程	涵义	应对
4. 战略复盘	是对企业内外部环境变化做出洞察、分析和判断，对战略实施和战略调整的过程和结果进行回顾和总结，进而采取必要的战略整改行动的过程	（1）企业应经常组织战略实施人员、相关专业人员开展战略复盘，对企业战略环境进行严密监测，及时觉察各种重大变化及其苗头的出现，对当前局面及未来趋势进行判断和预测，同时采用多种科学方法，从不同角度对战略实施和战略调整的效果进行检查评估，分析战略成功或失败的原因。 （2）针对在战略复盘中发现的问题及产生问题的原因，企业应及时组织相关部门制定战略整改方案，采取有效措施落实该方案的内容，并对落实的结果和效果进行检查、评估和反馈

第二节 市场风险与应对

一、市场风险的含义及其影响因素（记忆）★★

（一）市场风险的含义

市场风险是指企业所面对的外部市场的复杂性和变动性所带来的与经营相关的风险。

（二）市场风险的影响因素

（1）产品或服务的价格及供需变化带来的风险；
（2）能源、原材料、配件等物资供应的充足性、稳定性和价格变化带来的风险；
（3）主要客户、主要供应商的信用风险；
（4）利率、汇率、股票价格指数的变化带来的风险；
（5）潜在进入者、竞争者、替代品的竞争带来的风险。

二、市场风险的主要表现与应对（记忆）★★★

市场风险的主要表现与应对见表 8-3。

市场风险的影响因素-知识精讲

表 8-3 市场风险的主要表现与应对

风险	表现	应对
1. 市场趋势风险（市场趋势是指对一个或几个有确定意义的市场影响因素所做的持续反应）	(1) 企业未开展对整体市场、竞争对手的分析以及对不同层次客户需求的调研，未制定有效的市场竞争策略，可导致企业失去现有市场份额，影响公司的市场竞争力。 (2) 企业未能把握监管当局的政策导向及宏观环境、市场环境的变化，可能导致企业产品、服务的推广及销售受到影响。 (3) 企业未能预测并适应消费者偏好的变化，从而未能及时调整产品和服务结构，可能导致企业失去核心市场地位	(1) 企业应定期开展整体市场趋势、竞争对手分析，运用大数据深入挖掘、掌握各类客户的需求，及时更新市场竞争策略，保持自身经营特色并维护品牌形象，提高企业在市场上的竞争力。 (2) 企业应当主动识别、管理和应对国家和地方的政策法规中对企业不利的因素，积极与国家和当地政府相关部门建立良好的沟通，及时获知政策导向并采取相应措施。 (3) 企业应及时预测市场未来走势并制定应急方案，在面对企业核心产品的销售量呈下滑趋势时，后续产品应能够及时补位，避免市场占有率下降
2. 分销风险（分销是指商品从制造商向消费者流动的全过程。分销风险是指出现不利的环境因素而导致制造商的市场活动受损甚至失败）	(1) 外部市场的改变使现有营销活动丧失吸引力，可能导致企业失去部分或全部市场份额。 (2) 企业未制定完善的品牌战略，未有效细分品牌，未制定有效的品牌管理措施，可能导致企业丧失知名度。 (3) 企业未能准确把握政府对企业产品定价的要求，可能导致企业违反政府关于最高零售价、流通差价率、期间费用率控制的要求。 (4) 企业对核心产品过分依赖，或者企业的产品过于单一，可能导致企业不能通过增加品种提高产品附加值，也不能积极应对市场波动。 (5) 企业未能建立分销商评级及监管机制，分销商表现不佳，可能导致公司声誉受到影响。 (6) 企业未能在目标市场实现既定的销售任务，可能导致企业战略目标及经营目标难以落实。 (7) 企业未能建立规范的客户管理体系和客户服务流程，未能有效维护与目标客户的关系，可能导致企业形象受损	(1) 企业应根据市场变化制定或及时调整产品营销策略，统筹营销活动，通过有效的产品推广活动及技术手段在市场竞争中巩固、提高市场份额和产品优势。 (2) 企业应制定和实施完善的品牌战略，有效传达产品的品牌价值，维护、提高品牌在目标人群中的知名度。 (3) 企业应遵守、执行政府颁布的价格法规和价格政策，加强对商品定价的科学管理，规范产品及服务定价流程，制定价格保密措施，降低价格不合理或价格信息外泄的风险。 (4) 企业应定期分析产品结构，合理确定产品种类和品种数量，加强产品开发，对产品生命周期进行有效管理，并根据市场情况及时调整产品结构。 (5) 企业应制定并实施有效的渠道管理政策，建立、完善对分销商的评级、监管机制，防范窜货行为，防止出现经销商的不良行为影响企业品牌、声誉和产品销售的现象。 (6) 企业应制定并完善销售管理流程，合理制订销售计划，定期检查销售计划执行情况，合理安排销售人员的销售任务并制定相应的激励措施，提高销售人员的积极性。 (7) 企业应建立完善的客户管理体系、规范的客户服务流程及标准，在保证企业利益的同时满足客户要求，建立、维护与目标客户的有效沟通和良好关系

市场风险的主要表现与应对-知识精讲

第三节 财务风险与应对

一、财务风险的含义及其影响因素（记忆）★★

（一）财务风险的含义

财务风险是指企业在生产经营过程中，由于宏观经济、监管政策等外部环境或企业战略目标、管控模式、企业文化等内部因素，导致企业财务相关管理活动不规范或财务成果（收入、利润等）和财务状况（资产、负债、所有者权益）偏离预期目标的不确定性。

（二）财务风险的影响因素

（1）因预算编制、执行或考核存在偏差而导致的风险；
（2）因筹资决策不当、筹集资金运用不合理可能引发的风险；
（3）因资金调度不合理、管控不严而导致的风险；
（4）因企业投资决策不当、缺乏投资实施管控而导致的风险；
（5）因财务报告编制、分析、披露不准确、不完整可能引发的风险；
（6）因企业担保决策失误、监控不当而导致的风险。

二、财务风险的主要表现与应对（记忆）★★★

财务风险的主要表现与应对见表 8-4。

表 8-4 财务风险的主要表现与应对

全面预算管理风险

风险	表现	应对
1. 全面预算管理风险 （全面预算是指企业对一定期间的经营活动、投资活动、财务活动等做出的预算安排，其具有规划、控制、引导企业经济活动有序进行，以最经济有效的方式实现预定目标的功能，可以实现企业内各部门之间的协调，也是业绩考核的重要依据）	（1）不编制预算或预算不健全，可能导致企业经营缺乏约束或盲目经营。 （2）预算目标不合理、编制不科学，可能导致企业资源浪费或发展战略难以实现。 （3）预算缺乏刚性、执行不力、考核不严，可能导致预算管理流于形式	（1）关于预算编制与下达。企业应该明确各部门、各下属单位的预算编制责任，确保企业经营、投资、财务等各项经济活动的各个环节都纳入预算编制范围，形成由经营预算、投资预算、筹资预算、财务预算等一系列预算组成的相互衔接和勾稽的综合预算体系。企业应当根据发展战略和年度生产经营计划，综合考虑预算期内经济政策、市场环境等因素，按照上下结合、分级编制、逐级汇总的程序，选择或综合运用固定预算、弹性预算、滚动预算等方法编制年度全面预算，并按照相关法律法规及企业章程的规定报经审议批准。批准后，应当以文件形式下达执行。 （2）关于预算指标分解和责任落实。企业全面预算批准下达后，各预算执行单位应当认真组织实施，按照定量化、全局性、可控性原则，将预算指标层层分解，从横向和纵向落实到各部门、各环节和各岗位，明确预算执行责任。 （3）关于预算执行。企业应当加强资金收付业务的预算控制，及时组织资金收入，严格控制资金支付，调节资金

续表

风险	表现	应对
		收付平衡,防范支付风险。对于超预算或预算外的资金支付,应当实行严格的审批制度。 (4) 关于预算分析与调整。企业应当建立预算执行情况分析制度,充分收集有关财务、业务、市场、技术、政策、法律等方面的信息资料,从定性和定量两个层次分析预算执行情况,在定期的预算执行会议中通报,并及时研究预算执行中存在的问题,提出改进措施,落实改进责任。原则上,企业批准下达的预算应当保持稳定,不得随意调整。 (5) 关于预算考核。企业应当建立完善的预算执行考核制度,定期组织预算执行情况考核
2. 筹资管理风险 (筹资活动是企业资金活动的起点,也是企业整个经营活动的基础。通过筹资活动,企业取得投资和日常生产经营活动所需的资金,从而使企业投资、生产经营活动能够顺利进行)	(1) 筹资决策不当,引发资本结构不合理或无效融资,可能导致企业筹资成本过高或债务危机。 (2) 未按审批的筹资方案执行筹资活动,擅自改变资金用途,未及时偿还债务或进行股利分配,可能导致公司发生经济纠纷或诉讼	(1) 关于筹资方案可行性论证。企业应当根据筹资目标和规划,结合年度全面预算,拟订筹资方案,明确筹资金额、筹资形式、利率、筹资期限、资金用途等内容,并组织相关专家对筹资方案进行论证,包括战略评估、经济性评估、风险评估等。重大筹资方案应当形成可行性研究报告,全面反映风险评估情况。 (2) 关于筹资方案审批。企业应当对筹资方案进行严格审批,重点关注筹资用途的可行性和相应的偿债能力。对于重大筹资方案,应当按照规定的权限和程序实行集体决策或者联签制度。筹资方案发生重大变更的,应当重新进行可行性研究并履行相应审批程序。 (3) 关于筹资方案实施。企业应当根据批准的筹资方案,严格按照规定权限和程序筹集资金。企业应当严格按照筹资方案确定的用途使用资金,由于市场环境变化等确须改变资金用途的,应当履行相应的审批程序。 (4) 关于筹资会计系统控制。企业应健全筹资业务的记录、凭证和账簿,按照国家统一会计准则制度,正确核算和监督资金筹集、本息偿还、股利支付等相关业务,妥善保管筹资合同或协议、收款凭证、入库凭证等资料,定期与资金提供方进行账务核对,确保筹资活动符合筹资方案的要求
3. 资金营运管理风险 (企业资金营运活动是一种价值运动,为保证资金价值运动的安全、完整、有效,企业资金营运活动应按照设计严密的流程进行控制)	(1) 资金调度不合理、营运不畅,可能导致企业陷入财务困境或资金冗余。 (2) 资金活动管控不严,可能导致资金被挪用、侵占、抽逃或遭受欺诈	(1) 关于资金收付。企业应当以业务发生为基础,严格规范资金的收支条件、程序和审批权限,确保资金收付有依据。企业在生产经营及其他业务活动中取得的资金收入应当及时入账,不得账外设账,严禁收款不入账,设立"小金库"。 (2) 关于现金管理。企业应当建立健全现金管理制度,规定库存现金缴存机制,现金开支范围及限额,规定现金业务的授权批准方式、权限、程序、责任和相关控制措施。 (3) 关于银行账户管理。企业应明确银行账户开立、变更和撤销的流程,确保相关操作在完成适当的授权审批后才可执行。

资金营运管理风险

续表

风险	表现	应对
		(4) 关于票据与印章管理。企业应当严格贯彻不相容职务分离的原则，严禁将办理资金支付业务的相关印章和票据集中一人保管，印章要与空白票据分管，财务专用章要与企业法人章分管。 (5) 关于费用报销。企业应当建立、健全费用报销管理制度，明确报销申请审批流程，确保所有费用报销事项经过适当的审批，费用报销金额准确、合理，费用报销原始凭证真实、完整、有效。同时，费用报销业务应及时反映在会计记录中，以保障财务报告的准确、完整
4. 投资管理风险 （企业投资活动是筹资活动的延续，也是筹资的重要目的之一）	(1) 投资决策失误，引发盲目扩张或丧失发展机遇，可能导致资金链断裂或资金使用效益低下。 (2) 未按审批的投资方案执行投资活动，未对投资项目开展有效的后续跟踪和监控，或对投资项目处置不当，可能影响企业投资收益	(1) 关于投资方案可行性论证。企业应根据自身发展战略和规划，结合企业资金状况以及筹资可能性，制定投资项目规划，科学确定投资项目，拟定投资方案。 (2) 关于投资方案决策。企业应当按照规定的权限和程序对投资项目进行决策审批。重大投资项目，应当按照规定的权限和程序实行集体决策或者联签制度。投资方案发生重大变更的，应当重新履行相应审批程序。 (3) 关于投资方案实施。企业应该根据审批通过的投资方案，按照规定的权限和程序开展投资合同或协议的审批、签订，并制订切实可行的具体投资计划，报有关部门审批。 (4) 关于投资处置。企业应该加强投资收回和处置环节的控制，对投资收回、转让、核销等决策和审批程序做出明确规定。重视投资到期本金的回收。 (5) 关于投资会计系统控制。企业应当按照会计准则的规定，准确进行投资的会计处理
5. 财务报告风险 （财务报告是反映企业某一特定日期财务状况和某一会计期间经营成果、现金流量的文件，是企业投资者、债权人做出科学投资、信贷决策的重要依据）	(1) 编制财务报告违反会计法律法规和国家统一的会计制度，可能导致企业承担法律责任和声誉受损。 (2) 提供虚假财务报告，误导财务报告使用者，造成决策失误，干扰市场秩序。 (3) 不能有效利用财务报告，难以及时发现企业经营管理中存在的问题，可能导致企业财务和经营风险失控	(1) 关于财务报告编制。企业应当重点关注会计政策和会计估计，对财务报告产生重大影响的交易和事项的处理，应当按照规定的权限和程序进行审批；按照国家统一的会计制度规定，根据登记完整、核对无误的会计账簿记录和其他有关资料编制财务报告，做到内容完整、数字真实、计算准确，不得漏报或者随意进行取舍。 (2) 关于财务报告对外提供。企业应当依照法律法规和国家统一的会计制度的规定，及时对外提供财务报告。 (3) 关于财务报告分析利用。企业应当重视财务报告分析工作，充分利用财务报告反映的综合信息，全面分析企业的经营管理状况和存在的问题，不断提高经营管理水平

投资管理风险

财务报告风险

续表

风险	表现	应对
6. 担保风险（担保是指企业作为担保人按照公平、自愿、互利的原则与债权人约定，当债务人不履行债务时，依照法律规定和合同协议承担相应法律责任的行为）	（1）对担保申请人的资信状况调查不深入，审批不严或越权审批，可能导致企业担保决策失误或遭受欺诈。（2）对被担保人出现财务困难或经营陷入困境等状况监控不力，应对措施不当，可能导致企业承担法律责任。（3）担保过程中存在舞弊行为，可能导致经办审批等相关人员涉案或企业利益受损	（1）关于担保调查评估。企业应委派具备胜任能力的专业人员对担保申请人进行全面、客观的调查和评估，重点关注担保业务是否满足国家法律法规和企业担保政策要求、担保申请人资信情况、担保申请人用于担保和第三方担保的资产状况及其权利归属、担保项目经营前景和盈利能力预测等，并形成书面评估报告，全面反映调查评估情况，为后续担保决策提供依据。（2）关于担保授权审批。企业应当建立和完善担保授权审批制度，明确授权批准的方式、权限、程序、责任和相关控制措施，在授权范围内进行审批，不得超越权限审批。重大担保业务，应当经董事会或类似权力机构批准。对于被担保人要求变更担保事项的，企业应当重新履行调查评估与审批程序。（3）关于担保合同签订。企业应当严格按照经审核批准的担保业务订立担保合同，合同条款中应明确被担保人的权利、义务、违约责任等相关内容，并要求被担保人定期提供财务报告与有关资料，及时通报担保事项的实施情况。担保申请人同时向多方申请担保的，企业应当在担保合同中明确约定本企业的担保份额和相应的责任。（4）关于担保日常监控。企业应当对被担保人的经营情况和财务状况进行跟踪和监督，了解担保项目的执行、资金的使用、贷款的归还、财务运行及风险等情况，促进担保合同有效履行，并及时报告被担保人经营困难、债务沉重，或者存在违反担保合同的其他异常情况，以便于及时采取有针对性的应对措施。（5）关于担保会计控制。企业应当建立担保事项台账，详细记录担保对象、金额、期限、用于抵押和质押的物品或权利以及其他有关事项，并严格按照国家统一的会计制度进行担保会计处理。若发现被担保人出现财务状况恶化、资不抵债、破产清算等情形，企业应当合理确认预计负债和损失

第四节　运营风险与应对

一、运营风险的含义及其影响因素（记忆）★★

（一）运营风险的含义

运营风险是指企业在运营过程中，由于内外部环境的复杂性和变动性以及主体对环境的认知能力和适应能力的有限性，导致运营失败或使运营活动达不到预期目标的可能性及损失。

（二）运营风险的影响因素

（1）企业产品结构、新产品研发可能引发的风险；

（2）企业新市场开发、市场营销策略（包括产品或服务定价与销售渠道、市场营销环境状况等）可能引发的风险；

（3）企业组织效能，管理现状，企业文化及高、中层管理人员和重要业务专业人员的知识结构，专业经验等可能引发的风险；

（4）质量、安全、环保、信息安全等管理中发生失误导致的风险；

（5）因企业内、外部人员的道德缺失和不当行为导致的风险；

（6）因业务控制系统失灵导致的风险；

（7）给企业造成损失的自然灾害等风险；

（8）对企业现有业务流程和信息系统操作运行情况的监管、运行评价及持续改进的能力不足可能引发的风险。

二、运营风险的主要表现与应对（记忆）★★★

运营风险的主要表现与应对见表 8-5。

表 8-5 运营风险的主要表现与应对

风险	表现	应对
1. 组织架构风险（组织架构的建设和完善是企业运营管理的首要基础之一，为促进企业建立现代化管理制度，有效防范和化解舞弊风险，强化企业内部控制提供重要支撑）	（1）治理结构形同虚设，缺乏科学决策、良性运行机制和执行力，可能导致企业经营失败，难以实现发展战略。 （2）组织机构设置不科学，权责分配不合理，可能导致机构重叠、职能交叉或缺失、推诿扯皮、运行效率低下等问题	（1）关于组织架构设计。企业应当依法合规，严格按照国家有关法律法规、股东（大）会决议和企业章程，结合企业具体实际情况，明确股东（大）会、董事会、监事会、经理层和企业内部各层级机构设置、岗位设置、职责权限、任职条件、人员编制、工作程序和相关制度要求，避免职能交叉、缺失或权责过于集中，确保决策、执行和监督相互分离，形成权责分明、协调运转、有效制衡的组织机构。企业在岗位权限设置和分工安排环节，要坚持不相容职务分离原则，确保可行性研究与决策审批、决策审批与执行、执行与监督检查等不相容职务分离。 （2）关于组织架构运行。企业应当基于组织架构的设计规范，对企业现有治理结构和内部机构设置进行全面梳理，确保治理结构、内部机构设置和运行机制等符合现代企业制度要求。企业的重大事项决策、重大项目安排、重要人事任免及大额资金使用等，须按照规定的权限和程序实行集体决策审批或者联签制度。 （3）关于组织架构优化调整。企业应当定期对组织架构设计与运行的效率和效果进行全面评估，对于发现的组织架构设计与运行存在的缺陷，应及时进行优化调整。企业组织架构调整需充分听取董事、监事、高级管理人员和其他员工的意见，按照规定的权限和程序进行决策审批

组织架构风险

续表

人力资源风险

社会责任风险

风险	表现	应对
2. 人力资源风险（人力资源是企业活力的源泉，也是市场竞争中重要的战略资源。建立良好的人力资源管理制度，既能提升企业核心竞争力，又是实现企业发展战略的根本动力）	（1）人力资源缺乏或过剩、结构不合理、开发机制不健全，可能导致企业发展战略难以实现。（2）人力资源激励约束制度不合理、关键岗位人员管理不完善，可能导致人才流失、经营效率低下或关键技术、商业秘密和国家机密泄露。（3）人力资源退出机制不当，可能导致法律诉讼或企业声誉受损	（1）关于人力资源规划与选聘。企业可根据人力资源总体规划，结合生产经营实际需要，制订年度人力资源需求计划，并按照计划、制度和程序，组织人力资源选聘活动。（2）关于人力资源开发。企业应建立员工长效培训机制，紧紧围绕企业战略需求和业务现状，积极开展科学、系统的员工培训，对员工的职业生涯规划进行跟踪和指导，加强后备人才队伍建设。（3）关于人力资源激励与约束。企业应遵循可持续性、公平性、多样性的原则，构建人力资源的激励约束机制，建立科学合理的绩效管理体系，促进薪酬激励与员工贡献相协调，确保员工队伍的积极性与持续优化。（4）关于人力资源退出。企业应按照相关法律法规，并结合实际情况，建立健全员工退出机制，明确退出的条件和程序，确保员工退出机制有效运行
3. 社会责任风险（履行社会责任既是企业提升发展质量的重要标志，也是打造和提升企业形象进而提升企业社会认同度的重要举措）	（1）安全生产措施不到位，责任不落实，可能导致企业发生安全事故。（2）产品质量低劣，侵害消费者利益，可能导致企业巨额赔偿、形象受损，甚至破产。（3）环境保护投入不足，资源耗费大，造成环境污染或资源枯竭，可能导致企业巨额赔偿，缺乏发展后劲，甚至停业。（4）促进就业和员工权益保护不够，可能导致员工积极性受挫，影响企业发展和社会稳定	（1）关于安全生产管理。企业应根据国家有关安全生产的规定，结合实际情况，建立严格的安全生产管理体系、操作规程和应急预案，强化安全生产责任追究制度，确保安全生产责任有效落实。（2）关于产品质量管理。企业应根据国家和行业对产品质量的要求，规范生产流程，建立严格的产品质量控制和检验制度，以提高产品质量和服务水平，对社会和公众负责。（3）关于环境保护与资源节约管理。企业须按照国家有关环境保护与资源节约的规定，结合企业实际，建立环境保护与资源节约制度，认真落实节能减排责任，积极开发和使用节能产品，发展循环经济，降低污染物排放，提高资源综合利用效率。（4）关于员工权益保护。企业应依据国家法律规定，确保员工享有劳动权利和履行劳动义务，通过保持工作岗位的稳定性，积极促进就业增长，切实履行社会责任
4. 企业文化风险	（1）缺乏积极向上的企业文化，可能导致员工丧失对企业的信心和认同感，企业缺乏凝聚力和竞争力。（2）缺乏开拓创新、团队协作和风险意识，可能导致企业发展目标难以实现，影响可持续发展。	（1）关于企业文化建设。企业应根据发展战略和实际情况，培育具有自身特色的企业文化，树立企业品牌，形成整体团队的向心力，促进企业长远发展。

续表

风险	表现	应对
(企业文化作为企业运营与发展的重要环节之一，为企业提供精神支柱，激发员工潜力，提升企业经营管理的效率和效果)	(3) 缺乏诚实守信的经营理念，可能导致舞弊事件的发生，造成企业损失，影响企业信誉。 (4) 忽视企业间的文化差异和理念冲突，可能导致并购重组失败	(2) 关于企业文化评估。企业应建立文化评估制度，明确评估的内容、程序和方法，落实评估责任，确保企业文化建设效果落到实处。企业文化评估工作，应重点关注企业治理机构在企业文化建设中的责任履行情况、全体员工对企业核心价值观的认同感、企业经营管理行为与企业文化的一致性、企业品牌的社会影响力、参与企业并购重组各方文化的融合度，以及员工对企业未来发展的信心
5. 采购业务风险 (采购业务是企业生产经营的起点，既包含采购物资流转和服务交付的管理，又与资金往来密切关联)	(1) 采购计划安排不合理，市场变化趋势预测不准确，造成库存短缺或积压，可能导致企业生产停滞或资源浪费。 (2) 供应商选择不当，采购方式不合理，招投标或定价机制不科学，授权审批不规范，可能导致采购物资质次价高，出现舞弊或遭受欺诈。 (3) 采购验收不规范，付款审核不严，可能导致采购物资和资金的损失或信用受损	(1) 关于采购需求和计划管理。企业应规范采购需求计划和采购计划的编制流程。在制订年度生产经营计划过程中，企业应根据外部市场环境和发展目标的实际需要科学安排采购，将采购计划纳入采购预算管理。采购管理部门审核采购申请时，需重点关注申请单内容是否符合生产经营需要、采购计划及其是否在采购预算范围内，切实提高采购效率，降低采购成本。 (2) 关于采购供应商管理。企业应制定供应商评估和准入管理制度，通过对供应商的资信审查，确定合格供应商清单，与选定的供应商签订质量保证协议。对供应商进行合理选择和动态调整，对于有失信行为的供应商，应及时从供应商清单中移除。 (3) 关于采购过程管理。①采购方式和价格方面，企业应在采购制度中明确采购方式，根据市场情况和采购计划合理选择采购方式。对于大宗采购，企业通常采用招投标方式。②采购合同或框架协议的签订及履行方面，首先，企业应准确编写合同条款，明确双方权利、义务和违约责任，按照规定权限签订采购合同。企业应对拟签订框架协议的供应商主体资格和信用状况等进行风险评估，以确保供应商具备履约能力。其次，企业须跟踪合同履行情况，对有可能影响生产或工程进度的异常情况，应出具书面报告并及时提出解决方案。③采购验收方面，企业应建立严格的采购验收制度，确定验收方式，由专门的验收机构或验收人员按照合同规定，对采购项目的品种、规格、数量、质量等进行验收，并出具验收证明。企业须做好采购各环节的记录，实行全过程采购登记制度或信息化管理，确保采购全过程可追溯。 (4) 关于采购付款管理。企业应建立采购付款制度，规范采购付款申请、审批、资金支付、会计记录等流程。企业对采购预算、合同、相关单据凭证等内容审核无误后，按照合同规定，及时办理采购付款。 (5) 关于采购业务后评估。企业应建立采购业务后评估制度，定期对物资采购供应情况进行分析评估，及时发现采购业务的薄弱环节，优化采购流程，将采购业务管理的关键指标纳入绩效考核，促进采购效能的全面提高

采购业务风险

续表

风险	表现	应对
6. 资产管理风险（资产是企业从事经营活动并实现发展战略的物质基础，资产管理贯穿于企业生产经营的全过程，通过对存货、固定资产和无形资产的科学管控，可以提高资产效能，节约现金流，实现利润增长）	（1）存货积压或短缺，可能导致流动资金占用过量、存货价值贬损或生产中断。 （2）固定资产更新改造不够、使用效能低下、维护不当、产能过剩等，可能导致企业缺乏竞争力、资产价值贬损、安全事故频发或资源浪费。 （3）无形资产缺乏核心技术、权属不清、技术落后、存在重大技术安全隐患等，可能导致企业法律纠纷、缺乏可持续发展能力	（1）关于存货管理。①存货取得方面，在采购预算和采购执行环节，企业应根据存货周转和库存情况合理安排，确保存货处于最佳库存状态。②存货验收入库方面，企业应规范存货验收程序和方法，根据不同类型的存货，有侧重地对入库存货的数量、质量、技术规格、来源等进行查验，验收无误方可入库。③存货保管方面，企业应当建立存货保管制度，定期对存货保管的重点环节、重要领域进行审查，如存货流动的手续是否齐全、储存的物理环境是否符合要求、特殊代管物品是否单独保管记录、重要存货是否参保等，最大程度地降低存货发生意外损失的风险。④存货领用发出方面，企业需针对存货的发出和领用环节，制定严格的审批流程，对于大批存货、贵重商品或危险品，还应实行特别授权。仓储部门需按照审批的出库通知执行发货程序，详细记录存货入库、出库及库存情况，确保账实相符。⑤存货盘点处置方面，企业需结合实际情况，确定盘点周期、流程，定期盘点和不定期抽查相结合，并在每年底对库存物品进行全面的盘点清查，形成书面报告，对于盘盈、盘亏、毁损、闲置和待报废的存货，应当查明原因，分清责任，落实责任追究，按照规定进行处置。 （2）关于固定资产管理。①固定资产日常管理方面，企业可充分利用信息系统，制定固定资产目录，通过资产编号关联至对应的固定资产卡片。为确保固定资产的安全，企业可建立严格的固定资产投保制度。②固定资产维修保养方面，企业应当重视固定资产的日常维护保养，制订合理的维护保养与检修计划；对于关键设备的运行情况进行严格监控，规范操作流程。③固定资产抵押与处置方面，企业需每年定期对固定资产进行全面盘点清查，重点关注固定资产的抵押、处置等关键环节，规范固定资产的处置流程、抵押程序和审批权限，防范资产流失。 （3）关于无形资产管理。企业应当制定无形资产管理办法，对品牌、商标、专利、专有技术、土地使用权等无形资产进行分类管理，企业应落实无形资产管理责任制，明确各类无形资产的权属关系，及时办理产权登记手续，加强对无形资产的权益保护

续表

风险	表现	应对
7. 销售业务风险 (销售业务在企业经营管理过程中具有重要地位,销售的稳定增长是企业持续经营的保证,销售业务本身具有复杂性,在各个环节都可能出现外部欺诈和内部舞弊风险)	(1) 销售政策和策略不当,市场预测不准确,销售渠道管理不当等,可能导致销售不畅、库存积压、经营难以为继。 (2) 客户信用管理不到位,结算方式选择不当,账款回收不力等,可能导致销售款项不能收回或遭受欺诈。 (3) 销售过程存在舞弊行为,可能导致企业利益受损	(1) 关于销售策略制定。企业应全面梳理销售业务流程,完善销售管理的相关制度,确定适当的销售政策和策略。 (2) 关于客户开发与信用管理。企业需加强维护现有客户,开发潜在目标客户,进行充分的市场调查以确定目标市场,灵活运用营销方式,不断提高市场占有率。 (3) 关于销售过程管理。企业应基于对销售目标、利润目标、成本测算、市场状况等的综合考虑,确定产品基准定价,并定期评估其合理性和竞争性,定价和调价均须在规定的权限范围内执行相应的审批程序。 (4) 关于销售回款管理。企业应制定并完善应收项管理制度,把回款目标的完成情况纳入绩效考核,实行奖惩制度。销售部门负责应收款项的催收,催收记录应妥善保存;财会部门负责办理资金结算并监督款项回收。 (5) 关于客户服务管理。企业应制定和完善客户服务管理制度,设立专人或部门进行客户服务,跟踪服务质量
8. 研究与开发风险 (研究与开发是企业核心竞争力的本源,是促进企业自主创新和加快转变发展方式的强大推动力)	(1) 研究项目未经科学论证或论证不充分,可能导致创新不足或资源浪费。 (2) 研发人员配备不合理或研发过程管理不善,可能导致研发成本过高、舞弊或研发失败。 (3) 研发成果转化应用不足、保护措施不力,可能导致企业利益受损	(1) 关于研发项目立项审核与实施。①研发计划制订方面,根据企业发展战略和科技发展规划,企业应结合市场开拓和技术进步要求,科学制订研发计划。②项目立项申请与审核方面,企业须根据研发计划和实际需要,提出项目立项申请,开展可行性研究,对项目资源、经费、技术等进行客观评估论证,编制可行性研究报告。研发项目应按照规定的权限和程序进行审批,重大研发项目应当报董事会或类似权力机构集体审议决策。 (2) 关于研发项目过程管理。①研发项目日常管理方面,企业应加强对研发过程的管理,建立研发项目管理制度和技术标准,建立信息反馈和重大事项报告制度,合理配备专业人员,严格落实岗位责任制,跟踪检查研发项目的进展情况,评审各阶段研发成果,及时纠偏,有效规避研发失败风险。②委托或合作研发管理方面,企业研发项目委托外单位承担的,需对其资质等进行严格审核,签订委托研发合同,约定研发成果的产权归属、研发进度和质量标准等相关内容。③研发项目变更管理方面,根据项目进展情况、技术发展最新趋势和市场需求等的变化,当发生项目的变更调整、延期、终止等情况时,企业应按照项目管理要求进行相应审批。④研发项目验收管理方面,企业应制定并执行项目验收制度,聘请独立的具有专业胜任能力的人员或机构进行测试和评审,重点关注项目研发目标、技术指标和技术标准等的完成情况,并对经费执行情况进行客观评价,形成验收报告。 (3) 关于研发成果转化管理。企业对于通过验收的研发成果,可委托相关机构进行审查,确认是否申请专利,并及时办理有关专利申请手续,或作为非专利技术、商业秘密等进行管理。 (4) 关于研发项目评价与监督。企业应建立研发后评估机制,加强对立项与研究、开发及成果保护等全过程的评估和监督检查,认真总结研发管理经验,分析存在的薄弱环节,完善相关制度和办法,不断提升研发管理水平

销售业务风险

续表

风险	表现	应对
9. 工程项目管理风险（工程项目投入资源多、占用资金量大、建设周期长、涉及环节多，在促进企业发展过程中起到关键作用，尤其是重大工程项目一般体现了企业发展战略和中长期发展规划）	（1）立项缺乏可行性研究或者可行性研究流于形式，决策不当，盲目上马，可能导致难以实现预期效益或项目失败。 （2）项目招标"暗箱"操作，存在商业贿赂，可能导致中标人实质上难以承担工程项目、中标价格失实及相关人员涉案。 （3）工程造价信息不对称，技术方案不落实，预算脱离实际，可能导致项目投资失控。 （4）工程物资质次价高，工程监理不到位，项目资金不落实，可能导致工程质量低劣、进度延误或中断。 （5）对工程建设进度缺乏有效监控或监管不严，可能导致工程项目进度严重落后于项目计划。 （6）工程款结算管理要求不明确，未按项目进度目标拨付工程进度款，工程付款相关凭证审核不严，可能导致工程建设资金使用管理混乱。 （7）竣工验收不规范，最终把关不严，可能导致工程交付使用后存在重大隐患。	（1）关于工程项目立项管理。企业应当指定专门机构归口管理工程项目，根据发展战略和年度投资计划，提出项目建议书，开展可行性研究，编制可行性研究报告。企业应当按照规定的权限和程序对工程项目进行决策，决策过程应有完整的书面记录。重大工程项目的立项，应当报经董事会或类似权力机构集体审议批准。 （2）关于工程设计与造价管理。①工程设计方面，企业应选择具有相应资质和经验的设计单位，并签订工程设计合同，细化设计单位的权利和义务。②工程造价方面，企业应当加强工程造价管理，明确初步设计概算和施工图预算的编制方法，按照规定的权限和程序进行审批，以确保概预算科学合理。 （3）关于工程项目招标管理。企业应当依照国家招投标法的规定，遵循公开、公正、平等竞争的原则，建立健全工程项目招投标管理制度。 （4）关于工程建设管理。①工程物资采购方面，按照合同约定，企业自行采购工程物资的，应按照采购制度要求组织工程物资采购、验收和付款；由承包单位采购工程物资的，企业应加强监督，确保工程物资采购符合设计标准和合同要求。②工程监理方面，企业应实行严格的工程监理，委托经招标确定的监理单位进行监理，明确相关程序、要求和责任。未经工程监理人员签字，工程物资不得在工程上使用或者安装，不得进行下一道工序施工，不得拨付工程价款，不得进行竣工验收。③工程变更方面，企业需建立工程变更管理制度，严格控制工程变更，确需变更的，应当按照规定的权限和程序进行审批。重大的项目变更应当按照项目决策和概预算控制的有关程序和要求重新履行审批手续。④工程付款方面，企业需建立完善工程价款结算制度，财会部门与承包单位需及时沟通，准确掌握工程进度，根据合同约定，按照规定的审批权限和程序办理工程价款结算。 （5）关于工程项目验收管理。①竣工决算与审计方面，企业收到承包单位的工程竣工报告后，应及时编制竣工决算，开展竣工决算审计，组织设计、施工、监理等有关单位进行竣工验收。企业需加强竣工决算审计，未实施竣工决算审计的工程项目，不得办理竣工验收手续。②竣工验收方面，企业应及时组织工程项目验收，交付竣工验收的工程项目，应当符合国家规定的质量标准，有完整的工程技术经济资料，并满足国家规定的其他竣工条件。 （6）关于工程项目后评估。企业应当建立完工项目后评估制度，对工程项目预期目标的实现情况和项目投资效益等进行综合分析和评价，总结经验教训，以提升将来项目决策和投资决策的水平。严格落实工程项目决策和执行环节的责任追究制度，评估结果可作为绩效考核和责任追究的依据

续表

风险	表现	应对
10. 业务外包风险 （业务外包是企业生产经营过程中经常采取的经营策略，既能助力企业专注自身核心业务，又能重新配置企业各种资源，提高企业的资源利用率）	（1）外包范围和价格确定不合理，承包方选择不当，可能导致企业遭受损失。 （2）业务外包监控不严、服务质量低劣，可能导致企业难以发挥业务外包的优势。 （3）业务外包存在商业贿赂等舞弊行为，可能导致企业相关人员涉案及企业遭受经济损失和品牌受损	（1）关于业务外包实施方案制定。企业应当根据年度生产经营计划和业务外包管理制度，结合确定的业务外包范围，制定实施方案，按照规定的权限和程序进行审批，避免核心业务外包。根据业务外包对企业生产经营的影响程度，对外包业务实施分类管理，突出管控重点；对于重大业务外包，总会计师或企业分管会计工作的负责人应参与决策，并将重大业务外包方案提交董事会或类似权力机构审批。 （2）关于承包方选择。企业应当按照批准的业务外包实施方案选择承包方，充分调查承包方的合法性、专业资质、技术及经验水平是否符合企业对业务外包的要求，综合考虑企业内外部因素，对业务外包的人工成本、管理成本、业务收入等进行测算分析，合理确定外包价格，严格控制业务外包成本。 （3）关于业务外包实施过程管理。①业务外包日常管理方面，企业应当严格按照业务外包管理制度、工作流程和相关要求，制定业务外包实施过程的管控措施，确保承包方履行合同时有章可循。②承包方沟通协调方面，企业需确保承包方充分了解企业的业务实际、工作流程和质量要求，加强与承包方的沟通与协调机制，以便及时发现和解决业务外包过程中存在的问题。③承包方履约能力评估方面，在承包方提供服务或制造产品的过程中，企业需密切关注重大业务外包承包方的履约能力，对承包方的履约能力进行持续评估，无法按照合同约定履行义务的，应及时终止合同，必要时需按合同进行索赔，并追究责任。 （4）关于业务外包验收与结算管理。企业应根据合同约定和验收标准，组织相关部门或人员对承包方交付的产品或服务的质量进行审查和全面测试，确保产品或服务符合要求，并出具验收证明

续表

风险	表现	应对
11. 合同管理风险（合同管理工作既能帮助企业维护自身合法权益，又能提升企业的品牌和形象，实现可持续性发展）	（1）未订立合同、未经授权对外订立合同、合同对方主体资格未达要求、合同内容存在重大疏漏和欺诈，可能导致企业合法权益受到侵害。 （2）合同未全面履行或监控不当，可能导致企业诉讼失败、经济利益受损。 （3）合同纠纷处理不当，可能损害企业利益、信誉和形象	（1）关于合同相对方调查与谈判。①合同相对方调查方面，合同订立前，企业应当通过审查相对方的身份证件、法人登记证书、资质证明、经审计的财务报告等，充分了解合同相对方的情况，确保对方当事人具备履约能力。②合同谈判方面，初步确定拟签约对象后，企业合同承办部门需在授权范围内制定谈判策略并进行合同谈判。 （2）关于合同订立。①合同起草方面，企业应根据协商谈判结果，拟定合同文本，明确双方的权利义务和违约责任，确保条款内容准确、严谨、完整。合同文本一般由业务承办部门起草；对于重大合同或法律关系复杂的特殊合同，由法律部门参与起草。②合同订立过程管理方面，企业应根据实际情况，指定合同归口管理部门，对合同实施统一规范管理。 （3）关于合同审核。合同拟定完成后，企业应从合同文本的合法性、经济性、可行性和严密性等方面进行严格审核，重点关注合同的主体、内容和形式是否合法，合同的内容是否符合企业的经济利益，对方当事人是否具有履约能力，合同权利和义务、违约责任和争议解决条款是否明确等。 （4）关于合同签署。对于审核通过的合同，企业应当按照合同的类型与规定的程序与对方当事人签署合同。 （5）关于合同履行。企业应与合同对方共同遵循诚实守信原则，根据合同的性质、目的等履行相关义务。企业需加强对合同履行环节的管控，重视对合同履行情况及效果的检查、分析和验收，发现违约行为，及时采取措施。 （6）关于合同结算。合同结算是合同执行中的重要环节，起到了对合同签订的审查以及对执行的监督作用。企业财务部门应当在严格审核合同条款后，按照合同规定进行付款。对于未有效履约合同条款或应签订书面合同而未签的，财务部门应拒绝办理结算业务，并及时向有关负责人报告。 （7）关于合同登记。企业应建立合同登记管理制度，合同的签署、履行、补充、变更、解除、结算等均须进行合同登记，因此，企业应充分利用信息系统，通过定期对合同的统计、分类和归档，详细登记合同的订立、履行和变更等信息，实现对合同的全流程闭环管理。 （8）关于合同管理后评估。企业需建立合同管理评估制度，每年定期对合同履行的总体情况和重大合同履行的具体情况进行分析评价。对于发现的执行缺陷，应及时采取有效措施予以改进。对于合同订立、履行等过程中出现的违法违规行为，企业应当追究相关人员或机构的责任

续表

风险	表现	应对
12. 内部信息传递风险 （内部信息传递是企业内部各管理层之间通过内部报告形式传递生产经营管理信息的过程，定向传递有效信息，对贯彻落实企业发展战略、识别企业生产经营活动的内外部风险具有重要作用）	（1）内部报告系统缺失、功能不健全、内容不完整，可能影响生产经营的信息无法及时传递和有序运行。 （2）内部信息传递不通畅、不及时，可能导致决策失误、相关政策措施难以落实。 （3）内部信息传递中泄露商业秘密，可能削弱企业核心竞争力	（1）关于内部报告指标体系建立。企业应认真研究发展战略、风险控制要求和绩效考核标准，结合各管理层级的定位、特点和实际需求，建立科学规范、级次分明的内部报告指标体系。 （2）关于内部报告编制。企业内部报告编制单位应充分考虑报告使用者的需求，确保编制内容简洁明了、通俗易懂，便于企业各管理层和全体员工掌握相关信息。 （3）关于内部报告传递流程。企业应制定严密的内部报告传递流程，充分利用信息技术，强化内部报告信息集成和共享，将内部报告纳入企业统一信息平台，构建科学的内部报告网络体系。 （4）关于内部报告使用。企业各级管理人员在预算控制、生产经营管理决策和业绩考核时，应充分利用内部报告提供的信息。 （5）关于内部报告评价工作。企业应建立内部报告评价制度，定期对内部报告的及时性及内部信息传递的全面性、完整性、安全性、有效性进行评价，评估内部报告在企业生产经营活动中所起到的作用。 （6）关于内部报告反舞弊管理。企业需建立反舞弊机制，对员工进行道德准则培训，设立员工信箱、投诉热线等，鼓励员工及企业利益相关方举报和投诉企业内部的违法违规、舞弊等行为。完善举报人保护制度，明确举报责任主体、举报程序等
13. 信息系统风险 （信息系统是企业内部控制信息数据集成、转化和提升的信息化管理平台，可减少人为操纵因素，保障信息沟通的安全性和有效性，促进企业全面提升现代化管理水平）	（1）信息系统缺乏规划或规划不合理，可能造成信息孤岛或重复建设，导致企业经营管理效率低下。 （2）系统开发不符合内部控制要求，授权管理不当，可能导致无法利用信息技术实施有效控制，甚至出现系统性风险。 （3）系统运行维护和安全措施不到位，可能导致信息泄露或毁损，系统无法正常运行	（1）关于信息系统规划。企业应根据发展战略和业务需要进行信息系统建设，制定信息系统整体规划和中长期发展计划。 （2）关于信息系统开发实施。企业应基于对开发需求的分析，编制系统需求说明书，建立设计评审制度，严格控制设计变更流程，按规范执行相应的审批程序。 （3）关于信息系统的运行与维护。①信息系统日常运行与维护方面，企业应制定信息系统工作程序、信息管理制度以及各模块子系统的具体操作规范等，及时跟踪、发现和解决系统运行中存在的问题，确保信息系统按照规定的程序、制度和操作规范持续稳定运行。②信息系统变更控制方面，企业需建立信息系统变更管理流程，对系统变更申请严格审核，严格控制紧急变更，审核通过后方可进行系统变更，对变更的系统功能需进行测试。③信息系统安全管理控制方面。a. 关于资产安全控制，企业需建立信息系统资产管理制度，完善信息系统设备管理要求。b. 关于信息安全控制，企业应依照国家相关法律法规和信息安全技术标准，制定信息安全实施规范；根据业务性质、重要性程度、涉密情况等确定信息系统的安全等级，建立不同等级信息的授权使用制度，采用相应技术手段保证信息系统运行安全有序，并建立信息系统安全保密和泄密责任追究制度；企业需建立系统数据备份管理制度，定期进行数据恢复有效性测试。c. 关于访问安全控制，企业对重要业务系统的访问权限需严格管理，定期审阅系统账号，避免授权不当或存在非授权账号，禁止不相容职务用户账号的交叉操作。 （4）关于信息系统评估。企业应建立健全信息系统风险评估制度，定期开展信息系统风险评估工作，及时发现系统安全问题，并采取有效措施进行整改。按照国家有关法律法规和电子档案管理的相关规定，妥善保管相关信息档案

经典例题 8-1　（2023年·简答题）

随着信息技术和电子商务的兴起，主营连锁实体书店的光华公司销售额每况愈下，经营持续亏损。在层出不穷的新型知识学习和传播工具的冲击下，走入实体书店的顾客日渐减少，光华公司旗下30多家分店的空闲面积越来越大；员工收入走低，骨干员工纷纷跳槽，一般员工则大多人浮于事，抱着"当一天和尚撞一天钟"的消极态度混日子；图书由总部统一采购、统一定价以及各分店员工工资水平大体相当的制度，经常造成图书品种、数量和价格脱离各分店所处地区的顾客需求，挫伤了各个分店的经营积极性；所有管理机构均设立在总部，各分店只有一名店长负责日常经营，缺乏管理自主权；有的分店服务体系不健全，员工对顾客服务态度差，甚至出售缺页、被污损的图书，并拒绝顾客退换，损害了公司声誉。

2018年，光华公司为制止经营滑坡并尽快走出困境，开始采取如下措施：(1) 提出并履行"弘扬先进文化，创新服务内容"的新使命。(2) 出售5家因地理位置欠佳、管理不善而长期严重亏损的分店，将公司原有业务量削减15%，减少库存积压和各项开支，同时，将节省下来的一部分资源用于开设网上书店，增加音像产品销售、二手书收购和珍藏版书籍展销等业务。(3) 建立读者阅读俱乐部，邀请图书作者进行演讲、畅销书推介和签名售书；定期和不定期举办会员知识沙龙，交流读书体会。(4) 重新设计、装修店面，突出"学海无涯，淡泊明志，宁静致远"的文化氛围；充分利用空余场地，开设书桌、茶厅，兼顾消费者阅读、购书和休闲的需求。(5) 积极开展社会服务，每年为附近学校开展一次赠书活动，为居民无偿举办6场百科知识讲座。(6) 适当下放管理权限，在各分店设立相关管理部门，使其在用人、采购、定价、经营项目等方面拥有一定的自主权。(7) 倡导"顾客至上，暖心服务"的宗旨，建立健全客户服务标准和流程。(8) 总部采用目标管理法对各分店进行绩效考核，并实行与绩效挂钩的薪酬制度，对业绩未达标的分店采取更换店长、减少或取消奖金等措施，对业绩突出的分店在人、财、物上给予优先配置。

2019年底，光华公司实现扭亏为盈，并获得顾客和社会较高赞誉。

要求：

简要分析光华公司面临的运营风险以及对该风险采取的管控措施。

答案　①光华公司面临的运营风险有：

A. 组织架构风险。"所有管理机构均设立在总部，各分店只有一名店长负责日常经营，缺乏管理自主权"。

B. 人力资源风险。"骨干员工纷纷跳槽，一般员工则大多人浮于事""各分店员工工资水平大体相当的制度……挫伤了各个分店的经营积极性"。

C. 社会责任风险。"有的分店服务体系不健全，员工对顾客服务态度差，甚至出售缺页、被污损的图书，并拒绝顾客退换，损害了公司声誉"。

D. 企业文化风险。"一般员工……抱着'当一天和尚撞一天钟'的消极态度混日子"。

E. 采购业务风险。"图书由总部统一采购……经常造成图书品种、数量……脱离各分店所处地区的顾客需求……挫伤了各个分店的经营积极性"。

F. 资产管理风险。"光华公司旗下30多家分店的空闲面积越来越大"。

G. 销售业务风险。"图书由总部……统一定价……的制度，经常造成图书……价格脱离各分店所处地区的顾客需求"。

②光华公司对运营风险采取的管控措施有：

A. 对组织架构风险的管控措施："适当下放管理权限，在各分店设立相关管理部门，使其在用人、采购、定价、经营项目等方面拥有一定的自主权"。

B. 对人力资源风险的管控措施:"适当下放管理权限,在各分店设立相关管理部门,使其在用人……方面拥有一定的自主权""总部采用目标管理法对各分店进行绩效考核,并实行与绩效挂钩的薪酬制度,对业绩未达标的分店采取更换店长、减少或取消奖金等措施,对业绩突出的分店在人、财、物上给予优先配置"。

C. 对社会责任风险的管控措施:"建立读者阅读俱乐部,邀请图书作者进行演讲、畅销书推介和签名售书;定期和不定期举办会员知识沙龙,交流读书体会""积极开展社会服务,每年为附近学校开展一次赠书活动,为居民无偿举办6场百科知识讲座""建立健全客户服务标准和流程"。

D. 对企业文化风险的管控措施:"提出并履行'弘扬先进文化,创新服务内容'的新使命""倡导'顾客至上,暖心服务'的宗旨""重新设计、装修店面,突出'学海无涯,淡泊明志,宁静致远'的文化氛围"。

E. 对采购业务风险的管控措施:"适当下放管理权限,在各分店设立相关管理部门,使其在……采购……方面拥有一定的自主权"。

F. 对资产管理风险的管控措施:"充分利用空余场地,开设书桌、茶厅,兼顾消费者阅读、购书和休闲的需求"。

G. 对销售业务风险的管控措施:"适当下放管理权限,在各分店设立相关管理部门,使其在……定价、经营项目等方面拥有一定的自主权"。

第五节 法律风险和合规风险与应对

一、法律风险和合规风险的含义及其影响因素(记忆)★★

(一)法律风险和合规风险的含义

法律风险是指企业在经营过程中因自身经营行为的不规范或者外部法律环境发生重大变化而造成不利法律后果的可能性。

合规风险是指企业因违反法律或监管要求而受到制裁、遭受金融损失以及因未能遵守所有适用法律、法规、行为准则或相关标准而给企业信誉带来损失的可能性。

法律风险侧重于民事责任的承担,合规风险则侧重于行政责任和道德责任的承担。

(二)法律风险和合规风险的影响因素

(1)国内外与企业相关的政治、法律环境变化可能引发的风险;
(2)影响企业的新法律法规和政策颁布可能引发的风险;
(3)员工的道德操守不当可能引发的风险;
(4)企业签订重大协议和有关贸易合同的条款设计不当等可能引发的风险;
(5)企业发生重大法律纠纷案件所引发的风险;
(6)企业和竞争对手的知识产权可能引发的风险。

二、法律风险和合规风险的主要表现与应对(记忆)★★★

法律风险和合规风险的主要表现与应对见表8-6。

表8-6 法律风险和合规风险的主要表现与应对

风险	表现	应对
1. 法律责任风险 (法律责任风险是指因个人或团体的疏忽或过失行为，造成他人的财产损失或人身伤亡，按照法律、契约应负法律责任或契约责任的风险。在企业经营管理中，是指在业务活动中发生违规行为，或因日常经营和业务活动违反法律规定，导致发生争议、法律纠纷而造成经济损失的风险)	(1) 公司生产经营违反了相关法律法规或其他规定、流程手续、资质要求等，可能导致公司遭受法律制裁、监管处罚、重大财务损失和声誉损失。 (2) 公司面临外部诉讼纠纷时，未能积极妥善应对，或由于应诉行为不当，可能导致企业承担潜在利益损失	(1) 公司管理层应根据企业的风险管理流程设计风险管理制度，建立法律合规问责和处罚制度，如规定违法违规当事人与所属上级领导应共同承担违法违规责任。完善监控机制，制定纠正和预防措施，持续改进法律合规管理体系的有效性。 (2) 企业应配置专业的法务人员，建立法律管理相关的制度规范及符合企业核心利益的应对策略，各相关人员应严格执行制度规范
2. 行为规范风险 (行为规范是指社会群体或个人在参与社会活动中所遵循的规则、准则的总称)	(1) 企业管理层未引导员工建立正确的价值观，员工或其他利益相关者的潜在不道德行为，可能导致企业声誉受到负面影响。 (2) 公司管理层未识别出舞弊的高风险岗位并对其风险进行控制，可能导致公司面临直接的经济损失或对公司形象产生负面影响	(1) 企业应当制定员工职业道德规范，并定期组织培训，要求员工确认知晓程度，关注潜在的利益冲突行为，并展开调查，以确保企业在法律规范下经营运作。 (2) 企业应制定廉洁及反舞弊管理措施，有效防范管理层违规决策、挪用企业资金、贪污企业资产、收受贿赂等行为，防范员工或合作伙伴的潜在违法行为，避免给企业带来直接经济损失或对企业形象产生负面影响

续表

风险	表现	应对
3. 监管风险 (监管风险是指由于法律或监管规定的变化，可能影响企业正常运营，或削弱其竞争能力、生存能力的风险)	(1) 企业未能有效识别进口产品在出口海关、出口国可能遇到的监管要求，或者未能准确理解政府贸易规定、海关规定，可能导致企业的经济损失或交易失败。 (2) 企业未能识别和防范反商业贿赂、反垄断、反不正当竞争等市场交易行为监管要求，可能导致企业面临潜在的合规风险。 (3) 企业未能识别和防范由于违反国家和劳动保障机构制定的相关法规（包括个人所得税、薪酬、休假、反歧视等），可能导致企业面临人事合规带来的风险。 (4) 对于上市公司，企业未能识别和防范证券监督管理要求，如证券交易所的股票交易规则及内控标准等，可能导致企业面临潜在的合规和法律风险。 (5) 企业未能识别并遵守国家健康、安全和环保方面的法律与规范；未对员工提供适当的安全、环保意识培训；安全管理体系不健全，或相关管理制度无法有效执行；缺少突发事件报告体系，可能导致企业财产损失。 (6) 企业未能按时向税务机关、工商机关等提交税务报告、年检报告等资料，受到监管机构的检查批评或处罚，可能导致企业信用及声誉受损。 (7) 企业未能有效筛选或识别商业伙伴的不合规行为，可能导致企业遭受行政处罚，造成经济或声誉损失以及其他负面影响	(1) 企业应关注政府贸易的监管要求，识别和防范违反政府贸易规定、海关规定、地缘政治规则和跨国交易带来的潜在合规风险，在交易前要收集大量的信息，明确交易过程中的不确定因素，对可能存在的风险做基本预判，并制定相应的应对方案。 (2) 企业应关注反商业贿赂、反垄断、反不正当竞争等市场交易行为的监管要求，收集法律规定及各国际组织的规章条文，制定符合国内外标准的反商业贿赂、反垄断、反不正当竞争等制度体系，使企业内部工作人员能够根据制度及时了解并有效执行企业内部合规机制。 (3) 企业应严格招聘程序，加强对劳动者入职审查，建立并执行合法合规的劳动合同管理制度、合理的工资结构，制定符合实际的绩效考核机制，规避人事合规风险给企业带来的纠纷。 (4) 企业应关注证券监管机构的监管要求，建立完善的证券业务制度规范，对执业行为的合规性进行审查监督，强化岗位制约和监督，严格限定不同岗位人员的操作权限，降低因违规操作给企业带来风险的可能性。 (5) 企业应严格遵守法律法规，建立完善的安全管理体系，对突发事件制定相关的应急预案；定期组织员工培训，加强员工的安全、环保意识，提升员工自身能力，使劳动生产在保证劳动者健康、企业财产不受损失、人民生命安全的前提下顺利进行。 (6) 企业应时刻关注政府监管要求，严格按照要求报送税务报告、年检报告等。加强对财税风险的监控，评估预测财税风险，并制定相应的应对方案，防范企业因财税风险而受到监管处罚。 (7) 企业应逐步建立商业伙伴的合规风险管控机制，重点关注与各类商业伙伴的合作义务以及责任相关的合规义务履行能力和履行情况，根据合作类型（如供应商、客户、投资伙伴和其他商业伙伴等类型）和合规风险等级，对商业伙伴开展动态风险评估和闭环管理

▎**经典例题 8-2** （2023年·单选题）

利生公司是一家提供体检和健康咨询服务的企业。为应对法律风险和合规风险，该公司制定、实施了一系列风险管控措施。下列各项关于利生公司制定和实施的措施中，属于该公司应对法律责任风险的管控措施是（　　）。

A. 制定廉洁及反舞弊管理措施，有效防范管理层和员工的各种潜在违法行为

B. 制定员工职业道德规范，并定期组织培训

C. 配置专业的法务人员，建立与法律管理相关的制度规范和符合企业核心利益的应对策略

D. 时刻关注政府对体检和健康咨询服务企业的监管要求，识别和防范各种潜在合规风险

（解析）企业应对法律责任风险重点关注的管控措施包括企业应配置专业的法务人员，建立法律管理相关的制度规范及符合企业核心利益的应对策略，选项 C 正确。选项 A、B 属于应对行为规范风险的管控措施，选项 D 属于应对监管风险的管控措施。

（答案）C

第八章 企业面对的主要风险与应对

考点加油站

章末总结

- **第八章 企业面对的主要风险与应对**
  - **战略风险与应对★**
    - 战略风险的含义及其影响因素
      - 战略风险的含义
      - 战略风险的影响因素
    - 战略风险的主要表现与应对
      - 战略制定
      - 战略实施
      - 战略调整
      - 战略复盘
  - **市场风险与应对★**
    - 市场风险的含义及其影响因素
      - 市场风险的含义
      - 市场风险的影响因素
    - 市场风险的主要表现与应对
      - 市场趋势风险
      - 分销风险
  - **财务风险与应对★**
    - 财务风险的含义及其影响因素
      - 财务风险的含义
      - 财务风险的影响因素
    - 财务风险的主要表现与应对
      - 全面预算管理风险 — 筹资管理风险
      - 资金营运管理风险 — 投资管理风险
      - 财务报告风险 — 担保风险
  - **运营风险与应对★**
    - 运营风险的含义及其影响因素
      - 运营风险的含义
      - 运营风险的影响因素
    - 运营风险的主要表现与应对
      - 组织架构风险 — 人力资源风险 — 社会责任风险 — 企业文化风险
      - 采购业务风险 — 资产管理风险 — 销售业务风险 — 研究与开发风险
      - 工程项目管理风险 — 业务外包风险 — 合同管理风险 — 内部信息传递风险
      - 信息系统风险
  - **法律风险和合规风险与应对★**
    - 法律风险和合规风险的含义及其影响因素
      - 法律风险和合规风险的含义
      - 法律风险和合规风险的影响因素
    - 法律风险和合规风险的主要表现与应对
      - 法律责任风险
      - 行为规范风险
      - 监管风险

100%

寄语

注册会计师全国统一考试辅导用书 | 2024

CPA知识点全解及真题模拟
公司战略与风险管理 下册

高顿教育CPA教研中心 编著

文汇出版社

目 录

第一章	战略与战略管理概述	1
第二章	战略分析	14
第三章	战略选择	52
第四章	战略实施	121
第五章	公司治理	144
第六章	风险与风险管理概述	155
第七章	风险管理的流程、体系与方法	158
第八章	企业面对的主要风险与应对	181
跨章节主观题综合提高		201

目 次

第一章 战略与战略管理概述

真题巩固

一、单选题

1. 【2022】目前,基因工程产业已从根本概念的开发转向关注相关产品的差异化,以及更稳定、更廉价、更高质量和更多样的功能等。根据阿伯内西和厄特巴克的创新生命周期模型,现阶段基因工程产业创新的驱动因素是（　　）。
   A. 产品差异化
   B. 通过扩展内部的技术能力来创造机会
   C. 降低成本、提高质量等方面的压力
   D. 关于客户需求的信息、技术投入

2. 【2022】目前,基因工程产业已从根本概念的开发转向关注相关产品的差异化,以及更稳定、更廉价、更高质量和更多样的功能等。根据阿伯内西和厄特巴克的创新生命周期模型,现阶段基因工程产业的产品线创新特征是（　　）。
   A. 产品的经常性的主要变化
   B. 包括至少一种稳定或主导的设计
   C. 渐进性的产品和流程创新
   D. 多样性,通常包括定制的设计

3. 【2021】通恒公司是一家主营工程设计与施工业务的企业,其创新管理的重点是利用其首创的多项绿色环保施工技术和数字化、智能化等"新基建"带来的市场机会,大力拓展业务种类和规模,并利用在业务拓展过程中获得的新知识巩固目前的创新。从创新管理的主要过程来看,通恒公司的创新管理处于（　　）。
   A. 搜索阶段
   B. 选择阶段
   C. 实施阶段
   D. 收获阶段

4. 【2020】天鸣公司是全球领先的通信基础设施和智能终端提供商,该公司在网站上显著位置有如下说明:致力于把数字科技带入每个人、每个家庭、每个组织,构建万物互联的智能世界。天鸣公司的上述说明体现了该公司的（　　）。
   A. 目的
   B. 宗旨
   C. 经营哲学
   D. 目标

5. 【2020】国内大型制冷设备制造商西奥公司拟在欧洲 N 国建立生产基地并雇用当地操作员工,当得知 N 国劳动者工资水平高且经常在工会支持下提出增加福利的要求后,西奥公司修改了投资和建设方案,所需操作员工全部由机器人代替。西奥公司在战略决策与实施过程中的行为方式是（　　）。
   A. 对抗
   B. 协作
   C. 规避
   D. 折中

6. 【2019】2015 年,大型冶金企业金通公司为获得稳定的原料来源,向某稀土开采企业提出以 20 亿元人民币并购该企业的要求,遭到后者拒绝,后来双方经多次谈判,最终达成以部分股权互换的方式结为战略联盟的协议。金通公司在战略决策与实施过程中的行为模式属于（　　）。
   A. 对抗
   B. 和解
   C. 折中
   D. 规避

7. 【2018】截至 2015 年秋,U 国 N 航空公司与 M 航空公司合并已有 5 年,但原 N 公司和 M 公司机舱服务员的劳工合约仍未统一,为此,原 N 公司与 M 公司的机舱服务员在临近圣诞节期间,发起抗议行动,有效推动了该项问题的解决。本案例中原 N 公司与 M 公司机舱服务员的权力来源于（　　）。
   A. 在管理层次中的地位
   B. 个人的素质和影响
   C. 参与或影响企业战略决策与实施过程
   D. 利益相关者集中或联合的程度

8. 【2015】以营利为目的而成立的组织,其首要目的是(   )。
   A 保证员工利益
   B 实现经营者期望
   C 履行社会职责
   D 为其所有者带来经济价值

9. 【2015】下列各项中,属于业务单位战略核心要素的是(   )。
   A. 选择企业可以竞争的经营领域
   B. 协调每个职能中各种活动之间的关系
   C. 协调不同职能与业务流程之间的关系
   D. 明确企业的竞争战略

10. 【2015】鲍莫尔的"销售最大化"模型,描述了企业在追求利润最大化和销售额最大化之间的博弈过程。这一模型反映了(   )。
    A. 企业利益与社会效益的矛盾与均衡
    B. 企业与外部利益相关者的矛盾与均衡
    C. 企业员工与企业之间的利益矛盾与均衡
    D. 股东与经理人员的利益矛盾与均衡

11. 【2015】下列各项中,属于多元化公司总体战略的核心要素的是(   )。
    A. 明确企业竞争战略
    B. 选择企业可以竞争的经营领域
    C. 协调每个职能中各种活动之间的关系
    D. 协调不同职能与业务流程之间的关系

12. 【2014】甲公司创始人在创业时就要求公司所有员工遵守一个规定:在经营活动中永远不做违背道德和法律的事情。从公司使命角度来看,属于(   )。
    A. 公司宗旨   B. 公司目的
    C. 公司目标   D. 经营哲学

13. 【2014】甲公司评估战略备选方案时,主要考虑选择的战略是否发挥了企业优势,克服了劣势,是否利用了机会,将威胁减弱到最低程度,是否有助于企业实现目标。甲公司评估战略备选方案使用的标准是(   )。
    A. 适宜性标准   B. 可接受性标准
    C. 可行性标准   D. 外部性标准

14. 【2014】成功的管理者需要建立起榜样权和专家权。关于榜样权和专家权,下列表述中正确的是(   )。

   A. 是管理者的权力来源之一
   B. 主要存在于正式组织中
   C. 是管理者在管理层次中的体现
   D. 是管理者对资源的控制的体现

二、多选题

15. 【2023】佳安公司是一家视频安防产品生产企业。下列各项关于该公司使命的表述中,能够体现该公司经营哲学的有(   )。
    A. 成就员工,回报股东,奉献社会
    B. 没有完美的公司,只有上进的员工
    C. 树安防品牌,创一流企业
    D. 引领绿色科技,开启平安生活

16. 【2022】宇森公司是一家机器人生产商,该公司于2019年宣布试制成功世界上首款可广泛用于航天探测、海洋打捞救援、森林灭火等领域的新型多功能机器人,但这款新型机器人的性能和可靠性还有待市场检验。从探索战略创新的不同方面来看,上述宇森公司宣布的内容涉及(   )。
    A. 创新的新颖程度
    B. 创新的基础产品和产品家族
    C. 创新的层面
    D. 创新生命周期

17. 【2022】2022年受新冠疫情影响,金属构件生产商青江公司员工出现短缺,面临向水泵生产商西陇公司供货延误的风险。青江公司以遭遇不可抗力为由请求西陇公司同意延期并免责,被西陇公司回绝,后经谈判,西陇公司派人与青江公司员工一起加班加点,所需费用由青江公司承担,此举保证了青江公司如期供货。本案例中,西陇公司处理矛盾与冲突所采用的行为模式有(   )。
    A. 和解   B. 协作   C. 规避   D. 对抗

18. 【2015】下列各项对权力与职权的概念的理解中,正确的有(   )。
    A. 职权也是权力的一种类型
    B. 利益相关者内部的联合程度会影响其职权大小
    C. 榜样权和专家权是个人素质和影响的重要方面
    D. 权力只沿着企业的管理层次自上而下

19. 【2014】下列关于公司建立战略目标体系目的的表述中,正确的有(   )。
    A. 获得满意的投资回报率
    B. 提高公司在客户中的声誉
    C. 获得持久的竞争优势
    D. 提高股利增长率

参考答案及解析

1. 【答案】B
   【考点】战略创新管理
   【解析】"关注相关产品的差异化,以及更稳定、更廉价、更高质量和更多样的功能"说明目前的创新生命周期属于过渡阶段,过渡阶段的创新驱动因素是"通过扩展内部的技术能力来创造机会"。因此,选项B正确。

2. 【答案】B
   【考点】战略创新管理
   【解析】"基因工程产业已从根本概念的开发转向关注相关产品的差异化,以及更稳定、更廉价、更高质量和更多样的功能等"表明企业属于过渡阶段。过渡阶段产品线的创新特征是:包括至少一种稳定或主导的设计。因此,选项B正确。

3. 【答案】C
   【考点】战略创新管理
   【解析】创新管理的主要过程包括:
   ①搜索阶段——如何找到创新的机会:涉及搜索环境中有关潜在变革的信号,此时创新管理面临的最大挑战是如何寻找与创新相关的诱因。
   ②选择阶段——要做什么以及为什么做:涉及对搜索到的信号的研究、对企业现有能力的研究以及对创新和企业业绩提高之间联系的研究。
   ③实施阶段——如何实现创新:涉及从最初的概念中寻找问题和解决问题,逐渐形成创新相关知识,利用这些知识以某种形式进入目标环境,之后再运用更多相关知识来巩固这次创新。
   ④获取阶段——如何获得利益:涉及采用多种方式获取更多利益,保护企业的竞争优势,在"再创新"中占据主动地位,掌控和引领创新的发展方向。
   本公司创新管理的重点是"大力拓展业务种类和规模,并利用……新知识巩固目前的创新",可以看出公司已经经过了搜索和选择阶段,还未到考虑利益的阶段,正在考虑如何实现创新。综上,选项C正确。

4. 【答案】B
   【考点】公司的使命与目标
   【解析】"致力于把数字科技带入每个人、每个家庭、每个组织,构建万物互联的智能世界"涉及经营业务范围,属于宗旨。因此,选项B正确。公司目的是企业组织的根本性质与存在理由的直接体现,分为营利组织和非营利组织,选项A错误;经营哲学是公司为其经营活动方式所确立的价值观、基本信念和行为准则,是企业文化的高度概括,选项C错误;公司目标是使命的具体化,是一个体系,建立目标体系的目的是将公司的业务使命转换成明确具体的业绩目标,选项D错误。

5. 【答案】C
   【考点】战略管理中的权力与利益相关者
   【解析】"得知N国劳动者工资水平高且经常在工会支持下提出增加福利的要求后,西奥公司修改了投资和建设方案,所需操作员工全部由机器人代替",说明公司并没有正面与工会接触商量问题如何解决,而是直接使用机器人代替员工,说明公司没有正面解决问题,而是采用消极回避的方式迂回解决问题。因此,选项C正确。选项A,坚定行为+

不合作行为，关键特征是死磕到底，不达目的不罢休；选项 B，坚定行为+合作行为，关键特征是合作共赢；选项 D，中等坚定行为+中等合作行为，关键特征是双方让步。案例中均无与选项 ABD 相关的表述，不选。

6. 【答案】C

【考点】战略管理中的权力与利益相关者

【解析】通过各方利益相关者之间的讨价还价，相互做出让步，达成双方都能接受的协议，这属于折中。

案例描述："金通公司……向某稀土开采企业提出……并购该企业的要求，遭到后者拒绝"，说明金通公司原来的目的是并购，但目的没有达到；"最终达成部分以股权互换的方式结为战略联盟的协议"说明稀土企业与金通公司战略合作。综上可知，双方都各退一步，双方让步符合折中的特征。因此，选项 C 正确。

选项 A，对抗是"低合作性行为+高坚定性行为"的组合，关键特征是单方达到目的；选项 B，和解是"高合作性行为+低坚定性行为"的组合，关键特征是单方面妥协；选项 D，规避是"低合作性行为+低坚定性行为"的组合，关键特征是"惹不起、躲得起"。案例中均无与选项 ABD 相关的表述，不选。

7. 【答案】D

【考点】战略管理中的权力与利益相关者

【解析】"原 N 公司与 M 公司的机舱服务员在临近圣诞节期间，发起抗议行动，有效推动了该项问题的解决"。首先，问题的解决与组织结构、职务没有关联，排除选项 A。其次，案例也没有描述问题解决是因为某个杰出的大人物的贡献，所以排除选项 B。最后，案例中没有提及干预决策，所以排除选项 C。解决问题的原因是两家公司的服务员一起抗议，体现了人多力量大的优势，所以与集中程度相关。因此，选项 D 正确。

8. 【答案】D

【考点】公司战略的基本概念——公司的使命与目标

【解析】公司目的是企业组织的根本性质和存在理由的直接体现。组织按其存在理由可以分为两大类：营利组织和非营利组织。以营利为目的而成立的组织，其首要目的是为其所有者带来经济价值。因此，选项 D 当选。

9. 【答案】D

【考点】公司战略的基本概念——公司战略的层次

【解析】业务单位战略也称为竞争战略。业务单位战略涉及各业务单位的主管及辅助人员。这些经理人员的主要任务是将公司战略所包含的企业目标、发展方向和措施具体化，形成本业务单位具体的竞争与经营战略。业务单位战略要针对不断变化的外部环境，在各自的经营领域中有效竞争。因此，选项 D 正确。选项 A 属于总体战略的核心要素；选项 BC 属于职能战略的核心要素。

10. 【答案】D

【考点】战略管理中的权力与利益相关者

【解析】选项 A 与商业伦理、社会责任相关，与"利润最大化和销售额最大化"不符；选项 B，社会效益代表所有企业外部利益相关者的共同利益，选项 AB 在本质上一致，都与社会责任相关。本题为单项选择题，故排除选项 AB。选项 C 与员工工资、职业稳定性相关，与题干不符，不选。选项 D 与销售最大化（案例描述）、企业规模增长、管理者管理权限相关，正确。综上，选项 D 正确。

11. 【答案】B

【考点】公司战略的基本概念——公司战略的层次

【解析】总体战略是根据企业的目标，选择企业可以竞争的经营领域，合理配置企业经营所必需的资源，使各项经营业务相互支持、相互协调。因此，选项 B 正确。选项 A 属于竞争战略的战略核心要素；选项 CD 属于职能战略的核心要素。

12. 【答案】D

【考点】公司战略的基本概念——公司的使命与目标

【解析】经营哲学是公司为其经营活动方式所确立的价值观、基本信念和行为准则，是企业文化的高度概括。经营哲学主要通过公司对利益相关者的态度、公司提倡的共同价值观、政策和目标以及管理风格等方面体现出来。本题"在经营活动中永远不做违背道德和法律的事情"体现的是公司的经营哲学。因此，选项 D 正确。

13. 【答案】A
【考点】战略管理过程
【解析】适宜性标准，考虑选择的战略是否发挥了企业的优势，克服了劣势，是否利用了机会，将威胁削弱到最低程度，是否有助于企业实现目标。因此，选项 A 正确。本题考查评估战略备选方案时使用的三个标准。这三个标准分别是：适宜性标准、可接受性标准、可行性标准。
①适宜性标准："好不好"。关键词"发挥优势、克服劣势、利用机会、削弱威胁"，从 SWOT 的角度出发讨论适宜性标准。
②可接受性标准："接不接受"。可接受性标准考虑选择的战略能否被企业利益相关者所接受，实际上并不存在最佳的、符合各方利益相关者的统一标准，经理们和利益相关团体的不同的价值观和期望在很大程度上影响着战略的选择。选项 B 与题意不符，不选。
③可行性标准："行不行"。对战略的评估最终还要落实到战略收益、风险和可行性分析的财务指标上。选项 C 与题意不符，不选。
选项 D，外部性标准是干扰选项，不属于评估战略备选方案要使用的标准，不选。

14. 【答案】A
【考点】战略管理中的权力与利益相关者
【解析】个人的素质和影响是一种非正式职权的权力的重要来源（选项 A 正确）。包括专家权（特殊知识的占有）和榜样权（特殊的能力或性格、让人服从的气质或形象），相对更持久，在正式组织、非正式组织均存在（选项 BCD 错误）。因此，选项 A 正确。

15. 【答案】AB
【考点】公司的使命与目标
【解析】经营哲学是公司为其经营活动方式所确立的价值观、基本信念和行为准则，是企业文化的高度概括。选项 AB 为企业所倡导的价值观，故当选。选项 C，"安防品牌"，选项 D "绿色科技、平安生活" 更侧重于公司的经营业务范围，体现了公司的宗旨，故不选。

16. 【答案】ABCD
【考点】战略创新管理
【解析】"宣布试制成功世界上首款可广泛用于航天探测、海洋打捞救援、森林灭火等领域的新型多功能机器人，但这款新型机器人的性能和可靠性还有待市场检验"，以上宣布涉及"首款""新型"的某个产品，涉及创新的新颖程度属于渐进性（选项 A 正确），同时涉及创新的基础产品和产品家族（选项 B 正确）；创新的层面属于组件的层面（选项 C 正确），但是产品的"性能和可靠性还有待市场检验"说明产品具有很大的不确定性，在进行大量的实验，属于创新生命周期的流变阶段（选项 D 正确），综上，选项 ABCD 正确。

17. 【答案】BD
【考点】战略管理中的权力与利益相关者
【解析】"青江公司以遭遇不可抗力为由请求西陇公司同意延期并免责，被西陇公司回绝"，从中可以看出西陇公司没有退让，没有同意延期并免责，选择退让的是对方青江公司，这属于对抗（选项 D 正确）；"西陇公司派人与青江公司员工一起加班加点，所需费用由青江公司承担"，从中可以看出西陇公司力图寻求相互利益的最佳结合点，并借助于这种合作，使双方的利益都得到满足，这属于协作（选项 B 正确）。综上，选项 BD 正确。

18. 【答案】AC
【考点】战略管理中的权力与利益相关者
【解析】选项 A，权力来自方方面面，也来自职位，所以职权是权力的一种类型，正确。选项 B，利益相关者内部的联合程度会影响其权力大小，不选。选项 C，榜样权和专家权源于个人魅力，是个人素质和影响的重要方面，正确。选项 D 不选。综上，选项 AC 正确。

19. 【答案】BC
    【考点】公司战略的基本概念——公司的使命与目标
    【解析】战略目标体系建立的目的在于为公司赢得下列结果：获取足够的市场份额，在产品质量、客户服务或产品革新等方面压倒竞争对手，使整体成本低于竞争对手的成本，提高公司在客户中的声誉（选项 B 正确）；在国际市场上建立更强大的立足点，建立技术上的领导地位，获得持久的竞争优势（选项 C 正确）；抓住诱人的成长机会；等等。选项 AD 属于财务目标体系，不选。综上，选项 BC 正确。

模拟自测

一、单选题

1. 现代概念更强调战略的属性是（　　）。
   A. 计划性、全局性和长期性
   B. 应变性、全局性和风险性
   C. 应变性、竞争性和风险性
   D. 长期性、竞争性和全局性

2. 海尔的核心价值观是："着眼创新，注重品质，尊重个人，一切以顾客为中心。"在这一价值观基础上建立起来的海尔企业文化在盘活兼并企业中发挥了巨大的作用。以上体现的是海尔公司的（　　）。
   A. 目标　　　　　　B. 目的
   C. 宗旨　　　　　　D. 经营哲学

3. 1996年，J市图书馆着手计算机自动化管理和电子数字资源建设，经过几年的努力，逐步实现了图书馆管理和服务工作的自动化、信息化。2003年，J市图书馆通过网络，把市、区、镇、村各个层级的图书馆统一管理起来，实现了资源的统一流通、统一检索、通借通还。J市图书馆馆长李红认为，传统图书馆的功能是以书为中心，现代图书馆则是以人为中心。这一转变必然要求图书馆改变服务形态，从读者真正的需求出发提供有效的服务。因此，近十几年来，J市图书馆调整和重新定位图书馆的功能，依据百姓需求的改变而求新求变，不断完善各级组织体系。本案例中，J市图书馆建设城乡一体化公共图书馆总分馆服务体系，基于其（　　）的变化。
   A. 目标　　　　　　B. 宗旨
   C. 目的　　　　　　D. 经营哲学

4. 关于建立公司的目标体系，下列说法错误的是（　　）。
   A. 公司建立目标体系的目的是将公司的业务使命转换成明确具体的业绩目标，从而使得公司的进展有一个可以测度的标准
   B. 从整个公司角度来看，需要建立两种类型的业绩标准：和财务业绩有关的业绩目标以及和战略业绩有关的标准
   C. 财务目标体系注重短期目标，战略目标体系注重长期目标
   D. 目标体系的建立需要所有管理者的参与

5. 企业所有管理部门、业务单位都必须重视战略管理，因为战略管理为企业的发展指明基本方向和前进道路，是各项管理活动的精髓。以上想法体现的战略管理特征是（　　）。
   A. 综合性　　　　　B. 高层次
   C. 动态性　　　　　D. 指示性

6. 蓝天公司评估战略备选方案时，对战略的评估最终落实到战略收益、风险和可行性分析的财务指标上。该公司评估战略备选方案时使用的标准是（　　）。
   A. 适宜性标准
   B. 外部性标准
   C. 可行性标准
   D. 可接受性标准

7. 在汽车产业电动化、智能化、网联化、共享化融合变革之际，被称为"造车新势力"之一的家家智能汽车公司于2015年正式成立。家家公司的第一款产品SEV面向国内外共享汽车使用群体，续航里程将超过100千米。两年筹备之后，由于低速车的合法性以及海外分时租赁市场实际容量的局限，这个雄心勃勃的计划还是夭折了。面对挫折，公司的董事长兼创始人王向将公司产品开发重心转移到中大型SUV的"家家智造ONE"。为了实现"没有里程焦虑"，"家家智造ONE"采用全新的形式——增程式电动。王向认为，相比U国TL等电动车采用的充电桩/换电站等方式，中国消费者更需要从产品本身去解决问题的产品。家家公司战略创新的类型主要表现为（　　）。
   A. 产品创新　　　　B. 流程创新
   C. 定位创新　　　　D. 范式创新

8. 宝石钢铁厂在生产热轧钢的过程中，探索炼钢和轧钢作业整合，钢坯无须二次加热，工厂也无须对钢材进行精加工，可以防止在下

一道工序前钢材被氧化。最终取得了成功，获得行业竞争优势。宝石钢铁厂探索战略创新的类型是（　　）。
A. 产品创新　　　B. 流程创新
C. 定位创新　　　D. 范式创新

9. 悠乐公司员工奉行的工作理念是"切莫自扫门前雪"，公司按职能划分部门，分为工程、产品、财务以及销售等部门，每个部门直接向首席执行官汇报。当创新任务项目成立时，公司从各职能部门挑选员工组建项目团队，这种方式跨越了组织内部界限，既能够汇聚解决产品开发、流程改进等任务所需的不同知识集，也能够消除一些深层次观点方面的差异。悠乐公司组建项目组的这种做法体现了创新型组织的（　　）。
A. 合适的组织结构
B. 全员参与创新
C. 创造性的氛围
D. 有效的团队合作

10. 2014年是智能手表的元年，苹果、三星、谷歌等科技巨头纷纷推出自家的智能手表，智能手表从初始的手机配件手表进阶到终端化的产品，拥有独立运行、独立运算、独立连接网络的能力，可想象空间数倍的增加。从创新的新颖程度看，智能手表的推出属于（　　）。
A. 渐进性创新　　B. 突破性创新
C. 架构创新　　　D. 产品创新

11. 随着政府相继颁布多项绿色低碳政策，德成建材公司根据市场机会、自身的技术知识优势与独有能力以及公司整体战略，确定将低碳节能、可以回收和循环利用的墙体建材作为研发重点。从创新管理的主要过程来看，德成建材公司的创新管理处于（　　）。
A. 搜索阶段　　　B. 选择阶段
C. 实施阶段　　　D. 获取阶段

12. 中医药大学教授在电视台某节目中说："茯苓粥对养生长寿很有好处。"于是药店茯苓热卖。该现象体现了中医药大学教授的（　　）。
A. 法定权　　　　B. 奖励权
C. 榜样权　　　　D. 专家权

13. 某公司管理层拟将该公司旗下的两家子公司合并以实现业务重组，这两家子公司的大部分员工面临工作环境改变甚至下岗的风险。这些员工联合起来进行了坚决的抗争，致使公司管理层放弃了上述决定。公司管理层对待和处理这场冲突的策略是（　　）。
A. 规避　　　　　B. 协作
C. 折中　　　　　D. 和解

14. 跨国公司进入东道国市场，一个很主要的目的是将其产品打入该国市场；而东道国引进跨国公司投资，主要目的又是利用跨国公司的国际销售渠道将本国产品打到国际市场上去。这是一对针锋相对的矛盾。20世纪80年代，中国政府提出了"以市场换技术"的利用外资政策，在中国投资的跨国公司积极配合，向"二型"企业——先进技术型或产品出口型企业发展，要么投入先进技术获取中国市场，要么利用其自身的外销渠道将中国具有优势的传统工业产品打入国际市场。中外双方的这种策略使得双方的优势得到最佳的结合，也使双方不同的市场目标得以统一，这属于（　　）模式。
A. 折中　　　　　B. 对抗
C. 和解　　　　　D. 协作

15. 当海湾战争爆发时，伊拉克在全球掀起对美国跨国公司的恐怖主义活动，大量美国的跨国公司从东道国撤出。这些跨国公司在企业战略决策与实施过程中的行为模式属于（　　）。
A. 协作　　　　　B. 规避
C. 和解　　　　　D. 折中

二、多选题

16. G公司是一家以电子设备和电器产品制造为主的多元化经营公司。每当公司面临新的挑战或业务转型时，G公司就会实施新一轮的业务流程变革或是组织架构的调整。100多年以来，G公司经历了多次大规模的并购和业务拆分整合，在几次金融危机中成功生存下来。G公司的战略演进体现了战略的（　　）。
A. 竞争性

B. 风险性
C. 全局性
D. 长期性

17. MT 公司是一家提供 LBS 服务的平台，公司创始人兼总裁黄兴认为，企业只有在变化中不断调整战略，才能获得并持续强化竞争优势。以下观点反映了 MT 公司战略的有（　　）。
A. 战略是公司为之奋斗的一些终点与公司为达到它们而寻求的途径的结合物
B. 一系列或整套的决策或行动方式
C. 战略既是预先性的，又是反应性的
D. 战略制定的任务包括制定一个策略计划，即预谋战略，然后随着事情的进展不断对它进行调整

18. 白善科技发现最近半年公司下游需求旺盛，公司前驱体业务板块经营状况发生好转。为使公司的进展有一个可以测度的目标，公司制定了一系列与财务业绩有关的业绩标准，其中包括以下指标中的（　　）。
A. 使整体成本低于竞争对手的成本
B. 市场占有率
C. 获取足够的市场竞争优势
D. 股票价格评价

19. 甲公司是一家经营多元化业务的企业，主要经营业务有餐饮、培训、桌面软件、运输等。该公司的战略层次包括（　　）。
A. 总体战略
B. 市场战略
C. 职能战略
D. 业务单位战略

20. 甲公司为了适应新的形势变化，实现公司发展战略，制定了公司的未来三年目标，决定通过并购的方式进入新的培训行业领域。同时也对公司的各个部门如研发部、财务部、销售部等的运营和协调进行了新的规划，以期为公司的发展起到促进作用。该公司上述决议涉及的战略层次包括（　　）。
A. 公司战略
B. 业务单位战略
C. 职能战略
D. 竞争战略

21. 近年来，刚刚起步的乡村旅游大都充斥着廉价的兜售、毫无地方特色的"农家乐"和旅店揽客出现了定位趋同的现象。"人物山水"完全不同于传统的旅游项目，它将震撼的文艺演出现场效果与旅游地实景紧密结合起来，将舞台设置于秀丽山水之中，让观众在观赏歌舞演出的同时将身心融于自然。剧组聘请了几百名演员，他们几乎都是当地的农民，启用这些乡村百姓让观众更直观地体验到"人物山水"是真正从山水和农民中降生的艺术和文化。以文艺演出的形式推出的"人物山水"，用其独有的魅力吸引着一批又一批来到当地旅游的国内外游客。它已经不单单是一场文艺演出，而是当地旅游的经典品牌。以上案例体现了"人物山水"（　　）方位的创新。
A. 产品创新
B. 流程创新
C. 定位创新
D. 范式创新

22. 微信自 2011 年 1 月推出以来，在 1 年内更新了 11 个版本，平均每个月迭代一个版本。1.0 版本仅有聊天功能，1.1 版本增加对手机通讯录读取的功能，1.2 版本"打通"腾讯微博，1.3 版本加入多人会话，2.0 版本加入语音对讲功能。符合此时微信创新生命周期特征的有（　　）。
A. 竞争的重点在于提供功能性的产品性能
B. 创新的驱动因素是获取关于客户需求的信息
C. 产品的生产流程变得越来越严格和明确
D. 产品的生产流程灵活但低效，目标具有实验性并且经常变化

23. 大发公司是一家专业从事可充电锂离子电池及电池组研发、生产、销售和相关技术服务于一体的高新技术企业。公司致力于为每位客户提供电源解决方案及产品。随着新能源汽车产业的蓬勃发展，对电池的续航能力也提出了新的要求。2015 年，大发公司董事长王阔提出：为促进信息流动、保障创新方案落地，需组建跨部门合作体系，以实现部门

间学习和互动。另外，王闯认为，产品的创新需要全员投入，鼓励所有员工积极提出建议与可行方案，评估后由项目经理进行团队组建或产品开发。截至2018年底，大发公司已成为全国排名第一的汽车电池供应商。大发公司建立创新型组织主要体现在（　　）。

A. 建立合适的组织结构
B. 关键个体
C. 跨越边界
D. 全员参与创新

24. 下列关于企业利益相关者的利益矛盾与均衡的说法中，正确的有（　　）。

A. 根据鲍莫尔的"销售最大化"模型，企业会选择一个中间点，这个点是代表经理人员利益的销售额最大化与代表股东利益的利润最大化的均衡结果
B. 马里斯的增长模型是一种"平衡状态"模型
C. 威廉森的模型事实上反映了企业的股东运用自身相对经理人员的信息优势来实现其对企业的利益追求
D. 企业如何对待社会效益，被称为"商业伦理"问题

参考答案及解析

1. 【答案】C
   【考点】公司战略的基本概念——公司战略的定义
   【解析】现代战略强调应变性、风险性、竞争性（选项C正确）。传统战略强调计划性、全局性、长期性（选项A错误）。"全局性"属于传统概念的表述（选项B错误）。"长期性与全局性"属于传统概念的表述（选项D错误）。因此，选项C正确。

2. 【答案】D
   【考点】公司的使命与目标
   【解析】海尔的核心价值观是："着眼创新，注重品质，尊重个人，一切以顾客为中心。"价值观就是人们对事物、目标总的看法和根本观点。经营哲学是价值观、基本信念、行为准则，是企业文化的高度概括。经营哲学主要通过公司对利益相关者的态度、公司提倡的共同价值观、政策和目标以及管理风格等方面体现出来。因此，选项D正确。

3. 【答案】B
   【考点】公司的使命与目标
   【解析】公司宗旨旨在阐述公司长期的战略意向，其具体内容主要说明公司目前和未来所从事的经营业务范围。公司的业务范围应包括企业的产品（或服务）、顾客对象、市场和技术等几个方面。公司宗旨反映出企业的定位。定位是指企业采取措施适应所处的环境，它包括相对于其他企业的市场定位，如生产或销售什么类型的产品或服务给特定的部门，或以什么样的方式满足客户和市场的需求，如何分配内部资源以保持企业的竞争优势等。"J市图书馆着手计算机自动化管理和电子数字资源建设"体现了目前和未来所从事的经营业务范围。"传统图书馆的功能是以书为中心，现代图书馆则是以人为中心"，"J市图书馆调整和重新定位图书馆的功能"体现了公司宗旨反映出企业的定位。因此，选项B正确。

4. 【答案】C
   【考点】公司的使命与目标
   【解析】财务目标体系和战略目标体系都应该从长期目标和短期目标两个角度去考虑，选项C表述错误。因此，选项C符合题意，当选。

5. 【答案】A
【考点】战略管理的内涵与特征
【解析】战略管理是企业的综合性管理；战略管理为企业的发展指明基本方向和前进道路，是各项管理活动的精髓。战略管理是一项涉及企业所有管理部门、业务单位及所有相关因素的管理活动。因此，选项A正确。

6. 【答案】C
【考点】战略管理过程
【解析】评估战略的备选方案时的可行性标准表现为对战略的评估最终还要落实到战略收益、风险和可行性分析的财务指标上。因此，选项C正确。

7. 【答案】A
【考点】战略创新管理
【解析】产品创新（product innovation）是指组织提供的产品和服务的变化。"……'家家智造ONE'采用全新的形式——增程式电动。王向认为，相比U国TL等电动车采用的充电桩/换电站等方式，中国消费者更需要从产品本身去解决问题的产品"体现了家家公司战略创新的类型主要表现为产品创新。因此，选项A正确。

8. 【答案】B
【考点】战略创新管理
【解析】流程创新是指产品和服务的生产和交付方式的变化。例如，生产汽车及家庭娱乐系统的制造方法和设备的变化，保险业务办公手续和任务排序的变化等。"探索炼钢和轧钢作业整合"属于生产方式的变化（选项B）。产品创新是指组织提供的产品和服务的变化。定位创新是指产品和服务进入市场的环境的变化，即通过在特定用户情境下重新定位对既有产品和流程的感知来实现的创新。范式创新是指影响组织业务的潜在思维模式的变化。因此，选项B正确。

9. 【答案】D
【考点】战略创新管理
【解析】"……组建项目团队，这种方式跨越组织内部界限，既能够汇聚解决产品开发、流程改进等任务所需的不同知识集，也能够消除一些深层次观点方面的差异"，题目中悠乐公司组成跨职能项目团队，体现的是创新型组织中的有效的团队合作。因此，选项D正确。

10. 【答案】B
【考点】战略创新管理
【解析】根据创新的新颖程度，可以分为渐进性创新和突破性创新。渐进性创新是指微小的、逐步的提高，突破性创新是指思维方式和使用方式发生本质性的变化。突破性创新可能源于新技术的出现，或源于一个有新特征和新期望的全新市场的产生，也可以来自人们对于一项产业的思考方式的重构，改变主导商业模式和游戏规则。智能手表的全面推出体现的是产业的突破性创新。因此，选项B正确。

11. 【答案】B
【考点】战略创新管理
【解析】选择阶段主要思考的是"要做什么以及为什么"。"德成建材公司……确定将低碳节能、可以回收和循环利用的墙体建材作为研发重点"表明德成建材公司的创新管理处于选择阶段。因此，选项B正确。

12. 【答案】D
【考点】战略管理中的权力与利益相关者
【解析】专家权来源于对其他人或作为整体组织而言有价值的特殊知识的占有，它也可以被认为是在特定情景中对专家理所当然的遵从。中医药大学教授具有专业的医药养生知识，属于医药专家，药店茯苓热卖体现了群众对专家理所当然的遵从。因此，选项D正确。

13. 【答案】D
【考点】战略管理中的权力与利益相关者
【解析】和解是"不坚定行为+合作行为"。一方利益相关者面对利益矛盾与冲突时，设法满足对方的要求，目的在于保持或改进现存的关系。和解模式通常表现为默认和让步。"公司管理层放弃了上述决定"，该表现为让步。因此，选项D正确。

14. 【答案】D
    【考点】战略管理中的权力与利益相关者
    【解析】协作是"坚定行为+合作行为"的组合。在对待利益矛盾与冲突时，既考虑自己利益的满足，也考虑对方的利益，力图寻求相互利益的最佳结合点，并借助于这种合作，使双方的利益都得到满足。在题目中，要么满足中方技术需求，外方市场需求；要么满足中方市场需求，外方技术需求。中外双方利益都得到了满足，这属于协作策略。因此，选项 D 正确。

15. 【答案】B
    【考点】战略管理中的权力与利益相关者
    【解析】规避模式是"不坚定行为+不合作行为"的组合。当矛盾与冲突实际发生时撤出属于规避。"……大量美国的跨国公司从东道国撤出"体现了这一点。因此，选项 B 正确。

16. 【答案】AB
    【考点】公司战略的定义
    【解析】"每当公司面临新的挑战或业务转型时"，G 公司就会实施新的变革或调整，这体现了 G 公司战略现代概念的属性，即应变性、竞争性和风险性，选项 AB 正确。选项 CD 属于传统概念的属性，不选。

17. 【答案】BCD
    【考点】公司战略的定义
    【解析】"企业只有在变化中不断调整战略，才能获得并持续强化竞争优势"，这体现的是现代概念的应变性、竞争性、风险性，选项 BCD 均符合；选项 A 是传统概念对战略的定义，与 MT 公司战略不符，不选。综上，选项 BCD 正确。

18. 【答案】BD
    【考点】公司的使命与目标
    【解析】财务目标体系（与财务业绩有关的业绩标准）包括市场占有率、收益增长率、投资回报率、股利增长率、股票价格评价、现金流等。选项 AC 是战略目标体系。因此，选项 BD 正确。

19. 【答案】ACD
    【考点】公司战略的层次
    【解析】在多元化经营的企业，战略的层次分为三层：总体战略（公司层战略）、业务单位战略（竞争战略）和职能战略。选项 B 属于职能战略中的一类，不选。综上，选项 ACD 正确。

20. 【答案】AC
    【考点】公司战略的层次
    【解析】甲公司制定了未来三年目标，决定通过并购的方式进入新的培训行业领域，这是总体战略；甲公司对各个部门的运营和协调进行规划，这是职能战略。因此，选项 AC 正确。

21. 【答案】ABCD
    【考点】战略创新管理
    【解析】产品创新是指组织提供的产品和服务的变化；流程创新是指产品和服务的生产和交付方式的变化；定位创新是指产品和服务进入市场的环境的变化，即通过在特定用户情境下重新定位对既有产品和流程的感知来实现的创新；范式创新是指影响组织业务的潜在思维模式的变化。上述四种创新类型经常交织在一起，其界限并不十分清晰，做题时如遇多选题需要综合感知判断。该项目将歌舞与风景结合在一起，启用乡村百姓担任主要演员，让观众更直观地体验到"人物山水"是真正从山水和农民中"降生"的艺术，其独特的设计使得一场文艺演出成为当地旅游的经典品牌。这一案例体现了产品创新、流程创新、定位创新、范式创新的全方位创新。综上，选项 ABCD 均正确。

22. 【答案】ABD
    【考点】战略创新管理
    【解析】微信在 2011 年一年内更新了 11 个版本，平均每个月迭代一个版本，并且每个版本都只是进行了细小的更新迭代。这可能是因为微信公司不清楚技术手段和市场需要的正确配置是怎样的，多次的版本更新也意味着在进行大量的实验，这说明此时微信处于创新生命周期的流变阶段。该阶段的竞争重点是功能性的产品性能，创新的驱动因素是获取关于客户需求的信息，进行技术投入；此时的生产流程灵活但低效，目标带有实验性而且经常变化。综上，选项 ABD 正确。选项 C 是过渡阶段的生产流程特征，不选。

23. 【答案】ABD
    【考点】战略创新管理
    【解析】"组建跨部门合作体系，以实现部门间学习和互动"，体现了建立合适的组织结构，选项 A 正确；"产品的创新需要全员投入，鼓励所有员工积极提出建议与可行方案"，体现了"全员参与创新"，选项 D 正确；"由项目经理进行团队组建或产品开发"体现了"关键个体"，选项 B 正确。跨越边界的特征为内外部的顾客导向与广泛的网络，案例中没有相关表述，选项 C 错误。综上，选项 ABD 正确。

24. 【答案】ABD
    【考点】战略管理中的权力与利益相关者
    【解析】威廉森的模型事实上反映了企业的经理人员而非股东运用自身相对股东的信息优势来实现其对企业的利益追求，选项 C 错误，不选。综上，选项 ABD 正确。

第二章 战略分析

第一节 企业外部环境分析

一、单选题

1. 【2023】近来，适应各种电动交通工具发展的需要，5G智能充电桩应运而生。目前，5G智能充电桩产品的类型、特点、性能尚处在不断发展变化当中，产品质量尤其是可靠性有待进一步提高。根据产品生命周期理论，5G智能充电设备企业在现阶段的战略目标是（　　）。
   A. 扩大市场份额，争取成为"领头羊"
   B. 巩固市场份额
   C. 提高投资报酬率
   D. 提高效率，降低成本

2. 【2023】维奇公司是一家稀土永磁材料生产商。为提高产品销售价格、改善企业经营状况，该公司拟增强与购买者讨价还价的能力。根据产业五种竞争力理论，下列各项中，适合维奇公司用来增强与购买者讨价还价能力的做法是（　　）。
   A. 与购买者签订短期供应合同
   B. 提高产品的差异化程度
   C. 向少数购买者集中供应
   D. 进入稀土原料生产领域

3. 【2022】健翔公司是一家农用无人机研发和制造行业的龙头企业。该公司拟通过加强对关键资源的控制来降低潜在进入者的威胁。据产业五种竞争力分析理论，下列各项中，适合健翔公司采用的是（　　）。
   A. 进一步扩大生产规模，提高规模经济
   B. 收购拥有农用无人机生产技术专利的企业
   C. 研发并制造性能、质量领先的农用无人机
   D. 产品质量，加强品牌优势

4. 【2022】联众公司是一家主营汽车租赁业务的企业。该公司近期建立了一套卓越的汽车租赁信息系统，使该公司服务的范围、效率、便捷与安全程度明显扩大和提高，市场份额增加15%。本案例涉及汽车租赁行业（　　）。
   A. 与分销相关的成功关键因素
   B. 与制造相关的成功关键因素
   C. 与技能相关的成功关键因素
   D. 与市场营销相关的成功关键因素

5. 【2022】飞象公司是一家洁具生产企业，该公司以产品多样性和销售区域覆盖率为变量。对所在产业的所有企业进行分组后，该公司决定率先采取少品种、广覆盖的战略以获取竞争优势。下列关于飞象公司采用上述分析方法的目的的表述中，正确的是（　　）。
   A. 了解竞争对手的现行战略
   B. 了解组内企业竞争的主要着眼点
   C. 了解产业成功关键因素
   D. 分析和规划企业的业务组合

6. 【2021】近年来，越来越多的消费品生产企业采用互联网与大数据分析技术及时准确地了解消费者的需求，承接客户订单，发布新产品信息，建立高效、完善的物流配送和售后服务平台，取得良好的经营业绩。上述行为涉及消费产品行业（　　）。
   A. 与技术相关的成功关键因素
   B. 与市场营销相关的成功关键因素
   C. 与技能相关的成功关键因素
   D. 与分销相关的成功关键因素

7. 【2020】宝灵公司是一家牙膏生产企业。目前牙膏行业的销售额达到前所未有的规模，各个企业生产的不同品牌的牙膏在质量和功效等方面差别不大，价格竞争十分激烈。在上述

情况下，宝灵公司的战略重点应是（　　）。

A. 扩大市场份额
B. 在巩固市场份额的同时提高投资报酬率
C. 提高投资报酬率
D. 争取最大的市场份额

8. 【2020】蓝星啤酒公司为了制定和完善取得持久竞争优势的措施，计划与业内知名企业天盛公司进行一般基准比较。下列各项中，属于蓝星啤酒公司应主要关注并采用的基准对象是（　　）。

A. 产品包装　　　B. 库存管理
C. 批发分销商网络　D. 采购管理

9. 【2019】专为商业零售企业提供管理咨询服务的智信公司于2015年预测中国的实体百货零售业已进入衰退期。该公司做出上述预测的依据应是（　　）。

A. 实体百货零售业投资额增长率曲线的拐点
B. 实体百货零售业利润额增长率曲线的拐点
C. 实体百货零售业销售额增长率曲线的拐点
D. 实体百货零售业工资额增长率曲线的拐点

10. 【2019】2012年，政府颁布了《生活饮用水卫生标准》，然而由于相关设施和技术等方面的原因，国内一些地区的自来水水质短期内还不能达到标准。另外，近年国内经济迅速发展，国民追求健康和高品质生活的愿望也在不断提高。通过对上述情况的分析，华道公司于2013年从国外引进自来水滤水壶项目，获得成功。本案例中，华道公司外部环境分析所采用的主要方法是(　　)。

A. 产品生命周期分析
B. 五种竞争力分析
C. PEST分析
D. 钻石模型分析

11. 【2019】七彩公司以"文化娱乐性"和"观光游览性"为两维坐标，将旅游业分为不同的战略群组，并将"文化娱乐性高、观光游览性低"的文艺演出与"文化娱乐性低、观光游览性高"的实景旅游两类功能结合起来，率先创建了"人物山水"旅游项目，它将震撼的文艺演出置于秀丽山水之中，让观众在观赏歌舞演出的同时将身心融于自然。七彩公司采用战略群组分析的主要思路是（　　）。

A. 了解战略群组间的竞争状况
B. 了解战略群组间的"移动障碍"
C. 了解战略群组内企业竞争的主要着眼点
D. 预测市场变化或发现战略机会

12. 【2017】近年来，国内智能家电产业的产品销售量节节攀升，竞争者不断涌入。各厂家的产品虽然在技术和性能方面有较大差异，但均可被消费者接受；另一方面，由于产品供不应求，价格高企。在产品生命周期的这个阶段，从市场角度看，国内智能家电产业的成功关键因素应当是（　　）。

A. 建立商标信誉，开拓新销售渠道
B. 保护现有市场，渗入别人的市场
C. 选择区域市场，改善企业形象
D. 广告宣传，开辟销售渠道

13. 【2017】2016年，R国汽车制造商G公司预计随着绿色环保理念的普及和政府相关产业政策的推出，R国的新能源汽车产业将迎来一个巨大的发展机遇；另外，其本国竞争对手汽车制造商S公司，将凭借雄厚的资金实力和强大的科研能力，把投资和研发的重点转向新能源汽车领域。G公司对S公司的上述分析属于（　　）。

A. 成长能力分析
B. 适应变化能力分析
C. 快速反应能力分析
D. 财务能力分析

14. 【2017】近年来，国内空调产业的销售额达到前所未有的水平。不同企业生产的空调在技术和质量等方面的差异不明显，空调生产企业的主要战略路径是提高效率、降低成本。按照产品生命周期理论，目前国内空调产业所处的阶段是（　　）。

A. 成长期
B. 成熟期
C. 衰退期
D. 导入期

15. 【2014】根据产品生命周期理论，当企业的战略目标是争取最大市场份额时，企业所在产业处于（　　）。
    A. 导入期　　　　B. 衰退期
    C. 成熟期　　　　D. 成长期

16. 【2014】自由现金储备、留存借贷能力、厂房设备的余力、定型的但尚未推出的新产品等因素决定着竞争对手的（　　）。
    A. 快速反应能力
    B. 持久力
    C. 适应变化的能力
    D. 成长能力

二、多选题

17. 【2021】奥本钢铁公司近期兼并了本国的两家钢铁企业，其钢铁产量增加了将近一倍，生产成本随之降到行业最低水平。根据波特的产业五种竞争力理论，奥本钢铁公司的上述兼并有利于该公司（　　）。
    A. 应对潜在进入者的进入威胁
    B. 增强对供应者讨价还价的能力
    C. 增强对购买者讨价还价的能力
    D. 增强对其他钢铁企业的竞争力

18. 【2020】英华公司是一家从事少儿智力开发的企业。该企业成立十几年来，凭借其自主研发的独特高效的教育训练方法、国内一流的少儿智力开发团队和多年打造出的"英华"品牌，在业内一直占据龙头地位。随着业务量的持续快速增加，该企业在保持营业收入和利润不断增长的同时，逐渐把收费降到行业最低水平，使许多试图进入该行业的企业望而却步。英华公司给潜在进入者设置的进入障碍有（　　）。
    A. 限制进入定价
    B. 现有企业的市场优势
    C. 现有企业对关键资源的控制
    D. 规模经济

19. 【2019】巨能公司是多家手机制造企业的电池供应商。根据波特的五种竞争力分析理论，下列各项关于巨能公司与其客户讨价还价能力的说法中，正确的有（　　）。

    A. 巨能公司能够进行前向一体化时，其讨价还价能力强
    B. 巨能公司提供的电池差异化程度越高，其讨价还价能力越强
    C. 巨能公司掌握的客户的转换成本信息越多，其讨价还价能力越强
    D. 巨能公司的客户购买量越大，巨能公司讨价还价能力越强

20. 【2013】对于电梯制造企业而言，其产业的成功关键因素包括（　　）。
    A. 核心能力
    B. 售后服务
    C. 具有比其他竞争对手做得更好的能力
    D. 销售能力

21. 【2010】按照波特的五力分析模型，下列各项因素中，可能对某家航空公司获取行业竞争优势产生不利影响的有（　　）。
    A. 进入航空业需要大量的资本投入
    B. 航空产业的行业增长率开始处于下降趋势
    C. 由于廉价航空公司兴起，使得机票价格大幅降低
    D. 由于许多大型国际企业采用视频会议管理跨国业务，使得商务航空服务需求降低

三、主观题

22. 【2022】海新公司成立于1985年，是一家从事视频监控产品研发、生产和集成服务的企业。公司成立之初，国内视频监控产品用户寥寥，主要限于公安、交通等管理部门；市场上产品虽然种类、数量较少，使用中故障率较高，但用户的刚性需求使价格高企；生产企业不多，规模普遍较小，都致力于改进生产技术和开发性能、质量更高的新一代产品，彼此为扩大市场份额展开竞争。海新公司为走出一条发展的新路，敏锐地搜寻和捕捉市场机会，以抢占正在受到越来越多的消费者关注的家庭安防用品细分市场为目标，组织人员攻克关键技术难关，研制出构成家庭安防系统的闭路监控电视子系统、门禁子系统、报警子系统。通过考察学习、吸收国外先进企

业的技术与管理，几年后，海新公司的产品性能。质量达到国际先进企业同类产品的水平，同时通过不断改进工艺和生产流程，使价格比国外先进企业低20%~25%。1990年，海新公司生产的家庭安防用品的市场占有率高达72%，海新公司随之成为国内视频监控行业的知名企业。凭借企业品牌的影响力，海新公司逐渐把业务范围扩展到机场、铁路枢纽及其他重要公共基础设施的视频监控设备研发、制造领域。

20世纪90年代后，国内视频监控产品的市场需求迅速增加并日益多元化，先后扩展到金融、IT、电信、家电、消防等领域，吸引大量企业进入；市场上产品虽然"鱼龙混杂"，质量、性能参差不齐，但由于供不应求，都能以比以往更高的价格售出，销售量不断增加；各个企业为分到"最大一块蛋糕"，纷纷对资金、原材料供应、技术等展开争夺。海新公司以创新的理念积极引进、培养图像数据摄取、处理、存储、传输、显示及相关技术人才，同时筹集资金并购了两家计算机、网络技术开发和设备生产企业，对原有生产体系进行信息化升级改造，一方面使产品的可靠性、安全性明显提升，另一方面使产品的功能得到改善和扩展，实现了视频监控系统、用户操作系统与相关管理、指挥系统的实时互联互通。海新公司首创的新型模式识别技术解决了困扰行业多年的图像处理与计算机视觉、语言语音信息处理兼容的难题，获得国家专利。进入21世纪后，数字城市、和谐社区的建设催生了对视频监控产品的大量新需求，同时，智能识别、分析和云计算的推广为视频监控技术和产品迭代提供了动力和工具。海新公司抓住机遇，以国际领先的产品为标杆，以自身多年积累的创新资源为基础，投入5亿多元研发、生产出能够适应更为复杂和多变的场景、识别和分析更多的异常行为和事件的新型智能化产品，该产品的生物识别、目标检测与分析、自动跟踪识别等性能与国际领先产品并驾齐驱。

2015年以后，随着新技术的扩散和普及，市场上视频监控产品的品种、规格、质量逐渐趋于一致，企业之间为争取扩大市场份额而展开的价格战愈演愈烈，产品价格趋降。海新公司适应新形势和客户需求，通过招标采购、更新生产设施、改进工艺流程等，提高了劳动生产率，降低产品成本约15%。此外，海新公司还与著名大学、研究机构合作，开发、研制成功高度智能化、性能优越的太空视频监控产品，该产品的部分性能处于国际领先水平。

要求：

（1）简要分析海新公司的发展所经历的产业生命周期阶段。

（2）根据产业生命周期各阶段中的成功关键因素，简要说明海新公司在产业生命周期不同阶段的研发重点。

参考答案及解析

1. 【答案】A

   【考点】产品生命周期

   【解析】案例关键句："5G智能充电桩产品的类型、特点、性能尚处在不断发展变化当中"，"产品质量尤其是可靠性有待进一步提高"，产品以及其质量正处于不断变化当中，表明5G智能充电桩正处于导入期，导入期的战略目标为：扩大市场份额，争取成为"领头羊"，故选项A正确，当选。

2. 【答案】B
   【考点】产业五种竞争力
   【解析】根据波特五力模型，当供应者的产品的差异化程度高（资产专用化程度高），其对购买者的议价能力强。本图中维奇公司为供应者，故提高产品差异化程度可以增强与购买者的讨价还价能力，故选项B正确，当选。

3. 【答案】B
   【考点】产业五种竞争力
   【解析】健翔公司拟通过加强对关键资源的控制来降低潜在进入者的威胁。因此需要辨析哪个选项属于现有企业对关键资源的控制。结构性障碍贝恩分类包括：①规模经济（选项A），通常与"规模"或"投资"相关；②现有企业对关键资源的控制，表现为对资金、专利或专有技术（选项B）、原材料供应、分销渠道、学习曲线等资源及资源使用方法的积累与控制；③现有企业的市场优势有品牌优势（选项D）、政府政策。其中，②属于现有企业对关键资源的控制，①③则不然。因此，选项AD错误、选项B正确。此外，选项C属于结构性障碍贝恩分类中的产品差异，不属于贝恩分类中的现有企业对关键资源的控制，不选。综上，选项B正确，做这类题目时，考生要抓住关键词。

4. 【答案】C
   【考点】成功关键因素分析
   【解析】联众公司"服务的范围、效率、便捷与安全程度明显扩大和提高，市场份额增加15%"的原因是建立了"一套卓越的汽车租赁信息系统"。可以看出其成功的关键是建立信息系统。它属于与技能相关的成功关键因素（选项C正确）。选项A，与分销相关的成功关键因素应体现为分销、渠道、网点等方面的优势，案例未提及，不选；选项B，与制造相关的成功关键因素应体现为生产能力、生产效率和降低生产成本等方面，

案例未提及，不选；选项D，与市场营销相关的成功关键因素应体现为与包装、广告、服务客户、售后等方面相关的内容，案例未提及，不选。因此，选项C正确。

5. 【答案】B
   【考点】产业内的战略群组
   【解析】飞象公司"以产品多样性和销售区域覆盖率为变量对所在产业的所有企业进行分组后"作出战略决策，这是对所在产业的所有企业进行分组，属于战略群组分析。只有选项B属于战略群组分析。选项A，属于竞争对手分析的目的，不选；选项C，属于成功关键因素分析的目的，不选；选项D，属于业务组合分析（波士顿矩阵、通用矩阵）的目的，不选。因此，选项B正确。

6. 【答案】A
   【考点】成功关键因素分析
   【解析】"采用互联网与大数据分析技术"用来：①"及时准确地了解消费者的需求"；②"承接客户订单"；③"发布新产品信息"；④"建立高效、完善的物流配送和售后服务平台"。最后，通过"取得良好的经营业绩"可以看出，后续成果都是建立在"采用互联网与大数据分析技术"的基础上。因此，最为关键的因素是"互联网与大数据分析技术"。因此，选项A正确。

7. 【答案】B
   【考点】产品生命周期
   【解析】本题考核产品生命周期。本题解题思路分两步：第一，根据案例描述判断产业生命周期的阶段；第二，识别该阶段的战略目标。首先要判断出周期阶段。案例描述："销售额达到前所未有的规模"，说明市场已经达到了最大，产业可能是成熟期或衰退期的一种。案例描述："价格竞争十分激烈"，说明价格竞争是市场竞争的主要方式，所以判断产业进入了成熟期。其次，识别成熟期的战略目标。成熟期讲究"守江山"，即在巩固市场份额的同时提高投资回报率，选项B正确。选项A是导入期的战略目标，不选。选项C表述不全面，不选。选项D是成

长期的战略目标，不选。因此，选项 B 正确。

8. 【答案】C
   【考点】成功关键因素分析
   【解析】啤酒行业的成功关键因素是充分利用酿酒能力（使制造成本保持在较低水平）、强大的批发分销商网络（尽可能多地进入零售渠道）和上乘的广告（吸引饮用人购买某一特定品牌啤酒）。从本题四个选项来看，蓝星啤酒公司主要需要学习的是批发分销商网络。因此，选项 C 正确。

9. 【答案】C
   【考点】产品生命周期
   【解析】波特生命周期是以产业销售额增长率曲线的拐点为划分，分为四个阶段：导入期、成长期、成熟期、衰退期。因此，选项 C 正确。

10. 【答案】C
    【考点】宏观环境分析
    【解析】案例描述："2012 年政府颁布了《生活饮用水卫生标准》"，关键词为"政府"，属于政治和法律因素；"由于相关设施和技术等方面的原因，国内一些地区的自来水水质短期内还不能达到标准"，关键词为"技术"，属于技术因素；"近年国内经济迅速发展"，关键词为"经济"，属于经济因素；"国民追求健康和高品质生活的愿望也在不断提高"体现了生活水平的提高，属于社会和文化因素。以上四项分析即 PEST 分析。选项 A，产品生命周期以销售额曲线的拐点划分，分为导入期、成长期、成熟期、衰退期。选项 B，五力模型包括潜在进入者、替代品、供应商、采购商、行业内现有竞争。选项 D，钻石模型分析包括生产要素、相关与支持性产业、市场需求与企业战略、企业结构、同业竞争。以上表述案例中均无体现。因此，选项 C 正确。

11. 【答案】D
    【考点】产业内的战略群组
    【解析】选项 A 的关键词为"组间"，如果案例描述文化演出与实景旅游两个不同的战略群组之间采取怎样的竞争方式，则当选；选项 B 的关键词也为"组间"，如果案例描述业务为文化演出的企业想去进入实景旅游，那么需要克服的困难就是观光游览性，是移动障碍的体现，则当选；选项 C 的关键词同样为"组内"，如果案例描述文化演出的企业之间如何竞争，则当选。以上表述题干都没有涉及，题干表述"将震撼的文艺演出置于秀丽山水之中，让观众在观赏歌舞演出的同时将身心融于自然"，这体现的是预测市场变化或发现战略机会。因此，选项 D 正确。

12. 【答案】A
    【考点】成功关键因素
    【解析】"国内智能家电产业的产品销售量节节攀升，竞争者不断涌入"体现了成长期的特点，成长期市场方面的成功关键因素为，建立商标信誉、开拓新销售渠道，选项 A 正确。选项 B，"渗入别人的市场"是指市场已经饱和，新的市场只能通过抢占竞争对手而获得的情况，其匹配的阶段为成熟期，不选；选项 C，关键词为"区域市场""企业形象"，"区域市场"意味着总体市场已经饱和，需要寻求一个小市场生存，并且甚至已经放弃了一部分的市场，所以是衰退期的特征，不选。选项 D，"广告宣传，开辟销售渠道"属于导入期，不选。因此，选项 A 正确。

13. 【答案】B
    【考点】竞争对手分析
    【解析】适应变化的能力表现为企业随着外部环境的改变适时调整资源配置、经营方式和采取相关行动，以顺应环境变化的趋势、实现自身长期生存和持续发展的能力。即，适应变化能力关注的是竞争对手对"外部变化"的"反应"，当外部产生变化时，企业是否能够适应。随着绿色环保理念的普及和政府相关产业政策推出，G 公司预计本国竞争对手 S 公司将凭借雄厚的资金实力和强大的科研能力，把投资和研发重点转向新能源汽车领域。体现了S公司对外部环境变化的反应能力，即适应变化的能力。因此，选项B正确。

14. 【答案】B
【考点】产品生命周期
【解析】成熟期的主要战略路径是提高效率，降低成本。题目描述空调生产企业的主要战略路径是提高效率、降低成本，所以选择选项B。导入期的战略路径是研发和技术改进，提高产品质量；成长期的战略路径是市场营销，改变价格形象和质量形象；衰退期的战略路径是控制成本，以求能维持正的现金流量，如果缺乏成本控制的优势，就应采用退出战略，尽早退出。因此，选项B正确。

15. 【答案】D
【考点】产品生命周期
【解析】导入期企业的战略目标是扩大市场份额，争取成为"领头羊"。成长期企业的战略目标是争取最大市场份额，并坚持到成熟期的到来。成熟期经营战略的重点就会转向在巩固市场份额的同时提高投资报酬率。衰退期的经营战略目标首先是防御，获取最后的现金流。因此，选项D正确。

16. 【答案】A
【考点】竞争对手分析
【解析】快速反应能力由下述因素决定：自由现金储备、留存借贷能力、厂房设备的余力、定型的但尚未推出的新产品。因此，选项A正确。

17. 【答案】ABCD
【考点】产业五种竞争力
【解析】"奥本钢铁公司……其钢铁产量增加了将近一倍，生产成本随之降到行业最低水平"表明实现了规模经济，降低了成本，而规模经济属于进入障碍中的结构性障碍，有利于公司应对潜在进入者的威胁，选项A正确；"近期兼并了本国的两家钢铁企业"表明公司的规模扩大，业务量更大更集中，能提升其讨价还价能力，选项BC正确；"生产成本随之降到行业最低水平"

表明形成了成本优势，增强了在产业内的竞争力，选项D正确。综上，选项ABCD均正确。

18. 【答案】BCD
【考点】产业五种竞争力
【解析】"其自主研发的独特高效的教育训练方法、国内一流的少儿智力开发团队"属于现有企业对关键资源的控制。"……多年打造出的'英华'品牌，在业内一直占据龙头地位"属于现有企业的市场优势。"业务量的持续快速增加"属于规模经济。综上，选项BCD正确。

19. 【答案】AB
【考点】产业五种竞争力
【解析】选项A，公司进行前向一体化，是替代了它的采购商/顾客，所以能够增强它对客户的讨价还价能力，正确；选项B，差异化程度越高，讨价还价能力越强，表述正确；选项C，公司的信息掌握程度越高，公司的讨价还价能力越强，不选；选项D，客户的购买量大意味着客户对于公司的讨价还价能力强，公司的讨价还价能力弱，不选。综上，选项ABD正确。

20. 【答案】BD
【考点】成功关键因素
【解析】成功关键因素（KSF）是指公司在特定市场获得盈利必须拥有的技能和资产。通常包括与技术、制造、分销、市场营销、技能等因素。电梯制造企业的成功关键因素是销售能力、售后服务。选项BD当选。

21. 【答案】BCD
【考点】产业五种竞争力
【解析】选项A，进入航空业需要大量的资本投入，可以有效抵御潜在的新进入者威胁，因此，会产生有利影响。选项B，航空产业的行业增长率开始处于下降趋势，意味着行业增长速度变慢，业内竞争会日趋激烈；选项C，廉价航空公司兴起，使得机票价格大幅降低；选项D，替代品的出现造成需求下降都会使得业内竞争激烈，以上三项都不利于该公司竞争优势的形成。综上，选项 BCD 正确。

22.【答案】(1) ①导入期。

a. 导入期的产品用户很少。"公司成立之初，国内视频监控产品用户寥寥，主要限于公安、交通等管理部门"。

b. 产品质量有待提高，尤其是可靠性。"使用中故障率较高"。

c. 产品的价格弹性较小，可以采用高价格。"用户的刚性需求使价格高企"。

d. 只有很少的竞争对手，……企业的规模可能会非常小。"生产企业不多，规模普遍较小"。

e. 企业的战略目标是扩大市场份额。"生产企业……为扩大市场份额展开竞争"。

f. 主要战略路径是投资于研究开发和技术改进，提高产品质量。"……都致力于改进生产技术和开发性能、质量更高的新一代产品"。

②成长期。

a. 成长期的标志是产品销量节节攀升，产品的客户群已经扩大。"国内视频监控产品的市场需求迅速增加并日益多元化，先后扩展到金融、IT、电信、家电、消防等领域""销售量不断增加""数字城市、和谐社区的建设催生了对视频监控产品的大量新需求"。

b. 各厂家的产品在技术和性能方面有较大差异。"产品……'鱼龙混杂'，质量、性能参差不齐"。

c. 由于市场扩大，竞争者涌入。"数字城市、和谐社区的建设催生了对视频监控产品的大量新需求""市场需求迅速增加……吸引大量企业进入视频监控行业"。

d. 此时产品价格最高。"产品……都能以比以往更高的价格售出"。

e. 企业之间开始争夺人才和资源。"各个企业为分到'最大一块蛋糕'，纷纷对资金、原材料供应、技术等展开争夺""海新公司以创新的理念积极引进、培养图像数据摄取、处理、存储、传输、显示及相关技术人才，同时筹集资金并购了两家计算机、网络技术开发和设备生产企业"。

f. 企业的战略目标是争取最大市场份额。"各个企业为分到'最大一块蛋糕'……"。

③成熟期。

a. 成熟期开始的标志是竞争者之间出现挑衅性的价格竞争……产品价格开始下降。"企业之间为争取扩大市场份额而展开的价格战愈演愈烈，产品价格趋降"。

b. 产品逐步标准化，差异不明显。"市场上视频监控产品的品种、规格、质量逐渐趋于一致"。

c. 成熟期的主要战略路径是提高效率，降低成本。"海新公司适应新形势……提高了劳动生产率，降低产品成本约 15%"。

(2) ①导入期的研发重点是掌握技术秘诀。"海新公司……通过组织人员攻克关键技术难关，研制出构成家庭安防系统的闭路监控电视子系统、门禁子系统、报警子系统"。

②成长期的研发重点是提高产品的质量和功能。"海新公司……对原有生产体系进行信息化升级改造，一方面使产品的可靠性、安全性明显提升，另一方面使产品的功能得到改善和扩展""……研发、生产出能够适应更为复杂和多变的场景、识别和分析更多的异常行为和事件的新型智能化产品，该产品的生物识别、目标检测与分析、自动跟踪识别等性能与国际领先产品并驾齐驱"。

③成熟期的研发重点是降低成本，开发新品种。"海新公司……降低产品成本约 15%。此外，海新公司还……开发、研制成功高度智能化、性能优越的太空视频监控产品"。

【考点】产品生命周期，成功关键因素分析

第二节　企业内部环境分析

一、单选题

1. 【2023】玉林公司是一家矿泉水生产企业。为评价、提高自身的营销管理能力，该公司聘请一家管理咨询公司对矿泉水行业领先企业的营销模式、客户管理制度和业绩等，进行调查、分析、对比，收获颇丰。下列各项中，属于玉林公司在基准分析中采用的基准类型是（　　）。

   A. 竞争性基准
   B. 顾客基准
   C. 一般基准
   D. 过程或活动基准

2. 【2023】高展公司是一家提供云存储服务的企业。根据波特的价值链分析理论，下列各项中，属于高展公司价值链中支持活动的是（　　）。

   A. 完善的客户服务体系
   B. 云存储设备的修理和零部件的供应
   C. 业务推广的广告和服务定价
   D. 职责分明、精简高效的组织结构

3. 【2023】康力公司是一家从事多种体育健身器材研发与生产的企业。近年来，该公司生产的跑步机，市场占有率从第三位上升至第一位，该市场的年增长率为3%。根据波士顿矩阵原理，目前康力公司的跑步机业务属于（　　）。

   A. 明星业务　　　B. 问题业务
   C. 现金牛业务　　D. 瘦狗业务

4. 【2022】良友公司是一家文具制造商，该公司秉承"一切从消费者角度考虑"的理念，不断优化产品设计、选材、工艺流程、包装等环节，打造出深受消费者喜爱的品牌，取得出色的经营业绩和竞争优势。从决定企业竞争优势的企业资源判断标准来看，良友公司的竞争优势来源于其拥有的资源的（　　）。

   A. 稀缺性
   B. 不可模仿性
   C. 不可替代性
   D. 持久性

5. 【2022】微电机生产商坤泰公司为正确评价并增强自身的核心能力，和所处行业中与其实力相近的两家公司在技术能力和客户满意度等方面进行了基准分析和比较。下列各项中，属于坤泰公司采用的基准分析类型是（　　）。

   A. 竞争性基准
   B. 过程或活动基准
   C. 一般基准
   D. 顾客基准

6. 【2021】主营茶叶生产和销售的云梦公司自创立以来，秉承绿色发展理念，逐渐建立起一套科学、严密的管理体系和经营机制，从一个默默无闻的小茶厂，成长为全国最受消费者信赖的优质有机茶叶供应商之一。从企业价值链分析角度看，以上表述所涉及的企业活动是（　　）。

   A. 内部后勤　　　B. 外部后勤
   C. 基础设施　　　D. 服务

7. 【2021】东光公司是国内一家从事多元化经营的高科技企业，主要产品有电子测量仪器、智能医疗器械、数据网络传输设备和光伏发电器件等。其中，数据网络传输设备的市场占有率位居行业第五。近年来，国内数据网络传输产业增速均在10%以上，市场呈现供不应求的现象。根据波士顿矩阵原理，东光公司对其数据网络传输业务应（　　）。

   A. 在短期内优先供给它们所需的资源
   B. 采取选择性投资战略
   C. 采用收获性战略
   D. 采用撤退战略

8. 【2020】天昊公司是国内成立的第一家动漫产品设计企业。该公司以"创造、协作、共生"的企业文化为导向，凝聚了一批精通业务的人才，与影视、出版、服装、玩具等行业的多家企业签订了长期合作协议，占据了行业龙头地位。天昊公司的竞争优势来源于其拥有的（　　）。
A. 物理上独特的资源
B. 具有因果含糊性的资源
C. 具有路径依赖性的资源
D. 具有经济制约性的资源

9.【2020】甲公司是一家汽车制造企业。该公司通过售后用户体验追踪系统，随时掌握、分析不同车型的质量问题，并与汽车分销商共享信息，不断提高前来维修的客户的满意度。甲公司的上述做法属于该公司价值链中的（　　）。
A. 内部后勤　　　　B. 服务
C. 基础设施　　　　D. 外部后勤

10.【2019】2016年，多年成功经营的啤酒生产企业宝泉公司投资新建了一家果蔬饮料生产企业，但因管理不善出现持续亏损。最近，宝泉公司组织果蔬饮料生产企业的管理人员到本公司的啤酒生产企业调研、学习，收效良好。宝泉公司所实施的基准分析的类型属于（　　）。
A. 一般基准　　　　B. 顾客基准
C. 内部基准　　　　D. 竞争性基准

11.【2019】实行多元化经营的达梦公司在家装行业有很强的竞争力，市场占有率达50%以上。近年来家装市场进入低速增长阶段，根据波士顿矩阵原理，下列各项中，关于达梦公司的家装业务，表达正确的是（　　）。
A. 该业务应采用撤退战略，将剩余资源向其他业务转移
B. 该业务应由生产技术和销售两方面都很内行的经营者负责
C. 该业务的经营者最好是市场营销型人物
D. 该业务需要增加投资以加强竞争地位

12.【2018】天兆公司经营造船、港口建设、海运和相关智能设备制造四部分业务，这些业务的市场增长率分别为7.5%、9%、10.5%和18%，相对市场占有率分别为1.2、0.3、1.1和0.6，该公司四部分业务中，适合采用智囊团或项目组等管理组织是（　　）。
A. 港口建设业务
B. 造船业务
C. 相关智能设备制造业务
D. 海运业务

13.【2018】甲公司是C国著名的生产和经营电动汽车的厂商。2017年，公司制定了国际化战略，拟到某发展中国家N国投资建厂。为此，甲公司委托专业机构对N国的现有条件进行了认真详细的分析。根据波特的钻石模型理论，下列分析中不属于钻石模型要素的是（　　）。
A. N国电动汽车零部件市场比较落后，供应商管理水平较低
B. N国电动汽车市场刚刚兴起，市场需求增长较快
C. N国政府为了保护本国汽车产业，对甲公司的进入设定了限制条件
D. N国劳动力价格相对C国较低，工人技术水平和文化素质不高

14.【2017】根据波特的价值链分析理论，下列各项中，属于企业支持活动（或称辅助活动）的是（　　）。
A. 聘请咨询公司实施广告策略
B. 物流配送产品
C. 生产设备的维修
D. 通过互联网进行广告宣传

15.【2015】经营连锁超市的W公司，采取在某些小城市率先投入大量资本建立大型超市的战略。由于小城市的市场空间狭小，不能支撑两个竞争者同时盈利。因而W公司的竞争者只好放弃竞争。W公司的竞争优势来源于（　　）。
A. 物理上独特的资源
B. 具有因果含糊性的资源
C. 具有路径依赖性的资源
D. 具有经济制约性的资源

16.【2013】下列各项企业竞争策略运用了波士顿矩阵分析的是（　　）。

A. 放弃与对手的竞争，不再对市场增长快的产品加大投入

B. 加大对市场占有率下滑产品的广告投入，以使该产品的市场占有率回升

C. 重新定位进入成熟期的产品价格，提高该产品的竞争力

D. 减少对市场占有率低且价格竞争激烈的产品的投资

二、多选题

17. 【2022】冠森公司是一家地板生产商，拟在K国投资建立生产基地，并对K国的相关情况作出分析。下列各项中符合钻石模型分析要求的有（　　）。

A. K国森林资源丰富，木材加工业发达

B. K国政府积极鼓励外资进入该国

C. K国经济发展较快，消费结构不断升级

D. K国地板生产企业数量较多，价格战激烈

18. 【2022】佳园公司是一家主营生鲜食品连锁超市的企业。该公司在采购中采用产地速冻、向供应商提供专用保鲜容器等技术与方法，有效降低了采购品在流通中的损耗，提高了销售品的质量，由此取得明显的竞争优势。从企业资源能力的价值链分析来看，下列各项表述中，符合佳园公司的上述做法的有（　　）。

A. 确认那些支持企业竞争优势的关键性活动

B. 明确价值链内各种活动之间的联系

C. 确认价值系统内基本活动与支持活动之间的联系

D. 明确价值系统内各项价值活动之间的联系

19. 【2020】经营连锁超市的A公司为了改善内部管理，开展了顾客满意度调查，并瞄准本行业标杆企业制定了整改方案。A公司进行基准分析所采用的基准类型有（　　）。

A. 内部基准　　　　B. 一般基准

C. 竞争性基准　　　D. 顾客基准

20. 【2020】朝辉汽车制造公司为了获取成本优势，与汽车发动机供应商建立了良好关系，保证生产进度不受影响，所需外购配件由就近的泰达公司提供，减少了运输费用，内部各个配件厂分布在总装厂周围，建立大规模生产线实现规模经济该公司的上述做法涉及其价值链中的（　　）。

A. 内部后勤　　　　B. 生产经营

C. 外部后勤　　　　D. 采购管理

21. 【2020】凯阳公司拥有发电设备制造、新能源开发、电站建设和环保四部分业务，这些业务的市场增长率依次为5.5%、11%、5%和13%，相对市场占有率依次为1.3、1.1、0.8和0.2。根据波士顿矩阵原理，上述四部分业务中，可以视情况采取收割战略的有（　　）。

A. 发电设备制造业务

B. 电站建设业务

C. 环保业务

D. 新能源开发业务

22. 【2019】华泰医药公司拟在J国建立一个药品研发和生产基地，并对该国的相关情况进行了调查分析。下列各项中，符合钻石模型四要素分析要求的有（　　）。

A. J国近年来经济增长较快，对高质量药品需求与日俱增

B. J国政府近期颁布了多项支持医药产业发展的政策

C. J国药品研发人才不足，尚无一项药品专利

D. J国本土医药企业虽然数量较多，但规模小，竞争主要围绕价格进行

23. 【2015】作为公司业务组合分析的工具，波士顿矩阵的贡献有（　　）。

A. 波士顿矩阵揭示了企业的市场份额与投资回报成正比的事实

B. 波士顿矩阵将企业不同的经营业务综合在一个矩阵中，具有简单明了的效果

C. 波士顿矩阵可以帮助企业推断竞争对手对相关业务的总体安排

D. 波士顿矩阵用多个指标测算产业吸引力和企业竞争地位，比较全面地反映这两个方面的状况

24. 【2010】下列关于企业资源的表述中，正确

的有（　　）。

A. 企业文化和组织经验属于企业的人力资源

B. 企业员工的技能、知识以及推理和决策能力属于企业的无形资源

C. 企业的无形资源一般难以被竞争对手了解、购买、模仿或替代

D. 企业的有形资源列示在资产负债表的公允价值不能完全代表其战略价值

三、主观题

25.【2021】Q省地处QS高原腹地，具有发展太阳能产业的独特资源优势。近年来，随着国内外清洁能源需求的不断增长，Q省以电力企业为依托，抓住人才、技术、资金等关键资源，打造光伏一条龙全产业链，实现经济、生态保护和民生改善多赢。

　　作为Q省TL戈壁滩光伏产业园区的核心企业，河天水电公司将生态保护的理念融入产业园区的建设中。TL戈壁滩日照多，降水少，风沙大，几乎没有多少绿色植被，刮风沙时，经常有小石子被吹起来，造成光伏板破损率比较高。河天水电公司开展了光伏生态产业种植的研究试验工作，根据当地土壤、水质的特点，种植雪菊、紫苏、透骨草等高原生态作物。这些作物牢牢抓住土壤，解决了光伏电板易损、报废的问题。产业园区要定期清洗光伏板，而冲洗光伏板的水能灌溉作物，作物的生长又使水土更好地得到保持，光伏板下因此形成了小型绿色生态园。

　　由于植被长势太好，甚至会遮蔽光伏电板，而且冬季可能引发火灾。为解决这一问题，河天水电公司与附近几个村庄合作，发展小尾寒羊的养殖。为了避免羊吃草的随意性，公司规划出了放羊路线，请牧民按规划到光伏产业园区放羊，羊吃不到的地方就请牧民手动除草，工资另算。

　　光伏电站不仅带来了生态的良性循环，还发展了当地的养殖产业，对于实现当地牧民的脱贫目标，功不可没。

要求：

依据钻石模型四要素，简要分析Q省打造光伏一条龙全产业链的优势。

26.【2020】W镇是一个有1300年建镇史的江南水乡古镇，因其历史街区保留了大量经典明清建筑群，被称为"江南六大古镇"之一。1999年6月，当地政府组建W镇旅游公司，开始了W镇古镇保护和旅游开发历程。然而，W镇的起步条件相对落后，旅游资源与其他江南水乡古镇雷同，且同一地区的Z庄和X镇已小有名气，W镇旅游如果不能另辟蹊径，很难满足日益挑剔的旅游消费者的品位。在吸收借鉴其他古镇旅游开发经验教训的基础上，W镇旅游公司走出了一条创新发展的路径，实现了古镇旅游转型升级和遗产活化保护的协调发展。

（1）多元化的产品、业态和盈利模式：观光+休闲度假+商务+会展+文化。W镇的旅游开发定位在商务和休闲市场，设计开发出W镇戏剧节、MX美术馆、现代艺术展、互联网大会等新产品，多业态复合经营已成为增加营业收入的主力。

（2）脱胎换骨式基建改造和整体风貌保护。W镇进行了大规模的脱胎换骨式的基建改造，实现了给排水系统、水电气系统的全面升级。景区保护基于街区风貌的整体打造，对建筑外立面和空间、周边环境进行系统整治，使古建筑更适合居住。

（3）外来资本和本土专业化管理相结合。W镇与一家上市旅游公司合作，后者既是战略投资者，又是旅游产品推介的渠道商。同时，政府和投资者之间达成共识，全权委托深谙当地文脉的本土专业团队开展经营管理工作，形成"内容商+渠道商+资本+政府"的经营管理模式。

（4）社区重构和部分空心化。W镇将全部居民迁出，再将部分商铺返租给原来的部分住户。这样"部分空心化"的社区重构，使得居民与游客的矛盾不复存在，也便于整体产权开发和集中统一管理，有效遏制

过度商业化的问题。

自 2001 年开放迎客以来，W 镇旅游开发获得的惊人发展，受到专家和同行的肯定，被誉为中国古镇保护之"W 镇模式"。

要求：

（1）依据钻石模型四要素，简要分析 W 镇旅游业发展的优势。

（2）依据企业资源的主要类型，简要分析 W 镇旅游业发展的优势。

27．【2019】海浪水泥公司成立于 1997 年，主要从事水泥及其熟料的生产和销售，2002 年 2 月成功上市。

海浪水泥总部坐落于 A 省。A 省是全国水泥生产主要原材料石灰石储量第二大的省份，且石灰石质量较高。海浪水泥凭借先天条件坐拥原材料成本和质量优势。

水泥产品体积大、单位重量价值低，而且其资源点和消费点的空间不匹配，这些是造成水泥行业运输成本居高不下的主要原因。海浪水泥利用自身位居长江附近的地理位置优势，积极推行其他水泥企业难以复制的"T 型"战略布局：在拥有丰富石灰石资源的区域建立大规模生产的熟料基地；利用长江的低成本水运物流，在长江沿岸拥有大容量水泥消费的城市群建立粉磨厂。形成"竖端"熟料基地+长江水运、"横端"粉磨厂深入江、浙、沪等地市场的"T 型"生产和物流格局，改变了之前通过"中小规模水泥工厂+公路运输+工地"的生产物流模式，解决了长江沿岸城市石灰石短缺与当地水泥消耗量大之间的矛盾。

海浪水泥不断完善"T 型"战略布局，率先在国内新型干法水泥生产线低投资、国产化的研发方面取得突破性进展，这标志着中国水泥制造业的技术水平跨入世界先进行列，确保公司为市场提供规模可观的低价高质产品；公司在沿江、沿海建造了多个万吨级装卸水泥和熟料的专用码头，着力建设或租赁中转库等水路上岸通道；集团设立了物流公司和物流调试中心；公司强化对终端销售市场的开拓，推行中心城市一体化销售模式，在各区域市场建立贸易平台；公司物流实现了工业化和信息化的深度融合，以 GPS 和 GIS 为核心的物流调度信息系统实现了一体化、可视化的管理。通过"T 型"战略的实施，海浪水泥进一步巩固了其"资源—生产—物流—市场"的产业链优势。

2018 年海浪水泥年报显示：公司营业收入同比大幅增长 70.50%，净利润同比增长 88.05%，净利润增长幅度超过营业收入增长幅度。

要求：

（1）从企业资源角度，简要分析海浪水泥的竞争优势；分析海浪水泥资源"不可模仿性"的主要形式。

（2）简要分析海浪水泥企业能力。

28．【2019】日升公司于 1995 年成立，1996 年在国内设立生产基地，建设了五个制造厂房。日升公司最初主要从事 OEM 代工业务，为 M 国的客户 FG 公司贴牌生产家具配套及小巧家具组件。之后，公司业务拓展至餐厅及卧房家具，成为国内首家投入生产卧房家具的企业。1998 年，日升公司单月出货量从 100 个货柜大幅提升至 300 个货柜，制造能力远远超过昔日家具业的龙头老大。

1999 年以前，日升公司的家具几乎全部外销，只做 OEM 代工业务而没有自己的品牌。公司在低附加值的经营中认识到打造自身品牌的重要性。1999 年 3 月，日升公司在 M 国组建公司并创立公司品牌"LC"，主要从事中低端家具的生产和销售。然而，日升公司在 M 国自创品牌的成效并不显著。于是，公司先后实施四次跨国并购，获取了欧美知名企业的品牌、渠道、研发设计及制造能力等战略性资产，实现了从 OEM 向 OBM 的升级。

2001 年，日升公司斥资完成对原委托方 FG 公司的收购，直接进入 M 国中高档家具市场。2005 年日升公司成功上市。上市后，公司市值从 2004 年的 1.37 亿美元跃升至2005年的3.69亿美元，增长2.69倍。

在强大的资金和产能支持下，日升公司于2006~2008年又先后收购国际三大品牌家具制造商。四次跨国收购使日升公司的产品组合由单一的中低端木制家具拓展为包含中低端、高端、顶级木制家具，以及沙发、酒店家具的组合；销售市场由M国扩展到欧洲等地。2000年和2008年，在国内设计研发中心的基础上，日升公司又分别在M国和欧洲设立了研发中心。

2007年以来，全球经济环境发生了很大的变化。出于对国内市场潜力巨大的判断，日升公司适时调整经营策略，决定在巩固海外市场的同时，进军国内市场。多年的国际化经历使日升公司在生产、设计、销售方面储备、积累了大量人才和经验。2008年日升公司在国内展会上全面亮相，展出专门针对国内市场开发的三大品牌——"日升家居""日升家园""日升屋"。2009年9月在国内建成了日升国际风尚馆。

日升公司在原有多个知名品牌的基础上，运用特许经营品牌、针对细分客户设立新品牌等策略，进一步巩固日升公司的OBM业务。2010年，开展酒店家具业务，并在J国和N国设立生产基地。2009年、2012年，先后推出特许品牌"PDH"和"PDK"；2011年，推出青年家居品牌"SM"；2012年，M国日升推出特许品牌"MH"；2013年，推出特许品牌"WB"；2014年，推出婴儿家具品牌"SB"。日升公司的OBM业务约占总业务的90%。

目前，日升公司在国内18个城市，23家门店销售产品，国际市场仍然是日升公司的主要市场。

要求：
简要分析日升公司从OEM到OBM升级所显示的企业能力。

29. **【2014】** 保圣公司是一家汽车制造企业。保圣公司进行战略分析后，选择了成本领先战略作为其竞争战略，并通过重构价值链各项活动以求获取成本优势。保圣公司主要重构措施包括：

（1）与汽车发动机的供应厂家建立良好关系，保证生产进度不受影响。

（2）生产所需要的外购配件大部分由就近的朝辉公司生产，与保圣公司总装厂距离非常近，减少了物流费用。

（3）内部各个配件厂分布在保圣公司总装厂周围，建立大规模生产线，实现规模经济；并根据销售量数据预测制订生产计划，最大限度地减少库存。

（4）总装厂根据装配工序，采用及时生产模式（JIT），让配件厂按照流程进度提供配件，减少存储费用。

（5）订单处理人员根据全国汽车经销商的分布就近调配车型，并选择最优路线配送以降低物流费用。

（6）利用售前热线开展市场调查活动，有的放矢地进行广告宣传，提高广告效率。

（7）终端车主可以通过售后热线反馈不同车型的质量问题，将信息与汽车经销商共享，以获得最佳配件库存，提高前来维修的客户的满意度。

（8）通过市场调查，开发畅销车型，提高资金周转率。

（9）定期对员工进行培训，使其及时掌握公司所采用的最新技术、工艺或流程，尽快实现学习经济。

（10）从产品研发阶段就开始实施成本企划来控制成本，事业部制和矩阵式相交融，在减少了管理层次的同时提高了效率。

要求：
依据企业价值链分析理论，对保圣公司的价值活动进行分类。

参考答案及解析

1. 【答案】A
   【考点】企业的资源与能力分析——核心能力分析
   【解析】案例描述："对矿泉水行业领先企业的营销模式、客户管理制度和业绩等"，表明玉林公司对标同行业领先企业，即直接以竞争对手为基准进行比较，故选项A正确，当选。

2. 【答案】D
   【考点】价值链分析
   【解析】支持活动，又称辅助活动，是指用以支持基本活动而且内部之间又相互支持的活动，包括采购管理、技术开发、人力资源管理和企业基础设施。选项D，职责分明、精简高效的组织结构为企业的基础设施，属于支持活动，故当选。选项AB，均体现了与保持和提高产品价值有关的活动，属于基本活动——服务；选项C，体现了与促进和引导购买者购买企业产品的活动，属于基本活动——市场销售，故选项ABD均不选。

3. 【答案】C
   【考点】波士顿矩阵
   【解析】案例描述："市场占有率从第三位上升至第一位"，表明企业相对市场占有率高；"该市场的年增长率为3%"低于10%，表明该业务处于低增长状态。综上，跑步机业务目前"低增长—强竞争"，故属于现金牛业务，选项C正确，当选。

4. 【答案】D
   【考点】企业资源与能力分析
   【解析】资源的贬值速度越慢，就越有利于形成核心竞争力。一般来说，有形资源都有损耗周期，而无形资源和人力资源则很难确定贬值速度。比如，一些品牌资源随着时代的发展会不断升值。良友公司秉承优秀理念，不断优化环节，打造出深受消费者喜爱的品牌，可以看出，良友公司的竞争优势来源于理念、环节优化及品牌，来源于无形资源及人力资源，具有持久性（选项D正确）。题中没有提到本企业掌握的资源而竞争对手不能获取，不涉及资源的稀缺性（选项A错误）；也没有提到替代品的替代威胁，不涉及资源的不可替代性（选项C错误）。有考生可能会感到疑惑，良友公司秉承优秀理念获得成功，是否属于具有因果含糊性的资源。题干提到优化各类环节，打造受喜爱的品牌，需要综合考虑（且可以看出品牌资源更为重要），因此，资源的不可模仿性不是最佳选择。因此，选项D正确。

5. 【答案】A
   【考点】企业资源与能力分析
   【解析】竞争性基准标杆伙伴是产业内部的直接竞争对手。坤泰公司对所处行业中与其实力相近的两家公司进行基准分析和比较，比较对象是同行业直接竞争对手。因此选项A正确。过程或活动基准，是指具有类似核心经营业务，但是二者之间产品和服务不存在直接竞争的关系。例如，电冰箱制造商和空调制造商，二者在家电研发、制造、营销核心方面类似；一般基准是指以相同业务功能的企业为基准进行比较。例如，金融业和酒店业都是服务行业；顾客基准关键词为"顾客"，如顾客满意度等，案例中均没体现。因此，选项A正确。

6. 【答案】C
   【考点】价值链分析
   【解析】价值链中的基础设施是用来支撑整个价值链的运行，即其他所有的价值创造活动都在基础设施中进行，包括企业的组织结构、惯例、控制系统以及文化等活动。企业高层管理人员在以上活动中发挥重要作用，因此高层管理人员也是基础设施。云梦公司"秉承绿色发展理念，逐渐建立起一套科学、严密的管理体系和经营机制"，属于基础设

7. 【答案】B
【考点】波士顿矩阵
【解析】首先判断波士顿矩阵类型,"市场占有率位居行业第五"说明相对市场占有率低;"产业增速均在10%以上"说明市场增长率高,综合来看,属于问题业务。问题业务通常处于最差的现金流量状态,需要研究是否值得投资,应采取选择性投资战略(选项B正确)。对"问题"业务的改进与扶持方案一般均列入企业长期计划中,组织要求最好是采取智囊团或项目组织等形式,选拔有规划能力、敢于冒风险、有才干的人负责。

8. 【答案】B
【考点】企业资源与能力分析
【解析】该公司取得成功是因为企业文化,企业文化属于因果含糊性的资源。因此,选项B正确。

9. 【答案】B
【考点】价值链分析
【解析】服务是指与保持和提高产品价值有关的活动,"该公司通过售后用户体验追踪系统随时掌握、分析不同车型的质量问题,并与汽车分销商共享信息,不断提高前来维修的客户的满意度"属于服务。因此,选项B正确。

10. 【答案】C
【考点】企业资源与能力分析
【解析】内部基准的基准对象是企业内部的单位。本案例中果蔬饮料及啤酒都是宝泉公司的自身业务,到本公司的啤酒生产企业调研、学习属于内部基准。因此,选项C正确。

11. 【答案】C
【考点】波士顿矩阵
【解析】"市场占有率达50%以上"和"近年来家装市场进入低速增长阶段"体现了达梦公司的家装业务属于现金牛业务,其经营者最好是市场营销型人物,选项C正确。选项A属于瘦狗业务的特征,现金牛业务应该保持现状,不选;选项B匹配的是明星业务,不选;选项D的关键词是增加投资,目的是增强竞争地位,有些类似市场增长率高,但是是相对市场占有率低的问题业务,不选。因此,选项C正确。

12. 【答案】C
【考点】波士顿矩阵
【解析】适用智囊团或项目组属于"问题"业务的范畴,"问题"业务属于高增长,低占有。其中高增长为增长率>10%,低占有为相对市场占有率<1,相关智能设备制造业务市场增长率为18%,相对市场占有率为0.6,属于问题业务。因此,选项C正确。

13. 【答案】C
【考点】钻石模型
【解析】钻石模型四要素:生产要素、需求条件、相关与支持性产业、企业战略企业结构和竞争对手的表现。选项A体现的是相关与支持性产业;选项B体现的是需求条件;选项D体现的是生产要素;选项C属于政府政策,不属于钻石模型四要素,因此,选项C当选。

14. 【答案】A
【考点】价值链分析
【解析】支持活动中的采购指的是广义的,既包括原材料的采购,也包括其他资源投入的购买和管理。例如,企业聘请咨询公司为企业进行广告策划等。选项BCD属于基本活动。因此,选项A正确。

15. 【答案】D
【考点】企业资源与能力分析
【解析】具有经济制约性的资源是指企业的竞争对手已经具有复制其资源的能力,但因市场空间有限不能与其竞争的情况。例如,企业在市场上处于领导者的地位,其战略是在特定的市场上投入大量资本。这个特定市场可能会由于空间太小,不能支撑两个竞争者同时盈利,企业的竞争对手再有能力,也只好放弃竞争。这种资源便是具有经济制约性的资源。因此选项 D 正确。选项 A，物理上特制的资源包括地理位置、采矿权和专利技术；选项 B，具有因果含糊性的资源的特征是企业对资源的形成原因并不能给出清晰解释，关键词是企业文化。选项 C 是经过长期的积累才能获得的资源，关键是长期。以上表述案例中均无体现，不选。因此，选项 D 正确。

16. 【答案】D
    【考点】波士顿矩阵
    【解析】市场增长率高的产品属于明星产品或问题产品，对于明星产品和有发展前途的问题产品应加大投入，选项 A 错误；市场占有率下滑的产品，应界定为现金牛产品或瘦狗产品，而对于这两类产品通常不再追加投资，选项 B 错误；进入成熟期的产品属于现金牛产品，对于仍有所增长的现金牛产品，应通过市场细分，维持其现有的市场占有率或延缓其下降速度。选项 C 错误；市场占有率低且价格竞争激烈的产品属于瘦狗产品，瘦狗产品应采用撤退战略，选项 D 正确。

17. 【答案】AD
    【考点】钻石模型
    【解析】本题属于"案例描述+分析"类题目，考查钻石模型。选项 A，木材加工业与地板生产业属于相关与支持性产业，正确；选项 B，政府政策属于宏观环境分析中的政治与法律环境，不选；选项 C，经济发展和消费结构属于宏观环境分析中的经济环境，不选；选项 D，地板生产企业数量多，价格战激烈属于企业战略、企业结构和同业竞争，正确。综上，选项 AD 正确。

18. 【答案】ABD
    【考点】价值链分析
    【解析】资源能力的价值链分析要明确以下几点：①确认那些支持企业竞争优势的关键性活动（"流通中的损耗"）（选项 A 正确）；②明确价值链内各种活动之间的联系（"采用……技术与方法，有效降低了采购品在流通中的损耗"）（选项 B 正确）；③明确价值系统内各项价值活动之间的联系（"向供应商提供专用保鲜容器"）（选项 D 正确）。选项 C 不属于企业资源能力的价值链分析中的内容，不选。综上，选项 ABD 正确。

19. 【答案】CD
    【考点】企业资源与能力分析
    【解析】"开展了顾客满意度调查"，选项 D 正确；"并瞄准本行业标杆企业制定了整改方案"，选项 C 正确。综上，选项 CD 正确。

20. 【答案】ABD
    【考点】价值链分析
    【解析】"与汽车发动机供应商建立了良好关系，保证生产进度不受影响"属于采购管理（选项 D）；"所需外购配件由就近的泰达公司提供，减少了运输费用"属于内部后勤（选项 A）；"内部各个配件厂分布在总装厂周围，建立大规模生产线实现规模经济"属于生产经营（选项 B）。综上，选项 ABD 正确。

21. 【答案】ABC
    【考点】波士顿矩阵
    【解析】根据波士顿矩阵的运用，可以采取收割战略的业务有问题、现金牛与瘦狗业务。波士顿矩阵将市场增长率按 10% 进行高低划分，将相对市场占有率按 1 进行高低划分。根据案例描述，A 选项发电设备制造业务为现金牛业务；选项 B 电站建设业务为瘦狗业务；选项 C 环保业务为问题业务；选项 D 新能源开发业务为明星业务。综上，选项 ABC 正确。

22. 【答案】ACD
    【考点】钻石模型
    【解析】"J 国政府近期颁布了多项支持医药产业发展的政策"属于政府的政策，不属于钻石模型四要素之一，选项 B 错误，不选。选项 A 属于需求条件；选项 C 属于生产要素；选项 D 属于企业战略、企业结构和同业竞争。综上，选项 ACD 正确。

23. 【答案】BC
    【考点】波士顿矩阵
    【解析】波士顿矩阵有以下几方面重要的贡献：①波士顿矩阵是最早的组合分析方法之一，作为一个有价值的思想方法，被广泛运用在产业环境与企业内部条件的综合分析、多样化的组合分析、大企业发展的理论依据等方面；②波士顿矩阵将企业不同的经营业务综合在一个矩阵中，具有简单明了的效果（选项B）；③该矩阵指出了每个经营单位在竞争中的地位，使企业了解到它们的作用和任务，从而有选择和集中地运用企业有限的资金。每个经营业务单位也可以从矩阵中了解自己在总公司中的位置和可能的战略发展方向；④利用波士顿矩阵还可以帮助企业推断竞争对手对相关业务的总体安排（选项C），前提是竞争对手也使用波士顿矩阵的分析技巧。选项A属于波士顿矩阵的局限性，不选；选项D属于通用矩阵的贡献，不选。综上，选项BD正确。

24. 【答案】CD
    【考点】企业资源与能力分析
    【解析】企业的资源主要分为三种：有形资源、无形资源和人力资源。其中，无形资源是指企业长期积累的、没有实物形态的，甚至无法用货币精确度量的资源，通常包括品牌、商誉、技术、专利、商标、企业文化及组织经验等，选项A错误；人力资源是指企业的员工向企业提供的技能、知识以及推理和决策能力，选项B错误。尽管无形资源难以精确度量，但由于无形资源一般都难以被竞争对手了解、购买、模仿或替代，因此，无形资源是一种十分重要的企业核心竞争力的来源，选项C正确；资产负债表中的无形资产并不能代表企业的全部无形资源，甚至可以说，有相当一部分无形资源是游离在企业资产负债表之外的，同时，由于会计核算的原因，资产负债表所记录的账面价值或公允价值并不能完全代表其战略价值，选项D正确。综上，选项CD正确。

25. 【答案】①生产要素。"Q省地处QS高原腹地，具有发展太阳能产业的独特资源优势，……，Q省以电力企业为依托，抓住人才、技术、资金等关键资源，……"。
    ②需求条件。"随着国内外清洁能源需求的不断增长"。
    ③相关与支持性产业。"根据当地土壤、水质的特点，种植高原生态作物，这些作物牢牢抓住土壤，解决了光伏电板易损、报废的问题。产业园区要定期清洗光伏板，而冲洗光伏板的水能灌溉作物，作物的生长又使水土更好地得到保持，光伏板下因此形成了小型绿色生态园"；"由于植被长势太好，甚至会遮蔽光伏电板，而且冬季可能引发火灾。为解决这一问题，河天水电公司与附近几个村庄合作，发展小尾寒羊的养殖"；"光伏电站不仅带来了生态的良性循环，还发展了当地的养殖产业"。
    ④企业战略、企业结构和同业竞争。"作为Q省TL戈壁滩光伏产业园区的核心企业，河天水电公司将生态保护的理念融入产业园区的建设中"。
    【考点】企业资源与能力分析

26. 【答案】（1）①生产要素。
    a. 初级生产要素。"W镇是一个有1300年建镇史的江南水乡古镇，因其历史街区保留了大量经典明清建筑群，被称为'江南六大古镇'之一"；"外来资本"。
    b. 高级生产要素。"脱胎换骨式基建改造"；"全权委托深谙当地文脉的本土专业团队开展经营管理工作"。
    c. 专业生产要素。"多元化的产品、业态和盈利模式"；"脱胎换骨式基建改造和整体风貌保护"；"外来资本和本土专业化管理相结合"；"社区重构和部分空心化"；"全权委托深谙当地文脉的本土专业团队开展经营管理工作"。
    ②需求条件。国内需求市场是产业发展的

动力。本地客户的本质非常重要，特别是内行而挑剔的客户。假如本地客户对产品、服务的要求或挑剔程度在国际上数一数二，就会激发出该国企业的竞争优势。"W镇旅游如果不能另辟蹊径，很难满足日益挑剔的旅游消费者的品位"。

③相关与支持性产业。相关和支持性产业与优势产业是一种休戚与共的关系。"多元化的产品、业态和盈利模式：观光+休闲度假+商务+会展+文化"；"脱胎换骨式基建改造和整体风貌保护"。

④企业战略、企业结构和同业竞争。创造与持续产业竞争优势的最大关联因素是国内市场强有力的竞争对手。"W镇的起步条件相对落后，旅游资源与其他江南水乡古镇雷同，且同一地区的Z庄和X镇已小有名气，W镇旅游如果不能另辟蹊径，很难满足日益挑剔的旅游消费者的品位"。

（2）①有形资源。"W镇是一个有1300年建镇史的江南水乡古镇，因其历史街区保留了大量经典明清建筑群，被称为'江南六大古镇'之一"；"外来资本"；"脱胎换骨式基建改造"。

②无形资源。"多元化的产品、业态和盈利模式：观光+休闲度假+商务+会展+文化"；"脱胎换骨式基建改造和整体风貌保护"；"外来资本和本土专业化管理相结合"；"社区重构和部分空心化"；"被誉为中国古镇保护之'W镇模式'"。

③人力资源。"全权委托深谙当地文脉的本土专业团队开展经营管理工作"。

【考点】企业资源与能力分析

27. 【答案】（1）①海浪水泥有形资源所展示的竞争优势："海浪水泥凭借先天条件坐拥原材料成本和质量优势"；"海浪水泥利用自身位居长江附近的地理位置优势，积极推行其他水泥企业难以复制的'T型'战略布局"；"公司在沿江、沿海建造了多个万吨级装卸水泥和熟料的专用码头，着力建设或租赁中转库等水路上岸通道；集团设立了物流公司和物流调试中心"。

②海浪水泥无形资源所展示的竞争优势："率先在国内新型干法水泥生产线低投资、国产化的研发方面取得突破性进展，这标志着中国水泥制造业的技术水平跨入世界先进行列"；"公司强化对终端销售市场的开拓，推行中心城市一体化销售模式，在各区域市场建立贸易平台；公司物流实现了工业化和信息化的深度融合，以GPS和GIS为核心的物流调度信息系统实现了一体化、可视化的管理"。

③海浪水泥资源"不可模仿性"的主要形式包括：

a. 物理上独特的资源。"海浪水泥凭借先天条件坐拥原材料成本和质量优势"；"海浪水泥利用自身位居长江附近的地理位置优势，积极推行其他水泥企业难以复制的'T型'战略布局"。

b. 具有路径依赖性的资源。"通过'T型'战略的实施，海浪水泥进一步巩固了其'资源—生产—物流—市场'的产业链优势"。

（2）海浪水泥企业能力包括：

①研发能力。"率先在国内新型干法水泥生产线低投资、国产化的研发方面取得突破性进展，这标志着中国水泥制造业的技术水平跨入世界先进行列，确保公司为市场提供规模可观的低价高质产品"。

②生产管理能力。"'T型'生产和物流格局，改变了之前通过'中小规模水泥工厂+公路运输+工地'的生产物流模式，解决了长江沿岸城市石灰石短缺与当地水泥消耗量大之间的矛盾"；"通过'T型'战略的实施，海浪水泥进一步巩固了其'资源—生产—物流—市场'的产业链优势"。

③营销能力。

a. 产品竞争能力。"海浪水泥凭借先天条件坐拥原材料成本和质量优势"；"确保公司为市场提供规模可观的低价高质产品"。

b. 销售活动能力。"公司强化对终端销售市场的开拓，推行中心城市一体化销售模式，在各区域市场建立贸易平台"；"公司物流实现了工业化和信息化的深度融合，以GPS和GIS为核心的物流调度信息系统实现了一体化、可视化的管理"。

c. 市场决策能力。"积极推行其他水泥企业难以复制的'T型'战略布局"；"率先在国内新型干法水泥生产线低投资、国产化的研发方面取得突破性进展"；"海浪水泥不断完善'T型'战略布局"。

④财务能力。"2018年海浪水泥年报显示：公司营业收入同比大幅增长70.50%，净利润同比增长88.05%，净利润增长幅度超过营业收入增长幅度"。

⑤组织管理能力。"积极推行其他水泥企业难以复制的'T型'战略布局"；"海浪水泥不断完善'T型'战略布局"。

【考点】企业资源与能力分析

28.【答案】企业能力包括：研发能力、生产管理能力、营销能力、财务能力、组织管理能力。日升集团体现的有：

①研发能力。"公司先后实施四次跨国并购，获取了欧美知名企业的品牌、渠道、研发设计及制造能力等战略性资产，实现了从OEM向OBM的升级"；"2000年和2008年，在国内设立研发中心的基础上，日升公司又分别在M国和欧洲设立了研发中心"。

②生产管理能力。"1996年在国内设立生产基地，建设了五个制造厂房"；"公司业务拓展至餐厅及卧房家具，成为国内首家投入生产卧房家具的企业。1998年，日升公司单月出货量从100个货柜大幅提升至300个货柜，制造能力远远超过昔日家具业的龙头老大"。

③营销能力。

a. 产品竞争能力。"1998年，日升公司单月出货量从100个货柜大幅提升至300个货柜，制造能力远远超过昔日家具业的龙头老大"；"四次跨国收购使日升公司的产品组合由单一的中低端木制家具拓展为包含中低端、高端、顶级木制家具，以及沙发、酒店家具的组合；销售市场由M国扩展到欧洲等地"。

b. 销售活动能力。"2008年日升公司在国内展会上全面亮相，展出专门针对国内市场开发的三大品牌——'日升家居''日升家园''日升屋'。2009年9月在国内建成了日升国际风尚馆。"；"2009年、2012年，先后推出特许品牌'PDH'和'PDK'；2011年，推出年家具品牌'SM'"；2012年，M国日升推出特许品牌MH11；2013年，推出特许品牌"WB1；2014年，推出婴儿家具品牌'SB'"。

c. 市场决策能力。"公司在低附加值的经营中认识到打造自身品牌的重要性"；"然而，日升公司在M国自创品牌的成效并不显著。于是，公司先后实施四次跨国并购"；"出于对国内市场潜力巨大的判断，日升公司适时调整经营策略，决定在巩固海外市场的同时，进军国内市场"。

④财务能力。"在强大的资金和产能支持下"；"上市后，公司市值从2004年的1.37亿美元跃升至2005年的3.69亿美元，增长2.69倍"。

⑤组织管理能力。"公司先后实施四次跨国并购"；"出于对国内市场潜力巨大的判断，日升公司适时调整经营策略，决定在巩固海外市场的同时，进军国内市场"；"日升公司在原有多个知名品牌的基础上，运用特许经营品牌、针对细分客户设立新品牌等策略"；"日升公司在国内18个城市23家门店销售产品"。

【考点】企业资源与能力分析

29.【答案】（1）价值链将企业的生产经营活动分为基本活动和支持活动两大类。

①基本活动（或主体活动）。基本活动是指生产经营的实质性活动，一般可以分为内部后勤（进货物流）、生产经营、外部后勤（出货物流）、市场销售和服务五种活动。

②支持活动（或辅助活动）。支持活动是指用以支持基本活动而且内部之间又相互支持的活动，包括采购、技术开发、人力资

源管理和企业基础设施。

按照价值链活动的分类,保圣公司的 10 类活动可如下划分:

①内部后勤(进货物流):活动(2);
②生产经营:活动(3)、活动(4);
③外部后勤(出货物流):活动(5);
④市场销售:活动(6);
⑤服务:活动(7);
⑥采购:活动(1);
⑦技术开发:活动(8);
⑧人力资源管理:活动(9);
⑨企业基础设施:活动(10)。

【考点】价值链分析

第三节 企业内外部环境综合分析

一、单选题

1. 【2022】主营垃圾处理业务的广甸公司积极响应政府关于垃圾无害化、资源化处理的号召,综合运用计算机、光谱技术、化学计量技术等进行垃圾分拣,极大提高了垃圾分拣的精准率,使垃圾无害化、资源化处理率达到行业领先水平。根据 SWOT 分析,在上述情况下,广甸公司应采用( )。
   A. 增长型战略　　　B. 扭转型战略
   C. 多种经营战略　　D. 防御型战略

2. 【2021】麦迪公司是 Z 国一家成功经营多年的连锁快餐企业,营业收入和利润率长期位居行业第一。2018 年, Z 国劳动力、水电、食材价格大幅上涨,造成餐饮企业盈利水平普遍下降,麦迪公司的经营也受到很大影响。根据 SWOT 分析,麦迪公司应采用( )。
   A. 增长型战略　　　B. 扭转型战略
   C. 多种经营战略　　D. 防御型战略

3. 【2020】飞牛公司是一家农用无人机研发和制造企业。下列各项中,符合飞牛公司 SWOT 分析要求的是( )。
   A. 农用无人机市场需求旺盛,飞牛公司有较强的研发和制造能力,应加快业务发展。此为 ST 战略
   B. 农用无人机市场需求旺盛,飞牛公司缺乏精通业务的营销人员,应与有实力的公司合作。此为 SO 战略
   C. 农用无人机市场竞争日趋激烈,飞牛公司有较强的研发和制造能力,应加大技术和产品创新力度。此为 WO 战略
   D. 农用无人机市场竞争日趋激烈,飞牛公司缺乏精通业务的营销人员,应加大相关人才的招聘和培养力度。此为 WT 战略

4. 【2019】近年来新能源汽车产业及市场迅猛增长。国内汽车制造商华新公司于 2018 年进入新能源企业制造领域,但是受技术和管理水平制约,其产品性能欠佳,市场占有率较低。根据 SWOT 分析,该公司应采取的战略是( )。
   A. 增长型战略　　　B. 多元化战略
   C. 防御型战略　　　D. 扭转型战略

5. 【2017】扬帆集团是一家中药制造企业。2015 年以前,扬帆集团主打的 Q 产品治疗热毒肿痛功效显著,很受市场欢迎,被认为是国家名药。近年来中药市场需求依然旺盛,然而扬帆集团的 Q 产品销售增长缓慢,公司的业绩和市值增长指标不如其他著名中药企业。根据 SWOT 分析,扬帆集团目前应该采取的战略是( )。
   A. 扭转型战略　　　B. 多种经营战略
   C. 防御型战略　　　D. 增长型战略

6. 【2016】受国家政策扶持,3D 打印产业及市场呈现爆发式增长。智创三维有限公司是国内一家 3D 打印设备制造商,该公司通过仿

造国外同类产品，制造用来打印珠宝、齿科产品等中小型产品的3D打印设备。但是，受技术水平的制约，其产品质量欠佳，故障率明显高于国外同类产品。根据SWOT分析，该公司应采取的战略是（　　）。
A. 增长型战略　　B. 多元化战略
C. 扭转型战略　　D. 防御型战略

二、多选题

7.【2015】甲公司是国内火力发电装备制造行业的龙头企业，拥有雄厚的资金实力和品牌优势。2012年，甲公司在国家政策支持下，投资开展了为核电企业提供配套设备的新业务，由于相关技术研发力量不足，且市场竞争激烈，该业务一直处于亏损状态。下列各项对甲公司所作的SWOT分析并提出的相应战略中，正确的有（　　）。
A. 甲公司新业务的相关技术研发力量不足，且市场竞争激烈，应将新业务出售。此为WT战略
B. 甲公司虽然新业务的相关技术研发力量不足，但面对国家政策的支持，应寻找有实力的公司，结成战略联盟。此为ST战略
C. 甲公司拥有雄厚的资金实力和品牌优势，但自身研发能力不足，应寻求有实力的公司，结成战略联盟。此为WO战略
D. 甲公司拥有雄厚的资金实力和品牌优势，应借国家政策支持的东风，加强技术攻关力度，争取新业务尽快扭亏为盈。此为SO战略

8.【2014】甲公司是C国一家以乳制品为主体的多元化经营企业，业务范围涉及乳制品、煤化工、房地产、新能源等，甲对其业务发展状况进行了分析，以下各项符合SWOT分析的有（　　）。
A. 房地产行业不景气，公司市场占有率低，应采用WT战略
B. 新能源行业具有广阔的发展前景，公司在该行业不具竞争优势，应采用WO战略
C. 煤化工行业近年来发展势头明显，且该公司在该行业具备一定优势，应采用ST战略
D. 乳制品行业增长缓慢，公司市场占有率高，应采用SO战略

参考答案及解析

1.【答案】A
【考点】SWOT分析
【解析】"政府关于垃圾无害化、资源化处理的号召"属于外部的机会；广甸公司"垃圾无害化、资源化处理率达到行业领先水平"属于内部的优势。增长型战略是一种发展企业内部优势与利用外部机会的战略，是一种理想的战略模式。当企业具有特定方面的优势，而外部环境又为发挥这种优势提供有利机会时，可以采取该战略。因此，选项A正确。

2.【答案】C
【考点】SWOT分析
【解析】"成功经营多年的连锁快餐企业，营业收入和利润率长期位居行业第一"说明内部具有优势，"Z国劳动力、水电、食材价格大幅上涨，造成餐饮企业盈利水平普遍下降"说明外部遭遇威胁。多元化战略是指企业利用自身优势，回避或减轻外部威胁所造成的影响。企业可以在多样化经营上寻找长期发展的机会，或者进一步增强自身竞争优势，以对抗竞争对手的威胁。因此，选项C正确。

3.【答案】D
【考点】SWOT分析
【解析】选项A，"农用无人机市场需求旺盛

(O)，飞牛公司有较强的研发和制造能力(S)"，不选；选项 B，"农用无人机市场需求旺盛(O)，飞牛公司缺乏精通业务的营销人员(W)"，不选；选项 C，"农用无人机市场竞争日趋激烈(T)，飞牛公司有较强的研发和制造能力(S)"，不选；选项 D，"农用无人机市场竞争日趋激烈(T)，飞牛公司缺乏精通业务的营销人员(W)"，正确。因此，选项 D 正确。

4. 【答案】D
【考点】SWOT 分析
【解析】本题解题分两步：首先，根据案例判断 SWOT 分析的情况；其次，匹配该种情形对应的策略。案例描述："近年来新能源汽车产业及市场迅猛增长"，市场是外部环境，描述是积极的，体现了外部环境的机会(O)；同时，案例提示："但是受技术和管理水平制约，其产品性能欠佳，市场占有率较低"，描述的是企业的内部因素，描述是消极的，不好的一面，所以体现了内部环境的劣势(W)，SWOT 分析的情况是 WO。WO 情形对应的策略是扭转型战略，选项 D 正确。选项 A，增长型战略对应的情形是 SO，不选；选项 B，多元化战略对应的情形是 ST，不选；选项 C，防御型战略对应的情形是 WT，不选。选项 ABC 均不符合案例描述。因此，选项 D 正确。

5. 【答案】A
【考点】SWOT 分析
【解析】中药市场需求旺盛是机会 O，Q 产品销售增长缓慢是劣势 W。适合扭转型战略(WO)。因此，选项 A 正确。

6. 【答案】C
【考点】SWOT 分析
【解析】企业面临着巨大的外部机会(O)，却受到内部劣势的限制(W)，应采用扭转型战略，充分利用环境带来的机会，设法清除劣势。因此，选项 C 正确。

7. 【答案】AD
【考点】SWOT 分析
【解析】内部环境中：S 代表优势，W 代表劣势。外部环境中：O 代表机会，T 代表威胁。(1)甲公司新业务的"相关技术研发力量不足"属于内部环境中的劣势(W)，"市场竞争激烈"属于外部环境中的威胁(T)。此为 WT 战略，选项 A 正确。(2)甲公司新业务的"相关技术研发力量不足"属于内部环境中的劣势(W)，但面对"国家政策的支持"属于外部环境中的机会(O)，应寻找有实力的公司，结成战略联盟。此为 WO 战略，选项 B 错误。(3)甲公司拥有"雄厚的资金实力和品牌优势"属于内部环境中的优势(S)，但"自身研发能力不足"属于内部环境中的劣势(W)，而 SWOT 分析的战略是内部环境和外部环境的组合，所以不会出现内部环境中的优势和劣势的结合，选项 C 错误。(4)甲公司"拥有雄厚的资金实力和品牌优势"属于内部环境中的优势(S)，借"国家政策支持的东风"属于外部环境中的机会(O)，加强技术攻关力度，争取新业务尽快扭亏为盈。此为 SO 战略，选项 D 正确。综上，选项 AD。

8. 【答案】AB
【考点】SWOT 分析
【解析】选项 A，房地产行业不景气(T)，公司市场占有率低(W)，应采用 WT 战略，正确；选项 B，新能源行业具有广阔的发展前景(O)，公司在该行业不具竞争优势(W)，应采用 WO 战略，正确；选项 C，行业发展势头明显(O)，该公司具备一定优势(S)，应采用 SO 战略，不选；选项 D，乳制品行业增长缓慢(T)，公司市场占有率高(S)，应采用 ST 战略，不选。综上，选项 AB 正确。

模拟自测

第一节 企业外部环境分析

一、单选题

1. 从 Z 国的啤酒厂的整体现状来看，仍是水平较低、规模较小、物耗较高、效益较低的情况，每生产 1 吨啤酒的用水量在 8~40 立方米，相应的排水量为 7~35 立方米，而发达国家生产每吨啤酒的用水量仅为 5~10 立方米，这说明 Z 国啤酒厂与国外发达国家啤酒厂的先进水平仍有一定差距。该案例在战略分析中考虑了（   ）。
   A. 政治和法律因素
   B. 经济因素
   C. 社会和文化因素
   D. 技术因素

2. 某钢铁企业由于自身发展需要对企业外部环境进行分析。以下分析中不属于宏观环境分析的是（   ）。
   A. 近日政府发布资金支持行业中包含钢铁业
   B. 数据统计分析我国经济增长离不开钢铁生产
   C. 由于生活方式的变化，房产、汽车消费增多，带动钢铁需求
   D. 我国钢铁产业进入了成熟期

3. 万科在 2018 年报中叙述：我国的"少子化""老龄化"趋势已毋庸置疑。90 后比 80 后人口少 3 100 万，00 后又比 90 后少 4 100 万。这在很大程度上会对冲掉城市化率继续提升带来的新增需求。而人口总量的变化，所影响的绝不仅仅是房地产的需求。2018 年，社会消费品零售总额增幅创出新低，乘用车、部分家电产品更出现了销售量的大幅下滑。万科在以上分析中主要考虑了（   ）。
   A. 政治和法律因素
   B. 经济因素
   C. 社会和文化因素
   D. 技术因素

4. 产业内的竞争性质随着产业的生命周期变化而发生变化，以下关于产品生命周期的表述中正确的是（   ）。
   A. 导入期的战略目标是获取最大市场份额
   B. 成长期产品本身的不确定性增加，但是市场的不确定性在降低
   C. 成熟期的市场主要靠老客户的重复购买
   D. 进入衰退期后，企业面临退出市场的风险，经营风险进一步加大

5. 蓝天公司通过对客户及销售状况的调查统计发现以下几个特点：购买者大多收入较高，同时在购买产品时往往犹豫不决。销售人员普遍反映，想要说服顾客尝试产品不容易。由此可以推测，该企业所在的产业处于产品生命周期的（   ）。
   A. 导入期   C. 成熟期
   B. 成长期   D. 衰退期

6. 甲公司决定重点发展本公司的智能可穿戴产品。为了保证决策的准确性，决定聘请咨询公司对公司所在产业进行研究。咨询公司得出如下结论：产品的销售群已经扩大，消费者对质量的要求不高，各厂家的产品在技术和性能方面有较大差异。根据以上信息，可以判断该产品在该阶段最适合的战略路径是（   ）。
   A. 投资于研究与开发和技术改进，提高产品质量
   B. 市场营销，此时是改变价格形象和质量形象的好时机
   C. 提高效率，降低成本
   D. 控制成本，如果缺乏成本控制的优势，就应尽早退出

7. 乙公司主业为化纤原料生产及成衣制造。企业领导人近几年发现，消费者回归自然，关注健康的消费理念日益普及，各种纯天然的成衣大量涌入市场，使得整个化纤成衣的市

场明显萎缩，很多化纤成衣制造厂商开工严重不足，大量设备闲置。这种局势造成一些化纤厂商开始缩小生产规模，甚至转产。这种情况表明化纤原料及成衣制造产业开始进入（　　）。

　A. 导入期

　B. 成长期

　C. 成熟期

　D. 衰退期

8. 哈佛商学院教授大卫·亚非在波特教授五力研究基础上提出了影响产业利润的第六个因素。下列各项中，体现该要素作用的是（　　）。

　A. 某火力发电企业并购了一家煤矿、降低了原材料成本

　B. 某地区交通条件的改善促进了该地区房地产业的发展

　C. 某牛奶供应商控制了全市的销售渠道，使其他牛奶供应商在该市难以立足

　D. 两家大型超市通过降价销售，争夺消费者

9. 甲专车公司是基于互联网的专车服务提供商。甲专车公司采用"专业车辆、专业司机"的运营模式，利用移动互联网及大数据技术为客户提供"随时随地、专人专车"的全新服务体验，在专车服务市场取得很大的成功。甲专车公司给潜在进入者设置的进入障碍是（　　）。

　A. 规模经济

　B. 资金需求

　C. 价格优势

　D. 产品差异

10. 20 世纪 50 年代末期，迪尔公司使用了类似于卡特比勒公司的战略方式进入了重型推土机行业。迪尔在渗透卡特比勒公司主要市场领域方面不惜重金、不遗余力。有传言说，卡特比勒公司打算进入迪尔公司的战略重地——农业设备领域竞争，这体现了（　　）。

　A. 进入对方领域

　B. 规模经济

　C. 企业对关键资源的控制

　D. 现有企业的品牌优势

11. 1992 年，为了发展中国录像机产业，避免重复建设，经国务院批准，全国九家录像机定点企业联合出资在大连成立了 HL 电子公司。作为国家重点建设项目，HL 电子公司投资了 14.52 亿元，引进松下最先进的技术和设备，生产录像机磁头磁鼓、机芯等关键件，为国内 9 家录像机定点企业配套。1994 年项目建成，经历了短暂的辉煌后，HL 电子公司愕然发现立项时方兴未艾的录像机行业已成了明日黄花。由于中国的录像机的产业滑坡和 VCD 产业的迅速崛起，录像机年销售量由 300 万台骤减至 40 万台，9 家定点企业纷纷转产 VCD，因此，HL 电子公司的主要产品——录像机机芯销售不畅，库存积压，现金断流，生产停顿，400 名员工成为大连市首批下岗者。工厂建成就连年亏损，累计亏损高达 5.9 亿元。以上案例说明了 20 世纪 90 年代中国录像机产业（　　）。

　A. 潜在进入者的进入障碍低

　B. 供应者讨价还价的能力低

　C. 购买者讨价还价的能力高

　D. 替代品的替代威胁高

12. H 公司所在的线上教育培训行业竞争激烈，销售额达到前所未有的规模，提供的各类产品基本标准化，没有明显差异。从市场角度看，现阶段 H 公司的成功关键因素是（　　）。

　A. 广告宣传，争取开辟销售渠道

　B. 建立商标信誉，开拓新的销售渠道

　C. 选择市场区域，改善企业形象

　D. 保护现有市场，渗入别人的市场

13. 随着现代经济的快速发展，社会平均工资不断攀升。甲公司分析其竞争对手乙公司发现，乙公司采取成本控制战略节省公司成本费用，在员工工资大幅度攀升的情况下，企业仍然保持常年的高速发展。甲公司对乙公司进行的上述分析属于（　　）。

　A. 成长能力分析

　B. 快速反应能力分析

　C. 适应变化的能力分析

　D. 持久力分析

二、多选题

14. 凤凰谷集团准备尝试国际战略，在以下分析中，属于宏观社会文化因素分析的有（　　）。

    A. A国人开始注重维持身体健康，喜欢滋补食品、保健食品

    B. B国人环保观念增强，反对捕杀某些稀有珍贵动物以及这些动物为原料的制成产品

    C. C国都市节奏加快，人们越来越重视闲暇时间，快餐、速食食品、微波炉等产品越来越受欢迎

    D. D国人对名牌产品情有独钟，非此不取，并以此为荣耀，表现出盲目性的消费行为

15. 2013年12月，大红牛公司以海外购物攻略为切入点，建立了一个分享境外购物经验笔记和攻略的UGC（用户创造内容）手机APP社区平台。随着中国经济的迅速发展，消费者境外购物的需求不断增加。2014年7月，政府有关部门相继出台两个关于规范和监管跨境贸易电子商务的公告，从政策层面上认可了跨境电商业务。借助迅猛发展的数字技术，公司实现了智能内容分发，通过个性化推荐提升转化率。平台将内容细分为：时尚穿搭、护肤、发型、彩妆、动漫、音乐、食谱、运动健身、旅游、摄影、明星等30余个类别，以满足年轻女性日益增长的对于时尚、娱乐、情感交流以及精致生活的全方位需求。以上分析涉及的宏观环境因素有（　　）。

    A. 政治和法律因素

    B. 经济因素

    C. 社会和文化因素

    D. 技术因素

16. 睿祥公司为家用电器生产企业。近些年，该产业盈利持续下滑，为扩大企业利润来源，睿祥公司决定进行业务扩展，对相关产业进行了分析。在下列分析结果中，错误的有（　　）。

    A. 甲产业中存在过剩的生产能力，因此产业内现有企业的竞争很激烈

    B. 乙产业资本金投入大，因此进入门槛高，潜在新进入者威胁不大

    C. 丙产业的供应商产品差异化程度与资产专用性程度高，因此替代品的威胁不大

    D. 丁企业的产品全部被一家零售商采购，因此丁企业的讨价还价能力大

17. C国对A地区生猪市场实行配额管理及审批制度。建安公司是取得牌照进入生猪市场经营的企业之一。由于A地区传统消费习惯的长期存在，其他肉类对猪肉的替代性不大，所以各生猪企业始终把质量和安全作为核心竞争力，努力把政策性的盈利模式变为市场性的盈利模式，从而在市场中立足。以上对A地区生猪市场五种竞争力分析涉及（　　）。

    A. 潜在进入者威胁

    B. 替代品的替代威胁

    C. 购买者的讨价还价

    D. 产业内现有企业的竞争

18. 广州格丽电器股份有限公司对家电行业进行五力分析，以下分析中说明了家电行业潜在进入者遇到的结构性障碍高的有（　　）。

    A. 该行业内公司采用技术封锁、人才同业禁业等方式保护自身优势

    B. 国内消费者对于产品质量、能耗等方面的要求不断提高，行业的进入和退出成本很高

    C. 产业销量低于产量增长速度，现在由卖方市场转为买方市场

    D. 格丽公司与海儿、美德等几大品牌占据国内大部分家电市场，品牌集中度和消费者的认知度比较高，同时形成了比较完善的产业链

19. 某电商平台是一家专注于母婴用品的垂直电商，面临着同行业的激烈竞争，希望通过分析竞争对手的未来目标，更好地了解市场趋势和竞争格局，制定相应的战略，以保持竞争优势。下列各项中，属于该电商平台在上述分析中应考虑的因素有（　　）。

    A. 竞争对手对风险的厌恶程度

    B. 竞争对手的现行战略

C. 竞争对手的会计系统、控制与激励系统
D. 竞争对手的价值观

20. 欧舒公司是一家综合性美业公司，该公司的主要竞争对手是某跨国公司旗下的阿玛尼公司。近来欧舒公司对阿玛尼公司未来竞争战略的目标进行了分析。下列各项中，属于欧舒公司在上述分析中应考虑的因素有（   ）。
    A. 阿玛尼公司的公开言论、领导层和销售队伍的宣称及其他暗示
    B. 阿玛尼公司的领导阶层的情况
    C. 阿玛尼公司母公司对子公司及其业务的态度
    D. 阿玛尼公司母公司总体目标和经营现状

21. 东江公司是一家通用机械设备生产商，该公司的主要竞争对手是目前在业内市场份额第一的西河公司。近期东江公司对西河公司的系列假设进行了分析。下列各项中属于东江公司在上述分析中应考虑的因素有（   ）。
    A. 西河公司正在做什么
    B. 西河公司分析事物的方法
    C. 西河公司的公开言论
    D. 西河公司的持久力

22. 智能手机行业按照综合技术研发能力和品牌塑造力度两个维度可以划分为高端、中高端、中低端和低端4个战略群组。经小唐公司研究发现，中低端群组主要致力于营销与降低生产成本，中高端群组主要致力于塑造品牌形象与不断推出高端技术。以生产中低端智能手机为主业的小唐公司，一方面将增加营销投入与品牌推广作为下一步的竞争方向，另一方面计划与高端智能机企业达成战略合作共同研发芯片技术，向中高端群组延伸。上述信息体现的战略群组分析的主要思路有（   ）。
    A. 了解战略群组间的竞争状况
    B. 了解战略群组间的"移动障碍"

C. 预测市场变化或发现战略机会
D. 了解战略群组内企业竞争的主要着眼点

三、主观题

23. 南天集团是一家川味特色餐饮集团，成立于2001年，通过不断创新菜品和高端餐饮的定位，在国内餐饮市场上赢得了一席之地。2012年以来，受宏观经济的影响，国内餐饮行业整体增长趋势明显放缓，行业收入增速同比下降。特别是2012年年底政府出台各种限制三公消费的政策，这些政策引起了社会公众的强烈反响，个人消费攀比之风得到遏制，大众的消费需求更加理性。高端餐饮行业受到猛烈冲击，市场需求萎缩。此外，房地产市场的火爆推升了房租价格，也加大了餐饮行业的经营成本。

    面对前所未有的困局，南天集团决定向大众餐饮转型，主推中低档大众菜品。近年来，国内移动互联网行业呈现井喷式发展，催生出了新的商业模式和消费习惯，南天集团开始通过微信、微博和网络外卖等互联网工具扩大销售，并通过大数据来发现客户的就餐习惯和餐饮偏好，提升服务质量。与此同时，南天集团认为环保行业将是产业政策的下一个风口，前景被看好。2015年，南天集团通过收购洁丽公司大举进入环保行业。由于环保行业竞争日趋激烈，短期内盈利前景不明朗，南天集团用于环保业务的资本支出不断加大。同时，两家公司的文化存在差异，内耗不断。洁丽公司的经营一直处于亏损状态，导致后来南天集团现金流断裂，不仅使集团在新业务上进退两难，还拖累了刚走出低谷的餐饮业务。

    要求：运用PEST分析方法，简要分析2012年以来南天集团面临的机会与威胁。

参考答案及解析

1. 【答案】D
   【考点】宏观环境分析
   【解析】本题对比了不同国家之间的生产技术,"与国外发达国家啤酒厂的先进水平仍有一定差距"说明在分析中考虑了技术因素。因此,选项 D 正确。

2. 【答案】D
   【考点】宏观环境分析
   【解析】选项 A 属于宏观环境分析中的政治和法律因素,选项 B 属于经济因素,选项 C 属于社会和文化因素,选项 D 属于产业环境分析。因此,选项 D 正确。

3. 【答案】C
   【考点】宏观环境分析
   【解析】社会和文化因素中,人口因素包括企业所在地居民的地理分布及密度、年龄、教育水平、国籍等,"少子化""老龄化"体现了人口的年龄机构。因此,选项 C 正确。

4. 【答案】C
   【考点】产品生命周期
   【解析】成熟期新的客户减少,主要靠老客户的重复购买支撑,选项 C 正确,当选;导入期的战略目标是扩大市场份额,获取最大市场份额是成长期的战略目标,选项 A 错误;成长期市场的不确定性增加,但是产品本身的不确定性在降低,选项 B 错误;衰退期企业的经营风险会进一步降低,选项 D 错误。

5. 【答案】A
   【考点】产品生命周期
   【解析】导入期产品用户很少,只有高收入用户会尝试新的产品。为了说服客户购买,导入期的产品营销成本高,广告费用大。"购买者大多收入较高……购买产品犹豫不决"说明该企业所在的产业处于导入期。因此,选项 A 正确。

6. 【答案】B
   【考点】产品生命周期
   【解析】"产品的销售群已经扩大,消费者对质量要求不高……技术和性能方面有较大差异"说明该产品处于成长期,成长期的战略路径是市场营销,此时是改变价格形象和质量形象的好时机,选项 B 正确,当选。选项 A 是导入期的战略路径;选项 C 是成熟期的战略路径;选项 D 是衰退期的战略路径。

7. 【答案】D
   【考点】产品生命周期
   【解析】衰退期产能严重过剩,只有大批量生产并有自己销售渠道的企业才有竞争力。"市场明显萎缩,厂商开始缩小生产规模,甚至转产"说明该产业已进入衰退期。因此,选项 D 正确。

8. 【答案】B
   【考点】产业五种竞争力
   【解析】哈佛商学院教授大卫·亚非提出第六个要素——互动互补作用力:任何一个产业内部都存在不同程度的互补互动(指互相配合一起使用)的产品或服务业务。对于房地产行业来说,交通、家具、电器、学校、汽车、物业管理、银行贷款、有关保险、社区、家庭服务等会对住房建设产生影响进而影响到整个房地产业的结构,这属于互动互补作用力的体现。选项 A 属于后向一体化;选项 C 属于控制销售渠道关键资源;选项 D 属于行业内竞争者之间的竞争。因此,选项 B 正确。

9. 【答案】D
   【考点】产业五种竞争力
   【解析】"为客户提供……全新服务体验"意味着甲公司提供的服务之前市场上没有任何一家提供,属于差异化的服务。A 选项与规模、产量大小有关;B 选项与资金有关;C 选项与价格便宜等有关,案例均无表述。因此,D 选项正确。

10. 【答案】A
【考点】产业五种竞争力
【解析】行为性障碍是指现有企业对进入者实施报复手段所形成的进入障碍。报复手段主要有限制进入定价和进入对方领域。"卡特比勒公司打算进入迪尔公司的战略重地"以报复"迪尔在渗透卡特比勒公司……",这体现了进入对方领域,因此,选项A正确。选项BCD属于结构性障碍,不选。

11. 【答案】D
【考点】产业五种竞争力
【解析】"由于中国的录像机的产业滑坡和VCD产业的迅速崛起,录像机年销售量由300万台骤减至40万台"体现了国内生产录像机的HL集团彻底失败的原因在于VCD产品替代录像机,这属于替代品的替代威胁。因此,选项D正确。

12. 【答案】D
【考点】成功关键因素分析
【解析】"销售额达到前所未有的规模,产品标准化,差异不明显"这些都是成熟期的特征,从市场角度来看,此时的成功关键因素为保护现有市场,渗入别人的市场。因此,选项D正确。

13. 【答案】C
【考点】竞争对手分析
【解析】竞争对手能否对外部环境作出反应属于适应变化的能力。快速反应能力是竞争对手企业对所处环境变化的敏感程度及迅速采取正确应对措施的能力。案例描述"随着现代经济的快速发展,社会平均工资不断攀升,乙公司采取成本控制战略节省公司成本费用"体现了乙公司适应环境变化的能力,没有提及乙公司的敏感程度及迅速采取措施,因此,选项C正确、选项B错误。选项A:成长能力是竞争对手发展壮大、成长的潜力,案例中没有体现。
选项D:持久力是竞争对手支撑可能对收入或现金流造成压力的持久战的能力,案例中没有体现。

14. 【答案】ABCD
【考点】宏观环境分析
【解析】社会文化环境是指一个国家和地区的民族特征、文化传统、价值观、宗教信仰、教育水平、社会结构、风俗习惯等情况。它包括:人口因素、社会流动性、消费心理、生活方式变化、文化传统、价值观。选项AC属于生活方式的变化;选项B属于价值观;选项D属于消费心理。综上,选项ABCD均正确。

15. 【答案】ABCD
【考点】宏观环境分析
【解析】2014年7月,政府有关部门相继出台两个关于规范和监管跨境贸易电子商务的公告,从政策层面上认可了跨境电商业务,体现了政治和法律环境分析;随着中国经济的迅速发展,消费者境外购物的需求不断增加,体现了经济环境分析;以满足年轻女性日益增长的对于时尚娱乐、情感交流以及精致生活的全方位需求,体现了社会和文化环境分析;借助迅猛发展的数字技术体现了技术环境分析。综上,选项ABCD均正确。

16. 【答案】CD
【考点】产业五种竞争力
【解析】丙产业的资产专用性程度高,因此供应者讨价还价的能力高,与替代品的威胁无关,选项C错误。丁企业的产品全部被一家零售商采购,因此该企业的讨价还价能力较小,选项D错误。综上,根据题意,选项CD当选。

17. 【答案】ABD
【考点】产业五种竞争力
【解析】"C国对A地区生猪市场实行配额管理及审批制度"属于潜在进入者威胁分析,选项A正确;"其他肉类对猪肉的替代性不大"属于替代品的替代威胁分析,选项B正确;"各生猪企业始终把质量和安全作为核心竞争力"属于产业内现有企业的竞争分析,选项D正确。综上,选项ABD正确。

18. 【答案】ABD
【考点】产业五种竞争力

【解析】选项 A 是结构性障碍中的现有企业对资源的控制，当选；选项 B 是结构性障碍中的现有企业对资源的控制，当选；选项 C 体现购买者的讨价还价能力强，不属于进入障碍，不选；选项 D 是现有企业的市场优势中的品牌优势，当选。综上，选项 ABD 正确。

19. 【答案】ACD
    【考点】竞争对手分析
    【解析】分析竞争对手未来竞争的目标时，可以考虑竞争对手的财务目标、竞争对手对于风险的态度、竞争对手的价值观、竞争对手的会计系统、控制与激励系统等因素。因此，选项 ACD 正确；选项 B，竞争对手的现行战略和竞争对手的未来目标同属于竞争对手分析内容，不选。

20. 【答案】BCD
    【考点】竞争对手分析
    【解析】本题属于"知识点还原"类题目，考查竞争对手分析——竞争对手的未来目标。
    分析自己竞争对手的未来目标，可以考虑以下因素：①竞争对手的财务目标；②竞争对手对于风险的态度；③竞争对手的价值观；④竞争对手的组织结构；⑤竞争对手的会计系统、控制与激励系统；⑥竞争对手领导阶层的情况（选项 B）；⑦竞争对手行为的各种政府或社会限制。
    如果竞争对手是某个较大公司的子公司，还需注意：①母公司的总体目标和经营现状（选项 D）；②母公司对其子公司及其业务的态度（选项 C）；③母公司招聘、激励、约束子公司经理人员的方法。选项 A 属于竞争对手的假设，不选。综上，选项 BCD 正确。

21. 【答案】BC
    【考点】竞争对手分析
    【解析】分析竞争对手的假设可以考虑以下方面：①竞争对手的公开言论、领导层和销售队伍的宣称及其他暗示等（选项 C）；②由于历史、感情或文化上的原因，在诸如产品设计方法、产品质量要求、制造场所、推销方法、分销渠道等方面，竞争对手强烈坚持哪些方面。③竞争对手根深蒂固的价值观和观察、分析事物方法是什么（选项 B）；④竞争对手对产品的未来需求和产业发展趋势持何种看法。⑤竞争对手对其竞争者们的目标和能力的看法如何，它是否高估或低估了它们。选项 A 属于分析竞争对手的现行战略；选项 D 属于分析竞争对手的能力，故不选。综上，选项 BC 正确。

22. 【答案】ABD
    【考点】产业内的战略群组
    【解析】"经研究发现，中低端群组主要致力于营销与降低生产成本，中高端群组主要致力于塑造品牌形象与不断推出高端技术"体现了各战略群组之间的竞争状况，选项 A 正确；"另一方面计划与高端智能机企业达成战略合作共同研发芯片技术，向中高端群组延伸"体现了战略群组之间的"移动障碍"，选项 B 正确；"将增加营销投入与品牌推广作为下一步的竞争方向"体现了战略群组内企业竞争的主要着眼点，选项 D 正确。"预测市场变化或发现战略机会"案例中并无相关表述，选项 C 不选。综上，选项 ABD 正确。

23. 【答案】从 PEST 角度分析南天集团面临的机会：①社会和文化环境。"国内移动互联网行业呈现井喷式发展，催生出了新的商业模式和消费习惯。"
    从 PEST 角度分析南天集团面临的威胁：①政治和法律环境。"政府出台各种限制三公消费的政策。"②经济环境。"受宏观经济的影响，国内餐饮行业整体增长趋势明显放缓，行业收入增速同比下降"；"高端餐饮行业受到猛烈冲击，市场需求萎缩；房地产市场的火爆推升了房租价格也加大了餐饮行业的经营成本。"
    【考点】宏观环境分析

第二节 企业内部环境分析

一、单选题

1. W 电子信息科技公司以拥有"为客户服务、快速行动"的文化理念著称，成为企业的重要资源，竞争对手难以对其进行模仿，同时也没有人能够明确地解释出形成这种文化的真实原因。W 电子信息科技公司具有不可模仿性的资源是（　　）。
   A. 具有路径依赖性的资源
   B. 具有因果含糊性的资源
   C. 具有经济制约性的资源
   D. 物理上独特的资源

2. 王老吉在对市场进行分析后得到一个结论，即在消费者的认知中，饮食是上火的一个重要原因，特别是"辛辣""煎炸"类食品，因此，王老吉在维护原有的销售渠道的基础上，加大力度开拓餐饮渠道，在一批酒楼打造旗舰店的形象，重点选择在湘菜馆、川菜馆、火锅店、烧烤店等场所销售王老吉，迅速占领了市场，这体现了企业能力中的（　　）。
   A. 研发能力　　　B. 生产管理能力
   C. 营销能力　　　D. 组织管理能力

3. 富康酒店是我国知名连锁酒店，为了提升管理水平，该酒店聘请了一家咨询公司，对比分析国内酒店行业领先企业的经营管理、产品和服务等方面的信息。富康酒店进行基准分析的基准类型是（　　）。
   A. 内部基准　　　B. 过程或活动基准
   C. 一般基准　　　D. 竞争性基准

4. Z 公司是一家医院，为了正确合理地评价本身的核心竞争力，提高服务水平，该公司把一家知名的酒店作为基准对象进行分析，并实地考察。Z 公司进行基准分析的类型属于（　　）。
   A. 内部基准　　　B. 竞争性基准
   C. 过程或活动基准　　D. 一般基准

5. 2019 年 5 月，国内有关部门下发通知全面实施"携号转网"。6 月，5G 商用牌照下发，C 国广电荣膺第四大电信运营商，Y 国 YY 电信公司也成为国内首个拿到全牌照的国际电信公司。作为国家重点开放的领域，电信行业垄断的格局将被打破。国家开放全面竞争，让国内企业具备危机意识，体现的是钻石模型中的（　　）。
   A. 高级生产要素
   B. 专业生产要素
   C. 需求条件
   D. 企业战略、企业结构和同业竞争

6. 日方石化公司是一家生产经营煤油的企业，准备到发展中国家 Y 投资建厂，因此对 Y 国诸多条件进行了认真调查分析。以下内容不属于钻石模型要素的是（　　）。
   A. Y 国劳动力价格和素质
   B. 本国客户对煤油质量有较高要求
   C. Y 国本土有大型的石化工厂
   D. Y 国近期出台了很多政策限制资源开采相关业务

7. 全球知名品牌 A 手机目前大多数是在 C 国的甲市和乙市组装的，因为那里拥有成千上万生产手机零部件的厂商。以其为中心的集群效应意味着一部手机、一台笔记本电脑或一架无人机所需的大部分零件都能在方圆几十公里内进行生产。C 国形成的产业竞争优势体现的钻石模型的要素是（　　）。
   A. 生产要素
   B. 需求条件
   C. 相关及支持性产业
   D. 企业战略、企业结构和竞争对手的表现

8. 新兴公司是一家空调生产企业，以下各项活动依据价值链模型进行划分，正确的是（　　）。
   A. 新兴公司将进口零件运输到企业的活动属于外部后勤活动
   B. 新兴公司举办针对企业文化的培训活动属于基本活动中的服务活动

C. 新兴公司售后部门维修客户的空调属于生产经营活动

D. 新兴公司聘请广告公司做营销策划属于采购管理活动

9. 一些德国企业通过更合理的工序计划、进度计划、安装计划及生产环节之间良好的协调来更好地利用有限的资源。它们结合自身的情况运用这些措施，可以将生产过程缩短20%，积存货物量减少30%，仓储费用减少50%，这样，产品成本也就可以随之降低15%。它们甚至将这种结构调整过程进一步深化，由此而启用新的薪酬发放标准，建立起以效益为中心的生产过程费用核算机制。这些企业的活动所处的企业资源能力的价值链分析环节在（　　）。

A. 确认那些支持企业竞争优势的关键性活动

B. 明确在关键活动上建立和强化优势很可能取得成功

C. 明确价值链内各种活动之间的联系

D. 明确价值系统内各项价值活动之间的联系

10. B公司2015年开始涉足工业4.0制造项目，截至2016年上半年，该项目的市场增长率就达25%，并且已经占据了最大的市场份额。下列关于该业务的说法中，正确的是（　　）。

A. 此业务属于现金牛业务

B. 此业务处于最差的现金流量状态

C. 对于此业务该公司的战略是积极扩大经济规模和市场机会，加强竞争地位

D. 该公司应该整顿产品系列，将此业务与其他事业部合并，进行统一的管理

11. 丰源公司是一家粮油生产企业。粮油业正处于成熟阶段，丰源公司凭借较高的市场占有率为其进一步战略扩张提供了大量的现金流。根据波士顿矩阵原理，对丰源公司的粮油业务表述正确的有（　　）。

A. 应当由对生产技术和销售两方面都很内行的经营者负责

B. 组织结构应当采用智囊团或项目组织等形式

C. 负责人最好是市场营销型人物

D. 可以采用发展、保持或收割策略

二、多选题

12. 翔鹤乳业公司创建于1962年，扎根于北纬47度黄金奶源带，实现牧草种植、奶牛养殖、生产加工全产业链一体化管理和经营。该公司凭借其优质奶源优势、采用湿法工艺（即用鲜奶直接制成）开发生产的新产品，已经连续5年获得了世界品质评鉴大会金奖；同时，该公司强化"一方水土养一方人"的观点，以此作为价值理念持续教育消费者；另外，该公司以健全的激励体制和良好的企业文化造就强大的团队凝聚力，基层员工、销售人员节假日还在奔走忙碌是家常便饭。以上分析涉及的企业资源的主要类型包括（　　）。

A. 有形资源　　　B. 无形资源

C. 人力资源　　　D. 地理资源

13. 多年来，齿轮箱及相关产品生产商泰力公司以兼顾员工、企业、客户、股东、社会利益的"五合"文化为基础，逐渐打造、积累出一套精细化、专业化、国际化的技术创新和管理服务体系，成为齿轮传动设备行业的领导者。下列各项中，属于泰力公司竞争优势来源的有（　　）。

A. 物理上独特的资源

B. 具有路径依赖性的资源

C. 具有因果含糊性的资源

D. 具有经济制约性的资源

14. 企业核心能力可能不止一种，核心能力一般具有的特征包括（　　）。

A. 价值性　　　B. 因果含糊性

C. 可延展性　　D. 不可替代性

15. 鑫源医药是一家医用耗材生产商，核心优势在于科研和技术支持。随着企业业务的发展，鑫源公司发现自己在采购、生产、销售等活动方面处于劣势。为了尽快实现商业价值，公司决定将业务聚焦于研发和售后服务两个环节上，与河海公司订立生产协议，组建战略联盟，以增加企业整体价值。从企业资源能力的价值链分析来看，下列各项表述中，符合鑫源医药上述做法的有（　　）。

A. 确认那些支持企业竞争优势的关键性活动

B. 明确价值链内各种活动之间的联系

C. 确认价值系统内基本活动与支持性活动之间的联系

D. 明确价值系统内各项价值活动之间的联系

16. S 公司是一家电子工业企业。其中，A 产品的市场份额达到了 17%，该产品市场上最大竞争对手的市场份额为 15%，各项数据分析表明 A 产品的市场增长率为 7%。据此判断，下列各项中符合 A 产品在波士顿矩阵中所属业务类型的特征有（　　）。

A. 业务处于成熟的低速增长的市场中
B. 业务具有很大的市场份额
C. 业务可以为企业提供大量的资金
D. 业务需要大量的投资

17. 白阳公司有小家电、零售、快捷酒店、新能源车四项业务。2018 年以来，白阳公司的经营一直不景气，管理层讨论准备采用收缩战略。根据波士顿矩阵运用的原理，上述四部分业务中，可以视情况放弃的有（　　）。

A. 小家电的市场步入成熟期，白阳公司的市场份额很小，最近没有什么作为
B. 虽然零售业近几年受到在线销售增长影响表现十分亮眼，连续两位数增长，然而行业中的两大巨头瓜分了大部分红利，白阳公司等企业只能勉力生存
C. 白阳公司的快捷酒店数量与入住率都是行业龙头，但是整个快捷酒店行业受疫情影响一直不景气，白阳公司也不例外
D. 受政策及环保理念的利好，白阳公司是最早一批进入飞速发展的新能源车领域的企业之一，目前妥妥地站稳销售量第一的位置

18. 作为公司业务组合分析的工具，波士顿矩阵的贡献有（　　）。

A. 波士顿矩阵揭示了资金是企业的主要资源这样一个事实
B. 波士顿矩阵将企业不同的经营业务综合在一个矩阵中，具有简单明了的效果
C. 波士顿矩阵可以帮助每个经营业务单位从矩阵中了解自己在总公司中的位置和可能的战略发展方向
D. 波士顿矩阵用多个指标综合测算产业吸引力和企业竞争地位，比较全面地反映这两个方面的状况

三、主观题

19. JY 公司成立于 2004 年，公司主营业务是将工业级二氧化碳共聚物材料，经过提纯改性，应用于医用耗材类产品。JY 公司核心优势在于科研与技术支持。经过多年的研究开发，目前已取得十多项专利技术成果，拥有独立自主的知识产权。JY 公司的发展战略可以分为三个阶段。公司根据不同阶段的发展状况，采用不同模式构筑企业竞争优势。

第一阶段：一体化商业模式（2004～2010 年）。JY 公司实施科研、中试、生产一体化，覆盖企业价值链的各个环节。公司将资源和能力配置到价值链的各个环节，牢牢掌控价值链的各个经营活动，把握生产经营的全部所得。第二阶段：外包转型（2010～2014 年）。随着企业业务发展，JY 公司发现自己在融资、采购、生产、销售等价值活动方面处于劣势，导致企业开发出的产品无法尽快实现商业化转化。于是 JY 公司将自身的经营业务聚焦于研发和营销服务两个价值创造环节上，而将生产制造环节外包出去，以增加企业价值链整体价值。同时，JY 公司还将自己的非核心专利转让出去，通过获取专利许可使用费，在价值链上增加了一个价值创造的环节。

第三阶段：平台战略（2014 年至今）。第二阶段的转型外包，不仅使 JY 公司优化了资源配置，而且使 JY 公司与生产企业达成良好的协作关系，这提供了平台战略实施的前提。而网络技术的发展，使得 JY 公司实施平台战略成为可能。JY 公司的平台战略就是以技术研发以及核心医疗产品为核心，以网络效应吸引生产企业、客户（医院、养老院、药店）等多方加入，搭建起跨企业、跨区域、跨行业的医疗设备资源合作、共享的专业化平台。

要求：
运用价值链分析方法，简要分析 JY 公司在各个发展阶段是如何通过运用价值链分析自身的资源和能力而构筑其竞争优势的。

参考答案及解析

1. 【答案】B
   【考点】资源与能力分析
   【解析】具有因果含糊性的资源（如企业文化）是组织中最常见的一种资源，其形成原因常没有清晰的解释，且难以被竞争对手模仿。W电子信息科技公司以文化理念著称，属于因果含糊性的资源。因此，选项B正确。

2. 【答案】C
   【考点】资源与能力分析
   【解析】王老吉通过开拓餐饮渠道，提高了王老吉的销售活动能力，使更多的消费者购买王老吉，引导消费，是一种营销能力的体现。因此，C选项正确。选项A与研发计划、研发组织、研发过程和研发效果相关；选项B与生产过程、生产能力、库存管理、人力资源管理和质量管理相关；选项D与职能管理体系的任务分工、岗位责任、集权和分权的情况、组织结构（直线职能、事业部等）、管理层次和管理范围的匹配相关。

3. 【答案】D
   【考点】资源与能力分析
   【解析】富康公司是一家五星级酒店，案例中"对比分析酒店行业领先企业的经营管理、产品和服务等方面的信息"表明直接以竞争对手为基准进行比较。因此，选项D正确。

4. 【答案】C
   【考点】资源与能力分析
   【解析】过程或活动基准的基准对象是具有类似核心经营的企业，但是二者之间的产品和服务不存在直接竞争的关系。因此，选项C正确。

5. 【答案】D
   【考点】钻石模型
   【解析】在国际竞争中，成功的产业必然要先经过国内市场的搏斗，迫使其进行改进和创新，海外市场则是竞争力的延伸。在政府的保护和补贴下，国内没有竞争对手的"超级明星企业"通常并不具有国际竞争能力。这体现了企业战略、企业结构和同业竞争。因此，选项D当选。

6. 【答案】D
   【考点】钻石模型
   【解析】钻石模型四要素有：生产要素；需求条件；相关与支持性产业；企业战略、企业结构和同业竞争。选项A属于生产要素，选项B属于需求条件，选项C属于同业竞争，均不选；选项D属于政府的政策，不属于钻石模型要素。因此，选项D正确。

7. 【答案】C
   【考点】钻石模型
   【解析】相关和支持性产业与优势产业是一种休戚与共的关系。本国供应商是产业创新和升级过程中不可缺少的一环，因为产业要形成竞争优势，就不能缺少世界一流的供应商，也不能缺少上下游产业的密切合作关系。因此，选项C正确。

8. 【答案】D
   【考点】价值链分析
   【解析】"将进口零件运输到企业的活动"属于内部后勤活动，选项A错误；"举办针对企业文化的培训活动"属于人力资源管理，选项B错误；"售后部门维修客户的空调"属于基本活动中的服务，选项C错误。通过排除法可知，选项D正确。

9. 【答案】C
   【考点】价值链分析
   【解析】企业内部各活动之间存在各种联系，选择或构筑最佳的联系方式对于提高价值创造和战略能力是十分重要的。"通过更合理的工序计划、进度计划、安装计划及生产环节之间良好的协调来更好地利用有限的资源……可以将生产过程缩短20%，积存货物量减少30%，仓储费用减少50%"体现了各种活动之间的联系方式。因此，选项 C 正确。

10. 【答案】C
    【考点】波士顿矩阵
    【解析】"市场增长率已经达到 25%，并且占据最大的市场份额"说明该业务属于明星业务，选项 A 错误；问题业务通常属于最差的现金流量状态，选项 B 错误；明星业务事宜采用的战略是积极扩大经济规模和市场机会，以长远利益为目标，提高市场占有率，加强竞争地位，选项 C 正确；在瘦狗业务的后期，企业应该整顿产品系列，最好将"瘦狗"产品与其他事业部合并，统一管理，选项 D 错误。

11. 【答案】C
    【考点】波士顿矩阵
    【解析】"粮油业正处于成熟阶段"说明市场增长率为低位；"较高的市场占有率……提供了大量的现金流"相对市场占有率为高，说明粮油业务为现金牛业务。对现金牛业务而言，负责人最好是市场营销型人物。选项 C 正确。选项 A 适合的是明星业务，不选。选项 B 适合的是问题业务，不选。选项 D，对于较大的现金牛业务可以采用保持战略，对于处境不佳的现金牛应采用收割战略，不选。

12. 【答案】ABC
    【考点】资源与能力分析
    【解析】"扎根于北纬 47 度黄金奶源带，实现牧草种植、奶牛养殖、生产加工全产业链一体化管理和经营"涉及有形资源；"公司凭借其优质奶源优势、采用湿法工艺（即用鲜奶直接制成）开发生产的新产品，已经连续 5 年获得了世界品质评鉴大会金奖，并强化一方水土养一方人的观点，以此作为价值理念持续教育消费者"涉及无形资源；"公司以健全的激励体制和良好的企业文化造就强大的团队凝聚力，基层员工、销售人员节假日还在奔走忙碌是家常便饭"涉及人力资源。综上，选项 ABC 正确。

13. 【答案】BC
    【考点】企业资源与能力分析
    【解析】"兼顾员工、企业、客户、股东、社会利益的'五合'文化"中的文化是如何形成的很难给出原因，属于具有因果含糊性的资源，选项 C 正确；"逐渐打造、积累出一套精细化、专业化、国际化的技术创新和管理服务体系"表明经过了长期积累，属于具有路径依赖性的资源，选项 B 正确。综上，选项 BC 正确。

14. 【答案】ACD
    【考点】企业资源与能力分析
    【解析】核心能力的主要特征包括：价值性、独特性、可延展性、不可替代性。故选项 ACD 当选。

15. 【答案】ABD
    【考点】价值链分析
    【解析】科研和技术支持属于鑫源医药的关键性活动，选项 A 正确；"在采购、生产、销售等活动方面处于劣势……将业务聚焦于研发和售后服务两个环节，与河海公司订立生产协议，组建战略联盟，以增加企业整体价值"体现了价值链内各种活动之间的联系，选项 B 正确；价值活动的联系不仅存在于企业价值链内部，而且存在于企业与企业的价值链之间，"与河海公司订立生产协议，组建战略联盟"体现了价值系统内各项价值活动之间的联系，选项 D 正确。综上，选项 ABD 正确。

16. 【答案】ABC
    【考点】波士顿矩阵
    【解析】$17\% \div 15\% = 1.13 > 1.0$，所以相对市场占有率高；$7\% < 10\%$，所以市场增长率低，由此可知 A 产品属于现金牛业务。现金牛业务本身不需要大量投资，可以为企业提供大量的资金，选项 D 错误。选项 ABC 均为现金牛业务的特征。综上，选项 ABC 正确。

17. 【答案】AB
    【考点】波士顿矩阵
    【解析】选项 A，"市场成熟期，市场份额很小"说明是低增长-弱竞争地位的瘦狗业务；选项 B，"连续两位数增长……但只能勉力生存"说明是高增长-弱竞争地位的问题业务;选项 C,"……是行业龙头""整个行业一直不景气"说明是低增长-高竞争地位的现金牛业务;选项 D,"……目前站稳第一"说明是高增长-高竞争地位的明星业务;无利可图的"瘦狗"类和"问题"类业务可以视情况放弃。因此,选项 AB 正确。

18. 【答案】BC
【考点】波士顿矩阵
【解析】波士顿矩阵的启示波士顿矩阵的启示:①波士顿矩阵是最早的组合分析方法之一,作为一个有价值的思想方法,被广泛运用在产业环境与企业内部条件的综合分析、多样化的组合分析等方面;②波士顿矩阵将企业不同的经营业务综合在一个矩阵中,具有简单明了的效果(选项 B 正确);③波士顿矩阵指出了每个经营单位在竞争中的地位,使企业了解到它们的作用和任务,从而有选择和集中地运用企业有限的资金。每个经营业务单位也可以从矩阵中了解自己在总公司中的位置和可能的战略发展方向(选项 C 正确);④利用波士顿矩阵还可以帮助企业推断竞争对手对相关业务的总体安排。其前提是竞争对手也使用波士顿矩阵的分析技巧。因此,选项 BC 正确。

19. 【答案】价值链分析要明确以下几点:
①确认那些支持企业竞争优势的关键性活动,如"JY 公司核心优势在于科研与技术支持""JY 公司将自身的经营业务聚焦于研发和营销服务两个价值创造环节上"。
②明确价值链内各种活动之间的联系。选择或构筑最佳的联系方式对于提高价值创造和战略能力是十分重要的。JY 公司在"第一阶段:一体化商业模式(2004~2010年)";第二阶段:外包转型(2010~2014年);"第三阶段:平台战略(2014 年至今)"都是根据企业不同时期的发展状况,选择或构筑价值链内各种活动之间最佳的联系方式。
③明确价值系统内各项价值活动之间的联系,价值活动的联系不仅存在于企业价值链内部,而且存在于企业与企业的价值链之间。JY 公司在第三阶段通过明确价值系统内各项价值活动之间的联系,"以技术研发以及核心医疗产品为核心,以网络效应吸引生产企业、客户(医院、养老院、药店)等多方加入,搭建起跨企业、跨区域、跨行业的医疗设备资源合作、共享的专业化平台",选择和构筑了企业与企业的价值链之间的最佳联系方式。
【考点】价值链分析

第三节 企业内外部环境综合分析

一、单选题

1. 本世纪初,外资乳企进入中国市场,在新的一轮攻势中,他们通过自己的最大的优势——资本进行竞争。虽然,目前市场上出现了伊利、蒙牛、光明等规模大的企业所生产开发的系列功能奶,但总的来说,中国乳制品企业仍以液体奶生产为主,约占乳制品生产总量的一半,此外,中国的乳制品产业缺乏适合不同消费群体、不同消费习惯、不同消费方式的乳制品的研制与开发体系。从整个产业来看,国内企业的产品质量意识与外资企业存在一定的差距,我国乳制品业的产品质量亟须提高。因此,我国乳制品业适合的战略为( )。

A. 增长型战略
B. 多元化战略
C. 扭转型战略
D. 防御型战略

2. 万福家具股份有限公司财务风险近年逐渐上升，为了进一步提升资本实力，公司最近确立了新的战略目标，决定为寻求充沛的资金来源，积极开拓融资渠道，从而把握政策支持行业整合的契机，确保进一步扩大经营规模。该战略属于（　　）。

A. 扭转型战略
B. 防御型战略
C. 增长型战略
D. 多元化战略

二、多选题

3. 近年来，我国出境旅游的人数迅速增加，旅行社之间的竞争异常激烈。刚成立不久的国海旅行社凭借先进的管理理念和创新的经营模式在行业内取得一席之地。但由于缺少精通业务的项目设计和导游人员，该旅行社业务的发展受到很大限制。下列各项中，符合国海旅行社SWOT分析要求的有（　　）。

A. 国海旅行社具有先进的管理理念和创新的经营模式，但缺少精通业务的项目设计和导游人员，应加大人才招聘和培训力度。此战略为WT战略
B. 近年来，我国出境旅游的人数迅速增加，国海旅行社具有先进的管理理念和创新的经营模式，应加快业务发展。此战略为SO战略
C. 旅行社之间的竞争异常激烈，国海旅行社缺少精通业务的项目设计和导游人员，应与实力雄厚的旅行社进行战略合作。此战略为ST战略
D. 近年来，我国出境旅游的人数迅速增加，国海旅行社缺少精通业务的项目设计和导游人员，应加大人才招聘和培训力度。此战略为WO战略

4. 作为国内一家新兴互联网公司，M公司对所处的环境进行了综合的分析，总结出了自己所处的地位：（1）M公司虽然相关技术研发力量不足，且缺乏相关的经验，但是由于属于发展中国家新兴市场，对消费者有着绝对的吸引力。（2）M公司内部对于质量流程和控制水平一流，然而竞争对手N公司发明了新颖的、创新性的替代产品。下列各项对M公司所作的SWOT分析并提出的相应战略中，正确的有（　　）。

A. 增长型战略
B. 扭转型战略
C. 防御型战略
D. 多种经营战略

参考答案及解析

1. 【答案】D
   【考点】SWOT分析
   【解析】"外资乳企进入中国市场，在新的一轮攻势中，他们通过自己的最大的优势——资本进行竞争"属于威胁，"中国的乳制品产业缺乏适合不同消费群体、不同消费习惯、不同消费方式的乳制品研制与开发体系""我国乳制品业的产品质量亟需提高"属于劣势，因此适合采用防御型战略，故选项D正确。

2. 【答案】A
   【考点】SWOT分析
   【解析】该战略是万福公司为了扭转自身财务风险上升不足的劣势，结合国家政策支持产业整合的机会而做出的，属于扭转型战略，故选项A正确。

3. 【答案】BD
   【考点】SWOT 分析
   【解析】选项 A "具有先进的管理理念和创新的经营模式"是优势，"缺少精通业务的项目设计和导游人员"是劣势，属于 SW，不符合题意；选项 C "旅行社之间的竞争异常激烈"是威胁，"缺少精通业务的项目设计和导游人员"是劣势，属于 WT，不符合题意。因此选项 BD 正确。

4. 【答案】BD
   【考点】SWOT 分析

【解析】① "M 公司虽然相关技术研发力量不足，且缺乏相关的经验（属于 W），但是由于属于发展中国家新兴市场，对消费者有着绝对的吸引力（属于 O）。"匹配的战略是扭转型战略，选项 B 正确。② "M 公司内部对于质量流程和控制一流（属于 S），然而竞争对手 N 公司发明了新颖的、创新性的替代产品（属于 T）。"匹配的战略是多种经营战略，选项 D 正确。A 选项适用情形是 SO；C 选项适用情形是 WT。综上，选项 BD 正确。

第三章 战略选择

真题巩固

第一节 总体（公司层）战略

一、单选题

1. 【2023】力辉公司是一家新能源电池生产商。该公司为增强研发能力，收购了某储能技术研究院。下列各项中，属于力辉公司采取的战略是（　　）。
   A. 产品开发战略
   B. 市场开发战略
   C. 多元化战略
   D. 一体化战略

2. 【2022】主营水稻种植的金谷公司与从事数字化、智能化技术研发与应用的拓维公司建立战略联盟，共建"智慧农田"，将 5G、物联网、人工智能等技术与水稻种植相结合，通过对周边气象、水文等信息进行采集、存储、分析，实现水稻种植过程的自动化管理，显著提高了水稻的产量、质量，给双方带来良好的效益。下列各项中，属于金谷公司与拓维公司建立战略联盟的动因是（　　）。
   A. 促进技术创新
   B. 避免经营风险
   C. 避免或减少竞争
   D. 实现资源互补

3. 【2021】泰瑞公司原是一家提供管理咨询服务的企业，2020 年以来，该公司采用收缩战略以应对利润下滑局面，具体包括调整管理层领导班子，采用更具有激励作用的薪酬制度。泰瑞公司采用的收缩战略的方式是（　　）。
   A. 机制变革
   B. 拆产为股
   C. 削减成本战略
   D. 财政和财务战略

4. 【2021】方舟公司是国内首家专营私人定制国内外自由行项目的旅行社。近年来，该社先后并购了多家规模较小但经营各具特色的旅行社，有效拓展了业务种类和范围，取得高于其他旅行社的经济效益。方舟公司并购多家旅行社的动机是（　　）。
   A. 容易从企业资源获得财务支持
   B. 获得协同效应
   C. 降低协调成本
   D. 保持统一的管理风格和企业文化

5. 【2020】达康公司是国内一家中成药品生产企业。为了保障原材料的稳定供给与产品质量，自 2015 年以来投资建设了 3 个原料药材现代化种植基地，收购了 2 个原属于其他药品公司的药材种植企业，全面推进原材料药材规范化绿色种植工程。下列各项中，属于达康公司采用上述战略适用条件的是（　　）。
   A. 中成药品产业增长潜力较大
   B. 达康公司现有销售商的销售成本较高
   C. 达康公司存在过剩的生产能力
   D. 中成药品产业竞争较为激烈

6. 【2020】佳美公司是一家全国性家电零售连锁企业，在国内一、二线城市拥有近百家大型连锁商城，是国内外众多家电品牌厂家在中国的最大销售商 2019 年，该公司并购了国内另一家著名的家电零售连锁企业恒兴公司，销售网络扩展到全国三分之二以上的城市和部分乡镇，市场占有率提高了 20%，进一步巩固了其行业领先地位佳美公司实施上述并购的动机是（　　）。
   A. 避开进入壁垒，迅速进入，争取市场机会

B. 克服企业负外部性，减少竞争，增强对市场的控制力
C. 避免经营风险
D. 实现资源互补

7. 【2019】为了拓展国际业务，国内玩具制造商甲公司收购了J国玩具制造商乙公司，并很快打开J国玩具市场。其后不久，甲公司发现乙公司在被收购前卷入的一场知识产权纠纷将导致甲公司面临严重的经营风险。甲公司在并购中失败的原因是（　　）。
   A. 决策不当
   B. 支付过高的并购费用
   C. 并购后不能很好地进行企业整合
   D. 跨国并购所面临的政治风险

8. 【2019】国内著名商业零售企业东海公司与主营大数据业务的高胜公司签订战略合作协议，商定由东海公司免费向高胜公司开放相关数据收集平台，高胜公司则无偿为东海公司提供数据分析及应用方案。下列各项中，属于上述两个公司结成的战略联盟的特点是（　　）。
   A. 更具有战略联盟的本质特征
   B. 企业对联盟的控制力较强
   C. 有利于企业长久合作
   D. 有利于扩大企业资金实力

9. 【2018】2016年以来，生产安保设施的天盾公司先后收购了两家同类企业，在扩大生产经营规模、降低成本的同时，开发出功能优于其他同类产品的新产品。天盾公司的上述收购行为属于该公司的（　　）。
   A. 业务单位战略　　B. 总体战略
   C. 混合战略　　　　D. 职能战略

10. 【2017】为克服对客户需求的变化缺乏敏感性、公司结构性产能过剩等问题，神大钢铁公司近年来收购了远航造船厂，参股国兴造船厂，与天州钢帘线制造厂签订了合作协议。神大钢铁公司的发展战略是（　　）。
    A. 前向一体化战略
    B. 后向一体化战略
    C. 密集型战略
    D. 多元化战略

11. 【2017】甲公司是一家知名的淮扬菜餐厅，在全国有100多家门店，为了在行业中始终保持领先地位，公司在内部设立了研究所，以紧跟市场需求变化，定期开发特色菜上市，赢得了消费者好评。根据上述描述，甲公司采取的发展战略类型是（　　）。
    A. 市场开发战略
    B. 市场渗透战略
    C. 产品开发战略
    D. 多元化战略

12. 【2015】某旅行社与航空公司、出租汽车公司合作，采用代购机票、免费机场接送等营销方法吸引更多的客户。该旅行社采用的战略是（　　）。
    A. 市场开发战略
    B. 产品开发战略
    C. 相关多元化战略
    D. 市场渗透战略

二、多选题

13. 【2023】世友纺织集团拥有纺纱、纺织、印染、制衣等一体化业务。近期，该公司拟出售印染业务。根据上述情况，下列各项中，属于世友纺织集团出售印染业务所面临的退出障碍有（　　）。
    A. 染色机、印花机等固定资产的专用性程度
    B. 没有愿意出合理价格的买主
    C. 腾下来的资源得不到利用
    D. 印染业务与纺织、制衣等业务之间存在内部战略联系

14. 【2022】百利公司是一家生产以皮革、尼龙、合成革为材料的多种日用品的企业。面对人们消费结构的升级和市场趋冷，该公司采用收缩战略，将以皮革为材料的日用品生产业务出售给另一家企业，同时引进以生物提取合成物为材料的日用品生产线进行生产。下列各项中，属于百利公司采用的收缩战略的方式有（　　）。
    A. 紧缩与集中战略
    B. 转向战略

C. 放弃战略
D. 重组战略

15. 【2021】大型显示器制造商富林公司与光裕公司于2017年订立协议，双方结为股权式战略联盟两年后，光裕公司以自己拥有独创的单元板制造技术为筹码要求提高在联盟的股权占比，遭到对方拒绝。此后，光裕公司在没有告知对方的情况下把股份转让给其他两家公司，致使联盟解体，富林公司的经营陷入困境。从订立协议角度看，富林公司与光裕公司战略联盟解体的原因有（　　）。
A. 没有严格界定联盟的目标
B. 没有周密设计联盟结构
C. 没有准确评估投入的资产
D. 没有规定违约责任和解散条款

16. 【2020】富和矿业公司于2013年收购了Y国一座铁矿，预计5年后收回成本并盈利。后来发现这座铁矿的储量和矿石出铁率低于预期，且所处地质环境复杂，开采成本和运输费用超出预算1倍以上。2018年年底，该铁矿的运营出现严重收不抵支，富和矿业公司向当地银行申请贷款，但由于Y国有限制外资贷款的法律，未果，公司被迫宣布该铁矿倒闭。富和矿业公司上述收购失败的原因有（　　）。
A. 决策不当
B. 跨国并购面临政治风险
C. 支付过高的并购费用
D. 并购后不能很好地进行企业整合

17. 【2020】为共同推进国内某市5G生态产业集群的发展，A公司与B公司达成战略合作协议。前者作为基础网络和电信服务供应商，提供基础通信、流量入口、运营平台建设保障；后者作为技术供应商，负责该市智慧园区、工业互联网、"5G+光网双千兆"标杆园区、云计算应用等领域的场景落地。下列各项中，属于上述两家公司结成的战略联盟的特点的有（　　）。
A. 双方在经营上具有较强的灵活性和自主权
B. 双方具有较好的信任感和责任感

C. 联盟内成员之间的沟通不充分
D. 组织效率较高

18. 【2019】京川餐饮公司近期实行了新的经营方式，顾客既可以按照公司提供的菜谱点餐，也可以自带菜谱和食材请公司的厨师加工烹饪，还可以在支付一定学习费用后在厨师指导下自己操作，从而在享受美食的同时提高厨艺，这些新的经营方式使该公司的顾客数量和营业收入均增长20%以上。从密集型战略角度看，京川餐饮公司的上述做法属于（　　）。
A. 市场渗透战略　　B. 市场开发战略
C. 产品开发战略　　D. 一体化战略

19. 【2019】近年来大数据和云计算的快速发展，使主营传统数据库业务的甲公司受到极大冲击，经营业绩大幅下滑。2019年年初，甲公司裁员1 800人，并重组开发团队和相关资源，大力开拓和发展云计算业务，以改善公司的经营状况。甲公司采用的总体战略类型有（　　）。
A. 转向战略　　　B. 稳定战略
C. 市场开发战略　D. 紧缩与集中战略

20. 【2019】经过多次磋商签订协议后，汽车制造商甲公司凭借自有资金2亿元和发行债券融资5亿元，实现了对汽车零部件商乙公司的收购。从并购的类型来看，上述收购属于（　　）。
A. 前向收购　　B. 杠杆收购
C. 友善收购　　D. 金融资本收购

21. 【2019】国内零售企业海川公司与主营大数据业务的出云公司签订战略合作协议，商定由海川公司免费向出云公司开放相关数据收集平台，出云公司无偿为海川公司提供数据分析及应用方案。下列各项中，属于上述两家公司所采用的战略联盟的特点的有（　　）。
A. 有利于扩大企业的资金实力
B. 具有较好的灵活性
C. 更具有战略联盟的本质特征
D. 有利于企业长久合作

22. 【2018】富华公司是一家特种钢材生产企

业，其产品主要用于大型采矿机械、采油设备的生产。为了增强对钢铁市场需求变化的敏感性，富华公司决定把前向一体化作为发展战略。下列各项中，符合该公司发展战略的有（　　）。

A. 参股海城矿山机械公司
B. 与东港石油公司签订集研发、生产、销售为一体的合作协议
C. 与南岗煤炭集团建立战略联盟
D. 投资建立铁矿资源开发和生产企业

23. 【2018】从事能源工程建设的百川公司在并购 M 国一家已上市的同类企业后发现，后者因承建的项目未达到 M 国政府规定的环保标准而面临巨额赔偿的风险，股价一落千丈，上市企业的核心技术人员因对百川公司的管理措施不满而辞职。百川公司为挽救被并购企业的危局做出各种努力，均以失败告终。下列各项中，属于百川公司上述并购失败原因的有（　　）。

A. 决策不当
B. 并购后不能很好地进行企业的整合
C. 支付过高的并购费用
D. 跨国并购面临政治风险

24. 【2018】甲客运公司与乙旅行社于 2016 年开启深度战略合作，联合推出"车票+地接"打包旅游产品。其中，甲客运公司提供用于打包产品的"低价票"，乙旅行社则提供比以往更为丰富、优质的旅游目的地和地接服务。该产品的推出明显提升了合作双方的竞争力。本案例中，甲客运公司与乙旅行社进行战略合作的动因有（　　）。

A. 保持统一的管理风格和企业文化
B. 防范信任危机
C. 开拓新的市场
D. 实现资源互补

25. 【2016】下列各项中，属于企业采取市场渗透战略的有（　　）。

A. 某酒店收购一家旅游公司，进入新的业务领域
B. 某超市为提高牙膏的销量，采用美化产品包装、买赠等促销措施

C. 甲公司通过与国外经销商合作的方式将其生产的智能手机出口至拉美国家
D. 甲银行与乙航空公司发行联名卡，刷该银行信用卡客户可累计航空里程积分

26. 【2016】甲公司是吉祥集团控股的一家钢铁厂。几年来由于扩张过快和市场竞争激烈等原因，甲公司陷入不能偿还到期债务的危机。由于钢铁厂的高炉等设备难以转产，所以吉祥集团拟通过甲公司破产的方式退出钢铁行业，并用买断方式终止与甲公司员工的劳动合同，但引起一些职工的抵触。后来在当地政府的协调下，甲公司被某外资企业收购。在上述案例中，吉祥集团面临的退出障碍有（　　）。

A. 退出成本
B. 感情障碍
C. 政府与社会约束
D. 固定资产的专用性程度

三、主观题

27. 【2020】在汽车产业电动化、智能化、网联化、共享化融合变革之际，被称为"造车新势力"之一的家家智能汽车公司于 2015 年正式成立，家家公司的董事长兼创始人王向认为，汽车制造业已经进入 2.0 数字时代，其特征是电机驱动+智能互联；而汽车 3.0 时代是人工智能时代，其特征是无人驾驶+出行空间。为了赢得 2.0 时代，并参与 3.0 时代的竞争，家家公司开始全面布局：通过三轮融资获得资金，拥有了自己的制造基地，与国内最大的出租车网约平台合作切入共享出行领域，积极投资产业链（包括投资孵化自动驾驶系统供应商 MJ 公司、专注自动驾驶中央控制器的 ZX 公司以及研发生产激光雷达的 LH 公司等）。

王向认为，未来企业竞争的关键要素，是具备快速成长能力的公司组织。他把 60%的时间用于组织管理，以是否具备创新能力与价值观而非是否来自成功大企业为标准选拔人才；帮助团队中每一个人成就心中的事业追求，去挑战自己和团队成长

的极限。

家家公司的第一款产品 SEV 面向国内外共享汽车使用群体,续航里程将超过 100 公里。但是,两年筹备之后,由于低速车的合法性以及海外分时租赁市场实际容量的局限,这个雄心勃勃的计划还是夭折了。面对挫折,王向立即将公司产品开发重心转移到中大型 SUV 的"家家智造 ONE"。为了实现"没有里程焦虑","家家智造 ONE"采用全新的形式—增程式电动。王向认为,相对于 U 国 TL 等电动车采用的充电桩/换电站等方式,中国消费者更需要从产品本身去解决问题的产品。2018 年 10 月 18 日晚,备受汽车及科技界人士瞩目的家家公司新车——"家家智造 ONE"于 B 市正式发布。这场发布会没有明星大腕捧场助阵,全程由王向一人直接以大量数据对比和充满硬核知识的"干货"完成了自我演绎,让消费者在各类新产品中有了清晰的比较。王向表示,"家家智造 ONE"定价不会高于 40 万元,而增程式电动技术显著难于纯电动车,因而"家家智造 ONE"的性价比具有优势。

2018 年 12 月,家家公司以 6.5 亿元收购 LF 股份公司所持有的 C 市 LF 汽车公司 100%股权,被业界称为家家公司"完美避开进入门槛",取得了新能源汽车的生产资质,以实现王向掌控并引领新能源汽车市场的梦想。而此举对于 LF 股份公司而言是其战略重组的一部分,将经营不善的 C 市 LF 汽车公司剥离出去,以应对流动资金不足的困境。家家公司与 LF 股份还签署了为期 3 年的框架合作协议。双方将通过资源互补、技术互补等方式,在新能源技术开发、车联网、人车交互及数据共享等领域形成技术联盟。

要求:
(1) 简要分析家家公司收购 C 市 LF 汽车公司的动机。
(2) 简要分析 LF 股份公司采用收缩战略的原因和方式。

28. 【2019】日升公司于 1995 年成立,1996 年在国内设立生产基地,建设了五个制造厂房。日升公司最初主要从事 OEM 代工业务,为 M 国的客户 FG 公司贴牌生产家具配套及小巧家具组件。之后,公司业务拓展至餐厅及卧房家具,成为国内首家投入生产卧房家具的企业。1998 年,日升公司单月出货量从 100 个货柜大幅提升至 300 个货柜,制造能力远远超过昔日家具业的龙头老大。

1999 年以前,日升公司的家具几乎全部外销,只做 OEM 代工业务而没有自己的品牌。公司在低附加值的经营中认识到打造自身品牌的重要性。1999 年 3 月,日升公司在 M 国组建公司并创立公司品牌"LC",主要从事中低端家具的生产和销售。然而,日升公司在 M 国自创品牌的成效并不显著。于是,公司先后实施四次跨国并购,获取了欧美知名企业的品牌、渠道、研发设计及制造能力等战略性资产,实现了从 OEM 向 OBM 的升级。

2001 年,日升公司斥资完成对原委托方 FG 公司的收购,直接进入 M 国中高档家具市场。2005 年日升公司成功上市。上市后,公司市值从 2004 年的 1.37 亿美元跃升至 2005 年的 3.69 亿美元,增长 2.69 倍。

在强大的资金和产能支持下,日升公司于 2006~2008 年又先后收购国际三大品牌家具制造商。四次跨国收购使日升公司的产品组合由单一的中低端木制家具拓展为包含中低端、高端、顶级木制家具,以及沙发、酒店家具的组合;销售市场由 M 国扩展到欧洲等地。2000 年和 2008 年,在国内设计研发中心的基础上,日升公司又分别在 M 国和欧洲设立了研发中心。

2007 年以来,全球经济环境发生了很大的变化。出于对国内市场潜力巨大的判断,日升公司适时调整经营策略,决定在巩固海外市场的同时,进军国内市场。多年的国际化经历使日升公司在生产、设计、销售方面储备、积累了大量人才和经验。2008 年日升公司在国内展会上全面亮相,展出专门针对国内市场开发的三大品牌——"日升家居""日升家园""日升屋"。2009年9月在国内建成了日升国际风尚馆。

日升公司在原有多个知名品牌的基础上，运用特许经营品牌、针对细分客户设立新品牌等策略，进一步巩固日升公司的OBM业务。2010年，开展酒店家具业务，并在J国和N国设立生产基地。2009年、2012年，先后推出特许品牌"PDH"和"PDK"；2011年，推出青年家居品牌"SM"；2012年，M国日升推出特许品牌"MH"；2013年，推出特许品牌"WB"；2014年，推出婴儿家具品牌"SB"。日升公司的OBM业务约占总业务的90%。

目前，日升公司在国内18个城市，23家门店销售产品，国际市场仍然是日升公司的主要市场。

要求：
简要分析日升公司从OEM到OBM升级所采用的发展途径。

29.【2018】2003年，"电池大王"环亚公司收购了一家汽车制造公司，成立了环亚汽车公司。环亚汽车公司将其电池生产技术优势与汽车制造技术相结合，迅速成为国内新能源汽车领域的龙头企业。

新能源汽车生产的关键在于掌握三大核心零部件电机、电控与电池的生产制造技术以及具有完备的整车组装能力。环亚汽车公司下大力气增强企业这些关键性活动的竞争优势。

环亚汽车公司在包括电机、电控与电池生产领域投入的研发费用占销售收入比重达4.13%，远高于国内同类汽车生产企业的研发投入占比，与国际知名汽车品牌企业相当。环亚汽车公司自主研发的磷酸铁锂电池（锂电池的一种）及管理系统安全性能好、使用寿命长；环亚汽车公司的锂电池专利数量名列国内第一。环亚汽车公司自主研发的永磁同步电机功率大、扭矩大，足够满足双模电动汽车（拥有燃油驱动与电能驱动两种动力系统，驱动力可以由电动机单独供给，也可以由发动机与电动机耦合供给，与混合动力汽车并无差别）与纯电动车的动力需求。环亚汽车公司自主研发的动力系统匹配技术能够保证动力电池、驱动电机及整车系统的匹配，保证整车运行效率。此外，2008年环亚汽车公司以近2亿元的价格收购了半导体制造企业中达公司，此次收购使环亚汽车公司拥有了电动汽车驱动电机的研发能力和生产能力。2011年环亚汽车公司与国际知名老牌汽车制造企业D公司成立合资企业，借助D公司掌握的汽车结构以及安全领域的专有技术，增强公司在汽车整车组装方面的研发能力和生产能力。

为了进一步扩大新能源汽车生产制造规模，环亚汽车公司又将在新能源轿车制造的优势延展至新能源客车制造。2009年环亚汽车公司以6 000万元的价格收购国内美泽客车公司，获得客车生产许可证；2014年环亚汽车公司又与国内广贸汽车集团分别按51%和49%的持股比例合资设立新能源客车公司，注册资本3亿元人民币。

近年来，环亚汽车公司开启了向产业上下游延展的战略新举措。2015年环亚汽车公司收购专门从事盐湖资源综合利用产品的开发、加工与销售的东州公司，这一收购整合了环亚汽车公司零部件的生产。2016年环亚汽车公司以49%的持股比例，与青山盐湖工业公司及深域投资公司共同建立合资企业，注册基金5亿元人民币。此次合作实现了环亚汽车公司的动力锂电池优势与盐湖锂资源优势相结合。2016年环亚汽车公司与广安银行分别以80%和20%的持股比例合资成立环亚汽车金融公司，注册资本6亿元人民币，这是环亚汽车公司向汽车服务市场延伸的一个重大事件。

到目前为止，环亚汽车公司是全球少有的同时掌握新能源电池、电机、电控及充电配套、整车制造等核心技术以及拥有成熟市场推广经验的企业之一。环亚新能源汽车的足迹已遍布全球六大洲50个国家和地区。

要求：
简要分析环亚汽车公司实施发展战略所采用的主要途径。

30.【2018】原本是地方特产的辣椒调味品"乡中情"辣酱，如今成了全世界众多消费者佐餐和烹饪的佳品。乡中情公司在国内65个大中城市建立了省级、市级代理机构，2001年，乡中情公司产品已出口欧洲、北美、澳洲、亚洲、非洲多个国家和地区，一个曾经的"街边摊"，发展成一个上缴利税上亿元的国家级重点龙头企业。

"乡中情"辣酱热销多年，无一家其他同类产品能与其抗衡，关键原因就在于其高度稳定的产品品质和低廉的价格。

"乡中情"辣酱恰到好处地平衡了辣、香、咸口味，让大多数消费者所接受，"乡中情"辣酱制作从不偷工减料，用料、配料和工艺流程严谨规范，保持产品风味，迎合消费者口味，乡中情公司对辣椒原料供应户要求十分严格，提供的辣椒全部要剪蒂，保证分装没有杂质。只要辣椒供应户出现一次质量差错，乡中情公司就坚决终止合作关系。为了确保原料品质与低成本的充足供应，乡中情公司在Z地区建立了无公害辣椒基地和绿色产品原料基地，搭建了一条"企业+基地+农户"的农业产业链，90%以上的原料来源于这一基地。

中低端消费人群是"乡中情"辣酱的目标客户，与此相应的就是低价策略。"乡中情"产品相继开发的十几种品类中，主打产品风味豆豉和鸡油辣椒，210克规格的锁定在8元左右，280g规格的占据9元左右价位。其他几种品类产品根据规格不同，大多也集中在7～10元的主流消费区间。"乡中情"产品价格一直非常稳定，涨幅微乎其微。

多年来，"乡中情"产品从未更换包装和瓶贴，乡中情公司的理念是，包装便宜，就意味着消费者花钱买到的实惠更多，而节省下来的都是真材实料的辣酱。事实上，"乡中情"产品土气的包装和瓶贴，已固化为最深入消费者内心的品牌符号。

乡中情公司不做广告，不搞营销活动。公司产品推广有两条绝招：一是靠过硬的产品，让消费者口口相传；二是靠广泛深入的铺货形成高度的品牌曝光，直接促成及时的现实销售。

乡中情公司的经销商策略极为强势：（1）先打款后发货，现货现款；（2）以火车皮为单位，量小不发货；（3）没有优惠政策支持，而且利润很低，一瓶甚至只有几毛钱；（4）大区域布局，一年一次经销商会。

乡中情公司如此强势的底气来自产品，将产品做成了硬通货，经销商只要能拿到货，就不愁卖不出，流通速度快，风险小，是利润的可靠保障。

多年来，乡中情公司专注辣椒调味品制品，着力打造"乡中情"品牌，坚持不上市，不贷款，不冒进，不投资控股其他企业，规避了民营企业创业后急于扩张，可能面对的各种风险，走出了一条传统产业中家族企业稳健发展的独特之路。

要求：
简要分析乡中情公司发展战略的类型及其适用条件。

31.【2015】C国亚威集团是一家国际化矿业公司，其前身是主营五金矿产进出口业务的贸易公司。

2004年7月，亚威集团在"从贸易型企业向资源型企业转型"的战略目标指引下，对北美N矿业公司发起近60亿美元的收购。当时国际有色金属业正处于低潮，收购时机较好。2005年5月，虽然购并双方进行了多个回合沟通和交流，但N矿业公司所在国政府否决了该收购方案，否决的主要理由有两点：一是亚威集团资产负债率高达69.82%，其收购资金中有40亿美元由C国国有银行贷款提供，质疑此项收购有C国政府支持；二是亚威集团在谈判过程中一直没有与工会接触，只与N矿业公司管理层谈判，这可能导致收购方案在管理与企业文化整合方面存在不足。

Z 公司原是澳洲一家矿产上市公司,其控制的铜、锌、银、铅、金等资源储量非常可观。2008 年,国际金融危机爆发,Z 公司面临巨大的银行债务压力,于当年 11 月停牌。

之后 Z 公司努力寻求包括出售股权在内的债务解决方案。亚威有色公司是亚威集团下属子公司,主营业务为生产经营铜、铅、锌、锡等金属产品。2009 年 6 月,经过双方充分协商,亚威有色公司以 70% 的自有资金,成功完成对 Z 公司的收购,为获取 Z 公司低价格的有色金属资源奠定了重要条件。

要求:
(1) 根据并购的类型,从不同角度简要分析亚威集团和亚威有色公司跨国收购的类型。
(2) 简要分析亚威集团收购 N 矿业公司失败的主要原因。

参考答案及解析

1. 【答案】D
   【考点】发展战略
   【解析】"力辉公司是一家新能源电池生产商。该公司为增强研发能力,收购了某储能技术研究院"储能技术支持新能源电池生产,属于供应端,表明该公司实施了一体化战略——纵向一体化中的后向一体化战略。故选项 D 正确,当选。

2. 【答案】D
   【考点】企业战略联盟
   【解析】金谷公司主营水稻种植,拓维公司从事数字化、智能化技术研发与应用。一方具有水稻种植资源,一方具有技术资源,共建"智慧农田",实现水稻种植过程的自动化管理,显著提高了水稻的产量、质量,给双方带来良好的效益,说明战略联盟的两个企业各取所需,属于实现资源互补。因此,选项 D 正确。

3. 【答案】A
   【考点】收缩战略
   【解析】收缩战略的方式机制变革包含:调整领导班子,重新制定政策和管理控制系统,改善激励机制与约束机制等。"调整管理层领导班子,采用更具有激励作用的薪酬制度"属于机制变革。有考生可能有疑问,不知"更具有激励作用的薪酬制度"是否属于削减成本战略。削减成本战略包含削减人工成本、材料成本、管理费用及资产、缩小分部和职能部门的规模等,显然"更具有激励作用",而不太可能只为"削减"成本费用。综上,选项 A 正确。

4. 【答案】B
   【考点】并购战略
   【解析】本题提问并购的动机。并购的动机包括:①避开进入壁垒,迅速进入,争取市场机会,规避各种风险;②获得协同效应(选项 B 正确);③克服企业负外部性,减少竞争,增强对市场的控制力。只有选项 B 属于并购的动机;选项 A 和选项 D 是内部发展(新建)的动因,不选;选项 C 是战略联盟的主要动因,不选。

5. 【答案】A
   【考点】发展战略
   【解析】"投资建设了 3 个原料药材现代化种植基地,收购了 2 个原属于其他药品公司的药材种植企业"是后向一体化,选项 A 属于后向一体化适用条件。选项 B 为前向一体化的适用条件;选项 C 为市场开发的适用条件；选项 D 为横向一体化的适用条件。因此，选项 A 正确。

6. 【答案】B
   【考点】并购战略
   【解析】选项 CD 是属于企业战略联盟形成的动因；"并购了国内另一家……公司……巩固了其行业领先地位"，说明公司并购是为了巩固地位，即增强对市场的控制力。因此，选项 B 正确。案例中没有与选项 A 相关的表述，不选。

7. 【答案】A
   【考点】并购战略
   【解析】企业在并购前没有认真地分析目标企业的潜在成本和效益，属于决策不当的并购。因此，选项 A 正确。

8. 【答案】A
   【考点】企业战略联盟
   【解析】"国内著名商业零售企业东海公司与主营大数据业务的高胜公司签订战略合作协议"，说明该合作形式为契约式战略联盟。因此，选项 A 正确。选项 BCD 属于股权式战略联盟的特点，不选。

9. 【答案】B
   【考点】并购战略
   【解析】题干问询收购行为的类属。并购是发展战略的途径之一，属于总体战略。因此，选项 B 正确。

10. 【答案】A
    【考点】发展战略
    【解析】前向一体化是指获得分销商或零售商的所有权或加强对他们的控制权的战略。"为克服对客户需求的变化缺乏敏感性……神大钢铁公司近年来收购了远航造船厂……"体现的是前向一体化战略。因此，选项 A 正确。

11. 【答案】C
    【考点】发展战略
    【解析】产品开发战略指的是技术改进与开发研制新产品。甲公司是一家餐厅，其"紧跟市场需求变化，定期开发特色菜上市"体现的是产品开发。因此，选项 C 正确。

12. 【答案】D
    【考点】发展战略
    【解析】市场渗透战略是现有产品和现有市场的组合。市场渗透战略的基础是增加现有产品或服务的市场份额，或增加正在现有市场中经营的业务，它的目标是通过各种方法来增加产品的使用频率。该旅行社通过各种营销方法吸引更多的客户，主要是为了增加客户对其旅游产品的使用频率。因此，选项 D 正确。

13. 【答案】AD
    【考点】收缩战略
    【解析】企业实施收缩战略面临的退出障碍包括：①固定资产的专用性程度（选项 A）。②退出成本。③内部战略联系（选项 D）。④感情障碍。⑤政府与社会约束。选项 BC 为企业选择收缩战略时对企业或业务状况的判断，故选项 BC 错误，不选。选项 AD 正确，当选。

14. 【答案】BC
    【考点】收缩战略
    【解析】企业的收缩方式包括三类：紧缩与集中战略、转向战略、放弃战略，选项 D 不选。
    "将以皮革为材料的日用品生产业务出售给另一家企业"是比较彻底的撤退方式，属于放弃战略（选项 C 正确）；"引进以生物提取合成物为材料的日用品生产线进行生产"是企业经营方向或经营策略的变化，属于转向战略（选项 B 正确）。选项 A，紧缩与集中战略体现为着眼于短期利益，采取补救措施制止利润下滑，案例并无相关描述，不选。综上，选项 BC 正确。

15. 【答案】ABCD
    【考点】企业战略联盟
    【解析】订立协议包含：①严格界定联盟的目标（选项 A 正确）；②周密设计联盟结构（选项 B 正确）；③准确评估投入的资产（选项 C 正确）；④规定违约责任和解散条款（选项 D 正确）。综上，选项 ABCD 均正确。

16. 【答案】ABC
   【考点】并购战略
   【解析】本题以案例形式考查并购失败的原因。案例描述："后来发现这座铁矿的储量和矿石出铁率低于预期"说明因未认真评估，买了不该买的铁矿。这属于决策不当，选项 A 正确。"Y 国有限制外资贷款的法律"说明东道国政府对外资有歧视性政策，属于政治风险的范畴，选项 B 正确。"预计 5 年后收回成本并赢利"但至"2018 年底，该铁矿的运营出现严重收不抵支"说明并购时支付了过高的并购费用（未能对被并购企业进行准确的价值评估），选项 C 正确。
   综上，选项 ABC 正确。

17. 【答案】AC
   【考点】企业战略联盟
   【解析】"达成战略合作协议"判断属于契约式战略联盟。契约式战略联盟优势：更强调相关企业的协调与默契，更具有战略联盟的本质特征，经营的灵活性、自主权和经济效益等方面具有更大的优越性；劣势：企业对联盟的控制能力差、松散的组织缺乏稳定性和长远利益、联盟内成员之间的沟通不充分、组织效率低下。因此，选项 AC 正确。选项 BD 为股权型战略联盟的特征，不选。

18. 【答案】ABC
   【考点】发展战略
   【解析】本题以案例形式考察密集型战略类型的判断。相对而言，本题中的相关条件比较隐晦，较难选出正确答案。
   选项 A，案例描述"顾客既可以按照公司提供的菜谱点餐，也可以自带菜谱和食材请公司的厨师加工烹饪"，表明公司提供的产品仍为"菜"，允许顾客自带菜谱和食材是一种营销手段，目的为增加产品使用频率，"该公司的顾客数量和营业收入均增长 20%以上"，表明企业使用营销手段增加销量，即市场渗透战略，当选。
   选项 B，案例描述"顾客可以按照公司提供的菜谱点餐"、"顾客数量和营业收入均增长 20%以上"，表明公司吸引了新的客户，即开发了新的市场，为市场开发战略，当选。
   选项 C，案例描述"可以在支付一定学习费用后在厨师的指导下自己操作，从而在享受美食的同时提高厨艺"，表明企业在原本只提供菜的基础上，还提供了厨艺指导，符合产品开发战略的内涵，当选。
   选项 D，一体化战略不属于密集型战略，不选。
   综上，选项 ABC 当选。

19. 【答案】AD
   【考点】收缩战略
   【解析】"甲公司裁员 1 800 人"属于紧缩与集中战略中的削减成本战略（选项 D）；"并重组开发团队和相关资源，大力开拓和发展云计算业务"属于转向战略中的重新定位和调整现有的产品和服务（选项 A）。因此，选项 AD 正确。

20. 【答案】BC
   【考点】并购战略
   【解析】"实现了对汽车零部件商乙公司的收购"属于后向并购；"汽车制造商甲公司凭借自有资金 2 亿元和发行债券融资 5 亿元"属于杠杆并购（选项 B）；"经过多次磋商签订协议"属于友善并购（选项 C）；"汽车制造商甲公司"不是金融企业，所以是产业资本并购。综上，选项 BC 正确。

21. 【答案】BC
   【考点】企业战略联盟
   【解析】从"国内零售企业海川公司与主营大数据业务的出云公司签订战略合作协议"，可判断该合作形式为契约式战略联盟，选项 AD 属于股权式战略联盟的特点，不选。综上，选项 BC 正确。

22. 【答案】AB
   【考点】发展战略
   【解析】选项 A，实质是钢材生产企业加强对机械公司的控制。这两家企业的关系是：富华公司将生产的设备卖给海城矿山机械公司。所以获取控制权的方向与产品流动方向一致（产→销），属于前向一体化战略，当选。

选项B，实质是钢材生产企业加强对石油公司的控制。这两家企业的关系是：富华公司将生产的设备（采油设备）卖给石油公司。所以获取控制权的方向与产品流动方向一致（产→销），属于前向一体化战略，当选。

选项C，实质是钢材生产企业加强对煤炭集团的控制。这两家企业的关系是：南岗煤炭集团属于富华公司的上游煤炭供应商。所以获取控制权的方向与产品流动方向相反（供←产），属于后向一体化战略，不选。

选项D，实质是钢材生产企业加强对铁矿企业的控制。这两家企业的关系是：通过自建的形式为本公司提供原料铁矿（供←产）。所以获取控制权的方向与产品流动方向相反，属于后向一体化战略，不选。

综上，选项AB正确。

23. 【答案】AB
【考点】并购战略
【解析】"在并购M国一家已上市的同类企业后发现，后者因承建的项目未达到M国政府规定的环保标准而面临巨额赔偿的风险"，此处属于决策不当（选项A）；"上市企业的核心技术人员因对百川公司的管理措施不满而辞职"，属于并购后不能很好地进行企业整合（选项B）。因此，选项AB正确。

24. 【答案】CD
【考点】企业战略联盟
【解析】企业战略联盟形成的动因有：①促进技术创新；②避免经营风险；③避免或减少竞争；④实现资源互补（选项D）；⑤开拓新的市场（选项C）；⑥降低协调成本。综上，选项CD正确。

25. 【答案】BD
【考点】发展战略
【解析】市场渗透战略的基础是增加现有产品或服务的市场份额，或增加正在现有市场中经营的业务，它的目标是通过各种方法来增加产品的使用频率，选项BD均是通过营销等手段提高产品销量，符合市场渗透战略的含义。选项A，从酒店到旅游公司体现了"新市场+新产品"组合，属于多元化战略，不选。选项C，拓展市场至拉美国家体现了"新市场+现有产品"组合，属于市场开发战略，不选。综上，选项BD正确。

26. 【答案】ABD
【考点】收缩战略
【解析】"钢铁厂的高炉等设备难以转产"，对应甲公司面临的退出障碍是固定资产的专用性程度。当资产涉及具体业务或地点的专用性程度较高时，其转移以及转换成本就较高，从而难以退出现有产业，选项D正确；"用买断方式终止与甲公司员工的劳动合同"，对应甲公司面临的退出障碍是退出成本。退出成本包括劳工协议、重新安置成本、备件维修能力等，选项A正确；"一些职工的抵触"，对应甲公司面临的退出障碍是感情障碍。感情障碍是指管理人员和职工的情绪抵触，选项B正确。另外，本题的干扰选项是选项C。虽然企业面临的退出障碍中有"政府与社会约束"，但是在本题案例中政府起的是协调作用，帮助甲公司完成被收购的计划，不属于政府的约束，选项C不选。综上，选项ABD正确。

27. 【答案】(1) 避开进入壁垒，迅速进入，争取市场机会，规避各种风险。"……被业界称为家家公司'完美避开进入门槛'，取得了新能源汽车的生产资质"。
(2) 获得协同效应。"家家公司与LF股份公司还签署了为期3年的框架合作协议。双方将通过资源互补、技术互补等方式，在新能源技术开发、车联网、人车交互及数据共享等领域形成技术联盟"。
(3) 增强对市场的控制力。"'完美避开进入门槛'，取得了新能源汽车的生产资质，以实现王向掌控并引领新能源汽车市场的梦想"。

2. 收缩原因：
(1) 主动原因，企业战略重组的需要。"而此举对于LF股份公司而言是其战略重组的一部分，将经营不善的 C 市 LF 汽车公司剥离出去，以应对流动资金不足的困境"。

（2）被动原因，由于企业内部经营机制不顺、决策失误、管理不善等原因，企业或企业某项业务经营陷入困境，失去竞争优势，因而不得不采用收缩战略。"将经营不善的 C 市 LF 汽车公司剥离出去"。

LF 股份公司采用收缩战略的方式是放弃战略中的卖断。"家家公司以 6.5 亿元收购 LF 股份公司所持有的 C 市 LF 汽车公司 100% 股权"。

【考点】发展战略，收缩战略

28. 【答案】发展战略的实施途径有：内部发展（新建）、外部发展（并购）、战略联盟。

日升公司涉及的有：

①外部发展（并购）。"公司先后实施四次跨国并购，获取了欧美知名企业的品牌、渠道、研发设计及制造能力等战略性资产"；"2001 年，日升公司斥资完成对原委托方 FG 公司的收购，直接进入 M 国中高档家具市场"；"日升公司于 2006～2008 年又先后收购国际三大品牌家具制造商"。

②内部发展（新建）。"1996 年在国内设立生产基地，建设了五个制造厂房"；"1999 年 3 月，日升公司在 M 国组建公司并创立公司品牌'LC'，主要从事中低端家具的生产和销售"；"2000 年和 2008 年，在国内设计研发中心的基础上，日升公司又分别在 M 国和欧洲设立了研发中心"；"2009 年 9 月在国内建成了日升国际风尚馆"；"2010 年，开展酒店家具业务，并在 J 国和 N 国设立生产基地"；"日升公司在国内 18 个城市，23 家门店销售产品"。

③战略联盟。"日升公司最初主要从事 OEM 代工业务，为 M 国的客户 FG 公司贴牌生产家具配套及小巧家具组件"；"日升公司在原有多个知名品牌的基础上，运用特许经营品牌、针对细分客户设立新品牌等策略，进一步巩固日升公司的 OBM 业务"。

【考点】发展战略可选择的途径

29. 【答案】发展战略一般可以采用三种途径，即外部发展（并购）、内部发展（新建）与战略联盟。

①内部发展（新建）。"环亚汽车公司在包括电机、电控与电池生产领域投入的研发费用占销售收入比重达 4.13%"；"环亚汽车公司自主研发的磷酸铁锂电池（锂电池的一种）及管理系统安全性能好、使用寿命长"；"环亚汽车公司自主研发的永磁同步电机功率大、扭矩大，足够满足双模电动汽车与纯电动车的动力需求"；"环亚汽车公司自主研发的动力系统匹配技术能够保证动力电池、驱动电机及整车系统的匹配，保证整车运行效率"。

②外部发展（并购）。"2003 年，环亚公司收购了一家汽车制造公司，成立了环亚汽车公司"；"2008 年环亚汽车公司以近 2 亿元的价格收购了半导体制造企业中达公司"；"2009 年环亚汽车公司收购国内美泽客车公司，获得客车生产准生证"；"2015 年环亚汽车公司收购专门从事盐湖资源综合利用产品的开发、加工与销售的东州公司"。

③战略联盟。"2011 年环亚汽车公司与国际知名老牌汽车制造企业 D 公司成立合资企业"；"2014 年环亚汽车公司又与国内广贸汽车集团分别按 51% 和 49% 的持股比例合资设立新能源客车公司"；"2016 年环亚汽车公司以 49% 的持股比例，与青山盐湖工业公司及深域投资公司共同建立合资企业"；"2015 年环亚汽车公司与广安银行分别以 80% 和 20% 的持股比例合资成立环亚汽车金融公司"。

【考点】发展战略可选择的路径

30. 【答案】（1）密集型战略。

①市场渗透——现有产品和现有市场。"坚守阵地"，这种战略强调发展单一产品，试图通过更强的营销手段来获得更大的市场占有率。"多年来，乡中情公司专注辣椒调味制品"。对于乡中情公司而言，实施这一战略的主要条件是：

a. 如果其他企业由于各种原因离开了市场，那么采用市场渗透战略比较容易成功。

"'乡中情'辣酱热销多年,无一家其他同类产品能与其抗衡,……"。

b. 企业拥有强大的市场地位,并且能够利用经验和能力来获得强有力的独特竞争优势,那么实施市场渗透战略是比较容易的。"'乡中情'辣酱热销多年,无一家其他同类产品能与其抗衡,关键原因就在于其高度稳定的产品品质和低廉的产品价格"。

c. 当市场渗透战略对应的风险较低,且在需要的投资较少的时候,市场渗透战略也会比较适用。"多年来,乡中情公司专注辣椒调味制品,……不投资控股其他企业,规避了民营企业创业后急于扩张可能面对的各种风险,走出了一条传统产业中家族企业稳健发展的独特之路"。

②市场开发——现有产品和新市场。市场开发战略是指将现有产品或服务打入新市场的战略。"乡中情公司在国内65个大中城市建立了省级、市级代理机构。2001年,乡中情公司产品已出口欧洲、北美、澳洲、亚洲、非洲多个国家和地区"。

对于乡中情公司而言,实施这一战略的主要条件是:

a. 存在未开发或未饱和的市场。"原本是地方特色的辣椒调味品'乡中情'辣酱,如今成了全国和世界众多消费者佐餐和烹饪的佳品",说明地方特色产品开发为被全国乃至世界接受的产品。

b. 企业在现有经营领域十分成功。"'乡中情'辣酱热销多年,无一家其他同类产品能与其抗衡,关键原因就在于其高度稳定的产品品质和低廉的产品价格"。

c. 企业拥有扩大经营所需要的资金和人力资源;企业存在过剩的生产能力。"乡中情公司在Z地区建立了无公害辣椒基地和绿色产品原材料基地,搭建了一条'企业+基地+农户'的农业产业链,90%以上的原料都来源于这一基地";"先打款后发货,现货现款,乡中情公司将产品做成了硬通货,经销商只要能拿到货,就不愁卖,流通速度快";"不贷款"。

d. 企业的主业属于正在迅速全球化的产业。"原本是地方特产的辣椒调味品'乡中情'辣酱,如今成了全国和世界众多消费者佐餐和烹饪的佳品",说明地方特色产品变为全球化产品。

③产品开发——新产品和现有市场。这种战略是在原有市场上,通过技术改进与开发研制新产品。"'乡中情'产品相继开发的十几种品类"。

对于乡中情公司而言,实施这一战略的主要条件是:企业具有较高的市场信誉度和顾客满意度。"'乡中情'辣酱热销多年,无一家其他同类产品能与其抗衡,关键原因就在于其高度稳定的产品品质和低廉的产品价格";"'乡中情'辣酱恰到好处地平衡了辣、香、咸口味,让大多数消费者所接受。'乡中情'辣酱制作从不偷工减料,用料、配料和工艺流程严谨规范,保持产品风味,虏获消费者的舌尖。乡中情公司对辣椒原料供应户要求十分严格,提供的辣椒全部要剪蒂,保证分装没有杂质"。

(2)一体化战略,纵向一体化战略中的后向一体化。是指获得供应商的所有权或加强对其控制权。"为了确保原料品质与低成本的充足供应,乡中情公司在Z地区建立了无公害辣椒基地和绿色产品原材料基地,搭建了一条'企业+基地+农户'的农业产业链,90%以上的原料都来源于这一基地"。

对于乡中情公司而言,实施这一战略的主要条件是:

a. 企业现有的供应商供应成本较高或者可靠性较差而难以满足企业对原材料、零件等的需求。"为了确保原料品质与低成本的充足供应"。

b. 企业所在产业的增长潜力较大。"一个曾经的'街边摊',发展成为一个上缴利税上亿元的国家级重点龙头企业"。

c. 企业具备后向一体化所需的资金、人力资源等。"搭建了一条'企业+基地+农户'的农业产业链"(说明以企业具备人力资源);"先打款后发货,现货现款,乡中情公司将产品做成了硬通货，只要能拿到货，就不愁卖，流通速度快"；"不贷款"（都说明现金流充足）。

d. 企业产品价格的稳定对企业而言十分关键，后向一体化有利于控制原材料成本，从而确保产品价格的稳定。"'乡中情'产品价格一直非常稳定，价格涨幅微乎其微"；"为了确保原料品质与低成本的充足供应"。

【考点】发展战略

31.【答案】（1）按并购双方所处的产业分类，亚威集团收购 N 矿业公司属于纵向并购，"从贸易型企业向资源型企业转型"；亚威有色公司对 Z 公司的收购属于纵向并购，"亚威有色公司是亚威集团下属子公司，主营业务为生产经营铜、铅、锌、锡等金属产品；Z 公司是澳洲一家矿产公司，其控制的铜、锌、银、铅、金资源储量非常可观"。

按被并购方的态度分类，亚威集团收购 N 矿业公司为友善并购，"购并双方进行了多个回合沟通和交流"；亚威有色公司对 Z 公司的收购也属于友善并购，"经过双方充分协商"。

按并购方的身份分类，亚威集团收购 N 矿业公司为产业资本并购；亚威有色公司对 Z 公司的收购也属于产业资本并购。

按收购资金来源分类，亚威集团收购 N 矿业公司属于杠杆收购，"亚威集团收购资金中有 40 亿美元由 C 国国有银行贷款提供（总共 60 亿美元的收购）"；亚威有色公司对 Z 公司的收购属于非杠杆收购，"亚威有色公司以 70% 的自有资金，成功完成对 Z 公司的收购"。

（2）亚威集团收购 N 矿业公司失败的主要原因：

①并购后不能很好地进行企业整合。"亚威集团在谈判过程中一直没有与工会接触，只与 N 矿业公司管理层谈判，这可能导致收购方案在管理与企业文化整合方面存在不足"。

②跨国并购面临政治风险。"N 矿业公司所在国政府否决了该收购方案……其收购资金中有 40 亿美元由 C 国国有银行贷款提供，质疑此项收购有 C 国政府支持"。

【考点】发展战略的主要途径——并购战略；企业国际化经营动因

第二节 业务单位（竞争）战略

一、单选题

1.【2023】洗衣业由很多小型洗衣店组成，其中没有任何一家洗衣店拥有较大的市场份额或对洗衣业的发展产生显著影响。下列各项中，属于造成洗衣业上述状况的主要原因是（　　）。
A. 洗衣业技术进步比较缓慢
B. 洗衣业进入障碍低
C. 洗衣业竞争激烈，服务价格和利润水平低
D. 洗衣市场需求差别较小导致服务同质化

2.【2023】新潮公司是一家远程诊疗设备生产企业。目前，远程诊疗设备产业刚刚形成，其发展面临很大的不确定性。根据新兴产业的战略选择理论，下列各项中，属于新潮公司在战略制定过程中处理上述不确定性的正确做法是（　　）。
A. 集中资源提升生产能力
B. 正确对待远程诊疗设备产业发展的外在性
C. 扩大市场份额
D. 利用金融杠杆，壮大资金实力

3. 【2022】百惠公司是一家家居用品生产企业。该公司秉承"简约、环保、舒适、方便"的产品设计和制造理念，精心打造每一款产品，使消费者在市场上以最低价格购买到设计独特、性能和质量优越的同类家居用品，也使百惠公司的市场占有率高居行业首位。下列各项中，属于百惠公司所采用的竞争战略的是（　　）。

   A. 成本领先战略　　B. 差异化战略
   C. 集中化战略　　　D. 混合战略

4. 【2022】维生公司是一家从事医疗器械研发和制造的企业。近来，该公司拟投资进入尚处于产业导入期的智能癌症诊疗仪产业。从新兴产业常见的发展障碍角度看，下列各项中，属于维生公司进入智能癌症诊疗仪产业必须克服的障碍是（　　）。

   A. 不存在规模经济或难以达到规模经济
   B. 智能癌症诊疗仪市场前景不明朗
   C. 智能癌症诊疗仪产业现有企业对专有技术、学习曲线等资源的控制
   D. 原材料、零部件、资金与其他供给的不足

5. 【2022】青阳出版社主营少儿读物的出版和发行业务。为了摆脱少儿读物市场愈演愈烈的价格战，该出版社制定并执行了一项蓝海战略。下列各项中，属于青阳出版社执行蓝海战略应遵循的原则是（　　）。

   A. 重建少儿读物市场边界
   B. 超越少儿读物市场现有需求
   C. 遵循合理的战略顺序
   D. 克服关键组织障碍

6. 【2022】紫云公司是一家经营连锁高档酒店的企业。2020年，该公司引入中低档酒店的一些经营方式，在不影响服务质量的前提下精简了设施和服务人员，降低了经营成本和收费。此举使紫云公司有效扩大了客户群，增加了收入和利润，为自身的发展开辟了一片蓝海。从蓝海战略重建市场边界的基本法则来看，本案例中紫云公司的做法属于（　　）。

   A. 审视他择产业
   B. 跨越战略群组

   C. 重新界定产业的买方群体
   D. 放眼互补性产品或服务

7. 【2021】伊峰公司是一家从事光学仪器研发和制造的企业，该公司拟投资进入尚处于产业导入期的新型显示技术产业。从新兴产业战略选择角度看，下列各项中，属于该公司近期进入新型显示技术产业需具备的条件是（　　）。

   A. 新型显示技术的变化比较迅速
   B. 为了塑造新型显示技术产业结构，需付出开拓市场较高的代价
   C. 顾客忠诚的重要性在早期不显著
   D. 企业的形象与声望对顾客至关重要

8. 【2021】北星咖啡馆通过精选原料和优化操作、服务流程，使顾客只需付出同种咖啡最低的价格就能享受顶级口味的咖啡。根据战略钟分析，北星咖啡馆采取的竞争战略是（　　）。

   A. 低价战略　　　　B. 混合战略
   C. 高值战略　　　　D. 集中差异化战略

9. 【2021】福门公司是R国一个专为老年人提供洗澡、理发等上门清洁服务的企业，建立了遍布全国城镇的服务网络，在R国老年人清洁服务市场占有90%以上的份额。下列各项中，属于福门公司所采用的竞争战略实施条件的是（　　）。

   A. 老年人清洁服务市场容量有限
   B. 在目标市场上，成长速度缺乏吸引力
   C. 在老年人清洁服务市场上没有其他竞争对手采取类似的战略
   D. 老年人清洁服务的需求与其他群体差异不大

10. 【2020】经营健身房的永强公司率先采用新技术，在其拥有的所有分店统一推出智能健身设备。使用该设备，健身者可以比以往节省50%的时间达到同样的健身效果，因此该设备受到健身者的好评。但由于购置、使用、维护智能健身设备耗资很大，而需求和使用率有限，永强公司入不敷出，经营陷入困境。从零散产业角度看，下列各项中，属于永强公司进行战略选择未能

避免的战略陷阱是（　　）。
A. 寻求支配地位
B. 对新产品做出过度反应
C. 不能保持严格的战略约束力
D. 过分集权化

11. 【2018】经营中式快餐的力元公司于 2015 年宣布其战略目标是建成门店覆盖全国的"快餐帝国"。由于扩张过快、缺乏相关资源保障、各地流行菜系经营者的激烈竞争以及不同消费者口味难以调和的矛盾，该战略目标未能实现，公司经营也陷入危机。从零散产业角度看，下列各项中，属于力元公司进行战略选择未能避免的战略陷阱是（　　）。
A. 不能保持严格的战略约束力
B. 寻求支配地位
C. 不了解竞争者的战略目标和管理费用
D. 过分集权化

12. 【2017】甲公司是一家餐饮外卖公司。该公司运用大数据挖掘技术，对某软件园区的客户订餐行为进行了深入调查，并根据调查结果，针对该区域的客户制定和实施了一套促销方案，取得了良好效果。甲公司实施的竞争战略属于（　　）。
A 差异化战略　　　B 成本领先战略
C 集中化战略　　　D 蓝海战略

13. 【2017】轿车生产企业华美公司起步初期，国内汽车市场基本被跨国公司巨头瓜分殆尽。华美公司生存和发展的唯一途径就是走低价低值路线。过去国内汽车市场一直流传一句话，"卖一辆高档车赚一辆中档车；卖一辆低档车只能赚一辆自行车"。华美公司的轿车在入市时只是一般低档车价格的二分之一，其利润的微薄可想而知。依据基本竞争战略的"战略钟"分析，华美公司当时的竞争战略是（　　）。
A. 集中成本领先
B. 混合战略
C. 失败战略
D. 成本领先战略

二、多选题

14. 【2023】万通公司是一家从事中西药研发与生产的企业。2023 年，该公司开始实施一项新战略，凭借已有业务积累起来的资金实力，进入医疗设备的研发与制造领域，一方面模仿市场上已有的成功产品，以较低的成本进行生产，另一方面通过技术研发与创新，率先向市场推出新技术医疗设备。本案例中，万通公司采用的总体战略和竞争战略的类型包括（　　）。
A. 一体化战略
B. 多元化战略
C. 成本领先战略
D. 差异化战略

15. 【2022】万丰公司是一家经营连锁汽车修理店的企业。自 2017 年起，该公司通过快速扩张将店面数量增加了一倍以上，市场份额一度跃居行业首位，同时将业务扩展到汽车零部件加工、二手车交易等领域，但由于管理滞后和相关技术人才短缺，该公司的业绩表现不佳。2021 年，万丰公司入不敷出，被其竞争对手兼并。从零散产业谨防潜在的战略陷阱角度看，万丰公司在进行战略选择时未能（　　）。
A. 避免寻求支配地位
B. 保持严格的战略约束力
C. 避免过分集权化
D. 了解竞争者的战略目标

16. 【2021】国豪旅行社专注于为老年人提供旅游服务。近年来，该社除通过增加门店扩大实地旅游业务外，还借助互联网在业内率先增加"坐地游天下"的线上服务项目，实现线上与线下互动，有效扩大了顾客群体。从零散产业的战略选择角度看，该旅行社战略选择的类型有（　　）。
A. 克服零散——获得成本优势
B. 增加附加价值——提高产品差异化程度
C. 技术创新以创造规模经济
D. 专门化——目标集聚

17. 【2021】经营电影院线的虹光公司面对不同电影院线之间同质化竞争异常激烈的局面，

独辟蹊径地将旗下的一部分影院改造成家庭影院,按照消费者预定的时间、影片乃至餐席的不同提供不同服务,使他们在影院欣赏影片的同时享受亲友团聚和美味佳肴,结果大大提高了该公司的竞争力和市场占有率。依据红海战略与蓝海战略的关键性差异,本案例中虹光公司体现的蓝海战略的特征有(   )。

A. 拓展非竞争性市场空间
B. 创造并攫取新需求
C. 打破价值与成本互替定律
D. 同时追求差异化与低成本

18.【2020】松涛旅行社面对老年社会的到来,专注于组织老年消费者出国游业务,并在业内率先根据目的地的特点,开展健身、垂钓、摄影等活动。面对越来越多的慕名而来的消费者,该社在国内设立了上百家分社和代理机构复制推广上述业务模式,取得了远远高于行业平均水平的利润。从零散产业的战略选择角度来看,A旅行社的做法有(   )。

A. 连锁经营或特许经营
B. 提高产品差异化程度
C. 尽早发现产业趋势
D. 目标集聚

19.【2019】理发业由很多中小企业组成,其中没有任何一个企业占有显著的市场份额或对整个产业的发展产生重大影响。造成理发业上述状况的原因有(   )。

A. 理发业的经营成本变化迅速
B. 理发业进入障碍低
C. 理发市场需求多样导致高度产品差异化
D. 理发业难以达到规模经济

20.【2017】靓影公司是一家经营照相、冲印、彩扩的企业,其应当采用的竞争战略有(   )。

A. 聚焦细分市场需求,如婚庆大尺寸照片的拍摄、冲印、美化等
B. 适应多样化的顾客需求,开发多种服务品种
C. 增加服务的附加价值,如在顾客等候时提供茶水、杂志等
D. 连锁经营或特许经营,将服务点分散在居民生活区中

三、主观题

21.【2021】2013年12月,红宝宝公司以海外购物攻略为切入点,建立了一个分享境外购物经验笔记和攻略的UGC(用户创造内容)手机APP社区平台。在这一阶段,平台围绕社区建设,注重培养跨境购物领域KOL(关键意见领袖),社区积累了大量优质内容,获得了第一批具有真实跨境购物需求的用户。

随着中国经济的迅速发展,消费者境外购物的需求不断增加。2014年7月政府有关部门相继出台两个关于规范和监管跨境贸易电子商务的公告,从政策层面上认可了跨境电商业务。2014年12月,红宝宝公司正式上线电商渠道,结合社区和数据选品实现商业闭环。在这一阶段,公司着重加强电商板块,并充分发挥前期社区优质内容的深厚积累,社交功能与网购功能并行。经过对商业模式的摸索,公司找到了自己的定位——社交内容电商平台。借助迅猛发展的数字技术,公司实现了智能内容分发,通过个性化推荐提升转化率,电商品牌也从海外逐渐拓展到海外+本土。

红宝宝公司基于其目标人群的特征,即一、二线城市的年轻女性,将其内容定位为:标记自己的生活,把与生活息息相关的事物或经验传递他人。平台将内容细分为:时尚穿搭、护肤、发型、彩妆、动漫、音乐、食谱、运动健身、旅游、摄影、明星等30余个类别,以满足年轻女性日益增长的对于时尚、娱乐、情感交流以及精致生活的全方位需求。通过普通用户对这些内容的分享和传递,引起其他用户内心的共鸣,产生对该产品的购买欲,之后即可以直接在红宝宝商城进行购买。公司开创的社交内容电商平台,充分挖掘了消费者、商家、创造者和平台方的价值创造潜

力，引领着价值共创共享的时代潮流。

截至2019年7月，红宝宝平台用户突破3亿人，未来依旧有较大发展空间。

要求：
依据蓝海战略重建市场边界的基本法则（开创蓝海战略的路径），简要分析红宝宝公司开创生存与发展空间的主要路径。

22.【2020】在汽车产业电动化、智能化、网联化、共享化融合变革之际，被称为"造车新势力"之一的家家智能汽车公司于2015年正式成立，家家公司的董事长兼创始人王向认为，汽车制造业已经进入2.0数字时代，其特征是电机驱动+智能互联；而汽车3.0时代是人工智能时代，其特征是无人驾驶+出行空间。为了赢得2.0时代，并参与3.0时代的竞争，家家公司开始全面布局：通过三轮融资获得资金，拥有了自己的制造基地，与国内最大的出租车网约平台合作切入共享出行领域，积极投资产业链（包括投资孵化自动驾驶系统供应商MJ公司、专注自动驾驶中央控制器的ZX公司以及研发生产激光雷达的LH公司等）。

王向认为，未来企业竞争的关键要素，是具备快速成长能力的公司组织。他把60%的时间用于组织管理，以是否具备创新能力与价值观而非是否来自成功大企业为标准选拔人才；帮助团队中每一个人成就心中的事业追求，去挑战自己和团队成长的极限。

家家公司的第一款产品SEV面向国内外共享汽车使用群体，续航里程将超过100公里。但是，两年筹备之后，由于低速车的合法性以及海外分时租赁市场实际容量的局限，这个雄心勃勃的计划还是夭折了。面对挫折，王向立即将公司产品开发重心转移到中大型SUV的"家家智造ONE"。为了实现"没有里程焦虑"，"家家智造ONE"采用全新的形式—增程式电动。王向认为，相对于U国TL等电动车采用的充电桩/换电站等方式，中国消费者更需要从产品本身去解决问题的产品。2018年10月18日晚，备受汽车及科技界人士瞩目的家家公司新车——"家家智造ONE"于B市正式发布。这场发布会没有明星大腕捧场助阵，全程由王向一人直接以大量数据对比和充满硬核知识的"干货"完成了自我演绎，让消费者在各类新产品中有了清晰的比较。王向表示，"家家智造ONE"定价不会高于40万元，而增程式电动技术显著难于纯电动车，因而"家家智造ONE"的性价比具有优势。

2018年12月，家家公司以6.5亿元收购LF股份公司所持有的C市LF汽车公司100%股权，被业界称为家家公司"完美避开进入门槛"，取得了新能源汽车的生产资质，以实现王向掌控并引领新能源汽车市场的梦想。而此举对于LF股份公司而言是其战略重组的一部分，将经营不善的C市LF汽车公司剥离出去，以应对流动资金不足的困境。家家公司与LF股份还签署了为期3年的框架合作协议。双方将通过资源互补、技术互补等方式，在新能源技术开发、车联网、人车交互及数据共享等领域形成技术联盟。

要求：
简要分析王向统领家家公司所克服的智能汽车新兴产业中的发展障碍。

23.【2019】2008年，传统汽车生产企业旭辉公司决定上马国内第一款新能源汽车。此举在同行眼中无异于一种"逆风而上"的冒险行为。

首先，对传统汽车企业而言，研发新能源汽车是一个全新的挑战。能源汽车的驱动原理与传统燃油汽车有着本质性的区别。技术的不确定性以及业务创新对技术和人才储备的要求都是对企业严峻的考验。

其二，新能源汽车的运营模式、行业规范和服务体系等方面无法仿照传统燃油汽车，存在诸多不确定性。

其三，新能源汽车供应链处于初建期，企业原材料、零部件及其他供给不足；分销渠道、充电设备、维修保养、保险业务等服务很不完善。

其四，传统汽车企业的竞争与消费者的困惑与等待观望。2014年下半年，政府推出一系列扶持新能源汽车产业的政策，而此前传统汽车企业大多采取深耕传统燃油汽车的策略以降低被新能源汽车替代的风险。消费者普遍认为新能源汽车技术尚不成熟、服务设施尚不完善、价格过高且伴随规模经济与经验曲线的形成肯定会大幅度降价，第二代和第三代产品将迅速取代现有产品，因而采取等待观望态度。在这种情况下，企业市场营销的中心活动只能是选择顾客对象并诱导初始购买行为。

旭辉公司以一往无前的勇气和高瞻远瞩的眼光，坚守十年时间，实现了对新能源汽车领域核心技术的掌控与完整的产业链布局，也迎来了新能源汽车销量在国内外的全面爆发。到目前为止，旭辉公司是全球唯一一家同时掌握新能源汽车电池、电机、电控及充电配套设施、整车制造等核心技术以及拥有成熟市场推广经验的企业，旭辉公司物美价廉的新能源汽车已遍布全球六大洲的50个国家和地区。截至2018年，旭辉公司连续5年摘得全国新能源汽车生产和销售桂冠，4年蝉联世界新能源汽车销量冠军。

要求：

（1）简要分析作为新兴产业，新能源汽车行业内部结构的特征。

（2）简要分析作为新兴产业，新能源汽车行业的发展障碍。

24.【2019】1992年，以家电研发、生产和销售为主业的信达公司确立了"技术立企"的发展战略。公司董事长程静强调："那些只引进不研发、落伍了再引进的企业，没有追求，必死无疑"。信达公司拒绝参与彩电行业价格战，每年将销售收入的5%投入研发。公司实行奖金与开发成果挂钩的制度，将技术开发人员工资涨到一线工人的3倍。几十年来，在信达公司彩电业务的发展过程中，经历了四个关键的转折点。

（1）2005年成功研发"中国芯"，中国首块拥有自主知识产权并产业化的数字视频处理芯片在信达诞生，彻底打破了国外芯片的垄断地位。2013年国内首款网络多媒体电视SoC主芯片研制成功并实现量产，2015年发布VP画质引擎芯片，使信达公司正式比肩国际行业巨头，成为中国拥有自主高端画质芯片的企业。

（2）建成中国电视行业第一条液晶模组线，彻底扭转中国液晶模组几乎全部依赖外国企业的状况，率先完成平板电视上游产业链的突破。

（3）UD电视与激光电视并行。其中，"UD显示技术"是信达公司十年来对电视行业上游垄断发起的第3次突围战。信达公司凭借历时7年研发的激光电视提前锁定主动权，在全球大屏幕电视市场赢得了一席之地。

（4）转型布局智能电视。2017年，信达公司推出的V5智能系统由简单的单向人机交互向更简洁的触控交互、智能交互发展，主动感知用户需求，实现智能化推荐。

信达公司以强大的研发实力为后盾，以优秀的销售团队为支撑，产品销售额与营销收入实现稳步增长。根据有关部门提供的信息，2018年，信达公司电视机的营业收入位居全球品牌第三位，国内品牌第一位。

要求：

简要分析信达公司所实施的竞争战略类型，并从资源和能力角度分析信达公司实行这一竞争战略的条件。

25.【2017】智勤公司成立于2010年，是一家研究开发智能手机的企业。智勤公司从创立之初就做了大量的市场调研，发现智能手机市场上国内中低端品牌与国际高端品牌的技术差距正逐步缩小，消费者更多地关注产品价格，价格竞争开始成为市场竞争的主要手段。在此基础上，智勤公司对消费者的年龄进行了细分，将目标市场消费者的年龄定位在25至35岁之间。这个阶段的年轻人相对经济独立，普遍处于事业的发展期，并且个性张杨，勇于尝试，对于新鲜事物的接受程度比其他年龄段的人更高。

为了适应目标顾客对价格敏感的特点，智勤手机以其"高性价比"走入大众视线。为了降低智勤手机的成本和价格，智勤公司采取了以下措施：

（1）开创了官网直销预订购买的发售方式，减少了昂贵的渠道成本，使智勤手机生产出来之后，不必通过中间商就可以到达消费者手中。

（2）在营销推广方面，智勤公司没有使用传统的广告营销手段，而是根据消费者的不同类型，分别在智勤官网、QQ空间、智勤论坛、微信平台等渠道进行销售和品牌推广，在很大程度上采用粉丝营销、口碑营销的方式，有效降低了推广费用。

（3）采用低价预订式抢购模式。这种先预定再生产的方式使智勤公司的库存基本为零，大大减少了生产运营成本。

（4）智勤手机定价只有国际高端品牌的三分之一，而其硬件成本要占到其定价的三分之二以上。为了既保证高性价比又不降低手机的产品质量，智勤公司为手机瘦身，把不需要的硬件去掉，把不需要的功能替换掉，简化框架结构设计，使用低成本的注塑材质工艺等。

（5）将手机硬件的研发和制造外包给其他公司，提高了生产率，大大减少了智勤成立之初的资金压力。

（6）实现规模经济。2011～2015年智勤手机的销售量突飞猛进地增长，进而为智勤手机通过规模经济降低成本和价格奠定了基础。

要求：

从市场情况和资源能力两个方面，简要分析智勤手机实施成本领先战略的条件。

参考答案及解析

1. 【答案】B
   【考点】中小企业竞争战略
   【解析】根据案例描述，可知洗衣业属于零散产业。造成产业零散的主要原因包括：①进入障碍低或存在退出障碍（选项B）。②市场需求多样导致高度产品差异化。③不存在规模经济或难以达到经济规模。④其他因素。政府政策和地方法规对某些产业集中的限制；一个新产业中还没有企业掌握足够的技能和能力以占据重要的市场份额等因素。故选项B正确，当选。

2. 【答案】B
   【考点】中小企业竞争战略
   【解析】新兴产业的战略选择包括：①塑造产业结构。②正确对待产业发展的外在性（选项B）。③注意产业机会与障碍的转变，在产业发展变化中占据主动地位。④选择适当的进入时机与领域。选项ACD均为干扰选项，不属于新兴产业的战略选择内容，故选项B正确，当选。

3. 【答案】D
   【考点】基本战略的综合分析——"战略钟"
   【解析】题干中的"最低价格购买到"说明低价，"设计独特、性能和质量优越"说明高值，企业在为顾客提供更高的认可价值的同时获得成本优势，这属于混合战略。因此，选项D正确。

4. 【答案】D
   【考点】新兴产业中的竞争战略
   【解析】本题考核新兴产业的早期发展障碍，包括：①专有技术选择、获取与应用的困难；②原材料、零部件、资金与其他供给的不足（选项D正确）；③顾客的困惑与等待观望；④被替代产品的反应；⑤缺少承担风险的胆略与能力。选项A属于造成产业零散的原因，不选；选项B属于新兴产业内部结构的共同特征，不选；选项C属于五力模型中的进入障碍（结构性障碍），不选。因此，选项D正确。

5. 【答案】D
   【考点】蓝海战略制定的原则
   【解析】蓝海战略执行原则包含：克服关键组织障碍（选项D正确）、将战略执行建成战略的一部分；选项ABC属于战略制定原则，不选。因此，选项D正确。

6. 【答案】B
   【考点】重建市场边界的基本法则
   【解析】案例提及"紫云公司是一家经营连锁高档酒店的企业"以及引入处于不同群组的"中低档酒店"。这种在同一个产业中，从高档群组跨越中档群组的经营方式，属于跨越战略群组。因此，选项B正确。

7. 【答案】D
   【考点】新兴产业中的竞争战略
   【解析】"该公司拟投资进入尚处于产业导入期的新型显示技术产业"说明该公司是新兴产业的早期进入者，在以下情况下早期进入是适当的：①企业的形象和声望对顾客至关重要，企业可因先驱者而发展和提高声望（选项D正确）。②产业中的学习曲线很重要，经验很难模仿，并且不会因持续的技术更新换代而过时，早期进入企业可以较早地开始这一学习过程。③顾客忠诚非常重要，那些首先对顾客销售的企业将获得较高的收益。④早期与原材料供应、分销渠道建立的合作关系对产业发展至关重要。因此，选项D正确。

8. 【答案】B
   【考点】基本战略的综合分析——"战略钟"
   【解析】"使顾客只需付出同种咖啡最低的价格就能享受顶级口味的咖啡"表明物美价廉，价值高、价格低，企业在为顾客提供更高的认可价值的同时，获得成本优势属于混合战略。因此，选项B正确。

9. 【答案】C
   【考点】集中化战略
   【解析】集中化战略是针对某一特定购买群体、产品细分市场或区域市场，采用成本领先或产品差异化来获取竞争优势的战略，"福门公司是 R 国一个专为老年人提供洗澡、理发等上门清洁服务的企业"说明该公司采用的是集中化战略。集中化战略的实施条件有：①购买者群体之间在需求上存在着差异；②目标市场在市场容量、成长速度、获利能力、竞争强度等方面具有相对的吸引力；③在目标市场上，没有其他竞争对手采用类似的战略（选项 C 正确）；④企业资源和能力有限，难以在整个产业实现成本领先或差异化，只能选定个别细分市场。因此，选项 C 正确。

10. 【答案】B
    【考点】零散产业中的竞争战略
    【解析】由于零散产业需求多样化和缺乏规模经济，企业对新产品做出的大量投资在该产品的成熟期并不容易收回，也难以得到较高的回报。"在其拥有的所有分店统一推出智能健身设备……该设备受到健身者的好评。但由于购置、使用、维护智能健身设备耗资很大，而需求和使用率有限，永强公司入不敷出，经营陷入困境"说明永强公司进行战略选择时未能避免的战略陷阱是对新产品做出过度反应。因此，选项 B 正确。

11. 【答案】B
    【考点】零散产业中的竞争战略
    【解析】该类中式快餐属于零散产业，针对零散产业的战略选择要注意避免寻求支配地位、保持严格的战略约束力、避免过分集权化、了解竞争者的战略目标与管理费用、避免对新产品做出过度反应。本题中，该企业扩张过快，目标建立覆盖全国的快餐帝国，这属于企图寻求支配地位。因此，选项 B 正确。

12. 【答案】C
    【考点】基本竞争战略
    【解析】"针对该区域的客户……"说明甲公司实施的是集中化战略。因此，选项 C 正确。

13. 【答案】A
    【考点】基本竞争战略
    【解析】战略钟模型中，成本领先战略包括成本领先战略和集中成本领先战略，其中低值低价对应的是集中成本领先战略。

14. 【答案】BD
    【考点】基本竞争战略
    【解析】案例描述："万通公司是一家从事中西药研发与生产的企业……进入医疗设备的研发与制造领域"，表明该公司从事了新的业务进入了新的市场，以现有业务或市场为基础进入相关产业或市场，属于多元化战略——相关多元化，故选项 B 正确当选。案例描述："率先向市场推出新技术医疗设备"，表明市场上还没有类似产品，表明企业向顾客提供的产品和服务在产业范围内独具特色，属于差异化战略，故选项 D 正确，当选。

15. 【答案】AB
    【考点】零散产业中的竞争战略
    【解析】案例描述："通过快速扩张将店面数量增加了一倍以上，市场份额一度跃居行业首位"，然而万丰公司技术人才短缺，没有相应能力，为未能避免追求支配地位情形，选项 A 正确。案例描述："将业务扩展到汽车零部件加工、二手车交易等领域"，然而万丰公司是连锁汽车管理企业，此为未能保持严格的战略约束力情形，选项 B 正确。案例中没有与选项 C 相关的描述，不选；选项 D 并非零散产业战略陷阱相关内容，不选。综上，选项 AB 正确。

16. 【答案】ABD
    【考点】零散产业中的竞争战略
    【解析】零散产业战略选择包括：①克服零散——获得成本优势（选项 A 连锁经营或特许经营）；②增加附加价值——提高产品差异化程度（选项 B 正确）；③专门化——目标集聚（选项 D 正确）。"专注于为老年人提供旅游服务"体现专门化——目标集聚；"率先增加'坐地游天下'的线上服务项目"体现增加附加价值——提高产品差异化程度，"增加门店扩大实地旅游业务""实现线上与线下互动，有效扩大了顾客群体"体现克服零散——获得成本优势；选项 C 是克服零散——获得成本优势的途径之一，并强调技术的变化与创新，本题题干的叙述是利用了互联网，与技术变化、技术创新有一定距离，从答题的层面来说，选项 C 与选项 ABD 不属同一级别，不选。综上，选项 ABD 正确。

17. 【答案】AB
【考点】蓝海战略的内涵
【解析】"独辟蹊径地将旗下的一部分影院改造成家庭影院"涉及拓展非竞争性市场空间，"使他们在影院欣赏影片的同时享受亲友团聚和美味佳肴"涉及创造并攫取新需求，案例中没有涉及成本问题。综上，选项 AB 正确。

18. 【答案】ABCD
【考点】零散产业中的竞争战略
【解析】"该社在国内设立了上百家分社和代理机构复制推广上述业务模式"（选项 A 正确）；"在业内率先根据目的地的特点"（选项 B 正确）；"面对老年社会的到来，专注于组织老年消费者出国游业务，并在业内率先根据目的地的特点"（选项 C 正确）；"专注于组织老年消费者出国游业务"（选项 D 正确）。综上，选项 ABCD 均正确。

19. 【答案】BCD
【考点】零散产业中的竞争战略
【解析】理发产业属于零散产业。造成产业零散的原因：①进入障碍低或存在退出障碍（选项 B）；②市场需求多样导致高度产品差异化（选项 C）；③不存在规模经济或难以达到经济规模（选项 D）。选项 A 属于新兴产业结构的特征，不选。综上，选项 BCD 正确。

20. 【答案】ACD
【考点】零散产业中的竞争战略
【解析】靓影公司是一家经营照相、冲印、彩扩的企业，属于典型的零散型产业，其战略选择有：①克服零散——获得成本优势，包括：a. 连锁经营或特许经营（选项 D）；b. 技术创新以创造规模经济；c. 尽早发现产业趋势。②增加附加价值——提高产品差异化程度（选项 C）；③专门化——目标集聚（选项 A）。综上，选项 ACD 正确。

21. 【答案】依据蓝海战略重建市场边界的基本法则（开创蓝海战略的路径），红宝宝公司开创生存与发展空间的主要路径如下：
①审视他择产业或跨越产业内不同的战略群体。"2013 年 12 月，红宝宝公司以海外购物攻略为切入点，建立了一个分享境外购物经验笔记和攻略的 UGC（用户创造内容）手机 APP 社区平台。……2014 年 12 月，红宝宝公司正式上线电商渠道，结合社区和数据选品实现商业闭环，在这一阶段，红宝宝公司着重加强电商板块……"。
②重新界定产业的买方群体。"将其内容定位为：标记自己的生活，把与生活息息相关的事物或经验传递他人。通过普通用户对这些内容的分享和传递，引起其他用户内心的共鸣，产生对该产品的购买欲，之后即可以直接在红宝宝商城进行购买"。
③放眼互补性产品或服务。"社交功能与网购功能并行，经过对商业模式的摸索，红宝宝找到了自己的定位——社交内容电商平台"。
④重设产业的功能与情感导向。"将其内容定位为：标记自己的生活，把与生活息息相关的事物或经验传递他人。平台将内容细分为：时尚穿搭、护肤、发型、彩妆、动漫、音乐、食谱、运动健身、旅游、摄影、明星等 30 余个类别，以满足年轻女性日益增长的对于时尚、娱乐、情感交流以及精致生活的全方位需求"。
⑤跨越时间，参与塑造外部潮流。"公司开创的社交内容电商平台，充分挖掘了消费者、商家、创造者和平台方的价值创造潜

力，引领着价值共创共享的时代潮流"。

【考点】蓝海战略

22. 【答案】①专有技术选择、获取与应用的困难。"为了实现'没有里程焦虑'，'家家智造ONE'采用全新的形式——增程式电动。王向认为，相对于 U 国 TL 等电动车采用的充电桩/换电站等方式，中国消费者更需要从产品本身去解决问题的产品"。
②原材料、零部件、资金与其他供给的不足。"家家公司开始全面布局：通过三轮融资获得资金，拥有了自己的制造基地，与国内最大的出租车网约平台合作切入共享出行领域，积极投资产业链（包括投资孵化自动驾驶系统供应商 MJ 公司，专注自动驾驶中央控制器的 ZX 公司以及研发生产激光雷达的 LH 公司等）"。
③顾客的困惑与等待观望。"这场发布会没有明星大腕捧场助阵，全程由王向一人直接以大量数据对比和充满硬核知识的干货完成了自我演绎，让消费者在各类新产品中有了清晰的比较"。
④被替代产品的反应。老产品生产企业会采用各种有效的办法降低替代品的威胁。老产品防范新产品的最佳战略可能是进一步降低成本，这也给新兴产业的发展增添了难度。"王向表示，'家家公司智造ONE'定价不会高于 40 万元，而增程式电动技术显著难于纯电动车，因而'家家公司智造ONE'的性价比具有优势"。
⑤缺少承担风险的胆略与能力。新兴产业早期的发展障碍较少来源于缺乏对巨大资源掌控的能力，而更多地源于缺少承担风险的胆略与能力、技术上的创造性以及作出前瞻性的决策以储备投入人力、物资与分销渠道的能力等。"家家公司的董事长兼创始人王向认为，汽车制造业已经进入 2.0 数字时代，其特征是电机驱动+智能互联；而汽车 3.0 时代是人工智能时代，其特征是无人驾驶+出行空间。为了赢得 2.0 时代，并参与 3.0 时代的竞争，家家公司开始全面布局"。"由于低速车的合法性以及海外分时租赁市场实际容量的局限，这个雄心勃勃的计划，还是夭折了。面对挫折，王向立即将公司产品开发重心转移到中大型 SUV 的'家家智造ONE'""王向认为，未来企业竞争的关键要素，是具备快速成长能力的公司组织。他把 60%的时间用于组织管理，以是否具备创新能力与正确价值观而非是否来自成功大企业为标准选拔人才。帮助团队中每一个人成就心中的事业追求，去挑战自己和团队成长的极限"。

【考点】新兴产业中的竞争战略

23. 【答案】（1）新兴产业的共同结构特征。
①技术的不确定性。"技术的不确定性以及业务创新对技术和人才储备的要求都是对企业严峻的考验"。
②战略的不确定性。"新能源汽车的运营模式、行业规范和服务体系等方面无法仿照传统燃油汽车，存在诸多不确定性"。
③成本的迅速变化。"消费者普遍认为新能源汽车技术尚不成熟、服务设施尚不完善、价格过高且伴随规模经济与经验曲线的形成肯定会大幅度降价"。
④首次购买者。"在这种情况下，企业市场营销的中心活动只能是选择顾客对象并诱导初始购买行为"。
（2）新兴产业的发展障碍：①专有技术选择、获取与应用的困难。"对传统汽车企业而言，研发新能源汽车是一个全新的挑战。能源汽车的驱动原理与传统燃油汽车有着本质性的区别。技术的不确定性以及业务创新对技术和人才储备的要求都是对企业严峻的考验"。
②原材料、零部件、资金与其他供给的不足。"新能源汽车供应链处于初建期，企业原材料、零部件及其他供给不足；分销渠道、充电设备、维修保养、保险业务等服务很不完善"。
③顾客的困惑与等待观望。"消费者普遍认为新能源汽车技术尚不成熟、服务设施尚不完善、价格过高且伴随规模经济与经验曲线的形成肯定会大幅度降价，第二代和

第三代产品将迅速取代现有产品,因而采取等待观望态度"。

④被替代产品的反应。"此前传统汽车企业大多采取深耕传统燃油汽车的策略以降低被新能源汽车替代的风险"。

⑤缺少承担风险的胆略与能力。"旭辉公司决定上马国内第一款新能源汽车。此举在同行眼中无异于一种'逆风而上'的冒险行为。""旭辉公司以一往无前的勇气和高瞻远瞩的眼光,坚守十年时间,实现了对新能源汽车领域核心技术的掌控与完整的产业链布局,也迎来了新能源汽车销量在国内外的全面爆发"。

【考点】新兴产业中的竞争战略

24. 【答案】信达公司实施的是差异化战略。从这句可看出:"信达公司拒绝参与彩电行业价格战,每年将销售收入的5%投入研发"。
资源和能力:

①具有强大的研发能力和产品设计能力。"每年将销售收入的5%投入研发。""2005年成功研发'中国芯'。""建成中国电视行业第一条液晶模组线,彻底扭转中国液晶模组几乎全部依赖外国企业的状况。""'UD显示技术'是信达公司十年来对电视行业上游垄断发起的第3次突围战"。

②具有很强的市场营销能力。"信达公司以强大的研发实力为后盾,以优秀的销售团队为支撑,产品销售额与营销收入实现稳步增长。根据有关部门提供的信息,2018年,信达公司电视机的营业收入位居全球品牌第三位,国内品牌第一位"。

③有能够确保激励员工创造性的激励体制、管理体制和良好的创造性文化。"公司实行奖金与开发成果挂钩的制度,将技术开发人员工资涨到一线工人的3倍"。

④具有从总体上提高某项经营业务的质量、树立产品形象、保持先进技术和建立完善分销渠道的能力。"信达公司以强大的研发实力为后盾,以优秀的销售团队为支撑,产品销售额与营销收入实现稳步增长。根据有关部门提供的信息,2018年,信达公司电视机的营业收入位居全球品牌第三位,国内品牌第一位"。

【考点】基本竞争战略

25. 【答案】成本领先战略的实施条件。
(1)市场情况:
①产品具有较高的价格弹性,市场中存在大量的价格敏感用户。"消费者更多地关注产品价格"。
②产业中所有企业的产品都是标准化的产品,产品难以实现差异化。"智能手机市场上国内中低端品牌与国际高端品牌的技术差距正逐步缩小"。
③购买者不太关注品牌,大多数购买者以同样的方式使用产品。"智能手机市场上国内中低端品牌与国际高端品牌的技术差距正逐步缩小"。
④价格竞争是市场竞争的主要手段,消费者的转换成本较低。"价格竞争开始成为市场竞争的主要手段"。
(2)资源和能力。
①在规模经济显著的产业中建立生产设备来实现规模经济。"2011~2015年智勤手机的销售量突飞猛进地增长,进而为智勤手机通过规模经济降低成本和价格奠定了基础"。
②降低各种要素成本。"减少了昂贵的渠道成本"。
③提高生产率。"将手机硬件的研发和制造外包给其他公司,提高了生产率"。
④改进产品工艺设计。"为手机瘦身,把不需要的硬件去掉,把不需要的功能替换掉,简化框架结构设计,使用低成本的注塑材质工艺等"。
⑤选择适宜的交易组织形式。"将手机硬件的研发和制造外包给其他公司,提高了生产率"。
⑥重点集聚。"将目标市场锁定对价格敏感的年龄定位在25至35岁之间的消费者"。

【考点】基本竞争战略

第三节 职能战略

一、单选题

1. 【2023】高图科技是一家半导体材料生产商,产品的主要原材料为蓝宝石平片,由两家供应商集中供应。从采购战略角度看,下列各项中,属于高图科技采用的货源策略的优点是( )。
   A. 与供应商建立较为稳固的关系
   B. 企业对供应商议价能力强
   C. 与其他货源策略相比,更有利于与供应商知识共享
   D. 与其他货源策略相比,更有利于保证蓝宝石平片的稳定供应

2. 【2022】近年来,射频识别设备逐渐进入人们的生活。随着市场的扩大,竞争者涌入,企业都以取得最大市场份额为战略目标。各个企业的产品在技术和性能上有较大差异,为了能在竞争中胜出,企业之间开始争夺人才和资源。下列各项中,属于目前射频识别设备生产企业所具有的经营特征是( )。
   A. 经营风险低
   B. 资金来源于保留盈余+债务
   C. 价格/盈余倍数高
   D. 财务风险高

3. 【2022】日丰公司是一家家电生产企业,该公司的投资资本回报率为8%,投资成本为5%,同时销售增长率为9%,可持续增长率为7%,日丰公司预计上述情况将持续较长时间,因此决定采用新的财务战略。下列各项中,适合日丰公司采用的财务战略是( )。
   A. 增发股份,增加权益资本
   B. 增加股利支付
   C. 增加内部投资
   D. 对家电业务进行彻底重组

4. 【2021】贝康公司是一家生产婴幼儿奶粉的企业,该公司近期率先推出一种营养成分最接近母乳且比其他奶粉更易于婴幼儿消化吸收的产品,深受消费者欢迎。目前贝康公司因业务发展需招聘新员工,从人力资源获取策略看,该公司甄选新员工的方法应是( )。
   A. 面试   B. 简历审查
   C. 心理测试   D. 多重方法

5. 【2021】太奇公司是一家从事饮料生产的外资企业,该公司的薪酬结构由基本工资、奖金、津贴和福利构成,其薪酬水平是国内饮料行业平均薪酬的3倍左右。太奇公司采取的薪酬水平策略是( )。
   A. 领先型策略   B. 匹配型策略
   C. 拖后型策略   D. 混合型策略

6. 【2021】兆兴公司是一家提供基因检测解决方案的初创公司,其资金主要来源于专业投资机构的投资。经过管理和研发团队不懈的努力,该公司近期开始与几家医疗机构开展尝试性合作,但其终端客户的接受程度与潜在市场规模等因素尚存在不确定性。从财务战略角度看,目前兆兴公司经营风险与财务风险的搭配是( )。
   A. 高经营风险与高财务风险搭配
   B. 高经营风险与低财务风险搭配
   C. 低经营风险与高财务风险搭配
   D. 低经营风险与低财务风险搭配

7. 【2020】云澜公司是一家面向全球的家具和室内饰品生产商,该公司根据不同国家和地区的消费者是崇尚传统还是追求时尚来为他们设计、生产具有不同风格和质地的产品。云澜公司对消费者市场的细分属于( )。
   A. 地理细分   B. 心理细分
   C. 行为细分   D. 人口细分

8. 【2020】灵川公司是一家汽车制造商,原先只从一家公司购买其所需的轴承,后来改为

分别从3家公司购买。下列各项中，属于灵川公司增加轴承供应商的目的是（   ）。
A. 容易设计出有效的质量保证计划
B. 与轴承供应商建立更稳定的关系
C. 产生规模经济
D. 利用供应商之间的竞争对供应商压价

9.【2020】爱视公司发明了一款供视障患者使用的智能眼镜，使用者在对这种眼镜发出去往某目的地的指令后，就能在行走过程中不断收到眼镜发出的引导信息，从而避开障碍物，保持正确的行走路线目前。该款眼镜价格较高，性能还有待完善，因此销售量小，公司净利润率较低。爱视公司现阶段的资金来源应是（   ）。
A. 风险资本   B. 权益投资增加
C. 债务   D. 保留盈余+债务

10.【2020】近年来，人们不断增加的对健康水源的需求催生了越来越多的滤水壶生产企业。目前这些企业提供的产品性能、质量大体相同，彼此之间为争夺客户展开挑衅性的价格竞争，行业规模达到前所未有的水平，任何一个企业扩大市场份额都十分困难。下列各项中，属于目前上述企业所具有的经营特征的是（   ）。
A. 经营风险非常高
B. 价格/盈余倍数非常高
C. 具有中等的股利分配律
D. 资金来源为保留盈余加债务

11.【2020】春华公司是一家球类制品生产企业，主要生产足球、网球、高尔夫球等。目前该公司与业内其他企业一样，生产稳定，产品价格疲软，经营战略的重点是在巩固市场份额的同时提高投资报酬率。目前春华公司应采取的股利分配战略是（   ）。
A. 不分配   B. 分配率高
C. 分配率很低   D. 全部分配

12.【2019】嘉利啤酒公司通过数据分析发现，其产品的89%是被50%的顾客（重度饮用啤酒者）消费掉的，另外50%顾客（轻度饮用啤酒者）的消费量只占总消费量的11%。该公司据此推出了吸引重度饮用啤酒

者而放弃轻度饮用啤酒者的促销策略，该公司进行市场细分的依据是（   ）。
A. 地理细分   B. 人口细分
C. 心理细分   D. 行为细分

13.【2019】智达公司是一家计算机制造企业。为了减少库存，公司对生产过程实施订单管理，生产部门依据销售部门提供的客户订购的产品数量安排当期生产。智达公司的生产运营战略所涉及的主要因素是（   ）。
A. 种类   B. 批量
C. 需求变动   D. 可见性

14.【2019】甲燃气公司负责某市的民用天然气供给业务。近年来该市的民用天然气需求量比较稳定，甲燃气公司主要通过向银行贷款取得更新设备所需的资金。该公司财务风险与经营风险的搭配属于（   ）。
A. 高经营风险与低财务风险
B. 高经营风险与高财务风险
C. 低经营风险与高财务风险
D. 低经营风险与低财务风险

15.【2016】瑞祥公司是一家啤酒制造和销售企业。2016年年初，公司管理层预计该年夏天温度较高，加上该年属于奥运会年，啤酒的销量将比上年有较大增长。因此，瑞祥公司决定加大公司上半年的产量，以应对未来需求的增长。瑞祥公司采用的平衡产能与需求的方法是（   ）。
A. 库存生产式生产   B. 订单生产式生产
C. 资源订单式生产   D. 准时生产式生产

16.【2016】甲公司是一家高科技环保企业，其自主研发的智能呼吸窗刚推向市场，即受到消费者欢迎，产品供不应求，企业一直处于满负荷生产状态。为满足持续增长的订单要求，公司决定增加一条生产流水线。甲公司所实施的产能计划属于（   ）。
A. 滞后策略   B. 匹配策略
C. 维持策略   D. 领先策略

二、多选题

17.【2023】某酒店特价超市是一款基于移动互联网的手机预订平台。每晚6点后，用户

可以根据自己对距离远近、星级、价格、酒店风格等方面的需求和喜好，通过该平台方便地查找和预订当天酒店的剩房，所支付的价格仅相当于白天网上预订价格的一半，如果在预定住房的同时还预定交通服务，则整体价格再降低10%。下列各项中，属于该酒店特价超市定价策略的有（　　）。
A. 竞争导向定价策略
B. 产品组合定价策略
C. 折扣与折让策略
D. 地点差别定价

18. 【2023】嘉华公司的主营业务为中央空调的生产，产品的主要部件是压缩机。近期，该公司为获得稳定的优质部件来源，与国内技术领先的压缩机供应商吉达公司通过订立协议结成联盟。从采购战略角度看，下列各项对嘉华公司采用的交易策略的表述中正确的有（　　）。
A. 该交易策略属于功能性联盟策略
B. 该交易策略侧重于创新的考虑
C. 该交易策略需要合作双方的发展战略相互配合
D. 该交易策略追求的是长期利益

19. 【2022】近年来，从事儿童布艺娃娃生产的艾贝公司相继开发、生产出类似真人肤质肤色、手感细腻、富有弹性的硅胶娃娃和具有一定表情、语言功能的智能娃娃。下列各项中，属于艾贝公司采用的产品组合策略有（　　）。
A. 扩展产品组合的宽度
B. 增加产品组合的长度
C. 增加产品组合的深度
D. 提高产品组合的关联度

20. 【2022】天澜公司是一家有机果蔬种植和销售企业，该公司采用温室种植和自然种植的方法向市场供应当季收获的果蔬，并在各种节假日期间推出有纪念或庆祝意义的果蔬篮，每年购买果蔬超过一定数量的客户自动成为贵宾客户，可享受价格优惠并定期免费参观该公司的果蔬种植园，上述天澜公司的生产运营战略涉及的主要因素

有（　　）。
A. 批量
B. 种类
C. 需求变动
D. 可见性

21. 【2022】电脑制造商圣和公司根据生产需要对电脑零部件供应商瑞云公司下达订单，要求瑞云公司把适当数量、适当质量的电脑零部件在适当的时间送达适当的地点。下列各项中，属于圣和公司采用的采购模式的特点的有（　　）。
A. 采购管理的科学性、便捷性、精细性、准确性空前提高，"降本增效"极为显著
B. 企业与供应商之间按照利益共享、风险共担的原则，协商确定对相关管理费用的分担比例
C. 企业与供应商建立长期稳定的合作关系
D. 采购批量小，送货频率高

22. 【2021】维力公司管理层根据该公司的经营业绩决定采用新的财务战略，该战略包括使用内部资金进行前向一体化并购、增加股利支付和回购部分股东股份等。下列各项中，属于维力公司管理层采用新财务战略根据的有（　　）。
A. 投资资本回报率为8%，资本成本为6%
B. 投资资本回报率为7%，资本成本为10%
C. 销售增长率为11%，可持续增长率为8%
D. 销售增长率为9%，可持续增长率为10%

23. 【2021】江湾公司是一家水产品生产和销售企业，该公司为提升在超市的销售业绩采取了一些措施：增加小包装产品在超市的销售比例；在超市中采用体现公司形象的销售车进行销售；在国内几个一线城市开设20余家自营水产品超市进行直销；对喜庆消费者如庆生日者赠送水产品礼盒。本案例中，江湾公司在超市销售中采取的营销组合策略有（　　）。
A. 产品策略
B. 促销策略
C. 分销策略
D. 价格策略

24. 【2020】主营体育用品生产和销售的云济公司开发出一款智能家用跑步机，为了使该产品迅速占领市场，公司销售人员在主要销售商场举办促销活动，宣传该产品能够

根据使用者的年龄、身高、体重、脉搏频率等生理指标，自动显示使用者应选择的最佳步速和运动时间，同时宣布前20名购买者，可获得产品免费保修期从3年延长至6年的优惠，云济公司采用的促销组合策略要素有（　　）。

A. 广告促销　　　　B. 公关营销
C. 营业推广　　　　D. 人员推销

25. 【2019】新年前夕，某出版商推出反映不同民族生活习俗特点的系列年画，深受目标市场的消费者喜爱。该出版商进行市场细分的依据有（　　）。

A. 地理细分　　　　B. 人口细分
C. 心理细分　　　　D. 行为细分

26. 【2019】甲公司是一家煤炭企业集团。近年来，煤炭产品的客户对性价比的要求很高，各煤炭企业的产品差别很小，价格差异缩小且处于很低水平，产品毛利很低，只有大规模生产并有自己销售渠道的企业才具有竞争力，大量中小煤炭企业陆续退出市场。处于目前发展阶段的甲公司具备的财务特征有（　　）。

A. 经营风险低
B. 财务风险高
C. 股价稳定
D. 资金来源于保留盈余和债务

27. 【2018】乐融旅行社定期开展会员俱乐部活动期间，该社向参加活动的会员提供免费茶点、风景摄影及旅游知识讲座、旅游新项目推介等，建立了良好公众形象。在上述活动中，乐融旅行社采用的促销组合要素有（　　）。

A. 营业推广　　　　B. 广告促销
C. 人员推销　　　　D. 公关营销

28. 【2018】A公司是一家互联网叫车平台公司，目前经营处于培育客户的阶段，该公司通过支付大量的营销费用来培养客户通过互联网叫车的习惯。下列各项中，属于A公司现阶段经营特征的有（　　）。

A. 经营风险非常高而财务风险非常低
B. 具有中等的股利分配率

C. 价格盈余倍数非常高
D. 主要资金来源是风险资本

29. 【2017】甲公司是一家电动摩托车制造商，长期从一家电机公司购买发动机。下列各项中，属于甲公司货源策略优点的是（　　）。

A. 便于信息的保密
B. 能产生规模经济
C. 随着与供应商关系的加强，更可能获得价格上的优惠
D. 能与供应商建立较为稳固的关系

30. 【2016】甲公司是一家制造和销售洗衣粉的公司。目前洗衣粉产业的产品逐步标准化，技术和质量改进缓慢，洗衣粉市场基本饱和。处于目前发展阶段的甲公司具备的财务特征有（　　）。

A. 财务风险高
B. 股价迅速增长
C. 股利分配率高
D. 资金来源于保留盈余和债务

31. 【2015】在企业经营风险与财务风险结合的几种方式中，同时符合股东和债权人期望的有（　　）。

A. 高经营风险与高财务风险搭配
B. 低经营风险与高财务风险搭配
C. 高经营风险与低财务风险搭配
D. 低经营风险与低财务风险搭配

三、主观题

32. 【2023】立康公司成立于2010年，是一家专营家用医疗器械的连锁企业，经营的主要商品有血糖测试仪、电动轮椅、多功能电子治疗仪、电子血压计、家庭紧急治疗产品等。面对人们日常保健需求的不断增长，立康公司坚持把主业做优、做精、做强。做优就是向顾客提供最好的商品和服务；做精就是聚焦于满足人们在家对自身及亲人健康状况进行检测、对急慢性疾病或残障患者进行辅助治疗与救护扶助的需求；做强就是力争使经营规模和效益达到行业领先水平。

立康公司在经营上坚持面向顾客一般

需求，提供品类齐全的标准化商品，同时，还根据顾客个性化的需求，向供应商定制包销具有特殊功能或独特规格、型号的产品。如立康公司销售的电动轮椅中，60%以上是贴有立康公司商标的独家专营的定制款，深受具有特殊需求的顾客欢迎和好评。近年来，立康公司与两家智能家用医疗器械供应商形成紧密、持久的战略合作关系，自身经营特色的打造与供应商在产品和技术上的创新基本上同步进行、相互契合，极大地提升了双方的市场竞争力、开拓力和品牌优势。

不同于业内其他企业主要通过开设分店或吸收加盟店进行扩张的做法，立康公司主要通过三种合作经营模式实现连锁经营和快速、稳健、持续的发展：（1）与药店合作经营。立康公司在成立后的3年内，与20余个省市的112家药店建立战略合作关系，或者在这些药店里打出立康公司品牌，销售立康公司产品，共同提升影响力，或者在药店内设立立康公司销售专区，由立康公司派人驻店负责经营。这种合作经营模式使立康公司支出的费用大大低于独自经营而进行店面选址、装修、维护所需要的费用，同时减少了各种运营风险，避免了招收加盟店容易造成的管理不易协调的弊端。（2）与著名大型连锁超市、购物中心合作经营。其内容和作用与第一种合作模式基本相同。（3）立康公司牵头与战略投资者、供应商及相关企业在居民生活聚集区共建"健康体验城"。如2018年立康公司与林江银行、楚奇药品旗舰店、锦山医疗器械公司、利民医院等12家企业合作建成"佑安健康体验城"，为居民提供从咨询、体检、诊断到家用医疗器械选购、调试、操作指导与培训的一站式体验服务，其中的家用医疗器械销售区由立康公司负责经营管理。"佑安健康体验城"提供的优质、便捷、全面、周到的服务，受到广大顾客的赞誉，也给立康公司带来更多的客户、更低的经营费用和更好的品牌效应。

事实证明，立康公司采用的合作经营模式是家用医疗器械销售企业实现连锁经营和发展的一条成本低、速度快、效果好的路径。截至2021年底，立康公司在全国的销售网点达500多个，合作经营模式与行业领先的经营规模，使其销售的商品以最低的价格获得排名行业第一的市场份额，其财务业绩也高于其他同类企业。

要求：

（1）依据零散产业中的竞争战略理论，简要分析立康公司如何选择和实施三种基本竞争战略。

（2）依据企业战略联盟形成的动因理论，简要分析立康公司与其他企业进行战略合作及采用合作经营模式的动因。

（3）从企业采购战略角度，简要分析立康公司与两家智能家用医疗器械供应商所采用的交易策略。

33. 【2022】海新公司成立于1985年，是一家从事视频监控产品研发、生产和集成服务的企业。公司成立之初，国内视频监控产品用户寥寥，主要限于公安、交通等管理部门；市场上产品虽然种类、数量较少，使用中故障率较高，但用户的刚性需求使价格高企；生产企业不多，规模普遍较小，都致力于改进生产技术和开发性能、质量更高的新一代产品。彼此为扩大市场份额展开竞争。海新公司为走出一条发展的新路，敏锐地搜寻和捕捉市场机会，以抢占正在受到越来越多的消费者关注的家庭安防用品细分市场为目标，组织人员攻克关键技术难关，研制出构成家庭安防系统的闭路监控电视子系统、门禁子系统、报警子系统。通过考察学习、吸收国外先进企业的技术与管理，几年后，海新公司的产品性能、质量达到国际先进企业同类产品的水平，同时通过不断改进工艺和生产流程，使价格比国外先进企业低20%～25%。1990年，海新公司生产的家庭安防用品的市场占有率高达72%，海新公司随之成为国内视频监控行业的知名企业。凭借企业品牌的影响力，海新公司逐渐把业务范围扩展到机场、铁路枢纽及其他重要公共基础设施的视频监控设备研发、制造领域。

20世纪90年代后，国内视频监控产品的市场需求迅速增加并日益多元化，先后扩展到金融、IT、电信、家电、消防等领域，吸引大量企业进入视频监控行业；市场上产品虽然"鱼龙混杂"，质量、性能参差不齐，但由于供不应求，都能以比以往更高的价格售出，销售量不断增加；各个企业为分到"最大一块蛋糕"、纷纷对资金、原材料供应、技术等展开争夺。海新公司以创新的理念积极引进、培养图像数据摄取、处理、存储、传输、显示及相关技术人才，同时筹集资金并购了两家计算机、网络技术开发和设备生产企业，对原有生产体系进行信息化升级改造，一方面使产品的可靠性、安全性明显提升，另一方面使产品的功能得到改善和扩展，实现了视频监控系统、用户操作系统与相关管理、指挥系统的实时互联互通。海新公司首创的新型模式识别技术解决了困扰行业多年的图像处理与计算机视觉、语言语音信息处理兼容的难题，获得国家专利。进入21世纪后，数字城市、和谐社区的建设催生了对视频监控产品的大量新需求，同时，智能识别、分析和云计算的推广为视频监控技术和产品迭代提供了动力和工具。海新公司抓住机遇，以国际领先的产品为标杆，以自身多年积累的创新资源为基础，投入5亿多元研发、生产出能够适应更为复杂和多变的场景、识别和分析更多的异常行为和事件的新型智能化产品，该产品的生物识别、目标检测与分析、自动跟踪识别等性能与国际领先产品并驾齐驱。

2015年以后，随着新技术的扩散和普及，市场上视频监控产品的品种、规格、质量逐渐趋于一致，企业之间为争取扩大市场份额而展开的价格战愈演愈烈，产品价格趋降。海新公司适应新形势和客户需求，通过招标采购、更新生产设施、改进工艺流程等，提高了劳动生产率，降低产品成本约15%。此外，海新公司还与著名大学、研究机构合作，开发、研制成功高度智能化、性能优越的太空视频监控产品，该产品的部分性能处于国际领先水平。

要求：

简要分析海新公司在产业生命周期不同阶段的研发动力和研发定位。

34. 【2021】2013年12月，红宝宝公司以海外购物攻略为切入点，建立了一个分享境外购物经验笔记和攻略的UGC（用户创造内容）手机APP社区平台。在这一阶段，平台围绕社区建设，注重培养跨境购物领域KOL（关键意见领袖），社区积累了大量优质内容，获得了第一批具有真实跨境购物需求的用户。

随着中国经济的迅速发展，消费者境外购物的需求不断增加。2014年7月政府有关部门相继出台两个关于规范和监管跨境贸易电子商务的公告，从政策层面上认可了跨境电商业务。2014年12月，红宝宝公司正式上线电商渠道，结合社区和数据选品实现商业闭环。在这一阶段，公司着重加强电商板块，并充分发挥前期社区优质内容的深厚积累，社交功能与网购功能并行。经过对商业模式的摸索，公司找到了自己的定位——社交内容电商平台。借助迅猛发展的数字技术，公司实现了智能内容分发，通过个性化推荐提升转化率，电商品牌也从海外逐渐拓展到海外+本土。

红宝宝公司基于其目标人群的特征，即一、二线城市的年轻女性，将其内容定位为：标记自己的生活，把与生活息息相关的事物或经验传递他人。平台将内容细分为：时尚穿搭、护肤、发型、彩妆、动漫、音乐、食谱、运动健身、旅游、摄影、明星等30余个类别，以满足年轻女性日益增长的对于时尚、娱乐、情感交流以及精致生活的全方位需求。通过普通用户对这些内容的分享和传递，引起其他用户内心的共鸣，产生对该产品的购买欲，之后即可以直接在红宝宝商城进行购买。公司开创的社交内容电商平台，充分挖掘了消费者、商家、创造者和平台方的价值创造潜力，引领着价值共创共享的时代潮流。

截至2019年7月，红宝宝平台用户突破3亿人，未来依旧有较大发展空间。

要求：

简要分析红宝宝公司采用的消费者市场细分变量。

35. 【2021】2015年成立的盟塑公司是国内一家工业电子商务服务平台，相对于国内综合性B2B（企业与企业之间交易）电商平台，盟塑公司专注于塑化行业，围绕塑化原材料贸易，运用数字化技术，为采购商和供应商提供专业的塑化材料采购和配套的供应链服务。具体运营模式如下：

（1）建立塑化原材料上下游对接通道。针对塑化原料贸易信息不透明、交易流程长、效率低下等关键行业痛点，盟塑平台提供大量供应商的信息数据，从而采购商通过专业搜索可以拿到大品牌厂家的直供原料，满足其专业化采购的需求；上游企业也因此获得大量消费者、提高了毛利、打造了品牌。

（2）整合关联服务方，提供一站式互联网服务。针对塑化原材料贸易双方对于仓储公司、物流公司以及金融机构等关联服务方的需求问题，盟塑平台将这些关联服务方整合进来，贸易双方不需要再费时费力地去跟各个环节打交道，大大降低了贸易成本。而对于关联服务方而言，也因此增加了客源，并能通过盟塑平台积累的大量用户的数据，增加对用户信用的了解，降低了经营风险。

（3）引入C端（消费者）参与贸易服务。盟塑平台引入包括行业的采购师、分销人员、司机车主等个人提供对应的贸易服务，有资源的其他消费者也能通过盟塑平台参与贸易服务，从而加速塑化产业的货物流通和货款流通，解决成本高企、效率低下的难题。

2019年，盟塑公司荣获"中国B2B电子商务平台50强"称号。

要求：

简要分析盟塑公司建立工业电子商务服务平台所依据的产业市场细分的变量。

36. 【2019】1992年，以家电研发、生产和销售为主业的信达公司确立了"技术立企"的发展战略。公司董事长程静强调："那些只引进不研发、落伍了再引进的企业，没有追求，必死无疑"。信达公司拒绝参与彩电行业价格战，每年将销售收入的5%投入研发。公司实行奖金与开发成果挂钩的制度，将技术开发人员工资涨到一线工人的3倍。几十年来，在信达公司彩电业务的发展过程中，经历了四个关键的转折点。

（1）2005年成功研发"中国芯"，中国首块拥有自主知识产权并产业化的数字视频处理芯片在信达诞生，彻底打破了国外芯片的垄断地位。2013年国内首款网络多媒体电视SoC主芯片研制成功并实现量产，2015年发布VP画质引擎芯片，使信达公司正式比肩国际行业巨头，成为中国拥有自主高端画质芯片的企业。

（2）建成中国电视行业第一条液晶模组线，彻底扭转中国液晶模组几乎全部依赖外国企业的状况，率先完成平板电视上游产业链的突破。

（3）UD电视与激光电视并行。其中，"UD显示技术"是信达公司十年来对电视行业上游垄断发起的第3次突围战。凭借历时7年研发的激光电视提前锁定主动权，在全球大屏幕电视市场赢得了一席之地。

（4）转型布局智能电视。2017年，信达公司推出的V5智能系统由简单的单向人机交互向更简洁的触控交互、智能交互发展，主动感知用户需求，实现智能化推荐。

信达公司以强大的研发实力为后盾，以优秀的销售团队为支撑，产品销售额与营销收入实现稳步增长。根据有关部门提供的信息，2018年，信达公司电视机的营业收入位居全球品牌第三位，国内品牌第一位。

要求：
简要分析信达公司的研发定位。

37.【2019】随着社会消费水平的提高与消费观念的转变，酒店行业中高端消费的市场越来越大。专注于三四线城市经济连锁酒店经营的优尚公司意识到，不同消费群体有不同的消费需求，酒店行业细分已经成为未来的大趋势；仅仅集中于三四线城市经营经济型酒店将面临新的风险。优尚公司开始拓展业务与品牌，进军中高档酒店，不断挖掘投资者及细分人群的需求，兼顾投资者和消费者利益，寻求最佳平衡点。

2015年7月，优尚公司对外发布三大新酒店品牌，标志着公司着手中高档酒店品牌建设。为了设计出成本低、质量好，又能确保加盟商能盈利的产品，几年来，优尚公司推出一系列创新模式。

（1）"投一产多"的运营模式。除了经营酒店住宿业外，还开展了辅助业务，如在酒店大堂开设蛋糕店、面吧，在房间销售毛巾、浴巾等产品。运营一年后，酒店辅助业务的盈利远远超过住宿业务的盈利。"投一产多"运营模式比传统运营模式酒店多35%的收益。

（2）"住酒店可以不花钱"。与"投一产多"运营模式相配套，优尚公司为顾客构建了一个生活分享平台：大堂的沙发、灯具、各种装饰，以及客房的床垫、靠枕、床单、小摆件、毛巾、浴巾、洗浴用品、水杯、家具甚至壁纸，顾客只要是体验后喜欢的，都可以通过手机扫描二维码下单购买。顾客只要购买等同房价的物品，就可以免收房间费用，优尚公司这一举措的基本思路是，家居用品行业大约有50%的毛利，但生产厂家净利不超过5%，因为销售过程中会产生仓储、商场展示、扣点、物流等费用。如果家居用品生产厂家把酒店作为一个商场来展示和销售商品，就会节约所有铺货的费用，那么只需从50%的毛利中拿出一部分补贴酒店，就可以收到双赢的效果。

（3）打造互联网智能公寓。优尚公司将旗下的中高档酒店蓝港公寓定位于互联网智能公寓，引领时代潮流。公司引入O2O［即online（线上）到offline（线下）］模式和酒店式标准化管理，推广"住宿、社交、管家式生活服务"的酒店模式。智能酒店系统可以远程调控客房里的温度、灯光模式、音乐、空气温度与洁净度；移动设备可无线连接智能电视，实现双屏互动。智能化体验为投资者和消费者带来更多的惊喜和便利。

（4）与生产经营家电、金融、旅游、家居、智能门锁的五大行业巨头达成品牌合作。通过强强联合，增加信用住宿、无息贷款、投资扶持、微信开锁等功能，优尚公司的酒店生态更加开放，为酒店行业发展探索新的契机。

要求：
依据市场营销战略中的目标市场选择理论，简要说明优尚公司在2015年前后目标市场选择类型的变化。

38.【2018】原本是地方特产的辣椒调味品"乡中情"辣酱，如今成了全世界众多消费者佐餐和烹饪的佳品。乡中情公司在国内65个大中城市建立了省级、市级代理机构，2001年，乡中情公司产品已出口欧洲、北美、澳洲、亚洲、非洲多个国家和地区，一个曾经的"街边摊"，发展成一个上缴利税上亿元的国家级重点龙头企业。

"乡中情"辣酱热销多年，无一家其他同类产品能与其抗衡，关键原因就在于其高度稳定的产品品质和低廉的价格。

"乡中情"辣酱恰到好处地平衡了辣、香、咸口味，让大多数消费者所接受，"乡中情"辣酱制作从不偷工减料，用料、配料和工艺流程严谨规范，保持产品风味，迎合消费者口味，乡中情公司对辣椒原料供应户要求十分严格，提供的辣椒全部要剪蒂，保证分装没有杂质。只要辣椒供应户出现一次质量差错，乡中情公司就坚决终止合作关系。为了确保原料品质与低成本的充足供应，乡中情公司在Z地区建立了无公害辣椒基地和绿色产品原料基地，搭建了一条"企业+基地+农户"的农业产业链，90%以上的原料来源于这一基地。

中低端消费人群是"乡中情"辣酱的目标客户，与此相应的就是低价策略。"乡中情"产品相继开发的十几种品类中，主打产品风味豆豉和鸡油辣椒，210克规格的锁定在8元左右，280克规格的占据9元左右价位。其他几种品类产品根据规格不同，大多也集中在7~10元的主流消费区间。"乡中情"产品价格一直非常稳定，涨幅微乎其微。

多年来，"乡中情"产品从未更换包装和瓶贴，乡中情公司的理念是，包装便宜，就意味着消费者花钱买到的实惠更多，而节省下来的都是真材实料的辣酱。事实上，"乡中情"产品土气的包装和瓶贴，已固化为最深入消费者内心的品牌符号。

乡中情公司不做广告，不搞营销活动。公司产品推广有两条绝招：一是靠过硬的产品，让消费者口口相传；二是靠广泛深入的铺货形成高度的品牌曝光，直接促成及时的现实销售。

乡中情公司的经销商策略极为强势：（1）先打款后发货，现货现款；（2）以火车皮为单位，量小不发货；（3）没有优惠政策支持，而且利润很低，一瓶甚至只有几毛钱；（4）大区域布局，一年一次经销商会。

乡中情公司如此强势的底气来自产品，将产品做成了硬通货，经销商只要能拿到货，就不愁卖不出，流通速度快，风险小，是利润的可靠保障。

多年来，乡中情公司专注辣椒调味品制品，着力打造"乡中情"品牌，坚持不上市，不贷款，不冒进，不投资控股其他企业，规避了民营企业创业后急于扩张，可能面对的各种风险，走出了一条传统产业中家族企业稳健发展的独特之路。

要求：

简要分析乡中情公司的营销组合策略。

39.【2017】智勤公司成立于2010年，是一家研究开发智能手机的企业。智勤公司从创立之初就做了大量的市场调研，发现智能手机市场上国内中低端品牌与国际高端品牌的技术差距正逐步缩小，消费者更多地关注产品价格，价格竞争开始成为市场竞争的主要手段。在此基础上，智勤公司对消费者的年龄进行了细分，将目标市场消费者的年龄定位在25至35岁之间。这个阶段的年轻人相对经济独立，普遍处于事业的发展期，并且个性张扬，勇于尝试，对于新鲜事物的接受程度比其他年龄段的人更高。

为了适应目标顾客对价格敏感的特点，智勤手机以其"高性价比"走入大众视线。为了降低智勤手机的成本和价格，智勤公司采取了以下措施：

（1）开创了官网直销预订购买的发售方式，减少了昂贵的渠道成本，使智勤手机生产出来之后，不必通过中间商就可以到达消费者手中。

（2）在营销推广方面，智勤公司没有使用传统的广告营销手段，而是根据消费者的不同类型，分别在智勤官网、QQ空间、智勤论坛、微信平台等渠道进行智勤手机的出售和智勤品牌的推广，在很大程度上采用粉丝营销、口碑营销的方式，有效降低了推广费用。

（3）采用低价预订式抢购模式。这种先预定再生产的方式使智勤公司的库存基本为零，大大减少了生产运营成本。

（4）智勤手机定价只有国际高端品牌的三分之一，而其硬件成本要占到其定价的三分之二以上。为了既保证高性价比又不降低手机的产品质量，智勤公司为手机瘦身，把不需要的硬件去掉，把不需要的功能替换掉，简化框架结构设计，使用低成本的注塑材质工艺等。

（5）将手机硬件的研发和制造外包给其他公司，提高了生产率，大大减少了智勤成立之初的资金压力。

(6) 实现规模经济。2011~2015 年智勤手机的销售量突飞猛进地增长，进而为智勤手机通过规模经济降低成本和价格奠定了基础。

要求：
从确定目标市场和涉及营销组合两个方面，简要分析智勤手机的营销策略。

参考答案及解析

1. 【答案】A
   【考点】采购战略——货源策略
   【解析】案例关键词："由两家供应商集中供应"，表明该企业选择的是少数或单一货源策略，此种货源策略有利于使企业与供应商建立较为稳固的关系，故选项 A 正确，当选。选项 BCD 均为多货源少批量策略的优点，故不选。

2. 【答案】C
   【考点】财务战略
   【解析】通过"竞争者涌入，企业都以取得最大市场份额为战略目标""产品在技术和性能上有较大差异""企业之间开始争夺人才和资源"可以推论出射频识别设备生产行业处于成长期，价格/盈余倍数高（选项 C 正确），经营风险低是衰退期特征（选项 A 错误），资金来源于保留盈余+债务是成熟期特征（选项 B 错误），财务风险高是衰退期特征（选项 D 错误）。因此，选项 C 正确。

3. 【答案】A
   【考点】财务战略
   【解析】通过"投资资本回报率为8%，投资成本为5%"可以推论出创造价值，通过"销售增长率为9%，可持续增长率为7%"可以推论出现资金短缺，这处于增值型现金短缺象限，如果将持续较长时间，则可以提高可持续增长率或者增加权益资本，因此，选项 A 正确。选项 BC 为增值性现金剩余时的战略选择；选项 D 为减损型现金短缺的战略选择。

4. 【答案】D
   【考点】人力资源战略
   【解析】采取成本领先战略的企业，在员工招聘时，往往比较注重员工招聘成本，在选拔时，常用简历、面试和纸笔测试，以缩减成本支出；相反，寻求差异化战略的企业，可能对员工的甄选采取较为严密的策略；集中化战略的企业，更强调招聘工作的速度，常采用认知能力测试和人格测试等快速识别能够胜任工作的员工。本文中"率先推出一种营养成分最接近母乳且比其他奶粉更易于婴幼儿消化吸收的产品"说明贝康公司采取的是差异化战略，可能对员工的甄选采取较为严密的策略，多重方法的结合更为适当。综上，选项 D 正确。

5. 【答案】A
   【考点】人力资源战略
   【解析】薪酬水平策略有：①领先型策略（选项 A）；②匹配型策略；③拖后型策略；④混合型策略"其薪酬水平是国内饮料行业平均薪酬的3倍左右"说明该公司薪酬处于行业领先水平。因此，选项 A 正确。

6. 【答案】B
   【考点】财务战略
   【解析】"初创公司""其资金主要来源于专业投资机构的投资""开始与几家医疗机构开展尝试性合作""客户的接受程度与潜在市场规模等因素尚存在不确定性"说明该公司处于导入期，属于高经营风险与低财务风险搭配，同时"存在不确定性"也说明经营的不确定性高，经营风险高，"资金主要来源于专业投资机构的投资"也说明财务杠杆低，财务风险低。综上，选项 B 正确。

7. 【答案】B
【考点】市场营销战略
【解析】"该公司根据不同国家和地区的消费者是崇尚传统还是追求时尚来……"。此处虽提及"国家和地区"，但这是对消费者的描述词，真正用来划分该公司"不同设计风格和质地"以及消费者是"崇尚传统还是追求时尚"的依据。

心理细分是指按照消费者的生活方式、个性等心理变量来细分消费者市场。"消费者是崇尚传统还是追求时尚"体现的是消费者的心理变量。因此，选项 B 正确。选项 A，地理细分是指按照消费者所在的地理位置及其他地理变量（城市农村、地形气候、交通运输）来细分消费者市场，案例中未涉及，不选。选项 C，行为细分是指按照消费者购买或使用某种产品的时机、消费者对某种产品的使用率、消费者进入市场的程度和消费者对品牌或企业的忠诚度等来细分消费者市场，案例中未涉及，不选。选项 D，人口细分是指按照人口变量（年龄、收入、职业、教育水平、家庭规模、家庭生命周期阶段、宗教、种族、国籍等）来细分消费者市场，案例中未体现，不选。

8. 【答案】D
【考点】采购战略
【解析】案例描述："原先只从一家公司购买其所需的轴承"，说明公司之前采用的是少数或单一货源采购；"改为分别从三家公司购买"，说明改变之后公司使用的是多货源少批量策略采购。采购方选择采用多货源策略的优点包括：①能够取得更多的知识和专门技术；②一个供应商的供货中断产生的影响较低；③供应商之间的竞争有利于对供应商压价（选项 D）。多货源策略价格便宜，但不利于企业获得质量和性能不断提高改进的供应品。因此，选项 D 正确。选项 ABC 是少数或单一货源策略的优点，不选。

9. 【答案】A
【考点】财务战略
【解析】从"该款眼镜价格较高，性能还有待完善，因此销售量小，公司净利润率较低"判断是导入期，导入期的资金来源是风险资本。因此，选项 A 正确。

10. 【答案】D
【考点】财务战略
【解析】"产品性能、质量大体相同"，说明产品都是标准化的产品；"挑衅型的价格不意味着产业在打价格战"；"行业规模达到前所未有的水平"说明市场规模达到了最大，可以判断出这些企业正处于成熟期。选项 AB 属于导入期的特征，不选；选项 C 属于混淆项，不选。成熟期拥有高的股利分配率和稳定的现金流，企业开始大量借债。因此，选项 D 正确。

11. 【答案】B
【考点】财务战略
【解析】"经营战略的重点是在巩固市场份额的同时提高投资回报率"说明产业处于成熟期，作为一个成熟期的企业，股利大量分配。因此，选项 B 正确。选项 A 属于导入期的特征；选项 C 属于成长期的特征；选项 D 为衰退期的特征。

12. 【答案】D
【考点】市场营销战略
【解析】行为细分是指按照消费者购买或使用某种产品的时机、消费者对某种产品的使用率、消费者进入市场的程度和消费者对品牌或企业的忠诚度等来细分消费者市场。本题主要划分的依据为消费者对啤酒使用率的划分，属于行为细分。因此，选项 D 正确。

13. 【答案】C
【考点】生产运营战略
【解析】需求变动是指某些企业中，需求在一年中因季节而异，或者在一天中因时间而异。当需求变动较大时，生产运营会产生产能利用率的问题。"依据销售部门提供的客户订购的产品数量安排当期生产"

属于需求变动。因此,选项 C 正确。

14. 【答案】C
   【考点】财务战略
   【解析】"需求量比较稳定"体现的是低经营风险,"甲燃气公司主要通过向银行贷款取得更新设备所需的资金"体现的是高财务风险。因此,选项 C 正确。

15. 【答案】A
   【考点】生产运营战略
   【解析】库存生产式生产,是指企业在收到订单之前或在知道需求量之前就开始生产产品或提供服务。公司管理层预计今年夏天温度较高,加上今年属于奥运会年,啤酒的销售将比去年有较大增长,于是企业加大公司上半年的产量作为库存,来应对未来需求的增长,属于是库存生产式生产。因此选项 A 正确。

16. 【答案】A
   【考点】生产运营战略
   【解析】甲公司因需求增长而满负荷生产或超额生产后才增加产能,这会降低生产能力过剩的风险,但也可能导致潜在客户流失,属于滞后策略(保守型)。因此,选项 A 正确。

17. 【答案】BC
   【考点】市场营销战略——价格策略
   【解析】案例描述:"每晚 6 点后,用户可以根据自己对距离远近、星级、价格、酒店风格等方面的需求和喜好,通过该平台方便地查找和预订当天酒店的剩房,所支付的价格仅相当于白天网上预订价格的一半",体现了折扣与折让策略,选项 C 正确,当选。案例描述:"如果在预定住房的同时还预定交通服务,则整体价格再降低 10%",体现了产品组合定价策略,故选项 B 正确,当选。选项 AD 案例并无相关表述,故不选。

18. 【答案】AD
   【考点】采购战略——交易策略
   【解析】案例描述:"该公司为获得稳定的优质部件来源,与国内技术领先的压缩机供应商吉达公司通过订立协议结成联盟",这属于功能性联盟,功能性联盟策略即企业与供应商通过订立协议结成联盟的策略。企业通过采用这种策略与供应商建立比较长期、稳定的合作关系,有助于规避、减少双方的生产经营风险,故选项 AD 正确,当选。选项 B 属于短期合作策略或创新性联盟的特点,选项 C 属于创新性联盟的特点,故选项 BC 不选。

19. 【答案】ABD
   【考点】市场营销战略
   【解析】产品组合的宽度是指一个企业有多少产品大类;产品组合的长度是指一个企业的产品组合中所包含的产品项目的总数;产品组合的深度是指产品大类中每种产品有多少花色、品种、规格;产品组合的关联性是指一个企业的各个产品大类在最终使用、生产条件、分销渠道等方面的密切相关程度。本题中,生产布艺娃娃的艾贝公司相继开发、生产硅胶娃娃和智能娃娃,这涉及产品大类(宽度,对应选项 A)及产品项目(长度,对应选项 B),不涉及每种产品有多少花色、品种、规格(深度,对应选项 C);从布艺娃娃到硅胶娃娃和智能娃娃涉及组合的关联程度(选项 D)。综上,选项 ABD 正确。

20. 【答案】ABCD
   【考点】生产运营战略
   【解析】"温室种植和自然种植的方法"和"每年购买果蔬超过一定数量"属于批量;"当季收获的果蔬"属于种类;"在各种节假日期间推出有纪念或庆祝意义的果蔬篮"属于需求变动;"参观该公司的果蔬种植园"属于可见性。综上,选项 ABCD 均正确。

21. 【答案】CD
   【考点】采购战略
   【解析】JIT 采购又称准时化采购,该模式是指企业根据自身生产需要对供应商下达订单,要求供应商把适当数量、适当质量的物品在适当的时间送达适当的地点,本题中,圣和公司采用的采购模式为 JIT 采购。JIT 采购的特点为：①供应商数量少甚至是单一供应商；②企业与供应商建立长期稳定的合作关系（选项C）；③采购批量小，送货频率高（选项D）；④企业与供应商都关心对方产品的改进和创新，并主动协调、配合；⑤信息共享快速可靠。综上，选项 CD 正确。

22. 【答案】AD
    【考点】财务战略
    【解析】案例描述："该战略包括使用内部资金进行前向一体化并购、增加股利支付和回购部分股东股份等""增加股利支付和回购股份"，这属于分配盈余现金，可见企业有现金剩余，销售额增长率小于可持续增长率，选项 D 正确、选项 C 错误。"前向一体化并购"表明公司现行战略为收购相关业务，公司正加速增长以增加股东财富，可见公司创造价值，投资资本回报率大于资本成本，选项 A 正确、选项 B 错误。综上，选项 AD 正确。

23. 【答案】ABC
    【考点】市场营销战略
    【解析】"增加小包装产品在超市的销售比例"，涉及产品策略（选项 A。小包装属于深度：花色品种规格），"在超市中采用体现公司形象的销售车进行销售"涉及促销策略（选项 B）；"在国内几个一线城市开设 20 余家自营水产品超市进行直销"涉及分销策略（选项 C）；"对喜庆消费者如庆生日者赠送水产品礼盒"涉及促销策略（选项 B）；案例中没有涉及价格。综上，选项 ABC 正确。

24. 【答案】CD
    【考点】市场营销战略
    【解析】"商场举办促销活动……可获得产品免费保修期从 3 年延长至 6 年的优惠"属于营业推广（选项 C）；"公司销售人员在主要销售商场举办"属于人员推销（选项 D）。综上，选项 CD 正确。

25. 【答案】BC
    【考点】市场营销战略
    【解析】"反映不同民族生活习俗特点的系列年画"属于人口细分（选项 B）；"深受目标市场的消费者喜爱"反映不同民族生活习俗特点，属于心理细分（选项 C）。综上，选项 BC 正确。

26. 【答案】AB
    【考点】财务战略
    【解析】从"各煤炭企业的产品差别很小，价格差异缩小且处于很低水平，产品毛利很低""大量中小煤炭企业陆续退出市场"可判断目前该产业处于衰退期。选项 AB 属于该阶段特征，正确。选项 CD 属于成熟期特征，不选。

27. 【答案】ACD
    【考点】市场营销战略
    【解析】案例描述："向参加活动的会员提供免费茶点、风景摄影及旅游知识讲座"，是采用"非媒体"推销的手段，以鼓励客户购买产品或者服务，对应的促销组合要素是营业推广，选项 A 正确。案例描述："旅游新项目推介"，意味着是企业员工对会员的推介，是人员推销（人员推销是指企业的销售代表直接与预期客户进行接触，解释产品细节，解答客户的问题，演示产品用途）的一种形式，选项 C 正确。案例描述："建立了良好的公众形象"，意味着公司对自己的形象进行了宣传，这是公关营销的结果（公关营销是指通过有效的公共关系策略和手段，将企业和产品的信息传播给消费者，并通过为企业及其产品建立良好的公众形象和关系来促进销售），选项 D 正确。选项 B，广告促销是指企业以付费的方式在媒体中投放广告，对其产品或服务进行宣传，以影响、诱导消费者实施购买行动，案例中未涉及广告媒体，不选。综上，选项 ACD 正确。

28. 【答案】ACD
    【考点】财务战略
    【解析】根据材料"目前经营处于培育客户的阶段"可以推断出 A 公司处于导入期。导入期的经营特征上括经营风险非常高，财务风险非常低（选项A）；资金来源主要是风险资本（选项D）；随着企业的发展，股价也迅速增长；价格/盈余倍数很高（选项C）；一般不分配股利（选项B）。综上，选项ACD正确。

29. 【答案】ABD
    【考点】采购战略
    【解析】甲公司长期从一家电机公司购买发动机，采用的是少数或单一货源策略。优点：①使企业与供应商建立较为稳固的关系（选项D）；②有利于企业信息的保密（选项A）；③使企业增加进货的数量，从而产生规模经济并使企业享受价格优惠（选项B）；④随着与供应商的关系的加深，企业可能获得高质量的供应品（选项C）。综上，选项ABD正确。

30. 【答案】CD
    【考点】财务战略
    【解析】从"目前洗衣粉产业的产品逐步标准化，技术和质量改进缓慢，洗衣粉市场基本饱和"可以判断洗衣粉行业目前处于成熟期。处于成熟期的企业财务风险是中等的，股利分配率高（选项C），资金来源于保留盈余和债务（选项D），而股价是比较稳定的。综上，选项CD正确。选项A属于衰退期，选项B属于导入期，不选。

31. 【答案】BC
    【考点】财务战略
    【解析】高经营风险与低财务风险的搭配（选项C）以及低经营风险与高财务风险的搭配（选项B），具有中等程度的总风险，这两种搭配可以同时符合股东和债权人期望的现实搭配。综上，选项BC正确。

32. 【答案】（1）依据零散产业中的竞争战略理论，立康公司选择和实施三种基本竞争战略的做法有：
    ①克服零散——获得成本优势。"立康公司主要通过三种合作经营模式实现连锁经营和快速、稳健、持续的发展""这种合作经营模式使立康公司支出的费用大大低于独自经营而进行店面选址、装修、维护所需

的费用""'佑安健康体验城'提供的优质、便捷、全面、周到的服务，受到广大顾客的赞誉，也给立康公司带来更多的客户、更低的经营费用和更好的品牌效应""事实证明：立康公司采用的合作经营模式是家用医疗器械销售企业实现连锁经营和发展的一条成本低、速度快、效果好的路径。截至2021年底，立康公司在全国的销售网点达500多个，合作经营模式与行业领先的经营规模，使其销售的商品以最低的价格获得，排名行业第一的市场份额，其财务业绩也高于其他同类企业"。
②增加附加价值提高产品差异化程度。"立康公司在经营上……根据顾客个性化的需求，向供应商定制包销具有特殊功能或独特规格、型号的产品。如立康公司销售的电动轮椅中，60%以上是贴有立康公司商标的独家专营的定制款，深受具有特殊需求的顾客欢迎和好评。近年来，立康公司与两家智能家用医疗器械供应商形成紧密、持久的战略合作关系，自身经营特色的打造与供应商在产品和技术上的创新基本上同步进行、相互契合，极大地提升了双方的市场竞争力、开拓力和品牌优势""为居民提供从咨询、体检、诊断到家用医疗器械选购、调试、操作指导与培训的一站式体验服务……'佑安健康体验城'提供的优质、便捷、全面、周到的服务，受到广大顾客的赞誉，也给立康公司带来更多的客户、更低的经营费用和更好的品牌效应"。
③专门化目标集聚。"立康公司……是一家专营家用医疗器械的连锁企业""立康公司坚持把主业……聚焦于满足人们在家对自身及亲人健康状况进行检测、对急慢性疾病或残障患者进行辅助治疗与救护扶助的需求"。

（2）依据企业战略联盟形成的动因理论，立康公司与其他企业进行战略合作及采用合作经营模式的动机有：
①促进技术创新。"立康公司与两家智能家

用医疗器械供应商形成紧密、持久的战略合作关系，自身经营特色的打造与供应商在产品和技术上的创新基本上同步进行、相互契合"。

②避免经营风险。"这种合作经营模式使立康公司……减少了各种运营风险，避免了招收加盟店容易造成的管理不易协调的弊端"。

③实现资源互补。"立康公司……与20余个省市的112家药店建立战略合作关系……共同提升影响力""立康公司与两家智能家用医疗器械供应商形成紧密、持久的战略合作关系，自身经营特色的打造与供应商在产品和技术上的创新基本上同步进行、相互契合，极大地提升了双方的市场竞争力、开拓力和品牌优势""与著名大型连锁超市、购物中心合作经营。其内容和作用与第一种合作模式基本相同""2018年立康公司与……12家企业合作建成'佑安健康体验城'，为居民提供从咨询、体检、诊断到家用医疗器械选购、调试、操作指导与培训的一站式体验服务……受到广大顾客的赞誉，也给立康公司带来更多的客户、更低的经营费用和更好的品牌效应"。

④开拓新的市场。"立康公司与两家智能家用医疗器械供应商形成紧密、持久的战略合作关系，自身经营特色的打造与供应商在产品和技术上的创新基本上同步进行、相互契合，极大地提升了双方的市场竞争力、开拓力和品牌优势""或者在这些药店里打出立康公司品牌，销售立康公司产品，共同提升影响力，或者在药店内设立立康公司销售专区""立康公司采用的合作经营模式是家用医疗器械销售企业实现连锁经营和发展的一条成本低、速度快、效果好的路径。截至2021年底，立康公司在全国的销售网点达500多个，合作经营模式与行业领先的经营规模，使其销售的商品以最低的价格获得排名行业第一的市场份额"。

⑤降低协调成本。"这种合作经营模式……使立康公司减少了各种运营风险，避免了招

收加盟店容易造成的管理不易协调的弊端"。

（3）从企业采购战略角度，立康公司与两家智能家用医疗器械供应商所采用的交易策略属于创新性联盟策略，即企业为了产品、业务的创新并取得长期竞争优势而与供应商结成联盟的策略。"立康公司与两家智能家用医疗器械供应商形成紧密、持久的战略合作关系，自身经营特色的打造与供应商在产品和技术上的创新基本上同步进行、相互契合，极大地提升了双方的市场竞争力、开拓力和品牌优势"。

【考点】零散产业中的竞争战略；发展战略的途径；采购战略

33. 【答案】①导入期。

a. 研发动力是市场需求。"海新公司……以抢占正在受到越来越多的消费者关注的家庭安防用品细分市场为目标，投资研制出构成家庭安防系统的闭路监控电视子系统、门禁子系统、报警子系统"。

b. 研发定位是成为成功产品的低成本生产者。"通过考察学习、吸收国外先进企业的技术与管理，……几年后，海新公司的产品性能、质量达到国际先进企业同类产品的水平，同时通过不断改进工艺和生产流程，使价格比国外先进企业低20%~25%"。

②成长期。

a. 研发动力是市场需求和技术进步。"市场需求迅速增加并日益多元化。……对原有生产体系进行信息化升级改造，……实现了视频监控系统、用户操作系统与相关管理、指挥系统的实时互联互通。……解决了困扰行业多年的图像处理与计算机视觉、语言语音信息处理兼容的难题，获得国家专利""数字城市、和谐社区的建设催生了对视频监控产品的大量新需求""智能识别、分析和云计算的推广为视频监控技术和产品迭代提供了动力和工具"。

b. 研发定位是成为成功产品的创新模仿者。"海新公司……以国际领先的产品为标杆，以自身多年积累的创新资源为基础……研发、生产出能够适应更为复杂和多变的场

景、识别和分析更多的异常行为和事件的新型智能化产品,该产品的生物识别、目标检测与分析自动跟踪识别等性能与国际领先产品并驾齐驱"。

③成熟期。

a. 研发动力是市场需求和市场竞争。"海新公司适应新形势和客户需求,通过招标采购、更新生产设施、改进工艺流程"。"随着新技术的扩散和普及,市场上视频监控产品的品种、规格、质量逐渐趋于一致,企业之间为争取扩大市场份额而展开的价格战愈演愈烈,产品价格趋降"。

b. 研发定位是成为向市场推出新技术产品的企业。"海新公司……开发、研制成功高度智能化、性能优越的太空视频监控产品,该产品的部分性能处于国际领先水平"。

【考点】研究与开发战略

34. 【答案】①地理细分。"一、二线城市"。
②人口细分。"一、二线城市的年轻女性"。
③心理细分。"以满足年轻女性日益增长的对于时尚、娱乐、情感交流以及精致生活的全方位需求"。
④行为细分。"以满足年轻女性日益增长的对于时尚、娱乐、情感交流以及精致生活的全方位需求"。

【考点】市场营销战略

35. 【答案】盟塑公司建立工业电子商务服务平台所依据的产业市场细分的变量是"用户的行业类别"。"相对于国内综合性 B2B(企业与企业之间交易)电商平台,盟塑公司专注于塑化行业,围绕塑化原材料贸易,运用数字化技术,为采购商和供应商提供专业的塑化材料采购和配套的供应链服务"。

【考点】市场营销战略

36. 【答案】研发定位包括成为向市场推出新技术产品的企业,成为成功产品的创新模仿者,成为成功产品的低成本生产者,成功产品低成本生产者的模仿者。

信达公司的研发定位是成为成功产品的创新模仿者。"2005 年成功研发'中国芯',中国首块拥有自主知识产权并产业化的数字视频处理芯片在信达公司诞生,彻底打破了国外芯片的垄断地位。""'UD 显示技术'是信达公司十年来对电视行业上游垄断发起的第 3 次突围战。凭借历时 7 年研发的激光电视提前锁定主动权,在全球大屏幕电视市场赢得了一席之地"。

【考点】研究与开发战略

37. 【答案】优尚公司在 2015 年前目标市场选择类型属于集中市场营销。指企业集中所有力量,以一个或少数几个性质相似的子市场作为目标市场,试图在较小的子市场上占领较大的市场份额。"专注于三四线城市经济连锁酒店经营的优尚公司"。

优尚公司在 2015 年后目标市场选择类型属于差异市场营销。指企业决定同时为几个子市场服务,设计不同的产品,并在渠道、促销和定价方面都加以相应的改变,以适应各个子市场的需要。"优尚公司开始拓展业务与品牌,进军中高档酒店,不断挖掘投资者及细分人群的需求,兼顾投资者和消费者利益,寻求最佳平衡点"。

【考点】市场营销战略

38. 【答案】(1) 产品策略。
①产品组合策略。乡中情公司的产品组合很简单,从产品组合的宽度看,就是一大类:"乡中情"辣酱。从产品组合的深度看,"乡中情"相继开发了十几种品类产品。
乡中情公司的产品组合策略,也是一种,扩大产品组合,加强产品组合的深度。"相继开发了十几种品类产品"。
②品牌策略。乡中情公司的品牌和商标策略属于单一的企业名称。"着力打造'乡中情'品牌";"多年来'乡中情'产品从未更换包装和瓶贴,……'乡中情'产品土气的包装和瓶贴,已固化为最深入消费者内心的品牌符号"。
③新产品开发策略。"相继开发了十几种品类产品"。

(2) 促销策略。在促销组合的四个要素构成(广告促销、营销推广、公关营销、人员推销）中，乡中情公司以其独特的方法，主要采用后两种。

①公关营销。"二是靠广泛深入的铺货形成高度的品牌曝光，直接促成了即时的现实销售"。

②人员推销。"一是靠过硬的产品让消费者口口相传"。

（3）分销策略。乡中情公司采用间接分销渠道，"大区域布局，一年一次经销商会"。

（4）价格策略。"中低端人群是'乡中情'辣酱的目标客户，与此相应的就是低价策略"；"'乡中情'产品价格一直非常稳定，涨幅微乎其微"。

【考点】市场营销战略

39.【答案】（1）目标市场方面：

从确定目标市场角度分析，智勤公司按照人口细分，把目标市场的消费者年龄定位在25到35岁之间；目标市场的选择是集中市场营销。

（2）营销组合方面：

①产品策略。"目标市场消费者的年龄定位在25至35岁之间"；"智勤手机以其'高性价比'走入大众视线"；"智勤公司为手机瘦身，把不需要的硬件去掉，把不需要的功能替换掉，简化框架结构设计，使用低成本的注塑材质工艺等"。

②促销策略。"在营销推广方面，智勤公司没有使用传统的广告营销手段，而是根据消费者的不同类型，分别在智勤官网、QQ空间、智勤论坛、微信平台等渠道进行智勤手机的出售和智勤品牌的推广，在很大程度上采用粉丝营销、口碑营销的方式"；"采用低价预订式抢购模式，这种先预定再生产的方式使智勤公司的库存基本为零"。

③分销策略。"开创了官网直销预订购买的发售方式，减少了昂贵的渠道成本，使智勤手机生产出来之后，不必通过中间商就可以到达消费者手中"。

④价格策略。"智勤手机定价只有国际高端品牌的三分之一"；"为智勤手机通过规模经济降低成本和价格奠定了基础"。

【考点】市场营销战略

第四节　国际化经营战略

一、单选题

1.【2023】东光公司是国内一家著名的动漫产品生产与销售商。近年来，面对国外一些文化娱乐巨头制作的动漫产品陆续进入国内市场，该公司将业务聚焦于反映中华优秀传统文化的动漫产品的设计、开发与制作，不断推出新的产品和服务，同时加强分销网络的建设和管理，赢得了越来越多的国内消费者的喜爱和好评，巩固了在本土市场上的竞争优势。依据新兴市场本土企业战略选择理论，下列各项中，属于东光公司采用的战略是（　　）。

A. "防御者"战略　　B. "躲闪者"战略
C. "扩张者"战略　　D. "抗衡者"战略

2.【2022】安平公司是一家实施国际化经营的风电设备制造企业，具有较强的技术能力和较大的成本优势。该公司为在全球风电设备价值链中具有产品、技术、品牌等垄断优势的跨国公司提供塔筒、机舱罩等零部件的生产、组装、物流等业务的外围管理工作。下列各项中，符合安平公司在全球风电设备价值链中的角色定位的是（　　）。

A. 领先企业　　　　B. 其他层级供应商
C. 合同制造商　　　D. 一级供应商

3.【2022】波利公司是一家在剃须刀行业占据

主导地位的跨国企业。由于产品结构简单且标准化，该公司以简单的市场交易方式与分散在若干国家的供应商交换关于价格、规格和质量保证等商品或服务的信息，并且完成交易。上述事实表明，剃须刀行业全球价值链的分工模式属于（　　）。
A. 市场型价值链　　B. 俘获型价值链
C. 模块型价值链　　D. 关联型价值链

4. 【2021】G 国的戴维公司是一家技术领先的数码马达研发和生产企业。该公司把生产基地设在制造业发达的 X 国，每年生产超过 5 000万台标准化的数码马达销往世界近百个国家和地区。戴维公司国际化经营的战略类型属于（　　）。
A. 国际战略　　　　B. 多国本土化战略
C. 全球化战略　　　D. 跨国战略

5. 【2020】贝恩公司是著名的电子商务企业，下设 5 大商务区和分布在 100 多个国家的子公司。商务区经理负责为各自商务区制定国际化经营战略，各国子公司经理则根据所在国市场需求对该子公司的经营活动行使经营权和管理权。商务区经理需要各国子公司经理的合作，当商务区经理和子公司经理的意见或决策发生冲突时，可提交总公司裁决。贝恩公司采用的国际化经营的战略类型是（　　）。
A. 国际战略　　　　B. 全球化战略
C. 跨国战略　　　　D. 多国本土化战略

6. 【2020】金力公司是国内一家风力发电设备制造企业。2015 年，金力公司取得世界最大的风力发电机组制造商麦尔公司的叶轮生产外包项目，并从对方引进一整条先进生产线，成为麦尔公司唯一的叶轮供应商。之后，金力公司通过引进麦尔公司的先进技术，不断提高产品性能和生产效率，并把引进的新技术移植到核心业务齿轮增速器的生产中，成为欧美多家相关企业的齿轮增速器供应商。作为新兴市场国家本土企业，金力公司采用的战略类型是（　　）。
A. 防御者战略　　　B. 抗衡者战略
C. 扩张者战略　　　D. 躲闪者战略

7. 【2019】2015 年，国内研发和制造铁路设备的东盛公司开启了国际化经营战略，在国外成立了多家子公司。东盛公司在国内的母公司保留技术和产品开发的职能，在国外的子公司只生产由母公司开发的产品。东盛公司采取的国际化经营战略类型的特点是（　　）。
A. 全球协作程度低，本土独立性和适应能力高
B. 全球协作程度高，本土独立性和适应能力低
C. 全球协作程度高，本土独立性和适应能力高
D. 全球协作程度低，本土独立性和适应能力低

8. 【2019】面对国外著名医药公司在中国市场上不断扩张，多年从事药品研发、生产和销售的康达公司为了自身的长期发展，把药品的生产和销售业务转让给其他公司，同时与国外某医药公司合作专注于新药品的研发业务。从本土企业战略选择的角度看，康达公司扮演的角色可称为（　　）。
A. 防御者　　　　　B. 扩张者
C. 躲闪者　　　　　D. 抗衡者

9. 【2018】面对国外品牌牙膏不断涌入国内市场的不利局面，健华牙膏厂独创了完全用中草药提取物制造、具有生津健齿功效的牙膏，并通过强化销售网络的建设和管理，赢得了越来越多国内消费者的好评。作为新兴市场的本土企业，健华牙膏厂的战略属于（　　）。
A. 防御者　　　　　B. 扩张者
C. 躲闪者　　　　　D. 抗衡者

10. 【2017】国内家电企业宏浩集团在 2016 年 5 月宣布，将斥资 45 亿美元收购发达国家 G 国工业机器人制造商 K 公司。K 公司是该国市场上领先的专注于工业制造流程数字化的企业，其研发的机器人已经被用来装配轿车和飞机。宏浩集团收购 K 公司的动机是（　　）。
A. 寻求市场　　　　B. 寻求效率
C. 寻求现成资产　　D. 寻求资源

11. 【2017】P 公司是一家生产经营日化用品的

跨国公司，其母公司设立在 U 国，在其他国家设立了 20 余个子公司。在该公司的经营过程中，母公司将产品的研发技术和新产品提供给各个子公司，子公司也会把在当地畅销的产品提供给母公司和其他子公司。P 公司国际化经营的战略类型属于（　　）。

A. 跨国战略　　　　B. 全球化战略
C. 多国本土化战略　D. 国际战略

12.【2017】奇天公司是国内通信行业的知名企业。面对日益加剧的全球化压力，奇天公司于 1998 年开始实施全球化扩张行动，成功建成了全球性的市场网络和研发平台。奇天公司始终坚持在通信行业的主航道上聚焦，在国际市场上站稳了脚跟。根据以上描述，奇天公司作为新兴市场本土企业所选择的战略是（　　）。

A. 防御者战略　　B. 抗衡者战略
C. 躲闪者战略　　D. 扩张者战略

二、多选题

13.【2022】科晶公司原是国内一家实行纵向一体化的光伏企业，面对不断进入中国市场的跨国光伏巨头的巨大竞争压力，该公司于 2019 年与竞争优势明显的 K 国光伏企业曼威公司进行合作，采用对方的先进技术，专注于生产高效率光伏组件，并进军竞争激烈的国际市场，成为大部分购买者的首选品牌，从新兴市场本土企业战略选择的角度看，科晶公司实施的战略有（　　）。

A. 防御者战略　　B. 躲闪者战略
C. 抗衡者战略　　D. 扩张者战略

14.【2018】顺驰公司是国内一家汽车玻璃制造商，面对国内生产要素成本不断上涨和产品订单日趋减少，该公司把一部分资金和生产能力转移至生产综合成本相对较低的汽车产销大国 M 国。通过独立投资设厂和横向并购 M 国一家拥有国际知名品牌的企业，顺驰公司在 M 国不仅很快站稳脚跟，而且获得 M 国汽车制造商的大量订单，业务量大幅增长。在本案例中，顺驰公司向 M 国投资的动机有（　　）。

A. 寻求效率　　　B. 寻求市场
C. 寻求现成资产　D. 寻求资源

15.【2012】乙公司是一家同时在境内外三地资本市场上市的煤业集团，其所有的产品均在国内销售。乙公司成功收购了澳大利亚 H 公司，获得 H 公司的控股权。H 公司在澳大利亚拥有的煤炭资源为 15 亿吨，并拥有澳大利亚最大的煤炭出口港，主要客户为欧洲、美洲及澳大利亚本土的钢铁制造商和发电企业。根据上述信息，乙公司进行国际化经营的原因有（　　）。

A. 寻求煤炭资源
B. 寻求横向一体，减少竞争压力
C. 寻求现成市场
D. 寻求多元化成长机会

三、主观题

16.【2022】2001 年，金峰集团在经济发展较快的发展中国家 Y 国建立了第一个生产基地，利用该国较便宜的土地、水、电、劳动力等资源，生产已在国内市场显示竞争优势、技术成熟的家用空调、洗衣机、电冰箱等，大部分产品就地销售，其余产品销往邻国。2003 年，金峰集团收购非洲 K 国温美公司，根据该国气候炎热、水源及电力不足的情况，集团技术人员与温美公司的技术人员合作，对金峰集团原有产品进行改进，开发出深受该国消费者欢迎的高效节能的空调、电冰箱等产品。此后两年，金峰集团在多个国家因地制宜开发、生产适合当地居民需求的产品。2005~2009 年，金峰集团为了直面欧美发达国家家电制造商的竞争，获取更大的市场份额，采用了新的经营策略：在欧美发达国家建立研发机构，以便于学习、吸收先进技术；在亚非一些生产要素便宜的发展中国家生产标准化的产品，以降低生产成本；由金峰集团多年打造、训练有素的营销团队把产品推广、销售到全球市场。四年里，金峰集团在这些国家的销售额增长了两倍以上，市场份额增加了15%。2010年起,金峰集团在五大洲40多个国家建立了60多个子公司,雇佣1万多名员工,子公司之间、子公司与母公司之间可以互相提供产品和技术,各个子公司负责制定在经营区域内的发展战略,经集团总部审批后实施,保证它们在全球范围内合理、协调运作。

要求:
依据资料二,简要分析金峰集团所采用的国际化经营战略的类型。

17. 【2017】2000年以来,随着国内经济的快速发展、居民生活水平的提高以及人口老龄化的加剧,国内市场对医药产品的需求快速增长,世界著名医药跨国公司纷纷进入国内市场。

　　神农医药公司是国内一家生产和经销药品及医疗器械的企业,由于缺乏拥有自主知识产权的药品,多年来以生产仿制药为主;其生产的医疗器械科技含量较低,难以满足用户对高科技医疗器械的需要,国内高科技医疗器械市场基本被进口产品占领。神农医药公司的管理层通过对进行的深入分析认识到,与国外跨国公司相比,自己在规模及利润两个方面存在着巨大差距,在研发经费的投入方面差距更大。如2012年,神农公司投入的研发费用占营业收入的比重为2.3%,而国外一家同类企业Y公司投入的研发费用占营业收入的比重高达19%。此外,神农公司还存在着专业化程度和品牌认知度较低等问题。上述种种差距,使神农公司不仅在国内市场上面临国外跨国公司的巨大挑战,而且进入国际市场步履维艰。

　　2013年初,神农公司管理层制定并实施了新的发展战略。新战略的核心是设立若干个中小型医药高科技分公司,每个分公司相对独立经营,有的专攻国外跨国关注的盲区(如罕见病、特殊需求),在产品上逐渐形成自己的特色;有的通过承接国外跨国公司医药研发外包业务,将业务重点转向价值链的研发环节;还有的着力于将自身具有相对优势的本土医药产品拓展至周边欠发达国家和地区。几年来,神农公司在国内市场与跨国公司的较量中,注重向跨国公司学习,合理整合和运用国内外优势资源,克服自身技能和资本匮乏的缺陷,以期发展为实力强大的大型跨国企业,在国内外市场上与国外跨国医药公司展开真正的较量。

要求:
依据新兴市场本土企业战略选择理论,简要分析神农公司面对跨国公司的大规模进入和挑战所做出的战略选择。

参考答案及解析

1. 【答案】A
   【考点】新兴市场企业战略
   【解析】案例描述:"公司将业务聚焦于反映中华优秀传统文化的动漫产品的设计、开发与制作,不断推出新的产品和服务","同时加强分销网络的建设和管理,赢得了越来越多的国内消费者的喜爱和好评,巩固了在本土市场上的竞争优势",这些都表明企业把目光集中于喜欢本国产品的客户,而不考虑那些崇尚国际品牌的客户,频繁调整产品和服务,以适应客户特别的甚至独一无二的需求。同时也加强分销网络的建设和管理,缓解国外竞争对手的竞争压力。上述都属于典型的"防御者"战略的特征,故选项A正确，当选。
2. 【答案】D
   【考点】全球价值链中的企业国际化经营
   【解析】技术能力较强、具有较高成本优势的一级供应商能够起到在领先企业和本地供应商之间的桥梁作用，这种供应商除了必须由领先企业承担的核心技术研发和营销渠道构建等功能外，能够承担诸如部件的生产、组装、物流等外围管理工作。因此，选项 D 正确。

3. 【答案】A
   【考点】全球价值链中的企业国际化经营
   【解析】本题属于"知识点还原"类题目，考查全球价值链的分工模式。"产品结构简单且标准化""简单的市场交易方式"都属于市场型价值链的特征。因此，选项 A 正确。

4. 【答案】C
   【考点】国际化经营的战略类型
   【解析】本题考查国际化经营战略。案例描述"把生产基地设在制造业发达的 X 国"体现了戴维公司在较有利的国家集中进行生产经营活动，"每年生产超过 5 000 万台标准化的数码马达销往世界近百个国家和地区"体现了向世界推销标准化的产品和服务，符合全球化战略的特征。因此，选项 C 正确。

5. 【答案】C
   【考点】国际化经营的战略类型
   【解析】本题考查国际化经营的战略类型的判断。案例描述："各国子公司经理则根据所在国市场需求对该子公司的经营活动行使经营权和管理权"，说明各个子公司考虑当地市场的特殊性，有充分的自主权，所以排除选项AB。案例表述"商务区经理需要各国子公司经理的合作，当商务区经理和子公司经理的意见或决策发生冲突时，可提交总公司裁决"，母公司充分考虑子公司的意见，并且母子公司的沟通是双向的，所以排除选项 D。因此，选项 C 正确。

6. 【答案】B
   【考点】新兴市场的企业战略
   【解析】本题以案例形式考查新兴市场的企业战略。案例描述："通过引进麦尔公司的先进技术，不断提高产品性能和生产效率，并把引进的新技术移植到核心业务齿轮增速器的生产中，成为欧美多家相关企业的齿轮增速器供应商"，说明公司通过不断的学习，将自己做得更强更大，以便在全球市场上与其他跨国公司展开针锋相对的竞争，这是抗衡者战略。因此，选项 B 正确。

7. 【答案】D
   【考点】国际化经营的战略类型
   【解析】"国内研发和制造铁路设备的东盛公司开启了国际化经营战略，在国外成立了多家子公司。东盛公司在国内的母公司保留技术和产品开发的职能，在国外的子公司只生产由母公司开发的产品"体现了全球协作程度低、本土独立性和适应能力低的特点，即国际战略。因此，选项 D 当选。

8. 【答案】C
   【考点】新兴市场的企业战略
   【解析】"把药品的生产和销售业务转让给其他公司，同时与国外某医药公司合作专注于新药品的研发任务"体现出公司根据自身的本土优势专注于细分市场，将业务重心转向价值链中的某些环节，是重新定义核心业务、合资合作，属于躲闪者。因此，选项 C 正确。

9. 【答案】A
   【考点】新兴市场的企业战略
   【解析】面对来势汹汹且实力雄厚的外国竞争对手，"防御者"要做的就是利用本土优势进行防御。具体做法可以考虑：①把目光集中于喜欢本国产品的客户，而不考虑那些崇尚国际品牌的客户；②频繁地调整产品和服务，以适应客户特别的甚至是独一无二的需求；③加强分销网络的建设和管理，缓解国外竞争对手的竞争压力。
   "健华牙膏厂独创了完全用中草药提取物制造、具有生津健齿功效的牙膏，并通过强化销售网络的建设和管理"属于防御者。因此，选项 A 正确。

10. 【答案】C

【考点】企业国际化经营动因

【解析】寻求现成资产是主动获取发达国家企业的品牌、先进技术和管理经验等现成资产，从"K 公司是该国市场上领先的专注于工业制造流程数字化的企业"中可判断选项 C 正确。

11. 【答案】A

    【考点】国际化经营的战略类型

    【解析】母公司将产品研发技术给各个子公司，子公司将畅销的产品提供给母公司和其他子公司，关联性较强，属于跨国结构，所以是跨国战略。因此，选项 A 正确。

12. 【答案】B

    【考点】新兴市场的企业战略

    【解析】如果全球化压力大，而企业优势资源可以移植到其他市场，企业有可能与发达国家跨国公司在全球范围内展开正面竞争，这种情况下的本土企业为抗衡者。"成功建成了全球性的市场网络和研发平台"，说明所在的产业全球化程度高；"在国际市场上站稳了脚跟"，说明可以向海外进行移植，有能力与发达国家在全球范围内展开正面竞争，属于抗衡者。因此，选项 B 正确。

13. 【答案】BC

    【考点】新兴市场的企业战略

    【解析】"面对不断进入中国市场的跨国光伏巨头的巨大竞争压力"说明产业全球化程度高，涉及躲闪者战略（选项 B）与抗衡者战略（选项 C）；科晶公司"与竞争优势明显的 K 国光伏企业曼威公司进行合作……专注于生产高效率光伏组件"属于躲闪者战略（选项 B）；"进军竞争激烈的国际市场"属于抗衡者战略（选项 C），综上，选项 BC 正确。

14. 【答案】ABC

    【考点】企业国际化经营动因

    【解析】顺驰公司把一部分资金和生产能力转移至生产综合成本相对较低的汽车产销大国 M 国，体现了寻求效率，选项 A 正确。获得 M 国汽车制造商的大量订单，业务量大幅增长。体现了寻求市场，选项 B 正确。横向并购 M 国一家拥有国际知名品牌的企业，体现了寻求现成资产，选项 C 正确。综上，选项 ABC 正确。

15. 【答案】AC

    【考点】企业国际化经营动因

    【解析】乙公司收购在澳大利亚拥有煤炭资源的 H 公司是为了寻求资源，选项 A 正确；H 公司拥有澳大利亚最大的煤炭出口港，可以帮助乙公司开拓欧洲、美洲及澳大利亚本土市场，选项 C 正确。综上，选项 AC 正确。

16. 【答案】从 2001 年起金峰集团所采用的国际化经营战略的类型有：

    ①国际战略。国际战略是指企业将其具有价值的产品与技能转移到国外的市场，以创造价值的举措。"在经济发展较快的发展中国家 Y 国建立了第一个生产基地……生产已在国内市场显示竞争优势。技术成熟的家用空调、洗衣机、电冰箱等，大部分产品就地销售，其余产品销往邻国"。

    ②多国本土化战略。多国本土化战略是根据不同国家的不同的市场，提供更能满足当地市场需要的产品和服务。"金峰集团收购非洲 K 国温美公司，根据该国气候炎热、水源及电力不足的情况……对金峰集团原有产品进行改进，开发出深受该国消费者欢迎的高效节能的空调、电冰箱等产品。此后两年，金峰集团在多个国家因地制宜开发、生产适合当地居民需求的产品"。

    ③全球化战略。全球化战略是向全世界的市场推销标准化的产品和服务，并在较有利的国家集中地进行生产经营活动，由此形成经验曲线和规模经济效益，以获得高额利润。"金峰集团……采用了新的经营策略：在欧美发达国家建立研发机构，以便于学习、吸收先进技术；在亚非一些生产要素便宜的发展中国家生产标准化的产品，以降低生产成本。由金峰集团……把产品推广、销售到全球市场"。

    ④跨国战略。跨国战略是在全球激烈竞争的情况下，形成以经验为基础的成本效益

和区位效益，转移企业的核心竞争力，同时注意当地市场的需要。为了避免外部市场的竞争压力，母公司与子公司、子公司与子公司的关系是双向的，不仅母公司向子公司提供产品与技术，子公司也可以向母公司提供产品与技术。"金峰集团……在五大洲40多个国家建立了60多个子公司，雇用1万多名员工，子公司之间、子公司与母公司之间可以互相提供产品和技术，各个子公司负责制定在经营区域内的发展战略，经集团总部审批后实施，保证它们在全球范围内合理、协调运作"。

【考点】国际化经营战略的类型

17. 【答案】（1）新兴市场本土企业的战略选择包括防御者、躲闪者、抗衡者和扩张者。神农公司采用了躲闪者战略、抗衡者战略和扩张者战略。

①躲闪者战略。

a. 重新定义自己的核心业务，避开与跨国公司的直接竞争。"有的专攻国外跨国公司关注的盲区（如罕见病、特殊需求），在产品上逐渐形成自己的特色"。

b. 根据自身的本土优势专注于细分市场，将业务重心转向价值链中的某些环节。"有的通过承接国外跨国公司医药研发外包业务，将业务重点转向价值链的研发环节"。

②抗衡者战略。如果全球化压力大，而企业优势资源可以转移到其他市场，企业有可能与发达国家跨国公司在全球范围内展开正面竞争。其战略定位是通过全球竞争发动进攻。

学习从发达国家获取资源，以克服自身技能不足和资本的匮乏。"注重向跨国公司学习，合理整合和运用国内外优势资源，克服自身技能和资本匮乏的缺陷，以期发展为实力强大的大型跨国企业，在国内外市场上与国外跨国医药公司展开真正的较量"。

③扩张者战略。如果企业面临的全球化压力不大，而其自身的优势资源又可以被移植到海外，那么企业就可以将本土市场的成功经验推广到若干国外的市场。其战略定位是将企业的经验转移到周边市场。"将自身具有相对优势的本土医药产品拓展至周边欠发达国家和地区"。

【考点】新兴市场的企业战略——本土企业的战略选择

模拟自测

第一节 总体（公司层）战略

一、单选题

1. 德州仪器公司上世纪末进入消费品领域，大力发展自己的品牌，产品包括手表、计算器等，这些产品中电子部件是德州仪器公司的核心商品。德州仪器公司采用的发展战略类型是（　　）。
   A. 前向一体化　　B. 后向一体化
   C. 横向一体化　　D. 多元化

2. 强生公司是一家生产婴幼儿用品的企业。随着人口出生率的下降，婴幼儿市场出现了萎缩的趋势，于是该公司决定将原有婴幼儿洗护用品直接推向成人市场，广告主题为"儿童使用的洗护用品对皮肤的刺激性最小，成人使用更没有问题"。这种战略属于（　　）。
   A. 市场渗透战略
   B. 市场开发战略
   C. 产品开发战略
   D. 多元化战略

3. 下列选项中，不属于企业总体战略决策的是（　　）。
   A. 某汽车制造企业收购一家出租车公司
   B. 某国内印刷机制造企业与日本一家印刷机制造企业签订战略联盟协议
   C. 某企业将旗下三个品牌出售
   D. 某汽车企业加强成本控制，以期成为行业的成本领先者

4. GD 公司是一个教育培训企业，最近通过新设立子公司的方法进入餐饮行业。关于 GD 公司的发展战略，下列说法不正确的是（　　）。
   A. 最终成本高于并购
   B. 能使企业很好地了解市场和产品
   C. 成本增速较快
   D. 进入新市场可能要面对很高的障碍

5. 中国联想集团与中国香港导远公司"瞎子背瘸子"式的联盟，充分嫁接了相互的优势。联想集团以中科院计算所为技术后盾，但缺乏资金，不熟悉海外市场。1988 年，北京联想公司与中国技术转让公司和香港导远公司成立了香港联想电脑公司。中技公司由中国银行、华润、光大等几家大公司投资经营，比较容易得到贷款。导远公司熟悉海外市场，国际化经营经验丰富。这三家优势互补的公司联手，为国际化经营提供了坚实基础。上述资料中体现中国联想集团与中国香港导远公司战略联盟的动因是（　　）。
   A. 促进技术创新　　B. 避免经营风险
   C. 避免或减少竞争　D. 实现资源互补

6. 诺华制药是总部位于瑞士的制药巨头，拥有仿制药和疫苗业务。由于传统品牌处方药的停滞，诺华进入快速增长的卫生保健领域。2010 年支付给雀巢 385 亿美元，用于购买总部位于美国的爱尔康公司 77% 的股权，该公司专注于视力保健，因其隐形眼镜护理液而闻名。该发展战略属于（　　）。
   A. 多元化战略
   B. 密集型战略
   C. 产品开发战略
   D. 转向战略

7. 汉国公司是中国最大的手表生产与销售企业，以超高性价比享誉全国。为获取三问报时技术加强竞争优势，与进一步扩大国内外市场份额，汉国公司拟斥巨资并购瑞士 AP 钟表。在本案例中，汉国公司实施上述并购的动机是（　　）。
   A. 获得协同效应
   B. 克服企业负外部性，增强对市场的控制力
   C. 实现资源互补
   D. 降低协调成本

8. 在很长一段时间内，万国商业机器公司的蓝色条纹 LOGO 一直是商业凶猛的标志：稳重、

扎实但是沉闷、傲慢。20世纪90年代，该公司陷入机构臃肿、步履蹒跚、颓势显现的局面。围绕"随需应变"理念，该公司从收购普华永道，同时收购多家软件公司，全面转向服务，力求通过打包齐全的软件产品，向客户提供从战略咨询到解决方案的一体化服务。万国商业机器公司选择的战略类型属于（　　）。

A. 紧缩与集中战略　　B. 转向战略
C. 放弃战略　　　　　D. 稳定战略

9. 甲企业是一家由政府控股的公用事业单位，前期经营相当成功，对战略期环境的预测变化也不大，并且其不需要改变自己的使命和目标，只需集中资源于原有的经营范围和产品，以此来增加其竞争优势。综上所述，该企业适合采用（　　）。

A. 发展战略
B. 相关多元化战略
C. 稳定战略
D. 收缩战略

10. 2004年开始，印刷机产业处于低谷期，德国H印刷机公司不得不实施"减肥"计划，逐步将数码、印前、印后等业务出让给其他公司。根据上述资料，企业采用收缩战略的原因是（　　）。

A. 企业战略重组的需要
B. 宏观经济形势下滑
C. 内部经营机制不顺
D. 企业失去竞争优势

二、多选题

11. 美国电话电报公司（AT&T）是一家美国电信公司，成立于1877年，曾长期垄断美国长途和本地电话市场。如今AT&T公司早已不再是纯粹的通讯业佼佼者，其业务遍及金融、饭店、房地产等多个领域。AT&T公司选择这一战略的出发点可能是（　　）。

A. 分散风险，当现有电话电报产品及市场失败时，新产品或新市场能为企业提供保护
B. 利用多余的房产、设备、人员等未被充分利用的资源
C. 运用盈余资金进行发展
D. 运用AT&T公司的形象和声誉来进入这些产业或市场

12. 广州格丽电器股份有限公司最近董事会会议决定，为满足人们对人工智能的使用需求，拟推出人工智能空调机，加大研发投入，力争率先在本土市场上推出人工智能空调；另外决定依托"中国制造"的优势，跟着"一带一路"的步伐，拟将原有产品进军海外市场，以进一步扩大市场规模。以上决议拟采用的发展战略类型是（　　）。

A. 研发战略　　　　B. 内部发展
C. 市场开发　　　　D. 产品开发

13. 荣成酒店公司是一家布局一线城市的经济型连锁酒店。最近公司计划收购一个新兴的在线旅游资讯平台，以接入公司官网订房系统，从而提升酒店入住率，同时决定利用盈余资金通过收购完成汽车旅馆细分市场的布局，与公司现有酒店行业的市场形成互补，从而获取更强的竞争优势。公司采用的发展战略类型为（　　）。

A. 前向一体化　　C. 市场开发
B. 横向一体化　　D. 相关多元化

14. Z国的春兰集团，原是国内响当当的生产空调的一流企业，资金和技术力量雄厚，1995年其空调销售额接近50亿元，以超过其他竞争对手几倍的销售额雄踞全国第一。这时，春兰集团的经营战略应立足集中力量，发挥自己在品牌和资金上的优势，不断扩大市场份额，稳定国内霸主地位然后再进一步去开拓海外市场。然而就在这时春兰集团做出了与此相反的决策，采取了不相关多元化经营战略，大举进军摩托车、电冰箱等行业，这些行业都需要大量的投资，由此造成资源精力的分散，使其在空调行业失去了优势，逐步陷入必须与那些本来不是主要竞争对手的企业进行竞争，接受外商及国内同行竞争对手挑战的境地。案例中，春兰集团实施多元化战略的风险涉及（　　）。

A. 内部经营整合风险
B. 产业进入风险

C. 产业退出风险
D. 来自原有经营产业的风险

15. 2018年，经过多轮的磋商谈判后，天齐锂业斥资42.26亿美元，并购了全球三大盐湖锂资源矿巨头之一智利SOM公司的23.77%股权。为了完成这场并购，天齐锂业通过银团贷款和境外筹款，筹集其中的35亿美元资金，另外在中信银行为主的境内银团贷款25亿美元。从并购的类型来看，上述收购属于（　　）。
    A. 前向收购　　　　B. 杠杆收购
    C. 友善收购　　　　D. 金融资本收购

16. 2017年中原畜牧公司收购了L国一家牧场并实施了新的牧场管理制度。在制度推行之初，一些当地员工无视相关规定，出现拒绝打卡、无故旷工等现象，于是，公司处罚了违反制度的员工。遂引起全体当地员工罢工，当地政府也以《L国劳动保护法》为名要求公司捍卫员工权益，应撤销处罚并做出赔偿。不久，公司宣布牧场因管理失控造成巨额亏损而倒闭。下列各项中，属于中原畜牧公司并购失败的原因有（　　）。
    A. 决策不当
    B. 并购后不能很好地进行企业整合
    C. 支付过高的并购费用
    D. 跨国并购面临政治风险

17. 小绿书是国内一家提供社交媒体网络的互联网公司，近年来想要进军电商领域。在2023年，小绿书和主营电子产品与软件技术的RR科技达成战略合作协议，约定小绿书为RR科技提供商业推广，RR科技为小绿书提供支付安全技术与交易平台外接服务。下列各项中，属于小绿书和RR科技达成的战略联盟的特点的有（　　）。
    A. 组织结构稳定并且重视合作双方长远利益
    B. 联盟成员之间沟通不充分
    C. 企业对联盟的控制能力差
    D. 双方具有较好的信任感和责任感

18. 福临公司是一家鞋帽、服饰生产企业。该公司生产的布鞋拥有的老字号品牌因为人才断档、质量不稳定时常出现亏损，所以公司拟停产该产品。但制作布鞋的传统技艺已被列入非物质文化遗产名录，提高了公司及其各种产品的声誉，且保留该技艺的员工均希望传统技艺能够得到传承。本案例中，福临公司的制作布鞋业务面临的退出障碍有（　　）。
    A. 感情障碍　　　　B. 退出成本
    C. 政府与社会约束　D. 内部战略联系

三、主观题

19. 南天集团是一家川味特色餐饮集团，成立于2001年，通过不断创新菜品和高端餐饮的定位，在国内餐饮市场上赢得了一席之地。2012年以来，受宏观经济的影响，国内餐饮行业整体增长趋势明显放缓，行业收入增速同比下降。特别是2012年年底政府出台各种限制"三公"消费的政策，这些政策引起了社会公众的强烈反响，个人消费攀比之风得到遏制，大众的消费需求更加理性。高端餐饮行业受到猛烈冲击，市场需求萎缩。此外，房地产市场的火爆推升了房租价格，也加大了餐饮行业的经营成本。

    面对前所未有的困局，南天集团决定向"大众餐饮"转型、主推中低档大众菜品。近年来国内移动互联网行业呈现井喷式发展，催生出了新的商业模式和消费习惯，南天集团开始通过微信、微博和网络外卖等互联网工具扩大销售，并通过大数据来发现客户的就餐习惯和餐饮偏好，提升服务质量。与此同时，南天集团认为环保行业将是产业政策的下一个风口，前景看好。2015年南天集团通过收购洁丽公司大举进入环保行业。由于环保行业竞争日趋激烈，短期内盈利前景不明朗，南天集团用于环保业务的资本支出不断加大。同时两家公司的文化存在差异，内耗不断。洁丽公司的经营一直处于亏损状态，导致了后来南天集团现金流断裂，不仅使集团在新业务上进退两难，还拖累了刚走出低谷的餐饮业务。

要求：

简要分析南天集团多元化经营面临的风险。

参考答案及解析

1. 【答案】A
   【考点】发展战略
   【解析】一体化战略是指企业对具有优势和增长潜力的产品或业务，沿其经营链条的纵向或横向延展业务的深度和广度，扩大经营规模，实现企业成长。前向一体化战略指获得分销商或销售商的所有权或加强对他们的控制权。"德州仪器公司进入消费品终端领域"属于前向一体化战略。因此，选项A正确。

2. 【答案】B
   【考点】发展战略
   【解析】"原有婴幼儿洗护用品直接推向成人市场"说明是新市场和现有产品，属于市场开发战略。因此，选项B正确。

3. 【答案】D
   【考点】发展战略
   【解析】选项A是纵向一体化战略，选项B是横向一体化战略，均属于总体战略中的发展战略。选项C属于总体战略中的收缩战略；选项D属于业务单位战略中的成本领先战略。因此，选项D正确。

4. 【答案】C
   【考点】内部发展（新建）战略
   【解析】"通过新设立子公司的方法进入餐饮行业"说明该发展战略的途径是内部发展（新建），内部发展的成本增速较慢，这可能有助于将战略发展对其他活动的干扰降至最低，选项C表述错误。因此，根据题意，选项C当选。

5. 【答案】D
   【考点】企业战略联盟
   【解析】资源在企业之间的配置总是不均衡的。在资源方面或拥有某种优势，或存在某种不足，通过战略联盟可达到资源共享、优势互补的效果。"联想集团的资金、技术优势与香港导远公司的市场信息优势有效结合"是实现资源互补的体现。因此，选项D正确。

6. 【答案】A
   【考点】发展战略
   【解析】案例描述"诺华制药是……制药巨头，拥有仿制药和疫苗业务"之后进入了"卫生保健领域（视力保健）"是企业进入与现有产品和市场不同的领域，属于多元化战略。因此，选项A正确。

7. 【答案】B
   【考点】企业战略联盟
   【解析】本题考查并购的动机。阅读四个选项后，直接排除选项CD，因为选项CD是战略联盟的动因。案例关键词"为获取三问报时技术……与进一步扩大国内外市场份额"，说明公司并购的原因是为了巩固地位即增强对市场的控制力，选项B正确。案例没有与选项A相关的表述，不选。

8. 【答案】B
   【考点】收缩战略
   【解析】转向战略更多地涉及企业的整个经营努力的改变。具体做法有：①重新定位或调整现有的产品和服务。②调整营销策略，在价格、广告、渠道等环节推出新的举措。万国商业机器公司从收购普华永道，同时收购多家软件公司，全面转向服务属于重新定位或调整现有的产品和服务。因此，选项B正确。

9. 【答案】C
   【考点】稳定战略
   【解析】稳定战略，是指限于经营环境和内部条件，企业在战略期所期望达到的经营状况基本保持在战略起点的范围和水平上的战略。采用稳定战略的企业不需要改变自己的使命与目标，企业只需要集中资源于原有的经营范围和产品，以增加其竞争优势。适用于对战略期环境的预测变化不大，而企业在前期经营相当成功的企业。所以该企业适合采用稳定战略。因此，选项 C 正确。

10. 【答案】B

    【考点】收缩战略

    【解析】企业采用收缩战略的原因大致可分为主动和被动两大类，主动原因为满足企业战略重组的需要；被动原因分为外部环境原因和内部环境原因，外部环境原因：如宏观经济形势、产业周期、技术、政策、社会价值观或时尚等方面发生重大变化，以及市场达到饱和、竞争行为加剧或改变等，导致企业赖以生存的外部环境恶化甚至出现危机。内部环境原因：如由于企业内部经营机制不顺、决策失误、管理不善等原因，企业或企业某项业务经营陷入困境，失去竞争优势，因而不得不采用收缩战略。

    题中德国 H 印刷机公司由于印刷机产业处于低谷期而采用了收缩战略，属于宏观经济形势发生重大变化。因此，选项 B 正确。

11. 【答案】ABCD

    【考点】发展战略

    【解析】首先判断美国电话电报公司采用的是多元化里的非相关多元化战略。企业采用多元化战略的优点包括：①分散风险，当现有产品及市场失败时，新产品或新市场能为企业提供保护（选项 A 正确）；②能更容易地从资本市场中获得融资；③在企业无法增长的情况下找到新的增长点；④利用未被充分利用的资源（选项 B 正确）；⑤运用盈余资金（选项 C 正确）；⑥获得资金或其他财务利益，例如累计税项亏损；⑦运用企业在某个产业或某个市场中的形象和声誉来进入另一个产业或市场，而在另一个产业或市场中要取得成功，企业形象和声誉是至关重要的（选项 D 正确）。综上，选项 ABCD 均正确。

12. 【答案】CD

    【考点】发展战略

    【解析】"拟推出人工智能空调机"是产品开发；"拟进军海外市场"是市场开发。因此，选项 CD 正确。选项 A 是职能战略；选项 B 是发展战略可选择的途径。

13. 【答案】AD

    【考点】发展战略

    【解析】"收购旅游资讯平台"是加强对销售渠道的控制，属于前向一体化，选项 A 正确；"收购汽车旅馆，进入与公司业务不同的新汽车旅馆细分领域"是相关多元化，选项 D 正确。综上，选项 AD 正确。

14. 【答案】BD

    【考点】发展战略

    【解析】实施多元化战略的风险有：①来自原有经营产业的风险（选项 D）；②市场整体风险；③产业进入风险（选项 B）；④产业退出风险（选项 C）；⑤内部经营整合风险（选项 A）。春兰集团"这些行业都需要大量的投资、由此造成资源精力的分散"涉及产业进入风险，选项 B 正确；"在空调行业失去了优势"涉及来自原有经营产业的风险，选项 D 正确。综上，选项 BD 正确。

15. 【答案】BC

    【考点】并购战略

    【解析】"经过多轮的磋商谈判后"属于友善并购，选项 C 正确；"天齐鲤业通过银团贷款和境外筹款，筹集其中的 35 亿美元资金"说明并购资金大部分为借款，属于杠杆收购，选项 B 正确。综上，选项 BC 正确。

16. 【答案】BD

    【考点】并购战略

    【解析】"一些当地员工无视相关规定，出现拒绝打卡、无故旷工等现象，于是，公司处罚了违反制度的员工。遂引起全体当地员工罢工"体现了并购后不能很好地进行企业整合，选项 B 正确；"当地政府也以《L 国劳动保护法》为名要求公司捍卫员工权益，应撤销处罚并做出赔偿"涉及"当地政府"介入，体现了跨国并购面临政治风险，选项 D 正确。决策不当和支付过高的并购费用在案例中没有相关信息，选项 AC 错误。综上，选项 BD 正确。

17. 【答案】BC
    【考点】企业战略联盟
    【解析】小绿书和RR科技达成的是功能性协议，即一种契约式的战略联盟。契约式联盟的优势：①更加强调相关企业的协调与默契，因此更具有战略联盟的本质特征；②在经营灵活性、自主权和经济效益等方面具有更大的优越性。劣势：存在对联盟的控制能力差（选项C）、松散的组织缺乏稳定性和长远利益、联盟内成员之间的沟通不充分（选项B）、组织效率低下等问题。综上，选项BC正确。选项AD属于股权式联盟的特征，不选。

18. 【答案】AD
    【考点】收缩战略
    【解析】"提高了公司及其各种产品的声誉"，体现了内部战略联系，选项D正确；"保留该技艺的员工均希望传统技艺能够得到传承"，说明一旦退出，员工会不理解不接受，选项A正确。综上，选项AD正确。

19. 【答案】（1）来自原有经营产业的风险："还拖累了刚走出低谷的餐饮业务"。
    （2）产业进入风险："南天集团通过收购洁丽公司大举进入环保行业。由于环保行业竞争日趋激烈，短期内盈利前景不明朗，南天集团用于环保业务的资本支出不断加大"。
    （3）产业退出风险："集团在新业务上进退两难"。
    （4）内部经营整合风险："两家公司的文化存在差异内耗不断"。
    【考点】发展战略

第二节 业务单位（竞争）战略

一、单选题

1. 投资大师芒格曾说：在麦片行业，几乎所有大公司都赚钱。如果你是一家中等规模的麦片制造商，你也许能够赚到15%的利润，如果你非常厉害也许就能够赚到40%。但在一般人看来，麦片厂商之间的竞争非常激烈，它们有很多促销活动，派发优惠券什么的，但为什么还能赚那么多钱呢？企业家段永平对此调侃：麦片毕竟是吃的东西嘛，不同牌子的东西口味不一样，买的人不会因为5%的折扣换口味。由以上可知，最适合麦片行业所采用的基本竞争战略是（ ）。
   A. 成本领先战略
   B. 差异化战略
   C. 集中化战略
   D. 低价低值战略

2. 目前国内每年新增大量获取驾驶资格的潜在用户，针对大量的驾驶经验不足的用户，D汽车制造厂商在其中低档汽车产品中率先配备了自动泊车系统，方便第一次购车的用户群体更好地体验驾驶的乐趣。此案例体现了D汽车公司采用了（ ）业务单位战略。
   A. 成本领先战略
   B. 差异化战略
   C. 集中成本领先战略
   D. 集中差异化战略

3. 20世纪80年代，我国Y牌卫生纸是高档卫生纸的代表，针对高收入的消费群体，Y牌卫生纸的集中战略是成功的。随着人们收入水平的提高和价值观念的更新，过去人们眼中的高档卫生纸也成了一般商品，Y牌卫生纸也不得不参与价格竞争。下列各项中，属于Y牌卫生纸采取集中化战略的风险是（ ）。
   A. 市场需求从注重价格转向注重产品的品牌形象
   B. 狭小的目标市场导致的风险

C. 购买者群体之间需求差异变小

D. 竞争对手的进入与竞争

4. 为确保一流品质，W 公司不惜血本全面引进来自欧美的反渗透设备、注塑机、制盖机等一流设备。表面看来，巨资引进，成本昂贵，但仔细分析，一流设备的生产效率更高，单位成本更低，只要有市场需求，确保生产设备满负荷高效率运转，分摊到每瓶饮料的设备折旧成本几乎可以忽略不计。W 公司选择的竞争战略是（　　）。

A. 差异化战略

B. 成本领先战略

C. 集中差异化战略

D. 集中成本领先战略

5. Y 国的 F 公司是一家生产运动自行车的企业，该公司管理层注重提高生产效率，在公司内施行全面质量管理（TQM）运动，使公司改善生产过程，以提高产品质量，同时降低平均成本。F 公司的竞争战略的类型属于（　　）。

A. 集中战略

B. 混合战略

C. 差异化战略

D. 成本领先战略

6. 我国农村圈养业过去以家庭圈养为主，随着养殖技术的发展，伴随而来的是我国农村养殖业的逐步集中，乃至全国性的养殖场成为养殖业的龙头企业。本案例中，养殖业的龙头企业克服零散的途径是（　　）。

A. 连锁经营或特许经营

B. 技术创新以创造规模经济

C. 尽早发现产业趋势

D. 塑造产业结构

7. 美国龙虾业中的 D 公司曾宣布其目标是成为"龙虾业的通用汽车公司"。它建立了一支昂贵的、具有先进技术装备的庞大的龙虾船队，建立了内部维修和船坞设施，实行了包括运输车队和餐馆在内的纵向一体化。但是，龙虾捕捞的特点使它的船队比其他捕捞者并没有显示出明显的优势反而由于高固定成本引起小捕捞者的价格竞争。结果 D 公司陷入财务危机，最终停止运行。D 公司遭遇的零散产业战略陷阱有（　　）。

A. 寻求支配地位

B. 未保持严格的战略约束力

C. 过分集权化

D. 不了解竞争者的战略目标与管理费用

8. C 国旅游纪念产业存在企业繁多、平淡无奇、产品粗制滥造的问题，几乎在所有热门旅游景点都能找到类似的产品。GG 文创却历经 5 年，年收入破 10 亿，成为一家走红的博物馆文创公司。其中关键的要领是将传统旅游纪念品产业中融入了大量文化创意内涵，深度发掘其中的特色并将其应用于受市场欢迎的载体，这是 GG 文创成功的关键。GG 文创的战略选择是（　　）。

A. 克服零散——获得成本优势

B. 增加附加价值——提高产品差异化程度

C. 专门化——目标集聚

D. 多元化——对新产品做出适当反应

9. 20 世纪 60 年代中期，电子游戏卡，尤其是那些由通用仪器公司率先开发的单芯片游戏机的芯片非常短缺，导致了很多企业在入行后一年时间内根本买不到这样的部件。游戏机企业需要找到新的供应商或者扩展现有供应商的产能，甚至需要修正或者改良原材料和部件来满足行业的需要。以上说明电子游戏机行业面临的新兴产业发展障碍是（　　）。

A. 专有技术选择、获取与应用的困难

B. 原材料、零部件、资金与其他供给的不足

C. 顾客的困惑与等待观望

D. 被替代产品的反应

10. 在快速增长、充满机遇的行业里，员工认为拿到企业的固定薪水不如自己开公司、拿股权回报划算。鉴于新兴行业技术和战略的游移不定，行业内现有企业的员工往往有能力更好地看清形势利用近水楼台先得月的优势来厘清行业发展的思路。有时候，他们离开当前的公司，是为了更好地利用自己的优势。这些人羽翼丰满，成立公司就很正常，主要是因为他们不想继续在向老上司提出新观点的时候碰壁，因为新的变革很有可能会危及企业之前所做的投资。当埃德松·德卡

斯特罗和其他众多数字设备公司的员工无法说服该公司接受新产品观点、拥有潜在的高收益时，通用数据公司就诞生了。假如行业结构无法创造较高的进入壁垒来阻止新进入的企业，那么派生公司在新兴行业中就很普遍。以上观点体现的新兴产业内部结构的共同特征是（　　）。

A. 技术的不确定性
B. 战略的不确定性
C. 成本的迅速变化
D. 萌芽企业和另立门户企业较多

11. 在住房业中，预制组拼房屋便宜，易于搭建，外形却千篇一律，质量也不佳。而现场制造商建造的房屋版型各异、质量考究，但价钱却昂贵许多，耗时也更长。总部位于密歇根的冠军公司将这两个战略集团的决定性优势结合起来，它的预制房屋搭建快捷，因而从经济规模和低成本中获益；但它同时也允许买方选择高端组件，如壁炉、天窗，甚至拱顶，赋予家居个性化特征。冠军公司体现的蓝海战略路径是（　　）。

A. 跨越战略群体
B. 审视他择产业
C. 放眼互补性产品或服务
D. 重新界定产业的买方群体

12. 在 StarBB 公司出现以前，咖啡馆业主打同质化的咖啡销售。StarBB 公司认为顾客去咖啡馆不仅仅是为了喝咖啡，客户同时还很关注享用咖啡的感觉和氛围。因此 StarBB 公司打造了著名的"第三空间"，从而使咖啡产业乾坤颠转。StarBB 公司开创蓝海的路径是（　　）。

A. 重设客户的功能性或情感性诉求
B. 重新界定产业的买方群体
C. 放眼互补性产品或服务
D. 跨越时间

13. 2014 年成立的好物公司是国内一家电子商务服务平台，围绕潮流行业，运用数字化技术，为个人卖家、买家以及中小商户提供专业的球鞋、潮玩鉴定、采购、运输等配套服务。好物 app 上线不久，就吸引了大量客户群体，月度交易额一度达到 2 亿元。上述案例中，好物公司采取的商业模式所体现的价值主张是（　　）。

A. 商业补贴
B. 对不同的客户群体进行双边匹配
C. 平台服务、管理及升级
D. 开发、维护小众产品的获取与生产

二、多选题

14. 甲公司是一家全国性的面包糕点生产企业，进入夏季后，面包的销售进入淡季，甲公司决定一方面降低目前面包销售价格，并且在下午4点之后进行打折处理，同时在面包店中率先推出冰鲜果汁产品，购买者可以享受面包店内舒适的环境。此案例体现了业务单位战略中的（　　）。

A. 差异化战略　　B. 成本领先战略
C. 集中差异化战略　　D. 集中成本领先战略

15. 新兴产业应选择适当的进入时机，以下应当早期进入的情况是（　　）。

A. 产业中学习曲线很重要，经验很难模仿
B. 顾客忠诚度高
C. 企业的形象与声望对顾客至关重要，企业可因先驱者而发展和提高声望
D. 为了塑造产业结构，需要付出开辟市场的高昂代价

16. 下列关于蓝海战略的说法中，正确的有（　　）。

A. 蓝海战略同时追求差异化和低成本，把企业行为整合成为一个体系
B. 蓝海战略并非着眼于竞争，而是力图使客户和企业的价值都出现飞跃，由此开辟一个全新的、非竞争性的市场空间
C. 蓝海战略遵循价值与成本互替定律
D. 蓝海战略开拓了一套条理清晰的绘制和讨论战略布局的过程，以将企业战略推向蓝海

17. 瑞士表一般在珠宝店出售。戴瑞士表被认为是贵族身份的象征，只有贵族才会购买。天美时看到瑞士表发展的瓶颈后将目标消费群体定位在年轻消费者。同时，天美时告诉消费

者，手表不一定是象征身份，还可以作为时尚的配饰，天美时把手表作为配饰在超级市场出售，开创了新的商机。天美时使用了蓝海战略的哪种路径（　　）。

A. 审视他择产业
B. 重设客户的功能情感性诉求
C. 重新界定买方群体
D. 放眼互补性产品及服务

18. 近年来，随着汽车销量的上升，洗车行业迅速发展。由于洗车业务不需要复杂的技术和大量的投资，且消费者需要的洗车地点分散，因而洗车公司数量大量增加，洗车行业呈零散状态。根据以上信息，造成洗车产业零散的原因有（　　）。

A. 成本的迅速变化
B. 进入障碍低
C. 技术的不确定性
D. 市场需求多样导致高度产品差异化

三、主观题

19. 学朗书吧位于某大学城内，其主要顾客是学生和教师，该书吧主人在创建该书吧前进行了市场调查，调查结果显示：该大学城现有书店两家、书店内空间较小，书籍种类较少，以各种考试辅导用书为主。由于商品严重同质化，两家书店的竞争异常激烈，该大学城还有若干饮品店，它们只外卖各种冷饮和奶茶，没有给顾客留出休息的位置。学朗书吧的创建者决定把书店和饮品店具有的两类互补性功能结合起来，建立一个集读书休闲、生活服务为一体的综合性服务书吧。现有一些书吧往往过于注重营造高雅的环境，通过豪华装修来吸引顾客，比如在书架旁放置高大的古董瓷瓶、在墙壁上挂上油画等。但这并不是大学城附近的消费者关注的重点，还会产生高昂的成本。学朗书吧抛弃这些流行的理念和做法只在墙壁上描绘一些山水画提高意境，舍去了昂贵的摆设，大大降低了成本，进而降低了饮品和图书的售价，提升了竞争力。随着电子商务的普及，饮品的网上销售日益火爆，许多网站均提供网售平台。学朗书店与时俱进，也提供网上点单、送货上门等服务。另外，现在大学中自习室紧张，抢位现象严重，学朗书吧计划打造自习位出租系列，并且提供午餐，为学生们提供理想的学习和休息场所。学朗书吧以创新的理念和定位，进入竞争激烈的文化和生活服务领域，开创了新的生存与发展空间。

要求：

（1）依据红海战略和蓝海战略的关键性差异，简要分析学朗书吧的经营怎样体现了蓝海战略的特征。

（2）依据蓝海战略重建市场边界的基本原则（开创蓝海战略的路径），简要分析学朗书吧如何在竞争激烈的文化和生活服务领域，开创了新的生存与发展空间。

参考答案及解析

1. 【答案】B
   【考点】差异化战略
   【解析】"不同牌子的东西口味不一样，买的人不会因为5%的折扣换口味"说明如果能够充分地实现差异化，且为顾客所认可，满足不同口味的顾客需求，消费者的转换成本较高。这些都符合差异化战略。因此，选项B正确。

2. 【答案】D
   【考点】集中化战略
   【解析】"针对第一次购车且驾驶经验不足的购车者"说明针对的是某一特定购买群体，

因此属于集中化战略；同时"在其中低档汽车产品中率先配备了自动泊车系统"说明采用的是差异化战略。因此，选项 D 正确。

3. 【答案】C
【考点】集中化战略
【解析】"随着人们收入水平的提高和价值观念的更新，过去人们眼中的高档卫生纸也成了一般商品"说明消费者群体之间需求差异缩小。因此，选项 C 正确；选项 A 是成本领先战略的风险，不选；选项 BD 案例未提及，不选。

4. 【答案】B
【考点】成本领先战略
【解析】成本领先战略是指企业通过在内部加强成本控制，在研究开发、生产、销售、服务和广告等领域把成本降到最低限度，成为产业中的成本领先者的战略。"一流设备的生产效率更高，单位成本更低"说明购买一流机器就是为了降低单位成本，所以选择成本领先战略，选项 B 正确；案例没有描述公司只在某个范围的小市场经营，所以排除集中化战略，选项 CD 不选。因此，选项 B 正确。

5. 【答案】B
【考点】基本战略的综合分析——"战略钟"
【解析】在混合战略下，企业可以在为顾客提供更高的认可价值同时，获得成本优势。"F 公司改善生产过程，以提高产品质量，同时降低平均成本"体现了混合战略。因此选项 B 正确。

6. 【答案】B
【考点】零散产业中的竞争战略
【解析】如果技术变化能够产生规模经济，产业的集中就可能发生。"随着养殖技术的发展，伴随而来的是我国农村养殖业的逐步集中"体现了技术创新以创造规模经济。因此，选项 B 正确。选项 D 是新兴产业战略选择，不选；选项 AC 案例中未提及，不选。

7. 【答案】A
【考点】零散产业中的竞争战略
【解析】零散产业的基本结构决定了寻求支配地位是无效的，造成产业零散的原因通常会使企业在增加市场份额的同时面对低效率和失去产品差异性。"D 公司将其目标定位成为龙虾业的通用汽车公司，为此投入高成本却没有展示出明显优势，反而引起价格竞争，最终导致失败"体现了 D 公司遭遇的战略陷阱是寻求支配地位。因此，选项 A 正确。

8. 【答案】B
【考点】零散产业中的竞争战略
【解析】许多零散产业的产品或服务是一般性商品，所以就产品或服务本身来说提高差异化程度潜力已经不大。在这种情况下，一种有效的战略是增加产品的附加价值。"将传统旅游纪念品产业中融入了大量文化创意内涵，深度发掘其中的特色"体现了提高产品差异化程度，因此，选项 B 正确。

9. 【答案】B
【考点】新兴产业中的竞争战略
【解析】新兴行业的发展要求找到新的供应商或者扩展现有供应商的产能，甚至需要修正或者改良原材料和部件来满足行业的需要。在行业发展的过程中，原材料和部件的缺乏在新兴行业中非常普遍。"单芯片游戏机的芯片非常短缺，导致了很多企业在入行后一年时间内根本买不到这样的部件"说明原材料和部件的缺乏。因此，选项 B 正确。

10. 【答案】D
【考点】新兴产业中的竞争战略
【解析】在新兴行业里，与新成立行业的存在相关的现象是诞生了很多自立门户的公司，即由行业中现有企业离职人员创办的新公司。数字设备公司在小型计算机行业中就派生了很多这类公司，如通用数据公司。因此，选项 D 正确。

11. 【答案】A
【考点】蓝海战略
【解析】冠军公司通过跨越预制组拼房屋建造商和现场制造商两个群体，发现战略机会，将两个群体的优势结合起来，开创了蓝海。因此，选项 A 正确。

12. 【答案】A

【考点】蓝海战略
【解析】StarBB 公司把重点从同质化咖啡的销售转到顾客享用咖啡的情感氛围上，开创了蓝海。因此，选项 A 正确。

13. 【答案】B
【考点】商业模式
【解析】根据案例描述，好物公司采取的商业模式是平台商业模式。该商业模式的价值主张是：①吸引不同的客户群体。②对不同的客户群体进行双边匹配。③提供交易闭环的环境，并降低交易成本。故选项 B 正确，当选。选项 A 是该模式的成本结构，选项 C 是该模式的关键业务，选项 D 是长尾商业模式的关键业务，故选项 ACD 不选。

14. 【答案】AB
【考点】基本竞争战略
【解析】"甲公司是一家全国性的面包糕点生产企业"意味着甲公司在整体市场开展业务活动，而意味着在部分市场经营的选项 CD 不选；降低整体面包价格属于成本领先战略，提供独有的冰鲜果汁产品属于差异化战略。因此，选项 AB 正确。

15. 【答案】ABC
【考点】新兴产业中的竞争战略
【解析】早期进入是适当的情况，包括：①企业的形象和声望对顾客至关重要，企业可因先驱者而发展和提高声望（选项 C）；②产业中的学习曲线很重要，经验很难模仿，并且不会因持续的技术更新换代而过时，早期进入企业可以较早地开始这一学习过程（选项 A）；③顾客忠诚非常重要，那些首先对顾客销售的企业将获得较高的收益（选项 B）；④早期与原材料供应、分销渠道建立的合作关系对产业发展至关重要。选项 ABC 属于早期进入的情况，正确。在选项 D 的情况下，早期进入是危险的，不选。综上，选项 ABC 正确。

16. 【答案】ABD
【考点】蓝海战略
【解析】蓝海战略打破价值与成本互替定律，红海战略是遵循价值与成本互替定律，选项 C 说法错误，不选。选项 ABD 说法正确。

17. 【答案】BC
【考点】蓝海战略
【解析】手表可以作为满足追逐时尚需求的配饰，属于重设客户的功能情感性诉求，选项 B 正确；将目标消费者定位在年轻消费者，属于重新界定买方群体，选项 C 正确。综上，选项 BC 正确。

18. 【答案】BD
【考点】零散产业中的竞争战略
【解析】造成企业零散的原因有：①进入障碍低或存在退出障碍（选项 B）；②市场需求多样导致高度产品差异化（选项 D）；③不存在规模经济或难以达到经济规模。因此，选项 BD 正确。选项 AC 是新兴产业的结构特征，不选。

19. 【答案】（1）①规避竞争，拓展非竞争性市场空间。"商品严重同质化，两家书店的竞争异常激烈，该大学城还有若干饮品店，它们只外卖各种冷饮和奶茶，没有给顾客留出休憩的位置""学朗书吧的创建者决定把书店和饮品店具有的两类互补性功能结合起来，建立一个集读书、休闲、生活服务为一体的综合性服务书吧"。
②创造和攫取新需求。"现在大学中自习室紧张抢位现象严重，学朗书吧计划打造自习位出租系列，并且提供午餐，为学生们提供理想的学习和休息场所"。
③打破价值与成本互替定律，同时追求差异化和低成本，把企业行为整合为一个体系。"学朗书吧抛弃这些流行的理念和做法，只在墙壁上描绘一些山水画提高意境，舍去了昂贵的摆设，大大降低了成本，进而降低了饮品和图书的售价，提升了竞争力"。
（2）学朗书吧通过下列四条开创蓝海战略的路径，在竞争激烈的文化和生活服务领域、开创了新的生存与发展空间：
①审视他择产业或跨越产业内不同的战略群组。"把书店和饮品店具有的两类互补性功能结合起来，建一个集读书、休闲、生

②放眼互补性产品或服务。"学朗书吧的创建者决定把书店和饮品店具有的两类互补性功能结合起来，建立一个集读书、休闲、生活服务为一体的综合性服务书吧"。

③重设客户的功能性或情感性诉求。"现有一些书吧往往过于注重营造高雅的环境，通过豪华装修来吸引顾客，比如在书架旁放置高大的古董瓷瓶、在墙壁上挂上油画等。但这并不是大学城附近的消费者关注的重点，还会产生高昂的成本学朗书吧抛弃这些流行的理念和做法，只在墙壁上描绘一些山水画提高意境，舍去了昂贵的摆设，大大降低了成本，进而降低了饮品和图书的售价，提升了竞争力"。

④跨越时间。"随着电子商务的普及，饮品的网上销售日益火爆，许多网站均提供网售平台。学朗书店与时俱进，也提供网上点单、送货上门等服务。另外，现在大学中自习室紧张、抢位现象严重，学朗书吧计划打造自习位出租系列，并且提供午餐，为学生们提供理想的学习和休息场所"。

【考点】蓝海战略

第三节　职能战略

一、单选题

1. 在C国人均化妆品年消费不足10元的1990年代，宝宝牌面霜曾凭借低定价渗透市场。2018年，宝宝公司推出了其自品牌建立以来的第一款定价超过百元的单品"小红帽精华"。2019年8月，升级版主打抗老功效的"小金瓶精华"上市，价格提升至169元。很显然，宝宝公司希望其高端线也能成为"C国最广大消费者的人生第一瓶高端护肤品"。宝宝公司的产品组合策略类型是（　　）。

   A. 向上延伸　　　　B. 向下延伸
   C. 向中延伸　　　　D. 双向延伸

2. 哈哈娃公司是多元化的企业。涉足的产品包括针对儿童的营养液、针对时尚青年的果汁饮料，以及针对老年市场的八宝粥。根据以上信息可以判断该企业的目标市场选择战略是（　　）。

   A. 无差异营销策略
   B. 集中化营销策略
   C. 差异性营销策略
   D. 全面市场营销策略

3. 2015年成立的盟塑公司是国内一家工业电子商务服务平台，相对于国内综合性B2B电商平台，盟塑公司专注于塑化行业，围绕塑化原材料贸易，运用数字化技术，为采购商和供应商提供专业的塑化材料采购和配套的供应链服务。针对塑化原料贸易信息不透明、交易流程长、效率低下等关键行业痛点，盟塑平台提供大量供应商的信息数据，采购商通过专业搜索可以拿到大品牌厂家的直供原料，满足其专业化采购的需求；上游企业也因此获得大量消费者、提高了毛利、打造了品牌。盟塑公司建立工业电子商务服务平台所依据的产业市场细分的变量为（　　）。

   A. 用户的行业类别
   B. 用户购买行为
   C. 用户的地理位置
   D. 心理细分

4. 苹果手机推出最新一款手机，价格远高于市场上其他品牌，但是随着新产品的推出，之前的旧型手机就会降价。苹果手机在新产品定价上使用的产品上市定价法是（　　）。

   A. 渗透定价法　　　B. 满意定价策略
   C. 竞争价格定价法　D. 撇脂定价法

5. 广源天药集团是一家医药企业，面临着日趋激烈的行业竞争，该集团顺应消费者对药品剂型、便捷性、准确性等方面的需求，不断推出新剂型、新品种，获得了消费者的信赖。由此可知，广源天药集团进行研发的动力来源是（　　）。

　　A. 技术进步　　　　B. 市场需求
　　C. 法律法规　　　　D. 社会责任

6. C国S公司首先研发出搭载R芯片的全自动扫地机器人，成为行业全球领军企业。东南亚Y国的H公司正在考虑模仿C国J公司，加大对设备与工艺流程的投资，以期在东南亚市场能够获得成功。因为最近几年C国的J公司通过大量生产与S公司开发的产品相类似、但价格相对低廉的百元以内扫地机器人已经瓜分了C国大部分的市场份额被客户所接受。J公司的示范效应带给H公司启迪，H公司希望能够以更低的投入获得更多的产出。H公司正在考虑的研发定位是（　　）。

　　A. 成为向市场推出新技术产品的企业
　　B. 成为成功产品的创新模仿者
　　C. 成为成功产品的低成本生产者
　　D. 成为成功产品低成本生产者的模仿者

7. 智达公司是一家计算机制造企业，为了减少库存，公司对生产过程实施订单管理。生产部门依据销售部门提供的客户订购的产品数量安排当期生产。智达公司的生产运营战略所涉及的主要因素是（　　）。

　　A. 种类　　　　　　B. 批量
　　C. 需求变动　　　　D. 可见性

8. 甲公司是一家高科技环保企业，其自主研发的智能呼吸窗刚推向市场，即受到消费者欢迎，产品供不应求，企业一直处于满负荷生产状态。为满足持续增长的订单要求，公司决定增加一条生产流水线。甲公司所实施的产能计划属于（　　）。

　　A. 滞后策略　　　　B. 匹配策略
　　C. 维持策略　　　　D. 领先策略

9. 晶晶公司的主营业务是给大型机械企业提供工业上的紧固件、轴承等，这些产品生命周期长、需求稳定、可预测，市场协调成本较低。但由于生产厂家多、竞争激烈、对价格敏感，需要严格控制实物成本。依据生产运营战略判断，晶晶公司应选择的供应链类型为（　　）。

　　A. 高效供应链　　　B. 多效供应链
　　C. 敏捷供应链　　　D. 稳定供应链

10. 某国今年的社会增长形势理想，国内外消费强劲，玩具生产商预计在圣诞节前订单会有15%~20%的增长，因此在第三季度就开始生产各种玩具，以减少在第四季度不能满足市场需求的压力。该玩具厂商采用的平衡产能与需求的方法是（　　）。

　　A. 资源订单式生产
　　B. 订单生产式生产
　　C. 库存生产式生产
　　D. 订单库存式生产

11. 安城集团是一个做医药销售起家的多元化经营企业，最近安城的华东大区经理因个人原因离职，华东大区的管理陷入半停滞状态。安城集团的人力资源黄总监建议在华东区的四个项目经理中考核一人升任大区经理，这个建议的缺点在于没有考虑到（　　）。

　　A. 有利于提高士气
　　B. 选择的范围比较广
　　C. 为企业注入新鲜血液，能够给企业带来活力
　　D. 新上任者难以建立起领导声望

12. 特瑞公司是一家生产易拉罐的企业。该公司近期通过采用一项新技术，大幅降低了生产成本，使其产品售价达到行业最低水平。目前特瑞公司因业务发展需要招聘新员工，从人力资源获取策略看，该公司甄选新员工的方法应是（　　）。

　　A. 多重方法　　　　B. 简历和面试为主
　　C. 心理测试　　　　D. 面试和心理测试

13. 甲公司是一家食品企业，目前所在产业销售额达到前所未有的规模，且企业之间竞争激烈。下列对该企业的描述中错误的是（　　）。

　　A. 财务风险中等
　　B. 资本结构主要是权益融资
　　C. 股利分配率高
　　D. 股价稳定

14. 某企业的一个业务单位正处于增值型现金剩余状态，下列说法中不正确的是（　　）。
   A. 该业务可以为股东创造价值
   B. 该业务首选的战略是利用过剩的资金促进业务增长，可以通过内部投资和收购相关业务来实现
   C. 该业务的关键问题在于是否能利用剩余的现金迅速增长，提高可持续增长率
   D. 如果加速增长后仍有剩余现金，又找不到进一步投资的机会，那么应该把多余的资金还给股东

二、多选题

15. 某手机生产企业正在大力宣传新推出的手机，该手机不但有多种可选颜色，而且突出拍照、美颜功能，主要是满足追求美丽、时尚、个性化的年轻女孩的需要，以上涉及的消费者市场细分的依据有（　　）。
   A. 地理细分　　B. 人口细分
   C. 心理细分　　D. 行为细分

16. OP公司为了提高新手机的销量，在电视台黄金时段投放广告，在各大商场柜台安排销售人员进行推销，同时在全国寻找幸运消费者，邀请他们参加"我美丽我闪亮"现场活动。根据以上描述，该公司采用的促销组合有（　　）。
   A. 营业推广　　B. 广告促销
   C. 人员推销　　D. 公关营销

17. 在市场上少数几家手机屏幕提供商中，S智能手机公司常年向高端屏幕生产商H公司采购手机屏。下列选项中，属于该货源策略优点的有（　　）。
   A. 使企业与供应商建立较为稳固的关系
   B. 能够取得更多的知识和专门技术
   C. 产生规模经济
   D. 企业与供应商之间的信任程度较低

18. 鸣凤公司和供应商签订协议，商议由供应商管理鸣凤公司库存，确定最佳库存量，制定并执行库存补充措施，合理控制库存水平，同时双方不断监督协议执行情况，适时修订协议内容，使鸣凤公司库存管理得到持续改进。鸣凤公司签订此采购模式的协议主要出于（　　）方面的考虑。
   A. 鸣凤公司希望以数字化平台为基础建立新型合作关系
   B. 鸣凤公司希望在谈判中占据有利地位
   C. 鸣凤公司希望与供应商利益共享、风险共担分担管理费用和意外损失
   D. 鸣凤公司希望与供应商建立长期稳定的深层次合作关系

19. 明峰公司是2012年成立的有限责任公司，成立以来发展迅猛。不料一场全球范围的疫情袭来，疫情、经济周期、国际局势等各种内外部因素叠加，明峰公司决定降低组织规模增速，提升组织效率，降本增效。那么明峰公司可能采用的采购交易策略包括（　　）。
   A. 市场交易策略
   B. 短期合作策略
   C. 功能性联盟策略
   D. 创新性联盟策略

20. 轩爱公司是做留学咨询起家的企业，受疫情影响业务大大缩水，员工工作饱和度严重不足。从人力资源供需平衡策略角度考虑，轩爱公司可以（　　）。
   A. 开拓新业务增长点
   B. 采取多种方法提高员工工作效率
   C. 将某些业务外包
   D. 缩短员工的工作时间

21. 元吉公司管理层预计目前的资金短缺问题将会持续较长时间，决定使用增发股份来增加权益资本，并提高经营效率、改变财务政策。下列各项中，属于元吉公司管理层采用新财务战略根据的有（　　）。
   A. 投资资本回报率为10%，资本成本率为7%
   B. 销售增长率为8%，可持续增长率为11%
   C. 销售增长率为11%，可持续增长率为6%
   D. 投资资本回报率为6%，资本成本率为8%

参考答案及解析

1. 【答案】A
   【考点】市场营销战略
   【解析】向上延伸，指企业原来生产低档产品，后来决定增加高档产品。"宝宝牌面霜开始是低价产品，而后开始增加高端护肤品"，属于向上延伸。因此，选项A正确。

2. 【答案】C
   【考点】市场营销战略
   【解析】哈哈娃公司针对不同细分市场推出不同产品，属于差异性营销策略。因此，选项C正确。

3. 【答案】A
   【考点】市场营销战略
   【解析】在产业市场上，不同的最终用户对同一种产业用品的市场营销组合往往有不同的要求，因此，企业对不同的最终用户要相应地运用不同的市场营销组合以投其所好，促进销售。"为采购商和供应商提供专业的塑化材料采购和配套的供应链服务……采购商通过专业搜索可以拿到大品牌厂家的直供原料，满足其专业化采购的需求"体现了盟塑公司依据用户的行业类别进行市场细分。因此，选项A正确。

4. 【答案】D
   【考点】市场营销战略
   【解析】新产品定价策略包括：①渗透定价法；②撇脂定价法；③满意定价策略。本题中苹果手机对于新产品上市之初都确定了较高的价格，所以属于撇脂定价法。因此，选项D正确。

5. 【答案】B
   【考点】研究与开发战略
   【解析】研发的动力来源包括（1）市场需求。(2)技术进步。(3)市场竞争。(4)法规政策。(5)创新文化。(6)社会责任。"顺应消费者对药品剂型、便捷性、准确性方面的需求，不断推出新剂型、新品种"体现出该公司研发的动力来源是市场需求。因此，选项B正确。

6. 【答案】D
   【考点】研究与开发战略
   【解析】通过"C国的J公司通过大量生产与S公司开发的产品相类似、但价格相对低廉的百元以内扫地机器人"可以判断出J公司的定位是成为成功产品的低成本生产者。"H公司正在考虑模仿C国J公司，加大对设备与工艺流程的投资""H公司希望能够以更低的投入获得更高的产出"可以看出H公司的定位是成为成功产品低成本生产者的模仿者。因此，选项D正确。

7. 【答案】C
   【考点】生产运营战略
   【解析】"依据销售部门提供的客户订购的产品数量安排当期生产"属于需求变动。因此，选项C正确。

8. 【答案】A
   【考点】生产运营战略
   【解析】甲公司因需求增长而满负荷生产或超额生产后才增加产能，降低生产能力过剩的风险但也可能导致潜在客户流失，属于滞后策略。因此，选项A正确。

9. 【答案】A
   【考点】生产运营战略
   【解析】供应链选择分为：高效供应链、敏捷供应链。高效供应链适用品种少、产量高可预见的市场环境，追求降低"实物成本"，即物流在各阶段发生的成本，如生产成本、运输成本和库存成本，适用于共性需求产品如工业上的紧固件、轴承、生活上的方便料等，这些产品生命周期长、需求稳定、可预测，市场协调成本较低。但由于生产厂家多、竞争激烈、对价格敏感，需要严格控制实物成本。综上，选项A正确。

10. 【答案】C

【考点】生产运营战略
【解析】平衡产能与需求的方法包括三种：资源订单式生产、订单生产式生产、库存生产式生产。库存生产式生产是指许多企业在收到订单之前或在知道需求量之前就开始生产产品或提供服务。"在第三季度就开始生产各种玩具，以减少在第四季度不能满足市场需求的压力"说明是在收到订单之前就开始生产产品。因此，选项C正确。

11. 【答案】D
【考点】人力资源战略
【解析】"安城集团的人力资源黄总监建议在华东区的四个项目经理中考核一人升任大区经理"说明招募渠道是内部招募；内部招募有利于提高士气，但是新上任者是"老人"，难以建立起领导声望，选项A表述正确，不选；选项D表述错误，因此，根据题意，选项D当选。选项BC是外部招募的优势，不选。

12. 【答案】B
【考点】人力资源战略
【解析】由"大幅降低了生产成本，使其产品售价达到行业最低水平"可知，特瑞公司采取的基本竞争战略为成本领先战略。成本领先战略甄选新员工的方法为简历和面试为主，选项B正确。选项A为差异化战略的甄选方法，不选；选项C为集中化战略的甄选方法，不选；选项D为干扰项，不选。因此，选项B正确。

13. 【答案】B
【考点】财务战略
【解析】"目前所在产业销售额达到前所未有的规模"属于成熟期的特征，成熟期的资本结构主要是股东权益和债务相结合。选项B表述错误，因此，根据题意，选项B当选。

14. 【答案】C
【考点】财务战略
【解析】某企业的一个业务单位正处于增值型现金剩余状态，那么此时该业务出于"投资资本回报率大于资本成本，销售增长率小于可持续增长率"，因此该业务的关键问题在于是否能利用剩余的现金迅速增长，使增长率接近可持续增长率，选项C表述错误，因此，根据题意，选项C当选。

15. 【答案】BC
【考点】市场营销战略
【解析】消费者市场细分可以归为地理细分、人口细分、心理细分和行为细分，"满足追求美丽、时尚、个性化"属于心理细分，选项C正确；"年轻女孩"属于人口细分，选项B正确。地理细分是根据地理因素进行市场细分是指企业根据消费者所处的不同地理位置、自然环境来细分消费者市场。行为细分是消费者购买或使用某种产品的时机、消费者对某种产品的使用率、消费者进入市场的程度和消费者对品牌或企业的忠诚度等，选项AD在案例中均无体现。综上，选项BC正确。

16. 【答案】ABC
【考点】市场营销战略
【解析】"在电视台黄金时段投放广告"体现了广告促销，选项B正确；"各大商场柜台安排销售人员进行推销"体现了人员推销，选项C正确；"寻找幸运消费者，邀请他们参加'我美丽我闪亮'现场活动"体现了营业推广，选项A正确。综上，选项ABC正确。

17. 【答案】AC
【考点】采购战略
【解析】"S智能手机公司常年向高端屏幕生产商H公司采购手机屏"说明其采取的是少数或单一货源策略。少数或单一货源策略的优点有：①使企业与供应商建立较为稳固的关系（选项A）；②有利于企业信息的保密；③使企业增加进货的数量，从而产生规模经济并使企业享受价格优惠（选项C）；④随着与供应商的关系的加深，企业可能获得高质量的供应品。因此，选项AC正确。选项B是多货源少批量策略的优点，不选；选项D是多货源少批量策略的缺点，不选。综上，选项 AC 正确。

18. 【答案】CD
【考点】采购战略
【解析】"由供应商管理鸣凤公司库存，确定最佳库存量，制定并执行库存补充措施，合理控制库存水平，同时双方不断监督协议执行情况，适时修订协议内容，使鸣凤公司库存管理得到持续改进"可以判断属于 VMI 采购模式。此种采购模式的优点主要有：①企业与供应商建立了长期稳定的深层次合作关系（选项 D 正确）；②打破了以往各自为政的采购和库存管理模式，供应商通过共享企业实时生产消耗、库存变化、消耗趋势等方面的信息，及时制定并实施正确有效的补货策略，不仅以最低的成本满足了企业对各类物品的需要，而且尽最大可能地减少了自身由于独立预测企业需求的不确定性造成的各种浪费，极大地节约了供货成本；③企业与供应商之间按照利益共享、风险共担的原则，协商确定对相关管理费用和意外损失的分担比例以及对库存改善带来的新增利润的分成比例，从而为双方的合作奠定了坚实的基础（选项 C 正确）。选项 A 是数字化采购模式的特点，选项 B 是传统采购模式的特点。综上，选项 CD 正确。

19. 【答案】AC
【考点】采购战略
【解析】在四类交易策略中，从管理的侧重点来看，企业采用市场交易策略（选项 A）和功能性联盟策略（选项 C），这侧重于降低采购成本的考虑；采用短期合作策略和创新性联盟策略，则侧重于创新的考虑。从与供应商的关系中所追求的目标来看，企业采用市场交易策略和短期合作策略，重视的是短期利益；而采用功能性联盟策略和创新性联盟策略追求的是长期利益。明峰公司决定降本增效，在采购中应当侧重于降低采购成本的考虑，市场交易策略（选项 A）和功能性联盟策略（选项 C）较为适当。综上，选项 AC 正确。

20. 【答案】AD
【考点】人力资源战略
【解析】轩爱公司人力资源供给大于需求，可以考虑：①扩大经营规模，或者开辟新的增长点（选项 A）；②永久性地裁员或者辞退员工；③鼓励员工提前退休；④冻结招聘；⑤缩短员工的工作时间、实行工作分享或者降低员工工资等方式（选项 D）；⑥对富余的员工进行培训。综上，选项 AD 正确；选项 BC 是人力资源供给小于需求时考虑的措施，不选。

21. 【答案】AC
【考点】财务战略
【解析】增加权益资本、提高经营效率、改变财务政策均属于增值型现金短缺的举措，增值型现金短缺：销售增长率大于可持续增长率，投资资本回报率大于资本成本率。综上，选项 AC 正确。

第四节 国际化经营战略

一、单选题

1. 星星公司是美洲 A 国的汽车生产企业。最近 A 国劳动力成本大幅上涨，使星星公司面临巨大的压力。星星公司管理层发现东南亚国家的劳动力成本较低，所以打算在东南亚投资建厂。根据以上信息可以判断，星星公司此次国际化经营的动因是（　　）。
   A. 寻求市场　　　　B. 寻求现成资产
   C. 寻求资源　　　　D. 寻求效率

2. 1999 年，发展中国家 M 国家电产品生产企业甲公司开始向国外拓展市场，在发达国家 U 国建立生产厂。2004 年，甲公司的家电产品生产开始在全球布局。甲公司国际化经营的战略途径是（　　）。
   A. 传统模式　　　　B. 新型模式
   C. 连续模式　　　　D. 服务外包

3. 雀巢与云南思茅当地政府签订了一个长达 14 年的协议，承诺：按照美国现货市场的价格收购咖啡作为农民利益的保障，上不封顶，而下设最低收购价格。同时雀巢提供技术人员、种苗甚至免息农具贷款，并承诺不拥有土地，不拥有固定资产。云南咖啡现在已经成为国际买家的新宠儿，但是朴实的农民却依然坚持把最上乘的咖啡豆卖给雀巢这家手把手教会他们种植咖啡的老外公司。雀巢公司进入中国云南咖啡种植市场的模式为（　　）。
   A. 对外直接投资　　B. 独资经营
   C. 合资经营　　　　D. 非股权安排

4. 近 30 年来，国际贸易的本质发生了巨大变化，技术、制度和政治发展使得生产过程在全球布局，且生产过程日益碎片化和分散化。各国积极参与全球生产网络体系，各自从事生产过程中某一具体环节，通过进口大量零部件等中间品进行全球生产，导致了全球乃至一国之内的大量中间品贸易。据统计，全球贸易中近 2/3 属于中间品贸易。具体案例在我们生活中司空见惯，如 Xing 和 Detert（2010）对 iPhone 价值链的"麻雀式"的解剖分析发现：100 美元的 iPhone，中国提供中间环节的组装和加工而获取的增加值不到 3.60 美元（3.60%），其余的增加值基本被德国、日本、美国等国家俘获。从高技术产品的波音飞机、汽车、iPod 到日常用品和玩具芭比娃娃、新兴的平衡跑鞋等产品，我们都能看到这种全球价值链分工现象。以上现象说明最近 30 年来中国在全球价值链中企业的角色定位主要是（　　）。
   A. 领先企业　　　　B. 一级供应商
   C. 其他层级供应商　D. 合同制造商

5. 神云公司通过减少零部件之间的差异性而实现对零部件、产品、过程等规格的标准化，实现了全球价值链协调成本最小化、选择和更换供应商便利化。该管理模式使得神云公司能够获得定制产品，而不必与供应商发生复杂的交易，获取了全球竞争优势。神云公司的全球价值链的分工模式为（　　）。
   A. 市场型价值链　　B. 俘获型价值链
   C. 模块型价值链　　D. 关联型价值链

6. F 公司以创新闻名于世，公司主要推出智能手机。它的总部位于加利福尼亚州，其科研集中度很高，几乎所有的 F 公司的科技和设计都诞生于此。F 公司充分利用其技术优势，又面向全球把产品制造集中在海外几个高效率、最具生产成本优势的工厂；F 公司在全球销售标准化产品，缺乏对东道国当地需求的敏感反应和灵活性。F 公司采用的国际经营战略为（　　）。
   A. 国际战略　　　　B. 全球化战略
   C. 跨国战略　　　　D. 多国本土化战略

7. 万福家具股份有限公司是一家专注于床垫产品设计研发和生产销售的公司，近年来随着美国、意大利等国际著名床垫公司日益注重中国市场的发展，中高端市场的竞争日趋激烈，公司与这些国际公司相比，在组织管理、生产工艺及机器设备方面不具备优势。公司决定直面与国际著名床垫公司的差距，通过完善内部管理制度及运作流程，提高运营管理效率，从而实现公司组织管理的优化，不断追赶来自发达国家的竞争者，以提高公司在激烈市场竞争中的反应速度。作为新兴市场本土企业，万福家具的战略是（　　）。

A. 防御者　　C. 躲闪者
B. 扩张者　　D. 抗衡者

8. E 国经济市场化后，该国个人电脑生产商 V 公司面临跨国公司的冲击，决定不再把自己看作是一家个人电脑生产商，逐渐把重心向公司的下游业务转移，加强在电脑销售、服务和维修方面的力量，与几个大零售商签订专营协议，同时在数十个城市建立了自己的全程服务重心。下游业务的优势使其将 E 国 20% 的份额收入囊中，成为市场上的第一品牌。V 公司采取的新兴市场本土企业战略选择是（　　）。

A. 防御者　　B. 扩张者
C. 躲闪者　　D. 抗衡者

二、多选题

9. 2001 年在 C 国加入 WTO 之后，Think 公司认识到必须到更多海外市场参与到更多国际竞争。2005 年收购发达国家 A 国 I 公司全球 PC 业务后 Think 公司一跃成为全球第三大 PC 制造商，并跻身世界 500 强。这桩并购也成了 Think 公司全面国际化的真正开端，其海外扩张思路和方法论也是在此次收购中逐渐形成，主导了企业在国际市场特别是欧洲和美洲的开疆扩土。但最重要的依然是品牌和技术，按照协议，本次收购资产包括了 I 公司所有笔记本、台式电脑业务及相关业务，包括客户、分销、经销和直销渠道，Think 品牌及相关专利、I 公司深圳合资公司及日本和罗利研发中心。Think 公司对外投资的主要动机有（　　）。

A. 寻求市场　　B. 寻求效率
C. 寻求资源　　D. 寻求现成资产

10. Y 公司是半导体行业和计算创新领域的全球领先厂商，创始于 1968 年。有相关研究表明：Y 公司主导了电子产业中芯片软件等高附加部分的生产，并且能够获得高达 60% 的利润；Y 公司位于日韩地区的供应商可以通过关键电子零部件的生产获得 20% 左右的利润；Y 公司在其他发展中国家的供应商通过对产成品加工、组装或生产一般性的零部件等，可以获得 10% 左右的利润。下列选项中，有关上述案例分析正确的有（　　）。

A. Y 公司在全球价值链中的角色定位为领先企业
B. Y 公司位于日韩地区的供应商在全球价值链中的角色定位为一级供应商
C. Y 公司在其他发展中国家的供应商在全球价值链中的角色定位为合同制造商
D. 全球价值链中企业所在的位置决定了其利润分配

11. 从参与领先企业主导的全球价值链分工模式角度来看，以下关于不同的分工模式对企业升级类型的影响中，说法正确的有（　　）。

A. 科层型价值链中，供应商的工艺升级和产品升级很快能够发生
B. 关联型价值链中，供应商的功能升级和价值链升级相对容易
C. 俘获型价值链中，供应商的功能升级和价值链升级很容易实现
D. 模块型价值链中，供应商的工艺升级和产品升级较为缓慢

12. C 国的 Y 手机公司在进入非洲市场时，非洲子公司针对深肤色人群拍照方面做了深入研发，包括深肤色人像夜间拍照、深肤色智能美颜、深肤色人脸识别等多项成果；在进入东南亚时，东南亚子公司针对东南亚人习惯设计了高品质音乐响度技术、手机防水防腐蚀设计等。据调研机构 IDC 统计，截至 2018 年，Y 手机出货 1.24 亿部，全球排名第四。Y 手机的国际化经营的战略类型的特点有（　　）。

A. 适应性较好
B. 经营成本高
C. 形成经验曲线和规模经济效益
D. 兼顾全球效率、国别反应和世界性学习效果

参考答案及解析

1. 【答案】D
   【考点】企业国际化经营的动因
   【解析】寻求效率是寻找生产要素成本更低的地方进行直接投资以获得效率优势;寻求资源主要是寻求自然资源或其他资源;寻求现成资产是寻求发达国家的技术、管理等;寻求市场是通过对外直接投资,走出国门,从而进入东道国的市场,寻求市场的扩张。星星公司通过在东南亚建厂降低自己的劳动力成本(劳动力是生产要素之一),所以公司的国际化经营的动因是寻求效率。因此,选项 D 正确。

2. 【答案】B
   【考点】国际化经营的主要方式
   【解析】新型方式:不论是发达国家还是发展中国家,该产业中的高新技术产品出口的国别路径是先到发达国家,以占领世界最大市场,然后再走向发展中国家。"发展中国家 M 国家电产品生产企业甲公司开始向国外拓展市场,在发达国家 U 国建立生产厂"说明其战略途径是新型模式。因此,选项 B 正确。

3. 【答案】D
   【考点】国际化经营的主要方式
   【解析】企业的国际化经营可以选择一条对外贸易与对外直接投资的中间化道路,即通过合同协议来调节东道国企业的运作和行为。例如,在农业领域,订单农业比大规模土地收购更易于解决负责任投资的问题——因其尊重本地权利、农民的生计和资源的可持续利用。因此,选项 D 正确。

4. 【答案】C
   【考点】全球价值链中的企业国际化经营
   【解析】其他层级的供应商由于缺乏对关键资源的掌控能力和技术创新能力,在全球价值链中处于较低的地位,也只能获得较低的价值增值全球价值链企业所在的位置决定了其利润分配。"……中国提供中间环节的组装和加工而获取的增加值不到 3.60 美元(3.60%),其余的增加值基本被德国、日本、美国等国家俘获"说明中国在全球价值链中企业的角色定位是其他层级供应商。因此,选项 C 正确。

5. 【答案】C
   【考点】全球价值链中的企业国际化经营
   【解析】模块型价值链特点是当产品结构具有模块型特征,可以通过减少零部件之间的差异性而实现对零部件、产品、过程等规格的标准化,从而降低信息编码的难度,供应商也因此具有提供"一揽子"生产服务和模块型产品的供应能力。模块式分工模式可实现全球价值链协调成本最小化、选择和更换供应商便利化。该管理模式广泛应用于电子产业非常有实力的一级供应商,合同制造商的联合和产品规格的标准化意味着领先企业能够获得定制产品,而不必与供应商发生复杂的交易。综上,神云公司属于模块型价值链,选项 C 正确。

6. 【答案】B
   【考点】国际化经营的战略类型
   【解析】全球化战略是向全世界的市场推销标准化的产品和服务,并在较有利的国家集中地进行生产经营活动,由此形成经验曲线和规模经济效益,以获得高额利润。F 公司推出标准化的手机,其总部是技术中心,在成本优势地区设厂生产,体现的是全球化战略的特点。因此,选项 B 正确。

7. 【答案】D
   【考点】新兴市场的企业战略
   【解析】尽管在全球竞争中发达国家跨国公司具备诸多优势,但新兴市场的企业也可以羽翼渐丰,最后成长为跨国公司。抗衡者应比照行业中的领先公司来衡量自己的实力,很多企业会发现自己在产品质量和生产水平上存在明显不足。如果在生产力、产品质量和服务水平上不断追赶来自发达国家的竞争者，新兴市场的本土企业就可以为在长期竞争中取得成功打下坚实的基础。"直面与国际著名床垫公司的差距，通过完善内部管理制度及运作流程，提高运营管理效率，从而实现公司组织管理的优化，不断追赶来自发达国家的竞争者"体现万福公司采用的是防御者战略。因此，选项 D 正确。

8. 【答案】C
【考点】新兴市场的企业战略
【解析】如果全球化压力大，企业优势资源只能在本土发挥作用，企业就必须围绕仍有价值的本土资源，对其价值链的某些环节进行重组，以躲避外来竞争对手的冲击，从而保持企业的独立性。这类企业称之为"躲闪者"，其战略定位是通过转向新业务或缝隙市场避开竞争。本题中 V 公司"逐渐把重心向公司的下游业务转移，加强在电脑销售、服务和维修方面的力量"的做法是躲闪者战略。因此，选项 C 正确。

9. 【答案】AD
【考点】企业国际化经营动因
【解析】"主导了企业在国际市场特别是欧洲和美洲的开疆扩土"是寻求市场，故选项 A 当选；"但最重要的依然是品牌和技术。按照协议，本次收购资产包括了 I 公司所有笔记本、台式电脑业务及相关业务，包括客户、分销、经销和直销渠道，Think 品牌及相关专利，I 公司深圳合资公司及日本和罗利研发中心"是寻求现成资产。因此，选项 D 正确。

10. 【答案】ABD
【考点】全球价值链中的企业国际化经营
【解析】全球价值链通常由领先企业主导，且在全球价值链中占据最有利的地位和最大的价值增值，案例描述"Y 公司主导了电子产业中芯片软件等高附加部分的生产"，选项 A 正确；
一级供应商可以通过其拥有的非核心技术创新以及生产成本的相对优势，在全球价值链中获得相对较高的地位与价值增值，案例描述"Y 公司位于日韩地区的供应商可以通过关键电子零部件的生产获得 20%左右的利润"，选项 B 正确；其他层级制造商与一级供应商相联系，承接价值网络中非关键环节的非核心生产活动，如进行简单组装、初始设备制造等，在全球价值链中处于较低的地位，也只能获得较低的价值增值。从"Y 公司在其他发展中国家的供应商通过对产成品加工、组装或生产一般性的零部件"可看出 Y 公司为其他层级制造商，选项 C 错误；全球价值链中企业所在的位置决定了其利润分配，选项 D 正确。综上，选项 ABD 正确。

11. 【答案】AD
【考点】全球价值链中的企业国际化经营
【解析】科层型价值链中，跟随企业由于能够快捷地通过内部技术扩展和知识转移获得领先企业的现成资产，其工艺升级和产品升级很快能够发生，选项 A 正确；关联型价值链中，由于供应商只需要领先企业所需的特定环节的生产能力，领先企业对供应商功能升级和价值链升级的行为没有支持的动力，甚至会加以干预，因此供应商的功能升级和价值链升级相对不易，选项 B 错误；俘获型价值链中，在领先企业的高度监管和控制下，被"锁定"在价值链的特定生产环节，其后的功能升级和价值链升级很难发生，选项 C 错误；模块型价值链中，供应商早期难以获得领先企业的现成资产，在一个充分竞争的市场环境下，工艺升级与产品升级较为缓慢，选项 D 正确。综上，选项 AD 正确。

12. 【答案】AB
【考点】国际化经营的战略类型
【解析】"非洲子公司针对深肤色人群拍照方面做了深入研发……；在进入东南亚时，东南亚子公司针对东南亚人习惯设计了高品质音乐响度技术、手机防水防腐蚀设计等"说明 Y 公司的国际化经营战略类型是多国本土化战略，选项 AB 是多国本土化战略的特点，正确；选项 CD 是跨国战略的特点，不选。综上，选项 AB 正确。

第四章 战略实施

真题巩固

一、单选题

1. 【2023】近期,京州出版社秉承"传播先进文化,创新服务内容"的宗旨,启动了一项新战略,从一家科技图书出版社向综合性出版社转型,并对组织结构做出较大调整。根据战略稳定性与文化适应性矩阵的要求,京州出版社在实施上述新战略时应（　　）。
   A. 以企业使命为基础
   B. 加强协同作用
   C. 根据文化进行管理
   D. 重新制定战略

2. 【2023】普勒公司是一家空调生产商。该公司建立了平衡计分卡业绩管理体系。下列各组业绩衡量指标中,能够体现该公司长期目标和短期目标平衡的是（　　）。
   A. 采用低碳新技术的空调销售额占总销售额比例与利润增长率
   B. 数字化技术采用率与员工培训费用及次数
   C. 营业收入与股东回报率
   D. 新客户开发率与客户收益率

3. 【2022】民天公司是一家经营连锁餐馆的企业。多年来该公司秉承"为顾客提供贴心服务"的宗旨,效益显著。2020年新冠疫情期间,民天公司启动了一项新战略,在保留堂食业务的同时,抽调部分员工按照订单要求,走入顾客的厨房,提供家庭餐饮服务,同时对公司组织作出较大调整。根据战略稳定性与文化适应性矩阵的要求,该公司在实施上述新战略时应（　　）。
   A. 以企业使命为基础
   B. 加强协同作用
   C. 根据文化进行管理
   D. 重新制定战略

4. 【2022】主营智能手机生产和销售的凯立公司采用平衡计分卡衡量业绩。下列各项中,适合凯立公司作为平衡计分卡的顾客指标的是（　　）。
   A. 新型手机销售额占总销售额比例
   B. 市场份额
   C. 营业收入
   D. 生产计划准确率

5. 【2021】经过多年的发展,中浩公司成为一家从事冶金、机械制造、化工、保险、外贸等多种业务的大型企业。从企业发展阶段与组织结构的关系看,该公司的组织结构类型应为（　　）。
   A. 从简单结构到职能结构
   B. 从职能结构到事业部结构
   C. 从事业部结构到矩阵结构
   D. 从事业部结构到战略业务单位结构

6. 【2021】L公司是H国一家主营智能照明系统研发和制造的企业,在全球20多个国家设有分部,每个分部都凭借母公司先进的电磁调压及电子感应技术,独立设计、生产和销售各种智能灯具、光源等产品,以满足所在国的市场需求。L公司国际化经营组织结构的类型应是（　　）。
   A. 国际部结构
   B. 全球区域分部结构
   C. 全球产品分部结构
   D. 跨国结构

7. 【2021】传统汽车制造企业华阳公司实施数字化战略转型,提高电子商务采购金额与总采购金额的比例以及ERP系统的覆盖率。根据上述情况,属于华阳公司数字化转型主要方面的是（　　）。
   A. 技术变革　　　　B. 组织变革
   C. 管理变革　　　　D. 流程变革

8. 【2021】汉阳公司是国内一家经营多年的广告公司,在业内以鼓励员工个人对公司目标作出贡献闻名。近年来,国外著名广告公司的不断进入和本土竞争对手的成长给汉阳公司的业务增长带来越来越大的威胁,因此该公司管理层最近决定在维持现有组织架构的前提下,推出新的更为严格的员工薪酬与绩效挂钩制度,以刺激业绩增长,该决定受到公司员工的拥护。汉阳公司在实施新的绩效考核制度时,应(　　)。

   A. 以企业使命为基础
   B. 加强协同作用
   C. 根据文化进行管理
   D. 重新制定战略

9. 【2021】诺力公司曾是一家著名的手机及相关设备制造企业,其生产的手机曾是世界第一品牌,占据将近一半的市场份额。2013年该公司启动战略转型,将业务聚焦于模拟机业务上,而越来越多的消费者更青睐不断改进的智能手机,后来在智能手机制造巨头的竞争挤压下,诺力公司的经营跌入谷底并一蹶不振,最终在手机市场上被淘汰出局。诺力公司实施战略转型失效的原因是(　　)。

   A. 战略实施过程中各种信息的传递和反馈受阻
   B. 战略实施所需要资源条件与现实存在资源条件间出现了较大缺口
   C. 企业外部环境出现了较大变化,现有战略一时难以适应
   D. 企业内部缺乏沟通,企业成员之间缺乏协作共事的愿望

10. 【2021】蓝星公司是一家大型信息设备制造企业。该公司依据对公司目标作出的贡献评价各种职能和活动,并根据员工的专长给他们安排相应的岗位和职权。蓝星公司企业文化的类型是(　　)。

    A. 权力导向型
    B. 角色导向型
    C. 任务导向型
    D. 人员导向型

11. 【2021】斯威公司是一家休闲服装生产企业。近期该公司与其他具有不同资源与优势的企业建立了以信息网络为基础的企业联盟体,通过网络来联系设计创意、制作人员和资产设备,共同开拓市场,共享技术与信息,费用分担。从组织结构角度看,上述企业联盟体(　　)。

    A. 是传统组织结构与新型组织结构的结合
    B. 是组织扁平化在企业之间的形式
    C. 是以资金流管理为核心的组织形式
    D. 具有灵活性较差的局限性

12. 【2020】格朗公司是一家从事环境艺术的企业。该公司的业务以创意为核心,员工根据个人的爱好、专长和成长需要,自主选择从事建筑设计、室内装潢、城市雕塑和壁画制作等工作,公司则为员工的工作需要提供必要的服务。格朗公司的企业文化类型是(　　)。

    A. 权力导向型　　B. 任务导向型
    C. 人员导向型　　D. 角色导向型

13. 【2020】升达公司是一家控股企业,下属多个分别主营石油化工、物流、机械制造等业务的独立经营的子公司。升达公司不干预子公司的战略决策和业务活动,仅根据市场前景和子公司的经营状况做出对子公司增加或减少投资的决策。升达公司应采取的组织结构类型是(　　)。

    A. 事业部制组织结构
    B. H型组织结构
    C. 战略业务单位组织结构
    D. M型组织结构

14. 【2020】新阜铁路公司为保障所辖铁路的安全与畅通,制定并实施一整套严格的工作规章和程序,要求所有员工忠于岗位职责,严守操作规程。该公司文化的类型属于(　　)。

    A. 权力导向型　　B. 任务导向型
    C. 角色导向型　　D. 人员导向型

15. 【2020】圣元公司是一家智能家居用品制造商,该公司在技术开发和行政管理上具有很大的灵活性,由技术、营销等人员组成的项目组拥有产品开发的自主选择权。近

年来，该公司适应不断变化的市场需求，陆续开发出智能音箱、智能手环、智能电视、扫地机器人等产品。圣元公司组织结构的战略类型是（　　）。

A. 防御型战略组织

B. 分析型战略组织

C. 反应型战略组织

D. 开拓型战略组织

16. 【2019】华蓓公司是Y市一家生产婴幼儿用品的企业，多年来公司在Y市婴幼儿用品市场拥有稳定的市场占有率，为了巩固其竞争优势，华蓓公司运用竞争性定价阻止竞争对手进入其经营领域，并实施有利于保持高效率的"机械式"组织机制。华蓓公司所采取的组织的战略类型属于（　　）。

A. 防御型战略组织

B. 开拓型战略组织

C. 分析型战略组织

D. 反应型战略组织

17. 【2019】生产智能家电产品的凯威公司为适应外部环境的不断变化，及时调整内部资源和组织结构，发挥协同效果和整体优势，激发员工的创新精神和使命感，对社会需求做出灵活、快速的反应。该公司采取的组织协调机制是（　　）。

A. 直接指挥，直接控制

B. 工作过程标准化

C. 共同价值观

D. 工作成果标准化

18. 【2019】图美公司是某出版社所属的一家印刷厂，该公司按照出版社提供的文稿、图片和质量要求从事印刷、装订工作。图美公司适宜采用的组织协调机制是（　　）。

A. 共同价值观

B. 相互适应，自行调整

C. 工作成果标准化

D. 技艺（知识）标准化

19. 【2019】瑞安保险公司依托医疗大数据智能化管理系统，将来自保险机构、医院和药房的诸如疾病发病率、治疗效果和医疗费用等方面的大数据及时进行"提纯"和"整合"，对潜在目标客户进行精细化管理，从而实现对健康保费的有效控制。本案例主要体现的大数据特征是（　　）。

A. 大量性　　　　B. 多样性

C. 价值性　　　　D. 高速性

20. 【2018】贝乐玩具公司成立十年来，生产和经营规模逐步扩大，玩具产品的品种不断增加。为了提高工作效率并实现规模经济，该公司应采用的组织结构是（　　）。

A. M型组织结构

B. 事业部制组织结构

C. 创业型组织结构

D. 职能制组织结构

21. 【2018】志铭公司是一家小型咨询公司，有20多名员工既负责从市场上承揽咨询项目，又根据自己的特长和爱好选择并完成咨询任务，公司为员工顺利开展工作提供必要的条件和服务。志铭公司企业文化的类型属于（　　）。

A. 权力导向型　　B. 人员导向型

C. 角色导向型　　D. 任务导向型

22. 【2018】风华公司的主营业务是生产、销售体育运动器材。从去年起，该公司在保留原有业务的同时寻找新的市场机会，开发出适合个人使用的运动健康体测仪并尝试性投放市场。该仪器可随时把使用者在运动中的有关生物指数进行显示并记录下来，从而帮助使用者了解自己的健康状况并选择适当的运动方式。风华公司适宜采取的组织战略类型是（　　）。

A. 开拓型战略组织

B. 创新型战略组织

C. 反应型战略组织

D. 分析型战略组织

23. 【2018】万明电力公司通过大数据分析发现了停电以后恢复供电时间的长短与客户满意度的高度相关性，并依据具体的数据调整了服务战略，提高了客户满意度。根据上述信息，万明公司运用大数据分析影响的战略转型的主要方面是（　　）。

A. 营销数字化管理

B. 生产数字化管理

C. 业务数字化管理

D. 财务数字化管理

24. 【2018】家电制造商东岳公司于2015年并购了一家同类企业,在保留被并购企业原有组织的同时实行了新的绩效考核制度,结果遭到被并购企业大多数员工反对。本案例中,东岳公司在处理被并购企业战略稳定性与文化适应性关系时正确的做法是( )。

A. 加强协调作用

B. 以企业使命为基础

C. 重新制定战略

D. 根据文化的要求进行管理

25. 【2017】华胜公司是生产经营手机业务的跨国公司,其组织按照两维结构设计,一维是按照职能专业化原则设立区域组织,它们为业务单位提供支持、服务和监管;另一维是按照业务专业化原则设立四大业务运营中心,它们对应客户需求来组建管理团队并确定生意人经营目标和考核制度。华胜公司采取的组织结构是( )。

A. 事业部结构

B. 战略业务单位结构

C. 矩阵制组织结构

D. 职能结构

26. 【2016】2002年,小王在市区黄金位置开了一家咖啡店。由于经营有方,小店开业不到一个月就创造了销售佳绩。正在小王准备大干一场时,社会上一场流行性疾病袭来,小店经营陷入困境。小王采取各种措施试图挽救失败后,不得不关闭了咖啡店。根据战略失效理论,小王创业没达到预期目标属于( )。

A. 前期失效   B. 晚期失效

C. 正常失效   D. 偶然失效

二、多选题

27. 【2021】天方出租汽车公司于2017年开始利用基于大数据的预测性分析系统,对其投入运营的10 000多辆出租车进行数据收集与分析,实时监测这些车辆的行驶车况,以便及时地进行预防性维修,杜绝安全事故发生。天方出租汽车公司的上述做法所体现的数字化技术对产品和服务的影响有( )。

A. 个性化   B. 多样化

C. 智能化   D. 连接性

28. 【2021】建平公司专注于铁路、电力、矿产、石油、机场、港口等行业的工程总承包业务,拥有3 000多名员工,设有业务员、部门经理、总经理等3个管理层级,各层级被充分授权。下列各项中,属于该公司组织类型优点的有( )。

A. 易于协调各职能间的决策

B. 危急情况下能够做出快速决策

C. 有利于减少信息沟通障碍,提高企业反应能力

D. 有利于调动管理人员的积极性

29. 【2020】甲公司采用流动比率、资产负债率等财务指标进行绩效评价。下列各项中,属于甲公司上述做法的局限性的有( )。

A. 鼓励短期行为

B. 忽视战略目标

C. 比率不可以用作目标

D. 难以进行项目比较

30. 【2019】美邦服装公司每年都采用投资回报率、销售利润率、资产周转率等比率指标对经营业绩进行评价。下列各项中,属于该公司采用的绩效评价指标的局限性的有( )。

A. 鼓励短期行为

B. 比率不是一成不变的

C. 比率不可以用作目标

D. 可比信息的可获得性较差

31. 【2019】以生产、销售多种石化产品为主业的东昌公司对本企业的经营活动和人员,按照北方区域和南方区域进行划分,公司总部负责计划、协调和安排资源,区域分

部负责所在区域的所有经营活动、产品销售和客户维护。下列各项中，属于东昌公司组织结构优点的有（　　）。
A. 能实现更好更快的地区决策
B. 可以削减差旅和交通费用
C. 易于处理跨区域的大客户的事务
D. 可以避免管理成本的重复

32. 【2017】威能公司是一家生产日常消费品的企业，有四大事业部，分别负责研发和生产洗发类产品、婴儿类产品、洗漱类产品和化妆类产品。每个事业部拥有多个产品线，公司总部对各个事业部统一进行资源配置。威能公司采取的组织结构类型的特点有（　　）。
A. 能够通过资本回报率等方法对事业部进行绩效考核
B. 集权化的决策机制放慢了反应速度
C. 职权分派到事业部，并在事业部内部进行再次分派
D. 为各事业部分配企业的管理成本比较困难

33. 【2017】顺通公司是一家快递公司，2016年，顺通公司开始使用平衡计分卡衡量公司业绩，并选取了利润增长率、客户收益率、员工满意度、数字化信息系统覆盖率等指标作为业绩衡量指标。上述指标涵盖的角度有（　　）。
A. 创新与学习角度
B. 顾客角度
C. 内部流程角度
D. 财务角度

34. 【2017】富友公司实行全面预算管理，每年年底都在深入分析每个部分的需求和成本的基础上，根据未来的需求编制预算。富友公司编制预算采用的方法的优点有（　　）。
A. 预算编制工作量较少，相对容易操作
B. 有利于根据实际需要合理分配资金
C. 鼓励企业管理层和部门经理根据环境变化进行创新
D. 比较容易对预算进行协调

35. 【2016】南汇公司实行全面预算管理，每年年底都以当年的实际业绩为基础编制下一年的预算。南汇公司编制预算使用的方法的特征有（　　）。
A. 没有降低成本的动力
B. 鼓励企业管理层和部门经理根据环境变化进行创新
C. 不利于企业创新
D. 有利于根据实际需要合理分配资金

三、主观题

36. 【2023】2003年起，主营家具生产与销售的伊美公司依托数字化技术，搭建该公司与用户、供应商的交互平台——伊美网，创新生产、营销和供应链管理，促进了业务发展。

首先，伊美网作为用户定制平台，是一套涵盖不同家具品种、质地、样式、规格的大数据处理系统，用户可以随时进入系统，按照自身需求自主选择，也可以提供自己的家具设计要求、照片或图片，由平台向公司反馈相关信息并确认后，自动生成订单。用户通过平台可以知晓订单产品的生产和物流信息，等待系统的送货通知，同时可以提出催单、变更收货地址以及改进产品的要求或意见。伊美网改变了家具企业与用户的传统交易方式，有效降低了双方的交易成本，提升了企业的服务效益。

其次，为解决个性化定制和规模化生产之间的矛盾，伊美网对生产数据进行实时抓取、分析和处理，员工通过电脑识别终端扫描产品上的电子磁卡，获得选择材料和工艺的提示，从而确保按时按质完成用户订单。统计结果显示：伊美公司通过伊美网开展的业务，准时交货率达到100%；用户对产品质量的满意率达到99%以上，均较以前线下业务有明显提高。

再次，伊美网与上游企业对接，汇集了国内外数以万计的木材、工具与设备、化工品的供应商，通过对各种供应品性能、质量、价格、销量、用户评价等历史和现

实数据的记录、收集和对比，确定采购对象和采购量，并即时向对方发出订单，采购成本大大低于线下采购，采购效率明显提高。

最后，伊美网通过对家具全产业链和相关产业进行数据搜集与分析，为伊美公司拓展业务范围提供依据。自 2005 年开始，伊美公司在加强原有业务的基础上，逐渐开展了绿色家装、智能家居等业务，并通过伊美网实现了各种产品、服务的互联以及对技术、品牌、渠道、营业模式的整合，取得了良好的综合效益。

要求：

（1）简要分析伊美网所体现的数字化技术对伊美公司经营模式的影响。

（2）简要分析伊美网所体现的数字化技术对伊美公司产品和服务的影响。

（3）简要分析伊美网对伊美公司生产运营战略竞争重点的影响。

37. 【2022】

资料二

1985 年，国内风扇市场趋于饱和，行业利润率开始大幅下滑，金峰公司的销售额和利润额增长也开始趋缓。为了避免单一经营的风险并给企业持续发展开辟新的空间，公司总经理高先生果断决定压缩风扇生产规模，同时进入刚刚兴起的空调、电冰箱、电饭煲等市场需求和企业利润率迅速攀升的相关行业。5 月，金峰公司利用积累的自有资金投资建成"金峰空调设备厂"；8 月，收购国内两家电冰箱制造企业，组建"金峰电冰箱制造厂"；12 月，与 J 国森田公司合资成立"金峰电饭煲制造有限公司"。1986 年 10 月，金峰公司转制成立金峰电器企业集团。此后 10 年，金峰集团经过不懈奋斗，使各类产品的质量、性能和制造技术逐渐达到行业领先水平，到 20 世纪 90 年代中期，金峰集团生产的空调、电冰箱、电饭煲均登上国内名牌商品榜单，在国内市场占有举足轻重的地位，其中电饭煲的市场占有率连续数年位居第一，金峰集团成为该领域公认的行业领导者和最受消费者信赖的企业。

金峰集团的上述突出业绩、良好形象及品牌声誉，在其以后发展过程中，无论在进入新领域、推广新产品方面，还是在获得资本市场青睐与融资方面，都发挥了重要作用。1995～1996 年，金峰集团先后三次从国内外著名投资公司融到共计约 5 亿元人民币资金，用这笔资金分别收购了国内丽光制冷设备有限公司、G 国沃克电器有限公司、J 国春立厨具公司等，产品范围扩展到微波炉、饮水机、洗碗机、洗衣机等新品类，覆盖了当时所有的家电产品领域。1997 年，金峰集团在深圳证券交易所挂牌上市，高先生任集团董事长。此后三年内，金峰集团的各类产品业务都迅猛发展，集团的销售收入增长近四倍，资产增长近三倍，成为当时国内最大的家电生产基地之一。

2000 年，金峰集团在完成家电行业全品类布局后，开始跨行业投资、经营，利用自己多年成功经营家电产品积累的盈余资金，启动并完成对云海汽车制造有限公司、晨光污水处理设备厂和荣达机器人有限公司的收购和整合，经营范围得到极大扩展，形成家电、汽车、环保设备、机器人四大业务板块。同年，集团改革组织结构，成立了分别主营上述四类业务的四个公司，每个公司下设若干事业部分别管理多个不同的产品生产线，必要时把一些管理职权下放到各个产品线，集团总部则摆脱繁杂的具体事务，集中精力制定集团战略规划、协调和安排资源以及采用销售额增长率、销售利润增长率、资本回报率等指标对各事业部进行考核。新的组织结构进一步释放、激发了集团活力，促进了此后十年集团业务和效益持续增长。

2001 年，金峰集团在经济发展较快的发展中国家 Y 国建立了第一个生产基地，利用该国较便宜的土地、水、电、劳动力等资源，生产已在国内市场显示竞争优势、技术成熟的家用空调、洗衣机、电冰箱等，大部分产品就地销售，其余产品销往邻国。2003年，金峰集团收购非洲K国温美公司，根据该国气候炎热、水源及电力不足的情况，集团技术人员与温美公司的技术人员合作，对金峰集团原有产品进行改进，开发出深受该国消费者欢迎的高效节能的空调、电冰箱等产品。此后两年，金峰集团在多个国家因地制宜开发、生产适合当地居民需求的产品。2005~2009年，金峰集团为了直面欧美发达国家家电制造商的竞争，获取更大的市场份额，采用了新的经营策略：在欧美发达国家建立研发机构，以便于学习、吸收先进技术；在亚非一些生产要素便宜的发展中国家生产标准化的产品，以降低生产成本；由金峰集团多年打造、训练有素的营销团队把产品推广、销售到全球市场。四年里，金峰集团在这些国家的销售额增长了两倍以上，市场份额增加了15%。2010年起，金峰集团在五大洲40多个国家建立了60多个子公司，雇佣1万多名员工，子公司之间、子公司与母公司之间可以互相提供产品和技术，各个子公司负责制定在经营区域内的发展战略，经集团总部审批后实施，保证它们在全球范围内合理、协调运作。

资料三

2013年3月，金峰集团启动向数字化智慧家居领域进军的战略，开始从传统家电制造商向数字化智慧家居创造商转变。2014年5月，金峰集团与J国达川公司合资成立家用机器人制造公司，同年8月以20亿美元收购了在伺服系统和自动化管理解决方案等方面全球领先的S国尼可公司，不仅完善了机器人产业的布局，同时为将机器人用于智能家电制造领域，助推数字化智慧家居战略落地起到重要作用。

金峰集团于2013年7月投资近50亿元人民币搭建全球数字化智慧家居研究院，随后以该院为平台。先后与国内外多家著名数字化智能设备企业和互联网企业建立跨界合作关系，推动金峰集团数字化智慧家居平台从云到端的建设。此后5年中，集团将总收入的4%左右投入智慧家居的数字化研发、基础设施建设和相关人才培养，累计投入超过500亿元人民币。此外，为适应数字化管理的需要，金峰集团对组织结构做了大刀阔斧的改革，将原来的集团总部—二级集团—事业部—产品公司四个管理层级改造为集团总部—大事业部—产品线三个层级，其中，各大事业部以产品线为中心，独立经营，独立核算。新的组织结构显著提高了集团内部信息沟通的速度、对市场变动的响应能力、管理的灵活性和整体效率。

2016年3月，金峰集团以数字化为基础的智能家电制造和以产业互联网为依托的供应链基本建成，主要表现为：第一，在人才队伍建设方面，技术和管理岗位的数字化人才数量占70%以上，操作岗位的数字化人才数量占50%以上。第二，在业务管理方面，以软件、数据驱动的管理活动完整覆盖订单、计划、采购、研发、柔性制造、品质跟踪、仓储物流、客服等各个环节。订单准时交付率达到98%以上；电子商务采购金额占总采购金额的比例达85%以上；数字化仓储物流设备占比达90%以上。第三，实现了数字化生产作业计划的编制、生产过程的控制以及所有生产设备的互联互通。通过对生产过程中的各种数据进行收集、分析与处理，优化生产方案，进行柔性生产，满足客户群体乃至个体多样化的需求。第四，通过数字化技术，用"T+3"模式代替传统的分层分销模式，凭借数字化媒介，实现以销定产，从而消除渠道的库存积压。第五，采用ERP系统打通生产与管理全流程数据，为经营决策提供了数据支持，有效加快了资金周转率；通过交易核算自动化实现集团及各事业部核算及时可视，大大缩短了月度及年度财务报告的完成周期。第六，依托原有机器人业务，深化、拓展芯片、传感器等相关新兴技术领域,赋予产品、机器及系统感知、识别、理解和决策的能力,实现集团旗下40多个品类家电的互通互联。第七,围绕"人与家庭"构建物联网全价值链,涵盖用户数据保护、绿色家居建设、智能语言语音服务等方面,针对不同用户的特殊需求,提供完整的智能低碳家居生活解决方案。

要求:

(1) 简要分析2000年金峰集团通过改革组织结构所形成的新的组织结构的类型及其优点。

(2) 简要分析金峰集团数字化战略转型的主要方面。

(3) 简要分析数字化技术对金峰集团产品和服务的影响。

38.【2021】2015年成立的盟塑公司是国内一家工业电子商务服务平台,相对于国内综合性B2B(企业与企业之间交易)电商平台,盟塑公司专注于塑化行业,围绕塑化原材料贸易,运用数字化技术,为采购商和供应商提供专业的塑化材料采购和配套的供应链服务。具体运营模式如下:

(1) 建立塑化原材料上下游对接通道。针对塑化原料贸易信息不透明、交易流程长、效率低下等关键行业痛点,盟塑平台提供大量供应商的信息数据,采购商通过专业搜索可以拿到大品牌厂家的直供原料,满足其专业化采购的需求;上游企业也因此获得大量消费者、提高了毛利、打造了品牌。

(2) 整合关联服务方,提供一站式互联网服务。针对塑化原材料贸易双方对于仓储公司、物流公司以及金融机构等关联服务方的需求问题,盟塑平台将这些关联服务方整合进来,贸易双方不需要再费时费力地去跟各个环节打交道,大大降低了贸易成本。而对于关联服务方而言,也因此增加了客源,并能通过盟塑平台积累的大量用户的数据,增加对用户信用的了解,降低了经营风险。

(3) 引入C端(消费者)参与贸易服务。盟塑平台引入包括行业的采购师、分销人员、司机车主等个人提供对应的贸易服务,有资源的其他消费者也能通过盟塑平台参与贸易服务,从而加速塑化产业的货物流通和货款流通,解决成本高企、效率低下的难题。

2019年,盟塑公司荣获"中国B2B电子商务平台50强"称号。

要求:

简要分析盟塑电子商务平台的运营模式所体现的数字技术对企业经营模式的影响。

参考答案及解析

1. 【答案】A
   【考点】战略稳定性与文化适应性
   【解析】案例描述："对组织结构做出较大调整"，表明企业在实施新战略时，企业组织结构发生的变化程度大；"秉承'传播先进文化，创新服务内容'的宗旨"表明企业所发生的变化与企业目前的文化相一致的程度大，故在处理二者关系时，企业应当以企业使命为基础，故选项A正确，当选。

2. 【答案】A
   【解析】选项A，低碳新技术的空调销售额占总销售额比例属于创新与学习角度，体现了长期目标，利润增长率属于财务角度，体现了短期目标，故选项A正确，当选。选项B，数字化技术采用率与员工培训费用及次数均属于创新与学习角度，体现了长期目标；选项C，营业收入与股东回报率均属于财务角度，体现了短期目标；选项D，新客户开发率与客户收益率均体现了顾客角度，体现了短期目标，综上BCD错误，不选。

3. 【答案】A
   【考点】战略稳定性与文化适应性
   【解析】"对公司组织作出较大调整"说明战略变化大，说明企业的组织要素的变化很多；"秉承'为顾客提供贴心服务'的宗旨""在保留堂食业务的同时，抽调部分员工按照订单要求，走入顾客的厨房，提供家庭餐饮服务"说明文化一致性大，属于以企业使命为基础。因此，选项A正确。

4. 【答案】B
   【考点】战略控制方法
   【解析】平衡计分卡中的顾客指标用来衡量和反映企业在满足顾客需求、提高顾客价值方面的业绩，顾客指标的设定和选择取决于企业对目标市场的价值定位，常用的顾客指标有客户满意度、顾客投诉率、投诉解决率、准时交货率、市场份额（选项B）、客户保留率、新客户开发率、客户收益率等。因此，选项B正确。

5. 【答案】D
   【考点】企业战略与组织结构
   【解析】中浩公司在大型的多元化产品市场进行多种经营，提供不相关的产品与服务，适合从事业部结构到战略业务单位结构。本题可以考虑该公司在规模上巨大，所以组织结构也应尽量往大规模方面选择。因此，选项D正确。

6. 【答案】B
   【考点】纵横向分工结构
   【解析】"每个分部都凭借母公司先进的电磁调压及电子感应技术，独立设计、生产和销售各种智能灯具、光源等产品，以满足所在国的市场需求"，每个分部独立满足各所在国，说明全球协作程度低，本土独立性和适应能力高，属于多国本土化战略类型，相对应的为全球区域分部结构。因此，选项B正确。

7. 【答案】C
   【考点】数字化战略
   【解析】管理改革强调企业通过数字化转型打通生产与管理全流程的数据链，促进业务流程变革、生产变革和财务变革，提高产品质量和生产效率。"提高电子商务采购金额与总采购金额的比例以及ERP系统的覆盖率"属于管理变革（选项C）。技术变革的重点是建设数字化，关键词有：研发、投入、建设等；组织变革的重点是相关人才的配置和结构的搭建，关键词有：组织、架构、人才、培养等；管理变革的重点是运用数字化，提高管理效率效果等，关键词有：管理、监控、管控、追踪、提升效率效果等。因此，选项C正确。

8. 【答案】B
   【考点】战略稳定性与文化适应性

【解析】"维持现有组织架构"说明战略变化小，企业组织要素变化小，"受到公司员工的拥护"说明文化一致性大，属于加强协同作用。值得注意的是"新的更为严格的员工薪酬与绩效挂钩制度"并不能说明绩效考核制度发生了根本性的转变，因为原本"在业内以鼓励员工个人对公司目标作出贡献闻名"就是同类的绩效考核制度，只不过现在更为严格，"受到公司员工的拥护"体现的在文化的一致性上更有说服力。因此，选项B正确。

9. 【答案】C
【考点】战略失效与战略控制的概念
【解析】战略失效的原因有：①企业内部缺乏沟通（选项D）；②战略实施过程中各种信息的传递和反馈受阻（选项A）；③战略实施所需的资源条件与现实存在的资源条件之间出现较大缺口（选项B）；④用人不当，主管人员、作业人员不称职或玩忽职守；⑤公司管理者决策错误，使战略目标本身存在严重缺陷或错误；⑥企业外部环境出现了较大变化，而现有战略一时难以适应（选项C）等。题目中"越来越多的消费者更青睐不断改进的智能手机""智能手机制造巨头的竞争挤压"都是属于外部环境的变化，题干中并没有提到信息传递、资源缺口、内部沟通的问题。因此，选项C正确。

10. 【答案】C
【考点】企业文化的概念与类型
【解析】在任务导向型企业文化中，管理者关心的是不断地和成功地解决问题，实现目标是任务导向型企业的主导思想，企业强调的是速度和灵活性，专长是个人权力和职权的主要来源，并且决定一个人在给定情景中的相对权力。因此，选项C正确。

11. 【答案】B
【考点】数字化技术对公司战略的影响
【解析】虚拟组织，是组织扁平化在企业之间的形式，是当市场出现新机遇时，具有不同资源与优势的企业为了共同开拓市场，共同对付其他竞争者而组织、建立在信息网络基础上的共享技术与信息，分担费用，联合开发的、互利的企业联盟体。这种结构的优点在于灵活性强，有利于很快地重组，以及社会资源适应市场的需要。斯威公司建立的以信息网络为基础的企业联盟体，属于虚拟组织。因此，选项B正确。

12. 【答案】C
【考点】企业文化的概念与类型
【解析】若企业存在的目的主要是为其成员的需要服务，员工通过示范和助人精神而不是采用正式的职权来互相影响，这种文化类型属于人员导向型。
选项A，权力导向型的权力主要在上层，企业的变革主要由中心权力来决定。选项B，任务导向型等级不分明，管理者关注的是不断地和成功地解决问题，权力来自个人专长。选项D，角色导向型的权力仍然在上层，企业管理主要依靠规章制度。案例中均无与选项ABD相关的表述，不选。因此，选项C正确。

13. 【答案】B
【考点】纵横向分工结构
【解析】从"升达公司不干预子公司的战略决策和业务活动，仅根据市场前景和子公司的经营状况做出对子公司增加或减少投资的决策"可知升达公司的组织结构类型属于H型组织结构，下属子企业独立运营。因此，选项B正确。

14. 【答案】C
【考点】企业文化的概念与类型
【解析】角色导向型企业尽可能追求理性和秩序。角色文化十分重视合法性、忠诚和责任。从"制定并实施一整套严格的工作规章和程序，要求所有员工忠于岗位职责，严守操作规程"可知新阜铁路公司的文化类型属于角色导向型。因此，选项C正确。

15. 【答案】D
【考点】企业战略与组织结构
【解析】开拓型战略组织适合动态的环境，寻求和开发新产品与新市场，行政管理具有很大的灵活性。从"该公司在技术开发和行政管理上具有很大的灵活性，由技术、营销等人员组成的项目组拥有产品开发的自主选择权。近年来该公司适应不断变化的市场需求"可知圣元公司的组织结构属于开拓型战略组织。因此，选项 D 正确。

16. 【答案】A
【考点】企业战略与组织结构
【解析】"为了巩固其竞争优势，华蓓公司用竞争性定价阻止竞争对手进入其经营领域，并实施有利于保持高效率的'机械式'组织机制"，说明公司采取措施（竞争性定价），目的是让竞争对手没办法进入自己的市场，从而保持原有市场的效果，符合防御型战略组织的特征（提示："机械式"组织机制也是题眼），因此，选项 A 正确。选项 B，开拓型战略组织追求新的机会，所以是"有机式"的组织；选项 C，反应型战略组织永远处于不稳定状态；选项 D，分析型战略组织是在寻求新的机会的同时，保持原有市场；选项 BCD 不符合战略表述，不选。

17. 【答案】C
【考点】纵横向分工结构
【解析】员工的创新精神和使命感属于共同价值观。因此，选项 C 正确。

18. 【答案】C
【考点】纵横向分工结构
【解析】按照出版社提供的文稿，图片和质量要求从事印刷、装订工作，体现了工作成果标准化（选项 C）。选项 A，组织内全体成员要对组织的战略、目标、宗旨、方针有共同的认识和共同的价值观念。选项 B，组织成员直接通过非正式的、平等的沟通达到协调，相互之间不存在指挥与被指挥的关系，也没有来自外部的干预，适用于最简单的组织结构和十分复杂的组织结构。选项 D，标准化的是人的技艺和知识。案例中均无与选项 ABD 相关的表述，不选。因此，选项 C 正确。

19. 【答案】C

【考点】数字化技术
【解析】大数据规模巨大，时刻在更新变化，这些有价值的信息可能转瞬即逝。通过强大的机器算法迅速高效地完成数据"提纯"，可对潜在目标客户进行精细化管理，从而实现对健康保费的有效控制，所以企业利用大数据为企业带来的价值，体现了大数据的价值性。因此，选项 C 正确。选项 A，"大量性"指的是大数据的数据量非常大；选项 B，"多样性"指的是大数据的数据种类多，包括图形、图像、视频、音乐等等；选项 D，"高速性"指的是数据的形成和处理的速度非常快。案例中均无与选项 ABD 相关的表述，不选。

20. 【答案】D
【考点】纵横向分工结构
【解析】"贝乐玩具公司……玩具产品的品种不断增加"说明公司虽然一直都在变大，但一直从事玩具业务，属于单一业务的企业，匹配的组织结构为职能制组织机构。因此，选项 D 正确。提高工作效率、实现规模经济是职能制的优点。职能制优点：①能够通过集中单一部门内所有某一类型的活动来实现规模经济；②有利于培养职能专家；③由于任务为常规和重复性任务，因而工作效率得到提高；④董事会便于监控各个部门。

21. 【答案】B
【考点】企业文化的概念与类型
【解析】人员导向型企业存在的目的主要是为其成员的需要服务，员工通过示范和助人精神来互相影响，而不是采用正式的职权。这类文化中的人员不易管理，企业能给他们施加的影响很小，常见于俱乐部、协会、专业团体和小型咨询公司。选项 A，权力导向型的权力在上层，企业的变革主要由企业中心权力来决定；选项 C，角色导向型的权力仍然在上层，企业管理主要依靠规章制度；选项 D，任务导向型文化的管理者关心的是不断地和成功地解决问题，权力来自个人专长。案例中均无与选项 ACD

相关的表述，不选。因此，选项 B 正确。

22. 【答案】D
【考点】企业战略与组织结构
【解析】在保留原有业务的同时寻找新的市场机会属于兼具防御型和开拓型特点的分析型战略组织。因此，选项 D 正确。选项 A，开拓型战略组织是一直寻找新机会。选项 B，创新型战略组织是干扰项。防御型战略组织是保持原有的市场。选项 C，反应型战略组织是一直处于不稳定的动荡状态，以上内容案例均未涉及，不选。

23. 【答案】A
【考点】数字化战略
【解析】"依据具体的数据调整了服务战略，提高了客户满意度"是在数字化客户管理的基础上，通过大数据分析实现精准营销、内容营销、数字化的客户生命周期管理等，这属于营销数字化管理。因此，选项 A 正确。

24. 【答案】D
【考点】战略稳定性与文化适应性
【解析】东岳公司实行了新的绩效考核制度，说明文化一致性小；保留被并购企业原有组织，说明组织要素变化小，这属于根据文化的要求进行管理。选项 A 对应的情形是组织要素变动小，文化一致性大；选项 B 对应情形是组织要素变化和文化一致性都大；选项 C 对应的情形是组织要素变动大，文化一致性小。因此，选项 D 正确。

25. 【答案】C
【考点】纵横向分工结构
【解析】"其组织按照两维结构设计，一维是按照职能专业化原则设立区域组织……，另一维按照业务专业化……"表明企业拥有两条权力线，满足一个员工拥有两个领导的特征，属于矩阵制组织结构。因此，选项 C 正确。选项 A，事业部结构分为：①区域事业部（关键特征为"区域"）；②产品/品牌事业部（关键特征为"若干生产线的企业"）；③客户细分或市场细分事

业部制结构。选项 B，通常适用于规模较大的多元化经营企业，同时满足两个关键词："规模大"与"多元化"。选项 D，关键特征为专业化分工，通常适用于单一业务企业。案例中均无与选项 ABD 相关的表述，不选。

26. 【答案】D
【考点】战略失效与战略控制的概念
【解析】在战略实施过程中，偶然会因为一些意想不到的因素导致战略失效。案例中，社会上一场流行性疾病袭来，小店经营陷入困境，这就是偶然失效。因此，选项 D 正确。选项 A 是战略实施初期，员工不理解、不接受、不适应导致的；选项 B 是战略实施一段时间后发生的；选项 C 不属于战略失效的类型，应当首先排除。案例中均无与选项 AB 相关的表述，不选。

27. 【答案】CD
【考点】数字化技术对公司战略的影响
【解析】数字化技术对产品和服务的影响包括：①个性化；②智能化；③连接性；④生态化。
案例中"对其投入运营的 10 000 多辆出租车进行数据收集与分析，实时监测这些车辆的行驶车况"体现了连接性（选项 D），"及时地进行预防性维修，杜绝安全事故发生"体现了智能化（选项 C）。因此，选项 CD 正确。选项 A 个性化表现为发现消费者的隐性需求和个性化需求，案例无表述，不选。选项 B 不属于数字化技术对产品和服务的影响，不选。

28. 【答案】CD
【考点】纵横向分工结构
【解析】扁平型组织结构是指具有一定规模的企业的内部管理层次较少，高长型组织结构是指具有一定规模的企业的内部有很多管理层次。案例中的公司员工 3 000 人（有一定规模），共 3 个层次（层次较少），且被充分授权，判断属于扁平型组织结构。扁平型结构减少了信息沟通的障碍，提高了企业反应能力（选项 C 正确），能够为决

策提供更多的信息并对员工产生激励效应。在扁平型结构中，管理人员拥有较大的职权，并可对自己的职责负责，效益也可以清楚地看出，并有较好的报酬。因此，扁平型结构比高长型结构更能调动管理人员的积极性（选项 D 正确），选项 AB 属于集权型决策的优点。因此，选项 CD 正确。

29. 【答案】 AB
【考点】 战略控制方法
【解析】 甲公司采用的是比率评价。比率评价的局限性：①信息获取存在困难；②信息的使用存在局限性；③比率在各个行业的理想标准不同，不同行业或同一行业中不同企业的业绩比较困难；④比率有时不能准确反映真实情况；⑤比率有时体现的是被扭曲的结果；⑥可能鼓励短期行为（选项 A 正确）；⑦忽略其他战略要素（选项 B 正确）；⑧激励、控制的人员范围有限，对于那些对财务结果无任何责任的人员，无法起到激励和控制作用。使用比率来进行绩效评价的主要原因：①通过比较不同时期的比率可以很容易地发现它们的变动；②相对于实物数量或货币的绝对数值，比率对企业业绩的衡量更为适合；③比率适合用作业绩目标（选项 C 错误）；④比率提供了总结企业业绩和经营成果的工具、方法，并可在同类企业之间进行比较（选项 D 错误）。综上，选项 AB 正确。

30. 【答案】 ABD
【考点】 战略控制方法
【解析】 美邦公司采用的是比率评价。使用比率来进行绩效评价的主要原因：①通过比较不同时期的比率可以很容易地发现它们的变动（选项 B 正确）；②相对于实物数量或货币的绝对数值，比率对企业业绩的衡量更为适合；③比率适合用作业绩目标（选项 C 错误）；④比率提供了总结企业业绩和经营成果的工具、方法，并可在同类企业之间进行比较。
比率评价仍有如下局限性：①信息获取存在困难（选项 D 正确）；②信息的使用存在局限性；③比率在各个行业的理想标准不同，不同行业或同一行业中不同企业的业绩比较困难；④比率有时不能准确反映真实情况；⑤比率有时体现的是被扭曲的结果；⑥可能鼓励短期行为（选项 A 正确）；⑦忽略其他战略要素；⑧激励、控制的人员范围有限，对于那些对财务结果无任何责任的人员，无法起到激励和控制作用。综上，选项 ABD 正确。

31. 【答案】 AB
【考点】 纵横向分工结构
【解析】 "按照北方区域和南方区域进行划分"体现出是区域事业部制结构。因此选项 AB 正确。选项 C 和选项 D 表述的内容不是区域事业部制结构的优点，不选。不过，难以处理跨区域的大客户的事务与管理成本的重复是区域事业部组织结构的缺点。

32. 【答案】 ACD
【考点】 纵横向分工结构
【解析】 首先要判断组织结构的类型。案例描述"有四大事业部……每个事业部拥有多个产品线"满足 M 型组织结构的适用条件，企业采用的是 M 型组织结构。其次要识别 M 型组织结构的特点。
（1）M 型组织结构的优点：①便于企业的持续成长；②由于每一个事业部都有其自身的高层战略管理者，因此首席执行官所在总部员工的工作量会有所减轻。这样，首席执行官就有更多的时间分析各个事业部的经营情况以及进行资源配置；③职权被分派到总部下面的每个事业部，并在每个事业部内部进行再次分派（选项 C 正确）；④能够通过诸如资本回报率等方法对事业部的绩效进行财务评估和比较（选项 A 正确）。
（2）M 型组织结构的缺点：①在公司之间分配企业的管理成本比较困难（选项 D 正确）；②由于每个事业部都希望取得更多的企业资源，因此经常会在事业部之间滋生功能失调性的竞争和摩擦；③当一个事业部生产另一事业部所需的部件或产品时，确定转移价格也会产生冲突。
综上，选项 ACD 正确。

33. 【答案】ABCD
【考点】平衡计分卡的企业业绩衡量
【解析】利润增长率属于财务角度（选项 D）；客户收益率属于顾客角度（选项 B）；员工满意度属于创新与学习角度（选项 A）；数字化信息系统覆盖率属于内部流程角度（选项 C）。综上，选项 ABCD 均正确。

34. 【答案】BC
【考点】预算
【解析】案例描述："根据未来的需求编制预算"意味着预算是针对未来环境编制，说明需要采用更加适宜环境变化的零基预算。接下来要识别零基预算的优点。选项 A，关键语为"工作量较少，相对容易操作"，编制较简单，是增量预算的优点，不选。选项 B，关键语为"根据实际需要合理分配资金"，适宜环境变化而变化，能够识别过时的状况，属于零基预算的优点，当选。选项 C，关键语为"根据环境变化进行创新"，适宜环境变化而变化，属于零基预算的优点，当选。选项 D，关键词为"协调预算"，冲突发生时，参考以往年度处理事情的方法，是有基础的，是增量预算的优点，不选。综上，选项 BC 正确。选项 AD 为增量预算的优点。

35. 【答案】AC
【考点】预算
【解析】"每年年底都以当年……为基础编制下一年的预算"属于有编制基础的增量预算。
增量预算的缺点有：①没有考虑经营条件和经营情况的变化；②容易使企业管理层和部门经理产生维持现状的保守观念，不利于企业创新（选项 C 正确）；③与部门和员工的业绩没有联系，没有提供降低成本的动力（选项 A 正确）；④鼓励各部门用光预算以保证下一年的预算不减少；⑤随着业务活动及其开支水平的变化而失去合理性、可行性。综上，选项 AC 正确。选项

BD 属于零基预算的优点。

36. 【答案】（1）伊美网所体现的数字化技术对经营模式的影响有：
①互联网思维的影响。"伊美公司依托数字化技术，搭建该公司与用户、供应商的交互平台伊美网""用户可以随时进入系统，按照自身需求自主选择，也可以提供自己的家具设计要求、照片或图片，由平台向公司反馈相关信息并确认后，自动生成订单。用户通过平台可以知晓订单产品的生产和物流信息，等待系统的送货通知，同时可以提出催单、变更收货地址以及改进产品的要求或意见""伊美网改变了家具企业与用户的传统交易方式，有效降低了双方的交易成本，提升了企业的服务效益""伊美网与上游企业对接……采购成本大大低于线下采购，采购效率明显提高"。
②多元化经营的影响。"伊美网通过对家具全产业链和相关产业进行数据搜集与分析，为伊美公司拓展业务范围提供依据。自2005年开始，伊美公司在加强原有业务的基础上，逐渐开展了绿色家装、智能家居等业务"。
③消费者参与的影响。"伊美公司依托数字化技术，搭建该公司与用户……的交互平台——伊美网""用户可以随时进入系统，按照自身需求自主选择，也可以提供自己的家具设计要求、照片或图片。……用户通过平台可以知晓订单产品的生产和物流信息，并等待系统的送货通知，同时可以提出催单、变更收货地址以及改进产品的要求或意见"。
（2）伊美网所体现的数字化技术对产品和服务的影响有：
①个性化。"伊美网作为用户定制平台，是一套涵盖不同家具品种、质地、样式、规格的大数据处理系统，用户可以随时进入系统，按照自身需求自主选择，也可以提供自己的家具设计要求、照片或图片，由平台向公司反馈相关信息并确认后，自动生成订单"。

②智能化。"用户可以随时进入系统，按照自身需求自主选择，也可以提供自己的家具设计要求、照片或图片，由平台向公司反馈相关信息并确认后，自动生成订单""伊美网对生产数据进行实时抓取、分析和处理，员工通过电脑识别终端扫描产品上的电子磁卡，获得选择材料和工艺的提示""伊美网与上游企业对接，汇集了国内外数以万计的木材、工具与设备、化工品的供应商，通过对各种供应品性能、质量、价格、销量、用户评价等历史和现实数据的记录、收集和对比，确定采购对象和采购量，并即时向对方发出订单""伊美网通过对家具全产业链和相关产业进行数据搜集与分析，为伊美公司拓展业务范围提供依据"。

③连接性。"伊美公司依托数字化技术，搭建该公司与用户……的交互平台伊美网""用户可以随时进入系统，按照自身需求自主选择，也可以提供自己的家具设计要求、照片或图片。……用户通过平台可以知晓订单产品的生产和物流信息，并等待系统的送货通知，同时可以提出催单、变更收货地址以及改进产品的要求或意见""伊美网与上游企业对接，汇集了国内外数以万计的木材、工具与设备、化工品的供应商，通过对各种供应品性能、质量、价格、销量、用户评价等历史和现实数据的记录、收集和对比，确定采购对象和采购量，并即时向对方发出订单""通过伊美网实现了各种产品、服务的互联以及对技术、品牌、渠道、营业模式的整合，取得了良好的综合效益"。

(3) 伊美网对生产运营战略竞争重点的影响有：

①交货期。"通过伊美网开展的业务，准时交货率达到100%"。

②质量。"通过伊美网开展的业务……用户对产品质量的满意率达到99%以上"。

③成本。"伊美网改变了家具企业与用户的传统交易方式，有效降低了双方的交易成本""伊美网与上游企业对接……采购成本大大低于线下采购"。

④制造柔性。"伊美网作为用户定制平台，是一套涵盖不同家具品种、质地、样式、规格的大数据处理系统，用户可以随时进入系统，按照自身需求自主选择，也可以提供自己的家具设计要求、照片或图片，由平台向公司反馈相关信息并确认后，自动生成订单""为解决个性化定制和规模化生产之间的矛盾，伊美网对生产数据进行实时抓取、分析和处理，员工通过电脑识别终端扫描产品上的电子磁卡，获得选择材料和工艺的提示，从而确保按时按质完成用户订单"。

【考点】数字化技术对公司战略的影响；生产运营战略

37. 【答案】 (1) ①2000年金峰集团通过改革组织结构所形成的新的组织结构的类型是M型组织结构。"集团改革组织结构，成立了分别主营上述四类业务的四个公司，每个公司下设若干事业部分别管理多个不同的产品生产线，必要时把一些管理职权下放到各个产品线，集团总部则摆脱繁杂的具体事务，集中精力制定集团战略规划、协调和安排资源以及采用销售额增长率、销售利润增长率、资本回报率等指标对各事业部进行考核"。

②M型组织结构的优点有：

a. 便于企业的持续成长。"新的组织结构进一步释放、激发了集团活力，促进了此后十年集团业务和效益持续增长"。

b. 总部员工的工作量会有所减轻。"集团总部则摆脱繁杂的具体事务"。

c. 职权被分派到总部下面的每个事业部，并在每个事业部内部进行再次分派。"每个事业部都负责多个产品线的运营，必要时把一些管理职权下放到各个产品线"。

d. 能够通过诸如资本回报率等方法对事业部的绩效进行财务评估和比较。"集团……采用销售额增长率、销售利润增长率、资本回报率等指标对各事业部进行考核"。

(2) 金峰集团数字化战略转型的主要方面有：

① 技术变革。

a. 数字化基础设施建设。"金峰集团……先后与国内外多家著名数字化智能设备企业和互联网企业建立跨界合作关系，推动金峰集团数字化智慧家居平台从云到端的建设""集团将总收入的4%左右投入智慧家居的数字化研发、基础设施建设和相关人才培养"。

b. 数字化研发。"金峰集团……搭建全球数字化智慧家居研究院，……将总收入的4%左右投入智慧家居的数字化研发、基础设施建设和相关人才培养"。

c. 数字化投入。"以20亿美元收购了在伺服系统和自动化管理解决方案等方面全球领先的S国尼可公司"；"合资成立家用机器人制造公司"；"投资近50亿元人民币搭建全球数字化智慧家居研究院。……集团将总收入的4%左右投入智慧家居的数字化研发、基础设施建设和相关人才培养，累计投入超过500亿元人民币"。

② 组织变革。

a. 组织架构。"为适应数字化管理的需要，金峰集团对组织结构做了大刀阔斧的改革，将原来的集团总部—二级集团—事业部—产品公司四个管理层级改造为集团总部—大事业部—产品线三个层级，其中，各大事业部以产品线为中心，独立经营，独立核算。新的组织结构显著提高了集团内部信息沟通的速度、对市场变动的响应能力、管理的灵活性和整体效率"。

b. 数字化人才。"在人才队伍建设方面，技术和管理岗位的数字化人才数量占70%以上，操作岗位的数字化人才数量占50%以上"。

③ 管理变革。

a. 业务数字化管理。"软件、数据驱动的管理活动完整覆盖订单、计划、采购、研发、柔性制造、品质跟踪、仓储物流、客服等各个环节。订单准时交付率达到98%以上；电子商务采购金额占总采购金额的比例达85%以上；数字化仓储物流设备占比达90%以上"。

b. 生产数字化管理。"实现了数字化生产作业计划的编制、生产过程的控制以及所有生产设备的互联互通。通过对生产过程中的各种数据进行收集、分析与处理，优化生产方案，进行柔性生产，满足客户群体乃至个体多样化的需求"。

c. 财务数字化管理。"采用ERP系统打通生产与管理全流程数据，为经营决策提供了数据支持，有效加快了资金周转率；通过交易核算自动化实现集团及各事业部核算及时可视，大大缩短了月度及年度财务报告的完成周期"。

d. 营销数字化管理。"通过数字化技术，用'T+3'模式代替传统的分层分销模式，凭借数字化媒介，实现以销定产，从而消除渠道的库存积压"。

(3) 数字化技术对金峰集团产品和服务的影响有：

① 个性化。"通过对生产过程中的各种数据进行收集、分析与处理，优化生产方案，进行柔性生产，满足客户群体乃至个体多样化的需求"；"围绕'人与家庭'构建物联网全价值链，……针对不同用户的特殊需求，提供完整的智能低碳家居生活解决方案"。

② 智能化。"赋予产品、机器及系统感知、识别、理解和决策的能力"；"围绕'人与家庭'构建物联网全价值链，涵盖用户数据保护、绿色家居建设、智能语言语音服务等方面"。

③ 连接性。"赋予产品、机器及系统感知、识别、理解和决策的能力，实现集团旗下40多个品类家电的互通互联"。

④ 生态化。"围绕'人与家庭'构建物联网全价值链，涵盖用户数据保护、绿色家居建设……提供完整的智能低碳家居生活解决方案"。

【考点】纵横向分工结构；数字化战略；数

字化技术对公司战略的影响

38. 【答案】①互联网思维的影响。"围绕塑化原材料贸易，运用数字化技术，为采购商和供应商提供专业的塑化材料采购和配套的供应链服务"；"建立塑化原材料上下游对接通道"；"引入C端（消费者）参与贸易服务"；"整合关联服务方，提供一站式互联网服务"。

②多元化经营的影响。"整合关联服务方，提供一站式互联网服务。针对塑化原材料贸易双方对于仓储公司、物流公司以及金融机构等关联服务方的需求问题。盟塑平台将这些关联服务方整合进来，贸易双方不需要再费时费力地去跟各个环节打交道，大大降低了贸易成本。而对于关联服务方而言，也因此增加了客源，并能通过盟塑平台积累的大量用户的数据，增加对用户信用的了解，降低了经营风险"。

③消费者参与的影响。"引入C端（消费者）参与贸易服务。盟塑平台引入包括行业的采购师、分销人员、司机车主等个人提供对应的贸易服务，有资源的其他消费者也能通过盟塑平台参与贸易服务，从而加速塑化产业的货物流通和货款流通，解决成本高企、效率低下的难题"。

【考点】数字化技术对公司战略的影响

模拟自测

一、单选题

1. 某资源勘探开发型企业在从事项目的勘探时，会从总部各部门挑选成员组成专门小组去现场执行工作。同时，资源的研究、试验和生产过程及成果，由总部各部门负责，项目组成员需要向总部汇报，力图做到条块结合，在资源的勘探和开发方面共同发展。适用于该企业的组织结构形式是（   ）。

   A. 产品/品牌事业部制组织结构

   B. M 型企业组织结构

   C. 战略业务单位组织结构

   D. 矩阵制组织结构

2. 阿波罗计划是人类首次登月，毫无成例可以借鉴，工作被精细分工到难以置信的地步，数以千计的专家从事不同的工作，最初没有人知道该干什么。随着工作的开展，知识也在增长，之所以最后获得成功，很多时候靠的仍是专家们在不知道路上的平等沟通。明茨伯格说："这和两名桨手的相互沟通没有什么不同。"阿波罗计划中的组织协调机制是（   ）。

   A. 技艺（知识）标准化

   B. 工作过程标准化

   C. 工作成果标准化

   D. 相互适应，自行调整

3. 飞腾公司是一家游戏制作公司，主营业务为主机游戏。从本年初，该公司在保留原有业务的同时寻找新的市场机会，以原本的主机游戏为基础，开发出适合多人同时在线上互动的手机游戏。飞腾公司适宜采取的组织战略类型是（   ）。

   A. 开拓型战略组织

   B. 创新型战略组织

   C. 反应型战略组织

   D. 分析型战略组织

4. 甲公司是一家电信设备制造商，为了海外业务的拓展，近年来通过并购方式不断发展，使公司成为一家业务涉及金融、保险、酒店、电子等行业的多元化大企业。从企业发展阶段与组织结构的关系看，该公司的组织结构类型应为（   ）。

   A. 战略业务单位组织结构

   B. 事业部制组织结构

   C. 创业型组织结构

   D. 职能制组织结构

5. 华胜公司是一家软件企业，公司内采取项目制管理，有许多项目经理，怎样快速完美地完成项目是项目经理最关注的问题。在一个项目结束后，这个项目团队就予以解散，然后根据业务重新组合新的项目团队。软件工程师的专长很重要，每个人都能高度控制自己分内的工作。华胜公司的企业文化类型是（   ）。

   A. 权力导向型　　B. 角色导向型

   C. 任务导向型　　D. 人员导向型

6. 某企业在处理战略与文化的关系时，遇到了极大的挑战。其在实施一个新战略时，组织的要素会发生重大的变化，又多与企业现有的文化很不一致，或受到现有文化的抵制。此时，该企业应该（   ）。

   A. 以企业使命为基础

   B. 加强战略与文化的协同作用

   C. 重新制定战略

   D. 根据文化的要求进行管理

7. N 公司曾是全球最大的传统手机制造商。在互联网手机时代悄然到来时，N 公司总经理认为互联网手机只是在传统手机上增加了一些华而不实的东西，坚持生产性价比高的传统手机战略。最终 N 公司市场份额和资本市值都大幅度下降，逐步被边缘化并陷入财务困境。本案例中，N 公司的战略失效属于（   ）。

   A. 早期失效　　B. 偶然失效

   C. 必然失效　　D. 晚期失效

8. 2020 年年底，主营办公用品业务的永豪公司预计随着新冠疫情的持续和居家办公人数的增加，对小型便捷打印机、复印机的需求量将会增长，因此根据以往同类项目的收支水平，将下一年的预算增加8%，以购置新的生产设备，将小型便捷打印机、复印机的产能提高12%。下列各项中，属于永豪公司采用的预算类型的优点是（　　）。

A. 预算编制工作量较少，相对容易操作

B. 与相关部门和员工的业绩联系起来，提供了降低成本的动力

C. 有利于根据实际需要合理分配资金

D. 有利于管理层及部门经理积极进取和企业创新

9. 丽岛同城是一家刚刚起步的企业，其业务主要为通过网络定购销售日本特色食品。2020年年末，公司决定采用平衡计分卡来衡量企业业绩。下列选项中，属于顾客角度的计量方法是（　　）。

A. 销售增长率

B. 新客户开发率

C. 设备利用率

D. 新产品占销售的比例

10. 过去，中国绝大多数的农产品都要通过批发商进行销售，农村和农产品形成了一条由农户经由批发商再到消费者的超长上行通道。某公司采用了一种创新的"农货智能处理系统"和"山村直连小区"模式，为中国分散的农产品整合出一条直达5.85亿用户的快速通道。经由这条农货上行"超短链"，吐鲁番哈密瓜48小时就能从田间直达上海消费者手中，价格比批发市场还便宜；一度滞销的河南中牟大蒜卖到了北京，价格只有超市的四分之一。该公司的模式体现了（　　）。

A. 业务数字化

B. 生产数字化

C. 财务数字化

D. 营销数字化

二、多选题

11. X公司是一家专注于智能手机的创新型科技企业。该公司拥有多个产品线，管理层次只有3级：核心创始人—产品经理—基层员工。每个产品经理可以按照各自负责的领域作出相应决策，经理每周都会与基层员工开会讨论产品细节，最终确定产品方案。根据组织纵向分工结构理论，X公司采用的组织结构通常具有的特点有（　　）。

A. 管理费用会大幅度增加

B. 能够及时反映市场变化并作出反应

C. 决策时间过长

D. 容易造成管理失控

12. 德国最大连锁超市阿尔迪的亚洲首家店于2019年端午节在上海开店，开业当天凌晨5点就有人排队，2万人流量涌入。阿尔迪的卖点在于便宜，他们认为管理人员会增加行政管理费用，企业为了降低成本，使其结构效率化，应尽量减少管理层次。为了节约管理成本，阿尔迪没有母公司，没有市场部、公关部、客服部等部门，只有一个由曾经担任过分店经理的经理人所组成的"管理委员会"，超过一千平方米的店面，员工最多不超过10个人。由于取消了指挥部门，组织让从事基础工作的员工也参与到管理之中，给员工更大的授权及更有创新性的任务。如果消费者觉得所购商品有任何问题，到任何一家门店都可无理由退换，节省了大量的人力成本。毕马威有报告显示，阿尔迪的劳动力成本仅占其营业收入的6%，而普通超市的员工成本一般要占到总收入的12%～16%。阿尔迪的纵向分工结构基本类型的特点有（　　）。

A. 包含更少的管理层次，并将决策权分配到较低的层级，从而具有较宽的管理幅度

B. 减少了信息沟通的障碍，提高了企业反应能力

C. 能够为决策提供更多的信息并对员工产生激励效应

D. 危急情况下能够做出快速决策

13. 某公司原本拥有三个产品事业部，通过收购另两家公司，企业不断扩张产品线。该公司的结构变成了拥有三个事业部，每个事业部都有多条产品线。目前该公司的组织结构的优点有（　　）。

A. 便于企业持续成长
B. 首席执行官所在的总部员工的工作量会有所减轻
C. 能够通过诸如资本回报率等方法对事业部的绩效进行财务评估和比较
D. 产品主管与区域主管之间的联系更加直接，从而能够做出更有质量的决策

14. 美国 K 公司拥有世界上最畅销的 15 个速食谷类食品品牌中的 12 个。生产、销售哪个品牌是由地区决定的，公司的 4 个地区经理（欧洲、亚洲、北美、拉美）在营销、生产和原料选择（这些都支持并帮助其建立起世界性品牌）等方面有很大的决策权。下列关于该公司组织结构的说法正确的有（   ）。
A. 地区分部结构使地区和产品经理有高度的自主权
B. 产品经理可以改变本国的产品战略，使它能适应于所在国家或地区的特殊环境
C. 这种做法主要成效是公司获得了本地迅速适应的能力
D. 当公司在全球范围内进行资源寻求时，产品经理可以根据各国成本和技术的差异来设置活动

15. 在战略实施过程中，不容忽视的就是战略失效。战略失效，是指企业战略实施的结果偏离了预定的战略目标或战略管理的理想状态。导致战略失效的原因很多，以下选项中正确的有（   ）。
A. 战略实施过程中各种信息的传递和反馈受阻
B. 企业内部缺乏沟通，企业战略未能成为全体员工的共同行动目标，企业成员之间缺乏协作共事的愿望
C. 战略实施所需的资源条件与现实存在的资源条件之间出现较大缺口
D. 企业外部环境出现了较大变化，而现有战略一时难以适应

16. 下列关于战略控制和预算控制的说法中，正确的有（   ）。
A. 预算控制的期间长于战略控制
B. 预算控制的重点是内部，战略控制的重点是外部
C. 预算控制采用定量方法，战略控制是定性加定量方法相结合
D. 预算控制通常在预算期之后采用纠正行为，战略控制是不断纠正行为

17. 进入"十四五"新时期，我国根据国内外政治经济形势变化相继提出了"碳达峰碳中和"和"共同富裕"的发展要求。注重环境保护、强化企业的社会责任以及不断完善内部治理，将逐渐成为主流社会对企业未来发展的价值共识，以评价这一价值目标为导向的 ESG 评级体系发展情况也已成为资本市场关注的焦点。对企业而言，卓越的 ESG 评级代表市场认同企业于社会责任方面的投入和表现，能有效帮助企业建立良好的品牌形象。许多欧美投资机构的投资筛选流程中已经将企业的 ESC 评级纳入投资决策考虑因素，因此良好的 ESC 评级能够进一步帮助企业吸引投资，甚至能够以更低的成本进行融资。蓝天公司进行了 ESG 绩效指标设计，以下可以纳入治理方面的指标有（   ）。
A. 废物污染及管理政策
B. 董事会独立性及多样性
C. 产品质量
D. 组织结构

18. 企业财务衡量指标包括盈利能力和回报率指标、股东投资指标、流动性指标以及负债和杠杆作用等，但是其比率的评价仍有限制，这些限制包括（   ）。
A. 信息获取存在困难
B. 忽略短期行为
C. 忽略战略要素
D. 结果可能被扭曲

19. 甲公司是 C 国的互联网金融企业，业务量位居全国同行业三甲之列。甲公司近期打算运用平衡计分卡提升公司业绩，并选取了雇员满意度、雇员的收入、利润增长率和新客户开发率作为业绩衡量指标。上述指标涵盖的角度有（   ）。
A. 创新与学习角度
B. 顾客角度

C. 内部流程角度
D. 财务角度
20. 国内光纤光须生产商海王公司抓住大数据时代来临的机遇，从"制造"迈向"智造"。该公司通过自动化和信息化不断融合，联动供应链上下游资源，同时优化生产方案，进行数字化、柔性化生产管理，另外还通过交易核算自动化、ERP 优化等多种方法实现全球核算实时可视。下列各项中，属于在大数据时代海王公司战略转型的主要方面的有（　　）。
A. 业务数字化管理
B. 生产数字化管理
C. 财务数字化管理
D. 营销数字化管理

21. 数字化战略转型的主要方面在于（　　）。
A. 技术变革
B. 组织变革
C. 管理变革
D. 产品与服务变革

参考答案及解析

1. 【答案】D
【考点】横向分工结构的基本类型
【解析】从事项目的勘探时，会从总部各个专业部门挑选成员组成专门小组去现场执行工作。同时，资源的研究、试验和生产过程及成果，由总部各部门负责，项目组成员需要向总部汇报。可以看出实施具体工作的员工是受双重领导的，所以是矩阵制组织结构。因此，选项 D 正确。

2. 【答案】D
【考点】纵横向分工结构
【解析】相互适应，自行调整是一种自我控制方式。组织成员直接通过非正式的、平等的沟通达到协调，相互之间不存在指挥与被指挥的关系也没有来自外部的干预。适合于最简单的组织结构。在十分复杂的组织里，由于人员构成复杂，工作事务事先不能全部规范化，因而也采用这种协调机制。阿波罗计划正是在极其复杂的组织中应用该方式。因此，选项 D 正确。

3. 【答案】D
【考点】企业战略与组织结构
【解析】分析型组织的特征为在寻求新的产品和市场机会的同时，保持传统的产品和市场。案例描述"该公司在保留原有业务的同时寻找新的市场机会"，因此，选项 D 正确。

4. 【答案】A
【考点】企业战略与组织结构
【解析】企业高度发展进入成熟期，为了避免投资或经营风险，需要开发与企业原有产品不相关的新产品系列。这时企业应根据经营规模、业务结构和市场范围，分别采用更为复杂的组织结构，如战略业务组织结构、矩阵制组织结构或 H 型组织结构。因此，选项 A 正确。

5. 【答案】C
【考点】企业文化的概念与类型
【解析】在任务导向型文化中，管理者关心的是不断地和成功地解决问题，这类企业采用的组织结构往往是矩阵式。企业强调的是速度和灵活性，专长是个人权力和职权的主要来源。"公司内采取项目制管理，有许多项目经理，怎样快速完美地完成项目是项目经理最关注的问题""软件工程师的专长很重要，每个人都能高度控制自己分内的工作"均体现了任务导向型文化。因此，选项

C 正确。

6. 【答案】C
【考点】战略稳定性与文化适应性
【解析】在遇到题干中所述的情况时，企业应重新制定战略。因此，选项 C 正确。

7. 【答案】D
【考点】战略失效与战略控制的概念
【解析】晚期失效是战略推进一段时间以后，之前对战略环境条件的预测与现实变化发展之间的差距随着时间的推移变得越来越大。本案例中"在互联网手机时代悄然到来时，总经理仍然坚持……传统手机战略，最终……陷入财务困境"体现了晚期失效。因此，选项 D 正确。

8. 【答案】A
【考点】预算
【解析】由"根据以往同类项目的收支水平，将下一年的预算增加 8%"可知，永豪公司采用的预算类型为增量预算。预算编制工作量较少，相对容易操作为增量预算的优点，选项 A 正确。增量预算的缺点之一就是与部门和员工的业绩没有联系，没有提供降低成本的动力，选项 B 错误。有利于根据实际需要合理分配资金、有利于管理层及部门经理积极进取和企业创新均为零基预算的优点，选项 CD 错误。

9. 【答案】B
【考点】平衡计分卡的企业业绩衡量
【解析】顾客角度包括：顾客满意度、准时交货率、市场份额、新客户开发率、客户收益率等，选项 B 正确；选项 A 属于财务角度，选项 C 属于内部流程角度，选项 D 属于创新与学习角度。

10. 【答案】D
【考点】公司战略与数字化技术——数字化战略
【解析】营销数字化管理：凭借多种数字化媒介，企业可以整合不同渠道为客户提供线上和线下全面的无缝式体验，打造全渠道营销的模式。题中公司"创新的'农货智能处理系统'和'山村直连小区'模式，为农产品整合出一条直达用户的快速通道"体现的是营销数字化模式。因此，选项 D 正确。

11. 【答案】BD
【考点】纵横向分工结构
【解析】"每个产品经理可以按照各自负责的领域作出相应决策，经理每周都会与基层员工开会讨论产品细节，最终确定产品方案"说明 X 公司的纵向分工结构是扁平型组织结构。这种结构可以及时反映市场变化，并做出相应反应，但容易造成管理失控，选项 BD 当选；选项 AC 是高长型组织结构的特点，不选。综上，选项 BD 正确。

12. 【答案】ABC
【考点】纵横向分工结构
【解析】为了降低成本，使其结构效率化，应尽量减少管理层次，也即采用分权型结构。选项 ABC 均属于分权型结构的特点，正确；危急情况下能够做出快速决策是集权型结构的特点，选项 D 错误。

13. 【答案】ABC
【考点】纵横向分工结构
【解析】"每个事业部都有多条产品线"表明目前公司的组织结构为 M 型组织结构，其优点有：①便于企业的持续成长（选项 A）；②由于每一个事业部都有其自身的高层战略管理者，因此首席执行官所在的总部员工的工作量会有所减轻（选项 B）；③职权被分派到总部下面的每个事业部，并在每个事业部内部进行再次分派；④能够通过诸如资本回报率等方法对事业部的绩效进行财务评估和比较（选项 C）。因此，选项 ABC 正确。

14. 【答案】ABC
【考点】纵横向分工结构
【解析】"公司的 4 个地区经理……有很大的决策权"说明美国 K 公司组织结构为全球区域分部结构。选项 ABC 均符合全球区域分部结构的特征，当选；产品经理可以根据各国成本和技术的差异来设置活动是全球产品分布结构的特点，选项 D 不选。综上，选项 ABC 正确。

15. 【答案】ABCD

【考点】战略失效与战略控制的概念
【解析】导致战略失效的原因有很多，主要有以下几点：①企业内部缺乏沟通，企业战略未能成为全体员工的共同行动目标，企业成员之间缺乏协作共事的愿望（选项B）；②战略实施过程中各种信息的传递和反馈受阻（选项A）；③战略实施所需的资源条件与现实存在的资源条件之间出现较大缺口（选项C）；④用人不当、作业人员不称职或玩忽职守；⑤公司管理者决策错误，使战略目标本身存在严重缺陷或错误；⑥企业外部环境出现了较大变化，而现有战略一时难以适应（选项D）。综上，选项ABCD均正确。

16. 【答案】CD
【考点】战略失效与战略控制的概念
【解析】战略控制和预算控制之间的差异如下。战略控制：①期间比较长，从几年到十几年以上；②定性方法和定量方法；③重点是内部和外部；④不断纠正行为。预算控制：①期间通常为一年以下；②定量方法；③重点是内部；④通常在预算期结束之后采用纠正行为。
选项A错误，预算控制的时间短于战略控制的期间；选项B错误，预算控制的重点是内部，战略控制的重点是外部和内部。
综上，选项CD正确。

17. 【答案】BD
【考点】战略控制方法
【解析】目前，ESC企业业绩衡量指标或标准主要涉及以下三个方面：
①环境方面，包括碳及温室气体排放、废物污染及管理政策（选项A）、能源使用/消费、自然资源使用和管理政策、生物多样性、合规性、员工环境意识、绿色采购政策、节能减排措施、环境成本核算、绿色技术等。
②社会方面，主要有性别及性别平衡政策、人权政策及违反情况、社团（或社区）健康安全、管理培训、劳动规范、产品责任、职业健康安全、产品质量（选项C）、供应链

责任管理、精准扶贫、公益慈善及其他等。
③治理方面，主要涉及公司治理、贪污受贿政策、反不公平竞争、风险管理税收透明、公平的劳动实践、道德行为准则、合规性、董事会独立性及多样性（选项B）、组织结构（选项D）、投资者关系等。
综上，选项BD正确。

18. 【答案】ACD
【考点】战略控制方法
【解析】用比率来评价企业业绩有以下局限性：①信息获取存在困难（选项A）；②信息的使用存在局限性；③比率在各个行业的理想标准不同；④比率有时不能准确反映真实情况；⑤比率有时体现的是被扭曲的结果（选项D）；⑥可能鼓励短期行为（选项B）；⑦忽略其他战略要素（选项C）；⑧激励、控制的人员范围有限。综上，选项ACD正确。

19. 【答案】ABCD
【考点】战略控制方法
【解析】雇员满意度属于创新与学习角度（选项A）；雇员的收入属于内部流程角度（选项C）；利润增长率属于财务角度（选项D）；新客户开发率属于顾客角度（选项B）。综上，选项ABCD均正确。

20. 【答案】ABC
【考点】公司战略与数字化技术——数字化战略
【解析】"联动供应链上下游资源"属于业务数字化管理（选项A）；"优化生产方案，进行数字化、柔性化生产管理"属于生产数字化管理（选项B）；"交易核算自动化、ERP优化等多种方法实现全球核算实时可视"属于财务数字化管理（选项C）。综上，选项ABC正确。

21. 【答案】ABC
【考点】公司战略与数字化技术——数字化战略
【解析】数字化战略的主要方面在于技术变革、组织变革、管理变革，选项ABC正确。选项D为干扰项，不选。

第五章 公司治理

真题巩固

一、单选题

1. 【2022】乌粱矿业公司主营稀土矿的开采业务。据有关监管机构查明，该公司存在"内部人控制"问题。下列乌粱矿业公司被查明的问题中，属于经理人违背对股东的勤勉义务的是（　　）。
   A. 管理者在职消费水平过高
   B. 工资、奖金等收入增长过快，侵占利润
   C. 管理者敷衍偷懒不作为，致使员工矿井操作存在诸多安全隐患
   D. 盲目过度投资扩大稀土矿开采规模，经营行为短期化

2. 【2019】甲公司在2017年完成发行上市后的首次定增，以每股1元的价格向两名控股股东发行5 000万股，当时该公司股价为每股5元，甲公司披露的2017年报显示，当年有净利润1.2亿元，市盈率为2.8倍。从终极股东对于中小股东的"隧道挖掘"问题角度看，甲公司的上述做法属于掠夺性财务活动中的（　　）。
   A. 掠夺性融资
   B. 内幕交易
   C. 直接占用资源
   D. 超额股利

3. 【2019】佳宝公司是一家上市公司，最近连续两年亏损，经营陷入困境。经审计发现，佳宝公司的重大决策权一直被控股股东控制，控股股东把佳宝公司当作"提款机"，占用佳宝公司的资金累计高达10亿元，佳宝公司存在的公司治理问题属于（　　）。
   A. 代理型公司治理问题
   B. "内部人控制"问题
   C. 企业与其他利益相关者之间的关系问题
   D. 剥夺型公司治理问题

二、多选题

4. 【2021】亚奥公司是一家生产各类工程机械的上市公司，其终极股东为尚荣公司。2015~2016年间，亚奥公司存在的"内部人控制"问题多次被媒体曝光。下列各项中，属于该公司"内部人控制"问题表现的有（　　）。
   A. 未经正常审批程序投资房地产业，造成巨额亏损
   B. 为尚荣公司对外借款违规担保人民币2亿元
   C. 部分关联交易未向投资者和社会公众披露
   D. 将其生产的挖掘机、起重机以低于市场价格的价格出售给尚荣公司

5. 【2017】当前，在国内上市公司中，终极股东对中小股东的"隧道挖掘"问题有多种表现形式，其中包括（　　）。
   A. 过高的在职消费
   B. 产品购销的关联交易
   C. 以对大股东有利的形式转移定价
   D. 扩股发行稀释其他股东利益

三、主观题

6. 【2023】中庆公司是一家从事各类乳制品研发、生产与销售的民营企业，创立于1992年。该公司于2008年在深交所挂牌上市，其创始人张海占有78%的股份，任公司董事长。

   2009年至2010年，中庆公司投资并控股了从事优质奶牛培育、养殖的牧野公司和主营速冻食品物流的方成公司，使这两家公司成为中庆公司的子公司。2015年，牧野公司和方成公司双双获批上市，控股股东中庆公司改组更名为中庆集团，集团董事长张海兼任牧野公司和方成公司的董事长。此后，

张海作为中庆集团及其子公司的实际控制人，掌握了这些公司重大投资和经营活动的决策权。

2015年底，在没有提请牧野公司和方成公司董事会充分讨论以及股东大会审批的情况下，张海代表中庆集团和两家子公司董事会宣布：从2016年起，中庆集团乳制品生产的生奶原料由牧野公司提供，价格低于市价10%；制成品的物流则由方成公司承担，运费也比行业平均水平低5%~10%。

2016年3月，方成公司董事会开会讨论审议张海的一项提议：以增资扩股的方式筹集资金近1.1亿元，用于收购张海于1990年成立的一家物流企业。此前，张海曾多次以9 000万元报价公开出售该企业，一直未寻到买主。方成公司风险管理委员会和专门负责风险管理的部门对该项收购可能存在的风险也未做出调查和评估。会上，部分董事对该项收购提出异议，但在张海"一言堂"式的主持下，最终通过了同意收购的决议。在方成公司2016年的年报中，该项收购未予列示。

2016年6月，中庆集团为满足开拓乳制品进出口业务的资金需求，向牧野公司和方成公司定向发行债券融资1.5亿元，资金募集并投入使用两年多后，中庆集团进出口业绩不及预期，部分债务多次展期，致使牧野公司和方成公司由于借款未及时收回和资金短缺，未能完成年度经营计划。

2017年12月，经张海提议并批准，牧野公司向中庆集团出借资金1 200万元。该笔借款中庆集团一直未予归还。

2018年11月，牧野公司在经营业绩不尽如人意的情况下，推出"10转9派0.65元"的高送转方案，而在此之前，中庆集团于2018年9月增持了牧野公司1.82%的股份。

牧野公司和方成公司的财报显示：这两家公司自上市以来，总体经营状况呈现下降趋势，并分别于2019年、2020年出现严重亏损。这期间，这两家公司的内部审计部门和审计委员会没有对相关风险做出提示，董事会未对经营状况的恶化采取应对措施，部分信息也没有在年度报告和中期报告中如实披露。

2021年2月，中庆集团违法违规经营问题被媒体曝光，证监会依据《证券法》等相关法律法规的规定，对中庆集团进行立案调查。同年4月，立华会计师事务所审计结果表明：牧野公司和方成公司的财务和经营状况严重恶化，均已处在破产边缘。

要求：
(1) 简要分析终极股东对中小股东的"隧道挖掘"问题在本案例中的主要表现。
(2) 简要分析公司外部监督机制在本案例中的主要表现。（根据最新教材改写）

7. 【2022】2013年毕业于国内医学院的高晗与李宏分别出资60%、40%共同创立了研发和生产医疗试剂的安迪公司。2016年安迪公司在香港证券交易所挂牌上市。经多次增发股票，第一大股东高晗和第二大股东李宏分别持股25%和15%；高晗任董事长，李宏任总经理。公司上市后，李宏未能严格遵守资本市场的规则和港交所的规定，经常违反财务制度，随意使用公司资金，购买供个人使用的高档家具和消费类电子产品；甚至与供应商签订虚假采购合同套取现金，与经销商签订虚假销售合同，虚增收入和利润，并且未如实发布真实财务报表。港交所对李宏的行为提出公开谴责，同时港监会对李宏和安迪公司实施了处罚。2017年1月，李宏获得高晗1.2亿元股权转让费后退出安迪公司，留下的总经理职位由高晗兼任。

2017年3月，经高晗提议并经股东大会批准决定，安迪引入战略投资者富通公司，使后者成为仅次于高晗的第二大股东。富通公司的创始人和实际控制人张凯是高晗多年的朋友，高晗向其他股东隐瞒了与张凯的私人关系，并与张凯成为一致行动人。同年5月，高晗辞去公司总经理职务，由张凯接任。随后几年里，高晗暗中指使张凯在招标采购环节越过相关规章制度，与自己控制的多家公司签订长期供应协议；绕开董事会和股东大会，为高晗控股的其他公司借款提供大额担保；未经董事会审批，擅自决定延长一家关联公司的安迪商标使用期限；违反人力资源招聘流程，直接安插家族成员担任安迪公司的监事、部门高管等职位，由安迪公司支付高额薪酬、奖金、在职消费费用等，引发员工强烈不满。

高晗和张凯的行为触犯了相关法律法规底线，损害了公司、员工和供应商的利益。这些行为被媒体曝光后，主要供应商和员工采取一致行动，要求罢免张凯和高晗。2020年6月，安迪的员工举行罢工，主要供应商停止供货。面对生产经营停滞的困局，2020年9月，安迪董事会成立了运营委员会以维持公司的日常管理，同时宣布第三大股东王东担任该委员会负责人。同年11月，港交所对高晗和张凯的行为提出公开谴责。一个月后，安迪公司召开股东大会，经多数股东联名提议和出席大会的股东投票作出决议：罢免高晗和张凯的职务。不久，高晗和张凯因涉嫌挪用资金罪遭到检方起诉。

要求：

（1）简析三大公司治理问题在本案例中的主要表现。

（2）简析2017年及以后公司内部治理结构在本案例中的主要表现。

（3）简析公司外部监督机制在本案例中的主要表现。（根据最新教材改写）

8. 【2021】煌水乳业公司成立于2002年，2013年正式挂牌上市。2016年12月16日，一家国际著名调查机构发布做空煌水乳业的报告，指出煌水乳业在苜蓿草和产奶量等方面数据造假。随后数月，国内一家银行发现，煌水乳业大量单据造假，将账上30亿元资金转出投资房地产，无法收回。此外，业内人士也发现了煌水乳业多处编制财务报告的内控缺陷。

（1）煌水乳业在2016年3月报表中显示公司流动资金充足，并对企业的持续经营能力表示肯定。然而分析2016年度的财务报表后显示，煌水乳业2016年的经营活动在收入、成本、借款等方面存在不实问题，企业未来的持续经营能力存在重大不确定性，财务报表存在重大错报风险。

（2）煌水乳业在2014年4~6月向迪科种业公司累计购买约685万元的种子，这笔交易并未在中期报告中及时披露，而在后期发现执行董事于坤间接持有迪科种业公司的控股权，该购买行为被证明为关联交易。2014年12月23日，煌水乳业将其当年4月建立的子公司富浩股份转让予新成立的兴旺畜牧公司，后者由刘冰个人100%控股。然而此次交易不具有正当的商业理由，且煌水乳业2015年财务报告并未披露此次处置子公司的作价，业内人士质疑煌水乳业建立富浩公司的目的很可能就是利用关联方转移资产。

煌水乳业频繁出现财务报告虚假与不实问题，与其内部治理结构的缺陷不无关联。煌水乳业自上市以来，董事会主席兼CEO张凯始终维持公司最大股东身份，对公司具有绝对的控制和管理权力，掌控公司所有的重大事项决策权，并直接负责公司所有业务的运营和管理。煌水乳业未设置监事会，监事会的职能主要由审计委员会以及独立董事履行。煌水乳业的独立董事王光和李良都曾是BM会计师事务所的合伙人，而煌水乳业一直以来聘用BM事务所进行外部审计，会计师事务所的合伙人任职客户公司重要岗位，削弱了注册会计师的独立性，煌水乳业的独立董事及其聘用的会计师事务所都没有严格履行其对公司财务报告审核监督的责任。煌水乳业的审计委员会由3名独立非执行董事组成。年报公布的审计委员会两次会议显示，审计费用以及年度和半年度的财务报告审计均被顺利通过，并未发现财务报表和审计过程中存在的诸多问题，审计委员会并没有尽到应尽的职责。

要求：

简要分析煌水乳业公司内部治理结构存在的主要缺陷。

9. 【2018】四水集团是一家专门从事基础设施

研发与建造、房地产开发及进出口业务的公司，1990年11月21日在证券交易所正式挂牌上市。2014年8月8日，四水集团收到证监局《行政监管措施决定书》，四水集团一系列违规问题被披露出来。

（1）未按规定披露重大关联交易。四水集团监事张三同时担任F公司的董事长、法定代表人；张三的配偶小芳担任H贸易公司的董事、总经理、法定代表人。2012年度，四水集团与F公司关联交易总金额6 712万元，与H贸易公司的关联交易总金额87 306万元；2013年度，四水集团与H贸易公司的关联交易总金额为215 395万元。这些关联交易均超过3 000万元且超过四水集团最近一期经审计净资产的5%。根据证监会的规定，这些交易属于应当在年报中披露的重大关联交易，但是，四水集团均未在这两年的年度报告中披露上述重大关联交易。

（2）违规在关联公司间进行频繁的资金拆借，非法占用上市公司资金。四水集团无视证监会关于禁止上市公司之间资金相互拆借的有关规定，2012年4月至2014年8月，向关联公司H贸易公司、F公司拆借和垫付资金6笔，共27 250万元。

（3）通过派发高额工资等方式变相占用上市公司非经营性资金。四水集团近年来效益很不佳，连续多年没有分红，公司股价也一直处于低迷状态。然而，2011～2013年，包括董事长在内的公司高管人数分别为17名、19名和16名，合计从公司领走1 317万元、1 436万元和1 447万元薪酬，均超过同期四水集团归属于母公司股东的净利润水平。

（4）连续多年向公司董事、监事和高级管理人员提供购房借款。截至2013年12月31日，四水集团向公司董事、监事和高级管理人员提供购房借款金额达到610万元。上述行为违反了《公司法》关于"公司不得直接或通过子公司向董事、监事、高级管理人员提供借款"的相关规定。

（5）利用上市公司信用为关联公司进行大量违规担保。四水集团2011~2014年为公司高管所属的公司提供担保的金额分别为0.91亿元、5.2亿元、5.6亿元、7.7亿元。公司管理层将四水集团当作融资工具，为自己所属公司解决资金需求，一旦这些巨额贷款到期无法偿还，四水集团就必须承担起还款的责任。四水集团管理层频繁的违规行为，导致四水集团的发展陷入举步维艰的地步。公司2011~2014年的经营状况不佳，扣除非经常性损益后的净利润出现连续大额亏损的状况，公司连续多年资产负债率高达70%以上，且流动资产和流动负债相差无几。财务风险很大，四水集团的每股收益连续多年走低，远低于上市公司平均水平，反映四水集团股东的获利水平很低。

要求：
依据"三大公司治理问题"简要分析四水集团存在的公司治理问题的类型与主要表现。

参考答案及解析

1. 【答案】C
   【考点】经理人对于股东的"内部人控制"问题
   【解析】经理人违背忠诚义务的表现一般有：过高的在职消费（选项A），盲目过度投资，经营行为的短期化（选项D），侵占资产，资产转移，工资、奖金等收入增长过快，侵占利润（选项 B），会计信息作假、财务作假，建设个人帝国；

经理人违背勤勉义务的表现一般有：信息披露不完整、不及时，敷衍偷懒不作为（选项 C），财务杠杆过度保守，经营过于稳健、缺乏创新。本题考查经理人违背对股东的勤勉义务的表现，因此，选项 C 正确。

2. 【答案】A

【考点】终极股东对于中小股东的"隧道挖掘"问题

【解析】"完成……首次定增，以每股 1 元的价格向两名控股股东发行 5 000 万股……市价为每股 5 元"表明该公司：①以低价的方式发行股票，会稀释原来股东的利益；②定向增发，会导致控股股东的所有权扩大。这属于"隧道挖掘"问题中的掠夺性融资行为（包括通过财务作假骗取融资资格、虚假包装、过度融资和向终极股东定向增发股票）。因此，选项 A 正确。选项 B，内幕交易是利用敏感期内产生的内幕信息谋取不法利益的行为；选项 C，直接占用资源是指股东直接占用公司资源，如直接借款、利用控制的企业借款、代垫费用、代偿债务、代发工资、利用公司为终极股东违规担保、虚假出资、代销商品、占用商标、品牌、专利等无形资产、抢占公司的商业机会等；选项 D，超额股利是终极股东操纵股利政策给自己多发股利的行为，最新教材已删除相应表述。案例中均无与选项 ACD 相关的表述，不选。

3. 【答案】D

【考点】终极股东对于中小股东的"隧道挖掘"问题

【解析】控股股东把佳宝公司当作提款机，占用佳宝公司的资金累计高达 10 亿元，表明公司治理问题的产生原因是控股股东占用资金，获利者是控股股东，中小股东的利益受到了侵害，属于终极股东对中小股东的"隧道挖掘"问题，它的别称是剥夺型公司治理问题。因此，选项 D 正确。选项 AB，经理人对股东的"内部人控制"问题的别称

是代理型公司治理问题，是指经理人利用信息不对称伤害股东的利益，本题为单选，选项 AB 一并排除；选项 C，企业和其他利益相关者之间的问题涉及企业的利益相关者，如政府、社会公众、债权人等，案例中并无相关表述，不选。

4. 【答案】AC

【考点】经理人对于股东的"内部人控制"问题

【解析】"内部人控制"问题是股东与经理之间的委托代理问题。选项 A，未经正常审批程序属于盲目过度投资，违背忠诚义务，正确。选项 C，部分关联交易未披露属于信息披露不完整，违背勤勉义务，正确。选项 BD 均与尚荣公司有关，而尚荣公司作为终极股东，其与亚奥公司之间的问题属于"隧道挖掘"问题，不选。综上，选项 AC 正确。

5. 【答案】BCD

【考点】三大公司治理问题——终极股东对于中小股东的"隧道挖掘"问题

【解析】本题为典型的通过知识点直接还原的方式，考查"内部人控制"问题与"隧道挖掘"问题的辨析，是近年偏向的命题套路，同学们需要熟练掌握公司治理三大问题之间的区别。

选项 A，关键词为"在职消费"，是经理层的在职消费，侵害的是所有股东的利益，属于"内部人控制"问题，不选；选项 B，关键词为"关联交易"，意味着大股东可以操纵公司与关联公司进行交易，达到转移利润的目的，属于"隧道挖掘"问题，正确；选项 C，关键词为"大股东"，属于"隧道挖掘"问题，正确；选项 D，关键词为"稀释其他股东权益"，是大股东侵害中小股东利益，属于"隧道挖掘"问题，正确。综上，选项 BCD 正确。

6. 【答案】（1）终极股东对中小股东的"隧道挖掘"问题在本案例中的主要表现是占用公司资源。

①直接占用资源，即终极股东直接从公司将利益输送给自己。"经张海提议并批准，牧

野公司向中庆集团出借资金1 200万元。该笔借款中庆集团一直未予归还""中庆集团为满足开拓乳制品进出口业务的资金需求，向牧野公司和方成公司定向发行债券融资1.5亿元，资金募集并投入使用两年多后，中庆集团进出口业绩不及预期，部分债务多次展期"。

②关联性交易。"中庆集团乳制品生产的生奶原料由牧野公司提供，价格低于市价10%；制成品的物流则由方成公司承担，运费也比行业平均水平低5%~10%"。

③掠夺性财务活动。"方成公司……以增资扩股的方式筹集资金近1.1亿元，用于收购张海于1990年成立的一家物流企业。此前，张海曾多次以9 000万元报价公开出售该企业，一直未寻到买主""牧野公司在经营业绩不尽如人意的情况下，推出'10转9派0.65元'的高送转方案，而在此之前，中庆集团于2018年9月增持了牧野公司1.82%的股份"。

（2）（根据最新教材改写）公司外部监督机制主要包括行政监督、司法监督、中介机构执业监督、舆论监督。

公司治理的基础设施在本案例中的主要表现有：

①中介机构执业监督发挥了应有的作用。"立华会计师事务所审计结果表明：牧野公司和方成公司的财务和经营状况严重恶化，均已处在破产边缘"。

②司法监督发挥了应有的作用。"证监会依据《证券法》等相关法律法规的规定，对中庆集团进行立案调查"。

③行政监督发挥了应有的作用。"证监会依据《证券法》等相关法律法规的规定，对中庆集团进行立案调查"。

④舆论监督发挥了应有的作用。"中庆集团违法违规经营问题被媒体曝光"。

【考点】终极股东对于中小股东的"隧道挖掘"问题；公司外部治理机制——外部监督机制

7. 【答案】（1）①经理人对于股东的"内部控制"问题。该问题在本案例中表现为经理人违背对股东的忠诚义务。违背忠诚义务的主要表现有：

a. 过高的在职消费。"购买供李宏个人使用的高档家具和消费类电子产品"。

b. 侵占资产。"经常违反财务制度，随意使用公司资金……甚至与供应商签订虚假采购合同套取现金"。

c. 会计信息作假、财务作假。"与经销商签订虚假销售合同，虚增收入和利润，并且未如实发布真实财务报表"。

②终极股东对于中小股东的"隧道挖掘"问题。该问题在案例中表现为终极股东占用公司资源，分为：

a. 直接占用资源。"绕开董事会和股东大会，为高晗控股的其他公司借款提供大额担保"。

b. 关联性交易。"高晗暗中指使张凯在招标采购环节越过相关规章制度，与自己控制的多家公司签订长期供应协议""未经董事会审批，擅自决定延长一家关联公司的安迪商标使用期限"。

c. 费用分摊活动。"违反人力资源招聘流程，直接安插家族成员担任安迪公司的监事、部门高管等职位，由安迪公司支付高额薪酬、奖金、在职消费费用等"。

③企业与其他利益相关者之间的关系问题。在本案例中，企业与其他利益相关者之间的关系主要有：

a. 企业与供应商的关系。"李宏……与供应商签订虚假采购合同套取现金""高晗暗中指使张凯在招标采购环节越过相关规章制度，与自己控制的多家公司签订长期供应协议；……损害了……供应商的利益"。

b. 企业与经销商的关系。"李宏……与经销商签订虚假销售合同，虚增收入和利润"。

c. 企业与员工的关系。"高晗暗中指使张凯……违反人力资源招聘流程，直接安插家族成员担任安迪公司的监事、部门高管等职位，由安迪公司支付高额薪酬、奖金、在职消费费用等，引发员工强烈不满。……损害了……员工……的利益"。

(2) ①董事会（董事长）与总经理之间的制衡作用。"留下的总经理职位由高晗兼任""高晗辞去公司总经理职务，由张凯接任。随后几年里，高晗暗中指使张凯在招标采购环节越过相关规章制度……绕开董事会和股东大会……未经董事会审批……"。董事会（董事长）与总经理之间没有发挥制衡作用。②股东会与董事会（董事长）、总经理之间的制衡作用。"随后几年里，高晗暗中指使张凯……绕开董事会和股东大会……""安迪公司召开股东大会，经多数股东联名提议和出席大会的股东投票做出决议：罢免高晗和张凯的职务"。最初股东会与董事会（董事长）、总经理之间没有发挥制衡作用，事件曝光后股东会与董事会（董事长）、总经理之间发挥了制衡作用。

(3) 公司外部监督机制主要包括行政监督、司法监督、中介机构执业监督、舆论监督。（根据最新教材改写）

①司法监督。"李宏未能严格遵守资本市场的规则和港交所的规定，经常违反财务制度""高晗和张凯的行为触犯了相关法律法规底线""高晗和张凯因涉嫌挪用资金罪遭到检方起诉"。公司未能遵守相关法律法规，受到法律制裁。

②行政监督。"港交所对李宏的行为提出公开谴责，同时港监会对李宏和安迪公司实施了处罚""港交所对高晗和张凯的行为提出公开谴责"。政府监管发挥了作用。

③舆论监督。"这些行为被媒体曝光后，主要供应商和员工采取一致行动"。媒体的舆论监督发挥了作用。

【考点】经理人对于股东的"内部人控制"问题；公司内部治理结构；公司外部治理机制——外部监督机制

8. 【答案】(1) 公司内部治理结构是指主要涵盖股东会、董事会（监事会）、高级管理团队以及公司员工之间责权利相互制衡的制度体系。

①股东会（股东）。煌水乳业存在的主要缺陷："董事会主席兼CEO的张凯始终维持公司最大股东身份，对公司具有绝对的控制和管理权力，掌控公司所有的重大事项决策权，并直接负责公司所有业务的运营和管理"。

②董事会。煌水乳业存在的主要缺陷："董事会主席兼CEO的张凯始终维持公司最大股东身份，对公司具有绝对的控制和管理权力（三者集中于一人，缺乏制衡）"；"煌水乳业的独立董事中王光和李良都曾是BM会计师事务所的合伙人，而煌水乳业一直以来聘用BM事务所进行外部审计，会计师事务所的合伙人任职客户公司重要岗位，削弱了注册会计师的独立性"；"煌水乳业的审计委员会由3名独立非执行董事组成。年报公布的审计委员两次会议显示，审计费用以及年度和半年度的财务报告审计均被顺利通过，并未发现财务报表和审计过程中存在的诸多问题，审计委员会并没有尽到应尽的职责（审计委员会是董事会下设的专门委员会）"。

③监事会。煌水乳业存在的主要缺陷："煌水乳业公司未设置监事会，监事会的职能主要由审计委员会以及独立董事履行"。

④经理层。煌水乳业存在的主要缺陷："董事会主席兼CEO的张凯始终维持公司最大股东身份，对公司具有绝对的控制和管理权力（三者集中于一人，缺乏制衡）"。

【考点】公司内部治理结构

9. 【答案】(1) 四水集团存在的公司治理问题的类型是经理人对于股东的"内部人控制"问题。主要表现有：

①信息披露不规范、不及时。"未按规定披露重大关联交易，……根据证监会的规定，这些交易属于应当在年报中披露的重大关联交易。但是，四水集团均未在这两年的年度报告中披露上述重大关联交易"。

②工资、奖金等收入增长过快，侵占利润。"通过派发高额工资等方式变相占用上市公司非经营性资金。四水集团近年来效益很不佳，连续多年没有分红，公司股价也一直处于低迷状态。然而2011~2013年，包括董事长在内的公司高管人数分别为17名、19名和16名，合计从公司领走1 317万元、1 436

万元和 1 447 万元薪酬，均超过同期四水集团归属于母公司股东的净利润水平"。

③资产转移。"违规在关联公司间进行频繁的资金拆借，非法占用上市公司资金"；"连续多年向公司董事、监事和高级管理人员提供购房借款"。

④大量负债，甚至亏损。"利用上市公司信用为关联公司进行大量违规担保（这是一种变相的负债）"；"公司 2011~2014 年的经营状况不佳，扣除非经常性损益后的净利润出现连续多年大额亏损的状况，公司连续多年资产负债率高达 70%以上，且流动资产和流动负债相差无几，财务风险很大"。

【考点】经理人对于股东的"内部人控制"问题

模拟自测

一、单选题

1. TF 公司股权结构极其分散，由于所有者缺位带来的外部监督缺乏，经营陷入困境、续存存在严重问题，甚至工资都无法支付。然而，公司却通过领导集体做出决定的方式，为领导层购入豪华的工作用车，装修豪华的办公室，极尽奢华地增加招待费用，以考察设备、技术为名大行公费旅游之实，最后形成"穷庙富方丈"的经营悖论。TF 公司"内部人控制"的主要表现形式是（　　）。

A. 过高的在职消费
B. 国有资产流失
C. 会计信息失真
D. 大量拖欠债务，甚至严重亏损

2. 2015~2018 年期间，上市公司得新控股股东得新投资集团与 B 银行签订《现金管理合作协议》，其账户余额按照零余额管理，即所有子账户的资金全额归集到得新投资集团账户。这意味着，一旦上市公司账上有钱，钱就会被自动划去控股股东的集团母账户。到 2019 年年初，账上"躺着"巨额现金的得新控股，出现了到期债务不能兑付的情况，公司债务危机正式暴雷。以上反映出的公司治理问题是（　　）。

A. 内部人控制问题
B. 隧道挖掘问题
C. 企业与其他利益相关者之间的关系问题
D. 泛利益相关者治理问题

3. 高先生是明化公司的总经理，他在职时给自己装修豪华办公室、每年组织豪华访问团出国 10 余次、报销大量私人费用等，三年将明化公司掏空，导致其经营业绩下滑、巨额亏损，被前任总经理在社交媒体上实名举报，引起巨大反响。高先生提出辞职后没有公司愿意继续聘请他做高管，这体现了（　　）对公司管理层的监控和约束。

A. 产品市场
B. 资本市场
C. 经理人市场
D. 人力资源市场

二、多选题

4. G 公司是一家上市公司，2020 年年初被媒体报道存在多种违规经营行为，后经证监局调查发现 G 公司存在严重的"内部人"控制问题。下列各项中，属于经理人违背忠诚义务的有（　　）。

A. 公司与其关联经销商之间发生两笔大额交易，但在相关期间年报未披露
B. 公司管理层消费水平过高
C. 公司最近一期年报存在虚构销售交易，虚增利润的情况
D. 公司管理层频繁缺席公司会议

5. 新银公司是一家在深圳证券交易所上市的公

司，其控股股东为 A 公司。2020 年末，新银公司存在的多项公司治理问题被财经媒体曝光，引起热议。下列各项中，属于该公司"隧道挖掘"问题表现的有（   ）。

A. 公司未披露多项重大关联方交易
B. 为 A 公司对外借款违规担保 20 亿元
C. 通过派发高额工资占用公司非经营性资金
D. 高价收购 A 公司 100% 持有的甲公司股权

6. 万通公司是一家上市公司，2019 年末被国内一家知名财经媒体报道其存在多项违规行为，引起社会热议。2020 年初，证监局立即展开调查，最终证实万通公司 2018 年财报存在虚构大额销售交易的情况，而该年年报经过 xyz 会计师事务所审计后，出具的是无保留审计意见。同年 3 月，证监局按照证券法相关规定，对其进行行政处罚。上述案例中，影响万通公司治理效率的公司外部监督机制有（   ）。

A. 行政监督
B. 信息披露制度
C. 中介机构执业监督
D. 舆论监督

7. K.H 公司是一家美国上市的企业，该公司股权几乎全流通，不存在掌握绝对控制权的大股东。K.H 公司治理模式的弊端可能包括（   ）。

A. 股东会被架空，公司的实际权力几乎完全被经理层所掌握
B. 经理层尽力发挥自己的经营能力和创造力
C. 股东采取短期主义行为
D. 缺乏科学、规范的换届制度和流程

8. 有效公司治理的一个重要基础是向利益相关方提供高质量的公司信息。为确保信息披露质量，相关法律要求中介机构对公司编报的信息进行审计和核查验证后方可披露。以下属于中介机构执业监督领域的是（   ）。

A. 国家市场监管总局进行反垄断审查
B. 律师事务所进行合规审查
C. 资信评级机构进行评级评价
D. 投资银行进行核查分析出具意见

三、主观题

9. 2020 年的惊天大亏损来了！C 国春风省上市公司甜溪氮肥发布公告称 2019 年公司全年亏损 450 亿。这个巅峰时期市值超过 1 900 亿的核心资产是怎样走到今天的呢，以下是与甜溪氮肥有关的一些报告：

（1）甜溪氮肥的大股东甜溪集团在有了这一个上市公司之后，还注册了 n 个全资关联公司，包括甜溪贸易、甜溪发展等，这些关联公司和甜溪氮肥卖的商品是一样的，如 2007 年甜溪氮肥的关联销售额超过 11 亿元，将近其总销售额的 33%。而这么多公司的商品区别就在于成本，关联公司的成本为零，通过关联交易的成本均算到上市公司。这些交易属于应当披露的重大关联交易，而甜溪氮肥均未及时披露，直到 2009 年收到相关管理部门调查的《行政监管决定书》时才披露出来。

（2）2015 年年底完成一项甜溪氮肥与甜溪发展的换股合并，3 股甜溪发展换 1 股甜溪氮肥的比例也令甜溪氮肥的中小投资者非常不满。不少投资者都认为按照正常的市场估值，合理的比例应当在 9:1，底限也应是 7:1。

（3）甜溪氮肥连续多年向公司董事、监事和高级管理人员提供购房借款。例如，总经理张某通过公司借款炒房，在春风省拥有 7 套公寓及 2 套别墅。

（4）2017 年 11 月，甜溪集团向兴龙公司借款 2 亿元，要求甜溪氮肥为该笔借款提供连带保证，1 年以后并没有偿还到期借款。兴龙公司向法院提起诉讼，法院判决甜溪氮肥作为担保方需共同偿还本息。

（5）2019 年年底，春风省广电集团栏目《正风》曝光本省上市公司甜溪氮肥在年终高管述职酒宴中 21 人喝掉 36 万元 1.3 升装茅台酒，引发社会关注。

要求：
（1）依据"三大公司治理问题"简要分析甜溪氮肥存在的公司治理问题的类型与主要表现。
（2）简要分析公司外部监督机制是怎样影响甜溪氮肥公司治理效率的。

参考答案及解析

1. 【答案】A
   【考点】经理人对于股东的"内部人控制"问题
   【解析】TF公司"为领导层购入豪华的工作用车,装修豪华的办公室,极尽奢华地增加招待费用,以考察设备、技术为名大行公费旅游之实"体现了过高的在职消费。因此,选项A正确。

2. 【答案】B
   【考点】终极股东对于中小股东的"隧道挖掘"问题
   【解析】"这意味着,一旦上市公司账上有钱,钱就会被自动划去控股股东的集团母账户……"体现为终极股东与中小股东之间的利益冲突。因此,选项B正确。

3. 【答案】C
   【考点】公司内部治理结构和外部治理机制
   【解析】经理人市场之所以对经理人员的行为有约束作用,是因为在竞争的市场上声誉是决定个人价值的重要因素。经理人员如果不努力,其业绩表现就会不佳,其声誉就会下降。经理人员也必须关心自己的声誉,因为只有拥有良好的声誉才有利于求职,利于在工作中获得更高的报酬。因此,选项C正确。

4. 【答案】BC
   【考点】三大公司治理问题
   【解析】一般认为违背忠诚义务导致的"内部人"控制问题的主要表现有:过高的在职消费(选项B);盲目过度投资,经营行为短期化;侵占资产,转移资产;工资、奖金等收入增长过快,侵占利润;会计信息作假、财务作假(选项C);建设个人帝国。选项AD属于违背勤勉义务的主要表现,不选。综上,选项BC正确。

5. 【答案】BD
   【考点】三大公司治理问题
   【解析】选项B是利用公司为终极股东违规担保,选项D是掠夺性资本运作,均属于终极股东对于中小股东的"隧道挖掘"问题,当选;选项AC属于经理人对于股东的"内部人控制"问题,不选。综上,选项BD正确。

6. 【答案】ABCD
   【考点】公司外部治理机制——外部监督机制
   【解析】公司外部监督机制主要包括行政监督、司法监督、中介机构执业监督、舆论监督。"被国内一家知名财经媒体报道其存在多项违规行为,引起社会热议"体现舆论监督(选项D正确);"证监局立即展开调查"体现了行政监督(选项A正确);"2018年财报存在虚构大额销售交易的情况,而该年年报经过xyz会计师事务所审计后,出具的是无保留审计意见"体现了中介机构(选项C正确)。选项B信息披露制度不属于公司外部监督机制,综上,选项ACD正确。

7. 【答案】AC
   【考点】公司内部治理结构——公司内部治理结构的模式
   【解析】K.H公司不存在掌握绝对控制权的大股东属于外部控制主导型治理模式("市场导向型治理模式""英美公司治理模式"),缺点包括:①股权的分散化和市场监督所具有的高成本,造成股东会"空壳化"现象,即股东的许多权力只处于名义层面,公司的实际权力几乎完全被经理层所掌握(选项A正确);②股权的高度分散使得股东无法关注公司的长远发展,而是通过股票价格和盈利率等指标来衡量公司价值,并据此采取一些短期主义行为(选项C正确)。选项B属于外部控制主导型治理模式的优点,选项D属于家族控制主导型治理模式的缺点。综上,选项AC正确。

8. 【答案】BCD
   【考点】公司外部治理机制——外部监督机制
   【解析】有效公司治理的一个重要基础是向

利益相关方提供高质量的公司信息。为提高公司信息披露的相关性和可靠性，政府制定了相关法律法规和准则制度，规范公司的信息编制与披露行为。为确保信息披露质量，相关法律要求会计师事务所、律师事务所等中介机构对公司编报的信息进行审计和核查验证后方可披露。从律师事务所（选项 B 正确）、投资银行（选项 D 正确）、资信评级（选项 C 正确）等中介机构来看，他们分别从合规、核查验证、评级、分析等方面对公司信息出具意见或进行评级评价，促进公司不断提升治理水平。选项 A 国家市场监管总局负责反垄断统一执法，依法对经营者集中行为进行反垄断审查，负责垄断协议、滥用市场支配地位和滥用行政权力排除、限制竞争等反垄断执法工作，属于行政监督。综上，选项 BCD 正确。

9. 【答案】（1）甜溪氮肥主要体现了经理人对于股东的"内部人控制"问题与终极股东对于中小股东的"隧道挖掘"问题。

经理人对于股东的"内部人控制"问题：
①经理人违背勤勉义务：信息披露不规范、不及时。"这些交易属于应当披露的重大关联交易，但是甜溪氮肥均未及时披露，直到 2009 年收到相关管理部门调查的《行政监管决定书》才披露出来"。
②经理人违背忠诚义务：过高的在职消费。"2019 年年底，春风省广电集团栏目《正风》曝光本省上市公司甜溪氮肥在年终高管述职酒宴中 21 人喝掉 36 万元 1.3 升装茅台酒，引发社会关注"。侵占资产，资产转移。"甜溪氮肥连续多年向公司董事、监事和高级管理人员提供购房借款。例如其中总经理张某通过公司借款炒房，在春风省拥有 7 套公寓及 2 套别墅"。

终极股东对于中小股东的"隧道挖掘"问题主要体现在占用公司资源：
a. 直接占用资源。"2017 年 11 月，甜溪集团向兴龙公司借款 2 亿元，要求甜溪氮肥为该笔借款提供连带保证，1 年以后并没有偿还到期借款。兴龙公司向法院提起诉讼，法院判决甜溪氮肥作为担保方需共同偿还本息"。
b. 通过关联交易进行利益输送。"这些关联公司和甜溪氮肥卖的商品是一样的，如 2007 年甜溪氮肥的关联销售额超过 11 亿元，将近其总销售额的 33%。而这么多公司的商品区别就在于成本，关联公司的成本为零，通过关联交易的成本均算到上市公司"。
c. 掠夺性财务活动。"3 股甜溪发展换 1 股甜溪氮肥的比例，也令甜溪氮肥的中小投资者非常不满。不少投资者都认为按照正常的市场估值，合理的比例应当在 9∶1，底限也应是 7∶1"。

（2）公司外部监督机制主要包括行政监督、司法监督、中介机构执业监督、舆论监督。影响到甜溪氮肥公司治理效率的方面有：
①行政监督。"直到 2009 年收到相关管理部门调查的《行政监管决定书》时才披露出来"。
②舆论监督。"2019 年年底，春风省广电集团栏目《正风》曝光本省上市公司甜溪氮肥在年终高管述职酒宴中 21 人喝掉 36 万元 1.3 升装茅台酒，引发社会关注"。

【考点】经理人对于股东的"内部人控制"问题；公司治理基础设施

第六章　风险与风险管理概述

真题巩固

一、多选题

1. 【2023】龙江矿业公司制定了未来五年资产规模和利润翻番的战略目标，并围绕该目标实施了风险管理，确保将风险控制在与战略目标相适应且可承受的范围内，以保障企业价值创造的实现。本案例中，龙江矿业公司风险管理的目标属于（　　）。
   A. 基本目标
   B. 直接目标
   C. 核心目标
   D. 支撑目标

2. 【2023】华友公司于2006年成立，是一家面向国际市场的服装生产企业。2020年，面对全球性传染病暴发、订单和销售额大幅减少等情况，该公司加强风险管理，果断收缩原有业务，同时生产医用口罩、防护服等新产品，从而使公司平稳渡过难关，并创造出良好的效益。下列各项中，属于本案例所体现的风险管理的特征是（　　）。
   A. 战略性
   B. 广泛性
   C. 全员性
   D. 专业性

3. 【2014】关于现代市场经济中人们对风险观念的理解，下列表述中正确的有（　　）。
   A. 风险是一系列可能发生的结果而不是最有可能的结果
   B. 可以由人的主观判断来决定选择不同的风险
   C. 风险是可预测、可度量的负面因素
   D. 风险总是与机遇并存

参考答案及解析

1. 【答案】C
   【考点】风险管理的目标
   【解析】企业风险管理的核心目标是确保风险管理与总体战略目标相匹配。本案例中龙江矿业公司"实施了风险管理，确保将风险控制在与战略目标相适应且可承受的范围内"是为了"保障企业价值创造的实现"，确保风险管理与企业总体战略目标"未来五年资产规模和利润翻番"相匹配，属于核心目标。选项C正确。

2. 【答案】A
   【考点】风险管理的特征
   【解析】尽管风险管理渗透到企业各项活动中，存在于企业管理者对企业的日常管理当中，但它主要运用于企业战略管理层面，站在战略层面管理企业层面风险，降低风险损失的期望值，这是风险管理的价值所在。本案例中，华友公司"果断收缩原有业务，同时生产医用口罩、防护服等新产品"，说明其采用了收缩战略，站在战略层面进行管理，降低风险损失，体现了战略性的特征，选项A正确。本题也可以采用排除法解题。

3. 【答案】ABD
   【考点】风险的概念

【解析】风险是一系列可能发生的结果，不能简单理解为最有可能的结果，选项 A 正确。风险既具有客观性，又具有主观性。风险是事件本身的不确定性，但却是在一定具体情况下的风险，可以由人的主观判断来决定选择不同的风险，选项 B 正确。从现代市场经济的角度考虑企业风险是指未来的不确定性对企业实现其经营目标的影响，而不能简单地理解为风险就是负面因素，风险总是和机遇并存的，选项 C 错误、选项 D 正确。综上，选项 ABD 正确。

模拟自测

一、单选题

1. 卢星公司是一家民用航空公司。该公司为培育良好的风险管理文化曾多次强调，参与全面风险管理的除了治理层、管理层，还应该扩充至所有员工，只有将风险意识转化为全体员工的共同认识，才能发挥文化的作用。卢星公司的上述做法体现的风险管理特征是（　　）。
   A. 战略性　　　　　　B. 二重性
   C. 专业性　　　　　　D. 全员性

2. C 国《新环保法》《水污染防治行动计划》等各项政策法律密集出台，将环保力度提升到前所未有的高度。同时，自 2018 年下半年开始，非洲猪瘟大范围蔓延，很多中小养殖户在面临严格的环保政策时缺乏应对疫情的有效手段，其中一部分为了降低风险、减小损失而选择了退出养猪业。然而，管理先进的大企业 W 氏股份在最新发布的半年报中称，虽然面临着风险，但这同时是一次难得的抢占市场份额的机会。W 氏股份将在非洲猪瘟疫情防控常态化背景之下发展规模化养殖，加快养猪项目建设和投产、复产工作。公司提出，以拥有 7 000 万头生猪为第一期战略目标，将公司在 C 国生猪市场的份额提升至 10%。以上体现的企业全面风险管理特征是（　　）。
   A. 战略性　　　　　　B. 专业性
   C. 二重性　　　　　　D. 系统性

3. 不同的环境、经营理念和风险管理方案下，风险管理单位制定的风险管理目标也是不同的。下列各项中，属于风险管理的基本目标的是（　　）。
   A. 保证组织的各项活动恢复正常运转
   B. 尽快实现企业持续稳定的收益
   C. 企业与组织及成员的生存与发展
   D. 加强企业文化建设

二、多选题

4. 我国发布《中央企业全面风险管理指引》，给企业风险定义为：未来的不确定性对企业实现其经营目标的影响。下列关于企业风险概念的表述中，错误的有（　　）。
   A. 企业风险与企业战略相关
   B. 风险是最有可能的结果
   C. 风险是客观存在的，不是由主观判断的
   D. 风险总是与机遇并存

5. 风险的要素分为风险因素、风险事件、风险后果。下列体现了风险因素的有（　　）。
   A. 汽车刹车系统失灵引起车祸
   B. 消防设备的失效引起火灾
   C. 股市崩盘
   D. 财产损失

6. 风险管理是指在一个风险确定的环境中把风险减至最低程度的管理过程。下列关于风险管理内涵表述正确的有（　　）。
   A. 风险管理的决策主体是风险管理单位
   B. 风险管理的核心是降低损失并致力于创造

价值
C. 风险管理的对象是纯粹风险，而非投机

风险
D. 风险管理过程是决策和控制的过程

参考答案及解析

1. 【答案】D
   【考点】风险管理的特征
   【解析】全面风险管理必须拥有一套系统的、规范的方法，风险管理的系统性体现在：全面性、广泛性、全员性，本题中"除了治理层、管理层，还应该扩充至所有员工"体现了全员性。因此，选项 D 正确。

2. 【答案】C
   【考点】风险管理的特征
   【解析】风险预示着机会时，应化风险为增进企业价值的机会。全面风险管理既要管理纯粹的风险，也要管理机会风险。这是全面风险管理的二重性的体现。"很多中小养殖户……为了降低风险、减小损失而选择了退出养猪业。然而，管理先进的大企业 W 氏股份……在半年报中称，虽然面临着风险，但这同时是一次难得的抢占市场份额的机会"体现了风险管理的二重性。因此，选项 C 正确。

3. 【答案】C
   【考点】风险管理的目标
   【解析】风险管理的基本目标是企业与组织及成员的生存与发展。选项 C 正确；选项 AB 是直接目标；选项 D 是支撑目标。

4. 【答案】BC
   【考点】风险的概念
   【解析】风险至少包括以下四个方面的内涵：①企业风险与企业战略和绩效相关（选项 A 正确）；②风险是一系列可能发生的结果，而不能简单地理解为最有可能的结果（选项 B 错误）；③风险既具有客观性，又具有主观性（选项 C 错误）；④风险往往与机遇并存（选项 D 正确）。综上，选项 BC 当选。

5. 【答案】AB
   【考点】风险的要素
   【解析】风险因素是指促使某一风险事件发生，或增加其发生的可能性，或提高其损失程度的原因或条件。选项 AB 体现了风险因素，当选；选项 C 是风险事件（事故）；选项 D 是风险后果。综上，选项 AB 正确。

6. 【答案】ABD
   【考点】风险管理的概念
   【解析】风险管理的独特内涵主要体现为：①风险管理的决策主体是风险管理单位（选项 A 正确）；②风险管理的核心是降低损失并致力于创造价值（选项 B 正确）；③风险管理的对象可以是纯粹风险，也可以是投机风险（选项 C 错误）；④风险管理过程是决策和控制的过程（选项 D 正确）。综上，选项 ABD 正确。

第七章 风险管理的流程、体系与方法

真题巩固

第一节 风险管理的流程

一、单选题

1. 【2017】下列各项关于风险管理解决方案的表述,错误的是（　　）。
   A. 风险管理解决方案中的外部解决方案一般指外包
   B. 风险管理解决方案应有风险解决的具体目标和风险管理工具等方面的内容
   C. 落实风险管理解决方案必须认识到风险管理是企业价值创造的根本源泉
   D. 风险管理解决方案中的内部解决方案一般指风险管理策略

二、多选题

2. 【2013】某公司设置了内部审计部、风险管理部和审计委员会,制定了本企业的风险管理监督与改进措施。下列选项中,符合《中央企业全面风险管理指引》要求的有（　　）。
   A. 各有关部门定期对风险管理工作进行自查和检验,及时发现缺陷并改进,将风险管理报告报送企业总经理
   B. 内部审计部门每年至少一次对风险管理部和各业务部门的风险管理工作及效果进行监督评价,评价报告直接报送审计委员会
   C. 外聘风险管理中介机构进行风险管理评价并出具报告
   D. 风险管理部对跨部门和业务单位的风险管理解决方案进行评价,提出建议和出具报告,报送公司决策层

参考答案及解析

1. 【答案】D
   【考点】风险管理的流程——提出和实施风险管理解决方案
   【解析】内部解决方案指的是风险管理体系的运转。在具体实施中,一般是以下几种手段的综合应用:风险管理策略;组织职能;内部控制（简称"内控"）,包括政策、制度、程序;信息系统,包括报告体系;运用金融工具实施风险管理策略。选项D表述错误。因此,根据题意,选项D当选。

2. 【答案】BCD
   【考点】风险管理的流程——风险管理的监督与改进
   【解析】企业应明确各部门风险管理监督与改进的职责分工,具体如下:
   ①企业各有关部门和业务单位应定期对风险管理工作进行自查和检验,及时发现缺陷并改进,其检查、检验报告应及时报送企业风险管理职能部门而非企业总经理（选项A错误）。
   ②企业内部审计部门应至少每年一次对包括风险管理职能部门在内的各有关部门和业务

单位能否按照有关规定开展风险管理工作及其工作效果进行监督评价，监督评价报告应直接报送董事会或董事会下设的风险管理委员会和审计委员会（选项 B 正确）。

③企业风险管理职能部门应定期对各部门和业务单位风险管理工作实施情况和有效性进行检查和检验，要根据在制定风险策略时提出的有效性标准的要求对风险管理策略进行评估，对跨部门和业务单位的风险管理解决方案进行评价，提出调整或改进建议，出具评价和建议报告，及时报送企业总经理或其委托分管风险管理工作的高级管理人员（选项 D 正确）。

此外，企业还可聘请有资质、信誉好、风险管理专业能力强的中介机构对企业全面风险管理工作进行评价，出具风险管理评价和建议专项报告（选项 C 正确）。

综上，选项 BCD 正确。

第二节　风险管理体系

一、单选题

1. 【2023】宏盛投资公司对投资一个新能源设备项目的风险进行度量后宣称：未来 3 年，该项目总收益率达到 45% 的可能性为 60%，总收益率达到 20% 的可能性为 30%，总收益率达到 -5% 的可能性为 10%，据此预测总收益率为 32.5%。下列各项中，属于宏盛投资公司采用的风险度量方法是（　　）。
   A. 期望值
   B. 概率值
   C. 波动性
   D. 在险值

2. 【2023】东越公司的主营业务为有色金属矿产品的开发、生产、贸易和综合服务。该公司在风险管理过程中采用的下列各项风险理财措施中，能够体现风险理财创造价值的是（　　）。
   A. 在市场上通过期货的方式出卖产品，增加收入的稳定性，提高回报率
   B. 通过自己的专业自保公司为企业提供保险
   C. 为可能给企业造成重大损失的风险事件进行损失融资
   D. 设立风险资本，为企业在遭受风险时能够维持运营提供保证

3. 【2023】中甸煤矿建立了完善的内部控制系统。下列各项关于中甸煤矿采用的内部控制措施中，符合我国《企业内部控制基本规范》关于内部环境要素要求的是（　　）。
   A. 加强文化建设，培育"爱岗敬业、安全至上"的价值观
   B. 投资授权审批与业务经办分离，相互监督，相互制约
   C. 实施全面预算管理制度，明确开采、销售、研发、采购等各种业务的主管部门在预算管理中的职责权限
   D. 使用采煤计划完成率、百万吨煤重伤率等关键绩效指标考核各业务单位

4. 【2022】2018 年年底，塔山投资公司对 2019 年的投资风险进行度量后宣称，在市场波动正常的情况下，该公司有 90% 的可能性最大投资损失为 5 000 万元。下列各项中，属于塔山投资公司采用的风险度量方法的特点是（　　）。
   A. 适用的风险范围大
   B. 对数据要求不太严格
   C. 计算相对容易
   D. 通用、直观、灵活

5. 【2022】东光航空公司坚持全面风险管理，不断加强风险管理职能部门的建设。下列各项中，属于该公司风险管理职能部门应履行

的职责是（　　）。

A. 督导"顾客至尊、安全至上"的企业文化的培育

B. 提交公司全面风险管理年度报告

C. 组织协调全面风险管理日常工作

D. 研究提出全面风险管理监督评价体系

6. 【2021】雅莱公司主营化妆品的研发、生产与销售。该公司董事会下设风险管理委员会。下列各项中，属于雅莱公司风险管理委员会职责范围的是（　　）。

A. 研究提出公司全面风险管理工作报告

B. 研究提出化妆品研发、生产、销售等业务部门和各个职能部门的重大决策风险评估报告

C. 组织协调公司全面风险管理日常工作

D. 审议公司及各部门的风险管理策略和重大风险管理解决方案

7. 【2021】丰源公司是一家多年从事制氧设备出口业务的国有企业，2019 年年初，面对国外市场环境趋紧、订单大幅减少造成的风险，该公司开辟了国内销售业务，两年多来取得良好的业绩。本案例中，丰源公司的做法体现了《中央企业全面风险管理指引》中的（　　）。

A. 风险管理策略

B. 风险管理组织职能体系

C. 风险管理信息系统

D. 风险管理理财措施

8. 【2021】亚星公司是一家生产、销售化工产品的企业，由于各类风险发生的可能性难以预测且风险一旦发生危害巨大，因而该公司实施了极为严格的风险管理制度。亚星公司采取的风险度量方法应是（　　）。

A. 最大可能损失　　B. 概率值

C. 期望值　　　　　D. 在险值

9. 【2020】桐城钢铁公司需要的铁矿石购自 U 国的山谷矿山公司，后者曾多次在前者急需大量铁矿石时大幅提高产品价格，使前者遭受很大损失，后来桐城钢铁公司买下山谷矿山公司 51%的股权并获得定价权。下列各项中，属于桐城钢铁公司采用的风险管理策略

的是（　　）。

A. 风险规避　　　　B. 风险控制

C. 风险补偿　　　　D. 风险转移

10. 【2020】庆云公司是国内一家研发、生产抗癌药品的企业。面对 M 国 F 公司生产的疗效和安全性更高的同类药品被越来越多的患者接受，庆云公司将业务转型为与 F 公司合作研发新一代抗癌药品，并销售 F 公司的产品，取得比转型前更好的经营业绩。庆云公司采取的风险管理策略是（　　）。

A. 风险转换　　　　B. 风险规避

C. 风险补偿　　　　D. 风险转移

11. 【2020】为了对可能给企业造成重大损失的风险事件进行有效管理，南方石油公司成立了自己的专属保险公司，为母公司提供保险，并由母公司筹集总计 10 亿元的保险费，建立损失储备金。下列各项中，属于南方石油公司采用的上述损失事件管理办法的优点的是（　　）。

A. 降低内部管理成本

B. 改善公司现金流

C. 增加了其他保险的可得性

D. 损失储备金充足

12. 【2019】甲基金公司在对基金管理、受托资产管理、基金销售和咨询等业务活动进行风险度量时，首先对所有事件中每一事件发生的概率乘以该事件的影响，然后将这些乘积相加得到风险数值。甲基金公司采用的风险度量方法是（　　）。

A. 最大可能损失　　B. 概率值

C. 期望值　　　　　D. 在险值

13. 【2019】甲公司每年维持经营所需的最低资本为 1 000 万元，但是有 4%的可能性需要 1 500 万元才能维持经营该公司，为了保证 96%的生存概率所需的风险准备金是（　　）。

A. 500 万元　　　　B. 1 500 万元

C. 2 500 万元　　　D. 1 000 万元

14. 【2019】甲公司每年最低运营资本是 10 亿元，但是有 5%的可能性需要 12 亿元维持运营，该公司筹集了 12 亿元，将其生存概

率提高到95%。甲公司管理损失事件的方法是（　　）。
A. 损失融资　　B. 风险资本
C. 保险　　　　D. 专业自保

15. 【2019】甲公司在实施全面风险管理过程中，注重加强法制教育，增强董事、监事、经理及其他高级管理人员和员工的法制观念，严格依法决策、依法办事、依法监督。甲公司的上述作法所涉及的内部控制要素是（　　）。
A. 控制环境　　B. 风险评估
C. 监控　　　　D. 控制活动

16. 【2018】M国某地区位于地震频发地带，那里的居民具有较强的防震意识，住房普遍采用木质结构，抗震性能优越，不少家庭加装了地震时会自动关闭煤气的仪器，以防范地震带来的相关灾害。根据上述信息，该地区居民采取的风险管理策略工具是（　　）。
A. 风险控制　　B. 风险转移
C. 风险规避　　D. 风险转换

17. 【2017】凌云公司近年来不断加强企业内部控制体系建设，在董事会下设立了审计委员会。审计委员会负责审查企业内部控制，监督内部控制的有效实施和内部控制自我评价情况，协调内部控制审计及其他相关事宜。根据COSO《内部控制框架》，凌云公司的上述做法属于内部控制要素的（　　）。
A. 风险评估　　B. 控制活动
C. 监控　　　　D. 控制环境

18. 【2016】下列各项中，属于企业一般不应把风险承担作为风险管理策略的情况是（　　）。
A. 企业管理层及全体员工都未辨识出风险
B. 企业面临影响企业目标实现的重大风险
C. 企业从成本效益考虑认为选择风险承担是最适宜的方案
D. 企业缺乏能力对已经辨识出的风险进行有效管理与控制

19. 【2015】甲公司是一家生产遮阳用品的企业，2013年公司在保留原有业务的同时，进入雨具产业务。从风险管理策略的角度看，甲公司采取的策略是（　　）。
A. 风险规避　　B. 风险转换
C. 风险对冲　　D. 风险承担

二、多选题

20. 【2022】东湖银行主营小微企业借贷业务。该银行实行稳健经营，明确规定了贷款条件、贷款种类和限额、贷款审批程序以及对违约资金的处置方法等。下列各项中，属于东湖银行上述做法所涉及的风险管理策略组成部分的有（　　）。
A. 风险管理策略工具
B. 风险偏好
C. 风险承受度
D. 风险管理的资源配置

21. 【2022】东方保险公司制定了完善的风险管理制度，该公司制定的下列风险管理制度中，属于风险管理策略组成部分的有（　　）。
A. 确定公司的风险偏好和风险承受度
B. 主要采用风险规避、风险控制、风险转移、风险补偿等风险管理工具
C. 重点管理承保、理赔等业务环节的风险
D. 合理配置人、财、物等各类风险管理资源

22. 【2022】德宝公司是一家从事海洋石油勘探与开采的企业，该公司自筹资金成立了一家为母公司提供保险服务的子公司，该子公司也可以通过租借方式承保其他公司的保险。下列关于德宝公司采用的运用金融工具实施风险管理策略的表述中，正确的有（　　）。
A. 降低运营成本
B. 保障项目少
C. 减少规章的限制
D. 提高内部管理成本

23. 【2021】松涛广告公司建立了比较完善的内部控制系统，根据COSO《内部控制框架》关于控制环境要素的要求与原则，下列各项中，属于该公司控制环境要素的有（　　）。
A. 员工践行诚信为本、客户至上的价值观
B. 董事会对内部控制的制定及其绩效施以监控

C. 公司致力于吸引、发展、留任从事广告策划、设计、制作和营销等业务的优秀人才
D. 公司在内部控制全过程的各个环节实行透明、对等的权责分配方法

24. 【2020】甲公司在加强风险管理过程中采取了下列做法，其中符合我国《企业内部控制基本规范》中关于信息与沟通要素要求的有（　　）。
A. 加强法制教育，建立健全法律顾问制度和重大法律纠纷备案制度
B. 建立举报投诉制度和举报人保护制度
C. 建立重大风险预警机制和突发事件应急处理机制
D. 建立反舞弊机制，坚持惩防并举、重在预防的原则

25. 【2020】甲公司为加强风险管理制定并实施了下列内部控制制度，其中符合我国《企业内部控制基本规范》关于内部环境要素要求的有（　　）。
A. 董事会负责内部控制的建立健全和有效实施
B. 在董事会下设立审计委员会
C. 制定和实施有利于企业可持续发展的人力资源政策
D. 编制内部管理手册，使高级管理人员掌握内部机构设置、岗位职责、业务流程等情况

26. 【2018】隆盛信托投资公司自成立以来，结合业务特点和内部控制要求设置内部机构，明确职责权限，将权力和责任落实到责任单位，同时综合运用风险规避、风险降低、风险分担和风险承受等风险应对策略，实现对风险的有效控制。根据我国《企业内部控制基本规范》，该公司的上述做法涉及的内部控制要素有（　　）。
A. 风险评估　　　B. 控制环境
C. 信息与沟通　　D. 控制活动

27. 【2017】星云公司制造手机所需要的部分零部件由奇象公司提供。星云公司为了防范和应对采购过程中可能出现的风险，与奇象公司签订了严格而规范的合同，其中一项规定是：如果由于外界不可抗力因素造成奇象公司不能按时供货并给星云公司带来损失，只要损失额超过一定数量，那么超过的部分由奇象公司予以赔偿。在上述案例中，星云公司采取的风险管理工具有（　　）。
A. 风险规避　　　B. 风险转移
C. 风险补偿　　　D. 风险承担

三、主观题

28. 【2023】中庆公司是一家从事各类乳制品研发、生产与销售的民营企业，创立于1992年。该公司于2008年在深交所挂牌上市，其创始人张海占有78%的股份，任公司董事长。

2009年至2010年，中庆公司投资并控股了从事优质奶牛培育、养殖的牧野公司和主营速冻食品物流的方成公司，使这两家公司成为中庆公司的子公司。2015年，牧野公司和方成公司双双获批上市，控股股东中庆公司改组更名为中庆集团，集团董事长张海兼任牧野公司和方成公司的董事长。此后，张海作为中庆集团及其子公司的实际控制人，掌握了这些公司重大投资和经营活动的决策权。

2015年底，在没有提请牧野公司和方成公司董事会充分讨论以及股东大会审批的情况下，张海代表中庆集团和两家子公司董事会宣布：从2016年起，中庆集团乳制品生产的生奶原料由牧野公司提供，价格低于市价10%；制成品的物流则由方成公司承担，运费也比行业平均水平低5%~10%。

2016年3月，方成公司董事会开会讨论审议张海的一项提议：以增资扩股的方式筹集资金近1.1亿元，用于收购张海于1990年成立的一家物流企业。此前，张海曾多次以9000万元报价公开出售该企业，一直未寻到买主。方成公司风险管理委员会和专门负责风险管理的部门对该项收购可能存在的风险也未做出调查和评估。会上，部分董事对该项收购提出异议，但在张海"一言堂"式的主持下，最终通过了

同意收购的决议。在方成公司2016年的年报中，该项收购未予列示。

2016年6月，中庆集团为满足开拓乳制品进出口业务的资金需求，向牧野公司和方成公司定向发行债券融资1.5亿元，资金募集并投入使用两年多后，中庆集团进出口业绩不及预期，部分债务多次展期，致使牧野公司和方成公司由于借款未及时收回和资金短缺，未能完成年度经营计划。

2017年12月，经张海提议并批准，牧野公司向中庆集团出借资金1 200万元。该笔借款中庆集团一直未予归还。

2018年11月，牧野公司在经营业绩不尽如人意的情况下，推出"10转9派0.65元"的高送转方案，而在此之前，中庆集团于2018年9月增持了牧野公司1.82%的股份。

牧野公司和方成公司的财报显示：这两家公司自上市以来，总体经营状况呈现下降趋势，并分别于2019年、2020年出现严重亏损。这期间，这两家公司的内部审计部门和审计委员会没有对相关风险做出提示，董事会未对经营状况的恶化采取应对措施，部分信息也没有在年度报告和中期报告中如实披露。

2021年2月，中庆集团违法违规经营问题被媒体曝光，证监会依据《证券法》等相关法律法规的规定，对中庆集团进行立案调查。同年4月，立华会计师事务所审计结果表明：牧野公司和方成公司的财务和经营状况严重恶化，均已处在破产边缘。

要求：
简要分析风险管理的组织职能体系在本案例中的主要表现。

29. **【2022】** 云博公司成立于2015年，致力于智能机器人的研发和制造，其产品广泛应用于冶金、医疗、金融、物流等领域。

云博公司的销售业务由一位主管副总经理负责，主管副总经理根据业务能力选拔、任用多名分别负责不同类别产品的销售经理。每位销售经理管理一个由5~8位销售人员组成的销售组，负责某一类产品的销售。销售组的年度销售计划由销售经理提出，经主管副总经理批准后实施。公司员工包括销售人员的薪酬取决于对公司确定的各项业绩目标所作出的贡献，"唯业绩"观念被公司员工普遍接受。因此，销售经理们往往制定较高的年度销售目标，并把该目标按月分解并分配给组内每一位销售人员。截至2019年底，智能机器人市场一直供不应求，销售计划完成比较顺利，因此，主管副总经理对销售经理提出的销售计划往往不经仔细审核就签字通过。根据业绩目标完成情况，主管副总经理对销售经理进行季度考核和奖罚、销售经理对组内销售人员进行月度考核和奖罚。考核时间的短期化使销售人员时时感受到压力，彼此之间为完成业绩指标争夺客户的现象时有发生。在价格与合同管理上，公司为更快、更多地获取订单，采用灵活的做法，赋予销售经理和销售人员可按最低8折价格与客户签订产品销售合同的权力。虽然公司制度规定销售合同须事先经财务、法务部门审核方能签订，但未得到严格执行。公司建立了对销售人员每半年进行一次职业规范、业务技能和相关法律法规培训的制度，但面对销售经理们销售任务重、抽不出时间参加培训的抱怨，这一制度始终未能落实。

2020年初，由于新冠疫情暴发，云博公司的产品订单急剧减少。但销售经理们和主管副总经理一致认为，疫情不会持久，市场需求会很快转旺，因此要求生产部门生产并储备比疫情发生前更多的产品。一年后，新冠疫情并未缓解，市场仍然低迷，云博公司的大量产品滞销、积压。有的销售经理未进行资信调查就向新客户赊销产品，造成大量货款至今没有收回。还有个别销售经理与客户合谋，擅自突破公司规定的产品价格折扣底线，以极低的价格出售产品并从对方收取"报酬"。公司内部控制和审计部门对销售过程中的失控和混乱现象未能及时发现和纠正。这些原因导致公司销售业务走入困境。半年后，云博公司由于巨额亏损濒临破产。

要求：

依据我国《企业内部控制基本规范》的要求，简要分析云博公司的内部环境要素存在的内部控制缺陷。

参考答案及解析

1. 【答案】A
   【考点】风险管理策略
   【解析】期望值通常是指数学期望，即概率加权平均值，先将每一事件发生的概率乘以该事件的影响得出乘积，然后将这些乘积相加。本案例中，"该项目总收益率达到45%的可能性为60%，总收益率达到20%的可能性为30%，总收益率达到-5%的可能性为10%"，进行概率加权 45%×60% + 20%×30% + (-5%)×10% = 32.5%，属于期望值法。选项A正确。

2. 【答案】A
   【考点】运用金融工具实施风险管理策略
   【解析】企业可能通过使用金融工具来承担额外的风险，改善企业的财务状况，创造价值。例如，一家矿产公司在市场上通过期货的方式出卖产品，增加收入的稳定性，提高回报率（选项A正确）。损失事件管理是指对可能给企业造成重大损失的风险事件进行事前、事后管理的方法，损失融资（选项C）、风险资本（选项D）、应急资本、保险、专业自保（选项B）都属于损失事件管理，不能体现创造价值。综上，选项A正确。

3. 【答案】A
   【考点】内部控制系统
   【解析】内部环境要素的要求包括企业应当加强文化建设，培育积极向上的价值观和社会责任感，倡导诚实守信、爱岗敬业、开拓创新和团队协作精神，树立现代管理理念，强化风险意识，选项A正确。选项BCD体现控制活动要素的要求，不选。

4. 【答案】D
   【考点】风险管理策略
   【解析】在险值是指在正常的市场条件下，在给定的时间段中和给定的置信区间内，预期可能发生的最大损失。塔山公司宣称"在市场波动正常的情况下，该公司有90%的可能性最大投资损失为5 000万元"，此风险度量方法属于在险值法，此方法的优点：在险值具有通用、直观、灵活的特点（选项D正确）；缺点：在险值的局限性是适用的风险范围小（选项A错误），对数据要求严格（选项B错误），计算困难（选项C错误），对肥尾效应无能为力。因此，选项D正确。

5. 【答案】C
   【考点】风险管理的组织职能体系
   【解析】企业应设立专职部门或确定相关职能部门履行全面风险管理的职责。主要履行以下职责：①研究提出全面风险管理工作报告；②研究提出跨职能部门的重大决策、重大风险、重大事件和重要业务流程的判断标准或判断机制；③研究提出跨职能部门的重大决策风险评估报告；④研究提出风险管理策略和跨职能部门的重大风险管理解决方案，并负责该方案的组织实施和对该风险的日常监控；⑤负责对全面风险管理有效性进行评估，研究提出全面风险管理的改进方案；⑥负责组织建立风险管理信息系统；⑦负责组织协调全面风险管理日常工作（选项C）；⑧负责指导、监督有关职能部门、各业务单位以及全资、控股子企业开展全面风险管理工作；⑨办理风险管理其他有关工作。因此，选项 C 正确。

6. 【答案】D
【考点】风险管理的组织职能体系
【解析】风险管理委员会对董事会负责，主要履行以下职责：①提交全面风险管理年度报告；②审议风险管理策略和重大风险管理解决方案（选项 D）；③审议重大决策、重大风险、重大事件和重要业务流程的判断标准或判断机制，以及重大决策的风险评估报告；④审议内部审计部门提交的风险管理监督评价审计综合报告；⑤审议风险管理组织机构设置及其职责方案；⑥办理董事会授权的有关全面风险管理的其他事项。对于董事会下设的风险管理委员会来说，主要承担"审议""提交全面风险管理年度报告"等此类领导工作，一般不会"研究提出""组织协调日常工作"，"研究提出""组织协调日常工作"通常指做一些具体的工作，由专职部门或相关的职能部门来完成。因此，选项 D 正确。

7. 【答案】A
【考点】风险管理策略
【解析】风险管理策略，指企业根据自身条件和外部环境，围绕企业发展战略，确定风险偏好、风险承受度、风险管理有效性标准，选择风险承担、风险规避、风险转移、风险转换、风险对冲、风险补偿、风险控制等适合的风险管理工具的总体策略。丰源公司"面对国外市场环境趋紧、订单大幅减少造成的风险"，选择"开辟了国内销售业务"属于风险管理策略，题目中并没有涉及组织职能体系、信息系统与理财措施。因此，选项 A 正确。选项 B，风险管理组织职能体系主要包括规范的公司法人治理结构、风险管理委员会、风险管理职能部门、审计委员会、企业其他职能部门及各业务单位。案例中并无相关描述，不选。选项 C，风险管理信息系统是一种信息系统，它应用于风险管理的各项工作，建立涵盖风险管理基本流程和内部控制系统各环节的风险管理系统，案例中并无相关描述，不选。选项 D，风险理财是用金融手段管理风险，案例中未提及金融手段，不选。

8. 【答案】A
【考点】风险管理策略
【解析】"风险发生的可能性难以预测"说明了亚星公司采取的风险度量方法无法含有概率，而概率值、期望值、在险值都含有概率，只有最大可能损失不含概率，企业一般在无法判断发生概率或无须判断概率的时候，使用最大可能损失作为风险的衡量。因此，选项 A 正确。

9. 【答案】B
【考点】风险管理策略
【解析】"买下山谷矿山公司 51% 的股权并获得定价权"说明桐城钢铁公司控制了风险，属于风险控制。公司获得定价权，控制了风险事件发生的动因，属于风险控制（风险控制是指控制风险事件发生的动因、环境、条件等，以达到减轻风险事件造成的损失或者降低风险事件发生概率的目的），选项 B 正确。选项 A，风险规避是指企业回避、停止或退出蕴含某一风险的商业活动或环境，避免成为风险的所有人，案例中并无相关表述，不选。选项 C，风险补偿是风险发生之后先"自己扛"，"再使招"，与案例描述不符，不选。选项 D，风险转移是指将一种风险转化为另一种风险，案例中并无相关描述，不选。

10. 【答案】B
【考点】风险管理策略
【解析】"将业务转型为与 F 公司合作研发新一代抗癌药品，并销售 F 公司的产品"体现退出与 F 公司的竞争，属于风险规避（关键词为"停止、退出"），选项 B 正确；选项 A，风险转换需要涉及多个风险，是将一种风险转换为另一种风险，但转换前后，风险总和没有发生变化；选项 C，风险补偿是在风险事件发生后采取的补偿措施，包括损失融资、应急资本、风险资本等等；选项 D，风险转移是将风险的所有权转移给第三方，如保险。选项 ACD 在案例均无相关表述，不选。因此，选项A正确。

11.【答案】B

【考点】运用金融工具实施风险管理策略

【解析】案例描述"南方石油公司成立了自己的专属保险公司，为母公司提供保险"，南方石油公司采用的损失事件管理办法为专业自保。该方式具有如下优点：降低运营资本；改善公司现金流（选项B）；保障项目更多；相对公平的费率；保障的稳定性；可进行再保险；提高服务水平。缺点包括：增加了资本投入；提高了内部管理成本（选项A）；减少其他保险的可得性（选项C）；损失储备金不足（选项D）。因此，选项B正确。

12.【答案】C

【考点】风险管理策略

【解析】期望值通常指的是数学期望，即概率加权平均值：所有事件中，每一事件发生的概率乘以该事件的影响的乘积，然后将这些乘积相加得到和。选项A，最大可能损失与概率无关；选项B，概率值仅计算概率；选项D，在险值是在给定的置信区间内，可能发生的最大损失。选项ABD不符合案例描述，不选。因此，选项C正确。

13.【答案】A

【考点】运用金融工具实施风险管理策略

【解析】"甲公司每年维持经营所需的最低资本为1 000万元，但是有4%的可能性需要1 500万元才能维持经营"，也就是说如果风险资本为500万元，那么这家公司的生存概率就是96%。因此，选项A正确。

14.【答案】B

【考点】运用金融工具实施风险管理策略

【解析】风险资本即除经营所需的资本之外，公司还需要额外的资本用于补偿风险造成的财务损失。因此，选项B正确。

15.【答案】A

【考点】内部控制系统——控制环境

【解析】依据《企业内部控制基本规范》关于内部环境要素的要求：企业应当加强法制教育，增强董事、监事、经理及其他高级管理人员和员工的法制观念，严格依法决策、依法办事、依法监督，建立健全法律顾问制度和重大法律纠纷案件备案制度。因此，选项A正确。

16.【答案】A

【考点】风险管理策略

【解析】住房普遍采用木质结构，加装了地震时会自动关闭煤气的仪器，说明居民有意识地将地震发生后的影响降低，属于风险控制的范畴，选项A正确；选项B，涉及所有权发生变更，案例中没有相关表述（若案例描述居民为地震灾害购买保险，地震发生后由保险公司赔付，则为风险转移），不选；选项C，关键词为"停止""退出""回避"，规避之后，风险与企业无关，案例没有相关表述（若案例描述M国地区为地震高发地区，居民因此搬家，则为风险规避）；选项D，由一种风险转化为另一种风险，但风险总量不变，案例中没有相关表述。因此，选项A正确。

17.【答案】D

【考点】内部控制系统——控制环境

【解析】企业应当在董事会下设立审计委员会，审计委员会负责审查企业内部控制，监督内部控制的有效实施和内部控制的自我评价情况，协调内部控制审计及其他相关事宜等。属于控制环境的范畴。因此，选项D正确。

18.【答案】B

【考点】风险管理策略

【解析】对于未能辨识出的风险，企业只能采用风险承担。对于辨识出的风险，企业也可能由以下几种原因采用风险承担：缺乏能力进行主动管理，对这部分风险就只能承担；没有其他备选方案；从成本效益考虑，这一方案是最适宜的方案；对于企业的重大风险，即影响到企业目标实现的风险，企业一般不应采用风险承担。因此，选项B正确。

19.【答案】C

【考点】风险管理策略

【解析】本题考核的是风险管理策略的7种工具的运用。案例描述，甲公司在保留原有业务的同时，进入雨具生产业务，这属于多元化战略。多元化战略属于风险对冲。因此，选项C正确。

20. 【答案】ABC
【考点】风险管理策略
【解析】风险管理策略的组成部分包括：风险偏好和风险承受度；全面风险管理的有效性标准；风险管理策略工具的选择；风险管理的资源配置。"该银行实行稳健经营"体现风险偏好和风险承受度；"明确规定了贷款条件、贷款种类和限额、贷款审批程序以及对违约资金的处置方法"体现全面风险管理的有效性标准及风险管理策略工具，题干中不涉及风险管理的资源配置（如何安排人力、财力、物力、外部资源等风险管理资源）。综上，选项ABC正确。

21. 【答案】ABD
【考点】风险管理策略
【解析】风险管理策略的组成部分：明确风险偏好和风险承受度（选项A）；全面风险管理的有效性标准，风险管理的工具选择（选项B）；全面风险管理的资源配置（选项D）。综上，选项ABD正确。

22. 【答案】ACD
【考点】运用金融工具实施风险管理策略
【解析】"自筹资金成立了一家为母公司提供保险服务的子公司，该子公司也可以通过租借方式承保其他公司的保险"属于专业自保。专业自保的优点：降低运营成本（选项A正确）、改善公司现金流、保障项目更多（选项B错误）、公平的费率等级、保障的稳定性、直接进行再保险、提高服务水平、减少规章限制（选项C正确）、国外课税扣除和流通转移专业自保的缺点：提高内部管理成本（选项D正确）、增加资本与投入、损失储备金不足、减少其他保险的可得性。综上，选项ACD正确。

23. 【答案】ABCD

【考点】内部控制系统
【解析】控制环境包括员工的诚信度、职业道德和才能，管理哲学和经营风格，权责分配方法（选项D）、人事政策，董事会的经营重点和目标等。控制环境要素应当坚持以下原则：①企业对诚信和道德价值观做出承诺（选项A）；②董事会独立于管理层，对内部控制的制定及其绩效施以监控（选项B）；③管理层在董事会的监控下，建立目标实现过程中所涉及的组织架构、报告路径以及适当的权力和责任；④企业致力于吸引、发展和留任优秀人才（选项C），以配合企业目标达成；⑤企业根据其目标，使员工各自担负起内部控制的相关责任。综上，选项ABCD均正确。

24. 【答案】BD
【考点】内部控制系统
【解析】选项A，"加强法制教育，建立健全法律顾问制度和重大法律纠纷备案制度"属于控制环境；选项C，"建立重大风险预警机制和突发事件应急处理机制"属于控制活动，均不选。综上，选项BD正确。

25. 【答案】ABC
【考点】内部控制系统
【解析】内部环境要素涉及：①治理结构（选项AB）；②内部机构；③人力资源政策（选项C）；④文化；⑤法制教育。选项D：企业应当通过编制内部管理手册，使全体员工（而非高级管理人员）掌握内部机构设置、岗位职责、业务流程等情况，选项D表述错误，不选。综上，选项ABC正确。

26. 【答案】AB
【考点】内部控制系统
【解析】结合业务特点和内部控制要求设置内部机构，明确职责权限，将权力和责任落实到责任单位属于控制环境（选项B）；综合运用风险规避、风险降低、风险分担和风险承受等风险应对策略，实现对风险的有效控制属于风险评估（选项A）。综上，选项AB正确。

27. 【答案】BD

【考点】风险管理策略

【解析】"星云公司为了防范和应对采购过程中可能出现的风险，与奇象公司签订了严格而规范的合同，其中一项规定是如果由于外界不可抗力因素造成奇象公司不能按时供货并给星云公司带来损失，只要损失额超过一定数量，那么超过的部分由奇象公司予以赔偿"，超出的损失由交易对手来承担，这是典型的风险转移策略的特征。对于未超出损失额的部分，需要企业自己承担，这属于风险承担策略。综上，选项 BD 正确。

28. 【答案】风险管理的组织职能体系一般主要包括规范的公司法人治理结构、风险管理委员会、风险管理职能部门、审计委员会及各业务单位。

风险管理的组织职能体系在本案例中的主要表现有：

①未建立起规范的公司法人治理结构。

A. 董事会没有有效履行风险管理职责。"张海作为中庆集团及其子公司的实际控制人，掌握了这些公司重大投资和经营活动的决策权""在没有提请牧野公司和方成公司董事会充分讨论以及股东大会审批的情况下，张海代表中庆集团和两家子公司董事会宣布……""部分董事对该项收购提出异议，但在张海'一言堂'式的主持下，最终通过了同意收购的决议""董事会未对经营状况的恶化采取应对措施"。

B. 股东大会未能依法履行职责。"张海作为中庆集团及其子公司的实际控制人，掌握了这些公司重大投资和经营活动的决策权""在没有提请牧野公司和方成公司……以及股东大会审批的情况下，张海代表中庆集团和两家子公司董事会宣布：从 2016 年起，中庆集团乳制品生产的生奶原料由牧野公司提供，价格低于市价 10%；制成品的物流则由方成公司承担，运费也比行业平均水平低 5%~10%"。

②风险管理委员会未能履行应有职责。"方成公司风险管理委员会……对该项收购可能存在的风险也未做出调查和评估"。

③风险管理职能部门未能履行应有职责。"方成公司……专门负责风险管理的部门对该项收购可能存在的风险也未做出调查和评估"。

④审计委员会未能履行应有职责。"这两家公司的内部审计部门和审计委员会没有对相关风险做出提示"。

【考点】风险管理的组织职能体系

29. 【答案】①不符合我国《企业内部控制基本规范》关于"企业应当结合业务特点和内部控制要求设置内部机构，明确职责权限……正确行使职权"的要求。"主管副总经理对销售经理提出的销售计划往往不经仔细审核就签字通过""有的销售经理未进行资信调查就向新客户赊销产品""个别销售经理与客户合谋，擅自突破公司规定的产品价格折扣底线""虽然公司制度规定销售合同须事先经财务、法务部门审核方能签订，但未得到严格执行""公司内部控制和审计部门对销售过程中的失控和混乱现象未能及时发现和纠正。这些原因导致公司销售业务走入困境"。

②不符合我国《企业内部控制基本规范》关于"企业应加强内部审计工作……对内部控制的有效性进行监督检查"的要求。"审计部门对销售过程中的失控和混乱现象未能及时发现和纠正。这些原因导致公司销售业务走入困境"。

③不符合我国《企业内部控制基本规范》关于"企业应当制定和实施有利于企业可持续发展的人力资源政策"的要求。"考核时间的短期化使销售人员时时感受到压力，彼此之间为完成业绩指标争夺客户的现象时有发生""公司建立了对销售人员每半年进行一次职业规范、业务技能和相关法律法规培训的制度，但面对销售经理们销售任务重、抽不出时间参加培训的抱怨，这一制度始终未能落实"。

④不符合我国《企业内部控制基本规范》关于"企业应当将职业道德修养和专业胜

任能力作为选拔和聘用员工的重要标准，切实加强员工培训和继续教育，不断提升员工素质"的要求。"主管副总经理根据业务能力选拔、任用多名分别负责不同类别产品销售的销售经理""公司建立了对销售人员每半年进行一次职业规范、业务技能和相关法律法规培训的制度，但面对销售经理们销售任务重、抽不出时间参加培训的抱怨，这一制度始终未能落实"。

⑤不符合我国《企业内部控制基本规范》关于"企业应当加强文化建设，培育积极向上的价值观和社会责任感"的要求。"'唯业绩'观念被公司员工普遍接受"

"公司建立了对销售人员每半年进行一次职业规范、业务技能和相关法律法规培训的制度，但面对销售经理们销售任务重、抽不出时间参加培训的抱怨，这一制度始终未能落实"。

⑥不符合我国《企业内部控制基本规范》关于"企业应当加强法制教育"的要求，"公司建立了对销售人员每半年进行一次职业规范、业务技能和相关法律法规培训的制度，但面对销售经理们销售任务重、抽不出时间参加培训的抱怨，这一制度始终未能落实"。

【考点】内部控制系统

第三节　风险管理的技术与方法

一、单选题

1. 【2023】志同公司是一家高铁运营企业。该公司按规则记录所有可能影响高铁正常运行系统的因素，分析每种因素对高铁运行系统工作及状态的影响，并将各种影响因素按其影响程度及发生概率进行排序，从而发现系统中潜在的薄弱环节，提出预防、改进措施，以消除或减少风险发生的可能性，保证系统的可靠性。下列各项中，属于志同公司采用的风险管理方法是（　　）。
   A. 马尔科夫分析法
   B. 失效模式、影响和危害度分析法
   C. 情景分析法
   D. 流程图分析法

2. 【2022】克林医药科技公司拟投资开发一款新型人体健康体外试剂，并对该款试剂的前期研究、临床试验、成品生产、申请上市、市场推广等各个业务环节的潜在风险产生的原因及可能造成的损失，逐一进行了调查分析。下列各项风险管理技术与方法中，属于克林医药科技公司采用的是（　　）。
   A. 事件树分析法
   B. 风险评估系图法
   C. 流程图分析法
   D. 马尔科夫分析法

3. 【2020】龙泉啤酒公司为了应对气候变化对产品销售的影响，对过去3年中气温与该公司啤酒销售量的变化进行了统计分析，找出其中气温炎热、温和及寒冷等不同状态下产品销售量变动的规律，并依据此规律和气象部门的预测，计算、推测出该公司下一年应实现的产品销售量。龙泉啤酒公司采用的风险管理方法属于（　　）。
   A. 敏感性分析法
   B. 马尔科夫分析法
   C. 统计推论法
   D. 情景分析法

4. 【2019】科环公司计划在某市兴建一座垃圾处理厂，并对占用土地的价格、垃圾处理收入和建设周期等不可控因素的变化对该垃圾厂内部收益率的影响进行了分析。环科公司采取的风险管理方法是（　　）。
   A. 马尔科夫分析法
   B. 失效模式影响和危害度分析法

C. 情景分析法

D. 敏感性分析法

5. 【2019】甲公司在实施风险管理过程中，对由人为操作和自然因素引起的各种风险对企业影响的大小和发生的可能性进行分析，为确定企业风险的优先次序提供分析框架。该公司采取的上述风险管理方法属于（　　）。

A 决策树法

B 马尔科夫分析法

C 流程图分析法

D 风险评估矩阵法

6. 【2018】甲公司是一家白酒生产企业。为了进一步提高产品质量，甲公司通过图表形式将白酒生产按顺序划分为多个模块，并对各个模块逐一进行详细调查，识别出每个模块各种潜在的风险因素或风险事件，从而使公司决策者获得清晰直观的印象。根据上述信息，下列各项中，对甲公司采取的风险管理办法的描述错误的是（　　）。

A. 该方法的使用效果依赖于专业人员的水平

B. 该方法的优点是简单明了，易于操作

C. 该方法可以对企业生产或经营中的风险及其成因进行定性分析

D. 该方法适用于组织规模较小、流程较简单的业务风险分析

7. 【2017】面对未来国内外经济形势不确定因素增加的局面，鑫华基金公司按照较好、一般、较差三种假设条件，对公司未来可能遇到的不确定因素及其对公司收入和利润的影响作出定性和定量分析。鑫华基金公司使用的风险管理技术与方法是（　　）。

A. 情景分析法

B. 敏感性分析法

C. 统计推论法

D. 马尔科夫分析法

8. 【2017】为了适应市场需求，甲公司决定投资扩大手机生产规模。市场预测表明：该产品销路好的概率为 0.6，销路差的概率为 0.4。据此，公司计算出多个备选方案，并根据在产品销路不确定情况下净现值的期望值，选择出最优方案。根据上述信息，甲公司采用的风险管理技术与方法是（　　）。

A. 流程图分析法

B. 事件树分析法

C. 敏感性分析法

D. 决策树分析法

9. 【2017】甲公司是一家大型商场。开业以来，公司积累了丰富的销售数据。公司战略部门每年都会对这些数据进行收集整理，据此推算出未来年度企业的销售风险。根据上述信息，甲公司采用的风险管理方法是（　　）。

A. 后推法   B. 前推法

C. 逆推法   D. 正推法

二、多选题

10. 【2021】美邦公司是一家建筑装修企业，该公司的采购总监为了防范原材料和设备采购过程中可能发生的风险，梳理了从采购计划制定、供应商筛选、询议价格、制作订单、部门领导审核、采购合同签订、产品验收入库直到结算等各个环节的潜在风险，并找出导致风险发生的因素，分析风险发生后可能造成的损失。下列各项中，属于该公司采用的上述风险分析方法优点的有（　　）。

A. 使用效果较少依赖专业人员的水平

B. 风险识别定量分析准确率高

C. 组织规模越大，流程越复杂，越能体现出优越性

D. 清晰明了，易于操作

11. 【2018】东风林场为了加强对火灾风险的防控工作，组织有关人员深入分析了由于自然或人为因素引发火灾、场内消防系统工作、火警和灭火直升机出动等不确定事件下产生各种后果的频率。下列各项中，属于该林场采用的风险管理方法优点的有（　　）。

A. 生动地体现事件的顺序

B. 不会遗漏重要的初始事项

C. 能够将延迟成功或恢复事件纳入其中

D. 能说明时机、依赖性和多米诺效应

参考答案及解析

1. 【答案】B
   【考点】失效模式、影响和危害度分析法
   【解析】失效模式、影响和危害度分析法可用来分析、审查系统的潜在故障（或称失效）模式。失效模式、影响和危害度分析法按规则记录系统中所有可能存在的影响因素，分析每种因素对系统的工作及状态的影响，将每种影响因素按其影响的程度及发生概率排序，从而发现系统中潜在的薄弱环节，提出预防改进措施，以消除或减少风险发生的可能性，保证系统的可靠性。根据题干表述，志同公司采用的是失效模式、影响和危害度分析法，选项B正确。

2. 【答案】C
   【考点】流程图分析法
   【解析】流程图分析法是对流程的每一阶段、每一环节逐一进行调查分析，从中发现潜在风险，找出导致风险发生的因素，分析风险产生后可能造成的损失以及对整个组织可能造成的不利影响。本题中克林公司对该款试剂的各个业务环节的潜在风险、风险产生的原因及可能造成的损失逐一进行调查分析，这属于流程图分析法。因此，选项C正确。

3. 【答案】B
   【考点】马尔科夫分析法
   【解析】马尔科夫分析方法主要围绕"状态"的概念展开，适用于对复杂系统中不确定性事件及其状态改变进行定量分析。龙泉啤酒公司分析气温炎热、温和及寒冷等不同"状态"下产品销量的变动规律，并"定量计算"出下一年的产品销售量，应用的是马尔科夫分析法。

4. 【答案】D
   【考点】敏感性分析法
   【解析】敏感性分析是针对潜在的风险性，研究项目的各种不确定因素变化至一定幅度时，计算其主要经济指标变化率及敏感程度的一种方法（选项D正确）。选项A，马尔科夫分析法是对多种状态的复杂系统的分析，计算非常复杂。选项B，失效模式影响和危害度分析法包括两部分：①描述失效情形；②计算影响结果。选项C，情景分析法需要：①描述不同的情况；②计算每个情况的影响结果。选项ABC不符合案例描述，不选。因此，选项D正确。

5. 【答案】D
   【考点】风险评估系图法
   【解析】风险评估系图可以识别某一风险是否对企业产生重大影响，并将此结论与风险发生的可能性联系起来，为确定企业风险的优先次序提供框架。因此，选项D正确。

6. 【答案】D
   【考点】流程图分析法
   【解析】分析可以得出本题属于流程图分析法，该方法对企业生产或经营中的风险及其成因进行定性分析（选项C）。该方法的优点有：清晰明了，易于操作（选项B），且组织规模越大，流程越复杂，流程图分析法就越能体现出优越性（选项D）。通过业务流程分析，可以更好地发现风险点，从而为防范风险提供支持。局限性主要为：该方法的使用效果依赖于专业人员的水平（选项A）。选项D表述错误。因此，根据题意，选项D当选。

7. 【答案】A
   【考点】情景分析法
   【解析】对未来可能遇到的不确定因素做出定性和定量分析属于情景分析法。因此，选项A正确。

8. 【答案】D
   【考点】决策树法
   【解析】决策树法是考虑在不确定的情况下，以序列方式表示决策选择和结果。决策树开始于初因事项或是最初决策，同时由于可能发生的事项及可能做出的决策，它需要对不同路径和结果进行建模。因此，选项 D 正确。选项 A，涉及工作过程具体步骤。选项 B，初始事件发生后：①描述事件发生情况；②计算事件发生的概率。选项 C，涉及某个因素变动一点点对其他因素的影响大小。案例中均无与选项 ABC 相关的表述，不选。

9. 【答案】B
【考点】统计推论法
【解析】统计推论法包括三种处理方式，分别是前推法、后推法、旁推法。因此，选项 CD 错误。根据案例，"公司积累……销售数据……推算出未来年度……"表明公司用过去的历史数据推算未来的数据，符合前推法的特征。因此，选项 B 正确。选项 A 是用未来的数据推测现在没办法获得的数据，不符合题意，不选。

10. 【答案】CD
【考点】流程图法
【解析】本题考查风险管理技术与方法。案例描述"公司的采购总监……，梳理了从……到结算等各个环节的潜在风险"属于流程图分析法。流程图分析法的优点有清晰明了，易于操作（选项 D 正确）；组织规模越大，流程越复杂，越能体现出优越性（选项 C 正确）。而其缺点在于该方法使用效果依赖于专业人员的水平（选项 A 错误）。流程图分析法属于定性分析方法（选项 B 错误）。综上，选项 CD 正确。

11. 【答案】AD
【考点】事件树分析法
【解析】根据题干可知，东风林场所选择的风险管理方法是事件树分析法。主要优点：①ETA 以清晰的图形显示了经过分析的初始事项之后的潜在情景（选项 B 错误），以及缓解系统或功能成败产生的影响；②它能说明时机、依赖性，以及很繁琐的多米诺效应（选项 D 正确）；③它生动地体现事件的顺序（选项 A 正确）。综上，选项 AD 正确。

模拟自测

第一节 风险管理的流程

一、单选题

1. 益力公司为落实全面风险管理的每一步流程，要求相关部门，广泛收集市场供给、需求、价格、竞争等方面的重要信息，并进行详细的研究与分析。对以上信息的收集，有利于益力公司分析的风险类型是（　　）。
   A. 战略风险　　　　B. 市场风险
   C. 运营风险　　　　D. 财务风险

二、多选题

2. 下列各项关于风险评估的表述中，正确的有（　　）。
   A. 风险评估包括风险辨识、风险分析和风险评价三个步骤
   B. 风险定性评估时应统一制定各风险的度量单位和度量模型
   C. 企业应当定期或不定期对新风险或原有风险的变化进行重新评估
   D. 风险评估应当将定性方法和定量方法相综合

参考答案及解析

1. 【答案】B
   【考点】风险管理的流程——收集风险管理初始信息
   【解析】分析市场风险：企业应广泛收集国内外企业因忽视市场风险、缺乏应对措施导致企业蒙受损失的案例，并收集与本企业相关的市场供给、需求、价格、竞争以及影响企业经营效益的经济政策等方面的重要信息。因此，选项 B 正确。

2. 【答案】ACD
   【考点】进行风险评估
   【解析】进行风险辨识、分析、评价，应将定性与定量方法相结合（选项 D）。进行风险定量评估（而非定性评估）时，应统一制定各风险的度量单位和风险度量模型，选项 B 错误，不选。选项 AC 说法正确，当选。综上，选项 ACD 正确。

第二节 风险管理体系

一、单选题

1. 甲公司是一家集团上市公司,其董事会下设风险管理委员会,风险管理委员会对董事会负责。下列表述中不属于风险管理委员会主要履行的职责是( )。
   A. 审议重大决策、重大风险、重大事件和重要业务流程的判断标准或判断机制,以及重大决策的风险评估报告
   B. 审议内部审计部门提交的风险管理监督评价审计综合报告
   C. 研究提出全面风险管理工作报告
   D. 审议风险管理组织机构设置及其职责方案

2. 宏翔手机公司2023年计划推出一款新型产品。为降低决策失误的风险,公司对该项目的风险进行度量并得出:该项目有15%的概率净收益达到10万元,有80%的概率净收益达到5万元,有5%的概率净收益为-10万元,因此预测该方案净收益为5万元。下列各项中,属于宏翔公司采用的风险度量方法是( )。
   A. 在险值　　　　B. 期望值
   C. 概率值　　　　D. 最大可能损失

3. 力格公司是一家上市公司,公司成立了专职的风险管理部门,在风险管理过程中非常注重风险管理工具的使用。下列表述中属于风险承担的是( )。
   A. 已经辨识出的风险,从成本效益角度考虑,对于管理成本较高的风险采取接受的态度
   B. 拒绝与信用不好的交易对手进行交易
   C. 放松交易客户的信用标准
   D. 与银行签订应急资本协议,当风险发生时,公司可以从银行获得一定的应急资本金

4. 成诚公司从事高档写字楼物业管理,每季度末都将对工人健康安全风险较高的写字楼外墙清洗工作外包给专门的保洁公司。成诚公司采取的风险管理策略是( )。
   A. 风险规避　　　B. 风险转移
   C. 风险补偿　　　D. 风险承担

5. 甲公司为国内大型基建公司,现正考虑承接一项在非洲坦桑尼亚的未经开发山区进行大型桥梁工程。由于地势险峻,容易造成严重的意外伤亡事故,公司对派遣的员工进行专门的安全培训和管理。这反映的风险管理工具是( )。
   A. 风险补偿　　　B. 风险规避
   C. 风险控制　　　D. 风险转换

6. 下列关于运用金融工具实施风险管理策略的说法中,不正确的是( )。
   A. 公司可以与银行签订应急资本合同应对公司突发事件造成的资本需求
   B. 运用金融工具实施风险管理策略既可以针对可控风险,也可以针对不可控风险
   C. 运用金融工具实施风险管理策略的手段不改变风险事件发生的可能性,但是可以减轻风险事件可能引起的直接损失
   D. 企业可能通过使用金融工具来承担额外的风险,改善企业的财务状况,创造价值

7. GD公司为加强对风险损失事件的管理,与甲银行签订协议,规定在三年内,如果GD公司由于台风等不可抗力遭受重大损失,可从甲银行取得贷款以保障现金流,并为此按年向甲银行缴纳费用。如果没有意外事件发生,GD公司可以不行使这个权利。GD公司损失事件管理的方法称为( )。
   A. 专业自保　　　B. 应急资本
   C. 风险资本　　　D. 损失融资

8. 红河公司是一家智能电表生产商,该公司制定和实施的下列内部控制措施中,符合我国《企业内部控制基本规范》关于内部环境要

素要求的是（　　）。
A. 实施全面预算管理制度
B. 建立财产日常管理制度和定期清查制度
C. 建立运营情况分析制度
D. 采取促进本企业各类人才成长的薪酬、晋升和奖惩政策

9. 随着全面风险管理意识的加强，蓝天公司的股东要求管理层根据内部控制目标，结合风险应对策略，综合运用控制措施，对各种业务和事项实施有效控制，这样才能更好地控制风险，为客户服务。蓝天公司股东的要求所针对的内部控制要素是（　　）。
A. 控制活动　　　　B. 内部监督
C. 信息与沟通　　　D. 风险评估

二、多选题

10. 明华投资公司对 2023 年投资风险进行度量后称：其持有的证券组合在证券市场正常波动的情况下，由于市场价格变化而带来的最大损失为 3 500 万元。下列关于明华公司采用的风险度量方法的表述中，正确的有（　　）。
A. 该方法具有通用、直观、灵活的特点
B. 该方法适用的风险范围大
C. 该方法对数据要求严格，但计算较为简单
D. 该方法无法应对肥尾效应

11. GL 电器在 2017 年年报中叙述，GL 电器与经销商建立了严格的信用交易规则，避免因经销商拖欠货款而陷入财务困境，保证了公司持续充沛的现金流。另外在重大投资方面，公司制定了严格的审批评估流程，严控风险发生的概率。GL 电器所采用的风险管理策略有（　　）。
A. 风险规避　　　　B. 风险转移
C. 风险转换　　　　D. 风险控制

12. 甲公司是一家由其母公司 A 公司投资组建的，只为 A 公司及其子公司提供保险和风险管理服务的保险公司。对 A 公司而言，建立甲公司主要有如下优点（　　）。
A. 降低公司运营成本
B. 增加其他保险的可得性
C. 改善公司现金流
D. 减少了公司的资本投入和管理成本

13. 光达公司为落实风险管理解决方案，制定了一系列内控措施规范员工的行为，具体有：加强文化建设，培育员工积极向上的价值观；科学设置考核指标体系，对全体员工的业绩进行定期考核和评价；建立反舞弊机制，规范舞弊案件的举报、处理和报告。根据我国《企业内部控制基本规范》，光达公司上述做法涉及的内部控制要素有（　　）。
A. 内部环境　　　　B. 控制活动
C. 风险评估　　　　D. 信息与沟通

14. 下列关于我国《企业内部控制基本规范》关于内部监督要素要求的说法中，正确的有（　　）。
A. 企业应当跟踪内部控制缺陷整改情况，并就内部监督中发现的重大缺陷，追究相关责任单位或者责任人的责任
B. 企业应当结合内部监督情况，定期对内部控制的有效性进行自我评价，出具内部控制自我评价报告
C. 企业应当建立反舞弊机制，坚持惩防并举、重在预防的原则，明确反舞弊工作的重点领域、关键环节和有关机构在反舞弊工作中的职责权限，规范舞弊案件的举报、调查、处理、报告和补救程序
D. 企业应当以书面或者其他适当的形式，妥善保存内部控制建立与实施过程中的相关记录或者资料，确保内部控制建立与实施过程的可验证性

参考答案及解析

1. 【答案】C
   【考点】风险管理的职能体系
   【解析】风险管理委员会对董事会负责，主要履行以下职责：①提交全面风险管理年度报告；②审议风险管理策略和重大风险管理解决方案；③审议重大决策、重大风险、重大事件和重要业务流程的判断标准或判断机制，以及重大决策的风险评估报告（选项A）；④审议内部审计部门提交的风险管理监督评价审计综合报告（选项B）；⑤审议风险管理组织机构设置及其职责方案（选项D）；⑥办理董事会授权的有关全面风险管理的其他事项。研究提出全面风险管理工作报告属于风险管理职能部门的职责，选项C表述错误。因此，根据题意，选项C当选。

2. 【答案】B
   【考点】风险管理策略
   【解析】期望值通常是指数学期望，即概率加权平均值。所有事件中，先将每一事件发生的概率乘以该事件的影响得出乘积，然后将这些乘积相加。常用的期望值有统计期望和效用期望。"该项目有15%的概率净收益达到10万元，有80%的概率净收益达到5万元，有5%的概率净收益为-10万元，因此预测该方案净收益为5万元"体现的度量方法是期望值。因此，选项B正确。

3. 【答案】A
   【考点】风险管理策略
   【解析】风险承担是指企业对所面临的风险采取的态度，从而承担风险带来的后果。选项A正确。选项B属于风险规避；选项C属于风险转换；选项D属于风险补偿。

4. 【答案】A
   【考点】风险管理策略
   【解析】风险规避指企业回避、停止或退出蕴含某一风险的商业活动或商业环境，避免成为风险的所有人，如外包某项对工人健康安全风险较高的工作。"清洗工作外包给专门的保洁公司"体现了风险规避。因此，选项A正确。

5. 【答案】C
   【考点】风险管理策略
   【解析】风险控制是指控制风险事件发生的动因、环境、条件等，来达到减轻风险事件发生时的损失或降低风险事件发生的概率的目的。对派遣的员工进行专门的安全培训和管理，可以减少意外伤亡事故带来的损失，这属于风险控制。因此，选项C正确。

6. 【答案】C
   【考点】运用金融工具实施风险管理策略
   【解析】风险理财的手段既不改变风险事件发生的可能性，也不改变风险事件可能引起的直接损失程度，选项C表述错误。因此，根据题意，选项C当选。

7. 【答案】B
   【考点】运用金融工具实施风险管理策略
   【解析】应急资本是一个金融合约，规定在某一个时间段内、某个特定事件发生的情况下公司有权从应急资本提供方处募集股本或贷款（或资产负债表上的其他实收资本项目），并为此按时间向资本提供方缴纳费用。本题中GD公司的做法符合应急资本定义。因此，选项B正确。

8. 【答案】D
   【考点】内部控制系统
   【解析】选项D属于内部环境中企业应当制定和实施有利企业可持续发展的人力资源政策，当选。选项ABC属于控制活动，不选。

9. 【答案】A
   【考点】内部控制系统
   【解析】我国《企业内部控制基本规范》关于控制活动要素的要求之一是：企业应当根

据内部控制目标，结合风险应对策略，综合运用控制措施，对各种业务和事项实施有效控制。因此，选项 A 正确。

10. 【答案】AD
【考点】风险管理策略
【解析】在险值是指在正常的市场条件下，在给定的时间段和给定的置信区间里，预期可发生的最大损失。故明华公司采用的风险度量方法为在险值。在险值具有通用、直观、灵活的特点，选项 A 正确；其局限性是适用的风险范围小，对数据要求严格，计算困难，对肥尾效应无能为力，故选项 BC 错误、选项 D 正确。综上，选项 AD 正确。

11. 【答案】CD
【考点】风险管理策略
【解析】风险转换的简单形式是在减少某一风险的同时，增加另一风险。风险控制主要是控制风险事件发生的概率和事件发生后的损失。"与经销商建立了严格的信用交易规则，避免因经销商拖欠货款而陷入财务困境，保证了公司持续充沛的现金流"属于风险转换，选项 C 正确；"公司制定了严格的审批评估流程，严控风险发生的概率"属于风险控制，选项 D 正确。

12. 【答案】AC
【考点】运用金融工具实施风险管理策略
【解析】母公司设立专业自保公司具有如下主要优点：降低运营成本（选项 A）、改善公司现金流（选项 C）、保障项目更多、相对公平的费率、保障的稳定性、可进行再保险、提高服务水平，因此，选项 AC 正确；受限于专业自保公司的发展水平，企业能投保的险种较少，选项 B 不选；专门成立一家自保公司，相比向外部商业保险公司投保的方式，增加了公司的资本投入；专业自保公司需要与母公司之间进行险种和费率的多次协商，提高了内部管理成本，选项 D 不选。综上，选项 AC 正确。

13. 【答案】ABD
【考点】内部控制系统
【解析】"加强文化建设，培育员工积极向上的价值观"属于内部环境要素的要求，选项 A 正确；"科学设置考核指标体系，对全体员工的业绩进行定期考核和评价"属于控制活动要素的要求，选项 B 正确；"建立反舞弊机制，规范舞弊案件的举报、处理和报告"属于信息与沟通要素的要求，选项 D 正确。综上，选项 ABD 正确。

14. 【答案】ABD
【考点】内部控制系统
【解析】我国《企业内部控制基本规范》关于内部监督要素的要求
选项 C，企业应当建立反舞弊机制，坚持惩防并举、重在预防的原则，明确反舞弊工作的重点领域、关键环节和有关机构在反舞弊工作中的职责权限，规范舞弊案件的举报、调查、处理、报告和补救程序，这属于信息与沟通要素的具体要求，故不选。

第三节　风险管理的技术与方法

一、单选题

1. 甲公司是一家化工企业，每年都对设备进行检修。甲公司在对设备故障风险进行分析时，先将设备运行情况划分为几种情景状态，然后用随机转移矩阵描述这几种状态之间的转移，最后用计算机程序计算出每种状态发生的概率。甲公司采用的这种风险管理方法是（　　）。
A. 事件树分析法
B. 马尔科夫分析法

C. 失效模式影响和危害度分析法
D. 情景分析法

2. 甲企业是一家生产型企业，为进行风险管理，该企业对采购审批制度进行了调查分析。调查过程中，将采购审批的每一个步骤确定为一个模块，在每个模块中标示出各种潜在的风险因素，从而进行定性分析。该企业采用的风险管理技术与方法属于（　　）。
A. 风险评估系图法
B. 流程图分析法
C. 敏感性分析法
D. 事件树分析法

3. 阳华公司是一家大型运输服务公司，其业务涉及全国 10 多家大中型城市。2022 年，公司在客运过程中发生事故 5 起。在经理层的带领下，阳华公司为加强对交通事故的防范工作，组织人员分析了在事故发生以后，各种应对措施对减轻事故严重性的影响，对多种可能后果进行定性和定量分析。阳华公司采用的风险管理技术与方法是（　　）。
A. 敏感性分析法
B. 事件树分析法
C. 统计推论法
D. 风险评估系图法

4. 甲公司是一家化纤企业，近期准备新建一条生产线，考虑项目实施过程中一些不确定性因素的变化，该公司分别将固定资产投资、经营成本、销售收入这三个因素作为分析对象，分析每一个因素的变化对该项目内部收益率的影响。根据以上信息可以判断，该投资采取的分析方法是（　　）。
A. 敏感性分析法
B. 决策树法
C. 情景设计法
D. 事件树分析法

5. 蓝天公司在识别企业风险时，请专业人员和外部专家集体展开讨论，畅所欲言，产生尽可能多的设想的方法，之后由风险管理小组对集体讨论后识别的所有风险进行复核，并且认定核心风险。下列各项中，不属于该种方法优点的是（　　）。
A. 激发了专家想象力
B. 速度较快并易于开展
C. 专家最终形成的意见有广泛的代表性
D. 主要利益相关者参与集中，有助于进行全面沟通

6. 下列风险管理技术与方法中，能够对风险进行定性分析的是（　　）。
A. 敏感性分析法
B. 情景分析法
C. 马尔科夫分析法
D. 决策树法

二、多选题

7. 白云公司的风险管理组织体系管理层会议上正在对是否采用 FMECA 作为公司风险管理方法之一做出决议，以下观点你支持的有（　　）。
A. 王经理认为应该采用，因为可以给公司现有的故障树分析技术提供数据支持
B. 李部长认为可以采用，因为可以在设计初期发现问题，避免开支较大的设备改造
C. 张主任认为可以采用，因为可以同时识别多个失效模式，而且进行等级赋值并相乘获得危险度这种纯定量的方法可读性较强
D. 陶总监认为不能采用，因为除非得到充分控制并集中充分精力，否则研究工作耗时又开支较大

8. 把未知想象的事件及后果与一已知事件与后果联系起来，把未来风险事件归结到有数据可查的造成这一风险事件的初始事件上，从而对风险做出评估和分析，这种统计推论方法的特点有（　　）。
A. 由于很多项目风险具有一次性和不可重复性，所以经常采用这种方法做这些项目的风险评估和分析
B. 这是一种手头没有历史数据可供使用时采用的一种方法
C. 由于前提和环境已发生了变化，不一定适用于今天或未来
D. 可以根据历史的经验和数据推断出未来事件发生的概率及其后果

9. 甲公司正在考虑厂房搬迁项目方案的不确定

性情况，根据将厂房搬迁到城市周边或者搬迁至农村地区这两种不同情形，计算了在顺利进行及不顺利进行各种概率下的期望结果，然后根据期望结果做出方案选择。甲公司采用的风险管理技术与方法的特点有（　　）。

A. 对于决策问题的细节提供了一种清楚的图解说明
B. 可能有过于简化环境的倾向
C. 能够生动地体现事件的顺序
D. 能够计算到达一种情形的最优路径

参考答案及解析

1. 【答案】B
   【考点】马尔科夫分析法
   【解析】马尔科夫分析法通常用于对那些存在多种状态（包括各种降级使用状态）的可维修复杂系统进行分析。适用于对复杂系统中不确定性事件及其状态改变的定量分析。"先将设备运行情况划分为几种情景状态，然后用随机转移矩阵描述这几种状态之间的转移，最后用计算机程序计算出每种状态发生的概率"符合马尔科夫分析法的定义。因此，选项B正确。

2. 【答案】B
   【考点】流程图分析法
   【解析】流程图分析法是对流程的每一阶段、每一环节逐一进行调查分析，从中发现潜在风险并找出导致风险发生的因素，分析风险产生后可能造成的损失以及对整个组织可能造成的不利影响。因此，选项B正确。

3. 【答案】B
   【考点】事件树分析法
   【解析】事件树是一种表示初始事件发生之后互斥性后果的图解技术，其根据是为减轻其后果而设计的各种系统是否起作用，它可以定性地和定量地应用。适用于对故障发生以后，在各种减轻事件严重性的影响下，对多种可能后果的定性和定量分析。因此，选项B正确。

4. 【答案】A
   【考点】敏感性分析法
   【解析】敏感性分析法是针对潜在的风险，研究项目的各种不确定因素变化至一定幅度时，计算其主要经济指标的变化率及敏感程度的一种方法。"分别将固定资产投资、经营成本、销售收入这三个因素作为分析对象，分析每一个因素的变化对该项目内部收益率的影响"符合敏感性分析法的定义。因此，选项A正确。

5. 【答案】C
   【考点】头脑风暴法
   【解析】头脑风暴法是指刺激并鼓励一群知识渊博、知悉风险情况的人员畅所欲言，开展集体讨论的方法。根据题中的畅所欲言、进行集中讨论等关键信息判断出该方法是头脑风暴法，该方法的主要优点：①激发了专家想象力，有助于发现新的风险和全新的解决方案（选项A）；②主要的利益相关者参与其中，有助于进行全面沟通（选项D）；③速度较快并易于开展（选项B）。选项ABD表述正确，不符合题意；选项C是德尔菲法的主要优点，表述错误。因此，根据题意，选项C当选。

6. 【答案】B
   【考点】情景分析法
   【解析】情景分析法可用来预计威胁和机遇可能发生的方式。适用于对企业面临的风险进行定性和定量分析。因此，选项B正确。选项ACD均适用于定量分析，不选。

7. 【答案】ABD

【考点】失效模式、影响和危害度分析法
【解析】FMECA 只能识别单个失效模式，无法同时识别多个失效模式。FMECA 的风险等级以定性、半定量或定量表达，识别风险优先级是一种半定量的危害度测量方法，FMECA 可以输出定量结果，选项 C 错误。综上，选项 ABD 正确。

8. 【答案】ABC
【考点】统计推论法
【解析】题干所述的方法是后推法。根据历史的经验和数据推断出未来事件发生的概率及其后果是前推法，选项 D 错误。

9. 【答案】ABD
【考点】决策树分析法
【解析】决策树是考虑到在不确定性的情况下，以序列方式表示决策选择和结果，适用于对不确定性投资方案期望收益的定量分析。它的主要优点：①对于决策问题的细节提供了一种清楚的图解说明（选项 A）；②能够计算到达一种情形的最优路径（选项 D）。局限性：①大的决策树可能过于复杂，不容易与其他人交流；②为了能够用树形图表示，可能有过于简化环境的倾向（选项 B）。选项 C 是事件树分析法的优点，不选。综上，选项 ABD 正确。

第八章　企业面对的主要风险与应对

真题巩固

一、单选题

1. 【2023】聚力公司是一家工业互联网设备生产企业。为了节省研发成本、提高生产效率，该公司拟将部分业务外包，并为此制定业务外包实施方案。下列各项中，属于聚力公司制定业务外包实施方案时应予采纳的风险管控措施是（　　）。
   A. 根据公司生产经营计划，制定业务外包实施方案
   B. 对于重大业务外包，风险管理职能部门负责人应参与决策
   C. 传感器或智能控制系统制造等核心业务外包，应由总会计师和总工程师联合审批
   D. 根据业务外包对生产经营的影响程度，对外包业务实施分类管理

2. 【2023】利生公司是一家提供体检和健康咨询服务的企业。为应对法律风险和合规风险，该公司制定、实施了一系列风险管控措施。下列各项关于利生公司制定和实施的措施中，属于该公司应对法律责任风险的管控措施是（　　）。
   A. 制定廉洁及反舞弊管理措施，有效防范管理层和员工的各种潜在违法行为
   B. 制定员工职业道德规范，并定期组织培训
   C. 配置专业的法务人员，建立与法律管理相关的制度规范和符合企业核心利益的应对策略
   D. 时刻关注政府对体检和健康咨询服务企业的监管要求，识别和防范各种潜在合规风险

3. 【2018】甲公司曾是一家世界著名的照相机生产企业。近年来，面对各类新型照相设备的兴起，该公司业务转型迟缓，目前出现巨额亏损，濒临破产。甲公司遭遇的风险属于（　　）。
   A. 技术风险　　B. 财务风险
   C. 战略风险　　D. 产业风险

4. 【2018】有关研究机构证实，从事中成药生产的上市公司甲公司的主打产品含有对人体健康有害的成分，该研究结果被媒体披露后，甲公司的股价大跌，购买其产品的部分消费者和经销商纷纷要求退货，致使其经营陷入危机。上述案例中，甲公司面临的风险属于（　　）。
   A. 非市场风险　　B. 运营风险
   C. 财务风险　　　D. 产业风险

二、多选题

5. 【2023】维勒公司是一家纳米材料研发和生产企业。该公司拟投资建设一座大型实验楼，目前已启动重大工程项目立项工作。下列各项中，属于维勒公司应对工程项目立项管理风险应采用的管控措施有（　　）。
   A. 根据年度生产经营计划，提出实验楼建设工程项目建议书，开展可行性研究
   B. 从事项目可行性研究的专业机构不得再从事可行性研究报告的评审
   C. 实验楼建设重大工程的立项，报董事会或类似权力机构集体审议批准
   D. 采用公开招标或邀请招标方式选择承包单位

6. 【2021】燕州公司是一家肉鸭养殖、加工企业，该公司于2017年从国外引进著名的番鸭全面替代原有鸭种，由于番鸭的饲养成本是原有鸭种的3倍多，加上番鸭熟制品不太适合国内消费者的口味，因而该公司此后的经营持续入不敷出，逐渐陷入困境。本案例中，燕州公司面临的风险有（　　）。

A. 战略风险　　　　B. 运营风险
C. 技术风险　　　　D. 市场风险

7. 【2019】主营太阳能电池组件业务的日华公司上市后，通过股权融资、债券融资、银行借贷、信贷融资、民间集资等各种手段融资近70亿元，在多个国家投资布局光伏全产业链，还大举投资房地产、汽车等项目，后来光伏产业国际市场需求急剧萎缩，致使公司出现大额亏损，深陷债务危机。本案例中，日华公司所面临的主要风险类型有（　　）。
   A. 战略风险　　　　B. 政治风险
   C. 社会文化风险　　D. 财务风险

8. 【2019】随着云计算技术的崛起，传统数据技术受到严峻挑战，此前引领世界数据库软件市场的 J 公司对环境变化反应迟钝，没有及时研究云计算技术，当公司意识到云技术是未来方向时，转型为时已晚。2018年，J 公司营业收入基本零增长，净利润比前一年暴跌59%，J 公司面对的主要风险是（　　）。
   A. 法律风险　　　　B. 运营风险
   C. 财务风险　　　　D. 市场风险

9. 【2018】甲公司是一家环保设备制造商。2010年，甲公司把以投资建设环保项目为由从银行取得的贷款转而投入了房地产开发，几年后，由于政府宏观调控政策的出台和房地产业的收缩，甲公司投入房地产开发的大部分资金无法收回，经营陷入危机。上述案例所涉及的风险有（　　）。
   A. 法律和合规风险　B. 运营风险
   C. 操作风险　　　　D. 财务风险

10. 【2016】甲公司是一家从事手机研发和制造的高科技企业。2015 年，甲公司将手机的制造外包给乙公司。此后，市场上发生多起甲公司的手机电池爆炸，给用户造成人身和财产损失的事故。甲公司详细调查后发现：乙公司提供的手机电池质量不合格，存在很大的安全隐患。甲公司将手机的制造外包给乙公司后面临的风险有（　　）。
    A. 法律风险　　　　B. 战略风险
    C. 运营风险　　　　D. 财务风险

11. 【2016】企业在履行社会责任方面需要关注的主要风险有（　　）。
    A. 缺乏诚实守信的经营理念，可能导致舞弊事件的发生
    B. 促进就业和员工权益保护不够，可能导致员工积极性受挫
    C. 安全生产措施不到位，责任不落实，可能导致安全事故的发生
    D. 产品质量低劣，侵害消费者利益，可能导致企业巨额赔偿、形象受损

三、主观题

12. 【2022】随着信息技术和电子商务的兴起，主营连锁实体书店的光华公司销售额每况愈下，经营持续亏损。在层出不穷的新型知识学习和传播工具的冲击下，走入实体书店的顾客日渐减少，光华公司旗下 30 多家分店的空闲面积越来越大；员工收入走低，骨干员工纷纷跳槽，一般员工则大多人浮于事，抱着"当一天和尚撞一天钟"的消极态度混日子；图书由总部统一采购、统一定价以及各分店员工工资水平大体相当的制度，经常造成图书品种、数量和价格脱离各分店所处地区的顾客需求，挫伤了各个分店的经营积极性；所有管理机构均设立在总部，各分店只有一名店长负责日常经营，缺乏管理自主权；有的分店服务体系不健全，员工对顾客服务态度差，甚至出售缺页、被污损的图书，并拒绝顾客退换，损害了公司声誉。

    2018 年，光华公司为制止经营滑坡并尽快走出困境，开始采取如下措施：（1）提出并履行"弘扬先进文化，创新服务内容"的新使命。（2）出售 5 家因地理位置欠佳、管理不善而长期严重亏损的分店，将公司原有业务量削减 15%，减少库存积压和各项开支，同时，将节省下来的一部分资源用于开设网上书店，增加音像产品销售、二手书收购和珍藏版书籍展销等业务。（3）建立读者阅读俱乐部，邀请图书作者进行演讲、畅销书推介和签名售书；定期和不定期举办会员知识沙龙，交

流读书体会。（4）重新设计、装修店面，突出"学海无涯，淡泊明志，宁静致远"的文化氛围；充分利用空余场地，开设书桌、茶厅，兼顾消费者阅读、购书和休闲的需求。（5）积极开展社会服务，每年为附近学校开展一次赠书活动，为居民无偿举办6场百科知识讲座。（6）适当下放管理权限，在各分店设立相关管理部门，使其在用人、采购、定价、经营项目等方面拥有一定的自主权。（7）倡导"顾客至上，暖心服务"的宗旨，建立健全客户服务标准和流程。（8）总部采用目标管理法对各分店进行绩效考核，并实行与绩效挂钩的薪酬制度，对业绩未达标的分店采取更换店长、减少或取消奖金等措施，对业绩突出的分店在人、财、物上给予优先配置。

2019年底，光华公司实现扭亏为盈，并获得顾客和社会较高赞誉。

要求：

简要分析光华公司面临的运营风险以及对该风险采取的管控措施。

13. 【2022】云博公司成立于2015年，致力于智能机器人的研发和制造，其产品广泛应用于冶金、医疗、金融、物流等领域。

云博公司的销售业务由一位主管副总经理负责，主管副总经理根据业务能力选拔、任用多名分别负责不同类别产品的销售经理。每位销售经理管理一个由5~8位销售人员组成的销售组，负责某一类产品的销售。销售组的年度销售计划由销售经理提出，经主管副总经理批准后实施。公司员工包括销售人员的薪酬取决于对公司确定的各项业绩目标所作出的贡献，"唯业绩"观念被公司员工普遍接受。因此，销售经理们往往制定较高的年度销售目标，并把该目标按月分解并分配给组内每一位销售人员。截至2019年底，智能机器人市场一直供不应求，销售计划完成比较顺利，因此，主管副总经理对销售经理提出的销售计划往往不经仔细审核就签字通过。根据业绩目标完成情况，主管副总经理对销售经理进行季度考核和奖罚、销售经理对组内销售人员进行月度考核和奖罚。考核时间的短期化使销售人员时时感受到压力，彼此之间为完成业绩指标争夺客户的现象时有发生。在价格与合同管理上，公司为更快、更多地获取订单，采用灵活的做法，赋予销售经理和销售人员可按最低8折价格与客户签订产品销售合同的权力。虽然公司制度规定销售合同须事先经财务、法务部门审核方能签订，但未得到严格执行。公司建立了对销售人员每半年进行一次职业规范、业务技能和相关法律法规培训的制度，但面对销售经理们销售任务重、抽不出时间参加培训的抱怨，这一制度始终未能落实。

2020年初，由于新冠疫情暴发，云博公司的产品订单急剧减少。但销售经理们和主管副总经理一致认为，疫情不会持久，市场需求会很快转旺，因此要求生产部门生产并储备比疫情发生前更多的产品。一年后，新冠疫情并未缓解，市场仍然低迷，云博公司的大量产品滞销、积压。有的销售经理未进行资信调查就向新客户赊销产品，造成大量货款至今没有收回。还有个别销售经理与客户合谋，擅自突破公司规定的产品价格折扣底线，以极低的价格出售产品并从对方收取"报酬"。公司内部控制和审计部门对销售过程中的失控和混乱现象未能及时发现和纠正。这些原因导致公司销售业务走入困境。半年后，云博公司由于巨额亏损濒临破产。

要求：

依据上述案例，简要分析云博公司的销售业务存在的风险。

14. 【2021】煌水乳业公司成立于2002年，2013年正式挂牌上市。2016年12月16日，一家国际著名调查机构发布做空煌水乳业的报告，指出煌水乳业在苜蓿草和产奶量等方面数据造假。随后数月，国内一家银行发现，煌水乳业大量单据造假，将账上30亿元资金转出投资房地产，无法收回。

此外，业内人士也发现了煌水乳业多处编制财务报告的内控缺陷。

（1）煌水乳业在 2016 年 3 月报表中显示公司流动资金充足，并对企业的持续经营能力表示肯定。然而分析 2016 年度的财务报表后显示，煌水乳业 2016 年的经营活动在收入、成本、借款等方面存在不实问题，企业未来的持续经营能力存在重大不确定性，财务报表存在重大错报风险。

（2）煌水乳业在 2014 年 4~6 月向迪科种业公司累计购买约 685 万元的种子，这笔交易并未在中期报告中及时披露，而在后期发现执行董事于坤间接持有迪科种业公司的控股权，该购买行为被证明为关联交易。2014 年 12 月 23 日，煌水乳业将其当年4月建立的子公司富浩股份转让予新成立的兴旺畜牧公司，后者由刘冰个人 100% 控股。然而此次交易不具有正当的商业理由，且煌水乳业 2015 年财务报告并未披露此次处置子公司的作价，业内人士质疑煌水乳业建立富浩公司的目的很可能就是利用关联方转移资产。

煌水乳业频繁出现财务报告虚假与不实问题，与其内部治理结构的缺陷不无关联。煌水乳业自上市以来，董事会主席兼 CEO 张凯始终维持公司最大股东身份，对公司具有绝对的控制和管理权力，掌控公司所有的重大事项决策权，并直接负责公司所有业务的运营和管理。煌水乳业未设置监事会，监事会的职能主要由审计委员会以及独立董事履行。煌水乳业的独立董事王光和李良都曾是 BM 会计师事务所的合伙人，而煌水乳业一直以来聘用 BM 事务所进行外部审计，会计师事务所的合伙人任职客户公司重要岗位，削弱了注册会计师的独立性，煌水乳业的独立董事及其聘用的会计师事务所都没有严格履行其对公司财务报告审核监督的责任。煌水乳业的审计委员会由 3 名独立非执行董事组成。年报公布的审计委员会两次会议显示，审计费用以及年度和半年度的财务报告审计均被顺利通过，并未发现财务报表和审计过程中存在的诸多问题，审计委员会并没有尽到应尽的职责。

要求：

（1）依据财务报告风险与应对，简要分析煌水乳业财务报告存在的主要风险。

（2）依据组织架构风险与应对，简要分析煌水乳业存在的主要风险。

15. **【2020】**"达达出行"创建于 2012 年。经过几年的发展，"达达出行"从一个出租车打车软件平台，成长为涵盖出租车、专车、快车、顺风车、代驾及大巴等多项业务的一站式出行平台。

"达达出行"的顺风车业务定位于"共享出行"，旨在进一步释放闲置车辆的利用效率。为了调动广大车主和乘客参与的积极性，"达达出行"有意突出了其社交属性，"就像咖啡馆、酒吧一样，私家车也能成为一个半公开、半私密的社交空间"。然而，这一思路给达达顺风车业务带来了灾难性的后果。

2018 年 5 月和 8 月，达达顺风车连续两次发生了女乘客被车主杀害的事件，引发社会舆论轩然大波。有关政府部门在第一时间约谈"达达出行"，责令全面整改。在"达达出行"承诺给予被害者巨额赔偿后，国内一家主流报刊发文评论，"生命安全是人类最基本的需求，网络平台不能把资本思维凌驾于公共利益之上"。随后"达达出行"发布公告，自 8 月 27 日起下线全国顺风车业务，进行内部整改。之后，达达顺风车开展了多项整改措施。

（1）调整产品定位和属性。坚决摒弃社交思路，回归顺风车"顺路"属性。达达顺风车永久下线用户真实头像、性别等个人信息展示；限制车主接单次数，确保无法挑单；去掉非行程相关的评价标签，防止隐私泄露等。

（2）完善安全管理控制体系。达达顺风车安全管理优化了 226 项功能，聚焦真正顺路、真实身份核实以及全程的安全防护。

(3) 改善激励机制与约束机制，打造友善出行环境。达达顺风车将原有的"信任值"升级为"行为分"，更有效地引导车主和乘客双方在平台上的"好行为"。同时，达达顺风车为用户每次行程免费提供最高120万元/人保额的驾乘人员意外险。

下线整改一年多后，2019年11月20日上午9：00起，达达顺风车终于开启试运营。

要求：

简要分析"达达出行"在2018年所面临的法律与合规风险。

16. 【2019】主营单晶硅、多晶硅太阳能电池产品研发和生产的益强公司于2003年成立。这是一家由董事长兼总经理李自一手创办并控制的家族式企业。

2010年11月，益强公司挂牌上市。在资本市场获得大额融资的同时，益强公司开始了激进的扩张之路。从横向看，为了扩大市场份额，益强公司在欧美多个国家投资或设立子公司；从纵向看，益强公司布局光伏全产业链，实施纵向一体化发展战略，由产业中游的组件生产，延伸至上游的硅料和下游的电站领域。益强公司还大举投资房地产、炼油、水处理和LED显示屏等项目。

为了支持其扩张战略，益强公司多方融资。公司上市仅几个月便启动第二轮融资计划——发行债券，凭借建设海外电站的愿景，通过了管理部门的审批，发行10亿元的"益强债"，票面利率为8.98%，在当年新发债券中利率最高。自2011年2月起，李自及其女儿李丽陆续以所持股份作抵押，通过信托融资约9.7亿元，同时益强公司大举向银行借债。李自还发起利率高达15%的民间集资。这样，益强公司在上市后三年内，通过各种手段融资近70亿元。

受2008年美国次贷危机和2011年欧债危机影响，欧美国家和地区纷纷大幅削减甚至取消光伏补贴，光伏产品国际市场需求急剧萎缩。随后欧盟对中国光伏产品发起"反倾销、反补贴"调查，光伏企业出口遭受重创。而全行业的非理性发展已经导致产能严重过剩，市场供大于求，企业间开始以价格战展开恶性竞争，利润急速下降，甚至亏损。

在这种情况下，益强公司仍执着于多方融资、扩大产能，致使产品滞销、库存积压。同时，在海外大量投资电站致使公司的应收账款急速增加。欧盟经济低迷，海外客户还款能力下降，欧元汇率下跌。存货跌价损失、汇兑损失、坏账准备的计提使严重依赖海外市场的益强公司出现大额亏损。公司把融资筹措的大量短期资金投放于回款周期很长的电站项目，投资回报期和债务偿付期的错配使公司的短期还款压力巨大，偿债能力逐年恶化。2010年公司的流动比率为3.165，到了2013年只有0.546。公司资金只投不收的模式使现金流很快枯竭。2012年和2013年多家银行因贷款逾期、供应商因货款清偿事项向益强公司提起诉讼，公司部分银行账户被冻结，深陷债务危机。益强公司由于资金链断裂，无法在原定付息日支付公司债券利息8980万元，成为国内债券市场上第一家违约公司，在资本市场上掀起轩然大波，打破了公募债券刚性兑付的神话。

2014年5月益强公司因上市后连续三年亏损被ST处理，暂停上市。仅仅三年多的时间，益强公司就从一家市值百亿元的上市公司深陷债务违约危机，导致破产重组。

要求：

（1）简要分析益强公司上市后面对的市场风险。

（2）依据资金活动风险与应对，简要分析益强公司资金活动中存在的主要风险。

17. 【2019】

资料三

新能源汽车的问世对传统汽车制造业带来严峻的挑战。在全球环境保护的压力下，万欣公司也开始向新能源汽车领域挺进。但是由于起步晚、缺少高端技术研发人员和营销人员，万欣公司的电动车零部件核心技术远远落后于国内外的领先企业，也缺少整合供应链的资源和能力，更没有早期进入者所具有的经验曲线等成本优势。为了克服公司进入新能源汽车领域的诸多障碍，2012年底，万欣U国公司协助集团总部参与竞购深陷破产危机的U国AB公司。

AB公司是U国一家研制和生产锂离子能量存储设备的厂商，曾被U国政府和市场寄予厚望。竞购期间U国诸多政府官员与行业专家强烈反对将AB公司卖给万欣公司，他们认为AB公司是U国重点企业且部分业务和军方有直接关联，被万欣公司收购会威胁U国国家安全。为了减少万欣公司在U国受到的政治压力，万欣公司向国内备案以获得国家的背书，增加谈判筹码；万欣公司始终承诺整体收购，并维持其2 000多名员工的工作岗位，这与其他8个竞标者只对AB公司的部分业务感兴趣不同；更关键的是，万欣公司只收购AB公司的民用业务，绝对避开涉及军方的业务。万欣公司的收购方案展现了愿意承担社会责任的企业形象，得到了AB公司首席执行官的高度认可，妥善化解了来自外界的压力。

对AB公司的收购完成之后，万欣U国公司代替总部开始直接接管万欣公司在U国的新能源汽车业务。2013年公司聘请U国人R先生管理AB公司，要求他在不影响研发的前提下不断削减开支。R先生削减医疗福利，取消了免费食物和卡布奇诺咖啡机等待遇。在甩债务、拓业务、削福利这三板斧之后，AB公司终于扭转了亏损，开始步入正轨。之后，万欣公司继续向AB公司提供培养核心业务必要的财务支持，推动AB公司进入汽车电动化、电网储能及其他全球性市场，包括进入中国市场。

2013年10月万欣公司将其所有的电池制造业务交给AB公司承担，这成为双方建立互信的重要里程碑。万欣公司还开放了AB公司的实验室并建立"AB创业技术项目"，与20多家电池公司开展联合研发。万欣公司通过收购AB公司获得了世界顶尖的电池技术，与全球主流客户建立了业务联系，在新能源电池领域也更具号召力。

2014年初，经过多轮角逐，U国批准了万欣U国公司对FS电动汽车公司的收购，标志着万欣公司全面进入新能源汽车整车制造产业。在收购FS公司期间，万欣U国公司同样遭到非议，被指责"偷窃U国技术"。然而FS公司所在州州长和议员对万欣U国公司表示支持："万欣U国公司在U国20多年，一直比较靠谱。"并购后，万欣U国公司履行承诺，将FS公司的工厂从欧洲F国搬回U国，复产后创造了300多个工作岗位。

2015年11月，FS公司宣布与D国BM公司结成重要合作伙伴关系，万欣U国公司认为这一合作不仅将技术和资本绑在一起，而且将名誉与品牌绑在一起。万欣U国公司又一次向U国新能源市场展现自身实力，也让评价者认可其在新业务中的行为和战略。

要求：

依据社会责任风险与应对，简要分析万欣公司与万欣U国公司进入新能源汽车领域是如何规避履行社会责任风险的。

18. 【2018】四水集团是一家专门从事基础设施研发与建造、房地产开发及进出口业务的公司，1990年11月21日在证券交易所正式挂牌上市。2014年8月8日，四水集团收到证监局《行政监管措施决定书》，四水集团一系列违规问题被披露出来。

（1）未按规定披露重大关联交易。四水集团监事张三同时担任F公司的董事长、法定代表人；张三的配偶小芳担任H贸易公司的董事、总经理、法定代表人。2012年度，四水集团与F公司关联交易总金额6 712万元，与H贸易公司的关联交易总金额87 306万元；2013年度，四水集团与H贸易公司的关联交易总金额为215 395万元。这些关联交易均超过3 000万元且超过四水集团最近一期经审计净资产的5%。根据证监会的规定，这些交易属于应当在年报中披露的重大关联交易，但是，四水集团均未在这两年的年度报告中披露上述重大关联交易。

（2）违规在关联公司间进行频繁的资金拆借，非法占用上市公司资金。四水集团无视证监会关于禁止上市公司之间资金相互拆借的有关规定，2012年4月至2014年8月，向关联公司H贸易公司、F公司拆借和垫付资金6笔，共27 250万元。

（3）通过派发高额工资等方式变相占用上市公司非经营性资金。四水集团近年来效益很不佳，连续多年没有分红，公司股价也一直处于低迷状态。然而，2011~2013年，包括董事长在内的公司高管人数分别为17名、19名和16名，合计从公司领走1 317万元、1 436万元和1 447万元薪酬，均超过同期四水集团归属于母公司股东的净利润水平。

（4）连续多年向公司董事、监事和高级管理人员提供购房借款。截至2013年12月31日，四水集团向公司董事、监事和高级管理人员提供购房借款金额达到610万元。上述行为违反了《公司法》关于"公司不得直接或通过子公司向董事、监事、高级管理人员提供借款"的相关规定。

（5）利用上市公司信用为关联公司进行大量违规担保。四水集团2011~2014年为公司高管所属的公司提供担保的金额分别为0.91亿元、5.2亿元、5.6亿元、7.7亿元。公司管理层将四水集团当作融资工具，为自己所属公司解决资金需求，一旦这些巨额贷款到期无法偿还，四水集团就必须承担起还款的责任。四水集团管理层频繁的违规行为，导致四水集团的发展陷入举步维艰的地步。公司2011~2014年的经营状况不佳，扣除非经常性损益后的净利润出现连续大额亏损的状况，公司连续多年资产负债率高达70%以上，且流动资产和流动负债相差无几。财务风险很大，四水集团的每股收益连续多年走低，远低于上市公司平均水平，反映四水集团股东的获利水平很低。

要求：
简要分析四水集团资金营运管理存在的主要风险。

19.【2017】
资料三

广源天药集团多元化经营的各个领域的经营状况呈现出多种不同态势。

（1）医药板块稳步增长。公司医药产品中已经有6种产品销量过亿元。其中最高的销售额超过10亿元。

（2）日化板块仅有牙膏一枝独秀，其他产品业绩不佳。2004~2014年广源天药牙膏的销售额从3 000万元上升到19亿元，成为广源天药集团利润增长的主要产品之一。然而，其他日化产品都销售不佳，发展势头萎靡不振。几种主要产品的市场占有率大大低于外资品牌，也低于国内其他著名品牌。目前市场上已经很少能看到广源天药的沐浴露、洗发水、护发素、面膜、护手霜等产品的踪迹。

广源天药日化产品的开发和发展，虽然都能依托集团公司强势的品牌效应，但是，只有牙膏产品，能够将广源天药集团的核心竞争力真正体现出来。究其原因，其一，广源天药牙膏运用公司的关键资源——广源天药粉的神奇功效，使得广源天药牙膏具有独特的治疗功能；其二，广源天药牙膏首先采用的销售渠道是医院和药房、网络销售渠道，随后才进入超市等渠道，这样有利于在产品问世时显现出药企的背景，让消费者觉得质量有保障，并且巧妙避开了与行业龙头的直接竞争，还可降低前期的销售费用。而其他日化产品由于其功能和特点无法体现广源天药粉的独特优势，因而难以成功。

（3）房地产板块经营不善。广源天药集团在2006年房地产行业发展热火朝天的大好形势下进入房地产行业,但是房地产业务与广源天药集团的主营业务不存在联系,在生产技术、市场、营销等方面无法产生协同效应。广源天药集团没有强大的资源和人才来支撑这个庞大的房地产业务体系,致使房地产业务在5年内4年都是严重亏损,侵蚀了集团的资源,占用了人力,还占据了企业大量资金。广源天药集团管理层没有审时度势和合理分析房地产业的未来走势,没有结合集团房地产业务连续数年亏损的实际和房地产整个行业的发展现状及时作出调整,却于2012年反其道而行,耗资38亿元兴建度假村。直到2013年才出售广源天药置业有限公司,退出不良业务。

近年来,广源天药集团由于多元化经营,资源分散,不仅导致其在缺乏优势的产业中经营绩效不佳,而且对其主业带来了负面影响。2007~2014年广源天药集团有4种药品进入国家药监局不合格药品名单,其中影响最大的是2012年国内某省药监局查出广源天药胶囊的水分不合格,相关产品被召回,广源天药集团被列入医药企业黑名单。该省药物采购联合办公室取消了广源天药胶囊的中标权利和网上采购资格,并且在2013~2016年严格禁止广源天药胶囊进入该省基本药物统一招标采购目录。从2007年至2016年9年间,广源天药至少10次因为部分药品质量不合格、广告夸大疗效等原因导致负面消息,这些负面消息无疑给广源天药集团的企业形象和口碑造成不良的影响。

要求:
简要分析广源天药集团在经营中面临的运营风险。

参考答案及解析

1. 【答案】D
   【考点】运营风险与应对
   【解析】关于业务外包实施方案制定。企业应当根据年度生产经营计划和业务外包管理制度,结合确定的业务外包范围,制定实施方案(选项A说法不全面),按照规定的权限和程序进行审批,避免核心业务外包(选项C错误)。根据业务外包对企业生产经营的影响程度,对外包业务实施分类管理(选项D正确),突出管控重点;对于重大业务外包,总会计师或企业分管会计工作的负责人应参与决策(选项B错误),并将重大业务外包方案提交董事会或类似权力机构审批。综上,选项D当选。

2. 【答案】C
   【考点】法律风险和合规风险与应对
   【解析】企业应对法律责任风险重点关注的管控措施包括企业应配置专业的法务人员,建立法律管理相关的制度规范及符合企业核心利益的应对策略,选项C正确。选项AB属于应对行为规范风险的管控措施,选项D属于应对监管风险的管控措施。

3. 【答案】C
   【考点】战略风险与应对
   【解析】战略风险指企业在战略管理过程中,由于内外部环境的复杂性和变动性以及主体对环境的认知能力和适应能力的有限性,而导致企业整体性损失和战略目标无法实现的可能性及其损失。"面对各类新型照相设备的兴起,该公司业务转型迟缓,目前出现巨额亏损,濒临破产"说明企业没有根据环境的变化而变化,属于战略风险。因此,选项C

正确。选项 AD 的说法已从教材中删除，不选。案例中没有与选项 B 相关的表述，不选。

4. 【答案】B
   【考点】运营风险与应对
   【解析】"产品含有对人体健康有害的成分"说明公司产品安全、质量有问题，符合质量、安全、环保、信息安全等管理中发生失误导致的风险的表述，属于运营风险。因此，选项 B 正确。教材中并无与选项 A 有关的表述，选项 D 的内容教材已删除，均不选。选项 C 与预算、财务报表和资金运营有关，案例中并无表述，不选。

5. 【答案】BC
   【考点】运营风险与应对
   【解析】关于工程项目立项管理。企业应当指定专门机构归口管理工程项目，根据发展战略和年度投资计划，提出项目建议书，开展可行性研究，编制可行性研究报告（选项 A 说法不全面）。从事项目可行性研究的专业机构不得再从事可行性研究报告的评审（选项 B 正确）。重大工程项目的立项，应当报经董事会或类似权力机构集体审议批准（选项 C 正确）。工程项目的招标方式选择属于工程项目招标管理，不属于立项管理，选项 D 错误。综上，选项 BC 正确。

6. 【答案】ABD
   【考点】战略风险与应对；市场风险与应对；运营风险与应对
   【解析】"从国外引进著名的番鸭全面替代原有鸭种"是引入了新产品，导致产品结构带来了变化，属于运营风险，选项 B 正确；"番鸭熟制品不太适合国内消费者的口味"体现企业未考虑国内消费者对产品或服务的需求而引发的风险，属于战略风险，选项 A 正确；"成本是原有鸭种的 3 倍多"体现了原材料等物资供应的充足性、稳定性和价格的变化带来的风险，属于市场风险，选项 D 正确。技术风险相关表述已从教材删除，选项 C 不选。综上，选项 ABD 正确。

7. 【答案】AD
   【考点】战略风险与应对，财务风险与应对
   【解析】"通过股权融资、债券融资、银行借贷、信贷融资、民间集资等各种手段融资近 70 亿元""公司出现大额亏损，深陷债务危机"体现了筹资决策不当，引发资本结构不合理或无效融资，可能导致企业融资成本过高或债务危机，属于财务风险，选项 D 正确。同时，"在多个国家投资布局光伏全产业链，还大举投资房地产、汽车等项目"说明公司迅速进入多个产业，体现了企业发展战略过于激进，脱离实际能力或偏离主业，导致企业过度扩张，甚至经营失败，属于战略风险，选项 A 正确。选项 BC 的说法已从教材中删除，不选。综上，选项 AD 正确。

8. 【答案】BD
   【考点】市场风险与应对，运营风险与应对
   【解析】"J 公司对环境变化反应迟钝，没有及时研究云计算技术，当公司意识到云技术是未来方向时，转型为时已晚"体现的是运营风险中的企业组织效能、管理现状、企业文化，高、中层管理人员和重要业务流程中专业人员的知识结构、专业经验等方面可能引发的风险，因此，选项 B 正确；选项 A，法律风险是由于法律因素导致企业承担不利的法律后果，与题干无关；选项 C，财务风险与企业的财务报表、预算和资金运营相关，与题干无关；"云计算技术的崛起，传统数据技术受到严峻挑战"说明替代品的竞争已经给公司带来风险，属于市场风险，因此，选项 D 正确。综上，选项 BD 正确。

9. 【答案】AD
   【考点】财务风险与应对，法律风险和合规风险与应对
   【解析】"甲公司把以投资建设环保项目为由从银行取得的贷款转而投入了房地产开发"说明公司私自改变资金用途，违规挪用资金，所以甲公司面临法律和合规风险，选项 A 正确；同时也暴露出甲公司对筹集到的资金运用不合理，未按审批的筹资方案执行筹资活动，存在擅自改变资金用途的问题，面临财务风险，选项 D 正确。综上，选项 AD 正确。

10. 【答案】AC
    【考点】市场风险与应对
    【解析】市场上发生多起甲公司的手机电池爆炸，给用户造成人身和财产损失的事故，可能会引起如法律诉讼等的法律风险，选项A正确；甲公司详细调查后发现，乙公司提供的手机电池质量不合格，存在很大的安全隐患，是质量、安全、环保、信息安全等管理方面发生失误导致的风险，属于运营风险，选项C正确。综上，选项AC正确。

11. 【答案】BCD
    【考点】运营风险与应对
    【解析】履行社会责任方面需关注的主要风险：①安全生产措施不到位，责任不落实可能导致企业发生安全事故（选项C）；②产品质量低劣，侵害消费者利益，可能导致企业巨额赔偿、形象受损，甚至破产（选项D）；③环境保护投入不足，资源耗费大，造成环境污染或资源枯竭，可能导致企业巨额赔偿、缺乏发展后劲，甚至停业；④促进就业和员工权益保护不够，可能导致员工积极性受挫，影响企业发展和社会稳定（选项B）。
    选项A，关键词为"经营理念"，是企业经营的原则，属于企业文化的相关风险，不属于社会责任需考虑的风险，不选；选项B，关键词为"促进就业和员工权益"，属于社会公众对企业社会责任的期望，属于社会责任需考虑的风险，当选；选项C，关键词为"安全生产"，当选；选项D，关键词为"产品质量"，当选。综上，选项BCD正确。

12. 【答案】①光华公司面临的运营风险有：
    A. 组织架构风险。"所有管理机构均设立在总部，各分店只有一名店长负责日常经营，缺乏管理自主权"。
    B. 人力资源风险。"骨干员工纷纷跳槽，一般员工则大多人浮于事""各分店员工工资水平大体相当的制度……挫伤了各个分店的经营积极性"。
    C. 社会责任风险。"有的分店服务体系不健全，员工对顾客服务态度差，甚至出售缺页、被污损的图书，并拒绝顾客退换，损害了公司声誉"。
    D. 企业文化风险。"一般员工……抱着'当一天和尚撞一天钟'的消极态度混日子"。
    E. 采购业务风险。"图书由总部统一采购……经常造成图书品种、数量……脱离各分店所处地区的顾客需求……挫伤了各个分店的经营积极性"。
    F. 资产管理风险。"光华公司旗下30多家分店的空闲面积越来越大"。
    G. 销售业务风险。"图书由总部……统一定价……的制度，经常造成图书……价格脱离各分店所处地区的顾客需求"。
    ②光华公司对运营风险采取的管控措施有：
    A. 对组织架构风险的管控措施："适当下放管理权限，在各分店设立相关管理部门，使其在用人、采购、定价、经营项目等方面拥有一定的自主权"。
    B. 对人力资源风险的管控措施："适当下放管理权限，在各分店设立相关管理部门，使其在用人……方面拥有一定的自主权""总部采用目标管理法对各分店进行绩效考核，并实行与绩效挂钩的薪酬制度，对业绩未达标的分店采取更换店长、减少或取消奖金等措施，对业绩突出的分店在人、财、物上给予优先配置"。
    C. 对社会责任风险的管控措施："建立读者阅读俱乐部，邀请图书作者进行演讲、畅销书推介和签名售书；定期和不定期举办会员知识沙龙，交流读书体会""积极开展社会服务，每年为附近学校开展一次赠书活动，为居民无偿举办6场百科知识讲座""建立健全客户服务标准和流程"。
    D. 对企业文化风险的管控措施："提出并履行'弘扬先进文化，创新服务内容'的新使命""倡导'顾客至上，暖心服务'的宗旨""重新设计、装修店面，突出'学海无涯，淡泊明志，宁静致远'的文化氛围"。

E. 对采购业务风险的管控措施："适当下放管理权限，在各分店设立相关管理部门，使其在……采购……方面拥有一定的自主权"。

F. 对资产管理风险的管控措施："充分利用空余场地，开设书桌、茶厅，兼顾消费者阅读、购书和休闲的需求"。

G. 对销售业务风险的管控措施："适当下放管理权限，在各分店设立相关管理部门，使其在……定价、经营项目等方面拥有一定的自主权"。

【考点】运营风险与应对

13. 【答案】①销售政策和策略不当，市场预测不准确，销售渠道管理不当，可能导致销售不畅、库存积压、经营难以为继。"销售组的年度销售计划由销售经理提出……销售经理们往往制定较高的年度销售目标""主管副总经理对销售经理提出的销售计划往往不经仔细审核就签字通过""由于新冠疫情暴发，云博公司的产品订单急剧减少。但销售经理们和主管副总经理一致认为，疫情不会持久，市场需求会很快转旺，因此要求生产部门生产并储备比疫情发生前更多的产品。一年后，新冠疫情并未缓解，市场仍然低迷，云博公司的大量产品滞销、积压""考核时间的短期化使销售人员时时感受到压力，彼此之间为完成业绩指标争夺客户的现象时有发生"。
②客户信用管理不到位，结算方式选择不当，账款回收不力等，可能导致销售款项不能收回或遭受欺诈。"有的销售经理未进行资信调查就向新客户赊销产品，造成大量货款至今没有收回"。
③销售过程存在舞弊行为，可能导致企业利益受损。"个别销售经理与客户合谋，擅自突破公司规定的产品价格折扣底线，以极低的价格出售产品并从对方收取'报酬'"。

【考点】运营风险与应对

14. 【答案】（1）依据财务报告风险与应对，煌水乳业财务报告所存在的主要风险包括：
①编制财务报告违反会计法律法规和国家统一的会计准则制度，可能导致企业承担法律责任和声誉受损。"煌水乳业在2014年4~6月向迪科种业公司累计购买约685万元的种子，这笔交易并未在中期报告中及时披露，而在后期发现执行董事于坤间接持有迪科种业的控股权，该购买行为被证明为关联交易。2014年12月23日，煌水乳业有限公司将其当年4月建立的子公司富浩股份转让予新成立的兴旺畜牧公司，后者由刘冰个人100%控股。然而此次交易不具有正当的商业理由，且煌水乳业2015年财务报告并未披露此次处置子公司的作价，业内人士质疑煌水乳业建立富浩公司的目的很可能就是利用关联方转移资产"。
②提供虚假财务报告，误导财务报告使用者，造成决策失误，干扰市场秩序。"2016年12月16日，一家国际著名调查机构发布做空煌水乳业的报告，指出煌水乳业在苜蓿草和产奶量等方面数据造假。随后数月，国内一家银行审计发现，煌水乳业大量单据造假，将账上30亿元资金转出投资房地产，无法收回"。
③不能有效利用财务报告，难以及时发现企业经营管理中存在的问题，可能导致企业财务和经营风险失控。"煌水乳业在2016年3月报表中显示公司流动资金充足，并对企业的持续经营能力表示肯定。然而2016年度的财务报表显示，煌水乳业2016年的经营活动在收入、成本、借款等方面存在不实问题，企业未来的持续经营能力存在重大不确定性，公司财务报表存在重大错报风险"。
（2）依据组织架构风险与应对，煌水乳业存在的主要风险包括：
①治理结构形同虚设，缺乏科学决策、良性运行机制和执行力，可能导致企业经营失败，难以实现发展战略。"煌水乳业自上市以来，董事会主席兼CEO的张凯始终维持公司最大股东身份，对公司具有绝对的

控制和管理权力，掌控公司所有的重大事项决策权，并直接负责公司所有业务的运营和管理"。

②组织机构设置不科学，权责分配不合理，可能导致职能缺失。"煌水乳业公司未设置监事会，监事会的职能主要由审计委员会以及独立董事履行，……煌水乳业的独立董事及其聘用的会计师事务所都没有严格履行其对公司财务报告审核监督的责任"。

【考点】财务风险与应对，运营风险与应对

15. 【答案】合规风险侧重于行政责任和道德责任的承担。"达达出行"在 2018 年所面对的合规风险为"达达顺风车连续两次发生了女乘客被车主杀害的事件，引发社会舆论轩然大波"，"有关政府部门在第一时间约谈'达达出行'，责令全面整改"；"国内一家主流报刊发文评论，'生命安全是人类最基本的需求，网络平台不能把资本思维凌驾于公共利益之上'"。

法律风险则侧重于民事责任的承担。"达达出行"在 2018 年所面对的法律风险为"'达达出行'承诺给予被害者巨额赔偿"。

【考点】法律风险和合规风险与应对

16. 【答案】（1）益强公司上市后面对的市场风险：

①产品或服务的价格及供需变化带来的风险。"受 2008 年美国次贷危机和 2011 年欧债危机影响，欧美国家和地区纷纷大幅削减甚至取消光伏补贴，光伏产品国际市场需求急剧萎缩。随后欧盟对中国光伏产品发起'反倾销、反补贴'调查，光伏企业出口遭受重创。而全行业的非理性发展已经导致产能严重过剩，市场供大于求"。

②主要客户、主要供应商的信用风险。"欧盟经济低迷，海外客户还款能力下降"。

③利率、汇率、股票价格指数的变化带来的风险。"欧元汇率下跌。存货跌价损失、汇兑损失、坏账准备的计提使严重依赖海外市场的益强公司出现大额亏损"。

④潜在进入者、竞争者、替代品的竞争带来的风险。"而全行业的非理性发展已经导致产能严重过剩，市场供大于求，企业间开始以价格战展开恶性竞争，利润急速下降，甚至亏损"。

（2）①筹资管理风险：筹资决策不当，引发资本金结构不合理或无效融资，可能导致筹资成本过高或债务危机。"为了支持其扩张战略，益强公司多方融资。公司上市仅几个月便启动第二轮融资计划——发行债券，凭借建设海外电站的愿景，通过了管理部门的审批，发行 10 亿元的'益强债'，票面利率为 8.98%，在当年新发债券中利率最高。自 2011 年 2 月起，李自及其女儿李丽陆续以所持股份作抵押，通过信托融资约 9.7 亿元，同时益强公司大举向银行借债。李自还发起利率高达 15% 的民间集资。这样，益强公司在上市后三年内，通过各种手段融资近 70 亿元"。

②投资管理风险：投资决策失误，引发盲目扩张或丧失发展机遇，可能导致资金链断裂或资金使用效益低下。"在这种情况下，益强公司仍执着于多方融资、扩大产能，致使产品滞销、库存积压。同时，在海外大量投资电站致使公司的应收账款急速增加。欧盟经济低迷，海外客户还款能力下降，欧元汇率下跌。存货跌价损失、汇兑损失、坏账准备的计提使严重依赖海外市场的益强公司出现大额亏损"。

③资金营运管理风险：资金调度不合理、营运不畅，可能导致企业陷入财务困境或资金冗余。"公司把融资筹措的大量短期资金投放于回款周期很长的电站项目，投资回报期和债务偿付期的错配使公司的短期还款压力巨大，偿债能力逐年恶化。2010 年公司的流动比率为 3.165，到了 2013 年只有 0.546。公司资金只投不收的模式使现金流很快枯竭"。

【考点】市场风险与应对，财务风险与应对

17. 【答案】规避履行社会责任风险主要体现在：

①环境保护投入不足，资源耗费大，造成环境污染或资源枯竭，可能导致企业巨额

赔偿、缺乏发展后劲，甚至停业。"在全球环境保护的压力下，万欣公司也开始向新能源汽车领域挺进"。

②促进就业和员工权益保护不够，可能导致员工积极性受挫，影响企业发展和社会稳定。"万欣公司始终承诺整体收购，并维持其2 000多名员工的工作岗位"；"并购后，万欣U国公司履行承诺，将FS公司的工厂从欧洲F国搬回U国，复产后创造了300多个工作岗位"。

【考点】运营风险与应对

18. 【答案】本案例中，四水集团资金营运管理活动存在的主要风险有两个：

（1）资金活动管控不严，可能导致资金被挪用、侵占、抽逃或遭受欺诈。"违规在关联公司间进行频繁的资金拆借，非法占用上市公司资金"；"连续多年向公司董事、监事和高级管理人员提供购房借款"；"利用上市公司信用为关联公司进行大量违规担保。……一旦这些巨额贷款到期无法偿还，四水集团就必须承担起还款的责任"。

（2）资金调度不合理、营运不畅，可能导致企业陷入财务困境或资金冗余。一方面，"在关联公司间进行频繁的资金拆借，2012年4月至2014年8月，向关联公司H贸易公司、F公司拆借和垫付资金6笔，共27 250万元"；另一方面"公司连续多年资产负债率高达70%以上，且流动资产和流动负债相差无几，财务风险很大"；导致"2011~2014年的经营状况不佳，扣除非经常性损益后的净利润出现连续大额亏损的状况"。

【考点】财务风险与应对

19. 【答案】①企业产品结构、新产品研发方面可能引发的风险。"而其他日化产品由于其功能和特点无法体现广源天药粉的独特优势，因而难以成功"；"房地产业务与广源天药集团的主营业务不存在联系，在生产技术、市场、营销等方面无法产生协同效应……房地产业务在5年内4年都是严重亏损"；"由于多元化经营，资源分散，不仅导致其在缺乏优势的产业中经营绩效不佳，而且对其主业带来了负面影响"。

②企业新市场开发、市场营销策略方面可能引发的风险。"广源天药牙膏首先采用的销售渠道是医院和药房、网络销售渠道，随后才进入超市等渠道……而其他日化产品由于其功能和特点无法体现广源天药粉的独特优势"；"房地产业务与广源天药集团的主营业务不存在联系，在生产技术、市场、营销等方面无法产生协同效应"。

③企业组织效能、管理现状、企业文化，高、中层管理人员和重要业务流程中专业人员的知识结构、专业经验等方面可能引发的风险。"广源天药集团没有强大的资源和人才来支撑这个庞大的房地产业务体系，致使房地产业务在5年内4年都是严重亏损"。

④质量、安全、环保、信息安全等管理中发生失误导致的风险。"2007~2014年广源天药集团有4种药品进入国家药监局不合格药品名单，其中影响最大的是2012年国内某省药监局查出广源天药胶囊的水分不合格，相关产品被召回，广源天药集团被列入医药企业黑名单。该省药物采购联合办公室取消了广源天药胶囊的中标权利和网上采购资格，并且在2013~2016年严格禁止广源天药胶囊进入该省基本药物统一招标采购目录"。

⑤因企业内、外部人员的道德风险或业务控制系统失灵导致的风险。"9年间，广源天药至少10次因为部分药品质量不合格、广告夸大疗效等原因导致负面消息"。

⑥企业现有业务流程和信息系统操作运行情况的监管、运行评价及持续改进能力方面引发的风险。"广源天药集团管理层没有审时度势和合理分析房地产业的未来走势，没有结合集团房地产业务连续数年亏损的实际和房地产整个行业的发展现状及时作出调整，却于2012年反其道而行，耗资38亿元兴建度假村。直到2013年才出售广源天药置业有限公司，退出不良业务"。

【考点】运营风险与应对

模拟自测

一、单选题

1. 清能公司曾是一家主营洗衣机的家电行业，因公司领导层看好新能源领域的广阔前景，公司迅速投入新能源开发项目，但由于没有提前配置充足的战略实施人员，该项目最终失败并造成公司巨额损失。上述案例中，清能公司所存在的战略风险主要表现为（　　）。
   A. 战略制定风险
   B. 战略实施风险
   C. 战略调整风险
   D. 战略复盘整改风险

2. 通达公司是我国一家汽车生产企业。因受疫情影响，东南亚汽车芯片工厂大面积停工，芯片产量骤降。通达公司因芯片供应不足，无法完成汽车如期交付。在本案例中，通达公司面临的风险是（　　）。
   A. 市场风险
   B. 战略风险
   C. 法律风险与合规风险
   D. 财务风险

3. 新元上市公司是一家高科技公司，2022年初，A公司与银行签订担保协议，为天力游戏公司5 000万元的贷款提供担保。因其曾多次合作，新元公司并未对天力公司的资产状况进行深入调查，也未采取措施对天力公司进行日常监控，最终因天力公司出现财务困难无力偿还借款，新元公司遭受巨大损失。上述案例中，新元公司面临的主要风险是（　　）。
   A. 市场风险　　B. 运营风险
   C. 财务风险　　D. 监管风险

4. 腾飞公司是国内一家互联网初创公司，团队十余人均是技术人员，不具备管理能力，企业也没有建立起分工明确的职能部门，权责分配尚不明晰。根据上述案例，该公司需关注的组织架构风险为（　　）。
   A. 治理结构形同虚设，缺乏科学决策
   B. 人力资源缺乏或过剩
   C. 缺乏积极向上的企业文化
   D. 内部机构设计不科学

5. 玉华公司是一家服装生产、销售企业。近年来，为了能够专注于自身最擅长的业务领域，将部分服装加工业务外包给甲公司。合作过程中，甲公司因厂房火灾事故导致工厂停工，在此之后的几个月内，玉华公司竟对此毫不知情，最终甲公司未能按期交货，而玉华公司也未准备紧急预案，最终玉华公司也因此丧失了大量订单和客户。根据上述案例，玉华公司在业务外包中面临的风险是（　　）。
   A. 外包范围和价格确定不合理，承包方选择不当
   B. 业务外包监控不严、外包服务质量低劣
   C. 业务外包存在商业贿赂等舞弊行为
   D. 业务外包验收不力

6. 专营老年人保健品的安健公司近期新推出了一款老年钙片。消费者王某服用后，出现不适反应，并导致住院，王某家人对安健公司提起诉讼，同时要求赔偿。但公司管理层认为该事件为小概率事件，不必关注。随后相关研究机构证实该款钙片确实含有对人身体有害的成分，最终安健公司承担了巨额赔偿，公司声誉更是受到严重损害。根据法律风险和合规风险的主要表现，安健公司在上述案例中涉及的是（　　）。
   A. 法律风险　　B. 市场风险
   C. 战略风险　　D. 财务风险

二、多选题

7. 主营Y饮料的悦动公司曾在饮料行业独占鳌头，但由于没有预测政府政策走向和顾客偏好的变化，公司无法及时调整产品结构，导致竞争力逐渐下降；同时公司连续两个季度未完成销售目标，导致公司经营目标难以落实。上述案例中，悦动公司在市场风险方面的主要表现有（　　）。
   A. 信用风险　　B. 分销风险

C. 市场趋势风险　　D. 汇率风险

8. 华星公司是一家致力于手机研发、制造和销售的企业。公司每年需要从外部购买大量手机芯片。经测算，手机芯片占公司手机生产成本的40%以上。另外，华星公司建立了一套采购制度。下列华星公司采购制度规定中，符合采购业务管理措施的是（　　）。

   A. 仓库管理部门负责人对购进芯片的数量进行验收后，确定准确无误，开具验收单后入库
   B. 重视采购付款的过程控制和跟踪管理，对采购发票的真实性、合法性和有效性进行严格审查，发现异常情况，企业立即终止付款流程
   C. 对供应商进行合理选择和动态调整，对于有失信行为的供应商，应及时从供应商清单中移除
   D. 每季度初，采购部经理以定向集中采购方式采购本季度生产所需要的手机芯片

9. 顺雅公司是一家服装生产、销售企业。近年来公司为了能够专注于自身最擅长的业务领域，将一部分货品运输业务外包给外部机构。以下关于业务外包管控措施正确的有（　　）。

   A. 货品运输业务外包效果非常好，总经理李山将服装生产、销售也一并外包给外部机构
   B. 引入竞争机制，按照规定程序和权限，择优选择承包方
   C. 顺雅公司对承包方的履约能力进行持续评估，无法按照合同约定履行义务的，及时终止合同
   D. 根据合同约定和验收标准，顺雅公司组织相关部门对承包方交付的产品或服务的质量进行审查和全面测试，并出具验收证明

10. 青云公司是一家研发、制造和销售手机设备的上市公司。由于企业没有掌握核心技术，青云公司只能长期从外部采购芯片，手机芯片占青云公司手机生产成本的50%以上。由于手机市场需求变化较快，芯片技术更迭较快，加之青云公司采购部经理长期以定向采购而非招标方式进行芯片采买，导致青云公司对市场变化适应性不强，采购物资次品高、存货积压、价值贬损问题频发。根据上述案例，青云公司所面临的主要风险包括（　　）。

    A. 供应商选择不当，采购方式不合理
    B. 采购验收不规范，付款审核不严
    C. 存货积压货短缺，导致流动资金占用过量、存货价值贬损或生产中断
    D. 无形资产缺乏核心技术，导致企业缺乏可持续发展能力

11. 华米公司是国内一家智能手机生产商，其竞争对手新科公司利用其高质的G芯片新上市一款W手机，深受消费者欢迎。但由于制造G芯片的核心材料需从国外进口且价格高昂，华米公司决定采用廉价材料仿制G芯片，以此获取更高额的利润。不久后，此举被公司内部员工揭发，随即引起消费者纷纷退货，华米公司也被告上法庭。上述案例中，华米公司面临的主要风险有（　　）。

    A. 法律与合规风险　　B. 市场风险
    C. 运营风险　　　　　D. 战略风险

12. 房地产企业大地公司是一家上市公司，近期被证监会调查出企业存在多项重大财务问题。公司为迅速扩大规模而大量举债，金额高达150亿元，而公司资产仅30亿；同时，公司管理层挪用资金占为己用，并通过编制虚假财务报告来掩盖其舞弊行为。根据财务风险的影响因素，大地公司涉及的财务问题有（　　）。

    A. 因预算编制、执行或考核存在偏差而导致的风险
    B. 因筹资决策不当、筹集资金运用不合理可能引发的风险
    C. 因资金调度不合理、管控不严而导致的风险
    D. 因财务报告编制、分析、披露不准确、不完整可能引发的风险

13. 鸣凤公司是一家主板上市公司，作为氯碱产业的龙头企业，在氯碱制氢方面拥有丰富的制氢经验。鸣凤公司认为合同管理工作既能帮助企业维护自身合法权益，又能提升企业的品牌和形象，实现可持续性发展，因此制

定了一系列应对合同管理风险的管控措施规范。以下不符合我国运营风险管控要求的是（　　）。

A. 合同文本一般由法律部门起草；对于重大合同或法律关系复杂的特殊合同，由业务承办部门参与起草

B. 优先根据协商谈判结果，拟定个性化合同文本，明确双方的权利义务和违约责任

C. 对于影响重大、跨多业务领域或法律关系复杂的合同文本，企业可以组织财务部门、法律部门进行会审，认真记录、研究、分析提出的审核意见，根据实际情况，对合同条款进行修改

D. 对于未有效履约合同条款或应签订书面合同而未签的，财务部门办理结算业务时应严格审核，按照规定进行付款

三、主观题

14. 凌辉公司创立于1990年，是一家主要从事建筑工程、能源工程、环境工程、交通工程等基础设施建设的工程公司。最近，公司管理层准备将一项环保建设工程进行外包。为有效管理环保建设工程，公司总经理陈文峰建议董事会利用密封投标方式进行招标，他已预先向几个承包商朋友发出投标邀请书，并告知有关投标程序和要求：

（1）投标者应于7月31日前把密封投标文件提交到工程部。

（2）标书中应包含投标的项目细节。

（3）8月5日，陈文峰将负责打开所有密封的投标文件，以最低价为标准选出中标者，并于稍后向董事会汇报。

陈文峰根据以上程序，在8月5日选出中标者，并于一周内向公司董事会汇报，获得董事会审批。因环保建设工程工期紧张，来不及签订书面合同，凌辉公司与中标者签订备忘录。

要求：
简要分析凌辉公司在工程项目管理风险上的主要表现与应采取的管控措施。

15. 秦川公司是一家研发、制造和销售手机设备的上市公司。由于没有掌握核心技术，秦川公司只能从外部购买手机芯片。经测算，手机芯片占秦川公司手机生产成本的40%。秦川公司采购制度规定：每季度初，采购部经理以定向集中采购方式采购本季度生产所需要的数量较大的手机芯片；验收部门负责人对购进芯片的数量进行验收，如果无误，在开具验收单后直接付款。秦川公司仓库管理制度规定，仓库保管员根据车间材料员填写的领料单和销售人员填写的销货单发出手机芯片和手机成品。仓库保管员在空闲时间对存货进行必要的实地盘点，发现手机芯片采购过量，总是有大量老旧型号库存积压。

要求：
（1）简要分析秦川公司在采购业务环节所存在风险的主要表现，并提出改进建议。
（2）简要分析秦川公司在存货管理环节所存在风险的主要表现，并提出改进建议。

参考答案及解析

1. 【答案】B
【考点】战略风险与应对
【解析】在企业战略实施过程中，战略风险主要体现在战略实施人员缺乏、战略实施组织不力等方面。"由于没有提前配置充足的战略实施人员，该项目最终失败并造成公司

巨额损失"体现了战略实施风险。因此，选项 B 正确。

2. 【答案】A
【考点】市场风险与应对
【解析】在本案例中，"东南亚汽车芯片工厂大面积停工，芯片产量骤降。通达公司因芯片供应不足，故无法完成汽车如期交付"体现了能源、原材料、配件等物资供应的充足性、稳定性和价格的变化带来的风险，属于市场风险。因此，选项 A 正确。

3. 【答案】C
【考点】财务风险与应对
【解析】"并未对天力公司的资产状况进行深入调查，也未采取措施对天力公司进行日常监控"体现了公司担保管理存在风险，这属于财务风险的主要表现。因此，选项 C 正确。

4. 【答案】D
【考点】运营风险与应对
【解析】组织结构风险表现为：①治理结构形同虚设，缺乏科学决策、良性运行机制和执行力，可能导致企业经营失败，难以实现发展战略；②组织机构设置不科学，权责分配不合理，可能导致机构重叠、职能交叉或缺失、推诿扯皮、运行效率低下等问题。腾飞公司没有分工明确的职能部门，各员工的权责分配也不明晰，说明企业面临的风险是内部机构设计不科学，权责分配不合理。因此，选项 D 正确。

5. 【答案】B
【考点】运营风险与应对
【解析】在本案例中，玉华公司未能及时知晓外包方甲公司厂房的火灾事故，也未准备应急预案，导致未能按期交货，丧失订单和客户。这是外包服务质量低劣导致引发的风险，体现了玉华公司对业务监控不严。因此，选项 B 正确。

6. 【答案】A
【考点】法律风险和合规风险与应对
【解析】法律风险是指企业在经营过程中因自身经营行为的不规范或者外部法律环境发生重大变化而造成不利法律后果的可能性，侧重于民事责任的承担。题中王某服用后出现不适反应并住院，王某家人提起诉讼，要求安健公司赔偿，体现了法律风险。因此，选项 A 正确。

7. 【答案】BC
【考点】市场风险与应对
【解析】市场风险主要包括两类：市场趋势风险和分销风险。市场趋势是指对一个或几个有确定意义的市场影响因素所做的持续反应。分销风险是指出现不利的环境因素导致制造商的市场活动受损甚至失败。"由于没有预测政府政策走向和顾客偏好的变化，公司无法及时调整产品结构，导致竞争力逐渐下降"体现了市场趋势风险（选项 C 正确）；"同时公司连续两个季度未完成销售目标，导致公司经营目标难以落实"体现了分销风险（选项 B 正确）。综上，选项 BC 正确。

8. 【答案】BC
【考点】运营风险与应对
【解析】企业应建立严格的采购验收制度，确定验收方式，由专门的验收机构或验收人员按照合同规定，对采购项目的品种、规格、数量、质量等进行验收（而非仓库管理部门负责人验收），并出具验收证明（选项 A 错误）。"手机芯片占公司手机生产成本的 40% 以上"说明手机芯片属于大宗采购，对于大宗采购，企业通常采用招投标方式。应合理确定招投标的范围、标准、实施程序和评标规则，（而非"每季度初，采购部经理以定向集中采购"）（选项 D 错误）。综上，选项 BC 正确。

9. 【答案】BCD
【考点】运营风险与应对
【解析】企业应当按照规定的权限和程序进行审批，避免核心业务外包。对于重大业务外包，总会计师或企业分管会计工作的负责人应参与决策并将重大业务外包方案提交董事会或类似权力机构审批。选项 A，总经理李山一人决定将核心业务服装生产销售也一并外包给外部机构，做法错误。选项 BCD 是业务外包管控措施的要求。综上，选项 BCD 正确。

10. 【答案】ACD
    【考点】运营风险与应对
    【解析】在本案例中，"企业没有掌握核心技术，青云公司只能长期从外部采购芯片"表明企业无形资产缺乏核心技术（选项 D 正确）；"青云公司采购部经理都会以定向采购而非招标方式进行芯片采买，采购物资质次价高"表明企业采购方式不合理（选项 A 正确）。"采购物资质次价高、存货积压、价值贬损问题频发"表明企业存货积压或短缺，导致流动资金占用过多、存货价值贬损或生产中断（选项 C 正确）。选项 B 题中未提及。综上，选项 ACD 正确。

11. 【答案】ABC
    【考点】法律风险和合规风险
    【解析】"其竞争对手新科公司利用其高质的 G 芯片新上市一款 W 手机，深受消费者欢迎"体现了竞争者的竞争带来的风险，属于市场风险（选项 B 正确）；"采用廉价材料仿制 G 芯片，以此获取更高额的利润""引起消费者纷纷退货，华米公司也被告上法庭"体现了公司质量、安全、环保等管理方面发生失误导致的风险，属于运营风险（选项 C 正确）；同时也体现了公司生产经营违反相关法律法规，导致公司遭受法律制裁的风险（选项 A 正确）。综上，选项 ABC 正确。

12. 【答案】BCD
    【考点】财务风险与应对
    【解析】"为迅速扩大规模而大量举债，金额高达 150 亿元，而公司资产仅 30 亿"体现了筹资决策不当（选项 B 正确）；"公司管理层挪用资金占为己用"体现了资金调度管控不严（选项 C 正确）；"编制虚假财务报告来掩盖其舞弊行为"体现了提供虚假财务报告（选项 D 正确）。选项 A 题中未提及。综上，选项 BCD 正确。

13. 【答案】ABCD
    【考点】运营风险与应对
    【解析】合同文本一般由业务承办部门起草；对于重大合同或法律关系复杂的特殊合同，由法律部门参与起草（选项 A 错误）。有国家或行业合同示范文本的，可以优先选用，并需认真审查涉及权利义务的条款，结合实际情况适当修改（选项 B 错误）。对于影响重大、跨多业务领域或法律关系复杂的合同文本，企业可以组织内部相关业务部门进行会审，认真记录、研究、分析业务部门提出的审核意见，根据实际情况，对合同条款进行修改（选项 C 错误）。对于未有效履约合同条款或应签订书面合同而未签的，财务部门应拒绝办理结算业务，并及时向有关负责人报告（选项 D 错误）。综上，选项 ABCD 当选。

14. 【答案】凌辉公司在工程项目管理风险上的主要表现为：招标"暗箱"操作，存在商业贿赂，可能导致中标人实质上难以承担工程项目、中标价格失实及相关人员涉案。
    凌辉公司在工程项目管理风险上应采取的管控措施有：
    企业应当依照国家招投标法的规定，遵循公开公正、平等竞争的原则，建立健全工程项目招投标管理制度。
    ①企业应科学编制招标公告，合理确定投标人资格要求，严格按照招标公告或资格预审文件中确定的投标人资格条件进行审查，履行标书签收、登记和保管手续。而凌辉公司只是"向几个承包商朋友发出投标邀请书"。
    ②企业需依法组织工程项目招标的开标、评标和定标，并接受有关部门的监督。而开标时"陈文峰将负责打开所有密封的投标文件"，有欠公开。
    ③企业应当依法组建评标委员会，评标委员会对所提出的评审意见承担责任。评标委员会应当按照招标文件确定的标准和方法，对投标文件进行评审和比较，择优选择中标候选人。而凌辉公司招标中，投标文件只由陈文峰一人进行评价，"以最低价者为标准选出中标者"。

④企业须按照规定的权限和程序从中标候选人中确定中标人,并及时向中标人发出中标通知书,在规定的期限内与中标人订立书面合同,明确双方的权利、义务和违约责任。企业应建立合同履行情况台账,记录实际履约情况并进行督促。"因环保建设工程工期紧张,来不及签订书面合同,凌辉公司与中标者签订备忘录"做法错误。

【考点】运营风险与应对

15.【答案】(1)秦川公司在采购业务上存在的风险主要表现在:

①采购计划安排不合理,市场变化趋势预测不准确,造成库存短缺或积压,可能导致企业生产停滞或资源浪费。"发现手机芯片采购过量,总是有大量老旧型号库存积压",秦川公司采购计划安排不合理。

②供应商选择不当,采购方式不合理,招投标或定价机制不科学,授权审批不规范,可能导致采购物资质次价高,出现舞弊或遭受欺诈。"每季度初,采购部经理以定向集中采购方式采购本季度生产所需要的数量较大的手机芯片",秦川公司没有选择合适的供应商与采购方式。

③采购验收不规范,付款审核不严,可能导致采购物资和资金的损失或信用受损。"验收部门负责人对购进芯片的数量进行验收,如果无误,在开具验收单后直接付款",秦川公司采购验收不规范,付款审核不严。

对秦川公司应对采购业务风险的管控措施的建议有:

①关于采购需求和计划管理。秦川公司应规范采购需求计划和采购计划的编制流程。手机芯片采购属于公司重要和技术性较强的采购业务,应当组织相关专家进行论证,实行集体决策和审批。应依据购买物资或接受劳务的类型,确定归口管理部门,授予相应的请购权,明确相关部门或人员的职责权限及相应的请购和审批程序。

②关于采购供应商管理。秦川公司应制定供应商评估和准入管理制度,通过对供应商的资信审查确定合格供应商清单,与选定的供应商签订质量保证协议。

③关于采购过程管理。秦川公司采购手机芯片没有合理选择采购方式。每季度手机芯片购买数量较大,应按大宗采购处理,采用招标方式来采购。合理确定招投标的范围、标准、实施程序和评标规则。秦川公司应在采购制度中明确采购方式,根据市场情况和采购计划合理选择采购方式。对于大宗采购,企业通常采用招投标方式,应合理确定招投标的范围、标准、实施程序和评标规则。秦川公司验收部门负责人仅对购进芯片数量进行验收的做法错误,企业应建立严格的采购验收制度,确定验收方式,由专门的验收机构或验收人员按照合同规定,对采购项目的品种、规格、数量、质量等进行验收,并出具验收证明。

④关于采购付款管理。秦川公司采购的芯片到公司后的验收付款环节存在内部控制弱点。手机芯片技术性较强,且采购量较大,秦川公司的验收部门对手机芯片的品种、规格、数量、质量等相关内容进行验收,还应进行专业测试,不应由验收部门付款。秦川公司应建立采购付款制度,规范采购付款申请、审批、资金支付、会计记录等流程。企业应按照合同规定,选择合理的付款方式,防范付款方式不当带来的法律风险,保证资金安全。

⑤关于采购业务后评估。秦川公司应建立采购业务后评估制度,定期对物资采购供应情况进行分析评估,及时发现采购业务的薄弱环节,优化采购流程,将采购业务管理的关键指标纳入绩效考核,促进采购效能的全面提高。

(2)秦川公司在存货管理环节存在的风险主要表现在:存货积压或短缺,可能导致流动资金占用过量存货价值贬损或生产中断。"发现手机芯片采购过量,总是有大量老旧型号库存积压"。

秦川公司应对存货管理风险的管控措施建议有:

①秦川公司手机芯片采购过量，总是有大量老旧型号库存积压。在采购预算和采购执行环节，秦川公司应根据存货周转和库存情况合理安排，确保存货处于最佳库存状态。

②企业应规范存货验收程序和方法，根据不同类型的存货，有侧重地对入库存货的数量、质量技术规格、来源等进行查验，验收无误方可入库。

③企业应当建立存货保管制度，定期对存货保管的重点环节、重要领域进行审查，如存货流动的手续是否齐全、储存的物理环境是否符合要求、特殊代管物品是否单独保管记录、重要存货是否参保等，最大程度地降低存货发生意外损失的风险。

④秦川公司凭借车间材料员填写的领料单和销售人员填写的销货单领取原材料，未进行审批控制，企业需针对存货的发出和领用环节，制定严格的审批流程，对于大批存货、贵重商品或危险品还应实行特别授权。仓储部门需按照审批的出库通知执行发货程序，详细记录存货入库、出库及库存情况，确保账实相符。

⑤秦川公司的存货盘点存在内部控制弱点。仓库保管员在空闲时间对存货进行实地盘点的做法错误。秦川公司需结合实际情况，确定盘点周期、流程，将定期盘点和不定期抽查相结合，并在每年底对库存物品进行全面的盘点清查，形成书面报告，对于盘盈、盘亏、毁损、闲置和待报废的存货，应当查明原因，分清责任，落实责任追究，按照规定进行处置。

【考点】运营风险与应对

跨章节主观题综合提高

一、战略综合题解题思路

（一）综合题题型特点

（1）相较于简答题，综合题案例扩大，往往分为资料一、二、三，相当于拼接了3道简答题。

（2）知识点跨度进一步扩大，知识点的考查更加深入细致。

（3）部分小问难度不是很高，答案也不是很复杂，如某题第一小问考查公司的使命。虽然此类小问往往分值不高，但作答简单，是同学们势在必得的分数。

（二）常见解题误区

很多同学在做综合题时，试图仅读一遍就"搞定"全部作答，这是难以实现的。综合题往往包含7~8个小问，每个小问可能对应来自不同章节的知识点，彼此之间没有太强的关联性，因此，仅读一遍不足以使考生想出全部答案，而且也可能会出现"顾此失彼""边读边忘"的情况。在此，建议同学们先挑选自己熟悉的知识点，有针对性地解题。

（三）解题建议

（1）同简答题一样，需要先默写每一小问对应的知识点，再回归原文找材料。

（2）先将题目按照资料一、二、三拆分成多个简答题，再按顺序进行作答。完成后再进行第二遍通读，从全文中筛选符合作答知识点的案例材料，补充作答。

（3）对于综合题中的7~8个小问，可以先根据内容和要求拆分文本，然后再通读案例（很难像做简答题时，一遍读完后掌握所有答题点，因此在解答主观题时，建议先完成会做的小问）。

二、综合题真题带练

（一）2022年综合题

资料一

1978年，高先生集资8 000元在南方某乡创办了一家占地不足200平方米、仅有12名员工的企业——金峰。创业初期，金峰的业务是代加工风扇。金峰凭借较低的土地租金、员工工资和高先生的精心管理，逐渐把代加工费用降至行业最低水平[1]。因此，客户和订单逐年增加，资产和经营规模不断扩大。

【审题过程】

第一步：先读题目要求；

第二步：根据题目要求，默写知识点；

第三步：通读案例找材料。

[1] 案例关键线索"较低的租金""代加工费用降至行业最低"均体现了成本领先战略。也是成本领先战略的适用条件中，降低各种要素成本的体现。

1981年，高先生将企业更名为金峰家用电器公司，生产自主申请注册的"金峰牌"风扇。此后三年中，在金峰专注于风扇业务的同时[2]，国内生产风扇的厂家如雨后春笋迅速增加，竞争日趋激烈。由于短期内各个厂家的生产技术和产品性能都难以有明显特色和质量的提升[3]，因而消费者在市场上众多品牌的风扇之间有很大选择余地，用户选购风扇的关注点以及厂家之间竞争的焦点主要是价格[4]。金峰公司凭借以往从事代加工风扇业务积累的技术、管理经验和实干、严谨、精进的作风，对每一项设计、工艺、流程进行微小的改进以提升生产效率[5]；随着生产规模的扩大，适时调整优化生产组织和管理组织，改进生产设施[6]，使生产能力得到最大限度的利用和发挥[7]；精干销售队伍，完善和优化客户服务以节省相关费用。金峰还把自己不擅长的一些业务环节如零部件的电镀外包给其他企业，有效降低了成本[8]。1983年，金峰牌风扇的成本降到行业平均成本的80%以下，成为无人企及的行业标杆。成本的大幅降低为金峰带来显著的竞争优势，使金峰牌风扇以良好的品质、低廉的价格成为市场热销的名牌商品。

资料二

1985年，国内风扇市场趋于饱和，行业利润率开始大幅下滑，金峰公司的销售额和利润额增长也开始趋缓[9]。为了避免单一经营的风险并给企业持续发展开辟新的空间，高先生果断决定压缩风扇生产规模，同时进入刚刚兴起的空调、电冰箱、电饭煲等市场需求和企业利润率迅速攀升的[10]相关行业[11]。5月，金峰公司利用积累的自有资金投资建成"金峰空调设备厂"；8月，收购国内两家电冰箱制造企业，组建"金峰电冰箱制造厂"；12月，与J国森田公司合资成立"金峰电饭煲制造有限公司"。1986年10月，金峰公司转制成立金峰电器企业集团。此后10年，金峰集团经过不懈奋斗，使各类产品的质量、性能和制造技术逐渐达到行业领先水平，到20世纪90年代中期，金峰集团生产的空调、电冰箱、电饭煲均登上国内名牌商品榜单，在国内市场占有举足轻重的地位，其中电饭煲的市场占有率连续数年位居第一，金峰集团成为该领域公认的行业领导者和最受消费者信赖的企业。

[2] 案例关键线索"专注于……"体现了成本领先战略适用条件：资源集中配置。

[3] 案例关键线索"难以提升特色和质量"意味着产品难以实现差异化。

[4] 案例关键线索"消费者的选择余地大"意味着转换成本低。并且，"用户选购的关注点和竞争焦点在于价格"说明消费者们是价格敏感用户且并不关注品牌，价格竞争是主要竞争手段。

[5] 在改进工艺设计的同时也提高了生产效率。

[6] 规模经济的体现。

[7] 表明该企业提高了生产能力的利用程度。

[8] 金峰在自制和外购之间选择了外购，降低了成本，表明其选择了适宜的交易形式。

[9] 时间节点进入1985年，也即题目要求（2）的答案区域。"国内风扇市场趋于饱和"表明现有的业务持续经营并不能达到企业预期目标。

[10] "为了避免单一风险"是分散风险的体现。"开辟新的空间"体现了企业要获取更高的利润，也是在企业无法增长的情况下找到新的增长点。

[11] 相关多元化的体现。

金峰集团的上述突出业绩、良好形象及品牌声誉，在其以后发展过程中，无论在进入新领域、推广新产品方面，还是在获得资本市场青睐与融资方面，都发挥了重要作用。1995~1996 年，金峰集团先后三次从国内外著名投资公司融到共计约 5 亿元人民币资金 [12]，用这笔资金分别收购了国内丽光制冷设备有限公司、G 国沃克电器有限公司、J 国春立厨具公司等，产品范围扩展到微波炉、饮水机、洗碗机、洗衣机等新品类，覆盖了当时所有的家电产品领域 [13]。1997 年，金峰集团在深圳证券交易所挂牌上市，高先生任集团董事长。此后三年内，金峰集团的各类产品业务都迅猛发展，集团的销售收入增长近四倍，资产增长近三倍，成为当时国内最大的家电生产基地之一 [14]。

2000 年 [15]，金峰集团在完成家电行业全品类布局后，开始跨行业投资、经营，利用自己多年成功经营家电产品积累的盈余资金，启动并完成对云海汽车制造有限公司、晨光污水处理设备厂和荣达机器人有限公司的收购和整合，经营范围得到极大扩展，形成家电、汽车、环保设备、机器人四大业务板块 [16]。同年，集团改革组织结构，成立了分别主营上述四类业务的四个公司，每个公司下设若干事业部分别管理多个不同的产品生产线 [17]，必要时把一些管理职权下放到各个产品线，集团总部则摆脱繁杂的具体事务 [18]，集中精力制定集团战略规划、协调和安排资源以及采用销售额增长率、销售利润增长率、资本回报率等指标对各事业部进行考核 [19]。新的组织结构进一步释放、激发了集团活力，促进了此后十年集团业务和效益持续增长 [20]。

2001 年，金峰集团在经济发展较快的发展中国家 Y 国建立了第一个生产基地，利用该国较便宜的土地、水、电、劳动力等资源，生产已在国内市场显示竞争优势、技术成熟的家用空调、洗衣机、电冰箱等，大部分产品就地销售，其余产品销往邻国 [21]。2003 年，金峰集团收购非洲 K 国温美公司，根据该国气候炎热、水源及电力不足的情况，集团技术人员与温美公司的技术人员合作，对金峰集团原有产品进行改进，开发出深受该国消费者欢迎的高效节能的空调、电冰箱等产品。

[12] 金峰集团利用"突出业绩、良好形象及品牌声誉"进入了新的领域，在融资方面也发挥了重要作用，体现了多元化战略的优点：①运用企业在某个产业或某个市场中的形象和声誉来进入另一个产业或市场；②能更容易地从资本市场中获得融资；③获得资金或其他财务利益。

[13] 相关多元化战略的体现。

[14] 获得资金或其他财务利益。

[15] 时间节点进入 2000 年，对应题目要求（3）的时间节点。

[16] 金峰开启跨行业投资经营，即开始进行非相关多元化。本段材料中也体现了多元化战略的优点，运用盈余资金。

[17] 在 M 型组织结构中，原来的事业部一般由拥有更大经营权的公司所代替；每个公司比以前的事业部负责更多的产品线；有的公司下设若干事业部分别管理不同的产品生产线。金峰的改革后的组织属于 M 型组织结构。

[18] 职权再次分派，总部的工作量得以减轻。

[19] 便于对事业部的绩效进行财务评估和比较。

[20] 便于企业持续成长。

[21] 金峰集团开始国际化，进入题目要求（4）的答案区域。仅在 Y 国生产和销售体现了国际战略。（国际战略：企业将其具有价值的产品与技能转移到国外的市场，以创造价值的举措。产品开发的职能留在母国，而在东道国建立制造和营销职能。）

此后两年，金峰集团在多个国家因地制宜开发、生产适合当地居民需求的产品[22]。2005~2009 年，金峰集团为了直面欧美发达国家家电制造商的竞争，获取更大的市场份额，采用了新的经营策略：在欧美发达国家建立研发机构，以便于学习、吸收先进技术；在亚非一些生产要素便宜的发展中国家生产标准化的产品，以降低生产成本；由金峰集团多年打造、训练有素的营销团队把产品推广、销售到全球市场[23]。四年里，金峰集团在这些国家的销售额增长了两倍以上，市场份额增加了 15%。2010 年起，金峰集团在五大洲 40 多个国家建立了 60 多个子公司，雇用 1 万多名员工，子公司之间、子公司与母公司之间可以互相提供产品和技术，各个子公司负责制定在经营区域内的发展战略，经集团总部审批后实施，保证它们在全球范围内合理、协调运作[24]。

资料三

2013 年 3 月，金峰集团启动向数字化智慧家居领域进军的战略，开始从传统家电制造商向数字化智慧家居创造商转变。2014 年 5 月，金峰集团与 J 国达川公司合资成立家用机器人制造公司，同年 8 月以 20 亿美元收购了在伺服系统和自动化管理解决方案等方面全球领先的 S 国尼可公司[25]，不仅完善了机器人产业的布局，同时为将机器人用于智能家电制造领域，助推数字化智慧家居战略落地起到重要作用。

金峰集团于 2013 年 7 月投资近 50 亿元人民币搭建全球数字化智慧家居研究院，随后以该院为平台。先后与国内外多家著名数字化智能设备企业和互联网企业建立跨界合作关系，推动金峰集团数字化智慧家居平台从云到端的建设[26]。此后 5 年中，集团将总收入的 4% 左右投入智慧家居的数字化研发、基础设施建设和相关人才培养，累计投入超过 500 亿元人民币。此外，为适应数字化管理的需要，金峰集团对组织结构做了大刀阔斧的改革，将原来的集团总部—二级集团—事业部—产品公司四个管理层级改造为集团总部—大事业部—产品线三个层级，其中，各大事业部以产品线为中心，独立经营，独立核算[27]。新的组织结构显著提高了集团内部信息沟通的速度、对市场变动的响应能力、管理的灵活性和整体效率[28]。

[22] 打造适合 K 国具体情况的产品，在多个国家因地制宜开发生产适应当地居民需求的产品，均体现了金峰集团采用了多国本土化战略。

[23] 在欧美研发，在亚非生产标准化产品，最终把产品推向全球，体现了全球化战略。（全球化战略：向全世界的市场推销标准化的产品和服务，并在较有利的国家集中地进行生产经营活动，由此形成经验曲线和规模经济效益。）

[24] 案例关键线索"子公司之间、子公司与母公司之间可以互相提供产品和技术……"属于跨国战略。（跨国战略：形成以经验为基础的成本效益和区位效益，转移企业内的核心竞争力，同时注意当地市场的需要。为了避免外部市场的竞争压力，母公司与子公司、子公司与子公司的关系是双向的。）

[25] 金峰集团进行数字化战略转型，体现了技术变革——数字化投入。

[26] 案例关键线索"智慧家居研究院""……从云到端的建设"体现了技术变革——数字化基础设施建设。

[27] 案例关键线索"数字化研发、基础设施建设和相关人才培养"体现了技术变革——数字化研发、数字化投入、数字化基础设施建设。此外，也体现了组织变革——数字化人才。

[28] 新的组织结构体现了组织变革——组织架构。

2016 年 3 月，金峰集团以数字化为基础的智能家电制造和以产业互联网为依托的供应链基本建成，主要表现为：第一，在人才队伍建设方面，技术和管理岗位的数字化人才数量占 70% 以上，操作岗位的数字化人才数量占 50% 以上。第二，在业务管理方面，以软件、数据驱动的管理活动完整覆盖订单、计划、采购、研发、柔性制造、品质跟踪、仓储物流、客服等各个环节。订单准时交付率达到 98% 以上；电子商务采购金额占总采购金额的比例达 85% 以上；数字化仓储物流设备占比达 90% 以上 [29]。第三，实现了数字化生产作业计划的编制、生产过程的控制以及所有生产设备的互联互通。通过对生产过程中的各种数据进行收集、分析与处理，优化生产方案，进行柔性生产，满足客户群体乃至 [30] 个体多样化的需求 [31]。第四，通过数字化技术，用"T+3"模式代替传统的分层分销模式，凭借数字化媒介，实现以销定产，从而消除渠道的库存积压 [32]。第五，采用 ERP 系统打通生产与管理全流程数据，为经营决策提供了数据支持，有效加快了资金周转率；通过交易核算自动化实现集团及各事业部核算及时可视，大幅缩短了月度及年度财务报告的完成周期 [33]。第六，依托原有机器人业务，深化、拓展芯片、传感器等相关新兴技术领域，赋予产品、机器及系统感知、识别、理解和决策的能力 [34]，实现集团旗下 40 多个品类家电的互通互联 [35]。第七，围绕"人与家庭"构建物联网全价值链，涵盖用户数据保护、绿色家居建设、智能语言语音服务等方面，针对不同用户的特殊需求，提供完整的智能低碳家居生活解决方案 [36]。

要求：

（1）简要分析金峰从创立到 1984 年所采用的竞争战略的类型及其实施条件。

（2）简要分析金峰从 1985 年到 2000 年所采用的总体战略的类型及采用该战略的原因和优点。

（3）简要分析 2000 年金峰集团通过改革组织结构所形成的新的组织结构的类型及其优点。

（4）依据资料二，简要分析金峰集团所采用的国际化经营战略的类型。

（5）依据资料三，简要分析金峰集团数字化战略转型的主要方面。

（6）依据资料三，简要分析数字化技术对金峰集团产品和服务的影响。

[29] 体现了管理变革——业务数字化。

[30] 体现了管理变革——生产数字化。
[31] 体现了数字化技术对金峰集团产品和服务的影响——个性化。
[32] 体现了管理变革——营销数字化。

[33] 体现了管理变革——财务数字化。

[34] 体现了数字化技术对金峰集团产品和服务的影响——智能化。
[35] 万物互联，体现了数字化技术对金峰集团产品和服务的影响——连接性。
[36] 针对不同用户的特殊需求是个性化的体现。完整的智能低碳家居生活解决方案是数字化技术对金峰集团产品和服务的影响——生态化的体现。

【答案】

(1) ①金峰从创立到1984年所采用的竞争战略的类型是成本领先战略,即通过在内部加强成本控制,在研究开发、生产、销售、服务和广告等领域把成本降到最低限度,成为产业中的成本领先者的战略。"金峰……逐渐把代加工费用降至行业最低水平";"金峰公司凭借以往从事代加工风扇业务积累的技术、管理经验和实干、严谨、精进的作风,对每一项设计、工艺、流程进行微小的改进以提升生产效率;随着生产规模的扩大,适时调整优化生产组织和管理组织,改进生产设施,使生产能力得到最大限度的利用和发挥;精干销售队伍,完善和优化客户服务以节省相关费用。金峰还把自己不擅长的一些业务环节如零部件的电镀外包给其他企业,有效降低了成本。1983年,金峰牌风扇的成本降到行业平均成本的80%以下,成为无人企及的行业标杆"。

②实施成本领先战略的条件有:

A. 市场情况。

a. 产品具有较高的价格弹性,市场中存在大量的价格敏感用户。"用户选购风扇的关注点……主要是价格"。

b. 产业中所有企业的产品都是标准化的产品,产品难以实现差异化。"短期内各个厂家的生产技术和产品性能都难以有明显特色和质的提升"。

c. 购买者不太关注品牌,大多数购买者以同样的方式使用产品。"用户选购风扇的关注点……主要是价格"。

d. 价格竞争是市场竞争的主要手段。"厂家之间竞争的焦点主要是价格"。

e. 消费者的转换成本较低。"消费者在市场上众多品牌的风扇之间有很大选择余地"

B. 资源和能力。

a. 在规模经济显著的产业中装备相应的生产设施来实现规模经济。"随着生产规模的扩大……改进生产设施……有效降低了成本"。

b. 降低各种要素成本。"凭借较低的土地租金、员工工资……"。

c. 提高生产率。"对每一项设计、工艺、流程进行微小的改进以提升生产效率"。

d. 改进产品工艺设计。"对每一项设计、工艺、流程进行微小的改进以提升生产效率"。

e. 提高生产能力利用程度。"随着生产规模的扩大,适时调整优化生产组织和管理组织,改进生产设施,使生产能力得到最大限度的利用和发挥"。

f. 选择适宜的交易组织形式。"金峰还把自己不擅长的一些业务环节如零部件的电镀外包给其他企业,有效降低了成本"。

g. 资源集中配置。"金峰专注于风扇业务"。

(2) ①金峰1985年到2000年所采用的总体战略的类型是多元化战略,包括:

A. 相关多元化战略,即企业以现有业务或市场为基础进入相关产业或市场的战略。"高先生果断决定压缩风扇生产规模,同时进入刚刚兴起的空调、电冰箱、电饭煲等市场需求和企业利润率迅速攀升的相关行业";"金峰集团……收购了国内丽光制冷设备有限公司、G国沃克电器有限公司、J国春立厨具公司等,产品范围扩展到微波炉、饮水机、洗碗机、洗衣机等新品类,覆盖了当时所有的家电产品领域"。

B. 非相关多元化战略，即企业进入与当前产业和市场均不相关的领域的战略。"金峰集团开始跨行业投资、经营……经营范围得到极大扩展，形成家电、汽车、环保设备、机器人四大业务板块"。

②采用多元化战略的原因有：

A. 在现有产品或市场中持续经营不能达到目标。"国内风扇市场趋于饱和，行业利润率开始大幅下滑，金峰公司的销售额和利润额增长也开始趋缓。为了避免单一经营的风险并给企业持续发展开辟新的空间，高先生果断决定压缩风扇生产规模，同时进入刚刚兴起的空调、电冰箱、电饭煲等市场需求和企业利润率迅速攀升的相关行业"。

B. 企业由于以前在现有产品或市场中成功经营而保留下来的资金超过了其在现有产品或市场中的财务扩张所需要的资金。"金峰集团在完成家电行业全品类布局后，开始跨行业投资、经营，利用自己多年成功经营家电产品积累的盈余资金启动并完成对云海汽车制造有限公司、晨光污水处理设备厂和荣达机器人有限公司的收购和整合。至此，金峰集团的经营范围得到极大扩展，形成家电、汽车、环保设备、机器人四大业务板块"。

C. 与在现有产品或市场中的扩张相比，多元化战略意味着更高的利润。"国内风扇市场趋于饱和，行业利润率开始大幅下滑，金峰公司的销售额和利润额增长也开始趋缓。为了避免单一经营的风险并给企业持续发展开辟新的空间，高先生果断决定压缩风扇生产规模，同时进入刚刚兴起的空调、电冰箱、电饭煲等市场需求和企业利润率迅速攀升的相关行业"。

③企业采用多元化战略的优点有：

A. 分散风险。"为了避免单一经营的风险并给企业持续发展开辟新的空间……"

B. 能更容易地从资本市场中获得融资。"金峰集团生产的空调、电冰箱、电饭煲均登上国内名牌商品榜单。……在获得资本市场青睐与融资方面，都发挥了重要作用。"；"先后三次从国内外著名投资公司融到共计约5亿元人民币资金"。

C. 当企业在原产业无法增长时找到新的增长点。"国内风扇市场趋于饱和，行业利润率开始大幅下滑，金峰公司的销售额和利润额增长也开始趋缓。……高先生果断决定压缩风扇生产规模，同时进入刚刚兴起的空调、电冰箱、电饭煲等市场需求和企业利润率迅速攀升的相关行业"。

D. 利用未被充分利用的资源。"利用自己多年成功经营家电产品积累的盈余资金启动并完成对云海汽车制造有限公司、晨光污水处理设备厂和荣达机器人有限公司的收购和整合。……形成家电、汽车、环保设备、机器人四大业务板块"。

E. 运用盈余资金。"利用自己多年成功经营家电产品积累的盈余资金启动并完成对云海汽车制造有限公司、晨光污水处理设备厂和荣达机器人有限公司的收购和整合。……形成家电、汽车、环保设备、机器人四大业务板块"。

F. 获得资金或其他财务利益。"金峰集团生产的空调、电冰箱、电饭煲均登上国内名牌商品榜单……在获得资本市场青睐与融资方面……发挥了重要作用"；"金峰集团的各类产品业务都迅猛发展，集团的销售收入增长近四倍，资产增长近三倍"；"先后三次从国内外著名投资公司融到共计约5亿元人民币资金"。

G. 运用企业在某个产业或某个市场中的形象和声誉来进入另一个产业或市场。"金峰集团的上述突出业绩、良好形象及品牌声誉，……在进入新领域、推广新产品方面……发挥了重要作用"。

（3）①2000年金峰集团通过改革组织结构所形成的新的组织结构的类型是M型组织结构。"集团改革组织结构，成立了分别主营上述四类业务的四个公司，每个公司下设若干事业部分别管理多个不同的产品生产线，必要时把一些管理职权下放到各个产品线，集团总部则摆脱繁杂的具体事务，集中精力制定集团战略规划、协调和安排资源以及采用销售额增长率、销售利润增长率、资本回报率等指标对各事业部进行考核"。

②M型组织结构的优点有：

A. 便于企业的持续成长。"新的组织结构进一步释放、激发了集团活力，促进了此后十年集团业务和效益持续增长"

B. 总部员工的工作量会有所减轻。"集团总部则摆脱繁杂的具体事务"。

C. 职权被分派到总部下面的每个事业部，并在每个事业部内部进行再次分派。"每个事业部都负责多个产品线的运营，必要时把一些管理职权下放到各个产品线"。

D. 能够通过诸如资本回报率等方法对事业部的绩效进行财务评估和比较。"集团……采用销售额增长率、销售利润增长率、资本回报率等指标对各事业部进行考核"。

（4）从2001年起金峰集团所采用的国际化经营战略的类型有：

①国际战略。国际战略是指企业将其具有价值的产品与技能转移到国外的市场，以创造价值的举措。"在经济发展较快的发展中国家Y国建立了第一个生产基地……生产已在国内市场显示竞争优势。技术成熟的家用空调、洗衣机、电冰箱等，大部分产品就地销售，其余产品销往邻国"。

②多国本土化战略。多国本土化战略是根据不同国家的不同的市场，提供更能满足当地市场需要的产品和服务。"金峰集团收购非洲K国温美公司，根据该国气候炎热、水源及电力不足的情况……对金峰集团原有产品进行改进，开发出深受该国消费者欢迎的高效节能的空调、电冰箱等产品。此后两年，金峰集团在多个国家因地制宜开发、生产适合当地居民需求的产品"。

③全球化战略。全球化战略是向全世界的市场推销标准化的产品和服务，并在较有利的国家集中地进行生产经营活动，由此形成经验曲线和规模经济效益，以获得高额利润。"金峰集团……采用了新的经营策略：在欧美发达国家建立研发机构，以便于学习、吸收先进技术；在亚非一些生产要素便宜的发展中国家生产标准化的产品，以降低生产成本。由金峰集团……把产品推广、销售到全球市场"。

④跨国战略。跨国战略是在全球激烈竞争的情况下，形成以经验为基础的成本效益和区位效益，转移企业的核心竞争力，同时注意当地市场的需要。为了避免外部市场的竞争压力，母公司与子公司、子公司与子公司的关系是双向的，不仅母公司向子公司提供产品与技术，子公司也可以向母公司提供产品与技术。"金峰集团……在五大洲40多个国家建立了60多个子公司，雇用1万多名员工，子公司之间、子公司与母公司之间可以互相提供产品和技术，各个子公司负责制定在经营区域内的发展战略，经集团总部审批后实施，保证它们在全球范围内合理、协调运作"。

（5）金峰集团数字化战略转型的主要方面有：

①技术变革。

A. 数字化基础设施建设。"金峰集团……先后与国内外多家著名数字化智能设备企业和互联网企业建立跨界合作关系，推动金峰集团数字化智慧家居平台从云到端的建设"；"集团将总收入的4%左右投入智慧家居的数字化研发、基础设施建设和相关人才培养"。

B. 数字化研发。"金峰集团……搭建全球数字化智慧家居研究院，……将总收入的4%左右投入智慧家居的数字化研发、基础设施建设和相关人才培养"。

C. 数字化投入。"以20亿美元收购了在伺服系统和自动化管理解决方案等方面全球领先的S国尼可公司"；"合资成立家用机器人制造公司"；"投资近50亿元人民币搭建全球数字化智慧家居研究院。……集团将总收入的4%左右投入智慧家居的数字化研发、基础设施建设和相关人才培养，累计投入超过500亿元人民币"。

②组织变革。

A. 组织架构。"为适应数字化管理的需要，金峰集团对组织结构做了大刀阔斧的改革，将原来的集团总部—二级集团—事业部—产品公司四个管理层级改造为集团总部—大事业部—产品线三个层级，其中，各大事业部以产品线为中心，独立经营，独立核算。新的组织结构显著提高了集团内部信息沟通的速度、对市场变动的响应能力、管理的灵活性和整体效率"。

B. 数字化人才。"在人才队伍建设方面，技术和管理岗位的数字化人才数量占70%以上，操作岗位的数字化人才数量占50%以上"。

③管理变革。

A. 业务数字化管理。"以软件、数据驱动的管理活动完整覆盖订单、计划、采购、研发、柔性制造、品质跟踪、仓储物流、客服等各个环节。订单准时交付率达到98%以上；电子商务采购金额占总采购金额的比例达85%以上；数字化仓储物流设备占比达90%以上"。

B. 生产数字化管理。"实现了数字化生产作业计划的编制、生产过程的控制以及所有生产设备的互联互通。通过对生产过程中的各种数据进行收集、分析与处理，优化生产方案，进行柔性生产，满足客户群体乃至个体多样化的需求"。

C. 财务数字化管理。"采用ERP系统打通生产与管理全流程数据，为经营决策提供了数据支持，有效加快了资金周转率；通过交易核算自动化实现集团及各事业部核算及时可视，大幅缩短了月度及年度财务报告的完成周期"。

D. 营销数字化管理。"通过数字化技术，用'T+3'模式代替传统的分层分销模式，凭借数字化媒介，实现以销定产，从而消除渠道的库存积压"。

(6) 数字化技术对金峰集团产品和服务的影响有：

①个性化。"通过对生产过程中的各种数据进行收集、分析与处理，优化生产方案，进行柔性生产，满足客户群体乃至个体多样化的需求"；"围绕'人与家庭'构建物联网全价值链，……针对不同用户的特殊需求，提供完整的智能低碳家居生活解决方案"。

②智能化。"赋予产品、机器及系统感知、识别、理解和决策的能力"；"围绕'人与家庭'构建物联网全价值链，涵盖用户数据保护、绿色家居建设、智能语言语音服务等方面"。

③连接性。"赋予产品、机器及系统感知、识别、理解和决策的能力，实现集团旗下40多个品类家电的互通互联"。

④生态化。"围绕'人与家庭'构建物联网全价值链，涵盖用户数据保护、绿色家居建设……提供完整的智能低碳家居生活解决方案"。

（二）2021年综合题

资料一

翔鹤乳业公司创建于1962年，2003年成为中国乳品行业第一家境外上市企业。2008年国内乳业质量事件爆发后，由于翔鹤公司产品的宣传定位是"一贯的让消费者放心的好奶粉"[1]，其产品也始终保持安全零事故的纪录，因而迅速获取了更多的市场份额，营收突破了20亿元大关。然而，随着消费者对国产奶粉整体的信任丧失，一批质量上乘、技术创新能力高的外资品牌奶粉乘虚而入，占据了婴幼儿奶粉的绝大部分市场份额，国产奶粉陷入前所未有的低谷期[2]。

通过市场调研，翔鹤公司认识到，伴随着消费升级，奶粉市场呈现出多样化的需求，翔鹤公司亟待调整战略定位[3]，实现与外资品牌"错位经营"，在外资品牌经营的薄弱环节开辟新的生存发展空间[4]。翔鹤公司将产品的宣传定位调整为"更适合中国宝宝体质"，并强化"一方水土养一方人"的观点，以此作为价值理念持续教育消费者[5]。经过几年的努力，这一理念逐步在消费者心中形成了翔鹤品牌独特优势的认知[6]。

外资品牌在国内的优势在于一、二线城市的线上市场[7]。早在2013年，翔鹤公司就发现母婴店可以为年轻妈妈们提供各类服务和咨询，具备非常高的消费黏性，预测到未来线下的婴幼儿奶粉渠道会逐步向母婴店靠拢，因此，翔鹤公司提早布局，成为最早布局母婴店的品牌。此外，翔鹤公司加大在三四线城市的渠道布局，其业务人员扎根市场，结合当地实际情况开展各类工作，而很多外资品牌对三四线城市的渠道布局却完全浮于表面[8]。

资料二

婴幼儿奶粉是乳品中科技含量最高的品类[9]，年轻妈妈们对产品质量与品牌的敏感度远远高于产品价格[10]。翔鹤奶粉在采用高端定价的同时，采取多项战略举措，不断提升产品竞争力[11]。

【审题过程】

第一步：先读题目要求；
第二步：根据题目要求，默写知识点；
第三步：通读案例找材料。

[1] 此为翔鹤乳业进行战略调整前的经营哲学。（经营哲学是公司为其经营活动方式所确立的价值观、基本信念和行为准则，是企业文化的高度概括。）

[2] 案例关键线索"质量上乘、技术创新能力高"意味着企业所在产业技术变革较快，创新成为竞争的焦点。

[3] 表明该企业所在的产业顾客的需求是多样化的。

[4] 引出题目（2）。"错位经营的"主要着眼点在于外资品牌的薄弱点。后续案例中描述了翔鹤乳业的一系列举措。

[5] 产品定位调整为"更适合中国宝宝体质"，此为翔鹤乳业战略调整后的经营哲学。同时，这也是翔鹤乳业"错位经营的"主要着眼点之一——产品。

[6] 品牌优势属于企业的无形资源。

[7] 外资品牌并不关注三、四线城市市场，而翔鹤乳业加大在三、四线城市的渠道布局，这是其错位经营的主要着眼点之二——市场，即代理商/分销渠道。

[8] 此处是翔鹤乳业将现有的产品推向新的市场，属于密集型战略——市场开发。

[9] 翔鹤乳业所在的产业创新是竞争的焦点。

[10] 消费者们更加关注产品质量和品牌，因此产品能够充分实现差异化，且为顾客认可。

[11] 案例关键线索"高端定价""多项战略举措，提升产品竞争力"表明翔鹤公司所采用的竞争战略的类型是差异化战略。

(1) 扎根于北纬47度黄金奶源带，实现牧草种植、奶牛养殖、生产加工全产业链一体化管理和经营 [12]。翔鹤公司将全产业链安置于有着"地球之肾"美誉的丹顶鹤的故乡——ZL湿地旁，堪称"丝毫不逊于海外最优质牧场条件"的得天独厚的自然条件为牧草和奶牛提供了绝佳的生长环境，保证了奶源的天然优质，也成为翔鹤公司吸引崇尚国际品牌的年轻妈妈们回归国产品牌的主要优势。

(2) 坚持科技创新，专注于研究母乳营养和中国宝宝的体质。翔鹤公司研发投入占比处于行业前列 [13]。翔鹤公司联合国内科研单位共建创新中心，承接国家重大科研项目。公司凭借其优质奶源优势、采用湿法工艺 [14]（即用鲜奶直接制成）开发生产的新产品，已经连续5年获得了世界品质评鉴大会金奖，这个奖项堪称食品界的诺贝尔奖 [15]。

(3) 高标准质量把控和精细化管理贯穿翔鹤公司产业链一体化全过程。翔鹤公司以产品质量为最优先级大事，质检部和生产部属于平行部门，质检部不仅仅是对生产出来的产品进行检测，还要对上下游产业链整体进行监控和把关。

(4) 投重金铸造品牌形象和强大的营销能力。翔鹤公司每年花费十几亿广告宣传费用 [16]；举办数十万场"妈妈班"，宣传品牌优势；在全国各地设置10万多家网点，3万多门店配备导购；公司拥有1 100余名经销商，通过单层经销模式对经销商进行扁平结构管理，经销商资金周转率高于其代理的其他内资和外资品牌。

(5) 构建坚守使命、专注专一的企业精神。翔鹤公司80%以上的中层人员都是自己培养的，公司以健全的激励体制和良好的企业文化造就强大的团队凝聚力。翔鹤公司基层员工、销售人员节假日还在奔走忙碌是家常便饭 [17]。

(6) 加快海外布局，获取更多的自然资源和现有资产 [18]。2018年，翔鹤乳业公司完成了对U国第三大营养健康补充剂公司VW公司的收购 [19]，实现其在大健康产业新的拓展。2020年，在自然条件极其优质的J国JS地区建造牛奶及羊奶婴幼儿配方奶粉生产设施并投产 [20]。自2016年，翔鹤公司在中国婴幼儿配方奶粉市场份额连续三年保持高速增长，2020年公司在国内婴幼儿配方奶粉公司中排名第一，市场占有率为17.2%。

[12] "黄金奶源带"体现了企业优越的地理位置，属于企业的有形资源。"牧草种植、奶牛养殖、生产加工全产业链一体化"体现了企业采用一体化战略——纵向一体化。

[13] 名列前茅的研发投入体现了企业有强大的资金支持，这属于企业的有形资源。
[14] "创新中心""科研项目""湿法工艺"是企业技术的体现，属于企业的无形资源。
[15] 体现了企业采取了密集型战略——产品开发。同时，题目（2）的全部内容都在强调企业具备强大的研发能力。这是差异化战略实施条件——有强大的研发能力和产品设计能力的体现。

[16] 案例关键线索"强大的营销能力"表明企业具备差异化战略实施条件——具有很强的市场营销能力。"十几亿广告宣传费用"说明企业有雄厚的资金，是企业的有形资源。
[17] 案例关键线索"翔鹤公司80%以上的中层人员都是自己培养的"体现了企业的人力资源。"坚守使命、专注专一的企业精神""以健全的激励体制和良好的企业文化造就强大的团队凝聚力"说明企业有能够确保激励员工创造性的激励体制、管理体制和良好的创造性文化。
[18] 翔鹤乳业进行国际化的动因，是寻求资源和寻求现成资产。
[19] 收购营养补充剂体现了企业实施的一体化战略——纵向一体化。

[20] 建造牛奶及羊奶婴幼儿配方奶粉生产设施体现了企业实施的一体化战略——横向一体化，且此处的生产设施属于企业的有形资源。

资料三

2019年11月13日，翔鹤乳业公司在港交所重新上市，以发行价计市值超过670亿港元。翔鹤公司保持着良好的财务状况：公司的毛利率显著高于其他品牌；存货周转期显著低于同行平均值；翔鹤采取保守的财务管理政策，取得较高水平的速动比率，公司负债率一直保持稳定的状态，能够保证公司的持续经营能力；公司资本报酬率ROCE也明显高于行业平均水平 [21]。

然而，始料未及的是，翔鹤公司仅上市一个星期，一家海外沽空机构在其官网发布了针对翔鹤的做空报告，认为翔鹤公司自2014年以来成倍地增长，存在诸多不确定性，质疑其未来发展可持续性。荆鹤公司立刻紧急停盘并作出了回应 [22]，次日，针对该机构的报告质疑一一作出了回复。随后复盘，翔鹤股票大涨。

这一事件让翔鹤公司领导层更加清醒地意识到国产乳业品牌与外资品牌的较量仍然任重道远。除了要应对在资本市场上各类不怀好意的做空外，未来行业可能还面临更为激烈的竞争 [23]。

(1) 尽管国内迎来了"二孩"政策，但出生人口仍然持续下滑，并没有给乳业奶粉市场带来人们期盼的更大的发展空间 [24]。

(2) 国内婴幼儿奶粉市场前五名仍然被外资品牌占据，外资品牌相对于国产品牌的强势地位还没有根本改变。翔鹤公司近年来的发展主要是抢占了国内其他中小品牌的市场份额，下一步要夺回被外资品牌占领的份额难度不可低估 [25]。

(3) 新生代孕产妇大多是90后的新妈妈，这个群体相对更有品牌意识，习惯网购，在一、二线城市的消费者尤其明显。这对于前期致力于打造三、四线城市线下渠道优势的翔鹤等国内品牌而言，如果不能努力在一、二线城市消费者心中树立优质的线上品牌形象，也难以开拓新的市场空间 [26]。专注深耕于乳制品业、历经59年重重考验的翔鹤乳业，仍旧秉承着其踏踏实实的长期主义精神，迎接新的竞争洗礼 [27]。

[21] 题目要求，依据"企业业绩衡量指标"，简述翔鹤公司"保持着良好的财务状况"的几个主要指标的具体内涵。同年注协标准答案为这些指标的公式默写，编者认为，此处简要陈述提及指标的经济意义，合理表述也可获取部分分数。

[22] 体现了企业面临的市场风险——利率、汇率、股票价格指数的变化带来的风险。

[23] 体现了企业面临的市场风险——潜在进入者、竞争者、与替代品的竞争带来的风险。

[24] 对于翔鹤乳业而言，出生人口持续下滑意味着需求不足，这属于企业面临的市场风险——产品或服务的价格及供需变化带来的风险。

[25] 外资品牌占据强势地位，产业内的竞争仍然激烈。体现了企业面临的市场风险——潜在进入者、竞争者、与替代品的竞争带来的风险。

[26] 三、四线城市的线下消费不足以支撑翔鹤乳业的持续发展。需要挖掘更大的需求，如果不能在一、二线城市获客，可能面临的市场风险为：产品或服务的价格及供需变化带来的风险。

[27] 案例关键线索"专注深耕……"体现了翔鹤乳业采用了密集型战略——市场渗透。

要求：

(1) 简要分析翔鹤公司战略调整前后其经营哲学的变化。

(2) 从竞争对手能力（优势与劣势）分析角度，简要分析翔鹤公司与外资品牌"错位经营"的主要着眼点。

(3) 从市场情况和资源能力两个方面，简要分析翔鹤公司所采用的竞争战略的类型及其实施条件。

(4) 依据企业资源的主要类型，简要分析翔鹤公司所具备的竞争优势。

(5) 简要分析翔鹤公司所实施的发展战略的主要类型。

(6) 简要分析翔鹤公司国际化经营的动因；说明其海外布局所采用的发展战略的途径。

(7) 依据"企业业绩衡量指标"，简述翔鹤公司"保持着良好的财务状况"的几个主要指标的具体内涵。

(8) 简要分析翔鹤公司 2019 年在港交所重新上市后面临的市场风险的主要来源。

【答案】

(1) 经营哲学是公司为其经营活动方式所确立的价值观、基本信念和行为准则，是企业文化的高度概括。翔鹤公司战略调整前"产品的宣传定位'一贯的让消费者放心的好奶粉'"，为了实现"与外资品牌'错位经营'，在外资品牌经营的薄弱环节开辟新的生存发展空间，翔鹤公司将产品的宣传定位调整为'更适合中国宝宝体质'，并强化'一方水土养一方人'的观点，以此作为价值理念持续教育消费者"。

(2) 从竞争对手能力分析考查，翔鹤公司与外资品牌"错位经营"的主要着眼点有两个：

① "产品"：每个细分市场中，用户眼中产品的地位。"在外资品牌经营的薄弱环节开辟新的生存发展空间，翔鹤公司将产品的宣传定位调整为'更适合中国宝宝体质'，并强化'一方水土养一方人'的观点，以此作为价值理念持续教育消费者"。

② "代理商/分销渠道"：渠道的覆盖面和质量。"外资品牌在国内的优势在于一、二线城市的线上市场。……翔鹤公司提早布局，成为最早布局母婴店的品牌，……翔鹤公司加大在三四线城市的渠道布局，其业务人员扎根市场，结合当地实际情况开展各类合作，而很多外资品牌对三四线城市的渠道布局却完全浮于表面"。

(3) 翔鹤公司所采用的竞争战略的类型是差异化战略。"翔鹤奶粉在采用高端定价的同时，采取多项战略举措，不断提升产品竞争力"。

实施条件：

①市场情况。

A. 产品能够充分地实现差异化，且为顾客所认可。"婴幼儿奶粉是乳品中科技含量最高的品类，年轻妈妈们对产品质量与品牌的敏感度远远高于产品价格"。

B. 顾客的需求是多样化的。"伴随着消费升级，奶粉市场呈现出多样化的需求"。

C. 企业所在产业技术变革较快，创新成为竞争的焦点。"婴幼儿奶粉是乳品中科技含量最高的品类"；"一批质量上乘、技术创新能力高的外资品牌奶粉乘虚而入，占据了婴幼儿奶粉的绝大部分市场份额"。

②资源和能力。

A. 具有强大的研发能力和产品设计能力。"坚持科技创新，专注于研究母乳营养和中国宝宝的体质"。翔鹤公司研发投入占比处于行业前列。翔鹤公司联合国内科研单位共建创新中心，承接国家重大科研项目。公司凭借其优质奶源优势、采用湿法工艺（即用鲜奶直接制成）开发生产的新产品，已经连续5年获得了世界品质评鉴大会金奖，这个奖项堪称食品界的诺贝尔奖"。

B. 具有很强的市场营销能力。"投重金铸造品牌形象和强大的营销能力。翔鹤公司每年花费十几亿广告宣传费用；举办数十万场'妈妈班'，宣传品牌优势；在全国各地设置10万多家网点，3万多门店配备导购；公司拥有1 100余名经销商，通过单层经销模式对经销商进行扁平结构管理，经销商资金周转率高于其代理的其他内资和外资品牌"。

C. 有能够确保激励员工创造性的激励体制、管理体制和良好的创造性文化。"构建坚守使命、专注专一的企业精神。翔鹤公司80%以上的中层人员都是自己培养的，公司以健全的激励体制和良好的企业文化造就强大的团队凝聚力。翔鹤公司基层员工、销售人员节假日还在奔走忙碌是家常便饭"。

D. 具有从总体上提高某项经营业务的质量、树立产品形象、保持先进技术和建立完善分销渠道的能力。"翔鹤奶粉在采用高端定价的同时，采取多项战略举措，不断提升产品竞争力，……，扎根于北纬47度黄金奶源带，实现牧草种植、奶牛养殖、生产加工全产业链一体化管理和经营"；"专注深耕于乳制品业、历经59年重重考验的翔鹤乳业，仍旧秉承着其踏踏实实的长期主义精神，迎接新的竞争洗礼"。

（4）①有形资源。"扎根于北纬47度黄金奶源带，实现牧草种植、奶牛养殖、生产加工全产业链一体化管理和经营"；"翔鹤公司研发投入占比处于行业前列。翔鹤公司联合国内科研单位共建创新中心，承接国家重大科研项目"；"2020年在自然条件极其优质的J国JS地区建造牛奶及羊奶婴幼儿配方奶粉生产设施并投产"；"翔鹤公司每年花费十几亿广告宣传费用，……在全国各地设置10万多家网点，3万多门店配备导购；公司拥有1 100余名经销商"。

②无形资源。"公司凭借其优质奶源优势、采用湿法工艺（即用鲜奶直接制成）开发生产的新产品，已经连续5年获得了世界品质评鉴大会金奖，这个奖项堪称食品界的诺贝尔奖"；"翔鹤公司将产品的宣传定位调整为'更适合中国宝宝体质'，并强化'一方水土养一方人'的观点，以此作为价值理念持续教育消费者。经过几年的努力，这一理念逐步在消费者心中形成了翔鹤品牌独特优势的认知"。

③人力资源。"翔鹤公司80%以上的中层人员都是自己培养的，公司以健全的激励体制和良好的企业文化造就强大的团队凝聚力。翔鹤公司基层员工、销售人员节假日还在奔走忙碌是家常便饭"。

（5）①密集型战略。

A. 市场渗透——现有产品和现有市场。"专注深耕于乳制品业、历经59年重重考验的翔鹤乳业，仍旧秉承着其踏踏实实的长期主义精神，迎接新的竞争洗礼"。

B. 市场开发——现有产品和新市场。"翔鹤公司加大在三、四线城市的渠道布局"。

C. 产品开发——新产品和现有市场。"公司凭借其优质奶源优势、采用湿法工艺（即用鲜奶直接制成）开发生产的新产品，已经连续5年获得了世界品质评鉴大会金奖，这个奖项堪称食品界的诺贝尔奖"。

②一体化战略。

A. 纵向一体化战略。"扎根于北纬47度黄金奶源带，实现牧草种植、奶牛养殖、生产加工全产业链一体化管理和经营"；"2018年，翔鹤乳业公司完成了对U国第三大营养健康补充剂公司VW公司的收购，实现其在大健康产业新的拓展"。

B. 横向一体化战略。"2020年在自然条件极其优质的J国JS地区建造牛奶及羊奶婴幼儿配方奶粉生产设施并投产"。

（6）翔鹤公司海外布局国际化经营的动因：

①寻求资源。"2020年在自然条件极其优质的J国JS地区建造牛奶及羊奶婴幼儿配方奶粉生产设施并投产"。

②寻求现成资产。"2018年，翔鹤乳业公司完成了对U国第三大营养健康补充剂公司VW公司的收购，实现其在大健康产业新的拓展"。

翔鹤公司海外布局所采用的发展战略的途径：

①外部发展（并购）。"2018年，翔鹤乳业公司完成了对U国第三大营养健康补充剂公司VW公司的收购"。

②内部发展（新建）。"2020年在自然条件极其优质的J国JS地区建造牛奶及羊奶婴幼儿配方奶粉生产设施并投产"。

（7）①毛利率=［（营业收入-销售成本）/营业收入］×100%

②存货周转期=存货×365/销售成本

③速动比率=（流动资产-存货）/流动负债×100%

④负债率=有息负债/股东权益×100%

⑤资本报酬率（ROCE）=（息税前利润/当期平均已动用资本）×100%

（8）①产品或服务的价格及供需变化带来的风险。"尽管国内迎来了'二孩'政策，但出生人口仍然持续下滑，并没有给乳业奶粉市场带来人们期盼的更大的发展空间"；"新生代孕产妇大多是90后的新妈妈，这个群体相对更有品牌意识，习惯网购，在一、二线城市的消费者尤其明显。这对于前期致力于打造三四线城市线下渠道优势的翔鹤公司等国内品牌而言，如果不能努力在一、二线消费者心中树立优质的线上品牌形象，也难以开拓新的市场空间"。

②利率、汇率、股票价格指数的变化带来的风险。"一家海外沽空机构在其官网发布了针对翔鹤的做空报告，认为翔鹤自2014年以来成倍地增长，存在诸多不确定性，因而质疑其未来发展可持续性"。

③潜在进入者、竞争者、与替代品的竞争带来的风险。"翔鹤公司领导层更加清醒地意识到国产乳业品牌与外资品牌的较量仍然任重道远。除了要应对在资本市场上各类不怀好意的做空外，未来行业可能还面临更为激烈的竞争"；"国内婴幼儿奶粉市场前五名仍然被外资品牌占据，外资品牌相对于国产品牌的强势地位还没有根本改变。翔鹤公司近年来的发展主要是抢占了国内其他中小品牌的市场份额，下一步要夺回被外资品牌占领的份额难度不可低估"。